I0296144

PUBLICATIONS

DE L'ÉCOLE DES LANGUES ORIENTALES VIVANTES

EL-BOKHÂRI

LES TRADITIONS ISLAMIQUES

TRADUITES DE L'ARABE

AVEC NOTES ET INDEX

PAR

O. HOUDAS

PROFESSEUR À L'ÉCOLE DES LANGUES ORIENTALES VIVANTES

ET

W. MARÇAIS

DIRECTEUR DE LA MÉDERSA D'ALGER

TOME DEUXIÈME

PARIS

IMPRIMERIE NATIONALE

ERNEST LEROUX, ÉDITEUR, RUE BONAPARTE, 28

EL-BOKHÂRI

LES TRADITIONS ISLAMIQUES

TRADUITES DE L'ARABE

AVEC NOTES ET INDEX

PAR

O. HOUDAS

PROFESSEUR À L'ÉCOLE DES LANGUES ORIENTALES VIVANTES

ET

W. MARÇAIS

DIRECTEUR DE LA MÉDERSA D'ALGER

TOME DEUXIÈME

PARIS

IMPRIMERIE NATIONALE

ERNEST LEROUX, ÉDITEUR, RUE BONAPARTE, 28

MDCCCCVI

PUBLICATIONS

DE

L'ÉCOLE DES LANGUES ORIENTALES VIVANTES

IVE SÉRIE. — TOME IV

EL-BOKHÂRI

LES TRADITIONS ISLAMIQUES

TOME DEUXIÈME

AVANT-PROPOS.

La traduction du texte des traditions prophétiques d'El-Bokhâri comprendra quatre volumes, auxquels il faudra ajouter, sinon un volume, du moins un fort fascicule, contenant les divers index nécessaires pour faciliter les recherches du lecteur; on trouvera là également les notes les plus importantes que l'on a souvent besoin de consulter. C'est seulement quand ce travail sera achevé qu'il sera possible de rédiger sous sa forme définitive l'introduction à la lecture du Ṣaḥîḥ d'El-Bokhâri. En attendant ce moment, qui est en partie retardé par des considérations d'ordre budgétaire, il m'a paru indispensable de renseigner dès à présent le lecteur sur quelques-uns des points principaux relatifs au plan du Ṣaḥîḥ et à la biographie de son auteur. Plus tard l'introduction complètera ce résumé, qui n'est guère autre chose qu'une note très amplifiée.

Dans une traduction française, il ne devrait à la rigueur y avoir que des mots français. Malheureusement, cela n'est pas toujours possible, surtout lorsqu'il s'agit d'ouvrages ayant un caractère spécial, pour ainsi dire technique. En arabe, comme dans toutes les langues du monde, un même mot ne conserve pas toujours la même valeur quand il passe de la langue littéraire générale dans une terminologie particulière, et sa signification varie encore suivant que cette terminologie est appliquée à une branche d'études plutôt qu'à une autre. A moins donc d'employer de longues périphrases, qui alourdissent le récit, on en est réduit, pour traduire un de ces termes techniques, à se servir d'un vocable arabe quand on n'a pas de mot français correspondant, ce qui est le cas inévitable pour les terminologies de sciences qui n'ont pas d'équivalent dans le domaine scientifique français.

Parmi les mots arabes qu'il a fallu absolument conserver sous peine d'être obscur, diffus ou inexact, il en est quelques-uns qui reviennent à chaque instant et pour lesquels des explications détaillées sont immédiatement nécessaires. De ce nombre se trouve le mot *ḥadîts* (حديث), qui désigne l'élément constitutif de l'ouvrage d'El-Bokhâri, qui est avant tout un recueil de ḥadîts. Étymologiquement, ce mot est un adjectif, dont le sens primitif est celui de *récent* ou *nouveau*, opposé à *ancien*. Dans la langue courante, le mot a été employé de bonne heure comme substantif, et alors il signifie *récit*, *nouvelle*. Les verbes dénominatifs حدّث et تحدّث dérivent de cette seconde acception du mot ḥadîts.

Dans les sciences religieuses musulmanes, le mot ḥadîts, sans cesser d'être usité ailleurs avec les deux valeurs indiquées ci-dessus, est devenu un terme technique spécial pour désigner tout récit relatif à la conduite de Mahomet depuis le jour où il a commencé l'œuvre de sa prédication. Le terme de tradition prophétique ne fournirait pas une idée assez précise de ces sortes de récits, qui se rapportent aussi bien aux faits de la vie privée qu'à ceux de la vie publique du Prophète, et même à ceux de son entourage immédiat que l'on suppose avoir pris modèle sur lui. Le plus souvent il s'agit d'actes ou de paroles, mais il arrive parfois aussi qu'on mentionne le silence gardé dans certains cas par Mahomet sur les questions qui lui étaient posées, ou l'assentiment tacite qu'il donnait à des actes accomplis en sa présence ou racontés devant lui.

Les ḥadîts n'ont pas tous la même valeur. Il en est de vrais et de faux, de parfaits, de bons et de médiocres. Ces qualifications ne sont point fondées sur l'appréciation que la raison en peut faire, mais seulement sur la certitude plus ou moins grande de leur exactitude. En principe, le texte même d'un ḥadîts doit être la reproduction fidèle des paroles prononcées par celui qui le premier a été le témoin oculaire ou auriculaire de ce qu'il rapporte. Ce récit s'est ensuite propagé de vive voix par une série de personnages dont l'honorabilité ne pouvait être mise en doute, et chacune de ces individualités porte le nom de *râwî* (الراوى). La succession ininterrompue des râwî constitue, pour ainsi dire, les étais du ḥadîts, et se nomme *isnâd* (اسناد).

Un même ḥadîts peut s'appuyer sur deux ou plusieurs isnâd différents. Rien ne s'oppose, en effet, à ce que plusieurs contemporains du Prophète aient rapporté le même fait et si, au début, on rencontre ainsi plusieurs râwî, il était à peu près inévitable que la série des râwî postérieurs ne subît des divergences d'autant plus grandes qu'on s'éloignait davantage du point de départ. Pourtant, comme un râwî doit être un personnage historiquement connu, afin qu'on puisse s'assurer qu'il a été en contact direct avec celui dont il a reçu un ḥadîts ou à qui il l'a transmis, ces variantes dans l'isnâd sont, somme toute, peu nombreuses pour la période antérieure à la mise par écrit des traditions. Il est à peine besoin d'ajouter que ces sources variées d'information sont une garantie de plus en faveur du ḥadîts auquel elles se rapportent.

Des défaillances de mémoire ont amené certains râwî à ne retenir qu'un fragment du ḥadîts qui leur avait été transmis, ou encore à hésiter sur certains mots qu'ils avaient entendus. Malgré les lacunes ou les incertitudes qu'ils présentent, ces ḥadîts ont néanmoins été conservés, même quand on en possédait une version tout à fait complète ou plus correcte. Cette répétition, qui peut sembler inutile, a cependant cet avantage de montrer la bonne foi qui a présidé à la recherche de ces documents, ainsi qu'à la justification de leur authenticité.

Ainsi qu'on l'a vu, l'isnâd est le seul moyen de remonter jusqu'au premier râwî dont l'autorité est indiscutable s'il a fait partie du groupe des Compagnons du Prophète. C'est donc sur la valeur de l'isnâd que doit porter tout l'effort du critique en matière de ḥadîts. Ce travail a été fait très consciencieusement par les principaux traditionnistes et, à vrai dire, il était devenu bien indispensable dès la fin du premier siècle de l'hégire, alors que, pour les besoins de leur cause, certains docteurs musulmans imaginèrent de toute pièce des ḥadîts comme arguments décisifs dans leurs polémiques religieuses.

Cependant on a admis au titre d'authentique quelques ḥadîts qui ne satisfont pas intégralement aux règles habituelles de la critique en ces matières. Ils forment d'ailleurs un groupe peu nombreux, que l'on s'accorde à accepter en qualité d'axiomes pour ainsi dire. Mais, pour l'immense majorité des cas, on s'est montré fort rigoureux, soit en rejetant tout à fait les ḥadîts déclarés alors apocryphes, soit en les adoptant avec l'une des trois mentions : *parfait, bon, faible*, suivant qu'ils satisfaisaient plus ou moins aux règles de la critique. Ce système de critique est exposé avec de nombreux développements dans le Taqrîb de En-Nawawi, dont mon collaborateur[1] M. Marçais a donné une excellente traduction avec de nombreuses et savantes notes[2]. Il est donc inutile d'en parler ici, et je me contenterai d'ajouter en passant qu'on distingue parfois les ḥadîts entre *abrogeants* et *abrogés*, par imitation de ce qui a été fait pour les versets du Coran.

[1] Absorbé par d'autres travaux, M. Marçais n'a pu fournir au second volume de cet ouvrage une collaboration aussi active que celle qu'il avait apportée précédemment. Il a seulement traduit les titres : LVI, LVII, LVIII et LIX.

[2] Dans le *Journal asiatique*, série IX, t. XVI, XVII et XVIII.

La mise par écrit des ḥadîts n'a pas arrêté le développement de l'isnâd. Le maître qui enseigne le ḥadîts de vive voix prend sa place dans l'isnâd au même titre que ses devanciers, s'il a lui-même reçu cet enseignement de la même façon d'un autre maître. En matière canonique et juridique, les Arabes estiment en général que la chose dite est plus authentique que la chose écrite. Cela tient pour une grande part à leur système d'écriture, qui ne fixe pour chaque mot que les consonnes et les voyelles longues. Les voyelles brèves ont cependant une très grande importance pour marquer le sens exact des groupes de consonnes ou de consonnes avec voyelles longues. Une erreur de lecture, facile à commettre dans ces conditions, a pour conséquence nécessaire une altération du sens. Avec une notation complète, on évite sans doute cet inconvénient, et cela a été fait pour le Coran. Néanmoins on ne lit pas le Livre sacré, on le récite, et c'est en l'entendant répéter de vive voix qu'on l'apprend par cœur, sans se servir du texte écrit, qu'on sache lire ou non.

Pour les ḥadîts, la transmission orale a été en quelque sorte inévitable. Les Compagnons du Prophète ne savaient pas écrire, sauf de très rares exceptions; ils n'avaient donc d'autre moyen que la parole pour communiquer les traditions recueillies par eux. Ils s'exprimaient dans la langue courante, ainsi qu'on peut s'en assurer par maints passages où la forme littéraire n'est pas respectée. Et il n'est pas téméraire de prétendre qu'un certain nombre ont été retouchés légèrement lors de la mise par écrit, surtout lorsqu'il s'est agi de reproduire textuellement des fragments de conversations échangées entre personnes de tous rangs et de toutes conditions.

Ces remaniements ont été pratiqués avec une telle discrétion que l'on n'est pas toujours arrivé à obtenir un contexte suffisamment correct au point de vue grammatical pour que l'interprétation en fût tout à fait certaine. Aussi ne doit-on pas être surpris que les commentateurs ne soient pas toujours d'accord sur la lecture de certains ḥadîts, non plus que sur le sens qu'il faut leur attribuer. Ces divergences ont naturellement eu leur répercussion sur les déductions rituelles ou juridiques qui devaient en être dégagées et, sur quelques points, elles sont si complètes qu'elles ont produit de véritables antagonismes entre des docteurs musulmans dont l'orthodoxie ne saurait être suspectée.

L'ensemble des ḥadîts constitue ce qu'on appelle la *sonna* (السنّة). En dehors de cette acception spéciale, le mot *sonna* signifie d'ordinaire *chemin*, *conduite*, et si l'on se reporte à l'idée primitive de la racine, qui est celle d'aiguiser, il est permis d'en conclure que sa valeur exacte dans la technologie religieuse est celle de *voie frayée* par Mahomet pour la pratique de sa religion, ou encore, si l'on veut, la règle de conduite qu'il a établie. Et, puisque le Coran dit qu'il n'y a pas de meilleur modèle à imiter que le Prophète, la Sonna est devenue le guide de tous les musulmans dans toutes les circonstances de la vie.

Ainsi qu'on peut s'en convaincre par un simple coup d'œil jeté sur la traduction du premier volume de l'ouvrage d'El-Bokhâri, la Sonna mentionne des choses auxquelles on ne saurait guère attribuer un caractère religieux. Ces questions d'hygiène privée ou publique, de bienséance et de savoir-vivre qui voisinent avec des pratiques rituelles ou des préceptes de morale ont cependant été maintenues dans tous les recueils sans raison apparente. Il paraît bien certain que l'explication de leur présence se trouverait dans des idées superstitieuses qui s'attachaient à la façon dont on accomplissait certains actes matériels, mais ce n'est pas ici le lieu d'examiner ce point et de le discuter.

De bonne heure on avait reconnu la nécessité de mettre le Coran par écrit sous une forme définitive. Le motif qu'on fait valoir d'ordinaire pour justifier la confection de cette édition *ne varietur* aurait été la disparition à la suite des premières guerres extérieures d'un grand nombre de ceux qui possédaient le Coran par cœur. Mais la véritable raison était la crainte que l'on éprouvait d'y voir introduire des altérations ou d'y faire certaines coupures. Malgré le peu de temps qui s'était alors écoulé depuis la mort du Prophète, la parfaite exactitude de cette recension a été mise en doute, et certaines variantes admises pour la lecture ou la prononciation de quelques mots pourraient à coup sûr être invoquées à l'appui de cette opinion.

Ce n'est qu'assez tard qu'on imagina de faire pour la Sonna un travail analogue à celui qu'on avait fait pour le Coran, c'est-à-dire la mettre par écrit et en coordonner les divers éléments. Tout à la fin du premier siècle de l'hégire, ou au début du second, le khalife ʿOmar-ben-ʿAbdelʿazîz envoya des instructions dans toutes les provinces de son empire pour demander que l'on rédigeât tous les ḥadîts qui circulaient de bouche en bouche. Il existait bien déjà quelques essais d'un pareil travail. Des savants, qui craignaient que leur mémoire ne leur fît défaut, avaient noté des ḥadîts sur des feuillets isolés, auxquels on a donné le nom de صحيفة *ṣaḥîfa*, et l'on assure que le chapitre de l'aumône, en particulier, avait été mis par écrit en entier.

Cette exception faite en faveur du chapitre de l'aumône s'explique sans peine. On sait, en effet, qu'en dehors de l'aumône proprement dite ce chapitre parle longuement de la dîme qui, en dépit de son caractère religieux, est en réalité une mesure fiscale. Du vivant de Mahomet et sous les quatre premiers khalifes dits orthodoxes, la ferveur religieuse était assez intense pour qu'on payât sans hésiter la redevance appelée *zekat;* mais avec les Omeyyades, considérés comme usurpateurs par les partisans d'Ali, la foi s'était attiédie et chacun essaya de s'affranchir d'un impôt dont il était enclin à suspecter la légitimité. Un texte écrit de la loi était alors le seul moyen d'avoir raison des contribuables récalcitrants, et c'est ainsi qu'on en vint à publier tout d'abord la loi fiscale.

De divers côtés, on déféra à l'invitation du khalife ʿOmar-ben-ʿAbdelʿazîz. Les premiers recueils ainsi composés prirent le nom de ديوان *diouân;* ils furent exécutés sans méthode et sans la moindre critique, en sorte qu'ils ne constituèrent guère qu'un amas de matériaux qui avaient besoin d'être passés au crible et mis en ordre. Mais l'impulsion était donnée et bientôt des travaux mieux faits parurent dans un grand nombre de villes. Parmi les auteurs de ces recueils de ḥadîts, on peut citer : Mâlik-ben-Anas, à Médine; ʿAbdallah-ben-Djoraïdj, à la Mecque; ʿAbderraḥman-El-Aouzaʿi, à Damas; Sofyân-Ets-Tsauri, à Koufa et Ḥammâd-ben-Salma-ben-Dînâr, à Bassora. Chaque ville fournissait ainsi son apport à l'œuvre commune; tous les râwî d'ailleurs habitaient les grands centres, car c'est là seulement qu'ils trouvaient à tirer un profit moral ou matériel des ḥadîts qui meublaient leur mémoire.

Cette seconde série de recueils était bien supérieure à la précédente sous le rapport de la coordination et de la critique. Et si les auteurs, au lieu de localiser leurs recherches en se cantonnant dans une seule ville, avaient songé à étendre leur champ d'action, nul doute qu'ils ne fussent arrivés à la perfection acquise définitivement par la génération suivante au cours du IIIe siècle de l'hégire.

Deux systèmes principaux avaient été employés pour le classement des ḥadîts : les uns avaient rangé ensemble toutes les traditions émanées d'un même râwî; les autres, tenant compte de la matière principale dont traitait chaque tradition, les avaient classées sous une rubrique qui leur convenait. Ce dernier système avait vite fini par prévaloir et il ne restait plus pour perfectionner le travail qu'à éliminer des recueils tout ce qui n'était pas authentique ou qui du moins ne passait pas pour tel.

Parmi ceux qui se dévouèrent à cette tâche de séparer le bon grain d'avec l'ivraie, deux hommes s'illustrèrent particulièrement; le soin qu'ils mirent à accomplir leur œuvre leur valut de devenir les maîtres incontestés en matière de ḥadîts et d'éclipser tous leurs rivaux. Et de ces deux maîtres contemporains, Moslim et El-Bokhâri, le second jouit d'une estime encore plus grande que le premier, à cause du plan spécial qu'il a suivi et dont il va être parlé ci-après.

Arrivé à sa forme définitive, ou, si l'on veut, à sa forme classique, le recueil de ḥadîts prend d'ordinaire le nom de سنن *Sonan*, qu'on peut traduire par : « Les pratiques traditionnelles ». Toutefois, pour Moslim et El-Bokhâri, le terme consacré est صحيح *ṣaḥîḥ* « authentique », abréviation de الجامع الصحيح « La somme authentique ». La même épithète est donnée également au recueil d'Et-Termidzi, mais, si l'on n'ajoute pas le nom de l'auteur après le mot Ṣaḥîḥ, c'est qu'il ne s'agit que de celui de Moslim ou de celui d'El-Bokhâri.

Moslim a sans doute mis tous ses soins à contrôler la valeur des ḥadîts qu'il a insérés dans son Ṣaḥîḥ et à disposer ces documents suivant une bonne méthode, mais il n'a pas été au delà et, somme toute, il n'a été qu'un éditeur consciencieux et érudit. El-Bokhâri ne s'est pas borné à ce simple rôle; il a fait en outre œuvre personnelle dans son recueil, et c'est pour cela qu'il s'est élevé sans conteste au-dessus de tous ses autres confrères en matière de traditions.

Aux yeux du vulgaire, on a fait surtout valoir l'excessive

piété d'El-Bokhâri et sa mémoire prodigieuse. On rapporte qu'il ne mit aucun ḥadîts par écrit avant d'avoir demandé à Dieu de l'inspirer et avant de s'être acquitté après ablution spéciale d'une prière de deux rekaʿ. On ajoute qu'il aurait dit lui-même avoir entendu 600,000 ḥadîts et en avoir retenu dans sa mémoire plus de 200,000. On a donc dû admettre que l'examen qu'il en fit fut des plus consciencieux et pratiqué avec une critique sévère et impitoyable, puisqu'il n'en conserva que 7,295, suivant les uns, 7,397 suivant d'autres, en ne tenant pas compte des fragments de ḥadîts qui font partie des rubriques, car alors on arriverait au chiffre global de 9,082. Et encore convient-il d'ajouter que, défalcation faite des traditions répétées plusieurs fois, soit in extenso, soit par fragments, il ne reste plus que 2,762 ḥadîts. Le tout est réparti entre 3,450 chapitres ou باب (*bâb*).

L'appel fait à l'intervention divine n'avait assurément pour but, dans l'esprit d'El-Bokhâri, que de prouver la façon scrupuleuse avec laquelle il avait accompli son travail d'élimination, mais beaucoup de musulmans ont dû y voir quelque chose d'analogue avec la révélation des versets du Coran. Aussi n'est-on pas surpris que l'opinion courante ait tenu compte de ce rapprochement, qui explique très bien l'attention toute spéciale dont le Ṣaḥîḥ a été l'objet. C'est ainsi, par exemple, que l'on a donné des soins particuliers aux éditions de ce livre, que le texte en a été soigneusement voyellé, qu'on a compté le nombre des ḥadîts, qu'on a eu l'idée de faire une distinction entre des ḥadîts abrogeants et des ḥadîts abrogés, ou encore qu'on en a fait le premier livre à lire après le Coran.

La véritable cause de la prééminence du Ṣaḥîḥ d'El-Bokhâri doit cependant être cherchée ailleurs que dans les deux motifs qui ont frappé l'esprit superficiel de la foule. Les commentateurs ne se sont pas mépris là-dessus, bien qu'ils n'aient fait qu'indiquer en passant ce point capital, sans y insister autant qu'il convenait. L'indication la plus caractéristique est celle qui nous fait connaître des paroles prononcées par l'auteur du Ṣaḥîḥ lui-même. Suivant Moḥammed-ben-Abou-Ḥâtim, cité par El-Qasṭallâni, El-Bokhâri a affirmé qu'il n'avait accepté dans son recueil aucun ḥadîts dont le râwî croyait que la foi n'avait pas besoin, pour être entière, de se manifester par des paroles ou par des actes.

Cette affirmation, anodine en apparence, est cependant très suggestive. A l'époque d'El-Bokhâri, une secte, dite des Mordjiïtes, tendait à prendre une très grande importance et, si elle y avait réussi, elle eût sûrement bouleversé l'islamisme de fond en comble, en admettant qu'elle l'eût laissé debout. Pour les adeptes de cette secte, la foi naît d'une conviction intime dont l'existence ne saurait échapper à la connaissance de Dieu. Toutes les manifestations extérieures de la foi, paroles ou actes, n'augmentent point la force de cette conviction; elles ne sont donc pas indispensables, et leur simple utilité devient dès lors à peu près injustifiable. Une telle doctrine ne diffère guère d'un pur théisme et aboutissait presque à la libre pensée, car là où il n'y a pas de culte il n'y a plus à proprement parler de religion et, dans ces conditions, la foi n'est plus en réalité qu'une conception plus ou moins personnelle de la genèse du monde.

Les opinions des Mordjiïtes avaient d'autant plus de chances de se propager avec rapidité qu'elles offraient aux nouveaux convertis un moyen commode de faire croire qu'ils avaient accepté de cœur une religion à laquelle ils n'adhéraient que du bout des lèvres. Chrétiens, juifs, païens même, pouvaient ainsi en effet conserver au fond du cœur les anciennes croyances qui, dans leur pensée, leur assuraient le salut éternel, tout en étant en apparence de la religion de leurs vainqueurs, ce qui leur garantissait tous les avantages matériels réservés aux seuls musulmans.

Le danger était grand et difficile à conjurer. Dans le monde des idées, la controverse directe n'aboutit d'ordinaire qu'à fortifier chacun des adversaires dans ses propres opinions, et les flots d'éloquence qui se dépensent dans ces sortes de polémiques ne servent guère qu'à distraire l'auditoire. El-Bokhâri qui d'ailleurs, au dire de ses biographes, n'avait pas un tempérament combatif, usa d'un moyen détourné pour atteindre plus sûrement l'hérésie qui menaçait l'existence même de l'islamisme; et, tandis que ses confrères se bornaient à classer et étiqueter leurs ḥadîts, il songea à en faire une arme offensive contre les Mordjiïtes et contre tous ceux qui attentaient à la pureté primitive de la religion musulmane.

Tout d'abord il plaça en tête de chaque ḥadîts ou groupe de ḥadîts traitant d'un même objet ce qu'on a appelé une *tardjoma* ترجمة. La tardjoma a le plus souvent la forme d'une rubrique rédigée par El-Bokhâri lui-même et fournit le titre d'un chapitre ou باب (*bâb*); elle a pour but de fixer la portée ou le sens pratique des ḥadîts contenus dans le chapitre en le résumant sous une forme concise. Quand il arrive à l'auteur d'employer la tournure interrogative, c'est d'ordinaire qu'il admet une divergence d'opinions ou de pratiques sur la matière. Toutefois, dans la plupart des cas dubitatifs, il fait suivre la rubrique de versets du Coran ou de fragments de ḥadîts sans isnâd complet qui indiquent au lecteur le sens pour lequel l'auteur prend parti.

La tardjoma peut aussi ne consister qu'en versets du Coran ou en ḥadîts sans isnâd complet, ou encore n'avoir que de l'un et de l'autre de ces deux éléments. On suppose dans ce cas qu'El-Bokhâri n'a pas réussi à trouver une formule suffisamment exacte et qu'il a laissé cette lacune avec l'espoir d'arriver plus tard à la combler. Enfin il y a, mais très rarement, des tardjoma sans ḥadîts et des ḥadîts sans tardjoma. Ce sont là encore des lacunes que l'on explique de la même façon que la précédente, bien qu'elles semblent avoir un caractère différent. Mais, quelle qu'en soit la composition, la tardjoma est, au dire de tous les commentateurs, l'avis personnel d'El-Bokhâri ou, si l'on veut, la conséquence qu'il tire des textes qu'il a recueillis. En même temps qu'il facilitait l'intelligence des ḥadîts par ses tardjoma, El-Bokhâri appuyait ses opinions orthodoxes sur un texte dont nul musulman, à quelque secte qu'il appartînt, ne pouvait contester l'autorité. Il accumulait les arguments, tout en ayant l'air de faire simplement acte d'érudition.

En effet, chaque tardjoma correspondait à une manifestation extérieure de la foi du Prophète ou de ses compagnons, et puisque le Coran dit qu'il n'est pas de meilleur modèle à imiter que l'Envoyé de Dieu, la doctrine de Mordjiïtes se trouvait ainsi formellement condamnée sans avoir été cependant l'objet d'une attaque directe qui pût provoquer une riposte. Et pour que son intention ne passât pas inaperçue, El-Bokhâri l'a soulignée d'une manière bien nette en mettant tout au début du premier chapitre intitulé : «De la révélation à ses débuts», ces paroles significatives : «Les actions (ou les actes) ne valent que par les intentions.»

Si peu méthodiques que soient en général les auteurs arabes, il est impossible d'attribuer au simple hasard la place d'honneur donnée à l'axiome qui condamne péremptoirement le point fondamental de la doctrine des Mordjiïtes. Il y a là à coup sûr un parti pris d'autant moins incontestable que la teneur complète de ce premier ḥadîts n'offre aucun rapport avec le début de la Révélation. Le second chapitre intitulé : «La foi» commence également par l'indication des paroles et des actes qui font intimement partie de la foi.

Cette façon discrète dont El-Bokhâri a fait usage de la tardjoma pour manifester son opinion ne pouvait être efficace qu'à la condition de se reproduire un nombre considérable de fois. Et c'est là la seule explication plausible du chiffre si élevé des tardjoma. Il serait en effet aisé d'en réduire la quantité dans une forte proportion si elles n'avaient eu d'autre fonction que celle d'une rubrique ordinaire. Enfin la présence de rubriques, non suivies de ḥadîts, se justifie mieux par ce désir de revenir sans cesse à la charge que par l'impossibilité où se serait trouvé El-Bokhâri de les appuyer sur des traditions authentiques.

Quant aux ḥadîts qui figurent dans les tardjoma ou qui parfois les constituent en entier, ils n'ont jamais d'isnâd et sont le plus souvent fragmentaires. On estime qu'El-Bokhâri les tenait personnellement pour authentiques, mais que, n'en pouvant fournir la preuve, il a voulu éviter qu'on les confondît avec les autres et qu'on s'en fît une arme pour attaquer la valeur de son recueil. On les reconnaîtra facilement dans la traduction où ils sont imprimés en petites italiques et dépourvus de numéros d'ordre.

Tout ce travail, comme on le voit, a été exécuté avec un soin très méticuleux, une réelle méthode et dans un but bien défini. Il paraît donc difficile d'admettre, ainsi que le prétendent les commentateurs, qu'El-Bokhâri ait laissé dans son ouvrage des lacunes qu'il se réservait de combler le jour où de nouveaux documents auraient été recueillis par lui ou encore de croire que ces lacunes proviendraient de manuscrits.

Ces deux hypothèses ne sont sans doute pas absolument invraisemblables; cependant puisque El-Bokhâri a enseigné lui-même de vive voix son Ṣaḥîḥ on peut se demander pourquoi il n'aurait pas exprimé lui-même les raisons qui l'auraient poussé à conserver des tardjoma sans ḥadîts à la suite. S'il l'avait fait, il est bien certain qu'on en aurait gardé le souvenir et que ses explications auraient été transmises à la postérité. D'un autre côté, s'il n'a rien dit à ce sujet de lui-même, il est bien surprenant qu'il n'ait pas été questionné sur ce point par un de ses auditeurs et alors son silence ou sa réponse nous auraient été rapportés. La seconde hypothèse est également difficile à justifier, car s'il est vrai que les leçons de l'auteur aient été entendues par 90,000 personnes il serait bien étonnant qu'aucune d'elles ne se fût rappelé le passage laissé en blanc dans les manuscrits et ne l'eût signalé au monde savant musulman.

Quoi qu'il en soit de cette question bien secondaire en somme, El-Bokhâri a, d'une part, rendu un signalé service à l'islamisme en conjurant le péril Mordjiïte, et, d'autre part, il a, pour ainsi dire, fixé d'une manière définitive la constitution pratique de la religion du Prophète. D'autres que lui ont consigné dans leurs recueils des ḥadîts authentiques, mais aucun autre, pas même Moslim, n'a apporté un soin égal à vérifier ses documents. En effet, Moslim accepte la transmission d'un ḥadîts entre deux râwî contemporains sans s'être assuré, comme le fait El-Bokhâri, qu'ils ont pu être en relations directes et qu'ils se sont rencontrés au moins une fois.

Les travaux des grands législateurs musulmans, entre autres ceux de Abou-Ḥanîfa, de Mâlik et de Ech-Chaféi, sont antérieurs à la rédaction du Ṣaḥîḥ d'El-Bokhâri. Ce n'est donc pas dans ce livre qu'ils ont trouvé les ḥadîts sur lesquels repose une partie de la loi canonique et civile des musulmans. Cependant le Ṣaḥîḥ a été consulté et doit l'être encore par un cheikh-el-islâm ou un mufti à qui on demande une fetoua juridique. C'est dans cette mesure qu'il conserve un rôle appréciable dans la jurisprudence musulmane, rôle qu'il partage avec les autres recueils classiques de traditions, mais à un degré plus éminent.

Au point de vue social, les ḥadîts continuent à fournir des indications précieuses pour toutes les questions qui n'ont pas été tranchées dans un sens précis par le Coran. Chaque fois qu'une difficulté ou une hésitation se produit en morale, en politique, en hygiène ou en bienséance, on a recours aux traditions pour savoir ce qu'il convient de faire. Presque partout on procède tous les ans à des lectures publiques du Ṣaḥîḥ d'El-Bokhâri. Ces lectures, accompagnées d'un court commentaire, ont lieu dans les mosquées et en général vers l'époque du Ramadân. Cependant dans les circonstances critiques ou solennelles elles prennent plutôt le caractère d'un véritable office analogue à celui de la récitation du Coran. Un exemplaire du Ṣaḥîḥ d'El-Bokhâri jouit d'un prestige égal à celui du Coran pour la prestation des serments et il figure également à côté du Livre Saint dans les grandes solennités où l'on veut soit apaiser la colère de Dieu, soit lui manifester sa reconnaissance au jour d'un triomphe.

De son vivant, l'homme qui, aux yeux du monde musulman, a produit l'œuvre la plus parfaite après le Coran, a rencontré parmi ses contemporains des ennemis et des détracteurs. Les biographes n'ont guère insisté sur ce point qui pourtant méritait d'attirer toute leur attention puisqu'il met en relief le péril que courait la religion musulmane à cette époque en même temps que la haute valeur de l'œuvre qui l'a conjuré. Comme d'ordinaire, ils n'ont dépeint que la physionomie extérieure du personnage sans chercher à pénétrer ses sentiments intimes autrement que par quelques anecdotes dont ils ont émaillé leurs récits. Nous n'avons donc qu'une sorte de *curriculum vitae* d'El-Bokhâri dont voici les traits principaux d'après El-Qasṭallâni.

Le personnage, que tout le monde ne désigne plus aujourd'hui que sous le simple vocable d'El-Bokhâri, avait pour nom complet : Abou-ʿAbdallah-Moḥammed-ben-Ismaʿîl-ben-Ibrahîm-ben-El-Moghîra-ben-Bardizbeh[1]-El-Djoʿfî-El-Bokhâri. Il naquit à Bokhâra dans la nuit du 12 du mois de Chaouâl de l'année 194 (19 juillet 810). On voit par sa généalogie qu'il était d'origine persane et l'on sait que son arrière grand-père El-Moghîra fut le premier de ses ancêtres qui embrassa l'islamisme. Quant à la conversion d'El-Moghîra, on rapporte qu'elle fut due à un gouverneur de Bokhâra, nommé El-Yamân-El-Djoʿfî, et ce fut à cette sorte de parrain que la famille emprunta l'ethnique El-Djoʿfî qui dorénavant figura dans sa nomenclature généalogique.

El-Bokhâri était encore un tout jeune enfant quand il perdit son père. Ce fut sa mère qui dirigea son éducation et elle dut penser bientôt qu'il était appelé à jouer un rôle important dans l'islamisme. On assure, en effet, que, son enfant ayant complètement perdu la vue, elle adressa au Ciel de ferventes prières et vit en songe Abraham qui lui annonça que Dieu les avaient exaucées; en effet, dès le lendemain de cette apparition, El-Bokhâri recouvrait complètement la vue. Si, à cette circonstance, on ajoute qu'il était mince et de petite taille, on voit que l'auteur du Ṣaḥîḥ était d'une constitution délicate. Son activité et son intelligence devaient donc le porter à se livrer à

[1] Telle est l'orthographe indiquée d'une façon précise par Qasṭallâni qui ajoute que ce mot signifie «le semeur». Mais Ibn-Khallikan donne les leçons *Yezdibah* et Yezdezbah (cf. *Ibn-Khallikan*, trad. de Slane, t. II, p. 596). La leçon *Bardizbeh* est également celle qui a été adoptée tout récemment par Dr. Trangott Mann dans la *Tuhfa Dawi-l'Arab*, Leiden, 1905, p. ١٣.

l'étude d'une des sciences cultivées à cette époque par les musulmans plutôt qu'aux travaux d'une nature physiquement plus active.

Grâce à son intelligence et à sa mémoire prodigieuse El-Bokhâri fit de si rapides progrès qu'à l'âge de 11 ans il possédait admirablement les ḥadîts qu'on lui avait enseignés. Il les étudiait avec tant de soin qu'il put reprendre son maître sur une erreur que celui-ci commettait en citant un isnâd. Or il ne s'agissait pas d'une simple inadvertance du professeur, mais d'une erreur qu'on commettait généralement faute d'avoir consulté un certain auteur qui avait donné la véritable leçon. A l'âge de 16 ans, ayant brillamment terminé ses études, El-Bokhâri partit en pèlerinage à la Mecque en compagnie de son frère aîné Aḥmed et de sa mère. Puis, laissant rentrer seul à Bokhâra son frère qui devait y mourir peu après, il s'installa à la Mecque et s'y livra activement à la recherche de ḥadîts et de détails biographiques sur les râwî.

El-Bokhâri avait 18 ans lorsqu'il publia son premier ouvrage intitulé : كتاب قضايا الصحابة و التابعين واقاويلهم. Ce traité, ainsi que l'indique son titre, traitait des décisions rendues par les Compagnons du Prophète et ceux qui les avaient connus, en indiquant les diverses opinions qu'ils avaient pu avoir sur un même sujet. Son second ouvrage, publié peu de temps après, fut rédigé à Médine près du tombeau du Prophète sans doute à cause de l'importance toute spéciale que l'auteur attribuait à la matière dont il s'occupait. Pour s'assurer de l'authenticité de la transmission d'un ḥadîts, il fallait tout d'abord prouver que le râwî transmetteur et le râwî récepteur étaient contemporains et avaient communiqué entre eux. Ce fut exclusivement dans ce but que fut conçu et exécuté l'ouvrage intitulé : التاريخ الكبير «La grande histoire». El-Bokhâri fit ensuite lui-même deux abrégés de son propre travail sous les titres de التاريخ الاوسط « L'histoire moyenne » et التاريخ الصغير « La petite histoire ».

Ces travaux préliminaires terminés, El-Bokhâri se mit à la recherches des ḥadîts et il en fit une abondante moisson en visitant les villes suivantes : Balkh, Merw, Nisapour, Rayy, Bagdad, Bassora, Koufa, la Mecque, Médine, Ouâsiṭ, Misr, Damas, Qaïsariyya, Ascalon et Emèse. Dans ces diverses localités il rencontra 1,080 personnes ou râwì, qui lui enseignèrent des ḥadîts, et, comme il le dit lui-même, il ne faut pas comprendre dans ce chiffre ceux qui professaient la doctrine que la foi n'a besoin pour être sincère de se manifester ni par des paroles, ni par des actes.

Pendant qu'il accumulait ainsi les matériaux destinés à son grand ouvrage, à la composition duquel il devait employer seize années, El-Bokhâri continuait à propager ses idées sur la foi en enseignant les ḥadîts lui-même et en ayant soin d'insister sur les faits qui militaient en faveur de sa théorie. L'un de ses arguments favoris étaient que l'on ne pouvait constater, ainsi que tout le monde l'admettait, comment la foi pourrait augmenter ou diminuer si elle ne se traduisait pas en actes extérieurs visibles.

Cet enseignement, donné successivement dans le Hedjâz, dans l'Irâq et dans le Mawarennahar, fut fort suivi malgré la jeunesse du maître qui, à ses débuts, disent les biographes, n'avaient pas encore le moindre poil au menton. Environ 70,000 auditeurs ou étudiants entendirent ces leçons et nombre de traditionnistes, devenus célèbres plus tard, s'honorèrent d'avoir été les disciples d'El-Bokhâri.

Avec ses récits coupés et ses isnâd formés de séries plus ou moins longues de noms propres, la science des traditions exige une très grande mémoire. Celle d'El-Bokhâri était véritablement prodigieuse. Il était capable, dit-on, de réciter par cœur un livre entier rien qu'après l'avoir lu rapidement des yeux. Tout jeune encore il avait retenu dans sa mémoire 75,000 ḥadîts et il arriva plus tard à en posséder plus de 200,000 qu'il pouvait débiter sans la moindre hésitation.

Quelques envieux, un jour, essayèrent de prendre en défaut le jeune prodige. Ils lui citèrent certains ḥadîts peu connus dans lesquels ils avait modifié très légèrement le texte même et l'isnâd. L'épreuve tourna à leur confusion. Après avoir répondu tout d'abord à ses interlocuteurs qu'il ignorait les traditions qu'on lui citait, El-Bokhâri les reprit ensuite une à une en corrigeant toutes les erreurs qu'on y avait introduites et en disant d'un air narquois qu'il ne connaissait que ces ḥadîts qui étaient sans doute ceux qu'on avait voulu lui citer. Cette sûreté de mémoire, au moyen de laquelle il remettait sur pied les textes estropiés, valut à El-Bokhâri le surnom de «Médecin des ḥadîts».

Grâce à la fortune que lui avait laissée son père, El-Bokhâri ne fut détourné de son œuvre par aucun souci matériel. Il avait du reste les goûts les plus simples et c'est en bonnes œuvres qu'il employait ses larges revenus. A peine est-il besoin d'ajouter que sa piété était extrême, et une anecdote qu'on cite à ce propos prouve toute l'importance qu'il attachait aux actes de dévotion. Un jour qu'il faisait sa prière, une guêpe pénétra sous ses vêtements et le piqua si violemment en seize ou dix-sept endroits que toute sa poitrine en était tuméfiée. Néanmoins il ne voulut pas interrompre la récitation d'un chapitre du Coran qu'il avait commencée et c'est seulement quand elle fut achevée qu'il pria quelqu'un de rechercher la cause des souffrances qu'il venait d'endurer.

Il n'était pas moins scrupuleux quand il s'agissait d'affaires d'intérêt, et là encore il ne voulait pas qu'on pût lui adresser le moindre reproche. A cette époque, la fortune mobilière dans les villes consistait uniquement en marchandises dont on faisait le commerce. Des négociants étaient venus le trouver et lui avaient proposé un bénéfice de 5,000 dirhems sur un lot de marchandises qu'il avait chez lui. Il hésita à conclure l'affaire et demanda à réfléchir jusqu'au lendemain. Quelques instants après avoir fait cette réponse, d'autres commerçants lui proposèrent pour ce même lot un bénéfice de 10,000 dirhems. Il refusa cette offre plus avantageuse en disant qu'il se croyait tenu de conclure le premier marché parce que, aussitôt après le départ de ses premiers clients, il avait, dans sa pensée, considéré l'affaire comme réglée.

S'il n'était pas disposé à laisser entamer ses convictions, du moins n'employait-il jamais de mots injurieux ou même simplement malveillants à l'égard de ses contradicteurs. En aucune circonstance, dit-on, il ne traita de menteur quelqu'un qui sciemment altérait la vérité. Il était trop honnête et d'un esprit trop élevé pour dissimuler de parti pris les travaux de ses adversaires. Ainsi, malgré l'hostilité que lui avait toujours manifestée Edz-Dzehli (الذهلى), il ne supprima pas son nom dans les trois ou quatre ḥadîts qu'il lui emprunta, et il se borna à se servir pour l'indiquer d'un surnom sous lequel on le désignait rarement. Certes il eût été préférable qu'il se fût exprimé sans la moindre réticence, mais il tenait à faire sentir qu'il n'avait aucune estime pour le caractère de son adversaire.

Parfois cependant il se montra moins catégorique qu'on n'aurait dû s'y attendre. C'est ainsi que, invité à se prononcer sur cette question de savoir si le Coran était créé ou incréé, question brûlante qui passionnait vivement les esprits, il répondit par ces paroles ambiguës : «Le Coran, verbe de Dieu est incréé, mais les actes des hommes sont créés.» Il voulait dire par là que le fait par un homme de réciter le Coran constitue un acte. Or, comme personne ne met en doute que les actes des hommes sont créés, il est bien certain que le Coran sous cette forme est créé. Quant au Coran en tant que verbe de Dieu il était à coup sûr incréé puisqu'il était une émanation de la personnalité divine. Cette réponse donnait raison en quelque sorte aux deux doctrines opposées ou pour mieux dire en détruisait toute la portée.

A en juger par une anecdote que citent les biographes, El-Bokhâri était très porté au bien et à l'indulgence. Une de ses esclaves ayant renversé sur ses papiers un encrier qui était devant lui, il l'apostropha brusquement en ces termes : «Tu ne sais donc pas marcher? — Comment pourrais-je marcher, riposta vivement la servante, quand il n'y a pas de place pour passer?» S'apercevant alors qu'il était lui-même en faute à cause du désordre et de l'encombrement de ses livres, El-Bokhâri répliqua en disant à son esclave qu'il lui accordait sa liberté sans condition.

Les miracles n'ont pas manqué à la gloire d'El-Bokhâri, ni de son vivant, ni après sa mort. A l'occasion de l'achèvement d'un *ribât* qu'il avait fait construire à ses frais et auquel il avait travaillé lui-même en qualité de manœuvre, il offrit un repas à ses ouvriers et acheta dans ce but une vache et trois dirhems de pain. Or le nombre des convives dépassa de beaucoup celui sur lequel on comptait. Cependant, non seulement on réussit à rassasier plus de cent personnes, mais encore il resta une certaine quantité de pain. On raconte encore que la terre qui avoisinait son tombeau prit pendant longtemps une telle odeur de musc qu'on venait s'en approvisionner pour parfumer les appartements.

L'œuvre d'El-Bokhâri a certainement contribué à grandir aux yeux des fidèles la personnalité de Mahomet et peut-être aussi à lui faire attribuer une sorte de caractère divin auquel il n'avait jamais prétendu. Aussi ne doit-on pas être surpris que la légende ait fait intervenir le Prophète en faveur de celui qui lui valait de si grands honneurs posthumes. Deux de ces récits sont à retenir. Suivant le premier, El-Bokhâri encore tout jeune se serait vu en songe à côté de Mahomet écartant à l'aide d'un éventail les mouches qui voulaient se poser sur l'auguste visage du fondateur de l'islamisme. C'était, d'après les interprètes autorisés, une invitation à préserver les ḥadîts du contact des ignorants ou des malintentionnés qui en auraient altéré la pureté.

Selon la seconde légende, un savant musulman, habitant une contrée fort éloignée de Bokhâra, vit en songe Mahomet qui se tenait à l'entrée du Paradis. «Que faites-vous là? lui demanda le savant. — J'attends El-Bokhâri, répliqua le Prophète, car je veux moi-même l'introduire dans le séjour des bienheureux.» Or, vérification faite plus tard, ce songe avait eu lieu juste au moment où l'auteur du Ṣaḥîḥ mourait dans le bourg de Kharteng, c'est-à-dire le dernier jour du mois de Ramadân de l'année 256 (31 août 870).

Les opinions d'El-Bokhâri, et aussi la supériorité qu'il avait sur ses rivaux et qu'il devait à son seul mérite, lui avaient valu bien des envieux et des ennemis. Sa présence dans une ville pouvait à cause de cela devenir une occasion de troubles. Et quand il mourut à Kharteng, il attendait précisément que l'on eût décidé si oui ou non il serait reçu dans la ville de Samarqande. Il était malade depuis quelques jours, lorsqu'on lui annonça qu'on lui ferait un accueil digne de lui. Mais, comme il faisait à pied les quelques pas qui le séparaient de sa monture, il tomba brusquement en chemin et rendit le dernier soupir. Pendant quelques heures après sa mort son corps se couvrit d'une abondante transpiration. Il était âgé de 62 ans moins treize jours en comptant par années lunaires. Suivant le désir qu'il avait exprimé, on l'ensevelit dans trois pièces d'étoffes qui n'étaient ni des chemises, ni des turbans.

El-Bokhâri avait écrit un assez grand nombre d'ouvrages. En voici la liste telle que la donne El-Qasṭallâni en y comprenant ceux cités précédemment : 1° الجامع الصحيح; 2° كتاب قضايا الصحابة والتابعين واقاويلهم; 3° الادب المفرد; 4° برّ الوالدين; 5° التاريخ الكبير; 6° التاريخ الاوسط; 7° التاريخ الصغير; 8° خلق افعال العباد; 9° كتاب الضعفاء; 10° المسند الكبير; 11° التفسير الكبير; 12° كتاب الاشربة; 13° كتاب الهبة; 14° اسامى الصحابة; 15° كتاب المبسوط; 16° كتاب الكنى et 17° كتاب الفوائد. Tous ces travaux sont relatifs aux ḥadîts. Quant aux nombreux commentaires qui ont été faits du Ṣaḥîḥ, la liste en sera donnée dans le volume des index en même temps que les différentes éditions du texte seul.

M. Krehl avait commencé à Leyde la publication du texte du Ṣaḥîḥ, mais il n'en a paru que trois volumes et il est vraisemblable que le quatrième et dernier volume de cette édition ne verra jamais le jour. Néanmoins c'est elle qui a servi en quelque sorte de base à la traduction française, parce qu'elle permet de retrouver plus facilement le texte arabe des ḥadîts traduits à cause du numérotage des *bâb* ou chapitres. Cependant la traduction contient quelques chapitres qui, faisant défaut dans l'édition de Leyde, figurent dans l'un des deux commentateurs principaux El-Qasṭâllani et El-ʿAïni. On les reconnaîtra sans peine car leur numéro d'ordre est toujours suivi de la mention *bis*. Des notes signalent les légères variantes qu'offrent ces trois exemplaires quand elles ne sont point le résultat d'une faute typographique évidente.

Quand la tardjoma contient une rubrique, celle-ci est en *petites capitales* tandis que les citations du Coran et les ḥadîts fragmentaires ou non, qui n'appartiennent pas au *Corpus* proprement dit, sont en *italique*. Tous les ḥadîts qui font partie du Corpus sont en *romain* et ont reçu un numéro d'ordre destiné à faciliter les recherches.

Pour le public, auquel est destinée cette traduction, la série des noms qui composent les isnâd n'aurait eu d'autre résultat que d'en rendre la lecture plus pénible. Du moment, en effet, qu'un ḥadîts figure dans le Corpus d'El-Bokhâri c'est qu'il est authentique ou réputé tel par l'immense majorité des musulmans. Les orientalistes qui auraient besoin d'être renseignés sur ce point retrouveront facilement les isnâd dans l'édition de Krehl pour les trois premiers volumes, dans El-Qasṭallâni pour le quatrième. L'indication du premier râwì dans la traduction paraît bien suffisante et on le trouvera toujours écrit en *italique*. Les diverses parties du nom de ce personnage ainsi que celles des personnages cités sont réunies par des traits d'union afin que l'oubli accidentel d'un signe de ponctuation ne fasse pas croire à un seul nom quand il y en a deux ou plusieurs.

C'est par suite d'une inadvertance que, dans le premier volume, on a laissé l'orthographe fautive *rika'* au lieu de *reka'*.

Ces courtes indications seront, je l'espère, suffisantes en attendant l'Introduction qui ne pourra être définitivement rédigée qu'après l'achèvement complet de la traduction.

Paris, février 1905.

O. HOUDAS.

EL-BOKHÂRI.

LES TRADITIONS ISLAMIQUES.

AU NOM DE DIEU, LE CLÉMENT, LE MISÉRICORDIEUX.

TITRE XXXIV.

DES VENTES[1].

De ces mots du Coran : « . . . Dieu a permis la vente; il a interdit l'usure[2] » (sourate II, verset 276); *et de ces mots : « . . . A moins qu'il ne s'agisse du trafic d'objets présents dont vous vous faites livraison (immédiate) réciproque . . .* » (sourate II, verset 282)[3].

CHAPITRE PREMIER. — DE CE QUI A ÉTÉ RAPPORTÉ DANS CES MOTS DU CORAN : « LA PRIÈRE ACHEVÉE[4], DISPERSEZ-VOUS SUR LA TERRE ET RECHERCHEZ QUELQUE FAVEUR (MATÉRIELLE) DE DIEU. MENTIONNEZ SOUVENT LE NOM DE DIEU ET ALORS VOUS SEREZ HEUREUX. » — « *Quand ils voient quelque trafic à faire ou quelque divertissement à contempler, qu'ils y courent et qu'ils t'abandonnent pendant que tu es encore debout (à prêcher), dis : « Ce que Dieu a par devers « lui est préférable à ce divertissement et à ce trafic, car Dieu est celui qui pour- « voit le mieux au sort de tous les êtres*[5] . . . » (sourate LXII, versets 10

(1) Ou : « contrats commutatifs », le mot du texte pouvant être également pris dans les deux sens de vente et d'achat.

(2) Il s'agit non pas seulement de l'usure, mais même du prêt à intérêt quel qu'en soit d'ailleurs le taux, ou encore du fait de retarder, pour en tirer profit, la livraison de l'objet vendu ou le paiement du prix.

(3) Tout ce paragraphe manque dans l'édition de Krehl.

(4) Les affaires traitées à l'issue de l'office du vendredi sont considérées comme plus particulièrement fructueuses.

(5) Ce verset fait allusion à un incident particulier : Un vendredi, pendant que Mahomet faisait le prône, le bruit des tambours ayant annoncé l'arrivée d'une caravane, la plupart des fidèles quittèrent la mosquée avant la fin de l'office, les uns par curiosité, les autres pour faire des affaires.

IMPRIMERIE NATIONALE.

et 11). — *Et de ces mots du Coran : « Ne vous mangez pas mutuellement vos biens par des moyens illicites*[1]*, mais seulement par des opérations commerciales librement consenties de part et d'autre...* » (sourate IV, verset 33).

1. *Sa'îd-ben-El-Mosayyib* et *Abou-Salama-ben-'Abderrahman* racontent que Abou-Horaïra a tenu le discours suivant : « Vous dites : « Abou-Horaïra fournit un grand nombre de traditions relatives à « l'Envoyé de Dieu », et vous ajoutez : « Pourquoi les Mohâdjir et « les Anṣâr ne rapportent-ils point sur l'Envoyé de Dieu autant de « traditions que Abou-Horaïra ? » — C'est que mes frères, les Mohâdjir, s'occupaient de trafiquer sur les marchés, tandis que moi je restais toujours auprès de l'Envoyé de Dieu, me contentant d'avoir de quoi apaiser ma faim. J'étais donc là alors qu'ils étaient absents et je meublais ma mémoire tandis que la leur restait vide. Quant à nos frères, les Anṣâr, ils donnaient tous leurs soins aux travaux des champs pendant que moi, je demeurais pauvre au milieu des autres pauvres de la Ṣoffa et j'emmagasinais des traditions au moment où eux ne pouvaient en faire autant.

« Dans un de ses discours, l'Envoyé de Dieu avait dit : « Quiconque, parmi vous, étendra son manteau, puis, l'ayant laissé étendu ainsi jusqu'à ce que j'aie achevé le présent discours, le ramènera « ensuite à lui pour s'en entourer, gardera dans sa mémoire tout ce « que je dirai. » Aussitôt j'étendis le manteau moucheté que j'avais sur moi; puis, le discours de l'Envoyé de Dieu achevé, je ramenais ce vêtement sur ma poitrine. Jamais depuis je n'ai absolument rien oublié de ces paroles de l'Envoyé de Dieu. »

2. D'après *Ibrâhîm-ben-'Abderrahman-ben-'Auf*, 'Abderrahman-ben-'Auf a dit : « Quand j'arrivai à Médine, l'Envoyé de Dieu me choisit pour frère Sa'd-ben-Er-Rabî' : « Je suis le plus riche des « Anṣâr, me dit alors Sa'd-ben-Er-Rabî'; je te donne en partage la « moitié de mes biens. Vois maintenant celle de mes deux femmes

[1] Il s'agit surtout du jeu et du prêt à intérêt.

« que tu préfères; je la répudierai et, aussitôt qu'elle sera légalement « mariable [1], je te la ferai épouser. — Je n'ai nul besoin de tout « cela, répondit ʿAbderraḥman; y a-t-il ici un marché où on puisse « trafiquer ? — Le marché des Qaïnoqâʿ, répliqua Saʿd. »

Le lendemain matin, ʿAbderraḥman se rendit au marché indiqué et il en rapporta du fromage et du beurre, puis il continua chaque jour à s'y rendre le matin. Bientôt après, ʿAbderraḥman, tout imprégné de l'odeur de parfums, vint trouver le Prophète. « Tu viens de te marier? lui demanda l'Envoyé de Dieu. — Oui, répondit-il. — Et avec qui ? — Avec une femme des Anṣâr. — Et quelle dot as-tu donnée ? — Le poids en or d'un noyau [2], ou, suivant une variante : Un noyau d'or. — Donne aussi un repas de noces, ne fût-il composé que d'un seul mouton [3]. »

3. On rapporte que *Anas* a dit : « ʿAbderraḥman-ben-ʿAuf se rendit à Médine; là, le Prophète lui choisit pour frère Saʿd-ben-Er-Rabîʿ-El-Anṣâri qui était riche. S'adressant à ʿAbderraḥman, Saʿd lui dit : « Je veux te donner en partage la moitié de mes biens et « je veux en outre te marier. — Dieu te bénisse dans ta famille « et dans tes biens [4], répondit ʿAbderraḥman. Qu'on m'indique « seulement où est le marché ! » ʿAbderraḥman ne revint pas du marché avant d'avoir gagné du fromage et du beurre qu'il rapporta aux gens de sa maison.

« Peu de temps après, ou après le temps voulu par Dieu, ʿAbderraḥman vint nous trouver tout maculé de jaune [5]. « Qu'est-ce à « dire ? demanda le Prophète. — Ô Envoyé de Dieu, répondit-il, « je viens d'épouser une femme des Anṣâr. — Et quelle dot lui « as-tu donnée ? — Un noyau d'or, ou, suivant une variante :

(1) C'est-à-dire qu'elle aura accompli la retraite légale imposée après la répudiation, une femme ne pouvant légalement se marier que trois mois après sa répudiation.

(2) La valeur de ce poids est d'un quart de dinar.

(3) C'est ici une locution pour dire : « Si peu que ce soit ».

(4) Cette formule est une façon de dire : « Merci. »

(5) Ces taches provenaient des parfums dont sa femme s'était servie pour sa toilette de mariée.

« Le poids en or d'un noyau. — Donne un repas de noces, ne fût-il « composé que d'un seul mouton. »

4. ʿAmr-(ben-Dînar-El-Mekki) rapporte que Ibn-ʿAbbâs a dit : « Avant l'Islamisme, ʿOkâdz, Midjanna et Dzou-'l-Madjâz servaient d'emplacement à de grandes foires. Quand l'islamisme fut établi, les fidèles craignirent de commettre un péché en se rendant à ces foires. Les paroles suivantes du Coran furent alors révélées : « Ce « n'est point un péché pour vous de rechercher quelque faveur « (matérielle) du Seigneur. . . » (sourate II, verset 194), « pendant les fêtes du pèlerinage », ajoutait Ibn-ʿAbbâs en récitant ce verset [1].

CHAPITRE II. — Entre ce qui est clairement licite et ce qui est manifestement illicite il y a ce qui est d'un caractère douteux.

1. Avec des variantes d'isnâd on rapporte que *En-Noʿmân-ben-Bachîr* a dit : « Le Prophète s'est exprimé en ces termes : « Entre ce « qui est clairement licite et ce qui est manifestement illicite il y a « des choses d'un caractère douteux. Celui qui s'abstient de ce qui « lui paraît douteux au point de vue du péché sera plus porté en- « core à s'abstenir de ce qui est clairement illicite. Celui qui sera « enclin à faire ce qui lui paraît douteux au point de vue du péché « sera bien près de faire ce qui est clairement illicite. Les choses « criminelles forment comme un enclos défendu par Dieu. Celui « qui va paître autour de cet enclos est très exposé à y pénétrer. »

CHAPITRE III. — De l'explication des choses d'un caractère douteux. — *Ḥassân-ben-Abou-Sinân a dit : « Je ne vois rien de plus facile que d'être scrupuleux ; tu n'as qu'à laisser de côté ce qui te semble douteux pour ne faire que ce qui ne te paraît nullement douteux. »*

1. *ʿOqba-ben-El-Ḥârits* rapporte qu'une femme noire vint le trouver et prétendit qu'elle avait été sa nourrice et celle de sa femme. Il alla raconter le fait au Prophète. Celui-ci se détourna en

[1] Ce passage montre clairement qu'à ce moment il y avait encore des variantes assez sérieuses dans le texte du Coran.

souriant et dit : « Comment (tu as encore des rapports avec cette femme) après ce qui a été dit[1] ! » ʿOqba était alors marié à la fille de Abou-Ihâb-Et-Temîmi.

2. On rapporte que *ʿAïcha* a dit : « ʿOtba-ben-Abou-Ouaqqâṣ avait fait à son frère Saʿd-ben-Abou-Ouaqqâṣ la déclaration testamentaire suivante : « Le fils de l'esclave de Zamaʿa[2] est de moi, prends-le. » L'année de la conquête de La Mecque, Saʿd-ben-Abou-Ouaqqâṣ voulut prendre cet enfant en disant : « C'est le fils de mon frère qui « m'a recommandé de le prendre. » Mais ʿAbdo-ben-Zamaʿa protesta en disant : « C'est mon frère, le fils de l'esclave de mon père ; il est « né de ses œuvres. » Les deux contestants ayant porté leur litige devant l'Envoyé de Dieu, Saʿd s'exprima en ces termes : « Ô Envoyé de Dieu, c'est le fils de mon frère et mon frère m'a légué « le droit de le prendre. — C'est mon frère, répliqua ʿAbdo-ben-« Zamaʿa ; il est le fils de l'esclave de mon père et il est né de ses « œuvres. » S'adressant alors à ʿAbdo-ben-Zamaʿa, le Prophète lui dit : « Cet enfant est à toi. » Puis il ajouta : « L'enfant appartient au « (maître du) lit ; l'adultère n'a droit qu'à être lapidé. » Ensuite s'adressant à Sauda-bent-Zamaʿa, sa femme, le Prophète lui dit : « Ô Sauda, ne te montre pas à visage découvert devant cet enfant. » Il avait en effet remarqué que cet enfant ressemblait à ʿOtba. Jusqu'à sa mort, l'enfant ne vit jamais Sauda. »

3. On rapporte que *ʿAdyy-ben-Abou-Ḥâtim* a dit : « Comme j'in-

[1] Il faut se rappeler que la loi musulmane interdit le mariage avec une sœur de lait.

[2] Avant l'islamisme certains Arabes livraient leurs esclaves femmes à la prostitution. L'enfant né de ces prostituées demeurait esclave s'il n'était reconnu comme étant issu de rapports que le maître aurait eus avec son esclave, car dans ce dernier cas il était de condition libre. A la mort du maître ses héritiers avaient donc tout intérêt à soutenir que les enfants nés de ces prostituées devaient le jour à des étrangers. Quand, de son vivant, le maître n'avait ni désavoué, ni réclamé la paternité de l'enfant, ses héritiers avaient la faculté de reconnaître la paternité de leur auteur à l'égard de cet enfant, mais cela ne leur était plus permis si le maître avait nié la paternité avant de mourir. Le point douteux dans ce hadits était, en réalité, de savoir si l'enfant était véritablement le fils de ʿOtba, ou si les héritiers seuls le déclaraient tel dans le seul but de le rattacher à leur clan.

terrogeais l'Envoyé de Dieu au sujet de l'emploi (à la chasse) du javelot dit *mi'râḍ*[1], il me répondit : « Si, en chasse, tu atteins un « animal avec la pointe, mange-le (ainsi tué); si tu l'atteins avec le « manche et que tu le tues, ne le mange pas car il est alors *waqîdz*[2]. » J'ajoutai ensuite : « Ô Envoyé de Dieu, j'avais lancé mon chien en « prononçant le nom de Dieu; j'ai trouvé la pièce de gibier tenue à « la fois par mon chien et un autre chien sur lequel je n'avais pas « prononcé le nom de Dieu et j'ignore quel est celui des deux « chiens qui a pris la pièce de gibier? — Ne mange pas ce « gibier, répondit le Prophète, puisque tu n'as prononcé le nom de « Dieu que sur ton chien sans le prononcer sur l'autre. »

CHAPITRE IV. — Des choses douteuses dont on doit s'abstenir.

1. On rapporte que *Anas* a dit : « Passant près d'une datte tombée à terre, le Prophète dit : « Si je ne craignais que cette datte « ne fît partie du zekat[3], je la mangerais. »

Hammâm rapporte que, d'après Abou-Horaïra, le Prophète aurait dit : « J'avais trouvé une datte sur mon lit... »

CHAPITRE V. — De celui qui ne voit pas matière à doute dans les suggestions et autres choses analogues.

1. *'Abderraḥman-ben-Zeïd-ben-'Aṣim-El-Mâzini* a dit : « Comme on lui demandait s'il était d'avis que l'homme qui éprouvait quelque incongruité durant sa prière devait interrompre cette prière, le Prophète répondit : « Non (qu'il ne l'interrompe pas) tant qu'il n'a « pas entendu de bruit ou perçu une odeur. »

Ibn-Abou-Ḥafṣa a dit d'après Ez-Zohri : « Tu n'as pas à faire de nouvelle ablution, sauf quand tu as senti une odeur ou que tu as entendu un bruit. »

(1) C'est le nom d'une flèche sans plumes, ou d'un bâton ferré à l'une de ses extrémités. Ces armes étourdissaient l'animal sans provoquer une effusion de sang.

(2) C'est-à-dire : « Tué à l'aide d'un instrument contondant » sans effusion de sang.

(3) On sait que Mahomet s'était interdit à lui et à tous les siens d'user en quoi que ce fût du produit de la dîme ou zekat.

2. *ʿAicha* rapporte qu'un groupe d'individus dirent : « Ô Envoyé de Dieu, il y a des gens qui nous apportent de la viande, mais nous ne savons pas si, oui ou non, ils ont prononcé le nom de Dieu sur cette viande. — Prononcez le nom de Dieu vous-mêmes sur cette viande, répondit l'Envoyé de Dieu, et mangez-la. »

CHAPITRE VI. — *De ces mots du Coran : « Quand ils voient quelque trafic à faire ou quelque divertissement à contempler, qu'ils y courent... »* (sourate LXII, verset 11).

1. *Djâbir* a dit : « Nous faisions la prière avec le Prophète quand il arriva de Syrie une caravane de chameaux chargés de vivres. Les fidèles se précipitèrent aussitôt vers la caravane en sorte qu'il ne resta que douze hommes auprès du Prophète. Ce fut à cette occasion que fut révélé le verset : « Quand ils voient quelque trafic « à faire ou quelque divertissement à contempler, qu'ils y cou- « rent... » (sourate LXII, verset 11). »

CHAPITRE VII. — De celui qui ne s'inquiète pas de la source de ses profits.

1. Selon *Abou-Horaïra*, le Prophète a dit : « Il viendra un temps pour les hommes où personne ne s'inquiètera de la source de ses profits, s'ils proviennent d'une chose licite ou d'une chose illicite. »

CHAPITRE VIII. — Du commerce par terre [1]. — *De ces mots du Coran : « Ce sont des hommes que ni négoce, ni vente ne détournent de la prière »* (sourate XXIV, verset 37). — *Qatâda a dit : « Les fidèles faisaient des affaires et du négoce, mais quand survenait quelque devoir à remplir envers Dieu, ils ne s'en laissaient distraire ni par leur négoce, ni par leurs affaires; rien ne les détournait de mention de Dieu tant qu'ils ne s'étaient point acquittés de leurs devoirs envers lui. »*

1. *ʿAmr-ben-Dînâr* raconte que Abou-El-Minhâl a dit : « Comme je faisais des opérations de change, j'interrogeai Zeïd-ben-Arqam

[1] Au dire des commentateurs, les mots : « Par terre » auraient été ajoutés par erreur dans les copies.

au sujet du change. Il me répondit que le Prophète avait dit... » Suivant un autre isnâd, *ʿAmr-ben-Dînâr* et *ʿAmir-ben-Moṣʿab* racontent avoir entendu Abou-El-Minhâl dire : « J'interrogeai El-Barâ-ben-ʿÂzib et Zeïd-ben-Arqam au sujet du change. Ils me firent la réponse suivante : « Au temps de l'Envoyé de Dieu nous nous « livrions tous deux au négoce; nous interrogeâmes l'Envoyé de « Dieu au sujet du change : « Si l'opération a lieu de la main à la « main, elle ne présente aucun inconvénient, nous répondit-il; « mais si l'un des versements subit un retard, le change n'est pas « licite. »

CHAPITRE IX. — Du fait d'aller au dehors pour faire du commerce *et de ces mots du Coran : « Dispersez-vous sur la terre et recherchez quelque faveur (matérielle) de Dieu...* » (sourate II, verset 282).

1. On rapporte, d'après *ʿObaïd-ben-ʿOmaïr,* que Abou-Mousa-El-Achʿari ayant demandé à être introduit auprès d'Omar-ben-El-Kheṭṭâb celui-ci, occupé sans doute, ne lui fit pas dire d'entrer. Après le départ d'Abou-Mousa, ʿOmar, se trouvant libre, dit : « N'est-ce pas la voix d'ʿAbdallah-ben-Qaïs que je viens d'entendre ? dites-lui d'entrer. » Comme on lui fit observer que Abou-Mousa s'en était allé, ʿOmar le manda. « On nous avait enjoint[1] d'agir ainsi, dit alors Abou-Mousa. — Amène-moi des témoins qui prouveront que de telles instructions t'ont été données. » Abou-Mousa se rendit aussitôt à l'assemblée des Anṣâr pour invoquer leur témoignage. « Un seul d'entre nous, lui dirent-ils, peut témoigner en ta faveur, c'est le plus jeune d'entre nous, Abou-Saʿîd-El-Khodry. » Abou-Mousa emmena Abou-Saʿîd-El-Khodry chez ʿOmar, et ce dernier dit alors : « Comment ai-je pu ignorer cette injonction de l'Envoyé de Dieu? Il faut que j'aie été à ce moment occupé par quelque transaction sur le marché. » ʿOmar visait ainsi le fait d'aller au dehors faire du négoce.

[1] C'est-à-dire de nous retirer quand on ne recevait pas de réponse à la demande d'audience.

CHAPITRE X. — Du commerce par mer. — *Maṭar a dit : « Il n'y a aucun inconvénient à cela. Dieu n'a parlé dans le Coran du voyage sur mer que pour l'autoriser. » Puis Maṭar récita ce verset : « Vous voyez les navires qui fendent les flots pour aller rechercher sa faveur (matérielle)... »* (sourate XVI, verset 14, ou XXXV, verset 13). — *Le mot* فلك, *qui signifie vaisseaux, a la même forme au singulier et au pluriel. Suivant Modjâhid, on dit :* تمخر السفن الريح *« les vaisseaux fendent le vent » et il n'y a que les grands navires qui puissent fendre le vent. — D'après Abou-Horaïra, l'Envoyé de Dieu a parlé d'un homme des Benou-Israïl qui fit un voyage sur mer et réussit dans son entreprise. El-Leïts, qui rapporte le fait, ajoutait la fin de la tradition.*

CHAPITRE XI. — *De ces mots du Coran : « Quand ils voient quelque trafic à faire ou quelque divertissement à contempler, qu'ils y courent... »* (sourate LXII, verset 11). — *De ces mots du Coran : « Ce sont des hommes que ni négoce, ni vente ne détournent de la prière »* (sourate XXIV, verset 37). — *Qatâda a dit : « Les fidèles faisaient des affaires et du négoce, mais quand survenait quelque devoir à remplir envers Dieu, ils ne s'en laissaient distraire, ni par leur négoce, ni par leurs affaires. Rien ne les détournait de la mention de Dieu tant qu'ils ne s'étaient point acquittés de leurs devoirs envers lui. »*

1. On rapporte que *Djâbir* a dit : « Une caravane de chameaux arriva au moment où nous allions faire avec le Prophète la prière du vendredi. Tous les fidèles s'éloignèrent sauf douze hommes. Ce fut à cette occasion que fut révélé ce verset : « ... Quand ils voient « quelque trafic à faire ou quelque divertissement à contempler, « qu'ils y courent et qu'ils t'abandonnent en te laissant de-« bout... » (sourate LXII, verset 11). »

CHAPITRE XII. — *De ces mots du Coran : « Dépensez (en aumônes) une partie des bonnes choses*[1] *que vous avez acquises »* (sourate II, verset 269).

1. D'après *ʿAïcha*, l'Envoyé de Dieu a dit : « La femme qui distribue (en aumônes) une partie des vivres de sa maison et qui le fait sans gaspillage aura une part de récompense pour ce qu'elle aura distribué. Son mari aura également une récompense puisque

[1] C'est-à-dire des choses acquises honorablement.

c'est lui qui a acquis ce bien. Le préposé à la garde de ces vivres aura également une récompense, et aucune de toutes ces récompenses n'amoindrira celle des deux autres. »

2. *Hammâm* a entendu Abou-Horaïra rapporter que le Prophète a dit : « La femme qui, sans y avoir été autorisée par son mari, distribue (en aumônes) une partie des biens de celui-ci aura droit à la moitié de la récompense attribuée à son mari. »

CHAPITRE XIII. — De celui qui veut accroître sa fortune.

1. On rapporte que *Anas-ben-Mâlik* entendit l'Envoyé de Dieu dire : « Que celui qui veut que sa fortune soit accrue ou que le terme de sa vie soit retardé fasse du bien à ses proches. »

CHAPITRE XIV. — De l'achat à terme fait par le Prophète.

1. Comme, dit El-Aʿmach, nous parlions du cautionnement dans la vente à terme devant Ibrâhim, celui-ci nous rapporta d'après El-Asouad que, selon *ʿAïcha*, le Prophète acheta à terme des grains d'un juif à qui il donna en gage sa cotte de mailles en fer.

2. D'après *Qatâda*, Anas se rendit auprès du Prophète et lui apporta du pain d'orge et de la graisse rance. A ce moment le Prophète avait mis en gage une de ses cottes de maille à Médine, chez un juif qui lui avait fourni de l'orge pour ses femmes. Et, ajouta Anas, j'ai entendu dire au Prophète qu'un soir ses femmes n'avaient à la maison ni une mesure d'orge, ni une mesure d'aucun autre grain et elles étaient au nombre de huit.

CHAPITRE XV. — Des gains de l'homme et du travail de ses mains.

1. *ʿOroua-ben-Ez-Zobeïr* rapporte que ʿAïcha a dit : « Lorsqu'il fut investi du khalifat, Abou-Bekr-Es-Siddîq dit : « Mes concitoyens savent que jusqu'ici ma profession n'a cessé de me procurer « de quoi suffire à l'entretien de ma famille; maintenant, que je « suis occupé par les affaires des musulmans, la famille de Abou-

« Bekr sera nourrie aux dépens du trésor public et Abou-Bekr fera « fructifier ce trésor en faveur des musulmans[1]. »

2. D'après *'Oroua*, 'Aïcha a dit : « Les Compagnons de l'Envoyé de Dieu travaillaient pour vivre, aussi leur arrivait-il de sentir mauvais et alors on leur disait : « Si vous vous laviez ? »

In fine, indication d'un *isnâd* différent.

3. Selon *El-Miqdâm*, l'Envoyé de Dieu a dit : « Personne ne mange jamais un mets meilleur que celui qu'il a gagné par le travail de ses mains. David, le prophète de Dieu, mangeait ce qu'il avait acquis par le travail de ses mains. »

4. *Abou-Horaïra* rapporte, d'après l'Envoyé de Dieu, que David, ne mangeait que ce qu'il avait acquis par le travail de ses mains.

5. *Abou-'Obaïd* a entendu Abou Horaïra s'exprimer ainsi : « L'Envoyé de Dieu a dit : « Aller chercher une charge de bois et « la rapporter sur son dos vaut mieux pour chacun de vous que « de demander quelque chose à quelqu'un, qu'il vous donne cette « chose ou qu'il vous la refuse. »

6. D'après *Ez-Zobeïr-ben-El-'Awwâm*, l'Envoyé de Dieu a dit : « Que chacun de vous prenne sa corde (pour aller au bois) plutôt que de mendier[2]. »

CHAPITRE XVI. — Il convient d'être coulant et large en matière de vente et d'achat ; si l'on a à réclamer un droit, qu'on le fasse avec discrétion.

1. Selon *Djâbir-ben-'Abdallah*, l'Envoyé de Dieu a dit : « Dieu fera miséricorde à celui qui se montrera généreux quand il achète, quand il vend et quand il réclame le payement d'une dette. »

(1) Bien que le sens de ce passage ne soit pas douteux, les commentateurs, sans prétendre que le khalife ne puisse donner en commandite, par exemple, les fonds du trésor public et user du bénéfice pour sa dépense personnelle, estiment cependant que le khalife exerce une véritable profession et qu'à ce titre il a droit de prélever son salaire sur le trésor public sans être tenu d'en faire fructifier les fonds pour cela.

(2) Le texte traduit par les quatre derniers mots de ce paragraphe manque dans Qastallâni.

CHAPITRE XVII. — De celui qui accorde à un homme aisé un délai pour payer.

1. Au rapport de *Hodzaïfa*, le Prophète a dit : « Ayant recueilli l'âme d'un homme qui vivait avant vous, les anges lui dirent : « As-« tu fait quelque chose de bien? — Je donnais l'ordre à mes com-« mis, répondit-il, d'accorder un délai et même de faire remise « totale à l'homme aisé. Et, ajouta-t-il, ils lui faisaient remise totale « de sa dette. »

Suivant d'autres versions, le défunt aurait dit : « J'étais coulant pour l'homme aisé et accordais un délai à l'homme gêné », ou : « J'accordais un délai à l'homme aisé et je faisais remise totale à l'homme gêné », ou : « J'acceptais ce que donnait l'homme aisé et faisais remise totale à l'homme gêné. »

CHAPITRE XVIII. — De celui qui accorde un délai à l'homme gêné.

1. *Abou Horaïra* rapporte que le Prophète a dit : « Un négociant prêtait de l'argent aux gens. Quand il voyait un de ses débiteurs dans la gêne il disait à ses commis : « Faites-lui remise de sa dette « afin que Dieu me fasse remise (de mes dettes envers lui). » Et Dieu lui fit remise. »

CHAPITRE XIX. — Quand les deux contractants d'une vente ont été précis, n'ont rien caché et se sont éclairés réciproquement... — *On rapporte que El-ʿAddâ-ben-Khâlid a dit : « Le Prophète m'écrivit ces mots : « Ceci est ce qu'a « acheté Mahomet, l'Envoyé de Dieu, de El-ʿAddâ-ben-Khâlid qui lui a vendu « comme vend un musulman à son correligionnaire. (Cet esclave) n'a ni ma-« ladie, ni vice, ni tare. » Par ce dernier mot* غائلة*, dit Qatâda, il faut entendre l'adultère, le vol et la fuite. — Comme on disait à Ibrâhîm que certain maquignon nommait ses écuries Khorassân et Sedjestân et alors il disait : « Cet animal est arrivé hier du Khorassân », « il est arrivé aujourd'hui de Sedjestân », Ibrâhîm reprocha vivement cette façon de faire au maquignon. — ʿOqba-ben-ʿAmir a dit : « Il n'est pas permis à un homme de vendre une marchandise qu'il sait tarée sans faire connaître cette tare. »*

1. Une tradition attribuée à *Hakîm-ben-Hizâm* rapporte que l'Envoyé de Dieu a dit : « Les deux contractants d'une vente ont le droit d'option tant qu'ils ne se sont pas séparés — ou jusqu'à ce

qu'ils se soient séparés. S'ils sont loyaux et francs, leur contrat sera béni. S'ils dissimulent et qu'ils mentent, la bénédiction de leur contrat sera détruite. »

CHAPITRE XX. — De la vente d'un mélange de dattes.

1. *Abou-Sa'îd* a dit : « Nous recevions des dattes dites de *djam'*, c'est-à-dire des dattes mélangées, et nous les vendions à raison de deux mesures (contre une mesure d'autres dattes). Le Prophète nous dit alors : « Ne vendez pas une mesure contre deux mesures, « ni un dirhem contre deux dirhems. »

CHAPITRE XXI. — De ce qui a été dit au sujet du marchand de viande et du boucher [1].

1. *Abou-Mas'oud* a dit : « Un homme des Anṣâr, portant le surnom de Abou-Cho'aïb, alla trouver un de ses esclaves qui était boucher et lui dit : « Prépare-moi un repas suffisant pour cinq « personnes; je désire inviter le Prophète qui parfera le nombre de « cinq convives, car je vois à sa mine qu'il souffre de la faim. » L'invitation faite, un homme se joignit aux cinq convives. « Cet homme, « dit alors le Prophète, nous a suivis; si tu veux lui permettre de se « joindre à nous, fais-le; mais si tu désires qu'il s'en retourne, il « s'en retournera. — Oh! non, répondit l'amphytrion, je l'auto- « rise à rester. »

CHAPITRE XXII. — De l'effet fâcheux que produisent sur la vente le mensonge et la dissimulation.

1. *Ḥakîm-ben-Ḥizâm* rapporte que le Prophète a dit : « Les deux contractants d'une vente ont le droit d'option tant qu'ils ne se sont pas séparés — ou jusqu'à ce qu'ils soient séparés. S'ils ont été tous deux loyaux et francs leur contrat sera béni; s'ils ont dissimulé et menti la bénédiction de leur contrat sera détruite. »

[1] Le commentateur explique ce dernier mot par : Celui qui égorge les chameaux tandis que le premier désigne celui qui ne fait que débiter de la viande.

CHAPITRE XXIII. — *De ces mots du Coran : « Ô vous qui croyez, ne mangez pas le produit de l'usure qui double et redouble le montant des dettes. Craignez Dieu afin d'être heureux »* (sourate III, verset 125).

1. D'après *Abou-Horaira*, le Prophète a dit : « Certes, il viendra pour les hommes un temps où personne ne s'inquiétera, quand il touchera de l'argent, de savoir si cet argent a une source légitime ou illégitime. »

CHAPITRE XXIV. — Du fait de vivre de l'usure et de la règle à appliquer au témoin et au greffier du contrat usuraire. — *De ces mots du Coran : « Ceux qui auront vécu de l'usure ne sortiront de la tombe autrement que pareils à ceux qui ont été terrassés par le contact de Satan. Il en sera ainsi parce qu'ils ont dit : « La vente et l'usure ne sont qu'une même chose. » Mais Dieu a permis la vente et il a interdit l'usure. Celui qui, en recevant cet avertissement du Seigneur, s'abstiendra dorénavant de l'usure, n'aura à rendre compte qu'à Dieu de son passé en cette matière. Quant à ceux qui continueront à pratiquer l'usure ils seront les hôtes de l'enfer où ils demeureront éternellement »* (sourate II, verset 276).

1. *'Aïcha* a dit : « Lorsque cette dernière partie de la sourate de la Vache fut révélée, le Prophète la récita aux fidèles dans la mosquée. Ensuite il prohiba le commerce du vin. »

2. Selon *Samora-ben-Djondab*, le Prophète a dit : « Cette nuit j'ai vu en songe deux hommes qui vinrent à moi et m'emmenèrent vers une terre bénie. Nous marchâmes jusqu'à ce que nous arrivâmes à un fleuve de sang. Au milieu de ce fleuve se trouvait un homme debout. Un (autre) homme avait devant lui un tas de pierres. L'homme qui était dans le fleuve s'avança, mais quand il voulut sortir du fleuve, l'autre homme lui jeta une pierre sur la bouche et l'obligea à retourner (dans le fleuve) où il était. Chaque fois que le premier voulait sortir, l'autre lui jetait une pierre sur la bouche et le premier retournait à sa place. Comme je demandais (à mes deux compagnons) : « Qu'est-ce que ceci ? » l'un d'eux me répondit : « Celui que tu vois au milieu du fleuve est un homme « qui a vécu de l'usure. »

CHAPITRE XXV. — De celui qui fait vivre de l'usure, *à propos de ces mots du Coran : « Ô vous qui croyez, craignez Dieu et renoncez à ce qui vous est dû pour usure si vous êtes croyants. – Si vous ne le faites pas, sachez que c'est la guerre avec Dieu et avec son Envoyé; mais, si vous renoncez (à l'usure), vous aurez droit à votre capital; vous ne léserez ainsi personne et ne serez point lésés vous-mêmes. – Si votre débiteur est dans la gêne attendez qu'il soit dans l'aisance. Mais si vous donniez décharge cela vaudrait mieux pour vous si vous saviez. – Redoutez le jour où vous serez ramenés vers Dieu et où chaque âme recevra la rétribution de ses œuvres. Personne alors ne sera lésé »* (sourate II, versets 278, 279, 280 et 281). – *Ibn-'Abbâs a dit : « Ce verset fut le dernier des versets qui furent révélés au Prophète. »*

1. *'Aoun-ben-Abou-Djoḥaïfa* a dit : « J'ai vu mon père acheter un esclave phlébotomiste (et briser ses instruments). Comme je le questionnais à ce sujet il me répondit : « Le Prophète a interdit de « payer le prix d'un chien ou d'une saignée. Il a défendu de tatouer « et de se faire tatouer, de vivre de l'usure et d'en faire vivre les « autres, et il a maudit le peintre[1]. »

CHAPITRE XXVI. — Dieu rend l'usure néfaste. Il récompense l'aumône avec usure. Dieu n'aime aucun infidèle pécheur endurci.

1. *Abou Horaïra* a dit : « J'ai entendu l'Envoyé de Dieu dire : « Celui qui jure pour accroître le débit de la marchandise fait dis- « paraître la bénédiction (attachée à la vente). »

CHAPITRE XXVII. — Du blâme infligé à celui qui jure pour faire une vente.

1. D'après *'Abderraḥman-ben-Abou-Awfa*, un homme qui avait apporté des marchandises au marché jura par Dieu qu'il avait payé pour avoir cette marchandise une somme qu'il n'avait pas donnée, et cela dans le but de duper quelque homme d'entre les musulmans. Ce fut à cette occasion que fut révélé le verset : « Ceux qui, grâce au pacte de Dieu et à leurs serments, cherchent à acheter à vil prix... » (sourate III, verset 71).

[1] Celui qui peint des animaux, non des plantes, ajoute le commentateur.

CHAPITRE XXVIII. — De ce qui a été dit au sujet du bijoutier. — *Ṭâous a dit d'après Ibn-ʿAbbâs que le Prophète a dit : « On ne fauchera pas son herbe. » Fais exception pour l'idzkhir, dit El-ʿAbbâs, car il est employé par les ouvriers sur métaux et aussi pour les maisons. Et le Prophète ajouta : « excepté l'idzkhir. »*

1. D'après *Ḥosain-ben-ʿAli*, Ali a dit : « J'avais un vieux chameau qui m'était échu pour ma part de butin et le Prophète m'avait déjà donné un autre vieux chameau provenant du quint. Lorsque je voulus célébrer mon mariage avec Fâṭima, la fille de l'Envoyé de Dieu, je proposai à un bijoutier, homme de la tribu de Qaïnoqâʿ, de venir avec moi chercher de l'idzkhir pour le vendre aux bijoutiers et me procurer ainsi l'argent nécessaire à mon repas de noces.

2. Selon *Ibn-ʿAbbâs*, l'Envoyé de Dieu a dit : « C'est Dieu qui a déclaré la Mecque sacrée. Elle n'a jamais cessé de l'être avant moi ; elle ne cessera jamais de l'être après moi. Elle n'a cessé d'avoir ce caractère qu'un instant. Qu'on n'arrache pas les herbes qui y poussent, qu'on ne coupe pas ses arbres, qu'on ne fasse pas fuir son gibier et qu'on n'y ramasse pas les objets trouvés si ce n'est pour les faire reconnaître à leurs propriétaires. — Excepté l'idzkhir, dit alors ʿAbbâs-ben-ʿAbdelmoṭṭalib, car il sert pour nos bijoux et les toits de nos demeures. — Excepté l'idzkhir, reprit le Prophète. »

ʿIkrima a dit : « Savez-vous en quoi consiste le fait de faire fuir le gibier ? C'est de le faire partir d'un endroit ombragé pour prendre sa place. »

Khâlid a donné la variante : « nos bijoux et nos tombeaux ».

CHAPITRE XXIX. — De la mention du forgeron [1].

1. *Khabbâb* a dit : « Avant l'islamisme j'étais forgeron. J'avais alors une créance sur El-ʿÂṣi-ben-Wâïl. Comme j'allais ensuite le

[1] Le texte porte les deux mots قين et حدّاد, mais le second est surtout mis là pour éviter toute confusion sur le sens du premier qui sert aussi à désigner un esclave. Ce mot حدّاد s'emploie aussi avec le sens de bijoutier.

trouver pour lui en demander le payement il me dit : « Je ne te « payerai pas tant que tu n'auras pas renié Mahomet. — Je « ne le renierai pas, lui répondis-je, tant que Dieu ne t'aura pas « pas fait mourir et plus tard ressusciter. — Eh bien! reprit-il, « laisse-moi jusqu'à ce que je meure et que je ressuscite. Alors « j'aurai de l'argent et des enfants et je te payerai. » Ce fut à cette occasion que furent révélés ces versets du Coran : « As-tu vu celui qui « ne croyait pas à nos versets? Il disait : « J'aurai sûrement de l'ar- « gent et des enfants. — Connaît-il donc le destin ou bien a-t-il « fait quelque pacte avec le Clément à ce sujet? » (sourate XIX, ver sets 80 et 81). »

CHAPITRE XXX. — MENTION DU COUTURIER.

1. On rapporte que *Anas-ben-Mâlik* a dit : « Un couturier invita l'Envoyé de Dieu à venir manger un repas qu'il avait préparé. Je me rendis avec l'Envoyé de Dieu à ce repas. Le couturier plaça devant l'Envoyé de Dieu du pain et du bouillon dans lequel il y avait des courges et de la viande séchée. Je vis alors le Prophète chercher les morceaux de courge tout autour du plat et, depuis ce jour-là, je n'ai pas cessé d'aimer les courges. »

CHAPITRE XXXI. — MENTION DU TISSERAND.

1. *Sahl-ben-Sa'd* a dit : « Une femme apporta une borda. (Savez-vous, dit-il, ce que c'est qu'une borda? — Oui, lui répondit-on, c'est une pièce d'étoffe avec une bordure tissée.) S'adressant alors au Prophète la femme dit : « Ô Envoyé de Dieu, j'ai tissé cette « borda de mes mains pour qu'elle te servît de vêtement. » Le Prophète prit ce manteau parce qu'il en avait grand besoin. Il vint alors nous trouver enveloppé de cette borda. Un des hommes qui se trouvaient là dit : « Ô Envoyé de Dieu, donne-moi ce vêtement. — Bien répondit-il. » Le Prophète, après avoir terminé la séance, se retira et, ayant plié la borda, il l'envoya à cet homme. « Ce n'est « pas bien ce que tu as fait là, lui dit-on, tu as demandé ce vête-

IMPRIMERIE NATIONALE.

« ment sachant parfaitement que le Prophète ne refusait jamais à qui « lui demandait. — Par Dieu, s'écria l'homme, je ne lui ai de- « mandé ce vêtement que pour qu'il me servît de linceul le jour « de ma mort. » En effet, ajoute Sahl, ce manteau lui servit de linceul. »

CHAPITRE XXXII. — Du menuisier.

1. *Abou-Ḥâzim* a dit : « Des hommes vinrent trouver Sahl-ben-Sa'd et l'interrogèrent au sujet de la chaire (du Prophète). « L'En- « voyé de Dieu, répondit-il, m'avait envoyé auprès de la dame « une telle — Sa'd avait dit son nom — pour lui dire : « Envoie « ton esclave, le menuisier, afin qu'il me fasse une estrade de bois « sur laquelle je me placerai quand j'adresserai la parole aux « fidèles. » La femme donna l'ordre à son esclave d'exécuter ce travail avec des tamaris d'El-Ghâba [1]. L'esclave apporta l'estrade à sa maîtresse ; celle-ci l'expédia à l'Envoyé de Dieu qui donna l'ordre d'installer cette estrade sur laquelle il prit place ensuite. »

2. D'après *Djâbir-ben-'Abdallah*, une femme des Anṣâr dit à l'Envoyé de Dieu : « Ne veux-tu pas que je te fasse quelque chose qui te servirait de siège ? J'ai un esclave qui est menuisier. — Si tu veux, répondit le Prophète. » La femme fit alors exécuter une chaire, et lorsque l'on fut au jour du vendredi, le Prophète s'installa sur la chaire qui lui avait été fabriquée. Le tronc de palmier auprès duquel le Prophète faisait le prône gémit et faillit se briser. Le Prophète descendit alors de l'estrade, alla prendre le tronc dans ses bras et le serra contre lui. Le tronc se mit à faire entendre les soupirs d'un enfant que l'on veut faire taire, puis il s'arrêta. « Ce tronc, dit le Prophète, pleurait à cause des prières qu'il entendait. »

CHAPITRE XXXIII. — Du fait de l'imam d'acheter lui-même les choses dont il a besoin. — *Ibn-'Omar a dit : « Le Prophète acheta un chameau*

[1] Ce mot, qui signifie « la forêt, le bois », s'employait pour désigner une forêt voisine de Médine.

d'ʿOmar.» — ʿAbderraḥman-ben-Abou-Bakr a dit : « Un polythéiste ayant amené des moutons, le Prophète lui en acheta un, et il acheta également un chameau de Djâbir.»

1. *ʿAïcha* a dit : «L'Envoyé de Dieu acheta à crédit des vivres d'un juif et donna en gage sa cotte de mailles.»

CHAPITRE XXXIV. — De l'achat des bêtes de somme et des ânes. — *Quand on achète une bête de somme ou un chameau pendant que le vendeur est monté sur l'animal, y a-t-il tradition réelle avant que le vendeur ne soit descendu? — Ibn-ʿOmar a dit : « Le Prophète a dit à ʿOmar : « Vends-le moi » — il voulait parler d'un chameau indocile.»*

1. *Djâbir-ben-ʿAbdallah* a dit : «J'étais avec le Prophète dans une de ses expéditions. Mon chameau étant fatigué je me trouvais en retard. Venant alors vers moi, le Prophète me dit : «Tu es bien «Djâbir? — Oui, répondis-je. — Que t'arrive-t-il? — Je suis en «arrière parce que mon chameau est fatigué et m'a mis en retard.» Le Prophète se mit à tirer ma monture à l'aide de son bâton recourbé, puis il me dit : «Monte maintenant.» J'enfourchai alors mon chameau et me vis obligé de le retenir pour qu'il ne dépassât pas l'Envoyé de Dieu. «Es-tu marié? me demanda ensuite le Pro«phète. — Oui, répondis-je. — As-tu épousé une vierge ou une «femme ayant déjà été mariée? — Une femme ayant été déjà mariée. «— Pourquoi n'as-tu pas épousé une femme vierge? Tu te serais «amusé avec elle et elle se serait amusée avec toi. — C'est que j'ai des «sœurs et alors j'ai voulu épouser une femme qui s'occupât d'elles, «les coiffât et les surveillât. — Tu vas bientôt retourner vers ta «femme. Quand tu seras revenu près d'elle remplis avec soin tes «devoirs conjugaux[1].» Le Prophète dit encore : «Veux-tu me vendre «ton chameau? — Oui, répondis-je.» Et il me l'acheta moyennant une once[2]. L'Envoyé de Dieu arriva avant moi à Médine où je ne

[1] Le sens de l'expression employée ici n'est pas très précis. Les uns l'expliquent par «le coït, le coït»; les autres par : «attention, attention». Le Prophète veut engager Djâbir à avoir des enfants.

[2] Le mot du texte est اوقية «once», c'est-à-dire «une once d'or» ou quarante dirhems.

parvins que le lendemain. Nous nous rendîmes à la mosquée et trouvâmes le Prophète à la porte de la mosquée. «Tu arrives maintenant, me dit-il? — Oui, répondis-je. — Laisse ton chameau, «ajouta-t-il, entre dans la mosquée et prie deux reka'.» J'entrai et fis cette prière. Alors il donna l'ordre à Bilâl de me peser une once. Bilâl la pesa et fit bonne mesure. Comme je me mettais en marche pour m'en aller, le Prophète s'écria : «Appelle-moi «Djâbîr.» Je me dis alors qu'il allait maintenant résilier la vente du chameau, ce qui m'aurait été la chose la plus désagréable du monde. «Prends ton chameau, me dit-il, et gardes-en le prix.»

CHAPITRE XXXV. — DES FOIRES QUI EXISTAIENT AVANT L'ISLAMISME ET DES TRANSACTIONS QUI Y FURENT FAITES PAR LES FIDÈLES APRÈS L'ISLAMISME.

1. *Ibn-'Abbâs* a dit: «Ôkâdz, Midjanna et Dzou'l-Medjâz étaient des foires aux temps antéislamiques. Quand l'islam fut établi, les fidèles croyaient commettre un péché en y allant faire des transactions. Dieu alors révéla ce verset: «Il n'y a point de péchés pour vous «pendant les fêtes du pèlerinage»[1] (sourate II, verset 194).» C'est ainsi que Ibn-'Abbâs récitait ce verset.

CHAPITRE XXXVI. — DE L'ACHAT DU CHAMEAU ATTEINT DE L'*HOYÂM* ET DE LA GALE. *El-Bokhâri explique le mot* hoyâm *par une sorte de folie qui rend le chameau impropre à toute chose.*

1. *'Amr* a dit : «Il y avait ici un homme du nom de Nawwâs qui possédait des chameaux atteints de hoyâm. Ibn-'Omar alla chez l'associé de cet homme et lui acheta ses chameaux. Cet associé alla trouver Nawwâs et lui dit : «J'ai vendu les chameaux. — À qui les «as-tu vendus, demanda Nawwâs? — À un vieillard; et il lui en «fit la description. — Mais, malheureux, s'écria Nawwâs, par Dieu! «c'est Ibn-'Omar.» Aussitôt Nawwâs se rendit auprès d'Ibn-'Omar et lui dit : «Mon associé, qui ne te connaissait pas, t'a vendu des «chameaux atteints de hoyâm. — Eh bien! dit Ibn-'Omar, em-

[1] Les mots entre guillemets ne figurent pas dans le texte actuel du Coran.

« mène-les. » Quand Nawwâs voulut emmener les animaux, Ibn-'Omar lui dit : « Laisse-les, car j'accepte la décision de l'Envoyé de « Dieu qui déclare que cette maladie n'est pas contagieuse. »

In fine, indication d'un *isnâd* différent.

CHAPITRE XXXVII. — De la vente des armes en temps de troubles[1]. — *'Imrân-ben-Ḥosaïn réprouve la vente des armes en temps de troubles.*

1. *Abou-Qatâda* a dit : « Nous étions partis en expédition avec l'Envoyé de Dieu l'année de la bataille de *Ḥonaïn*. Le Prophète m'en donna une — c'est-à-dire une cotte de mailles. Je vendis cette cotte, et, avec l'argent provenant du prix, j'achetai un verger chez les Benou-Salima. Ce fut le premier capital que j'acquis sous l'islamisme. »

CHAPITRE XXXVIII. — Du parfumeur et de la vente du musc.

1. D'après *Abou-Mousa*, l'Envoyé de Dieu a dit : « Il y a autant de différence entre un ami vertueux et un ami méchant qu'entre un homme qui a des parfums et un soufflet de forgeron. Deux choses ne peuvent manquer de t'arriver avec celui qui a des parfums : ou tu lui en achèteras, ou tu respireras ses parfums. Avec le soufflet de forgeron : ou il brûlera ton corps et tes vêtements, ou tu ne respireras qu'une odeur infecte. »

CHAPITRE XXXIX. — De la mention du phlébotomiste.

1. D'après *Anas-ben-Mâlik*, Abou-Ṭîba ayant fait une saignée à l'Envoyé de Dieu, celui-ci enjoignit de lui donner une mesure de dattes et il ordonna aux maîtres d'Abou-Ṭîba de diminuer la redevance qu'ils exigeaient de lui.

2. *Ibn-'Abbas* a dit : « Le Prophète se fit faire une saignée et il donna un salaire à l'opérateur. Or si cette rétribution eût été illicite il ne l'aurait pas donnée. »

[1] Entre les musulmans ; autrement dit : pendant les guerres civiles.

CHAPITRE XL. — Du commerce des choses que ne peuvent porter ni les hommes, ni les femmes.

1. *'Abdallah* a dit : « Le Prophète envoya à 'Omar une *ḥolla*[1] de soie ou une *siyarâ*. Puis, voyant ce vêtement sur 'Omar, il lui dit : « Je ne t'ai pas envoyé ce vêtement pour que tu le mettes, car il « n'y a que ceux qui ne sont pas nés pour le Paradis qui portent « de tels vêtements. Mais, si je te l'ai envoyé, c'est pour que tu en « tires parti, c'est-à-dire pour le vendre. »

2. *'Aïcha,* la mère des Croyants, raconte qu'elle acheta un petit coussin sur lequel il y avait des dessins (d'animaux). Quand l'Envoyé de Dieu aperçut ce coussin il s'arrêta à la porte de la chambre et n'entra pas. Comme je vis à son visage que quelque chose lui déplaisait, je lui dis : « Ô Envoyé de Dieu, je demande pardon à Dieu et à son Envoyé, mais quelle faute ai-je donc commise ? — Que signifie ce coussin ? me demanda l'Envoyé de Dieu. — Je l'ai acheté pour toi, lui répondis-je, afin que tu t'en serves en guise de siège et d'oreiller. — Les auteurs de ces dessins, s'écria l'Envoyé de Dieu, seront châtiés au jour du Jugement dernier. On leur dira : « Donnez la vie à ces êtres que vous avez imaginés. » Et il ajouta : « Une maison dans laquelle se trouvent des dessins, les « anges n'y pénètrent point. »

CHAPITRE XLI. — C'est le propriétaire de la marchandise qui est le mieux qualifié pour en fixer le prix.

1. D'après *Anas*, l'Envoyé de Dieu a dit : « Ô Benou-'n-Neddjâr, fixez-moi le prix de votre jardin. » Dans ce jardin il y avait des ruines et des palmiers.

CHAPITRE XLII. — Jusqu'à quand dure le droit d'option.

1. D'après *Ibn-'Omar*, le Prophète a dit : « Les deux contractants ont le droit d'option dans une vente tant qu'ils ne se sont pas

[1] C'est une sorte de tunique ou dalmatique.

séparés, à moins que la vente ne se soit faite (spécialement) à option.»

Nâfi' ajoute : «Quand Ibn-'Omar avait acheté quelque chose qui lui plaisait, il s'éloignait aussitôt de son vendeur.»

2. Selon *Hakîm-ben-Hizâm*, le Prophète a dit : «Les deux contractants ont droit à l'option tant qu'ils ne se sont pas séparés.»

Confirmation de ce hadits par un autre *isnâd.*

CHAPITRE XLIII. — Quand on n'a pas fixé la durée du droit d'option, la vente est-elle valable?

1. D'après *Ibn-'Omar,* le Prophète a dit : «Les deux contractants ont droit à l'option tant qu'ils ne se sont pas séparés, à moins que l'un des deux n'ait dit à l'autre : «Opte.» Et peut-être a-t-il ajouté : «A moins que la vente ne soit faite (spécialement) à option.»

CHAPITRE XLIV. — Les deux contractants ont droit à l'option tant qu'ils ne se sont pas séparés. — *Tel est l'avis de Ibn-'Omar, de Choraïh, de Ech-Cha'bi, de Tâous, de 'Atâ et d'Ibn-Abou-Molaïka.*

1. D'après *Hakîm-ben-Hizâm*, le Prophète a dit : «Les deux contractants ont droit à l'option tant qu'ils ne se sont pas séparés. S'ils ont été tous deux loyaux et francs, leur contrat sera béni; s'ils ont dissimulé et menti, la bénédiction attachée au contrat sera détruite.»

2. D'après *'Abdallah-ben-'Omar,* l'Envoyé de Dieu a dit : «Les deux contractants d'une vente peuvent user du droit d'option l'un vis-à-vis de l'autre, tant qu'ils ne se sont pas séparés, à moins que la vente ne soit (spécialement) à option.»

CHAPITRE XLV. — Quand, après la vente, l'un des deux contractants s'est prononcé sur l'option, la vente est définitive.

1. D'après *Ibn-'Omar,* l'Envoyé de Dieu a dit : «Quand deux hommes concluent une vente, chacun d'eux peut exercer vis-à-vis de l'autre le droit d'option, tant qu'ils ne se sont pas séparés et qu'ils

sont restés ensemble, à moins que l'un d'eux n'ait invité l'autre à opter, la vente conclue dans ces conditions étant définitive. Et si les parties se sont séparées après la conclusion du contrat, sans que l'une des deux ait renoncé à la vente, la vente devient encore définitive. »

CHAPITRE XLVI. — Si c'est le vendeur qui se réserve le droit d'option, la vente est-elle valable ?

1. D'après *Ibn-ʿOmar*, le Prophète a dit : « Il n'y a pas de vente définitive pour aucun des deux contractants tant qu'ils ne se sont pas séparés, à moins que la vente n'ait été faite (spécialement) à option. »

2. Selon *Ḥakîm-ben-Ḥizâm*, le Prophète a dit : « Les deux contractants ont droit à l'option tant qu'ils ne se sont pas séparés. »

Hemmâm ajoute : « J'ai trouvé dans mon livre par trois fois : S'ils ont été loyaux et francs, leur contrat sera béni; s'ils ont dissimulé ou menti, il se peut qu'ils fassent un bénéfice, mais la bénédiction attribuée au contrat sera détruite. »

Indication d'un *isnâd* différent.

CHAPITRE XLVII. — Du cas où quelqu'un achète quelque chose et en fait donation immédiate avant qu'il ne se soit séparé du vendeur et que celui-ci n'ait protesté. Ou encore : de celui qui achète un esclave et l'affranchit (aussitôt). — *Ṭâous a dit que celui qui achète une marchandise avec droit d'option, puis vend cette marchandise, est tenu définitivement de la première vente et qu'il a droit au bénéfice (de la seconde). — El-Ḥomaïdi dit que d'après une tradition, Ibn-ʿOmar a dit : « Nous étions en expédition avec le Prophète et je montais une jeune chamelle*[1] *indocile appartenant à ʿOmar. Comme l'animal m'entraînait malgré moi en avant de tout le monde, ʿOmar venait la contraindre à se retirer en arrière; mais, aussitôt après, l'animal reprenait l'avance et ʿOmar devait revenir de nouveau pour le faire reculer en arrière. « Vends-moi ce « chameau, dit alors le Prophète en s'adressant à ʿOmar. — Je te le donne « ô Envoyé de Dieu, répondit ʿOmar. — Vends-le moi, reprit le Prophète. »*

[1] Le mot بكر employé dans le texte, désigne une chamelle qui est montée pour la première fois.

ʿOmar ayant vendu l'animal au Prophète celui-ci dit : « Ô ʿAbdallah-ben-ʿOmar, « je te donne ce chameau, fais-en ce que tu voudras. »

El-Bokhâri rapporte que ʿAbdallah-ben-ʿOmar a dit : « J'avais vendu au prince des Croyants, ʿOtsmân-ben-ʿAffân, un immeuble dont j'étais propriétaire à El-Ouâdi, contre un immeuble que le calife avait à Khaïbar. Le contrat terminé, je retournai sur mes pas afin de sortir de la demeure du calife dans la crainte qu'il ne voulût revenir sur cette vente, car la règle était que les deux contractants avaient droit à l'option tant qu'ils ne s'étaient pas séparés. Puis, ma vente et la sienne étant devenues définitives, je m'aperçus que j'avais fait tort au calife. En effet, je l'avais obligé à aller à trois jours de marche dans la direction du pays de Tsamoud, alors qu'il m'avait, lui, rapproché de Médine de trois jours de marche. »

CHAPITRE XLVIII. — Des fraudes répréhensibles en matière de vente.

1. Selon *ʿAbdallah-ben-ʿOmar*, un homme rapporta au Prophète qu'il avait été trompé dans des ventes. « Quand tu fais un contrat de ce genre, lui répondit le Prophète, dis : « Pas de tromperie ! »

CHAPITRE XLIX. — De ce qui a été dit au sujet des foires. — *ʿAbderrahmân-ben-ʿAuf a dit : « Quand nous arrivâmes à Médine, je demandai s'il y avait quelque marché où on fit des transactions : « Le marché des Qaïnoqâʿ me « répondit-on. » — D'après Anas, ʿAbderraḥmân dit : « Indiquez-moi le marché. » — ʿOmar a dit : « Je m'occupais de faire des affaires sur les marchés. »*

1. Selon *ʿAïcha*, l'Envoyé de Dieu dit : « Une armée marchera contre la Kaʿba; arrivée à un certain désert, les premiers et les derniers de cette armée seront engloutis. — Ô Envoyé de Dieu, répondit ʿAïcha, comment les premiers et les derniers seront-ils engloutis alors qu'il y a parmi eux des pourvoyeurs[1] qui ne sont pas de l'armée. — Les premiers et les derniers seront engloutis, répliqua le Prophète; puis ils seront ressuscités avec les sentiments qu'ils professaient (au moment de leur engloutissement). »

2. D'après *Abou-Horaira*, l'Envoyé de Dieu a dit : « La prière

[1] La lecture اشواق n'est pas admise par tous les auteurs. Il semble qu'il s'agit de tous les non combattants marchands ou autres qui suivront l'armée. Par : « les premiers et les derniers », il faut entendre : « tous, du premier au dernier ».

en commun est de vingt et quelques degrés au-dessus de la prière faite chez soi ou sur un marché. Lorsque l'un d'entre nous a fait ses ablutions, qu'il s'en est convenablement acquitté, et qu'il se rend ensuite à la mosquée sans autre but que de faire la prière, sans être mû par aucun autre dessein, chacun des pas qu'il aura fait dans ce but jusqu'à la mosquée le fera élever d'autant de degrés par Dieu et lui fera effacer un nombre égal de péchés. Les anges prieront sur lui tant qu'il demeurera à l'endroit où il fera sa prière : « Ô mon Dieu ! (diront-ils) pardonne-lui ; ô mon Dieu ! fais-« lui miséricorde », tant qu'il ne les incommodera pas par quelque impureté accidentelle. »

Et le Prophète a dit : « La récompense de l'un de nous pour sa prière sera en proportion du temps qu'il lui aura consacré. »

3. *Anas-ben-Mâlik* a dit : « Le Prophète se trouvant un jour sur le marché, un homme cria : « Ô Abou-'l-Qâsim ! » Comme le Prophète s'était retourné l'homme lui dit : « C'est un tel que j'ai voulu « appeler. — Appelez-moi par mon nom, dit alors le Prophète, « ne vous servez pas dans ce cas de mon surnom. »

4. *Anas* a dit : « A El-Baqî' un homme appela : « Ô Abou-'l-Qâsim. » Comme le Prophète s'était retourné, l'homme lui dit : « Ce n'est pas « toi que j'ai voulu désigner. — Appelez-moi par mon nom, dit alors « le Prophète ; ne vous servez pas dans ce cas de mon surnom. »

5. *Abou-Horaïra-Ed-Dousi* a dit : « A un certain moment de la journée le Prophète sortit de chez lui, puis, sans qu'il m'adressât la parole ni que je la lui adressasse, il arriva au marché des Qaïnoqâ'. Là il s'assit sur le seuil de la demeure de Fâṭima et s'écria : « Es-tu là, petit ? Es-tu là, petit ? » La mère ayant retenu l'enfant un instant, je supposai qu'elle lui mettait un collier de grains parfumés ou qu'elle le lavait ; quand l'enfant arriva en courant, le Prophète le prit dans ses bras, l'embrassa et dit : « Ô mon Dieu, aime-le et « aime quiconque l'aimera. »

Suivant Sofiân, 'Obaïd-allah aurait vu Nâfi'-ben-Djobaïr faire une reka' impaire.

6. Suivant *Ibn-ʿOmar*, du temps du Prophète on achetait (à l'avance) des grains aux caravanes en marche. Le Prophète manda que l'on s'abstînt d'agir ainsi et ordonna que l'on ne revendît ces grains que là où on les avait achetés. De la sorte on attendit que les grains fussent transportés au marché aux grains[1].

Ibn-ʿOmar a dit encore : « Le Prophète a interdit de vendre des grains que l'on a achetés, mais seulement tant qu'on n'en a pas reçu livraison. »

CHAPITRE L. — Il est répréhensible de vociférer sur le marché.

1. *ʿAṭa-ben-Yasâr* a dit : « Je rencontrai ʿAbdallah-ben-ʿAmr-ben-El-ʿAṣi et lui demandai de me faire connaître la description de l'Envoyé de Dieu qui se trouve dans le Pentateuque. « Volontiers, « me répondit-il; par Dieu! il est décrit dans le Pentateuque par « certaines qualités que lui donne le Coran. Ô Prophète, nous « t'avons envoyé comme témoin, comme messager pour annoncer « les récompenses et les châtiments et comme défenseur vers les « illettrés. Tu es mon adorateur et mon envoyé. Je t'ai appelé : « celui qui met sa confiance en Dieu. Ce prophète n'est ni cruel, « ni inhumain. Il ne vocifère pas dans les marchés. Il ne rend pas « le mal pour le mal, mais il est indulgent et il pardonne. Dieu ne « le rappellera pas à lui avant qu'il n'ait redressé la religion dé- « formée et que les Arabes ne disent : « Il n'y a d'autre divinité « que Dieu. » Grâce à ces paroles il ouvrira les yeux aveugles, les « oreilles sourdes et les cœurs fermés. »

Indication d'un autre *isnâd* et explication du mot غُلْفًا.

CHAPITRE LI. — Le mesurage est à la charge du vendeur et de celui qui paye, *d'après ces mots du Coran : « Et, lorsqu'ils jaugent ou qu'ils pèsent pour les autres, leur font subir une perte »* (sourate LXXXIII, verset 3). [*Explication*

[1] Ou ailleurs, car il s'agissait en réalité d'empêcher la vente d'un comestible tant qu'on n'en avait pas pris livraison. Cette prescription avait surtout pour but d'empêcher la spéculation sur les denrées de première nécessité.

grammaticale au sujet de l'absence de préposition dans ce passage.] — *Le Prophète a dit : « Ils ont mesuré pour eux en faisant bonne mesure »* (sourate LXXXIII, verset 2). — *On rapporte, d'après ʿOtsmân, que le Prophète a dit : « Quand tu vends, mesure; quand tu achètes, mesure aussi. »*

1. D'après *ʿAbdallah-ben-ʿOmar,* l'Envoyé de Dieu a dit : « Celui qui achète des comestibles ne doit pas les revendre avant d'en avoir pris livraison. »

2. *Djâbir* a dit : « Quand ʿAbdallah-ben-ʿAmr-ben-Harâm mourut il avait des dettes. Je priai le Prophète d'intervenir auprès des créanciers afin qu'ils renonçassent à leurs créances. S'étant alors adressé aux créanciers et ceux-ci ayant refusé, le Prophète me dit : « Va chez toi, trie tes dattes et mets à part d'un côté les *ʿAdjoua* et « de l'autre les *ʿAdzq-Zeïd,* puis fais-moi dire de venir. » Je fis ce triage, puis je fis dire au Prophète de venir. Il vint, s'assit au-dessus des dattes — ou au milieu — et dit : « Fais le mesurage pour les « créanciers. » Je jaugeai alors les dattes en faisant bonne mesure pour chacun et cependant mon tas de dattes ne diminua en rien. »

Suivant un autre *isnâd,* le Prophète ne cessa de faire jauger les dattes pour les créanciers jusqu'à ce que ceux-ci furent remboursés. D'après un autre *isnâd,* le Prophète dit : « Coupe-lui des régimes, fais-lui bonne mesure. »

CHAPITRE LII. — De ce qui est recommandé au sujet du mesurage.

1. Selon *El-Miqdâm-ben-Maʿdikarib,* le Prophète a dit : « Mesurez vos comestibles [1], cela attirera sur vous la bénédiction. »

CHAPITRE LIII. — De la bénédiction attachée au *ṣâʿ* et au *modd* du Prophète au dire de ʿAïcha d'après le Prophète.

1. D'après *ʿAbdallah-ben-Zeïd,* le Prophète a dit : « Abraham a déclaré la Mecque sacrée et a fait des vœux pour elle; moi j'ai déclaré sacrée Médine de même que Abraham avait déclaré sacrée

[1] Quand vous les vendez.

la Mecque et j'ai fait des vœux pour son ṣâʿ et son modd ainsi que l'avait fait Abraham pour la Mecque. »

2. Selon *Anas-ben-Mâlik*, l'Envoyé de Dieu a dit : « Ô mon Dieu, bénis-les dans leurs mesures; bénis les dans leur ṣâʿ et dans leur modd. — C'est-à-dire les gens de Médine. »

CHAPITRE LIV. — Au sujet de ce qui a été dit de la vente des comestibles et de l'accaparement.

1. *ʿAbdallah-ben-ʿOmar* a dit : « J'ai vu ceux qui achetaient un comestible en bloc au temps de l'Envoyé de Dieu répugner à vendre ce comestible avant de l'avoir transporté dans leur demeure. »

2. *Ibn-ʿAbbâs* rapporte que le Prophète a défendu à tout homme de vendre un comestible dont il n'avait pas reçu livraison.

Comme Ṭâous demandait à Ibn-ʿAbbâs pourquoi cela, Ibn-ʿAbbâs répondit : « C'est qu'on vend alors de l'argent pour de l'argent et le comestible est livré en retard [1]. »

3. Suivant *Ibn-ʿOmar*, le Prophète a dit : « Que celui qui a acheté des comestibles ne les vende pas avant d'en avoir reçu livraison. »

4. *Mâlik-ben-Aus* a dit : « Qui a de quoi faire un change? — Moi, répondit Ṭalḥa; mais il faut attendre que mon caissier soit revenu de El-Ghâba. »

Telle est, dit Sofiân, la tradition que j'ai retenue de Ez-Zohri et il n'y est point question d'excédent. Et Ez-Zohri ajouta : « Mâlik-ben-Aus m'a raconté qu'il avait entendu ʿOmar-ben-El-Khaṭṭab raconter que le Prophète avait dit : « Or contre or, constitue l'usure à « moins que de part et d'autre on ne dise : « Tiens! » Froment contre « froment, constitue l'usure à moins que de part et d'autre on ne « dise : « Tiens! » Dattes contre dattes, constitue l'usure à moins que

[1] On considère que la vente ainsi faite est un véritable change à terme qui aurait pour effet d'obtenir un intérêt du capital engagé. Intérêt et usure sont, ainsi qu'il a été dit plus haut, synonymes en droit musulman.

« de part et d'autre on ne dise : « Tiens ! » Orge contre orge, constitue « l'usure à moins que de part et d'autre on ne dise : « Tiens ! »

CHAPITRE LV. — DE LA VENTE D'UN COMESTIBLE AVANT D'EN AVOIR PRIS LIVRAISON ET DE LA VENTE DE LA CHOSE QU'ON N'A PAS PAR DEVERS SOI.

1. *Ibn-ʿAbbâs* a dit : « Quant à ce que le Prophète a prohibé c'est, pour le comestible, qu'il soit vendu avant qu'on en ait reçu livraison. » Et Ibn-ʿAbbâs ajouta : « Et j'estime que pour toute chose il en doit être de même. »

2. D'après *Ibn-ʿOmar*, le Prophète a dit : « Que celui qui a acheté un comestible ne le vende pas avant d'en avoir reçu livraison. » (Ismâʿîl donne un terme plus expressif pour signifier « recevoir livraison ».)

CHAPITRE LVI. — DE CELUI QUI ESTIME QUE QUAND IL A ACHETÉ UN COMESTIBLE EN BLOC IL NE PEUT LE REVENDRE AVANT DE L'AVOIR TRANSPORTÉ À SON DOMICILE ET DES USAGES À CET ÉGARD.

1. *Ibn-ʿOmar* a dit : « Au temps de l'Envoyé de Dieu, j'ai vu les gens ayant acheté en bloc — c'est-à-dire un comestible — répugner à le vendre sur place et attendre de l'avoir transporté à leur domicile. »

CHAPITRE LVII. — QUID ? LORSQU'ON ACHÈTE UN OBJET OU UN ANIMAL QU'ON LAISSE CHEZ LE VENDEUR[1] OU QUI PÉRIT AVANT QU'ON EN AIT PRIS LIVRAISON... — *Ibn-ʿOmar a dit : « Pour tout ce qui est existant[2] au moment du contrat, les risques sont à la charge de l'acheteur. »*

1. *ʿAïcha* a dit : « Il était rare qu'un jour se passât sans que le Prophète ne se rendît à la maison d'Abou-Bakr à l'un des moments extrêmes de la journée. Lorsqu'il reçut l'autorisation de se rendre à Médine, nous fûmes tout surpris de le voir arriver vers midi. Quand on annonça sa présence à Abou-Bakr celui-ci s'écria : « Pour

[1] Il faudrait ajouter ici : « Si l'animal est perdu, estropié », pour expliquer le mot « ou » qui suit. — [2] Mot à mot : « Vivant ».

« que le Prophète vienne à cette heure il faut qu'il se soit passé « quelque grave événement. » Aussitôt entré, le Prophète dit à Abou-Bakr : « Fais sortir tous ceux qui sont chez toi. — Ô Envoyé de « Dieu, répondit Abou-Bakr, il n'y a ici que mes deux filles, c'est-« à-dire ʿAïcha et Asmâ. — Sais-tu bien, reprit le Prophète, que « j'ai reçu l'autorisation de partir. — Alors, je t'accompagne, ô « Envoyé de Dieu. — Tu m'accompagnes. — Ô Envoyé de Dieu « reprit Abou-Bakr, j'ai deux chamelles que j'ai préparées pour « la fuite; prends-en une. — Je la prends, répondit-il, en en « payant le prix. »

CHAPITRE LVIII. — On ne doit pas vendre pour supplanter son frère, ni offrir un prix plus élevé que celui qu'il offre tant qu'on n'y a pas été autorisé ou que l'affaire n'a pas été abandonnée.

1. D'après *ʿAbdallah-ben-ʿOmar*, l'Envoyé de Dieu a dit : « L'un de vous ne doit pas vendre pour supplanter son frère. »

2. *Abou-Horaïra* a dit : « L'Envoyé de Dieu a défendu au citadin de vendre pour un bédouin[1]. Ne simulez pas l'offre d'un prix plus élevé. Que l'homme ne vende pas pour supplanter son frère; qu'il ne demande pas en mariage celle que son frère a déjà demandée et que la femme ne demande pas la répudiation de sa sœur pour prendre ce qui était dans son plat. »

CHAPITRE LIX. — De la vente à la criée. — *ʿAṭa a dit : « J'ai connu des gens qui ne voyaient aucun mal à vendre le butin à celui qui surenchérissait. »*

1. *Djabir-ben-ʿAbdallah* rapporte qu'un homme ayant affranchi un de ses esclaves par affranchissement posthume et ayant besoin d'argent, le Prophète prit cet esclave et dit : « Qui veut l'acheter de moi[2] ? » Noʿaïm-ben-ʿAbdallah l'acheta moyennant une somme que le Prophète remit au maître de l'esclave.

[1] Il s'agit du cas où un citadin dit à un bédouin qui est venu vendre un objet à la ville : « Laisse-moi cet objet, je le vendrai pour toi dans quelques jours à un prix plus élevé. »

[2] Les commentateurs ajoutent que

CHAPITRE LX. — De celui qui simule l'offre d'un prix plus élevé et de celui qui dit que la vente ainsi faite n'est pas valable. — *Ibn-Abou-Aoufa a dit : « Celui qui simule une surenchère est comme celui qui vit de l'usure; il commet un vol; c'est une traîtrise et une iniquité qui ne sont pas permises. » — Le Prophète a dit : « La traîtrise sera punie par l'Enfer. Quiconque fera une action qui n'est pas conforme à nos prescriptions fera œuvre vaine. »*

1. *Ibn-ʿOmar* a dit : « Le Prophète a interdit de simuler une surenchère. »

CHAPITRE LXI. — De la vente d'une chose aléatoire et subordonnée à la portée d'une femelle.

1. D'après *ʿAbdallah-ben-ʿOmar*, l'Envoyé de Dieu a interdit de vendre en subordonnant la validité du contrat à la portée d'une femelle. Cette vente, qui se pratiquait avant l'islamisme, consistait en ce qu'un homme achetait un chameau livrable au moment où une chamelle née de telle autre chamelle pleine viendrait à son tour à mettre bas.

CHAPITRE LXII. — De la vente au toucher. — *Anas a dit : « Le Prophète a prohibé cette vente. »*

1. *Abou-Saʿîd* a raconté que l'Envoyé de Dieu a prohibé la vente dite *monâbadza* qui consiste à étaler une étoffe à vendre sans laisser à l'acheteur le temps de la palper ou de l'examiner. Il a prohibé également la vente dite *molâmasa* qui consiste à laisser l'acheteur toucher l'étoffe sans la lui laisser voir.

2. *Abou-Horaïra* dit que le Prophète a interdit deux façons de se vêtir : « L'homme ne doit pas se ceindre les reins avec une seule pièce d'étoffe et la relever ensuite par dessus son épaule[1]. » Il a aussi interdit deux sortes de ventes : le *limâs* et le *nibâdz*.

cette vente fut faite à la criée afin de rattacher ce hadits à la rubrique. Malek et Abou Hanifa n'admettent pas qu'on ait le droit de vendre un esclave qui a reçu promesse d'un affranchissement posthume.

[1] Il veut dire que le vêtement ne doit pas être retroussé de façon à laisser voir les parties honteuses. Quant à la seconde façon de se vêtir, qui est également interdite, elle n'est pas mentionnée.

CHAPITRE LXIII. — DE LA VENTE DITE *MONÂBADZA*. — *Anas a dit : « Le Prophète l'a interdite. »*

1. D'après *Abou-Horaïra*, le Prophète a prohibé la vente dite *molâmasa* et celle dite *monâbadza*.

2. *Abou-Sa^cîd* a dit : « Le Prophète a interdit deux façons de se vêtir et deux sortes de ventes : la *molâmasa* et la *monâbadza*. »

CHAPITRE LXIV. — DE LA DÉFENSE FAITE AU VENDEUR DE LAISSER SANS LES TRAIRE (PENDANT QUELQUES JOURS) SES CHAMELLES, SES VACHES, SES BREBIS ET TOUTE AUTRE FEMELLE. *On appelle* moṣarrâ *la femelle dont le lait a été laissé et maintenu dans le pis, en sorte que n'ayant pas été trait pendant quelques jours son lait s'accumule. Étymologiquement, le mot teṣriya* تصرية *signifie la retenue de l'eau, d'où l'expression* صرّيت الماء.

1. *Abou-Horaïra* a dit, d'après le Prophète : « Ne laissez pas sans les traire vos chamelles et vos brebis. Celui qui aura acheté un des animaux ayant été ainsi traité aura le droit d'opter entre ces deux solutions après avoir trait la femelle : ou bien il la gardera, ou bien il la rendra avec un ṣâ^c de dattes. »

In fine, indication de légères variantes et de l'addition, suivant d'autres *isnâd*, de « trois jours » (pour le délai d'option).

2. *^cAbdallah-ben-Mas^coud* a dit : « Celui qui achète une brebis, dont on a laissé accumuler le lait et qui la rend, devra ajouter un ṣâ^c de dattes. Le Prophète a interdit d'aller au devant des acheteurs. »

3. Selon *Abou-Horaïra*, le Prophète a dit : « N'allez pas au devant des caravanes. Que l'un de vous ne vende pas pour supplanter celui qui est déjà en marché. Ne simulez pas une surenchère. Que le citadin ne vende pas pour le bédouin. Ne laissez pas accumuler le lait de vos brebis. Celui qui achètera une de ces brebis aura le droit, après la traite de l'animal, ou bien, s'il le veut, de la garder, ou bien, si la chose lui déplaît, de rendre l'animal en y ajoutant un ṣâ^c de dattes. »

IMPRIMERIE NATIONALE.

CHAPITRE LXV. — L'acheteur, s'il le veut, rend la femelle dont on a laissé le lait s'accumuler et, pour la traite qu'il aura faite, il devra donner un ṣâʿ de dattes.

1. Selon *Abou-Horaïra*, le Prophète a dit : « Celui qui achète une brebis dont on a laissé le lait s'accumuler, et qui l'aura traite, la conservera si cela lui plaît; mais, si cela lui déplaît, il donnera pour la traite un ṣâʿ de dattes. »

CHAPITRE LXVI. — De la vente de l'esclave fornicateur[1]. — *Choraïḥ a dit : « S'il le veut, l'acheteur rend l'esclave pour cause de fornication. »*

1. D'après *Abou-Horaïra*, le Prophète a dit : « Quand une esclave s'est rendue coupable de fornication et que le fait a été dûment prouvé, le maître la fera fustiger et ne se contentera pas de la réprimander. Si elle se rend coupable du même fait une seconde fois, il la fustigera encore et ne se contentera pas de la réprimander. Enfin, si elle recommence, qu'il la vende, fût-ce au prix d'une simple corde de poils. »

2. D'après *Abou-Horaïra* et *Zeïd-ben-Khâlid*, on questionna l'Envoyé de Dieu au sujet d'une esclave qui, ayant forniqué, ne s'était pas amendée. « Quand une esclave a forniqué, répondit le Prophète, fustigez-la; si elle fornique une seconde fois, fustigez-la encore, et, si elle recommence, vendez-la, fût-ce pour le prix d'une tresse de poils. »

Ibn-Chihâb ajoute : « Je ne sais pas si c'est après la troisième ou la quatrième fois (qu'on doit la vendre). »

CHAPITRE LXVII. — De la vente et de l'achat avec les femmes[2].

1. ʿ*Aïcha* a dit : « L'Envoyé de Dieu étant entré chez moi, je me suis mis à l'entretenir de l'affaire (de Barîra) : « Achète-la, me dit-il,

[1] Bien que le mot employé soit masculin, il s'agit aussi bien des esclaves mâles que des esclaves femmes. Dans tous les exemples cités il s'agit de femmes.

[2] La rubrique, traduite littéralement, aurait dû être ainsi formulée : De la capacité des femmes en matière de vente et d'achat.

« et affranchis-la; le droit de patronage appartient à celui qui affranchit. » Le Prophète se leva ensuite, vers le soir et, après loué Dieu autant qu'il en est digne, il dit : « A quoi donc songent les « gens qui stipulent des conditions qui ne figurent point dans le « livre de Dieu. Quiconque stipule une condition qui ne figure pas « dans le livre de Dieu, fait une stipulation sans valeur, en eût-il « fait cent de cette sorte, car la clause formulée par Dieu est toujours plus juste et plus forte. »

2. *ʿAbdallah-ben-ʿOmar* rapporte que ʿAïcha marchanda Barîra pendant que le Prophète était allé prier. Quand celui-ci revint, ʿAïcha lui dit : « Ils refusent de me la vendre à moins que je ne mette comme condition qu'ils conserveront le droit de patronage. — Le droit de patronage, répondit le Prophète, appartient uniquement à celui qui a affranchi. »

Comme Hemmâm demandait à Nâfiʿ si cela avait toujours lieu, que le mari de l'esclave fût de condition libre ou esclave, il me répondit qu'on ne lui avait pas précisé ce point.

CHAPITRE LXVIII. — Un citadin peut-il vendre pour un bédouin sans recevoir de salaire, et doit-il lui venir en aide et le conseiller. — *Le Prophète a dit : « Quand l'un de vous demande conseil à son frère, celui-ci doit le conseiller. » — ʿAṭâ admet cette vente par tolérance.*

1. *Djarîr* a dit : « Je prêtai serment de fidélité à l'Envoyé de Dieu en déclarant qu'il n'y avait d'autre divinité que Dieu, que Mahomet était l'Envoyé de Dieu, que j'accomplirais la prière, que je donnerais la dîme prescrite, que j'écouterais et serais docile et que je donnerais bon conseil à tout musulman. »

2. Selon *Ibn-ʿAbbâs*, l'Envoyé de Dieu a dit : « N'allez pas au devant des caravanes. Que le citadin ne vende pas pour le bédouin. »

Comme, dit Ṭâous, je demandai à Ibn-ʿAbbâs ce qu'il fallait entendre par ces mots : « Que le citadin ne vende pas pour le bédouin, il me répondit : « Qu'il ne lui serve pas de courtier. »

CHAPITRE LXIX. — De celui qui réprouve que le citadin, moyennant salaire, vende pour le bédouin.

1. *ʿAbdallah-ben-ʿOmar* a dit : « L'Envoyé de Dieu a interdit au citadin de vendre pour le bédouin. Tel a été le dire d'Ibn-ʿAbbâs. »

CHAPITRE LXX. — Le citadin ne doit pas vendre pour le bédouin par l'entremise d'un courtier. — *Ibn-Sîrîn et Ibrâhîm réprouvent la chose pour le vendeur et pour l'acheteur. — Ibrâhîm a dit : « Les Arabes se servent du mot* باع *dans le sens d'acheter. »*

1. Selon *Abou-Horaïra*, l'Envoyé de Dieu a dit : « Que l'homme n'achète pas pour supplanter son frère déjà en marché. Ne simulez pas une surenchère. Que le citadin ne vende pas pour le bédouin. »

CHAPITRE LXXI. — Il est interdit d'aller au devant des caravanes (pour acheter). — *La vente ainsi faite est nulle; l'acheteur est alors un rebelle, un pécheur, s'il connaissait la loi. Car il commet une tromperie sur la vente, et la tromperie n'est pas permise.*

1. *Abou-Horaïra* a dit : « Le Prophète a défendu d'aller au devant des caravanes et il a interdit au citadin de vendre pour le bédouin. »

2. *Ṭâous* a dit : « Comme j'interrogeais Ibn-ʿAbbâs sur le sens de ces mots du Prophète : « Qu'un citadin ne vende jamais pour un « bédouin », il me répondit que cela signifiait qu'il ne devait pas lui servir de courtier. »

3. *ʿAbdallah* a dit : « Celui qui achète une femelle dont on a laissé le lait s'accumuler la rendra avec un ṣâʿ. » Et il ajouta : « Le Prophète a interdit d'aller au devant des caravanes. »

4. Selon *ʿAbdallah-ben-ʿOmar*, l'Envoyé de Dieu a dit : « Que l'un de vous ne vende pas pour supplanter son frère déjà en marché. N'allez pas au devant des marchandises; attendez qu'on les ait déchargées sur les marchés. »

CHAPITRE LXXII. — Du point terminus où il est permis d'aller au devant des caravanes.

1. *ʿAbdallah* a dit : « Nous allions au devant des caravanes pour

y acheter des denrées. Le Prophète nous interdit de les revendre avant que la caravane eût atteint le marché aux grains. »

El-Bokhâri ajoute : « Cette prohibition n'avait d'effet que pour la partie supérieure[1] du marché comme l'a prouvé la tradition de 'Obaïd-allah. »

2. *'Abdallah* a dit : « On achetait des grains sur la partie supérieure du marché et on les revendait sur place. L'Envoyé de Dieu défendit de revendre ces grains sur place ; on dut attendre qu'ils eussent été transportés au marché. »

CHAPITRE LXXIII. — Du cas où, dans une vente, on stipule des conditions qui ne sont point licites.

1. *'Aïcha* a dit : « Barîra vint me trouver et me dit : « Mes « maîtres m'ont affranchi[2] moyennant neuf onces à raison d'une « once par an. Viens à mon aide. — Si tes maîtres y consentent, « répondis-je, je vais leur compter cette somme et je serai ta pa- « tronne. » Bârira retourna trouver ses maîtres et leur dit la chose, mais ils refusèrent la proposition. Elle revint ensuite auprès de moi, alors que l'Envoyé de Dieu était assis chez moi et elle me dit : « Je leur ai fait part de ta proposition, mais ils l'ont refusée « à moins qu'on ne leur laissât le droit de patronage. » Le Prophète avait entendu ces dernières paroles et je l'informai alors de l'affaire. « Achète Barîra, me dit-il, et stipule que c'est toi qui auras « le droit de patronage. » Ensuite le Prophète se leva au milieu des fidèles, il loua Dieu et lui rendit grâces, puis il ajouta : « A quoi « donc songent les hommes qui stipulent des conditions qui ne « figurent point dans le livre de Dieu. Toute stipulation qui ne figure « pas dans le livre de Dieu est nulle. Y eût-il cent conditions de ce « genre, que la décision de Dieu serait plus équitable, car la stipu- « lation (indiquée) par Dieu est la plus forte. Le droit de patronage « appartient exclusivement à celui qui affranchit. »

[1] El-Bokhâri entend par là les membres de la caravane avant leur entrée dans la ville. Ces ventes étaient viciées seulement ; elles n'étaient pas nulles. — [2] C'était un affranchissement contractuel.

2. D'après *ʿAbdallah-ben-ʿOmar*, ʿAïcha, la mère des musulmans, voulut acheter une esclave pour l'affranchir ensuite. Les maîtres de l'esclave lui disaient : « Nous te la vendrons à la condition de garder le droit de patronage. » ʿAïcha ayant raconté la chose au Prophète, celui-ci lui dit : « On ne saurait te priver de ce droit, car le droit de patronage appartient à celui qui affranchit. »

CHAPITRE LXXIV. — De la vente de dattes contre dattes.

1. D'après *Ibn-ʿOmar*, le Prophète a dit : « Froment contre froment, constitue usure à moins que chacun ne dise : « Tiens! « Tiens[1]! » Orge contre orge, constitue usure à moins que chacun ne dise : « Tiens! Tiens! » Dattes contre dattes, constitue usure à moins que chacun ne dise : « Tiens! Tiens! »

CHAPITRE LXXV. — Vente du raisin sec contre du raisin sec et d'un comestible contre un comestible.

1. Selon *ʿAbdallah-ben-ʿOmar,* l'Envoyé de Dieu a interdit la *mozâbana.* La mozâbana c'est la vente de dattes (fraîches) sur l'arbre contre des dattes (sèches) mesurées, la vente de raisins secs mesurés contre des raisins frais sur souche.

2. D'après *Ibn-ʿOmar,* le Prophète a interdit la mozâbana, et il ajoute : « La mozâbana consiste à vendre des dattes sur l'arbre contre (des dattes sèches) mesurées en disant : « S'il y a excédent « tant mieux pour moi, s'il y a déficit tant pis pour moi. »

Ibn-ʿOmar a dit encore : « Zeïd-ben-Tsâbit m'a raconté que le Prophète a toléré la vente de fruits sur l'arbre contre des fruits secs à terre mesurés tous deux. »

CHAPITRE LXXVI. — Vente d'orge contre orge.

1. *Mâlik-ben-Aus* a raconté qu'ayant cherché quelqu'un pour lui changer cent dinars, Ṭalḥa-ben-ʿObaïd-Allah l'appela : « Après en

[1] La répétition du mot « Tiens! » indique que la livraison des choses échangées ou vendues doit être simultanée.

avoir discuté les conditions, ajoute-t-il, Ṭalḥa accepta de faire ce change; il prit l'or dans sa main et le mania, puis il me dit : « Attends que mon caissier soit de retour de El-Ghâba. » ʿOmar, qui avait entendu tout cela, me cria : « Ne le quitte pas avant d'avoir « reçu ta monnaie », car le Prophète a dit : « Or contre or, constitue usure à moins que chacun ne dise : « Tiens! Tiens! » Froment « contre froment, constitue usure à moins que chacun ne dise : « Tiens! Tiens! » Orge contre orge, constitue usure à moins que « chacun ne dise : « Tiens! Tiens! » Dattes contre dattes, constitue « usure à moins que chacun ne dise : « Tiens! Tiens! »

CHAPITRE LXXVII. — De la vente de l'or contre de l'or.

1. D'après *Abou-Bakra,* l'Envoyé de Dieu a dit : « Ne vendez point de l'or contre de l'or, à moins que ce ne soit égalité contre égalité, ni argent contre argent, à moins que ce ne soit égalité contre égalité. Mais vendez de l'or contre de l'argent ou de l'argent contre de l'or comme vous voudrez. »

CHAPITRE LXXVIII. — De la vente de l'argent contre de l'argent.

1. *ʿAbdallah-ben-ʿOmar* rapporte que Abou-Saʿîd lui a rapporté la même chose d'après une tradition de l'Envoyé de Dieu. ʿAbdallah-ben-ʿOmar ayant rencontré Abou-Saʿîd lui dit : « Ô Abou-Saʿîd qu'est-ce donc ce que tu rapportes d'après l'Envoyé de Dieu? — Au sujet du change, répondit Abou-Saʿîd, j'ai entendu l'Envoyé de Dieu dire : « Or contre or, égalité à égalité, et argent contre argent, « égalité à égalité. »

2. D'après *Abou-Saʿîd-El-Khodry,* l'Envoyé de Dieu a dit : « Ne vendez l'or contre l'or qu'égalité à égalité, et que l'un de vous n'en donne pas plus que l'autre. Ne vendez l'argent contre l'argent que égalité à égalité, et que l'un de vous n'en donne pas plus que l'autre. Ne vendez aucun métal non présent contre du métal présent. »

CHAPITRE LXXIX. — De la vente de dinars contre des dinars à terme.

1. *Abou-Sa'ïd-El-Khodry* a dit : « Dinar contre dinar et dirhem contre dirhem. — Je lui fis observer, dit Abou-Ṣaliḥ, qu'Ibn-'Abbâs ne s'était pas exprimé ainsi. — Alors, dit Abou-Sa'ïd, je demandai à Ibn-'Abbâs s'il avait entendu cette prescription de la bouche du Prophète ou s'il l'avait trouvée dans le livre de Dieu. — Je ne dirai rien de tout cela, répondit-il, car vous en savez plus long que moi au sujet de l'Envoyé de Dieu, mais Osâma m'a informé que le Prophète a ajouté : « Il n'y a pas usure à moins qu'il n'y ait « terme. »

CHAPITRE LXXX. — De la vente d'argent contre or à terme.

1. *Abou-'l-Minhâl* a dit : « Comme j'interrogeais El-Barâ-ben-'Azib et Zeïd-ben-Arqam sur le change, chacun d'eux disait, en parlant de l'autre : « Il vaut mieux que moi[1]. » Tous deux cependant disaient que l'Envoyé de Dieu a interdit de vendre à terme de l'or pour de l'argent. »

CHAPITRE LXXXI. — De la vente d'or contre argent de la main à la main.

1. *Abou-Bakra* a dit : « Le Prophète a défendu (de vendre) argent contre argent et or contre or, sinon égalité à égalité. Il nous a autorisés à acheter de l'or pour de l'argent comme nous voudrions et de l'argent contre de l'or comme nous voudrions. »

CHAPITRE LXXXII. — De la vente dite *mozâbana* qui consiste à vendre des dattes sèches contre des dattes sur l'arbre ou des raisins secs contre des raisins sur cep et de la vente des *'ariyya*[2]. — *Anas a dit : « Le Prophète a prohibé la mozâbana et la moḥâqala[3]. »*

1. Selon *'Abdallah-ben-'Omar*, l'Envoyé de Dieu a dit : « Ne vendez

[1] C'est-à-dire : Il est mieux informé que moi sur ce point.

[2] Il s'agit de la vente des dattes ou des raisins encore sur l'arbre dans les conditions indiquées ci-après, p. 41.

[3] C'est le nom spécial donné à la vente de blé en gerbe contre du blé battu et vanné.

pas les fruits avant qu'ils commencent à être utilisables et ne vendez pas des dattes fraîches contre des dattes sèches. »

2. « ʿAbdallah, dit Sâlim, m'a informé que d'après *Zeïd-ben-Tsâbit*, l'Envoyé de Dieu avait, plus tard, toléré la vente des dattes sur l'arbre contre des dattes fraîchement cueillies ou sèches, mais que cette tolérance ne s'applique pas à d'autres fruits. »

3. *ʿAbdallah-ben-ʿOmar* rapporte que l'Envoyé de Dieu a interdit la *mozâbana*. Or la mozâbana, ajoute-t-il, c'est le fait d'acheter des dattes sur l'arbre contre des dattes sèches mesurées et des raisins sur cep contre des raisins secs mesurés.

4. Selon *Abou-Saʿîd-El-Khodry*, l'Envoyé de Dieu a proscrit la *mozâbana* et la *moḥâqala*. La mozâbanâ consiste à acheter des dattes encore sur le palmier.

5. *Ibn-ʿAbbâs* a dit : « Le Prophète a proscrit la mozâbana et la moḥâqala. »

6. D'après *Zeïd-ben-Tsâbit*, l'Envoyé de Dieu a toléré que le propriétaire de dattes sur l'arbre les vendît contre des dattes cueillies.

CHAPITRE LXXXIII. — De la vente des dattes encore sur le palmier pour de l'or et de l'argent.

1. *Djâbir* a dit : « Le Prophète a interdit de vendre les fruits avant qu'ils fussent mûrs et il n'a permis de vendre aucun fruit sinon pour des dinars et des dirhems, à l'exception des *ʿariyya*. »

2. D'après *Abou-Horaïra*, le Prophète a toléré la vente des fruits des ʿariyya quand il y en a cinq charges ou moins de cinq charges. (Mâlik a affirmé avoir entendu cette tradition de Daoud-ben-El-Ḥoṣaïn.)

3. *Sahl-ben-Ḥatsma* a dit : « L'Envoyé de Dieu a interdit de vendre des dattes sur l'arbre contre des dattes sèches; il a toléré pour l'*ʿariyya* qu'il fût vendu avec ses fruits pourvu que les propriétaires de l'arbre mangeassent ces fruits frais. »

Une autre fois Abou-Sofyân, qui rapporte cette tradition, a dit :

« Toutefois il a toléré que pour l'ʿariyya il fût vendu avec ses fruits à condition de les manger frais. Comme j'étais jeune homme, ajoute-t-il, je dis à Yaḥya : « Les gens de la Mecque disent que le « Prophète a toléré qu'ils vendissent les ʿariyya (sans faire de re- « strictions). — Qui a dit cela aux gens de la Mecque, répondit « Yaḥya ? — Ils rapportent cette tradition, d'après Djâbir, répli- « quai-je. » Yaḥya alors garda le silence. Sofyân entendait dire que Djâbir était de Médine. Puis, comme on lui demandait si, dans ce hadits, il avait été question de la défense de vendre les fruits avant qu'ils commençassent à être utilisables, il répondit : « Non. »

CHAPITRE LXXXIV. — Explication du mot ʿariyya. — *Mâlik a dit : « Il y a* ʿariyya *quand un homme fait don à un autre homme d'un des palmiers de son jardin. Si, ensuite, le donateur est gêné par les allées et venues du donataire dans son jardin, on tolère alors que le donateur achète du donataire les fruits de ce palmier contre des dattes sèches. » — Ibn-Idris a dit : « L'*ʿariyya *ne peut être vendu que contre des dattes mesurées de la main à la main, jamais en bloc. » Ce qui corrobore ce dernier point, c'est que Sahl-ben-Ḥatsma parle de charges chargées. — Dans le hadits qu'il rapporte d'après Nâfiʿ, qui lui-même le tenait d'Ibn-ʿOmar, Ibn-Ishaq a dit : « L'*ʿariyya *consistait en ce qu'un homme faisait don à un autre d'un ou de deux palmiers lui appartenant. » — Yazîd a dit, d'après Sofyân ben-Ḥosaïn : « Les ʿariyya étaient des palmiers qu'on donnait aux pauvres et ceux-ci ne pouvaient pas toujours attendre (la maturité complète) ; aussi les autorisait-on à vendre ces ʿariyya pour telle quantité de dattes qu'ils voudraient. »*

1. Selon *Zeïd-ben-Tsâbit*, l'Envoyé de Dieu a toléré la vente des ʿariyya contre des fruits secs mesurés.

Mousa-ben-ʿOqba a dit : « Les ʿariyya sont les (fruits de) palmiers déterminés que vous allez acheter sur place. »

CHAPITRE LXXXV. — De la vente des fruits avant qu'ils n'aient commencé à être utilisables. — *El-Leïts, d'après un isnâd qu'il donne, rapporte que Zeïd-ben-Tsâbit a dit : « Au temps du Prophète, quand on achetait des fruits et que le moment de les cueillir arrivait, l'acheteur disait (parfois) : « Les « fruits ont été atteints par le* dôman [1] ; *ils ont été atteints par le* morâd ; *ils*

[1] Les mots *domân, morâd* et *qochâm* s'appliquent aux trois accidents suivants qui

« ont été atteints par le qochâm *», et il faisait argument de ces fléaux. Alors l'Envoyé de Dieu, voyant les nombreuses contestations qui naissaient à cette occasion, dit : « Si vous ne renoncez pas à cette opération, ne vendez pas les « fruits avant qu'ils n'aient commencé à être utilisables. » C'était une sorte de conseil qu'il leur donnait ainsi. » — Khâridja-ben-Zeïd-ben-Tsâbit m'a raconté que Zeïd-ben-Tsâbit ne vendait jamais ses fruits avant le lever des Pléïades, car à ce moment, on voit apparaître la couleur rouge qui succède à la couleur jaune. — El-Bokhârî indique un autre isnâd.*

1. D'après *ʿAbdallah-ben-ʿOmar*, l'Envoyé de Dieu a interdit la vente des fruits avant qu'ils n'aient commencé à être utilisables, et cette défense s'applique à la fois au vendeur et à l'acheteur.

2. Suivant *Anas*, l'Envoyé de Dieu a défendu d'acheter les dattes d'un palmier avant que ces dattes ne fussent devenues rouges.

El-Bokhâri explique تزهو par تحمر.

3. *Djâbir-ben-ʿAbdallah* a dit : « Le Prophète a défendu d'acheter des dattes avant qu'elles fussent devenues rouges (تشقح). Et comme on lui demandait ce que signifiait ce mot تشقح, il répondit : « تحمارّ وتصفارّ devenues rouges et jaunes, c'est-à-dire mangeables. »

CHAPITRE LXXXVI. — De la vente du palmier avant que ses fruits n'aient commencé à être utilisables.

1. *Anas-ben-Mâlik* rapporte que le Prophète a interdit de vendre les fruits avant qu'ils n'aient commencé à être utilisables; et, pour les dattes, avant qu'elles n'aient pris la couleur rouge. Et comme on lui demandait le sens du mot يزهو dont il s'était servi, il répondit qu'il signifiait يحمارّ و يصفارّ.

CHAPITRE LXXXVII. — Quand on a vendu des fruits avant qu'ils n'aient commencé à être utilisables et qu'ils viennent ensuite à être endommagés, les risques sont à la charge du vendeur.

1. D'après *Anas-ben-Mâlik*, l'Envoyé de Dieu a interdit la vente des fruits tant qu'ils ne sont pas rouges (et jaunes). Et, comme on

se produisent pour les fruits : dessication de la fleur, dessication du fruit déjà noué et chute du fruit avant maturité.

demandait au Prophète le sens du mot تزهي dont il s'était servi, il répondit : « تحمرّ ». Puis il ajouta : « Ne vois-tu pas que si Dieu empêchait le fruit (de mûrir), l'un de vous prendrait ainsi injustement le bien d'autrui. »

Ibn-Chihâb a dit : « Quand un homme achète des fruits avant qu'ils n'aient commencé à être utilisables et qu'ensuite ces fruits viennent à être endommagés, les risques sont à la charge du propriétaire. »

D'après Ibn-ʿOmar, l'Envoyé de Dieu a dit : « Ne faites pas commerce des fruits avant qu'ils n'aient commencé à être utilisables. Ne vendez pas des dattes fraîches contre des dattes sèches. »

CHAPITRE LXXXVIII. — De l'achat à terme d'un comestible.

1. Selon *ʿAïcha,* l'Envoyé de Dieu, acheta à terme des comestibles d'un Juif à qui il donna en nantissement sa cotte de maille.

CHAPITRE LXXXIX. — De celui qui veut vendre des dattes contre d'autres dattes de meilleure qualité.

1. D'après *Abou Horaïra,* l'Envoyé de Dieu avait installé un agent à Khaïbar. Cet agent ayant apporté des dattes de l'espèce dite *djanîb,* l'Envoyé de Dieu lui demanda si toutes les dattes de Khaïbar étaient de cette qualité. « Non, par Dieu, ô Envoyé de Dieu, répondit l'agent; en échange d'un ṣâʿ de ces dattes, nous prenons deux ṣâʿ d'une autre qualité, et, en échange de deux ṣâʿ, nous en prenons trois. — Ne fais plus cela, répondit l'Envoyé de Dieu, vends toutes les autres dattes contre de l'argent et achète des djanîb moyennant de l'argent. »

CHAPITRE XC. — De celui qui vend des palmiers déjà fécondés ou une terre déjà ensemencée ou qui loue cette terre. — *El-Bokhâri, d'après un isnâd qu'il indique, rapporte que Nâfiʿ, l'affranchi de Ibn-ʿOmar, a dit : « Toutes les fois qu'on vend des palmiers déjà fécondés et qu'aucune réserve n'a été faite au sujet des fruits, les fruits appartiennent à celui qui a fait la fécon-*

dation; même règle en ce qui touche à l'esclave (enceinte) et à la terre labourée. » *Nâfiʿ cita ces trois choses.*

1. D'après *ʿAbdallah-ben-ʿOmar,* l'Envoyé de Dieu a dit : « Quand on vend des palmiers déjà fécondés, les fruits appartiennent au vendeur à moins de stipulation spéciale faite par l'acheteur. »

CHAPITRE XCI. — De la vente de grains (sur pied) contre des grains mesurés.

1. *Ibn ʿOmar* a dit : « L'Envoyé de Dieu a prohibé la pratique de la mozâbana, c'est-à-dire de vendre les fruits de sa terre : s'il s'agit d'une palmeraie, contre des dattes mesurées; s'il s'agit de vigne, contre des raisins secs mesurés, et, s'il s'agit de céréales, de les vendre contre des grains mesurés. Il a interdit tous ces contrats. »

CHAPITRE XCII. — De la vente du palmier planté.

1. D'après *Ibn-ʿOmar,* le Prophète a dit : « Quiconque a fait la fécondation de palmiers et qui vend ensuite ces arbres tels quels, a droit aux fruits de ces palmiers, à moins d'une stipulation contraire faite par l'acheteur. »

CHAPITRE XCIII. — De la vente des fruits verts.

1. *Anas-ben-Mâlik* a dit : « L'Envoyé de Dieu a interdit la *mohâqala*, la *mokhâdara*[1], la *molâmasa*, la *monâbadza* et la *mozâbana.* »

2. D'après *Anas-ben-Mâlik,* le Prophète a interdit la vente des dattes avant qu'elles ne fussent devenues rouges. Et comme nous lui demandions ce qu'il entendait par يزهو, il répondit : « تحمرّو تصفرّ ». Puis il ajouta : « Ne vois-tu pas que si Dieu empêchait ensuite ces fruits d'arriver à maturité, tu te serais approprié le bien d'autrui. »

CHAPITRE XCIV. — De la vente de la moelle de palmier et du fait d'en manger.

1. *Ibn-ʿOmar* a dit : « J'étais auprès du Prophète qui était en

[1] C'est la vente de fruits verts n'étant pas encore utilisables au moment du contrat.

train de manger de la moëlle de palmier et qui disait : « Parmi les « arbres, il en est un qui est comme l'homme croyant. » Je voulus dire que c'était le palmier, mais comme j'étais le plus jeune de l'assistance, je me tus. Le Prophète reprit : « Et cet arbre, c'est le palmier. »

CHAPITRE XCV. — DE CELUI QUI FAIT APPLIQUER AUX GENS DES VILLES LES COUTUMES DONT ILS FONT USAGE ENTRE EUX EN MATIÈRE DE VENTE, DE SALARIAT, DE JAUGEAGE ET DE PESAGE ET AUSSI LES PRATIQUES CONNUES QU'ILS OBSERVENT SUIVANT LES CAS ET SUIVANT LES CIRCONSTANCES[1]. — *Choraïḥ a dit à deux marchands de filés : « Appliquez la coutume en usage parmi vous ». — ʿAbd-el-Wahhâb a dit, d'après Ayyoub qui le rapportait d'Ibn-Sirîn, qu'il n'y avait pas de mal à vendre onze ce qui vaut dix, ni à prélever le montant des frais*[2]. — *Le Prophète a dit à Hind : « Prends pour toi et pour tes enfants de quoi te suffire équitablement. » — Il est dit dans le Coran : « Que celui qui est pauvre mange avec discrétion*[3] *(des biens de son pupille orphelin) »* [sourate IV, verset 6). — *El-Ḥasan voulant louer un âne de ʿAbdallah-ben-Mirdâs lui demanda combien il prendrait : « Deux* dâneq *», répondit celui-ci. El-Ḥasan alors enfourcha l'âne. Une autre fois il revint trouver ʿAbdallah en disant : « L'âne, l'âne! » Puis ayant enfourché l'animal, sans rien stipuler, il envoya un demi-dirhem*[4] *au propriétaire de l'animal.*

1. *Anas-ben-Mâlik* a dit : « Abou-Ṭîba ayant fait une saignée à l'Envoyé de Dieu, l'Envoyé de Dieu lui fit donner un *ṣâʿ* de dattes et invita les maîtres de Abou-Ṭîba à alléger la redevance qu'ils exigeaient de lui. »

2. D'après *ʿAïcha,* Hind, la mère de Moʿâwia, dit un jour à l'Envoyé de Dieu : « Abou-Sofyân est un homme avare; serait-ce pécher que de lui prendre en secret un peu de son argent? — Prends, lui répondit-il, de quoi te suffire à toi et à tes enfants et agis avec discrétion. »

[1] Il va sans dire que ces coutumes ou usages ne sont pas applicables s'ils sont interdits par le Coran et la Sonna d'une façon directe et formelle.

[2] En d'autres termes, la marchandise doit supporter tous les frais qu'elle occasionne : courtage, pesage, transport, garde, etc. Par conséquent tous ces frais viennent en augmentation du prix.

[3] Le tuteur testamentaire pauvre a le droit de prélever sur les biens de son pupille ce qui est strictement nécessaire à son entretien personnel.

[4] Le demi-dirhem vaut trois dâneq.

3. *ʿAïcha* a dit que ces mots du Coran : « Que celui qui est riche s'abstienne (de toucher au bien de ses pupilles), mais que celui qui est pauvre en use avec discrétion (sourate IV, verset 6) », avaient été révélés à l'occasion du tuteur d'un orphelin qui donne tous ses soins à son pupille et gère ses biens. S'il est pauvre, il ne doit vivre au dépens de son pupille qu'avec discrétion.

CHAPITRE XCVI. — De l'associé qui vend à son co-associé.

1. *Djâbir* a dit : « L'Envoyé de Dieu a établi le droit de retrait pour tout bien qui n'avait pas encore été partagé. Mais, dès que les limites (des parts) ont été fixées et que l'accès en a été établi, le droit de retrait n'existe plus. »

CHAPITRE XCVII. — De la vente des terres, des maisons et des objets mobiliers quand ils sont indivis et que le partage n'est pas opéré.

1. *Djâbir-ben-ʿAbdallah* a dit : « Le Prophète a décidé que le droit de retrait serait applicable à tout bien non partagé. Lorsque les limites (des parts) ont été fixées et que l'accès en a été établi, le droit de retrait n'existe plus. »

2. Variantes sans importance d'après différents *isnâd*.

CHAPITRE XCVIII. — Du fait d'acheter pour quelqu'un sans y être autorisé par cette personne qui, néanmoins, accepte le contrat.

1. D'après *Ibn-ʿOmar*, le Prophète a dit : « Trois hommes, qui étaient sortis, furent, durant leur marche, surpris par la pluie, et se réfugièrent dans une caverne située dans une montagne. Un rocher, en s'éboulant, leur ayant fermé l'issue de la caverne, ils se dirent l'un à l'autre : « Invoque Dieu en lui indiquant la meil-« leure action que tu as faite. »

« O mon Dieu! s'écria le premier de ces trois hommes, j'avais « un père et une mère, tous deux très avancés en âge. Tous « les jours je sortais et faisais paître le troupeau; puis, aussitôt

« rentré, je trayais les brebis et rapportais la jatte de lait que « je présentais à mon père et à ma mère. Quand ils avaient bu, je « donnais à boire du lait aux enfants, puis à mes parents et enfin à « ma femme. Un soir, que j'étais en retard, je trouvai mon père « et ma mère endormis. Il me répugna de les réveiller (et aussi de « donner d'abord le lait aux enfants) bien que ceux-ci pleurassent « à mes pieds. Je restai ainsi jusqu'au moment où l'aurore apparut, « eux dormant et moi attendant. Ô mon Dieu! puisque tu sais que « j'ai fait tout cela en vue de ta face, pratique-nous une issue qui « nous permette de voir le ciel. » Et une fente se produisit aussitôt dans le roc. »

« Ô mon Dieu! dit le second, tu sais que j'aimais une de mes « cousines de l'affection la plus vive qu'un homme éprouve pour une « femme. « Tu n'arriveras à ton but, me dit-elle, que lorsque tu me « donneras cent dinars. » Je fis des démarches et réussis à réunir « cette somme. Quand je me mis en posture devant elle, elle me « dit : « Crains Dieu; ne brise pas le cachet à moins que ce ne soit « légalement. » Aussitôt, je me retirai et la laissai. Puisque tu sais, « ô mon Dieu! que j'ai fait tout cela en vue de ta face, pratique-« nous une issue. » Et alors Dieu fendit le rocher aux deux tiers. »

« Ô mon Dieu! s'écria le troisième, tu sais que j'avais pris à gages « un ouvrier moyennant un *fereq*[1] de millet. Lorsque je le lui don-« nai en payement, il refusa de le recevoir. Alors je pris ce fereq « et l'ensemençai, puis, avec le produit, j'achetai des bœufs et un « berger. Plus tard, cet ouvrier vint me trouver et me dit : « Ô ado-« rateur de Dieu, donne-moi ce qui m'est dû. — Emmène, lui « répondis-je, ces bœufs avec leur berger, car tout cela est à toi. « — Te moques-tu de moi? me répliqua-t-il. — Je ne me moque « pas de toi, lui dis-je, tout cela est bien à toi. » Ô mon Dieu! « puisque tu sais que j'ai fait tout cela en vue de ta face, délivre-« nous. » Et Dieu dégagea pour eux la porte de la caverne. »

[1] Mesure contenant trois sâʿ.

CHAPITRE XCIX. — Du commerce avec les polythéistes et avec les harbi [1].

1. *ʿAbderraḥman-ben-Abou-Bakr* a dit : « Pendant que nous étions avec le Prophète, un homme d'entre les polythéistes vint à nous. C'était un grand diable, hirsute, qui conduisait des moutons. « Viens-tu pour les vendre ou pour en faire cadeau — ou, suivant une variante, pour en faire don ? » demanda le Prophète. — « Ce « n'est pas pour en faire cadeau, mais bien pour les vendre », répliqua l'homme. Le Prophète lui acheta un mouton. »

CHAPITRE C. — Du fait d'acheter un esclave d'un harbi ; de le recevoir en don et de l'affranchir. — *Le Prophète dit à Selman : « Fais-toi affranchir contractuellement. » Or Selman était né de condition libre et c'est injustement qu'on l'avait vendu. ʿAmmâr avait été emmené en captivité ainsi que Ṣohaïb et Bilâl. — Il est dit dans le Coran : « Dieu a favorisé de ses biens certains d'entre vous plus que d'autres. Or ceux qui ont été ainsi favorisés ne sont nullement disposés à donner de ces biens à leurs esclaves. Méconnaissent-ils donc les faveurs de Dieu ? »* (sourate xvi, verset 73).

1. Selon *Abou-Horaïra*, le Prophète a dit : « Abraham étant parti avec Sarah entra dans un bourg où se trouvait un prince d'entre les princes, ou, suivant une variante, un tyran d'entre les tyrans. Comme on avait dit au prince qu'Abraham avait avec lui une femme la plus belle du monde, le prince envoya dire à Abraham : « Qui est cette femme qui est avec toi ? — C'est ma sœur », répondit-il. Revenant alors auprès de Sarah, Abraham lui dit : « Ne va pas démentir ce que j'ai raconté. Je leur ai dit que tu « étais ma sœur. Par Dieu, il n'y a pas sur terre d'autre croyant « que moi et toi. »

« Abraham ayant envoyé Sarah au prince, celui-ci s'avança vers Sarah; mais elle se mit à faire ses ablutions et sa prière, puis elle s'écria : « Ô mon Dieu, puisque j'ai cru en toi et en ton Prophète, et « que j'ai toujours été fidèle à mon mari, ne me laisse pas violenter

[1] C'est-à-dire celui avec qui on est en guerre ou avec qui on doit toujours être en guerre, et qui n'est pas musulman.

IMPRIMERIE NATIONALE.

«par ce mécréant.» Aussitôt le prince, frappé de syncope, battit le sol de son pied.»

D'après El-Aʿredj, Abou-Salama-ben-ʿAbderraḥman a dit que Abou-Horaïra ajouta : «Sarah dit : «Ô mon Dieu, s'il allait mourir, «on dirait que c'est moi qui l'ai tué.» Revenu à lui, le prince s'avança vers Sarah une seconde fois et elle fit de nouveau ses ablutions et sa prière, puis elle s'écria : «Ô mon Dieu, puisque «j'ai cru en toi et en ton prophète et que j'ai toujours été fidèle à «mon mari, ne me laisse pas violenter par ce mécréant.» Aussitôt frappé de syncope, le prince battit le sol de son pied.»

D'après El-Aʿredj, Abou-Salama a dit que Abou-Horaïra ajouta : «Sarah dit : «Ô mon Dieu, s'il allait mourir, on dirait que c'est moi «qui l'ai tué.» Revenu à lui pour la deuxième ou la troisième fois, le prince dit : «Par Dieu! c'est un démon que l'on m'a amené; «qu'on la ramène à Abraham et qu'on donne Agar à cette femme.» Sarah revint vers Abraham et lui dit : «Sais-tu que Dieu a terrassé le mécréant et lui a fait donner une jeune esclave?»

2. ʿ*Aïcha* a dit : «Une discussion s'était élevée entre Saʿd-ben-Abou-Waqqâṣ et ʿAbdo-ben-Zemaʿa au sujet d'un jeune homme : «Ô Envoyé de Dieu, dit Saʿd, cet enfant est le fils de mon frère ʿOtba-«ben-Abou-Waqqâs, il me l'a recommandé *in extremis* en disant «que c'était son fils. Vois, du reste, comme il ressemble à ʿOtba. «— Mais c'est mon frère, ô Envoyé de Dieu, répliqua ʿAbdo-ben-Zemaʿa, il est né du lit de mon père et de sa servante.» Examinant alors l'enfant, le Prophète s'aperçut qu'il ressemblait d'une manière frappante à ʿOtba. «Il est bien à toi, ô ʿAbdo, dit-il alors; l'enfant «appartient au lit; à l'adultère la lapidation. Voile-toi devant cet «enfant, ô Sauda-bent-Zemaʿa.» Sauda ne l'avait jamais vu[1].»

3. D'après *Saʿd*, son grand-père ʿAbderraḥman-ben-ʿAuf a dit à Ṣohaïb : «Crains Dieu et ne recherche pas ta lignée au-delà de ton père. — Pourquoi, répondit Ṣohaïb, me réjouirai-je d'être comme cela ou dirai-je cela; mais, étant enfant, j'ai été volé.»

[1] Ou, suivant une variante vraisemblable : «Sauda ne le vit jamais.»

4. *ʿOrwa-ben-Ez-Zobaïr* raconte que Ḥakîm-ben-Ḥizâm a dit : «Ô Envoyé de Dieu, penses-tu que j'aurai une récompense céleste pour certaines choses que j'ai pratiquées en vue de faire le bien avant ma conversion, telles que : bonté envers les proches, affranchissement d'esclaves, aumônes aux pauvres. — En te faisant musulman, lui répondit l'Envoyé de Dieu, tu as conservé à ton actif tout le bien que tu avais fait précédemment.»

CHAPITRE CI. — De la vente, avant qu'elles ne soient tannées, des peaux des animaux morts.

1. *ʿAbdallah-ben-ʿAbbâs* raconte que l'Envoyé de Dieu passa un jour auprès d'un mouton crevé. «Pourquoi, dit-il, n'avez-vous pas fait usage de sa dépouille? — Parce que c'était un animal crevé, répondit-on. — Il vous est seulement défendu de manger sa chair, reprit-il.»

CHAPITRE CII. — Du fait de tuer les porcs[1]. — *Djâbir a dit : «Le Prophète a prohibé la vente du porc.»*

1. D'après *Abou-Horaïra,* l'Envoyé de Dieu a dit : «J'en jure par celui qui tient mon âme entre ses mains, il s'en faut de bien peu que le fils de Marie descende parmi vous comme un juge équitable, afin de briser la croix, de tuer les porcs, de faire disparaître la capitation et de faire déborder la richesse au point que personne n'en voudra plus.»

CHAPITRE CIII. — On ne doit pas faire fondre la graisse de l'animal crevé ni en vendre le produit. — *C'est Djâbir qui a rapporté cette tradition du Prophète.*

1. *Ṭâous* rapporte que Ibn-ʿAbbâs a dit : «ʿOmar-ben-El-Kheṭṭâb ayant appris qu'un tel vendait du vin, s'écria : «Dieu maudira un «tel; un tel ne sait-il donc pas que l'Envoyé de Dieu a dit : «Dieu

[1] Ou d'en exterminer la race. Ainsi que le fait remarquer le commentateur, ordonner l'extermination d'un animal, c'est implicitement en déclarer le commerce illicite. Sinon ce serait un crime de détruire une chose utile.

« maudira les Juifs; on leur avait interdit les graisses (des animaux « crevés) et ils les ont fait fondre et les ont vendues. »

2. Selon *Abou-Horaïra*, l'Envoyé de Dieu a dit : « Dieu maudira la tribu de Juda; on leur avait interdit les graisses (des animaux crevés) et ils les ont vendues et en ont mangé le prix. »

El-Bokhâri dit : « قاتل signifie maudire. C'est ainsi que dans le Coran, on trouve : « Les imposteurs ont été maudits, avec قُتِلَ dans « le sens de لُعِنَ. »

CHAPITRE CIV. — De la vente des dessins représentant des choses qui n'ont point d'âme et de ce qui est répréhensible à cet égard.

1. *Sa'îd-ben-Abou-'l-Ḥasan* a dit : « J'étais auprès d'Ibn-ʿAbbâs quand un homme vint le trouver : « Ô ʿAbbâs, dit cette personne, je « suis un homme qui n'ai d'autre ressource pour vivre que le travail « de mes mains; je fabrique ces images. — Je ne te donnerai d'autre « tradition, répondit Ibn-ʿAbbâs, que celle que j'ai entendue moi- « même de l'Envoyé de Dieu. Or, je l'ai entendu dire : « Celui « qui représente un objet, Dieu le torturera jusqu'à ce qu'il ait « insufflé une âme à cet objet; or il sera à jamais incapable de la lui insuffler. » Vivement atterré par cette réponse, l'homme pâlit. Alors Ibn-ʿAbbâs lui dit : « Malheureux! si tu ne cesses pas ton métier, tu « auras contre toi cet arbre et toute chose qui n'aura pas d'âme. »

Variante dans l'*isnâd*.

CHAPITRE CV. — De la prohibition du commerce du vin. — *Djâbir a dit : « Le Prophète a interdit la vente du vin. »*

1. Selon *ʿAïcha*, lorsque les derniers versets de la sourate de la Vache furent révélés, le Prophète sortit (de son appartement) et dit : « Le commerce du vin est interdit. »

CHAPITRE CVI. — Du péché que commet celui qui vend un homme libre.

1. *Abou-Horaïra* rapporte ces paroles du Prophète : « Dieu a dit : « Il y a trois catégories d'hommes dont je serai l'adversaire au jour

«de la Résurrection : l'homme qui aura promis de donner en mon «nom et qui manquera à son engagement; celui qui aura vendu «un homme libre et mangera l'argent qui en aura été le prix; celui «qui, ayant pris à gages un ouvrier, ne lui paiera pas son salaire «lorsque cet ouvrier aura accompli sa tâche.»

CHAPITRE CVII. — De l'ordre que donna le Prophète aux Juifs de vendre leurs terres lorsqu'ils les expulsa[1]. – *Cette tradition est rapportée par El-Maqbouri, d'après Abou-Horaïra.*

CHAPITRE CVIII. — De la vente à terme d'un esclave contre un esclave, d'un animal contre un animal. – *Ibn-ʿOmar acheta un chameau de selle contre quatre chameaux de bât que le vendeur lui garantit de lui livrer à Rabadza. – Ibn-ʿAbbâs a dit : «Il arrive qu'un seul chameau vaille plus que deux autres chameaux.» – Râfiʿ-ben-Khadîdj acheta un chameau moyennant deux chameaux et le vendeur ne lui en livra qu'un (immédiatement) en disant : «Je te livrerai l'autre demain, et il sera agile si Dieu veut!» – Ibn-El-Mosayyib a dit : «Il n'y a pas usure lorsqu'ils s'agit d'animaux, quand on donne à terme un chameau moyennant deux chameaux et un mouton moyennant deux moutons.» – Ibn-Sîrîn a dit : «Il n'y a aucun mal à livrer à terme un chameau contre deux chameaux, un dirhem contre un dirhem.»*

1. *Anas* a dit : «Ṣafiyya était parmi les captives; elle échut à Diḥya-el-Kelbi, puis elle appartint ensuite au Prophète.»

CHAPITRE CIX. — De la vente de l'esclave.

1. *Abou-Saʿîd-El-Khodry* raconte qu'étant assis auprès du Prophète (un homme) dit : «Ô Envoyé de Dieu, nous avons des rapports avec nos captives et nous voudrions ne pas en perdre la valeur[2]. Que penses-tu du retrait (de la verge au moment de l'éjaculation)? — Pratiquez-vous donc ce procédé? s'écria le Prophète. Eh bien! il n'y a aucun mal à ce que vous agissiez ainsi, car il n'est pas une seule âme pour laquelle Dieu a décidé qu'elle sortirait du néant qui n'en sorte pas effectivement.»

[1] De Médine.

[2] Si elles devenaient enceintes. En effet, devenue mère du fait de son maître, la femme esclave devient libre.

CHAPITRE CX. — De la vente de l'esclave devant être affranchi au décès du maître.

1. *Djâbir* a dit : « Le Prophète a vendu un esclave qui devait être affranchi au décès de son maître. »

2. *ʿAmr* a entendu Djâbir-ben-ʿAbdallah dire : « Le Prophète le vendit. »

3. *Zeïd-ben-Khâlid* et *Abou-Horaïra* racontent qu'ils ont entendu l'Envoyé de Dieu, interrogé ou sujet d'une femme esclave, qui avait forniqué et qui ne s'était pas amendée, dire : « Fustigez-la et si elle recommence fustigez-la, puis vendez-la à la troisième — ou à la quatrième fois, suivant une variante. »

4. *Abou-Horaïra* a dit : « J'ai entendu le Prophète dire : « Lors-« qu'une de vos esclaves a forniqué et que la preuve en a été faite, « infligez-lui la fustigation prescrite, mais ne l'invectivez pas. Si elle « fornique pour la troisième fois et que le fait ait été prouvé, « vendez-la fût-ce au prix d'une corde de poils. »

CHAPITRE CXI. — Doit-on emmener en voyage une esclave qui n'a pas achevé sa retraite légale. — *El-Ḥasan ne voit aucun mal dans ce cas à l'embrasser et à la caresser. — Ibn-ʿOmar a dit : « L'esclave destinée à la cohabitation, quand elle est donnée, vendue ou affranchie, doit se libérer de la retraite légale par une menstrue; mais il n'y a pas lieu à la retraite légale lorsqu'elle est vierge. » — ʿAtâ a dit : « Il n'y a aucun mal à se livrer à des attouchements, mais non au coït s'il s'agit d'une esclave enceinte (des œuvres d'autrui). » — Le Coran a dit : « (Et qui n'ont de rapports) sinon avec leurs femmes légitimes ou avec leurs esclaves »* (sourate xxiii, verset 6).

1. *Anas-ben-Mâlik* a dit : « Le Prophète vint à Khaïbar. Aussitôt que la ville eut été prise, on lui parla de la beauté de Ṣafiyya-bent-Ḥoyayy-ben-Akhṭab, dont le mari avait été tué et qui était fiancée. L'Envoyé de Dieu la choisit pour lui-même et l'emmena. Arrivé à Sedd-er-Rauḥâ, comme elle se trouvait délivrée de ses menstrues, le Prophète consomma son mariage avec elle. Le Prophète prépara du *ḥaïs* (mélange de dattes, de beurre et de fromage) sur une petite nappe en cuir, puis il dit à Anas : « Invite tous ceux qui sont autour

«de toi.» Tel fut le repas de noces de l'Envoyé de Dieu en l'honneur de Ṣafiyya. Nous nous remîmes en marche vers Médine, ajoute Anas, et je vis l'Envoyé de Dieu qui dissimulait Ṣafiyya derrière lui au moyen d'une pièce d'étoffe. Le Prophète se tenait près du chameau de Ṣafiyya et avançait son genou sur lequel celle-ci mettait le pied pour enfourcher sa monture.»

CHAPITRE CXII. — De la vente des animaux crevés et des idoles.

1. *Djâbir-ben-ʿAbdallah* a entendu l'Envoyé de Dieu dire, l'année de la conquête, alors qu'il était à la Mecque : «Dieu et son Envoyé ont défendu la vente du vin, des animaux crevés, du porc et des idoles.» Et comme on lui disait : «Ô Envoyé de Dieu que penses-tu des graisses des animaux crevés? elles servent à enduire les vaisseaux, à graisser les peaux et à alimenter les lampes du peuple. — Ne les vendez pas, répondit-il, cela est interdit.» Puis, l'Envoyé de Dieu ajouta : «Dieu maudisse les Juifs! Dieu leur avait interdit les graisses des animaux crevés; ils les ont fait fondre, les ont vendues et en ont employé le prix à leur subsistance.»

Variante d'*isnâd*.

CHAPITRE CXIII. — Du prix d'un chien.

1. D'après *Abou-Masʿoud-El-Anṣâri*, l'Envoyé de Dieu a interdit de prélever un prix pour un chien, une rétribution pour la fornication et un salaire pour la divination.

2. *ʿAoun-ben-Abou-Djoḥaïfa* a dit : «J'ai vu mon père acheter un homme qui faisait métier de saigner et donner l'ordre de briser ses instruments. Comme je le questionnais à ce sujet, il me répondit : «L'Envoyé de Dieu a interdit de donner un payement pour la sai-«gnée, de prélever un prix pour un chien et de tirer un profit «(illicite) d'une esclave; il a maudit celle qui tatoue et celle qui «se fait tatouer, celui qui vit de l'usure et en fait vivre les autres; «enfin il a maudit le peintre.»

AU NOM DE DIEU, LE CLÉMENT, LE MISÉRICORDIEUX.

TITRE XXXV.

DE LA VENTE À LIVRER[1].

CHAPITRE PREMIER. — De la vente à livrer quand la jauge de la quantité de la chose à livrer est exactement fixée.

1. *Ibn-ʿAbbâs* a dit : « Quand l'Envoyé de Dieu arriva à Médine, les gens prêtaient sur les fruits pour un an ou deux ans — deux ou trois ans, suivant une variante donnée par Ismʿaïl. — « Que « celui qui prête sur des fruits, dit alors le Prophète, le fasse sur « une quantité déterminée à la jauge ou au poids. »

CHAPITRE II. — De la vente à livrer quand la jauge de la quantité de la chose à livrer est exactement fixée.

1. *Ibn-ʿAbbâs* a dit : « Quand le Prophète arriva à Médine on prêtait sur les dattes pour deux ou trois ans. « Que celui, dit alors « le Prophète, qui prête sur quelque chose, le fasse pour une quan- « tité déterminée à la jauge ou au poids et pour un terme fixé. »

2. *Ibn-Abou-Nadjîḥ* a dit : « Que l'on prête pour une jauge déterminée et pour un terme fixé. »

Ibn-ʿAbbâs a dit : « Le Prophète arriva et dit : « Pour une jauge « déterminée, pour un poids déterminé et pour un terme fixé. »

3. *Moḥammed* ou *ʿAbdallah-ben-Abou-'l-Medjâlid* a dit : « ʿAbdallah-ben-Cheddâd-ben-El-Hâd et Abou-Borda, étant en désaccord au sujet du prêt, m'envoyèrent consulter Ibn-Abou-Awfa. Celui-ci me répondit : « Du temps de l'Envoyé de Dieu, d'Abou-Bakr et d'ʿOmar,

[1] La vente à livrer est assimilée à un véritable prêt, aussi emploie-t-on en en parlant les verbes prêter ou vendre indifféremment.

« nous prêtions sur le froment, l'orge, le raisin sec et les dattes. » Ibn-Abza, que je consultai également, me répondit la même chose. »

CHAPITRE III. — De la vente à livrer à celui qui n'a pas de terres.

1. *Moḥammed-ben-Abou-'l-Medjâlid* a dit : « ʿAbdallah-ben-Cheddâd et Abou-Borda m'envoyèrent auprès de ʿAbdallah-ben-Awfa en me disant de lui poser la question suivante : « Du temps du Pro-« phète, ses compagnons prêtaient-ils sur le blé ? » ʿAbdallah me répondit : « Nous prêtions aux Nabîṭ [1], gens de Syrie, sur le blé, « l'orge, le raisin sec pour une jauge déterminée et pour un délai « fixé. — A ceux qui avaient des terres ? lui demandai-je. — Nous « ne les questionnions pas à ce sujet, répliqua-t-il. »

Ils m'envoyèrent ensuite vers ʿAbderraḥman-ben-Abza à qui je posai la même question : « Du vivant du Prophète, ses compagnons, me répondit-il, prêtaient aux gens sans leur demander si oui ou non ils avaient des terres. »

2. *Moḥammed-ben-Abou-'l-Medjâlid* a dit : « Nous prêtions sur du blé, de l'orge et du raisin sec — et, suivant un autre *isnâd*, il aurait ajouté : et sur de l'huile. »

3. *Abou-'l-Bakhtari-Eṭ-Ṭâiyy* a dit : « Comme j'interrogeais Ibn-ʿAbbâs au sujet de la vente à livrer en matière de palmiers, il me répondit : « Le Prophète a interdit de vendre les (fruits des) pal-« miers avant qu'ils ne fussent mangeables et à moins qu'ils ne « fussent pesés. » L'homme [2] ayant dit alors : « Et que pèse-t-on [3] ? » Un de ses voisins dit : « A moins qu'ils n'aient été estimés comme « quantité. »

Même récit d'après un autre *isnâd*.

CHAPITRE IV. — De la vente à livrer en matière de palmiers.

1. *Abou-'l-Bakhtari* a dit : « Comme j'interrogeais Ibn-ʿOmar au

[1] Ou Nabatéens : Il s'agit, dit le commentaire, des chrétiens de Syrie qui se livraient à l'agriculture.

[2] L'homme dont il est question ici n'est autre que le raouï lui-même Abou-'l-Bakhtari.

[3] Il eût été plus exact de dire : Comment peser des fruits sur l'arbre ?

sujet de la vente à livrer en matière de palmiers, il me répondit : « On a interdit la vente des (fruits des) palmiers avant maturité, « la vente d'argent à terme contre de l'argent comptant. » Comme j'interrogeais Ibn-'Abbâs sur la vente à livrer en matière de palmiers, il me répondit : « Le Prophète a interdit la vente des (fruits « des) palmiers tant qu'ils n'étaient pas mangeables — ou avant « qu'on n'en ait mangé — et tant qu'ils n'avaient pas été pesés. »

2. *Abou-'l-Bakhtari* a dit : « Comme j'interrogeais Ibn-'Omar au sujet de la vente à livrer en matière de palmiers, il me répondit : « 'Omar a interdit la vente des fruits avant maturité ; il a interdit « de vendre de l'argent contre de l'or, l'un des deux étant livré à « terme et l'autre comptant. » Comme j'interrogeais Ibn-'Abbâs, il me répondit : « Le Prophète a interdit la vente des (fruits des) « palmiers tant qu'on n'en avait pas mangé — ou qu'ils n'étaient « pas mangeables — et tant qu'ils n'avaient pas été pesés. » — « Que pèse-t-on ? lui demandai-je. Un homme qui était auprès de lui dit : « Avant que la quantité n'en ait été estimée. »

CHAPITRE V. — De la caution dans la vente à livrer.

1. *'Aïcha* a dit : « L'Envoyé de Dieu acheta à terme des grains d'un Juif et donna en nantissement une cotte de mailles en fer qu'il avait. »

CHAPITRE VI. — Du nantissement dans la vente à livrer.

1. D'après *'Aïcha*, le Prophète acheta à terme des grains d'un Juif et celui-ci reçut en nantissement une cotte de mailles en fer appartenant au Prophète.

CHAPITRE VII. — De la vente à livrer à terme fixé. — *Ibn-'Abbâs, Abou-Sa'îd, El-Aswad et El-Ḥasan en ont parlé. — Ibn-'Omar a dit : « Il n'y a aucun mal (à vendre ainsi) si le comestible est décrit, le prix fixé ainsi que le terme, pourvu qu'il ne s'agisse pas de grains non encore utilisables. »*

1. *Ibn-'Abbâs* a dit : « Quand le Prophète arriva à Médine, on

prêtait sur les fruits pour deux ou trois ans. Le Prophète dit alors : « Prêtez sur les fruits pour une jauge déterminée et pour un terme « fixé. »

Suivant un autre *isnâd*, il faut ajouter : « et un poids déterminé ».

2. *Moḥammed-ben-Abou-'l-Madjâlid* a dit : « Abou-Borda et ʿAbdallah-ben-Cheddâd m'envoyèrent auprès de ʿAbderraḥman-ben-Abza et de ʿAbdallah-ben-Abou-Awfa. Je les questionnai au sujet de la vente à livrer et ils me répondirent : « Nous faisions du butin avec « l'Envoyé de Dieu. Des Nabatéens de Syrie venaient alors nous « trouver et nous leur prêtions sur du blé, de l'orge et de l'huile « pour un terme marqué. » Comme je leur demandais : « Avaient- « ils des terres ou n'avaient-ils pas de terre ? » Ils me répondirent tous deux : « Nous ne le leur demandions pas. »

CHAPITRE VIII. — De la vente à liver au moment où la chamelle mettra bas.

1. *ʿAbdallah* a dit : « (Au temps antéislamique) on achetait des chameaux à livrer après la parturition d'une chamelle à naître. Le Prophète prohiba ce mode de vente. »

Nâfiʿ explique les mots الى حبل الحبلة par « jusqu'à ce qu'une chamelle encore dans les flancs de sa mère mît bas à son tour ».

AU NOM DE DIEU, LE CLÉMENT, LE MISÉRICORDIEUX.

TITRE XXXVI.

DU RETRAIT[1].

CHAPITRE PREMIER. — Le retrait s'applique à ce qui n'a pas été partagé. Dès que la délimitation des parts est faite, il n'y a plus faculté de retrait.

1. *Djâbir-ben-ʿAbdallah* a dit : « Le Prophète a décidé que le droit au retrait serait applicable à tout ce qui n'aurait pas été partagé. Dès que la délimitation des parts est faite et que les issues ont été aménagées, il n'y a plus lieu à retrait. »

CHAPITRE II. — Du fait, avant la vente, d'offrir à celui qui en a le droit d'exercer le retrait. — *El-Ḥakam a dit : « S'il a été averti, avant la vente, il n'a plus droit au retrait. » — Ech-Chaʿbi a dit : « Celui qui, ayant un droit de retrait, est présent à la vente et ne la fait pas changer à son profit, n'a plus droit au retrait. »*

1. *ʿAmr-ben-Ech-Cherîd* a dit : « J'étais à côté de Saʿd-ben-Abou-Waqqâṣ quand vint El-Miswar-ben-Makhrama. Comme il posait sa main sur une de mes épaules, arriva Abou-Râfiʿ, l'affranchi du Prophète, qui dit : « Ô Saʿd, achète-moi les deux chambres « que j'ai dans ta maison. — Par Dieu, répondit Saʿd, je ne te les « achèterai pas. — Par Dieu, dit alors El-Miswar, tu vas les ache- « ter. — Par Dieu, reprit Saʿd, je ne t'en donnerai pas plus de « 4000[2] à terme — ou par acomptes[3]. — On m'a offert cinq « cents dinars des deux chambres, répliqua Abou-Rafiʿ, et si je

[1] Le mot arabe شفعة s'applique indistinctement au retrait d'indivision et au retrait vicinal. On fait fréquemment usage de ce droit.

[2] Pièces d'argent ou dirhems, soit 400 dinars.

[3] Ces mots : « ou par acomptes » sont une variante.

« n'avais entendu l'Envoyé de Dieu dire que le voisin a droit à la « préférence, je ne te les donnerais pas pour quatre mille, et je ne « les donnerai que pour 500 dinars. » Cependant il les lui donna. »

CHAPITRE III. — Quel est le voisinage le plus proche?

1. ʿAïcha a dit : « Je dis : « Ô Envoyé de Dieu, j'ai deux voisins[1], « auquel des deux dois-je offrir? — A celui, me répondit-il, dont « la porte est la plus rapprochée. »

[1] Le retrait vicinal est soumis aux mêmes règles que le retrait d'indivision.

AU NOM DE DIEU, LE CLÉMENT, LE MISÉRICORDIEUX.

TITRE XXXVII.

DU SALARIAT.

CHAPITRE PREMIER. — Du fait d'employer moyennant salaire un pieux personnage. — *De ces mots du Coran : « Certes le meilleur salarié que tu doives désirer employer c'est l'homme vigoureux, l'homme digne de confiance »* (sourate XXVIII, verset 26). — *Par* خازن *il faut entendre l'homme de confiance.* — *De celui qui n'emploie pas la personne qui offre ses services.*

1. D'après *Abou-Mousa-El-Ach'ari*, le Prophète a dit : « Le خازن (*Khâzin*), c'est l'homme de confiance qui remet ce qu'il a reçu ordre de donner; en le faisant de bon cœur il participe ainsi à l'acte de charité. »

2. *Abou-Mousa* a dit : « J'avais avec moi deux hommes (de la tribu) d'Ach'ar quand je me rendis auprès du Prophète et lui dis : « Je ne savais pas que ces deux hommes demandaient à être em-« ployés. — Jamais[1], répondit-il, nous n'emploierons à nos tra-« vaux celui qui sollicite de les faire. »

CHAPITRE II. — De la garde d'un troupeau de moutons moyennant des qirât[2].

1. Suivant *Abou-Horaïra*, le Prophète a dit : « Dieu n'a pas envoyé un seul prophète qui n'ait gardé des moutons. — Eh bien! et toi? demandèrent ses disciples. — Oui, moi aussi, répliqua-t-il, j'ai été le berger de gens de la Mecque moyennant des qirâṭ. »

[1] Il y a doute pour savoir si la négation employée dans cette phrase fut لن ou لا. Quant au sens il n'est pas douteux.

[2] Le qirâṭ est la moitié du dâneq et le 20e ou le 24e du dinar. C'est-à-dire ici « salaire en argent ».

CHAPITRE III. — Du fait d'employer des polythéistes moyennant salaire en cas d'urgence ou quand on ne trouve pas de musulmans. — *Le Prophète prit à salaire des Juifs de Khaïbar.*

1. D'après *ʿAïcha :* « . . . et l'Envoyé de Dieu et Abou-Bakr employèrent comme guide et moyennant salaire un homme des Benou Ed-Dîl (de la tribu) des Benou Abd-ben-ʿAdi. Il était خِرِّيت (*Khirrît*), c'est-à-dire très expert dans le métier de guide. Il s'était engagé par serment dans la ligue formée par la famille de El-ʿÂṣî-ben-Ouaïl et sa religion était celle des infidèles des Qoraïch. »

Mahomet et Abou-Bakr avaient eu confiance en cet homme et chacun d'eux lui avait remis sa monture en lui donnant rendez-vous trois jours après dans la caverne de Tsaur. Dans la matinée du troisième jour, le guide amena les montures et les deux personnages se mirent en route emmenant avec eux ʿÂmîr-ben-Fohaïra et le guide dîlite qui leur fit prendre le chemin du littoral.

CHAPITRE IV. — Il est permis d'engager quelqu'un moyennant salaire pour une tâche à exécuter trois jours, six mois ou une année plus tard. Les deux contractants seront tenus de leurs conventions réciproques le moment fixé venu.

1. *ʿAïcha*, la femme du Prophète a dit : « L'Envoyé de Dieu et Abou-Bakr employèrent comme guide un homme très habile des Benou Ed-Dîl qui pratiquait la religion des infidèles des Qoraïch. Ils lui remirent leurs montures, lui donnèrent rendez-vous trois jours après à la caverne de Tsaur (et il leur amena[1]) leurs montures dans la matinée du troisième jour. »

CHAPITRE V. — Du mercenaire dans une expédition.

1. *Yaʿla-ben-Omayya* a dit : « Je fis avec le Prophète l'expédition dite l'*Expédition pénible*[2] et ce fut pour moi un de mes actes les plus méritoires. J'avais avec moi un mercenaire qui engagea le

[1] Une copie ajoute ces mots mis entre parenthèses.

[2] Surnom donné à l'expédition de Tabouq.

combat avec un des ennemis. L'un des combattants mordit le doigt de son adversaire et celui-ci, en le retirant, arracha et fit tomber une des incisives de son agresseur. Ce dernier se rendit auprès du Prophète qui déclara qu'il n'y avait pas lieu à composition en disant : « Croyais-tu donc qu'il mettait son doigt dans ta bouche « pour que tu le mordisses ? » Et le narrateur ajoute : « Je crois que le Prophète dit : « comme mord le chameau étalon. »

Ibn-Djoraïdj dit que ʿAbdallah-ben-Abou-Molaïka lui raconta une histoire analogue qu'il tenait de son grand-père, à savoir qu'un homme en ayant mordu un autre et celui-ci lui ayant arraché une dent, Abou-Bakr déclara qu'il n'y avait pas lieu à composition.

CHAPITRE VI. — DE CELUI QUI PREND QUELQU'UN À GAGES EN FIXANT LE TERME SANS INDIQUER LA TÂCHE À ACCOMPLIR. — *De ce que l'on doit entendre à cet égard du texte du Coran commençant à ces mots : « Je désire te marier à l'une de mes deux filles que voici. . . » et finissant par : « et Dieu se chargera de réaliser ce que je dis »* (sourate XXVIII, versets 27 et 28). — يأجُرفلانًا *signifie donner une récompense à quelqu'un; et c'est de ce sens que vient la formule de condoléance :* أُجرك الله.

CHAPITRE VII. — IL EST PERMIS D'EMPLOYER QUELQU'UN MOYENNANT SALAIRE POUR REDRESSER UN MUR QUI MENACE DE TOMBER.

1. Suivant *Obayy-ben-Kaʿb*, l'Envoyé de Dieu a dit : « Ils partirent tous deux et trouvèrent un mur qui menaçait de tomber. Alors — ajouta Saʿîd (d'après un des isnâd), en faisant lui-même le geste — il leva la main et le mur se redressa. » — Yaʿla (suivant un autre isnâd) a dit : « Je crois que Saʿîd s'est exprimé ainsi : « Alors il passa la main sur le mur qui se redressa. » Puis Moïse dit : « Si tu avais voulu tu aurais reçu pour cela un salaire. » — Saʿîd a dit : « Un salaire que nous aurions employé pour nous nourrir. »

CHAPITRE VIII. — DE L'EMPLOI D'UN SALARIÉ JUSQU'AU MILIEU DU JOUR.

1. *Ibn-ʿOmar* tenait du Prophète ces paroles : « Votre situation

(par rapport à moi) et celle des juifs et des chrétiens (par rapport à leurs prophètes) est semblable à celle d'un homme qui engage des ouvriers moyennant salaire et leur dit : « Quiconque travaillera « pour moi depuis le matin jusqu'au milieu du jour aura un qirâṭ. » Alors les juifs ont travaillé. Puis cet homme a dit : « Quiconque « travaillera pour moi depuis le milieu du jour jusqu'à la prière « de l'ʿaṣr aura un qirâṭ. » Alors les chrétiens ont travaillé. Enfin cet homme a dit : « Quiconque travaillera pour moi depuis le moment « de l'ʿaṣr aura deux qirâṭ. » Alors c'est vous qui avez été les ouvriers. Pleins de colère, juifs et chrétiens ont dit : « Pourquoi avons-nous « la plus longue tâche et la plus faible rétribution ? — Avez-vous « eu, leur dit l'homme, moins qu'il ne vous était dû ? — Non, ré- « pondirent-ils. — Alors, reprit l'homme, il y a eu là un acte de « générosité de ma part et je gratifie de ma générosité qui je veux. »

CHAPITRE IX. — De l'emploi d'un salarié jusqu'à la prière de l'ʿaṣr.

1. D'après *ʿAbdallah-ben-Dînâr*, l'Envoyé de Dieu a dit : « Votre situation et celle des juifs et des chrétiens n'est autre que celle d'un homme qui emploie des agents en leur disant : « Ceux qui « travailleront pour moi jusqu'au milieu du jour auront chacun un « qirâṭ. » Alors les juifs ont travaillé moyennant un qirâṭ chacun. Ensuite les chrétiens ont travaillé moyennant un qirâṭ chacun. Puis c'est vous qui avez travaillé depuis la prière de l'ʿaṣr jusqu'au coucher du soleil moyennant deux qirâṭ chacun. Pleins de colère, juifs et chrétiens ont dit : « C'est nous qui avons eu la plus longue « tâche et la plus faible rétribution. — Vous ai-je fait tort en quoi que « ce soit pour ce qui vous était dû ? demanda l'homme. — Non, « répondirent-ils. — Alors, reprit l'homme, il y a eu là un acte de « générosité de ma part et je gratifie de ma générosité qui je veux. »

CHAPITRE X. — Du péché que commet celui qui prive l'ouvrier (de son salaire).

1. *Abou-Horaïra* tenait du Prophète ces paroles : « Dieu a dit :

IMPRIMERIE NATIONALE.

« Il y a trois catégories d'hommes dont je serai l'adversaire au jour « de la Résurrection : l'homme qui aura promis de donner en mon « nom et manquera à son engagement; celui qui aura vendu un « homme libre et mangera l'argent qui en aura été le prix; celui « qui, ayant pris à gages un ouvrier, ne lui paiera pas son salaire « lorsque cet ouvrier aura accompli son travail. »

CHAPITRE XI. — De l'emploi d'un salarié de l'ʿaṣr jusqu'à la nuit.

1. D'après *Abou-Mousa*, le Prophète a dit : « La parabole qui s'applique aux musulmans, aux juifs et aux chrétiens est celle d'un homme qui emploie des gens qui doivent exécuter pour lui une tâche un certain jour jusqu'à la nuit et ce moyennant un salaire déterminé. Les uns ont travaillé jusqu'au milieu du jour et ils ont dit : « Nous n'avons pas besoin du salaire dont tu étais convenu « avec nous et ce que nous avons fait sera perdu pour nous. — « N'agissez pas ainsi, leur répond l'homme; achevez le reste de « votre tâche et recevez votre salaire complet. » Ces gens refusèrent et abandonnèrent (le travail). L'homme, après leur départ, engagea d'autres ouvriers : « Travaillez, leur dit-il, jusqu'à la fin de « ce jour et vous aurez le salaire dont j'étais convenu (avec vos pré- « décesseurs). » Ils travaillèrent jusqu'au moment de la prière de l'ʿaṣr et dirent alors : « Nous te laissons pour rien le travail fait; « garde pour toi le salaire que tu nous avais fixé à ce sujet. — Ache- « vez le reste de votre tâche, leur dit l'homme; il ne reste qu'une « petite partie de la journée. » Ils refusèrent. Alors l'homme engagea des gens pour travailler le reste de cette journée. Ces gens travaillèrent le reste de la journée jusqu'au moment où le soleil disparut et ils reçurent intégralement le salaire des deux groupes (précédents). C'est ainsi, et par un procédé analogue, que les musulmans ont accepté la lumière[1]. »

CHAPITRE XII. — De celui qui, ayant engagé quelqu'un moyennant salaire, emploie et fait fructifier l'argent dû au salarié et que celui-ci lui a

[1] C'est-à-dire l'islamisme ou la lumière mohammédienne.

LAISSÉ ENTRE LES MAINS. DE CELUI QUI FAIT USAGE DE L'ARGENT D'AUTRUI ET LE FAIT FRUCTIFIER.

1. *ʿAbdallah-ben-ʿOmar* a dit : «J'ai entendu l'Envoyé de Dieu faire le récit suivant : «Trois individus contribules, appartenant à «des peuples qui vous ont précédés, s'étaient mis en route et «gagnèrent une caverne pour y passer la nuit. Quand ils y furent «entrés, un rocher descendit de la montagne et leur ferma l'ouver-«ture de la grotte. «Rien ne nous débarrassera de ce rocher, «dirent-ils, à moins que nous n'invoquions Dieu en faisant valoir «une de nos bonnes actions.»

«L'un d'eux prenant alors la parole, dit : «Ô mon Dieu ! Mon «père et ma mère étaient d'un âge très avancé, et je leur servais «la boisson du soir avant de la donner à tout autre qu'eux de la «famille ou du troupeau. Un jour, entraîné au loin à la recherche «de quelque chose, je rentrai si tard qu'ils étaient déjà endormis. «Aussi les trouvai-je en plein sommeil lorsque je leur apportai «la boisson du soir. Comme il me répugnait de servir avant «eux la boisson du soir à la famille et au troupeau, je restai la «coupe en main et attendis leur réveil jusqu'au moment où l'au-«rore brilla. A ce moment les deux vieillards s'étant réveillés, «je leur donnai la boisson du soir. Ô mon Dieu ! si j'ai agi «ainsi, c'est dans le désir de contempler ta face; délivre-nous de «la situation dans laquelle nous sommes à cause de ce rocher.» «Alors le rocher s'écarta légèrement, mais pas assez pour per-«mettre de sortir.»

«Le Prophète continua en ces termes : «Un autre prit la parole «et dit : «Ô mon Dieu ! J'avais une cousine que j'aimais plus que «toute autre personne au monde. Je la sollicitai vainement de se «livrer à moi; elle refusa jusqu'à une certaine année où, éprouvée «par la disette, elle vint me trouver. Je lui donnai alors cent vingt «dinars à la condition qu'elle me laisserait disposer de sa personne. «Elle accepta, mais, au moment où j'allais abuser d'elle, elle me «dit : «Je ne te permettrai de me déflorer que quand tu en auras

« le droit légalement. » Aussitôt je m'abstins de tout contact avec elle « et la quittai bien qu'elle fût la personne que j'aimais le plus au « monde. En outre je lui abandonnai l'argent que je lui avais donné. « Ô mon Dieu ! si j'ai agi ainsi c'est dans le désir de contempler « ta face. Délivre-nous de la situation dans laquelle nous sommes. » « Le rocher s'écarta encore, mais pas assez toutefois pour permettre « de sortir. »

« Le Prophète reprit ensuite : « Un troisième (individu) prit la « parole et dit : « Ô mon Dieu ! J'avais engagé des ouvriers moyennant « salaire et leur remis ce qui leur était dû. L'un d'eux cependant me « laissa le salaire qui lui revenait et s'en alla. Je fis fructifier ce « salaire qui produisit une somme importante. Quelque temps « après cet ouvrier vint me trouver et me dit : « Ô ʿAbdallah, paye-« moi mon salaire. — Tout ce que tu vois là de chameaux, de « bœufs, de moutons et d'esclaves fait partie de ton salaire, lui « répondis-je. — Ne te moque pas de moi, ô ʿAbdallah, reprit-il. — « Je ne me moque pas de toi », répliquai-je. L'ouvrier prit alors « toutes ces richesses, les poussa devant lui sans en rien laisser. « Ô mon Dieu ! si j'ai agi ainsi c'est dans le désir de contempler ta « face. Délivre-nous de la situation dans laquelle nous sommes. » « Le rocher s'écarta alors ; les trois individus sortirent de la caverne « et reprirent leur route. »

CHAPITRE XIII. — De celui qui, moyennant salaire, s'engage à porter quelque chose sur son dos et fait l'aumône de l'argent ainsi gagné. Du salaire du portefaix.

1. *Abou-Masʿoud-El-Anṣâri* a dit : « Lorsque l'Envoyé de Dieu nous prescrivit l'aumône, chacun de nous se rendit au marché et y fit le portefaix. Il recevait pour cela un modd (de grains). Or l'un de ceux qui agirent ainsi possédait à cette époque cent mille (dinars ou dirhems). »

(Abou-Ouaïl) ajouta : « Nous pensons qu'il (Abou-Masʿoud) voulait parler de lui-même. »

CHAPITRE XIV. — Du salaire du courtage. — *Ibn-Sîrîn, ʿAṭâ, Ibrâhîm et El-Ḥasan ne voyaient aucun mal à attribuer un salaire au courtier. — Ibn-ʿAbbâs a dit : « Il n'y a aucun mal à dire à quelqu'un : « Vends ce vêtement et « ce qui dépassera telle ou telle somme sera pour toi. » — Ibn-Sîrîn a dit : « Il n'y a aucun mal à dire à quelqu'un : « Vends cet objet moyennant telle ou telle « somme; s'il y a un excédent il t'appartiendra ou nous le partagerons. » — Le Prophète a dit : « Les musulmans sont tenus des conditions qu'ils font. »*

1. Ṭâous a rapporté, d'après *Ibn-ʿAbbâs*, que l'Envoyé de Dieu a interdit de se porter au-devant des caravanes et défendu au citadin de vendre pour un bédouin. Et comme je dis alors : « Ô Ibn-ʿAbbâs, que faut-il entendre par ces mots : « défendre au citadin de vendre « pour un bédouin », il me répondit : « Il ne doit pas lui servir de courtier. »

CHAPITRE XV. — Est-il permis à un homme (musulman) de se mettre, moyennant salaire, au service d'un polythéiste en territoire harbi.

1. *Khabbâb* a dit : « J'étais forgeron de mon métier et travaillai pour le compte de El-ʿAṣî-ben-Ouaïl. Comme il avait laissé accumuler les salaires qu'il me devait, j'allai le trouver et lui demander de régler notre compte. « Par Dieu, me dit-il, je ne m'acquitterai « vis-à-vis de toi que si tu renies Mahomet. — Par Dieu, lui « répondis-je, tant que tu ne seras pas mort, puis ressuscité, je ne le « renierai point. — Alors, reprit-il, je dois mourir et ressusciter « ensuite? — Oui, répliquai-je. — A ce moment là, ajouta-t-il, « j'aurai de l'argent et des enfants et je te payerai. » Ce fut à ce propos que Dieu révéla ces mots : « As-tu vu cet homme qui ne croit pas « à nos versets et qui dit : « Certes on me donnera de l'argent et des « enfants » (sourate xix, verset 80). »

CHAPITRE XVI. — De ce qu'on donne dans des tribus arabes pour la récitation de la Fâtiḥa comme formule d'exorcisme. — *D'après Ibn-ʿAbbâs, le Prophète a dit : « Ce pour quoi vous méritez le mieux de percevoir un salaire c'est le Livre de Dieu. » — Ech-Chaʿbi a dit : « Le professeur ne doit pas stipuler un salaire. Toutefois si on lui donne quelque chose, qu'il l'accepte. » — El-Ḥakam a dit : « Je n'ai entendu personne réprouver qu'on donnât un salaire au professeur.* » — *Ibn-Ḥasan donna dix dirhems.* — *Ibn-Sîrîn ne voyait aucun mal à donner un salaire à celui qui fait un partage. Et il ajoutait :* « *On appelait* soḥt سحت, *l'argent que l'on donnait pour obtenir un jugement favorable. On donnait un salaire pour l'estimation approximative* [1]. »

1. *Abou-Sa'îd* a dit : « Quelques-uns des compagnons du Prophète étaient partis pour une expédition. Un soir qu'ils venaient de camper près d'une tribu d'Arabes bédouins, ils demandèrent l'hospitalité, mais on refusa de la leur accorder. Comme le chef de cette tribu avait été piqué (par un scorpion) et qu'on avait vainement tout essayé pour le guérir, un des bédouins dit : « Si vous alliez « trouver ces gens qui viennent de camper, peut-être que l'un d'eux « aurait quelque remède à donner. » On alla alors trouver les Compagnons du Prophète et on leur dit : « Notre chef vient d'être piqué « (par un scorpion) et nous avons vainement tout essayé pour le « guérir. Quelqu'un d'entre vous aurait-il quelque remède à nous « donner. — Oui, répondit l'un des compagnons du Prophète, par « Dieu! je suis un sorcier; mais puisque nous vous avons demandé « l'hospitalité et que vous nous l'avez refusée, par Dieu! je ne pra- « tiquerai aucun sortilège pour vous tant que vous ne nous aurez « pas fixé une rétribution à forfait. » Les bédouins, après entente, acceptèrent de donner un certain nombre de moutons. Le sorcier se rendit alors auprès du malade et, après lui avoir lancé quelques gouttes de salive, il récita ces mots (du Coran) : « Louange à Dieu, « le Maître des mondes. » Le malade, semblable à quelqu'un de garotté qu'on vient de délivrer de ses liens, se mit aussitôt à marcher sans éprouver la moindre douleur. Les bédouins, ayant aussitôt payé la rétribution dont on était convenu, l'un des Compagnons du Prophète dit : « Partageons. — Non, répondit le sor- « cier, ne partageons pas tant que nous ne serons pas revenus « auprès du Prophète. Alors nous lui raconterons ce qui s'est passé « et nous verrons ce qu'il nous ordonnera de faire. » Quand on fut de retour auprès de l'Envoyé de Dieu et qu'on lui raconta ce qui

[1] Il s'agit surtout de l'estimation de la quantité de fruits que porte un arbre.

s'était passé, il s'écria : « Qui vous dit qu'il y a eu là un acte de « sorcellerie? » Et, un instant après, il ajouta : « C'est de bonne « prise, partagez donc ces moutons et donnez-m'en à moi aussi une « part. » Ce disant le Prophète se mit à rire. »

El-Bokhâri ajoute : « Cho'ba nous a dit que Abou-Bichr lui avait rapporté qu'il avait entendu ce récit de la bouche de Abou-'l-Motawakkil. »

CHAPITRE XVII. — De la redevance exigée de l'esclave par son maître. Du fait de s'entendre avec ses femmes esclaves pour qu'elles payent une redevance.

1. *Anas-ben-Malik* a dit : « Abou-Ṭîba ayant fait une saignée au Prophète, celui-ci ordonna de remettre à l'opérateur un ṣâ' ou deux ṣâ' de grains. Puis, sur ses instances, les maîtres d'Abou-Ṭîba allégèrent le produit ou la redevance qu'ils exigeaient de ce dernier. »

CHAPITRE XVIII. — Du salaire de celui qui fait une saignée.

1. *Ibn-'Abbâs* a dit : « Le Prophète, s'étant fait faire une saignée, donna un salaire à l'opérateur. »

2. *Ibn-'Abbâs* a dit : « Le Prophète, s'étant fait faire une saignée, donna un salaire à l'opérateur. S'il avait estimé la chose répréhensible, il ne lui aurait rien donné. »

3. Amr-ben-'Âmir a entendu *Anas* dire : « Le Prophète se faisait faire des saignées, et il n'était pas homme à faire tort de son salaire à qui que ce fût. »

CHAPITRE XIX. — De celui qui s'adresse aux maîtres de l'esclave afin d'obtenir que ceux-ci allègent la redevance qu'ils en exigent.

1. *Anas-ben-Malik* a dit : « Le Prophète fit appeler un esclave pour lui faire une saignée. Il ordonna de donner à cet esclave un ṣâ' ou deux ṣâ' — ou un modd ou deux modd. — Puis, sur ses instances, les maîtres de l'esclave allégèrent la redevance de ce dernier. »

CHAPITRE XX. — Du gain des prostituées et des femmes esclaves. — *Ibrâhîm réprouve le salaire donné à la pleureuse et à la chanteuse. — De ces mots du Coran : « ... Ne contraignez pas vos jeunes esclaves à se prostituer si elles veulent rester chastes..... indulgent, miséricordieux »* (sourate xxiv, verset 33). — *Modjâhid a dit : « Le mot* فتيات *signifie ici : « Les femmes « esclaves. »*

1. D'après *Abou-Masʿoud-El-Anṣâri*, l'Envoyé de Dieu a interdit de prélever un prix pour un chien, une rétribution pour la fornication et un salaire pour la divination.

2. *Abou-Horaïra* a dit : « Le Prophète a interdit le gain provenant (de la fornication) des femmes esclaves. »

CHAPITRE XXI. — Du salaire de la saillie de l'étalon.

1. *Ibn-ʿOmar* a dit : « Le Prophète a interdit (le salaire pour) la saillie de l'étalon. »

CHAPITRE XXII. — Du salaire dû pour le travail de la terre lorsque l'un des contractants vient à mourir. — *Ibn-Sîrîn a dit : « La famille n'a pas le droit d'expulser le salarié avant l'achèvement du terme fixé. » — El-Ḥasan, El-Ḥakam et Iyâs-ben-Moʿâwia ont dit : « Le contrat de salariat dure jusqu'au terme fixé. » — Ibn-ʿOmar a dit : « Le Prophète donna (les terres de) Khaïbar à moitié. Cela dura du temps de l'Envoyé de Dieu, du temps d'Abou-Bakr et jusqu'au début du Khalifa d'ʿOmar »; or il n'ajoute pas que Abou-Bakr et ʿOmar renouvelèrent le contrat de salariat après la mort du Prophète.*

1. *ʿAbdallah* a dit : « L'Envoyé de Dieu donna aux juifs (les terres de) Khaïbar pour les travailler et les ensemencer en leur laissant la moitié des produits qu'ils en retireraient. » Il ajouta que Ibn-ʿOmar lui a rapporté ceci : « Les champs se louaient moyennant une redevance que Nâfiʿ a indiquée, mais dont je ne me souviens plus. » Râfiʿ-ben-Khadîdj a rapporté que le Prophète a défendu de donner les champs en location.

ʿObaïd-Allah dit, d'après Nâfiʿ, qui le tenait d'Ibn-ʿOmar : « (Le contrat de Khaïbar avec les juifs dura) jusqu'à ce que ʿOmar les expulsa. »

AU NOM DE DIEU, LE CLÉMENT, LE MISÉRICORDIEUX.

TITRE XXXVIII.

DES DÉLÉGATIONS.

CHAPITRE PREMIER. — DE LA DÉLÉGATION. PEUT-ON REVENIR SUR LA DÉLÉGATION ? — *El-Ḥasan et Qatâda ont dit : « Ce contrat est permis lorsque le créancier délégué est solvable le jour de la délégation. » — Ibn-ʿAbbâs a dit : « Les coassociés et les cohéritiers peuvent conclure un règlement de comptes* [1], *l'un prenant des espèces sonnantes, l'autre une créance; mais si la chose que l'un d'eux a prise vient à périr, il n'a pas de recours contre son cocontractant. »*

1. D'après *Abou-Horaïra*, l'Envoyé de Dieu a dit : « L'homme solvable qui tarde à s'acquitter commet une iniquité. Quand l'un de vous reçoit une délégation de créance sur un homme solvable, qu'il accepte la délégation. »

CHAPITRE II. — CELUI QUI REÇOIT UNE DÉLÉGATION DE CRÉANCE SUR UN HOMME SOLVABLE N'A PAS LE DROIT DE LA REFUSER.

1. D'après *Abou-Horaïra*, le Prophète a dit : « Quand l'un de vous reçoit une délégation de créance sur un homme solvable, qu'il accepte la délégation. »

CHAPITRE III. — IL EST PERMIS DE DÉLÉGUER À QUELQU'UN UNE CRÉANCE SUR UN MORT.

1. *Salama-ben-El-Akwaʿ* a dit : « Nous étions assis auprès du Prophète quand arriva un enterrement. On pria le Prophète de faire

[1] En d'autres termes, deux associés ont le droit de rompre leur association en prenant : l'un de l'argent comptant pour sa part, l'autre une créance à recouvrer. Ce dernier reçoit une sorte de délégation. Toutefois ce n'est pas une délégation ordinaire puisque sa qualité d'associé lui confère, pour la part qui lui revient en sa qualité d'associé, le titre de créancier direct.

la prière pour le défunt : «Avait-il des dettes? demanda-t-il. — «Non, répondit-on. — A-t-il laissé quelque chose? ajouta-t-il. — «Non, répliqua-t-on.» Alors le Prophète fit la prière. Un autre enterrement vint à passer ensuite : «Ô Envoyé de Dieu, lui dit-on, «fais la prière pour le défunt. — Avait-il des dettes? demanda-t-il. « — Oui, répondit-on. — A-t-il laissé quelque chose? ajouta-t-il. — «Trois dinars, lui répliqua-t-on.» Et le Prophète fit la prière. Un troisième enterrement étant survenu, on sollicita le Prophète de faire la prière mortuaire : «A-t-il laissé quelque chose? «demanda-t-il. — Non, répondit-on. — Avait-il des dettes? «ajouta-t-il. — Trois dinars, répliqua-t-on. — Allez faire vous-«mêmes la prière pour votre défunt, répondit le Prophète.» Abou-Qatâda dit alors : «Ô Envoyé de Dieu, prie toi-même pour le «défunt et je prendrai sa dette à ma charge.» Et le Prophète fit la prière qu'on lui demandait.»

AU NOM DE DIEU, LE CLÉMENT, LE MISÉRICORDIEUX.

TITRE XXXIX.

DE LA CAUTION.

CHAPITRE PREMIER. — De la caution en matière de prêt et de dette, corporelle ou autre. — *Abou-'Z-Zinâd a dit d'après Moḥammed-ben-Ḥamza, qui le tenait de Ibn-ʿAmr-El-Aslami, qui le tenait lui-même de son père, que ʿOmar avait envoyé ce dernier pour percevoir le zekat. Or un homme ayant eu commerce avec l'esclave de sa propre femme, Ḥamza prit des répondants de cet homme et se rendit auprès d'ʿOmar. Celui-ci, qui avait fait donner cent coups de fouet à cet homme, accepta la déclaration de ses répondants et excusa*[1] *le coupable comme ayant agi par ignorance. — Djarîr et El-Achaʿts dirent à ʿAbdallah-ben-Masʿoud au sujet des apostats*[2] *: « Demande-leur de revenir à la vraie foi et exige d'eux une garantie. » Les apostats rentrèrent dans le giron de l'islamisme et tout leur clan se porta garant de leur sincérité. — Ḥammâd a dit : « Celui qui s'est porté garant d'une personne n'est tenu de rien quand cette personne meurt. » El-Ḥakam a dit : « Sa responsabilité reste engagée. »*

1. D'après *Abou-Horaira*, l'Envoyé de Dieu a fait le récit suivant : « Un homme des Benou Israël demanda à un de ses contribules de lui prêter mille dinars. Celui-ci dit à l'emprunteur : « Amène-moi des témoins dont je requerrai le témoignage. — Dieu « suffit comme témoin, répondit l'emprunteur. — Alors donne-moi « une caution, reprit le prêteur. — Dieu suffit comme caution, « répliqua le prêteur. — Tu as raison », ajouta alors l'emprunteur qui lui remit la somme en fixant un terme pour le remboursement.

[1] C'est-à-dire qu'il ne le fit pas lapider estimant le châtiment des cent coups de fouet suffisant et admettant aussi son ignorance de la loi.

[2] Il s'agissait d'Arabes ayant renié Mahomet pour prendre comme prophète Mosaïlama. L'un d'eux avait été mis à mort et ʿAbdallah demandait s'il fallait faire subir le même sort à tous les autres apostats.

« L'emprunteur s'embarqua sur mer et alla à ses affaires; mais, quand après cela il chercha un navire pour le ramener à l'époque du terme fixé, il n'en trouva aucun. Alors il prit une poutre et y fit un trou dans lequel il introduisit mille dinars et une lettre qu'il adressait à son prêteur. Après avoir bouché cette cachette il emporta la poutre vers la mer et dit : « Ô mon Dieu ! tu sais que « j'ai emprunté mille dinars à un tel et que je lui avais dit quand « il me demandait caution : « Dieu suffira comme caution. » Or il a « accepté cette caution de même qu'il t'a accepté comme témoin « quand il m'a demandé un témoin et que je lui ai répondu : « Dieu « suffit comme témoin. » J'ai fait tous mes efforts pour trouver un « navire au moyen duquel je lui enverrais son dû et je n'ai pas pu « en trouver un. Aussi je te confie cet argent. » Cela fait il jeta la poutre dans la mer, où elle s'enfonça, puis il rentra dans la ville cherchant toujours un navire qui se rendrait dans son pays.

« L'homme, qui avait prêté les mille dinars, étant sorti sur le bord de la mer pour voir si quelque navire ne lui apportait pas son argent, aperçut cette poutre qui le contenait; il prit la poutre et l'apporta à sa femme comme bois à brûler. Quand il l'eut sciée il trouva l'argent et la lettre. Plus tard, l'emprunteur vint le trouver et lui apporta les mille dinars en disant : « Par Dieu, je n'ai cessé de faire « tout mon possible pour trouver un navire et t'apporter ton argent, « mais je n'ai pas réussi à en trouver un avant celui qui vient « de m'amener. — Ne m'as-tu rien envoyé ? demanda le prêteur. « — Je te répète, répliqua l'emprunteur, que je n'avais pas « réussi à trouver un navire avant celui qui vient de m'amener. — « Dieu, répondit le prêteur, m'a remboursé en ton lieu et place « par ce que tu m'as envoyé dans la poutre; remporte donc tes « mille dinars sans le moindre scrupule. »

CHAPITRE II. — *De ces mots du Coran : « . . . ainsi que de ceux auxquels vous êtes liés par vos serments. Donnez-leur leur part »* (sourate IV, verset 37).

1. D'après *Ibn-ʿAbbâs*, dans (la phrase) وَلِكُلٍّ جَعَلْنَا مَوَالِيَ, le mot

موالى signifie «héritiers» et les mots وَٱلَّذِينَ عَاقَدَتْ أَيْمَانُكُمْ s'appliquent aux Mohâdjir (émigrés). Lorsque ceux-ci furent revenus à Médine auprès du Prophète, chacun d'eux fut préféré comme héritier d'un Anṣâr aux cognats de celui-ci à cause de la fraternité que le Prophète avait établie entre mohâdjir et anṣâr. Cette préférence fut abrogée par le verset ..... لِكُلٍّ جَعَلْنَا مَوَالِىَ. Ibn-ʿAbbâs ajoute : «L'abrogation s'applique à la successibilité de «ceux auxquels vous «êtes liés par vos serments[1]», non à l'assistance, à la protection et aux bons conseils qui leur sont toujours dus.» Ils perdirent donc tout droit à la succession et on put tester en leur faveur.

2. *Anas* a dit : «ʿAbderraḥman-ben-ʿAwf étant venu parmi nous, l'Envoyé de Dieu lui fit faire pacte de fraternité avec Saʿîd-ben-Errebiʿ.»

3. *ʿAṣim* rapporte qu'il dit à Anas-ben-Mâlik : «As-tu entendu dire que le Prophète avait prononcé ces mots : «Il n'y aura pas de «pacte dans l'islamisme[2]? — Le Prophète, répondit Anas, a établi «dans ma maison même un pacte entre les Qoraïch et les Anṣâr.»

CHAPITRE III. — Celui qui s'est porté caution de la dette d'un mort ne peut revenir sur son engagement. — *El-Ḥasan s'est également prononcé dans ce sens.*

1. D'après *Salama-ben-El-Akwaʿ* le Prophète, s'étant rendu à un enterrement pour y faire la prière, dit : «Le défunt avait-il des dettes? — Non, lui répondit-on.» Et il fit alors la prière. Un second convoi funèbre étant survenu, il dit encore : «Le défunt avait-il des dettes? — Oui, lui répondit-on. — Alors, reprit-il, priez vous-mêmes pour votre compagnon.» Puis, comme Abou-Qatâda avait dit : «Je me charge de ses dettes, ô Envoyé de Dieu», le Prophète fit lui-même la prière.

2. D'après *Djâbir-ben-ʿAbdallah*, le Prophète lui avait dit : «Si j'avais reçu l'impôt du Baḥreïn, je te donnerais telle et telle

[1] Il s'agit ici des serments ou engagements qui avaient établi un lien de fraternité entre mohadjir et ansâr et constitué une sorte de parenté.

[2] C'est-à-dire de pactes contenant des clauses favorables à l'idolâtrie.

somme». Or l'impôt du Baḥreïn n'arriva qu'après la mort du Prophète. Aussitôt que l'impôt du Baḥreïn fut arrivé, Abou-Bakr donna l'ordre de publier l'annonce suivante : «Que celui qui avait une créance sur le Prophète ou une promesse d'argent de lui vienne nous trouver.» Je me rendis alors auprès du khalife et lui dis : «Le Prophète m'avait dit telle et telle chose.» Abou-Bakr me donna alors une poignée d'argent et, quand je la comptai, je trouvai qu'il y avait cinq cents. «Prends-en encore deux fois autant», ajouta-t-il.

CHAPITRE IV. — De la protection accordée à Abou-Bakr-Es-Siddîq au temps du Prophète et de l'engagement qu'il prit.

1. *ʿOrwa-ben-Ez-Zobaïr* rapporte que ʿAïcha a dit : « Je n'ai jamais connu mes père et mère autrement que pratiquant la religion (musulmane). Il ne se passait pas un seul jour sans qu'à ses deux points extrêmes, le matin et le soir, l'Envoyé de Dieu ne vînt nous voir. Quand les musulmans furent persécutés, Abou-Bakr partit comme émigré vers l'Abyssinie; mais, arrivé à Bark-El-Ghimâd, il y rencontra Ibn-Ed-Deghina, le chef de la tribu d'El-Qâra : «Où vas-tu, ô Abou-Bakr? demanda ce chef. — Mes «concitoyens, répondit-il, m'ont contraint de partir et je désire «parcourir la terre et me consacrer à l'adoration du Seigneur. — «Un homme tel que toi, répondit Ibn-Ed-Deghina, ne doit ni «quitter son pays, ni en être expulsé, car tu donnes à ceux qui «n'ont rien, tu es uni avec tes proches, tu soutiens les faibles, tu «héberges les hôtes et tu secours les victimes des vicissitudes du «droit. Moi je serai ton protecteur. Retourne sur tes pas et adore «ton seigneur dans ton pays.» Ibn-Ed-Deghina se mit aussitôt en route et revint avec Abou-Bakr. Il alla successivement trouver les notables d'entre les infidèles Qoraïchites et leur dit : «Un homme «tel que Abou-Bakr ne doit ni quitter son pays, ni être expulsé. «Comment chasseriez-vous un homme qui donne à ceux qui n'ont «rien, qui est uni avec ses proches, qui soutient les faibles, qui «héberge les hôtes et secourt les victimes des vicissitudes du

«sort?» Les Qoraïchites exécutèrent l'engagement pris par Ibn-Ed-Deghina de protéger Abou-Bakr et lui accordèrent l'aman en disant à Ibn-Ed-Deghina : «Ordonne à Abou-Bakr de rester «dans sa demeure; qu'il y adore le Seigneur, qu'il y prie et y «récite tout ce qu'il voudra. Qu'il ne nous cause aucun préjudice «en faisant ces actes publiquement, car nous craignons qu'alors il ne «pervertisse nos enfants et nos femmes.» Ibn-Ed-Deghina répéta ces paroles à Abou-Bakr qui se mit à adorer le Seigneur dans sa maison et ne fit ostensiblement ni prière, ni récitation ailleurs que chez lui.

«Plus tard Abou-Bakr eut l'idée de construire un oratoire contigu à sa maison. Il sortit alors de chez lui pour aller dans cet oratoire prier et réciter le Coran. Les femmes et les enfants des polythéistes, attirés par ce spectacle, se bousculaient pour y assister. Abou-Bakr était un homme qui pleurait facilement; il ne pouvait maîtriser ses larmes quand il lisait le Coran.

«Les notables d'entre ceux des Qoraïchites qui étaient polythéistes, ayant mandé Ibn-Ed-Deghina, lui dirent quand il fut en leur présence : «Nous avions donné notre sauvegarde à Abou-Bakr «à la condition qu'il adorerait le Seigneur dans sa maison; or il a «outrepassé les limites qui lui avaient été fixées en construisant un «oratoire contigu à sa maison et en faisant publiquement la prière «et la récitation du Coran. Nous craignons qu'il ne pervertisse ainsi «nos enfants et nos femmes. Va donc le trouver. S'il consent à se «restreindre à adorer le Seigneur dans sa maison, qu'il le fasse; «mais, s'il refuse et qu'il veuille agir publiquement, demande-lui «de te rendre la parole que tu lui as donnée. Il nous serait pé-«nible de rompre avec toi, et nous ne pouvons admettre que Abou-«Bakr prie publiquement.»

ʿAïcha ajouta : «Ibn-Ed-Deghina alla trouver Abou-Bakr et lui dit : «Tu sais l'engagement que j'ai pris à ton sujet. Il faut donc ou «que tu t'abstiennes de continuer ou que tu me rendes ma parole, «car je ne veux pas que les Arabes entendent dire que j'ai rompu

« l'engagement pris par moi à l'égard de quelqu'un. — Je te rends « ta parole, répondit Abou-Bakr, je renonce à ta protection et me « contente de celle de Dieu. »

« L'Envoyé de Dieu se trouvait en ce moment à La Mecque : « On « vient de me montrer, dit l'Envoyé de Dieu, le pays où vous émi-« grerez. C'est un bas-fonds avec efflorescences salines, planté de « palmiers et situé entre deux régions couvertes de pierres volca-« niques[1], c'est-à-dire deux *ḥarra*. » En entendant ces paroles de l'Envoyé de Dieu, un certain nombre de fidèles émigrèrent à Médine; d'autres qui avaient émigré en Abyssinie revinrent à Médine. Abou-Bakr se préparait à émigrer lui aussi quand l'Envoyé de Dieu lui dit : « Ne te presse pas car moi aussi j'espère être auto-« risé à émigrer. — Vraiment, tu espères cela, répondit Abou-« Bakr; ah! je donnerais mon père pour ta rançon. — Oui, ré-« pliqua le Prophète. » Abou-Bakr s'attacha à la personne de l'Envoyé de Dieu pour l'accompagner et, pendant quatre mois, il nourrit de feuilles de *samora* deux chameaux qu'il avait par devers lui. »

CHAPITRE V. — De la dette.

1. D'après *Abou-Horaïra*, l'Envoyé de Dieu, mandé (pour faire la prière) auprès d'un homme mort et ayant laissé des dettes, demandait si le défunt avait dans sa succession un supplément d'actif (suffisant pour les acquitter). Si on lui répondait que le défunt avait laissé de quoi éteindre ses dettes, il faisait lui-même la prière. Sinon, il disait aux musulmans : « Allez prier pour votre compagnon. » Quand Dieu lui eut assuré quelques conquêtes, le Prophète dit : « Moi, je suis plus intéressé au sort des croyants qu'ils ne le sont eux-mêmes. Si un croyant meurt en laissant des dettes, c'est moi qui dois les acquitter; s'il laisse des biens (liquides), ils appartiennent à ses héritiers. »

[1] La nature volcanique des environs de Médine est bien établie par un écrit d'Abou-Châma relatant l'éruption qui eut lieu dans le voisinage immédiat de cette ville le 30 juin 1256. (Cf. *Comptes rendus des séances de l'Académie des sciences*, n° du 6 juin 1904, p. 1445, note de M. Houdas.)

AU NOM DE DIEU, LE CLÉMENT, LE MISÉRICORDIEUX.

TITRE XL.

DU MANDAT.

CHAPITRE PREMIER. — Du mandat donné par un associé à son coassocié pour un partage ou pour toute autre chose. — *Le Prophète associa Ali au sujet de sa victime (offerte au pèlerinage) et lui ordonna ensuite d'en faire la répartition.*

1. *Ali* a dit : « L'Envoyé de Dieu m'ordonna de faire aumône de toutes les parties licites des victimes égorgées et aussi de leurs peaux. »

2. Selon *ʿOqba-ben-ʿÂmir*, le Prophète lui avait donné des moutons à partager entre ses compagnons. Comme il était resté un jeune mouton et qu'il avait signalé le fait au prophète, celui-ci lui dit : « Immole-le pour toi personnellement. »

CHAPITRE II. — Il est permis au musulman de donner mandat à un non musulman, que le fait ait lieu en territoire hostile ou en territoire musulman.

1. *ʿAbderraḥman-ben-Awf* a dit : « J'avais écrit à Omayya-ben-Khalaf une lettre dans laquelle je lui demandais de veiller sur les miens qui étaient à la Mecque tandis que je veillerais sur les siens qui étaient à Médine. Comme j'avais signé (ʿAbd) Er-Raḥman, il me répondit : « Je ne connais point de Er-Raḥman, écris-moi avec « le nom que tu avais avant d'être musulman. » Alors je lui écrivis de nouveau en signant ʿAbd-ʿAmr.

« Le jour de la bataille de Bedr j'étais parti pour cacher Omayya dans une montagne pendant que tout le monde dormait, quand Bilâl l'ayant aperçu nous suivit et, arrivé auprès du lieu de réunion des Anṣâr, il leur dit : « Omayya-ben-Khalaf (s'enfuit) et moi je ne

IMPRIMERIE NATIONALE.

«réchapperai pas[1] si Omayya s'échappe. «Aussitôt un groupe d'Anṣâr s'élança avec lui sur nos traces. Comme je craignais d'être atteint par eux je laissai en arrière le fils d'Omayya pour occuper leur attention, mais ils le tuèrent et, non contents de cela, ils continuèrent leur poursuite. Omayya était un homme corpulent, aussi fûmes-nous atteints, et je dis alors à Omayya de se mettre à genoux; quand il fut dans cette posture, je me précipitai sur lui pour le couvrir de ma personne et le protéger. Mais on réussit à le tuer en le frappant à coup de sabre par dessus moi à travers les intervalles laissés libres, et l'un des meurtriers m'atteignit d'un coup de sabre au pied.» Et ʿAbderrahman-ben-ʿAwf nous montrait la cicatrice de cette blessure sur le haut de son pied.

El-Bokhâri signale une légère modification des termes de l'*isnâd*.

CHAPITRE III. — Du mandat en matière de change et de choses pesées. — *ʿOmar et Ibn-ʿOmar ont donné mandat pour le change.*

1. D'après *Abou-Saʿîd-El-Khodry* et *Abou-Horaïra*, l'Envoyé de Dieu avait chargé quelqu'un du gouvernement de Khaïbar. Cet homme étant venu (à Médine) apporta des dattes de choix. «Les dattes de Khaïbar sont-elles toutes comme ceci, demanda le Prophète. — Ces dattes, répondit l'homme, nous en obtenons une mesure en échange de deux (d'une qualité inférieure) ou deux en échange de trois. — N'agis plus ainsi, répliqua le Prophète, vends les dattes inférieures contre de l'argent et achète les dattes de choix moyennant de l'argent.» Et il ajouta : «Fais de même quand tu vends ou achètes des choses au poids.»

CHAPITRE IV. — Du berger qui, voyant un mouton sur le point de mourir, l'égorge, et du mandataire qui, s'apercevant de la détérioration d'un objet, répare les parties susceptibles d'être abîmées.

1. *Nâfiʿ* a entendu Ibn-Kaʿb-ben-Mâlik rapporter, d'après son

[1] Quand Bilâl s'était converti à l'islamisme, il avait été déjà fort maltraité par Omayya; aussi avait-il véritablement bien raison de croire au danger auquel il s'exposait s'il laissait échapper cet ennemi personnel.

père, que celui-ci avait un troupeau de moutons qui paissaient à Sal'. «Une de nos bergères, ajouta-t-il, aperçut un de ses moutons qui allait mourir. Aussitôt elle cassa un fragment de rocher au moyen duquel elle égorgea l'animal. — Ne mangez pas de cet animal, leur dis-je, avant que j'aie consulté le Prophète — ou que j'aie envoyé quelqu'un le consulter.» Ayant ensuite consulté — ou fait consulter — le Prophète, celui-ci ordonna de manger la chair de l'animal.

'Obaïd-Allah (un des râwis) a dit : «Je m'étonne que le fait soit attribué à une femme et qu'elle ait égorgé l'animal.»

In fine variante d'*isnâd*.

CHAPITRE V. — Est valable le mandat donné à la personne présente et à la personne absente. — *'Abdallah-ben-'Amr écrivit à son intendant, qui se trouvait éloigné de lui, pour le charger de payer au nom de toute sa famille, grands et petits, le zekat (de la rupture du jeûne).*

1. On rapporte que *Abou-Horaïra* a dit: «Le Prophète devait à un homme un chameau d'un certain âge. Cet homme étant venu réclamer le règlement de sa créance, le Prophète dit : «Qu'on lui «donne (ce qui lui revient).» On chercha (dans le troupeau) un chameau de l'âge indiqué, mais on n'en trouva que d'un âge plus avancé. «Eh bien! qu'on le lui donne! s'écria le Prophète. — Tu «m'as payé largement, reprit l'homme; puisse Dieu te rétribuer de «même!» Alors le Prophète ajouta : «Les meilleurs d'entre vous «sont ceux qui s'acquittent le mieux de leurs dettes.»

CHAPITRE VI. — Du mandat donné pour payer des dettes.

1. D'après *Abou-Horaïra,* un homme vint trouver le Prophète pour se faire payer une créance qu'il avait sur lui. Comme il se montrait arrogant et que les compagnons du Prophète faisaient mine de le malmener, l'Envoyé de Dieu dit : «Qu'on le laisse tranquille; celui qui réclame son dû a le droit de parler.» Puis il ajouta : «Qu'on lui donne un chameau de l'âge du sien! — Mais,

ô Envoyé de Dieu, lui répondit-on, nous ne trouvons (dans le troupeau) qu'un animal d'un âge supérieur au sien. — Eh bien! qu'on le lui donne! s'écria le Prophète; le meilleur d'entre vous est celui qui paye le mieux ses dettes. »

CHAPITRE VII. — Il est permis de faire un don au mandataire et à celui qui intercède en faveur de ses contribules. — *Et cela d'après les paroles que le Prophète adressa à la députation des Haouâzin lorsque ceux-ci vinrent lui demander le butin fait sur eux : « Je vous donne ma part. »*

1. *Merwân-ben-El-Ḥakam* et *El-Miswar-ben-Makhrama* racontent que l'Envoyé de Dieu était debout quand les Haouâzin musulmans vinrent en députation lui demander de leur rendre les richesses et les captifs qu'on leur avait pris. « Pour moi, dit alors l'Envoyé de Dieu, le meilleur discours est celui qui est le plus sincère. Choisissez entre ces deux partis : (reprendre) vos richesses ou (reprendre) vos captifs. J'attendais votre réponse. » L'Envoyé de Dieu avait attendu pendant dix et quelques jours lorsqu'il était revenu de Eṭ-Ṭâïf. Alors, voyant que l'Envoyé de Dieu ne leur rendrait qu'une des deux choses qu'ils demandaient, ils déclarèrent opter pour les captifs.

L'Envoyé de Dieu se leva aussitôt au milieu des musulmans et, après avoir loué Dieu autant qu'il en est digne, il dit : « Venons au fait; vos frères qui sont ici présents sont venus à nous animés de repentir. Pour moi j'estime que je dois leur rendre leurs captifs. Que celui d'entre vous qui y consent de bon gré en fasse autant. Que ceux qui préfèrent garder leur part jusqu'à ce que je puisse la leur rendre, lors du premier butin que Dieu nous accordera, agissent en conséquence. » Comme tout le monde répondait (à la fois) qu'il cédait de bon gré ses captifs en considération de l'Envoyé de Dieu, celui-ci dit : « Je ne puis distinguer quels sont ceux d'entre vous qui consentent et ceux qui ne consentent pas; rentrez chez vous et vos chefs me feront parvenir votre décision. » Chacun rentra chez soi et les chefs, après avoir pris leurs informations, revinrent auprès de l'Envoyé de Dieu et lui annoncèrent que tout le monde consentait de plein gré et autorisait (la restitution).

CHAPITRE VIII. — De l'homme qui a reçu mandat de donner quelque chose, sans que le mandant ait fixé combien, et qui donne conformément aux usages reçus dans le pays.

1. Avec variantes dans l'*isnâd,* on rapporte que *Djâbir-ben-ʿAbdallah* a dit : « J'accompagnai le Prophète dans une de ses expéditions. Le chameau que je montais avait l'allure pesante, en sorte que je restais toujours en arrière de la troupe. Comme le Prophète passait près de moi, il me dit : « Qui es-tu? — Je suis Djâbir-« ben-ʿAbdallah, lui répondis-je. — Qu'as-tu donc, ajouta-t-il. « — J'ai un chameau à l'allure pesante, répliquai-je. — As-tu « une baguette? me demanda-t-il. — Oui, repris-je. — Eh bien! « donne-la moi, me dit-il. » Je lui donnai ma baguette et il se mit à frapper et à exciter l'animal si bien que grâce à cela je me trouvai à la tête de la troupe. « Vends-moi ton chameau, me dit-il « alors. — Je te le donne, ô Envoyé de Dieu, répondis-je. — Non, vends-le moi, reprit-il; et il ajouta : Je le prends moyen-« nant quatre dinars et te le laisse comme monture jusqu'à Mé-« dine. » Quand nous approchâmes de Médine, au moment où j'allais m'éloigner, le Prophète me dit : « Où vas-tu? — J'ai « épousé une femme qui avait perdu son mari. — Pourquoi, « me demanda-t-il, n'as-tu pas épousé une jeune fille qui t'aurait « procuré du plaisir et en aurait eu avec toi? — Mon père en « mourant, lui répondis-je, avait laissé des filles et jai voulu dans « ces conditions épouser une femme veuve qui eût de l'expérience. « — Bien, reprit-il. »

« Quand nous fûmes arrivés à Médine, le Prophète dit : « Ô Bilâl, « règle le compte de Djâbir et ajoute quelque chose en plus. » Bilâl me donna quatre dinars et y ajouta un qirâṭ. — Je ne me séparerai jamais de cette gratification de l'Envoyé de Dieu », ajouta Djâbir.

En effet ce qirâṭ ne quitta jamais l'escarcelle de Djâbir-ben-ʿAbdallah.

CHAPITRE IX. — Du mandat que la femme donne à l'imam[1] pour qu'il la marie.

1. *Sahl-ben-Saʿd* a dit : « Une femme vint trouver l'Envoyé de Dieu et lui dit : « Ô Envoyé de Dieu, je te fais don de ma personne[2]. « — Donne-la moi en mariage, s'écria un homme. — Je te la « donne en mariage moyennant[3] ce que tu sais par cœur du « Coran, dit le Prophète. »

CHAPITRE X. — Quand quelqu'un donne un mandat et que le mandataire en omet quelque chose le mandant peut ratifier l'omission. Le prêt fait pour un terme fixé par le mandataire est valable (s'il est ratifié par le mandant).

1. *Abou-Horaïra* a dit : « L'Envoyé de Dieu m'avait confié le soin de garder le zekat du ramaḍan. Quelqu'un étant venu et ayant pris une jointée de grains, je le saisis et lui dis : « Je vais te traduire devant l'Envoyé de Dieu. — Je suis pauvre, me dit-il, j'ai « de la famille et je suis réduit à la dernière extrémité. » Je le laissai faire et le lendemain matin le Prophète m'ayant dit : « Eh « bien ! ô Abou-Horaïra, qu'a fait ton prisonnier[4] ? — Ô Envoyé de « Dieu, répondis-je, il s'est plaint de son extrême dénûment et « m'a dit qu'il avait de la famille ; aussi l'ai-je laissé partir. — « Ne crois-tu pas, me demanda-t-il, qu'il a menti et qu'il revien- « dra ? » En entendant ces mots de l'Envoyé de Dieu : « il revien- « dra », je compris qu'il reviendrait et je le guettai. Il revint en effet, puisa avec ses mains dans les grains ; je l'arrêtai et lui dis que j'allais

(1) Il faut entendre ce mot ici dans le sens de souverain.

(2) Ou, plus exactement : « je te donne le pouvoir de disposer de moi », en ajoutant امر après من, la présence de dernier mot ne s'expliquant guère sans cette addition.

(3) Le fait que cet homme lui enseignerait ce qu'il savait du Coran devait représenter dans ce cas la dot que le mari est toujours tenu de payer.

(4) Le mot اسير, employé ici, a toujours le sens de « prisonnier ». Mais il est vraisemblable qu'il faut comprendre « celui qui méritait d'être fait prisonnier » en donnant à فعيل la valeur de مفعول.

le traduire devant l'Envoyé de Dieu, mais il me demanda de le laisser partir ajoutant qu'il était besoigneux, chargé de famille et qu'il ne reviendrait pas. J'eus pitié de lui et le laissai partir. Le lendemain l'Envoyé de Dieu me dit : « O Abou-Horaïra qu'a fait « ton prisonnier? — Ô Envoyé de Dieu, répondis-je, il s'est « plaint de son extrême dénûment et de ses charges de famille; j'ai « eu compassion de lui et l'ai laissé partir. — Ne crois-tu pas, « me demanda-t-il, qu'il a menti et qu'il reviendra? » Je le guettai et, pour la troisième fois, il revint puiser avec ses mains dans les grains. Je l'arrêtai et lui dis : « Je vais te traduire devant l'Envoyé « de Dieu, car c'est la troisième fois que tu assures que tu ne reviendras pas et tu continues à revenir. — Laisse-moi, me dit-il, et « je vais t'enseigner des paroles qui te profiteront auprès de Dieu. « — Et quelles sont ces paroles? demandai-je. — Quand tu te « mettras au lit, récite le verset du Trône : « Dieu; il n'y a « pas d'autre divinité que Dieu; il est le Vivant, l'Éternel... » et « continue jusqu'à la fin du verset. Dieu alors ne cessera jamais de « veiller sur toi et aucun démon n'approchera de toi jusqu'au matin. » Je le laissai partir, et le lendemain l'Envoyé de Dieu me dit : « Qu'a fait ton prisonnier hier? — O Envoyé de Dieu, répon« dis-je, il a prétendu qu'il m'enseignerait des paroles qui me « seraient utiles auprès de Dieu, et alors je l'ai laissé partir. — « Et quelles sont ces paroles? demanda le Prophète. — Il m'a « dit, lui répondis-je : « Quand tu te mettras au lit, récite depuis le « commencement jusqu'à la fin le verset du Trône : « Dieu; il n'y a « pas d'autre divinité que Dieu; il est le Vivant, l'Éternel », et il « ajouta : « Dieu ne cessera jamais de veiller sur toi et aucun démon « n'approchera de toi jusqu'au matin. » Or les Compagnons ne désiraient rien autant que (de s'instruire dans) le bien. « As-tu cru, « reprit le Prophète, qu'il te disait la vérité? C'est un imposteur. « Sais-tu à qui tu as parlé durant ces trois nuits, ô Abou-Horaïra? — Non, répondis-je. — Eh bien! répliqua-t-il, c'était au démon. »

CHAPITRE XI. — Quand le mandataire vend une chose par un contrat vicié, la vente est annulée.

1. *Abou-Saʿîd-El-Khodry* a dit : « Bilâl ayant apporté au Prophète des dattes dites *berni*, celui-ci lui demanda d'où provenaient ces dattes. » — « J'avais, répondit Bilâl, des dattes de mauvaise qua-« lité et je les ai vendues en en donnant deux ṣâʿ contre un ṣâʿ de « *berni* que je destinais à la nourriture du Prophète. » Celui-ci s'écria alors : « Hélas! hélas! mais c'est de l'usure pure; c'est de « l'usure pure! N'agis plus ainsi et, si tu veux acheter (des berni), « vends les dattes (inférieures) contre autre chose, et achète ensuite « (des berni). »

CHAPITRE XII. — Du mandat en matière de ouaqf, de l'entretien du mandataire et du droit qu'il a de donner à manger à un de ses amis et de manger lui-même avec discrétion (aux dépens du ouaqf).

1. Parlant de la libéralité[1] d'ʿOmar, *ʿAmr* a dit : « Il n'y a aucun mal à ce que l'administrateur (d'un ouaqf) mange ou fasse manger un de ses amis (aux dépens d'un ouaqf) pourvu qu'il ne touche pas au capital. »

Ibn-ʿOmar, administrateur d'une libéralité d'ʿOmar faisait (avec les revenus de ce ouaqf) des cadeaux aux gens de la Mecque auprès desquels il campait.

CHAPITRE XIII. — Du mandat en matière de pénalités.

1. D'après *Zeïd-ben-Khâlid* et *Abou-Horaïra*, le Prophète a dit : « Ô Onaïs, va trouver la femme de cet homme et, si elle avoue, lapide-la[2]. »

2. *ʿOqba-ben-El-Hârits* a dit : « Comme on avait amené En-

[1] Le mot صدقة est pris ici pour désigner un وقف, ouaqf.

[2] Le fils de Onaïs, s'étant rendu coupable d'adultère, avait, suivant la coutume antéislamique, donné cent moutons et une esclave. L'affaire ayant été portée devant le Prophète, celui-ci fit appliquer la loi musulmane : cent coups de fouet à l'homme et la lapidation à la femme, après avoir toutefois fait rendre au fils de Onaïs les cent moutons et l'esclave qu'il avait donnés.

No'aïmin en état d'ivresse, l'Envoyé de Dieu ordonna[1] à tous ceux qui se trouvaient dans la maison de le frapper. Moi-même, ajouta-t-il, je fus de ceux qui le frappèrent et nous nous servîmes pour cela de nos chaussures et de branches de palmier.»

CHAPITRE XIV. — Du mandat donné au sujet des guirlandes et de la convention faite à ce sujet.

1. *'Amra-bent-'Abderraḥmân* raconte que 'Aïcha a dit : «J'avais tressé moi-même les guirlandes de la victime de l'Envoyé de Dieu; il les passa lui-même au cou de l'animal et ensuite chargea mon père de le conduire (au pèlerinage). L'Envoyé de Dieu ne s'interdit rien des choses que Dieu lui avait permises jusqu'au moment où l'animal fut égorgé.»

CHAPITRE XV. — Du fait d'un homme qui dit à son mandataire : «Dépose cet objet là où Dieu t'inspirera», et du mandataire qui répond : «J'ai entendu ce que tu as dit».

1. *Isḥaq-ben-'Abdallah* a entendu Anas-ben-Mâlik dire : «Abou-Ṭalḥa était le plus riche anṣâr de Médine, et de toutes ses propriétés celle qu'il préférait était celle de Baïroḥâ qui faisait face à la mosquée. L'Envoyé de Dieu entrait parfois dans cette propriété et y buvait de l'eau (de son puits) qui était excellente. Quand eut lieu la révélation du verset : «Vous n'atteindrez pas la piété (véritable) «tant que vous ne dépenserez pas (en libéralités) une partie des «choses que vous aimez (le plus). . . » (sourate III, verset 86), Abou-Ṭalḥa se rendit auprès de l'Envoyé de Dieu et lui dit : «Ô «Envoyé de Dieu, Dieu a dit dans son livre : «Vous n'atteindrez «pas la piété (véritable) tant que vous ne dépenserez pas (en libéralités) une partie des choses que vous aimez (le plus).» Or, «de toutes mes propriétés celle que je préfère est celle de Baïroḥâ; «j'en fais don à Dieu dans l'espoir que cela me sera compté comme

[1] On considère cet ordre comme un véritable mandat.

«bonne œuvre mise en réserve auprès de lui. Ô Envoyé de Dieu, «emploie-le comme tu l'entendras. — Bravo! s'écria le Prophète, «voici un bien qui rapportera[1]; voici un bien qui rapportera. J'ai «entendu ce que tu as dit, mais j'estime que tu dois donner ce «verger à tes proches. — C'est ce que je vais faire», répliqua Abou-Ṭalḥa. Et il partagea sa propriété entre ses proches parents et ses cousins.»

Isnâd différent, avec la variante : رائح au lieu de رابح.

CHAPITRE XVI. — Du mandat donné à l'homme de confiance pour les choses mises en réserve, argent ou autres choses.

1. D'après *Abou-Mousa*, le Prophète a dit : «Le gardien, digne de confiance, qui dépense — ou, suivant une variante, qui donne — intégralement, exactement, de bon cœur, la somme qu'il a reçu ordre de remettre à la personne qui lui a été désignée, est coparticipant à cette libéralité.»

[1] Tel serait le sens si on lisait رابح ; avec رائح il faudrait entendre que ce bien est perdu, c'est-à-dire qu'il ne saurait plus avoir de propriétaire véritable sur terre. Cela signifierait alors que le bien serait devenu un ouaqf.

AU NOM DE DIEU, LE CLÉMENT, LE MISÉRICORDIEUX.

TITRE XLI.

DE L'ENSEMENCEMENT[1] ET DU CONTRAT D'ENSEMENCEMENT.

CHAPITRE PREMIER. — Du mérite de celui qui a semé ou planté des choses quand les produits en auront été mangés. — *De ces mots du Coran : « Quand vous cultivez, pensez-vous que c'est vous qui ensemencez ou bien que c'est nous qui sommes les (vrais) semeurs ? » — « Si nous le voulions, nous en ferions des chaumes. . . »* (sourate LVI, versets 64 et 65).

1. D'après *Anas-ben-Mâlik*, le Prophète a dit : « Chaque fois qu'un musulman quelconque plante un arbre ou sème une graine, il aura à son actif comme aumône tout ce qui aura été mangé du produit de cette plante par un oiseau, un homme ou un quadrupède. »

In fine, indication d'un autre *isnâd*.

CHAPITRE II. — On doit prendre garde aux conséquences qu'il y aurait à se laisser absorber par le maniement des instruments d'agriculture ou à franchir la limite des prescriptions qui ont été fixées.

1. En voyant un soc de charrue et quelque autre instrument de labour, *Abou-Omâma-El-Bâhili* dit : « J'ai entendu l'Envoyé de Dieu prononcer ces paroles : « Ceci n'entrera pas dans la demeure d'une « famille sans que Dieu y fasse entrer (en même temps) l'avilisse- « ment[2]. »

Mohammed ajoute : « Le nom de Abou-Omâma était : Ṣodayy-ben-ʿAdjlân. »

[1] Le mot حرث signifie « labourer » ; mais, comme les Arabes sèment avant de labourer, il a également le sens d'ensemencer.

[2] Il faut entendre par là que le cultivateur ne peut se soustraire aux exactions des gouverneurs, retenu qu'il est par sa terre qui le fait vivre ; il est donc obligé de subir des humiliations auxquelles le nomade échappe sans peine en s'expatriant avec son troupeau et en allant vivre ailleurs.

CHAPITRE III. — Du fait d'avoir un chien pour la culture[1].

1. D'après *Abou-Horaïra*, l'Envoyé de Dieu a dit : «Quiconque détient un chien se verra retrancher chaque jour un qîrâṭ[2] de (la récompense de) ses œuvres, à moins que ce chien ne soit un chien de labour ou de troupeau.»

Suivant un second *râwi*, Abou-Horaïra aurait dit : «A moins que ce chien ne soit un chien de moutons, de labour ou de chasse»; et un troisième *râwi* donne la variante : «A moins que ce chien ne soit un chien de chasse ou un chien de troupeau».

2. *Sofiân-ben-Abou-Zohaïr* rapporte avoir entendu un homme des Azd-Chenoua, Compagnon du Prophète, dire : «J'ai entendu l'Envoyé de Dieu prononcer ces mots : «Quiconque possède un «chien qui ne lui sert ni pour ses champs, ni pour ses troupeaux, «se verra retrancher chaque jour un qîrâṭ de (la récompense de) «ses œuvres.» Et comme Sofiân lui disait : «C'est toi-même qui «as entendu ceci de la bouche de l'Envoyé de Dieu», il répondit : «Oui certes, j'en jure par le Seigneur de cette mosquée.»

CHAPITRE IV. — De l'emploi des boeufs pour le labour.

1. Selon *Abou-Horaïra*, le Prophète a dit : «Pendant qu'un homme était monté sur une vache, celle-ci se tourna vers son cavalier et dit : «Je n'ai pas été créée pour cela, j'ai été créée pour le «labour.» — Je crois cela, ajouta le Prophète; Abou-Bakr et ʿOmar le croient également.

«Un loup ayant pris un mouton, le berger se mit à sa poursuite : «Et qui donc s'occupera de ce mouton, s'écria le loup, le jour du «lion[3], ce jour où il n'y aura pas d'autre berger que moi?» — Je

[1] Il s'agit de chien pour garder les champs.

[2] Autrement dit : une partie.

[3] Le mot سبع traduit par «lion» peut être pris dans deux autres sens : celui de «l'action de dévorer une proie» et celui de «vallée de Josaphat». Enfin ces mots «le jour du lion» désignaient aussi une fête antéislamique pendant laquelle les réjouissances faisaient négliger toutes les occupations habituelles, même la surveillance et la garde des troupeaux.

crois cela, ajouta le Prophète; Abou-Bakr et ʿOmar le croient également. »

Abou-Salama, le *râwi*, ajoute : « Les deux personnages (Abou-Bakr et ʿOmar) n'étaient pas dans l'assemblée ce jour-là. »

CHAPITRE V. — Du fait de dire : « Charge-moi de l'entretien de tes palmiers ou d'autres plantes et associe-moi dans la récolte des fruits. »

D'après *Abou-Horaïra*, le Proprète a dit : « Les Anṣâr ayant demandé au Prophète de partager les palmiers entre eux et leurs frères (les Mohâdjir), celui-ci répondit : « Non. » Alors les Mohâdjir dirent aux Anṣâr : « Vous soignerez les arbres et nous en partage-« rons les fruits avec vous. — C'est entendu, répondirent les Anṣâr. »

CHAPITRE VI. — Du fait de couper les arbres et les palmiers. — *Anas a dit : « Le Prophète donna l'ordre de couper les palmiers, ce qui fut fait. »*

1. D'après *ʿAbdallah*, le Prophète fit brûler les palmiers et couper les arbres des Benou-En-Naḍîr qui se trouvaient à El-Bouwaïra et c'est à cela que fait allusion Ḥassân dans ce vers :

« Il a été léger pour les nobles des Benou-Loayy l'incendie qui a dévoré El-Bouwaïra. »

CHAPITRE VII.

1. D'après *Ḥandzala-ben-Qaïs*, Râfiʿ-ben-Khadîdj a dit : « Nous étions des gens de Médine les plus riches en terres et nous affermions ces terres moyennant une portion de ce terrain à laquelle on donnait le nom du maître de la terre. Parfois ce terrain était frappé par un fléau auquel le reste de la terre échappait, tandis que, d'autres fois, c'était la terre qui était atteinte et le terrain indemne. Ce contrat nous fut interdit. A cette époque il n'y avait pas de locations payables en argent ou en or. »

CHAPITRE VIII. — Du contrat d'ensemencement à moitié ou dans une autre proportion. — *Qaïs-ben-Moslim rapporte que Abou-Djaʿfar a dit : « Il n'y avait pas à Médine une seule des familles des Mohâdjir qui ne cultivât au tiers ou au quart. ʿAli, Saʿd-ben-Mâlik, ʿAbdallah-ben-Masʿoud, ʿOmar-ben-ʿAbdelazîz, El-Qâsim, ʿOrwa-ben-Ez-Zobair, la famille d'Abou-Bakr, celle d'ʿOmar, celle d'ʿAli et Ibn-Sîrîn avaient fait des contrats d'ensemencement. » — ʿAbderraḥman-ben-El-Aswad a dit : « J'étais associé pour la culture avec ʿAbderraḥmân-ben-Yazîd. » — ʿOmar traitait dans les conditions suivantes : Si ʿOmar fournissait la semence il avait droit à la moitié (des produits); si la semence était fournie par les preneurs, ceux-ci avaient droit à telle quote-part. — El-Ḥasan a dit : « Il n'y a aucun mal à ce que, la terre appartenant à l'un des deux contractants, ceux-ci participent tous deux aux dépenses et se partagent ensuite les produits. » — Tel est l'avis de Ez-Zohri. — El-Ḥasan a dit : « Il n'y a aucun mal à faire la cueillette du coton à moitié. » — Ibrahîm, Ibn-Sîrîn, ʿAṭâ, El-Ḥakam, Ez-Zohri et Qatâda ont dit : « Il n'y a aucun mal à donner un vêtement (à tisser) moyennant le tiers ou le quart ou toute autre proportion (du filé). » — Maʿmar a dit : « Il n'y a aucun mal à donner en location une bête de somme moyennant le tiers ou le quart (des choses qu'elle porte) pour un temps déterminé. »*

1. *ʿAbdallah-ben-ʿOmar* raconte que le Prophète traita avec les gens de Khaïbar en exigeant d'eux la moitié des produits du sol, grains ou dattes. Il donnait à ses femmes cent charges : quatre-vingts charges de dattes et vingt charges d'orge. Quand ʿOmar opéra le partage de Khaïbar il proposa aux femmes du Prophète de choisir entre l'attribution d'une terre avec de l'eau, et le maintien de leur ancienne redevance. Les unes préférèrent une terre, d'autres des charges de dattes et d'orge. ʿAïcha choisit une terre.

CHAPITRE IX. — Du cas où, dans le contrat d'ensemencement, on n'a pas fixé le nombre des années.

1. *Ibn-ʿOmar* a dit : « Le Prophète traita avec Khaïbar en exigeant la moitié des produits du sol : fruits ou grains. »

CHAPITRE X.

1. *ʿAmr* a dit : « Comme je disais à Ṭâous qu'il devrait renoncer au contrat d'ensemencement (moyennant une quote-part des produits), parce qu'on prétendait que le Prophète l'avait interdit, il me répondit : « Je leur donne cela et leur viens en aide; or le plus « savant des compagnons, c'est-à-dire Ibn-ʿAbbâs, m'a informé que

« le Prophète n'avait pas interdit ce contrat, mais qu'il avait dit : « Faire un acte de générosité à l'égard de l'un de vos frères vaut « mieux pour vous que d'exiger de lui une redevance déterminée. »

CHAPITRE XI. — Du contrat d'ensemencement avec les juifs [1].

1. D'après *Ibn-ʿOmar*, l'Envoyé de Dieu donna Khaïbar aux juifs à la condition qu'ils soigneraient les arbres et ensemenceraient les terres et qu'ils auraient la moitié des produits.

CHAPITRE XII. — Des stipulations réprouvées en matière de contrat d'ensemencement.

1. *Râfiʿ* a dit : « Nous étions des gens de Médine les plus riches en terres. L'un de nous donnait sa terre en location en disant : « Ce morceau sera pour moi, cet autre pour toi. » Or il arrivait que celui-ci produisait une récolte tandis que l'autre n'en fournissait pas. Le Prophète interdit ce genre de contrat. »

CHAPITRE XIII. — Du cas où quelqu'un sème le bien d'autrui sans l'autorisation de ce dernier qui cependant en tire avantage.

1. D'après *ʿAbdallah-ben-ʿOmar*, le Prophète a dit : « Trois hommes étant en marche furent surpris par la pluie et se réfugièrent dans une caverne située dans une montagne. Un rocher, en s'éboulant de la montagne, ayant fermé sur eux l'issue de la caverne, ils se dirent l'un à l'autre : « Vois quelle bonne œuvre tu as faite en vue « de Dieu et invoque Dieu en raison de cette œuvre, peut-être qu'il « nous tirera d'embarras. »

« Ô mon Dieu ! s'écria le premier, j'avais un père et une mère, tous « deux très avancés en âge, et de jeunes enfants. C'était moi qui « m'occupais de faire paître le troupeau. De retour le soir, je trayais « les brebis et commençais par donner à boire à mes père et mère « avant de servir mes fils. Un certain jour je fus en retard et n'arrivai « qu'à la nuit. Je trouvai mon père et ma mère endormis. Je me mis

[1] Avec les chrétiens la règle est la même.

« à traire comme d'habitude et restai au chevet de mes parents. Il me répugnait de les réveiller et de donner (d'abord) à boire à mes « enfants bien que ceux-ci pleurassent à mes pieds; j'attendis donc « le lever de l'aurore. Puisque tu sais, ô mon Dieu! que j'ai fait « tout cela en vue de ta face donne-nous une issue par laquelle nous « voyions le ciel. » Dieu écarta le rocher et ils aperçurent le ciel.

« O mon Dieu! dit le second, j'avais une cousine que j'aimais au- « tant qu'un homme peut aimer une femme. Je lui demandai de se « donner à moi; elle refusa. Enfin je lui apportai cent dinars et « voulus la posséder. J'étais déjà entre ses jambes, quand elle dit : « Ô adorateur de Dieu, crains Dieu et ne romps pas le cachet « à moins que ce ne soit légalement. » Et aussitôt je me retirai. « Puisque tu sais que j'ai fait cela en vue de ta face, pratique une « issue. » Une fente alors se produisit.

« O mon Dieu! s'écria le troisième, j'avais pris à gages un ouvrier « moyennant un *fereq* de riz. L'ouvrage terminé il me dit : « Donne- « moi mon dû. » Je le lui présentai, mais il ne le prit pas. Je ne « cessai de semer le riz jusqu'à ce que je pus avec les produits « acheter des bœufs et des bergers. Alors, comme il revint me « trouver et me dire : « Crains Dieu », je lui répondis : « Va vers ces « bœufs et ces bergers et prends-les. — Crains Dieu, reprit-il, et ne « te moque pas de moi. — Je ne me moque pas de toi, répliquai-je, « prends-les. » Et il les prit. Puisque tu sais que j'ai fait cela en vue « de ta face, écarte ce qui reste (du rocher). » Dieu alors l'écarta. »

In fine, indication d'une variante sans importance.

CHAPITRE XIV. — Des ouaqf faits par les Compagnons du Prophète. De la terre de kharadj et des contrats d'ensemencement et autres faits par les Compagnons. — *Le Prophète a dit à ʿOmar : « Fais aumône du fonds; il ne pourra plus être vendu, mais on en dépensera les fruits. » Et ʿOmar fit cette aumône.*

1. D'après *Aslam*, ʿOmar a dit : « Si ce n'était à cause des autres musulmans, chaque fois que je ferais la conquête d'un bourg, je le

partagerais entre ses conquérants, comme le Prophète a fait pour Khaïbar. »

CHAPITRE XV. — De celui qui fait revivre une terre morte. — *ʿAli a été d'avis qu'il fallait agir ainsi à l'égard des terres abandonnées à Koufa*[1]. — *ʿOmar a dit : « Celui qui fait revivre une terre morte en devient propriétaire*[2]. » — *On rapporte d'après ʿAmr-ben-ʿAwf que le Prophète a dit : « A la condition de ne pas porter atteinte au droit d'un musulman, et le fait de planter injustement ne constitue pas un droit. » — Une tradition du Prophète à ce sujet est rapportée par Djâbir.*

1. D'après *ʿAicha*, le Prophète a dit : « Celui met en exploitation une terre qui n'appartient à personne a plus de droit que qui ce soit sur cette terre. »

ʿOrwa a dit : « Une décision dans ce sens a été rendue par ʿOmar durant son Khalifat. »

CHAPITRE XVI.

1. *ʿAbdallah-ben-ʿOmar* rapporte que l'on vit le Prophète camper de nuit dans la vallée de Dzou-'l-Holaïfa et qu'on lui dit : « Tu es dans une vallée bénie. » Mousa ajoute : « Sâlim (ben-ʿAbdallah-ben-ʿOmar) nous fit agenouiller nos chamelles à l'endroit même où ʿAbdallah faisait agenouiller la sienne, voulant ainsi se trouver au *moʿarras* de l'Envoyé de Dieu. Cet endroit est situé en contre-bas de la mosquée qui est à mi-chemin entre le lit de la vallée et la route. »

2. *Ibn-ʿAbbâs* rapporte, d'après ʿOmar, que le Prophète dit pendant qu'il était à Ouâdi-el-ʿAqîq : « Cette nuit quelqu'un est venu me trouver de la part du Seigneur et m'a dit : « Fais la prière « dans cette vallée bénie et dis : « C'est une visite pieuse dans un « pèlerinage. »

[1] C'est-à-dire qu'elles devaient être la propriété de ceux qui les avaient mises en valeur.

[2] *Ipso facto*, sans qu'aucune décision du chef de l'État ou de tout autre soi nécessaire.

IMPRIMERIE NATIONALE.

CHAPITRE XVII. — Quand le propriétaire du sol dit : « Je te maintiens tant que Dieu te maintiendra » sans fixer un terme précis, les deux contractants sont tenus de l'engagement consenti.

1. D'après *Ibn-ʿOmar,* ʿOmar-ben-El-Khattâb expulsa les juifs et les chrétiens du territoire du Hedjâz. Quand l'Envoyé de Dieu s'était rendu maître de Khaïbar, il avait voulu en expulser les juifs, le sol, par le fait de la conquête, appartenant à Dieu, à son Envoyé et aux musulmans[1]. On allait procéder à cette expulsion quand les juifs demandèrent à l'Envoyé de Dieu de les maintenir sur le sol à la condition qu'ils se chargeraient de le mettre en valeur moyennant la moitié des produits. « Je vous maintiens sur le sol, répondit l'Envoyé de Dieu tant qu'il me plaira. » Ils y demeurèrent jusqu'au jour où ʿOmar les exila à Taïma et à Ariḥâ (Jéricho).

CHAPITRE XVIII. — Des avantages réciproques que se faisaient les uns aux autres les Compagnons du Prophète au sujet des ensemencements et des dattes.

1. *Râfiʿ-ben-Khadîdj* rapporte que son oncle paternel, Ḍzohaïr-ben-Râfiʿ a dit : « L'Envoyé de Dieu nous avait interdit une chose qui nous était commode. » Et comme je lui disais : « Ce qu'a dit l'Envoyé de Dieu est un devoir », il ajouta : « L'Envoyé de Dieu m'ayant fait appeler me demanda ce que nous faisions de nos terres. — Nous les affermons moyennant le quart (des produits) ou un certain nombre de charges de dattes et d'orge, répondis-je. — Ne continuez pas à agir ainsi, répliqua-t-il; cultivez vous-mêmes, faites cultiver par d'autres ou laissez le sol en jachères. — C'est une chose entendue, reprit Râfiʿ. »

2. *ʿAṭâ* rapporte que Djâbir a dit : « On cultivait moyennant le tiers, le quart ou la moitié (de la récolte). » Le Prophète dit : « Que celui qui possède une terre la cultive lui-même ou la donne

[1] Le commentateur fait remarquer qu'une partie seulement de Khaïbar ayant été prise de force, appartenait sans conteste aux musulmans, tandis que l'autre partie n'était échue aux musulmans qu'en vertu d'une capitulation.

bénévolement à cultiver. S'il ne peut rien faire de cela qu'il laisse sa terre en jachères. »

D'après Abou-Horaïra, le Prophète aurait dit : « Que celui qui possède une terre la cultive lui-même ou la donne bénévolement à cultiver à son frère; si celui-ci la refuse, qu'il laisse sa terre en jachères. »

3. Comme, dit *ʿAmr*, je mentionnais ce hadits à Ṭâous, il me répondit : « Qu'il fasse cultiver », car Ibn-'Abbâs a dit que le Prophète n'avait pas prononcé d'interdiction, mais qu'il avait seulement dit : « Mieux vaut pour vous faire un cadeau à l'un de vos frères que d'exiger de lui une rémunération déterminée. »

4. D'après *Nâfiʿ*, Ibn-ʿOmar louait ses terres du temps du Prophète, sous le Khalifat d'Abou-Bakr, d'ʿOmar, d'ʿOtsman et au début du règne de Moʿâwia. Puis, Râfiʿ-ben-Khadîdj ayant rapporté que le Prophète avait interdit de louer les terres, Ibn-ʿOmar alla trouver Râfiʿ en compagnie de Nâfiʿ et lui posa la question. « Le Prophète a interdit de louer des terres, répondit Râfiʿ. — Moi, reprit Ibn-ʿOmar, je sais que, du temps du Prophète, nous louïons nos terres moyennant ce qui poussait sur les (bords des) ruisseaux[1] et moyennant un peu de paille. »

5. *Sâlim* raconte qu'ʿAbdallah-ben-ʿOmar a dit : « Je savais que, du temps du Prophète, la terre se louait. » Puis, craignant que le Prophète n'eût formulé à cet égard une opinion qu'il aurait ignorée, il cessa de louer ses terres.

CHAPITRE XIX. — De la location des terres moyennant or ou argent. — *Ibn-ʿAbbâs a dit : « Le mieux que vous ayez à faire, c'est de louer vos terres blanches[2] année par année. »*

1. D'après *Ḥandzala-ben-Qaïs*, Râfiʿ-ben-Khadîdj a dit : « Mes

[1] Il s'agit sans doute des plantes qui étaient cultivées sur le bord des ruisseaux et dont le produit exact ne pouvait être déterminé. Cette incertitude sur le prix de la location constituait un vice dans le contrat. Il en était de même pour la paille dont la quantité n'était pas non plus déterminée exactement.

[2] On appelle ainsi les terres nues, sans arbres.

deux oncles paternels m'ont raconté que, du temps du Prophète, ils louaient leurs terres moyennant ce qui poussait sur les (bords des) ruisseaux ou moyennant une chose que se réservait le propriétaire du sol. Le Prophète nous interdit d'agir ainsi. Et comme Ḥandzala demandait à Râfi' : «Quid? de la location moyennant «dinârs ou dirhems?», celui-ci répondit : «Il n'y avait aucun mal «à louer moyennant dinârs ou dirhems.»

El-Bokhâri dit : «A partir d'ici El-Leïts ajouta : «Je pense que «cette interdiction, aux yeux des gens qui ont l'intelligence des «choses permises et défendues, est justifiée par le fait de l'aléa que «renferme ce contrat.»

CHAPITRE XX.

1. *'Aṭâ-ben-Yasâr* rapporte, d'après Abou-Horaïra, qu'un jour le Prophète, ayant auprès de lui un homme d'entre les bédouins, fit le récit suivant : «Un des hommes habitant le Paradis demanda à Dieu l'autorisation de cultiver. «N'as-tu donc pas tout ce que tu «désires? lui demanda Dieu. — Certes oui, répondit le bienheu- «reux, mais je voudrais cultiver.» L'homme sema donc. En un clin d'œil les plantes poussèrent, mûrirent et donnèrent une moisson telle qu'elle formait un tas gros comme une montagne. «Ô fils «d'Adam, dit alors Dieu, prends. Tu seras donc toujours insa- «tiable.» — «Par Dieu! s'écria le bédouin, ce bienheureux ne pouvait être qu'un Qoraïchite ou un Anṣâr; eux seuls sont des gens qui cultivent. Quant à nous nous ne sommes point des cultivateurs.» A ces mots le Prophète se mit à rire.

CHAPITRE XXI. — De ce qui a été dit au sujet des plantations[1].

1. *Sahl-ben-Sa'd* a dit : «Le vendredi nous nous livrions à des réjouissances. Il y avait une vieille femme qui prenait des racines de betteraves que nous plantions au bord de nos ruisseaux ; elle les

[1] Autres que les semis de céréales.

mettait dans un chaudron, y ajoutait quelques grains d'orge. — Je ne sais autre chose, dit le *rdwi*, sinon qu'il disait après cela : — Il n'y avait dans ce plat ni graisse, ni beurre. Quand l'office du vendredi était terminé, nous allions voir cette vieille qui nous offrait ce plat. Nous étions heureux à cause de cela, de voir arriver le vendredi et ce jour-là nous ne déjeunions pas (chez nous) et nous ne faisions la sieste qu'après l'office.»

2. *Abou-Horaïra* a dit : «Vous répétez que Abou-Horaïra rapporte de nombreuses traditions. Dieu jugera (si je suis véridique). Vous ajoutez que les Mohâdjir et les Anṣâr ne rapportent point autant de traditions que moi. C'est que mes frères les Mohâdjir s'occupaient de conclure des affaires sur les marchés, — que mes frères les Anṣâr donnaient tous leurs soins à l'entretien de leurs troupeaux. Quant à moi, homme pauvre, je m'attachais à la personne du Prophète me contentant de rassasier ma faim; aussi ai-je été témoin de choses qu'ils n'ont pas vues et ai-je retenu dans ma mémoire des faits dont ils n'ont gardé aucun souvenir.

«Un jour le Prophète me dit : «Quiconque de vous étendra son «manteau et attendra que j'aie terminé le présent discours, puis «rassemblera (les pans de) ce manteau et le serrera contre sa poi-«trine n'oubliera jamais rien de ce que je viens de dire.» Alors j'étendis une *nemira*[1], n'ayant pas sur moi d'autre vêtement que cela, (et la laissai) jusqu'à ce que le Prophète eut achevé son discours; alors je la rassemblai contre ma poitrine. Par Celui qui a envoyé le Prophète avec la Vérité, je n'ai rien oublié de son discours jusqu'à ce jour-ci. Par Dieu ! je ne vous aurais jamais rapporté aucun hadits si le Coran ne contenait ces deux versets : «Ceux qui «cachent les preuves que nous avons révélées ainsi que l'ortho-«doxie...» (sourate II, verset 154) et : «Sauf ceux qui se sont «repentis... le Miséricordieux» (sourate II, verset 155).

[1] Manteau de laine.

AU NOM DE DIEU, LE CLÉMENT, LE MISÉRICORDIEUX.

TITRE XLII.

DU CONTRAT D'ARROSAGE[1].

De ce passage du Coran : « . . . . et nous avons donné, au moyen de l'eau, la vie à chaque chose. Ne croiront-ils donc pas ? » (sourate XXI, verset 31). *Et de cet autre passage du Coran : « Avez-vous remarqué l'eau que vous buvez ? — Est-ce vous qui la faites descendre des nuages ou bien nous qui la faisons descendre nous-même ? — Si nous avions voulu nous en aurions fait de l'eau saumâtre. Ne serez-vous donc pas reconnaissants ? »* (sourate LVI, versets 67, 68 et 69). — [2]الاجاج *signifie « amer, saumâtre » ;* المزن *veut dire « nuages ».*

CHAPITRE PREMIER. — De celui qui pense qu'il est permis de faire de l'eau, qu'elle soit divise ou indivise, l'objet d'une aumône, d'une donation ou d'un testament. — *ʿOtsman dit que le Prophète a prononcé ces mots : « Qui achètera le puits de Rouma[1] et décidera que son seau dans ce puits sera comme le seau des autres musulmans ? » ʿOtsman acheta ce puits.*

1. *Sahl-ben-Saʿd* a dit : « On apporta au Prophète un bol et il y but. A sa droite se trouvait un jeune homme, le moins âgé de toute l'assistance; à sa gauche étaient les hommes âgés. « Jeune homme, « dit le Prophète, me permets-tu de passer le bol aux hommes « âgés ? — Ô Envoyé de Dieu, répondit le jeune homme, je ne « suis pas disposé à céder à qui que ce soit une faveur que tu me « fais. » Alors le Prophète lui passa le bol. »

[1] L'édition de Krehl donne en titre le mot شِرْب qui pourrait se traduire par « parts d'eau ». Dans Qastallâni ce mot est donné en titre à un chapitre premier qui précède la citation du Coran.

[2] L'édition de Krehl ajoute ici ces deux mots : ثجّاجا منصبًّا.

[3] Nom d'un puits de la ville de Médine dont Mahomet désirait que les eaux fussent du domaine public.

2. *Ez-Zohri* dit que Anas-ben-Mâlik lui a rapporté qu'un jour on avait trait pour l'Envoyé de Dieu une brebis élevée à la maison. La chose se passait dans la maison de Anas-ben-Mâlik. Après avoir coupé le lait avec de l'eau prise dans le puits, qui était dans la mais on deAnas-ben-Mâlik, on présenta le bol à l'Envoyé de Dieu qui y but. A la gauche du Prophète se trouvait Abou-Bakr tandis qu'un bédouin occupait la place de droite. Au moment où le Prophète retirait la coupe de ses lèvres, ʿOmar craignant que celui-ci ne la passât au bédouin dit : « Ô Envoyé de Dieu, donne la coupe à Abou-Bakr qui est auprès de toi. » Mais le Prophète la passa au bédouin qui était à sa droite en disant : « La droite, la droite. »

CHAPITRE II. — De celui qui assure que le détenteur de l'eau a un privilège sur cette eau jusqu'à ce qu'il se soit désaltéré, parce que l'Envoyé de Dieu a dit : « On ne doit pas refuser le superflu de l'eau. »

1. D'après *Abou-Horaïra*, l'Envoyé de Dieu a dit : « On ne doit pas refuser le superflu de l'eau, car cela entraînerait l'interdiction du pâturage [1] (qui entoure le puits). »

2. D'après *Abou-Horaïra*, l'Envoyé de Dieu a dit : « Ne refusez pas le superflu de l'eau, car vous interdiriez aussi le superflu du pâturage. »

CHAPITRE III. — Celui qui creuse un puits sur sa propriété n'est pas responsable (des accidents).

1. D'après *Abou-Horaïrâ*, l'Envoyé de Dieu a dit : « Le propriétaire de la mine, celui d'un puits et celui d'un animal ne sont pas responsables des accidents. Le *rikâz* [2] doit payer le cinquième.

CHAPITRE IV. — Des procès relatifs aux puits et de leur règlement.

1. D'après *ʿAbdallah*, le Prophète a dit : « Celui qui prête serment afin de s'approprier une partie du bien d'un homme (musul-

[1] Les herbes vertes ou sèches qui sont dans le voisinage d'un puits et qui constituent une vaine pâture seraient alors rendues inaccessibles aux animaux s'ils ne pouvaient se désaltérer à ce puits.

[2] Somme enfouie dans le sol.

man[1]) et qui fait alors un mensonge, trouvera Dieu irrité contre lui le jour où il le rencontrera.» Alors fut révélé ce verset du Coran : «Ceux qui, à l'aide d'engagement vis-à-vis de Dieu et de serments, achètent à vil prix...» (sourate III, verset 71). El-Ach'ats survenant alors dit : «Que vous a raconté Abou-'Abderraḥman? C'est à mon sujet que fut révélé ce verset. J'avais un puits sur le terrain d'un de mes cousins. Le Prophète me dit : «Produis tes témoins? «— Je n'ai pas de témoins, répondis-je. — Alors il va prêter ser«ment, reprit le Prophète. — Ô Envoyé de Dieu, m'écriai-je, «qu'il prête donc serment!» Le Prophète avait formulé ce hadits et Dieu avait confirmé ses paroles par sa révélation.»

CHAPITRE V. — Du péché que commet celui qui refuse de l'eau à un voyageur.

1. Selon *Abou-Horaïra*, l'Envoyé de Dieu a dit : «Il y a trois personnes que Dieu ne regardera pas au jour de la Résurrection; il ne leur accordera aucune indulgence et leur infligera un châtiment douloureux. Ces trois personnes sont : 1° L'homme qui, ayant en route de l'eau de reste, la refuse à un voyageur; 2° L'homme qui, ayant prêté serment de fidélité au souverain, ne l'a fait qu'en vue d'un bien de ce monde et qui reconnaît son autorité si on lui donne ce bien et la méconnaît si on ne le lui donne pas; 3° L'homme qui, installant sa marchandise au milieu de l'après-midi, s'écrie : «J'en jure par celui en dehors de qui il n'y a pas de divinité, on «m'a offert de ceci tant et tant», et trouve un homme qui le croit.» Puis le Prophète récita ce verset : «Ceux qui, à l'aide d'engagement vis-à-vis de Dieu et de serments, achètent à vil prix...» (sourate III, verset 71).

CHAPITRE VI. — Du barrage des cours d'eaux.

1. D'après *'Orwa*, 'Abdallah-ben-Ez-Zobaïr rapporte qu'un

[1] Le mot «musulman» n'est pas dans toutes les copies. Qastallâni ne le donne pas et il ajoute que, dans tous les cas, on n'en doit tenir aucun compte au point de vue de l'application du hadîts au bien d'un chrétien ou d'un juif.

homme des Anṣâr plaida devant le Prophète contre Ez-Zobaïr au sujet des barrages de la Ḥarra qui servaient à l'irrigation des palmiers, l'Anṣâr ayant demandé qu'Ez-Zobaïr laissât l'eau couler et celui-ci s'y étant refusé. Le procès ainsi porté devant lui et les parties ayant exposé leurs dires, l'Envoyé de Dieu s'adressa à Ez-Zobaïr en ces termes : «Arrose tes arbres, ô Zobaïr, mais ensuite laisse couler l'eau chez ton voisin.» Alors, plein de colère, l'Anṣâr s'écria : «On voit bien qu'il est le fils de ta tante paternelle.» A ces mots le visage de l'Envoyé de Dieu changea de couleur : «Arrose tes arbres, ô Zobaïr, reprit-il, puis arrête-toi aussitôt que l'eau arrive à la hauteur du tronc.» Et Ez-Zobaïr dit alors : «Par Dieu! je crois que c'est à ce sujet que le verset suivant a été révélé : «Non, j'en jure par ton seigneur, non, ils ne croiront pas tant qu'ils «ne t'auront pas pris pour juge des contestations qui s'élèvent «entre eux...» (sourate IV, verset 68).

In fine, El-Bokhâri disait qu'un seul personnage attribuait cette tradition à 'Abdallah.

CHAPITRE VII. — Les parties hautes doivent être irriguées avant les parties basses.

1. D'après *Ez-Zohri*, 'Orwa a dit : «Ez-Zobaïr eut une contestation avec un homme des Anṣâr. Le Prophète dit : «Ô Zobaïr, «arrose et laisse ensuite l'eau couler. — On voit bien qu'il est «le fils de ta tante paternelle, s'écria l'Anṣâr. — Arrose, ô Zobaïr, «reprit le Prophète, jusqu'à ce que l'eau arrive à la hauteur du «tronc et alors arrête-toi.» Et Ez-Zobaïr ajouta : «Je crois que c'est «à cause de cela que le verset suivant fut révélé : «Non, j'en jure «par ton seigneur, non, ils ne croiront pas tant qu'ils ne t'auront «pas pris pour juge des contestations qui s'élèvent entre eux» (sourate IV, verset 68).

CHAPITRE VIII. — Dans les parties hautes, l'irrigation doit s'élever à la hauteur des chevilles du pied.

1. *Ibn-Chihâb* rapporte, d'après 'Orwa-ben-Ez-Zobaïr, qu'un

homme des Anṣâr eut une contestation avec Ez-Zobaïr au sujet des canaux de la Ḥarra qui servaient à irriguer les palmiers. L'Envoyé de Dieu dit : « Arrose, ô Zobaïr, — en lui recommandant d'agir honnêtement — puis laisse l'eau couler vers ton voisin. — On voit bien qu'il est le fils de ta tante paternelle, s'écria l'Anṣâr. » A ces mots le visage de l'Envoyé de Dieu changea de couleur, puis il dit : « Arrose et ensuite arrête-toi aussitôt que l'eau atteindra la hauteur du tronc. » Ez-Zobaïr, qui eut ainsi tout ce qui lui était dû, ajouta : « Par Dieu ! c'est à cause de cela que le verset suivant a été révélé : « Non, j'en jure par ton seigneur, non, ils ne croiront pas tant qu'ils « ne t'auront pas pris pour juge des contestations qui s'élèvent entre « eux. . . » (sourate IV, verset 68).

Ibn-Chihâb m'a dit : « Les Anṣâr ainsi que tout le monde calculèrent la valeur qui était indiquée par ces paroles du Prophète : « Arrose et ensuite arrête-toi lorsque l'eau atteindra la hauteur du « tronc », et trouvèrent que c'était la hauteur des chevilles du pied. »

CHAPITRE IX. — De l'eau qui reste après qu'on s'est désaltéré.

1. D'après *Abou-Horaïra*, l'Envoyé de Dieu a dit : « Un homme qui était sur une route, étant éprouvé par une soif très vive, descendit dans un puits et y but. Quand il remonta il vit un chien qui, tout haletant de soif, mâchait de la terre (humide). « Cet « animal, se dit l'homme, souffre de la soif autant que j'en souf- « frais moi-même. » Alors, descendant dans le puits, il remplit sa bottine d'eau et, la saisissant avec les dents, il remonta hors du puits et donna à boire au chien. Dieu lui sut gré de son acte et lui accorda le pardon (de ses fautes). »

Et comme on disait : « Ô Envoyé de Dieu, aurons-nous donc une récompense pour (le bien fait à) nos animaux ? — Il y aura, répondit-il, une récompense pour quiconque abreuvera tout être doué d'un cœur tendre [1]. »

[1] Mot à mot « d'un cœur humide », ou en d'autres termes tout animal vivant.

2. D'après *Asmâ-bent-Abou-Bakr*, le Prophète, après avoir fait la prière de l'éclipse, dit : « Le feu de l'enfer s'est approché de moi au point que je me suis écrié : « Seigneur ! vais-je donc être avec « eux ? ». Alors le Prophète vit une femme — et je crois, dit Asmâ, qu'il ajouta : « qu'une chatte égratignait » — et dit : « Que signifie « ceci ? — C'est, lui répondit-on, que cette femme avait enfermé « cette chatte et l'avait laissée mourir de faim. »

3. Selon *ʿAbdallah-ben-ʿOmar*, l'Envoyé de Dieu a dit : « Une femme avait martyrisé une chatte en l'enfermant et en la laissant mourir de faim. A cause de cela cette femme est allée en enfer. » Et il ajouta : « (Dieu [1]), si je ne me trompe, lui dit : « Tu ne lui « as pas donné à manger, ni à boire quand tu l'as enfermée, et tu « ne lui as pas laissé la liberté d'aller chercher, pour se nourrir, de « petits animaux sauvages. »

CHAPITRE X. — De celui qui estime que le propriétaire d'un bassin ou d'une outre a plus de droits que tout autre à son eau.

1. *Sahl-ben-Saʿd* a dit : « On apporta au Prophète un bol et il y but. A sa droite se trouvait un jeune homme, le plus jeune de l'assistance; à sa gauche étaient les hommes âgés. « Jeune « homme, dit le Prophète, me permets-tu de passer le bol aux « hommes âgés ? — Ô Envoyé de Dieu, répondit le jeune homme, « je ne suis pas disposé à céder à qui que ce soit le lot qui me « vient de toi. » Alors le Prophète lui passa le bol. »

2. D'après *Abou-Horaïra* le Prophète a dit : « J'en jure par celui qui tient mon âme entre ses mains, jamais je n'écarterai des hommes de mon bassin [2], comme on éloigne d'une mare une chamelle étrangère au troupeau. »

3. Suivant *Ibn-ʿAbbâs* le Prophète a dit : « Dieu fasse miséricorde à la mère d'Ismaʿîl ! Si elle avait abandonné Zemzem [3] — ou, sui-

[1] Ou le gardien de l'Enfer, dit le commentateur.

[2] Du bassin qu'il aura dans le Paradis, dit le commentateur.

[3] C'est-à-dire si elle ne l'avait pas maçonné pour en retenir les eaux dans une sorte de bassin qui lui donne l'apparence d'un puits.

vant une variante, si elle n'y avait pas puisé de l'eau, — Zemzem serait devenu une source d'eau courante. Les Djorhom survinrent et dirent à Agar : « Nous autorises-tu à nous établir auprès de toi?
« — Oui, répondit-elle, mais vous n'aurez aucun droit sur l'eau?
« — Bien, répliquèrent-ils. »

4. Selon *Abou-Horaïra* le Prophète a dit : « Il y a trois hommes à qui Dieu n'adressera pas la parole au jour de la Résurrection et qu'il ne regardera même pas : L'homme qui jure sur sa marchandise qu'on lui en a offert plus qu'on ne le lui en a offert et qui ment ainsi; l'homme qui fait un faux serment après l'ʿaṣr pour s'approprier une partie du bien d'un homme musulman; et l'homme qui refuse le superflu de son eau. A ce dernier Dieu dira : « Aujourd'hui je te refuse ma faveur comme tu as refusé le superflu d'une « chose que tu n'avais pas faite toi-même. »

In fine, variante d'*isnâd*.

CHAPITRE XI. — Il n'y a de pâturages réservés [1] que pour Dieu et pour son Envoyé.

1. D'après *Ibn-Abbâs*, Eṣ-Ṣaʿb-ben-Djattsâma a dit : « L'Envoyé de Dieu a dit : « Il n'y a de pâturages réservés que pour Dieu et « pour son Envoyé. »

El-Bokhâri ajoute : « J'ai appris que le Prophète s'était réservé le (pâturage de) En-Naqîʿ et ʿOmar ceux de Ech-Cheref [2] et de Er-Rabadza. »

CHAPITRE XII. — Du fait pour les hommes et les animaux de s'abreuver (de l'eau) des fleuves.

1. Selon *Abou-Horaïra*, l'Envoyé de Dieu a dit : « Le cheval, pour tel homme, est une récompense; pour tel autre c'est une protection, et pour un troisième c'est un fardeau. L'homme pour qui

[1] Il est permis de réserver pour l'usage de Dieu, du Prophète ou du calife, des *terres mortes* dont les pâturages seront interdits aux troupeaux des autres musulmans.

[2] On lit aussi Es-Seref.

le cheval est une récompense est celui qui le met au service de Dieu, qui allonge la corde à laquelle il l'attache dans un pré ou dans un jardin. Tout ce que l'animal atteint, grâce à sa corde, d'herbe du pré ou du jardin est compté comme bonne œuvre pour son propriétaire. Si la corde vient à se rompre et que l'animal gambade sur un ou deux tertres, les traces de ses pas et ses crottins seront comptés comme bonnes œuvres à son propriétaire. Si ce cheval passant près d'un ruisseau y boit, même alors qu'on n'a pas voulu l'y laisser s'abreuver, cela constitue encore de bonnes œuvres à l'actif de son propriétaire. Le cheval est donc à cause de cela une récompense.

« L'homme qui garde son cheval pour en tirer profit, soit comme reproducteur, soit comme gagne-pain et qui n'oublie pas ses devoirs envers Dieu en payant ses impôts et en ne surmenant pas l'animal, trouvera dans son cheval une protection (en ce monde contre la pauvreté).

« L'homme qui garde un cheval par vanité ou ostentation ou encore pour nuire aux gens de l'Islam, n'aura là qu'un fardeau (dans l'autre monde). »

Comme on interrogeait l'Envoyé de Dieu au sujet des ânes, il répondit : « Il n'y a pas eu de révélation spéciale à leur égard; toutefois, dans leur sens général, ces seuls versets leur sont applicables : « Quiconque aura fait le bien le verra n'en eût-il fait que le poids « d'un atome. — Quiconque aura fait le mal le verra n'en eût-il « fait que le poids d'un atome » (sourate XCIX, versets 7 et 8).

2. *Zeïd-ben-Khâlid-El-Djohani* a dit : « Un homme vint trouver l'Envoyé de Dieu et le questionna au sujet des objets trouvés. « Re« marque bien l'enveloppe de l'objet et le cordon qui la ferme, « puis annonce ta trouvaille pendant un an. Si le propriétaire vient, « (remets-lui l'objet); sinon fais-en ce que tu voudras. — Et si « c'est un mouton égaré? demanda l'homme. — Il sera, répon« dit-il, à toi, à ton frère ou au loup. — Et si c'est un chameau « égaré? — Tu n'as pas à t'en occuper; il a outre et chaussures,

« il saura s'abreuver et manger des plantes jusqu'au moment où son « propriétaire le retrouvera. »

CHAPITRE XIII. — De la vente du bois à brûler et des plantes des champs.

1. D'après *Ez-Zobaïr-ben-El-Awwâm*, le Prophète a dit : « Prendre des cordes, aller faire des fagots de bois à brûler, les vendre afin que Dieu sauvegarde ainsi votre dignité, vaut mieux pour vous que d'aller solliciter les gens, que ceux-ci vous donnent ou vous refusent. »

2. Selon *Abou-Horaïra*, l'Envoyé de Dieu a dit : « Faire un fagot de bois et le porter sur son dos vaut mieux pour vous que de solliciter quelqu'un, soit qu'il vous donne, soit qu'il vous refuse. »

3. D'après *Ḥosaïn-ben-ʿAli*, ʿAli-ben-Abou-Ṭâlib a dit : « J'avais eu ainsi que l'Envoyé de Dieu une chamelle âgée pour ma part dans le butin de la bataille de Bedr, et l'Envoyé de Dieu m'avait aussi donné une autre vieille chamelle. Un jour j'avais fait agenouiller mes deux chamelles à la porte d'un homme des Anṣâr parce que je voulais me servir de ces animaux pour aller chercher de l'*idzkhîr* et le vendre afin d'en utiliser le prix pour le repas de noces de Fâṭima. J'avais avec moi un bijoutier des Benou Qaïnoqâʿ. Ḥamza-ben-ʿAbdelmoṭṭalib était en train de se livrer à la boisson dans cette maison avec une chanteuse. Celle-ci se mit à dire : « Hé ! « Ḥamz[1], sus aux vieilles chamelles grasses ! » Ḥamza bondit aussitôt avec son sabre, leur coupa les bosses et, leur ouvrant la poitrine, il en retira les foies. » (*Et les bosses? demanda Ibn-Djoraidj à Ibn-Chihâb. — Il les coupa et les emporta, répondit Ibn-Chihâb*[2].) — Reprenant son récit, ʿAli dit : « En voyant ce spectacle effrayant j'allai trouver l'Envoyé de Dieu, qui, à ce moment, avait auprès de lui Zeïd-ben-Ḥâritsa, et l'informai de l'aventure. Alors le Prophète sortit accom-

[1] Vocatif de Hamza.

[2] Ce passage en italiques se rapporte à une conversation de deux râwi de beaucoup postérieurs au traditionniste Ḥosaïn-ben-ʿAli. On aurait pu le supprimer sans inconvénient.

pagné de Zeïd et je fis route avec eux. Arrivé auprès de Ḥamza, le Prophète entra dans une violente colère, mais Ḥamza levant les yeux s'écria : « Qu'êtes-vous donc, vous autres, sinon les esclaves « de mes ancêtres ? » En entendant ces paroles, l'Envoyé de Dieu s'éloigna et sortit en marchant à reculons. Ceci se passait avant que le vin n'eût été prohibé. »

CHAPITRE XIV. — Des concessions de terres.

1. *Anas* a dit : « Le Prophète voulut donner (aux Anṣâr) des concessions [1] dans la province de Bahreïn. « Nous n'accepterons, « dirent les Anṣar, qu'à la condition que vous donnerez aux Mohâdjir « des concessions pareilles aux nôtres. — Après moi, répondit le « Prophète, vous verrez quelque chose de pénible, mais prenez « patience jusqu'au jour où vous me retrouverez [2]. »

CHAPITRE XV. — De la mise par écrit du titre de concession.

1. Suivant *Anas*, le Prophète manda les Anṣâr afin de leur donner des concessions dans le Bahreïn. « Ô Envoyé de Dieu, dirent les Anṣâr, écris pour nos frères des Qoraïch les mêmes rescrits. » Cela ne convint pas au Prophète qui dit : « Après moi vous verrez quelque chose de pénible, mais prenez patience jusqu'au jour où vous me retrouverez. »

CHAPITRE XVI. — De la traite des chamelles près de l'eau [3].

1. D'après *Abou-Horaira*, le Prophète a dit : « On doit traire les chamelles près de l'eau. »

CHAPITRE XVII. — L'homme a droit au passage et à l'arrosage dans un verger ou une palmeraie. — *Le Prophète a dit : « Celui qui vend une pal-*

(1) Ces concessions devaient porter sur les terres dites *mortes*, c'est-à-dire sans propriétaire connu.

(2) C'était une prophétie annonçant aux Anṣâr qu'ils auraient de dures épreuves à subir après la mort du Prophète, et les engageant à s'y résigner jusqu'au jour de la Résurrection.

(3) C'est-à-dire au moment où on les fait boire parce que, tout le monde étant d'ordinaire réuni alors, les pauvres peuvent avoir une part du lait.

meraie quand les arbres ont été fécondés a droit aux fruits.» — (*El-Bokhâri ajoute*) : «*Le vendeur a droit au passage et à l'arrosage jusqu'à enlèvement* (*des fruits*). *Les droits sont les mêmes pour celui qui a fait un ʿariyya*[1]. »

1. D'après son récit, ʿ*Abdallah* a entendu l'Envoyé de Dieu dire : «Si quelqu'un achète une palmeraie après que les arbres ont été fécondés, les fruits appartiennent au vendeur à moins que l'acheteur n'ait fait de stipulation contraire. Quand quelqu'un achète un esclave qui a un pécule, ce pécule appartient au vendeur à moins de stipulation contraire de la part de l'acheteur.»

In fine, indication d'un autre *isnâd* pour ce qui est relatif à l'esclave.

2. *Zeïd-ben-Tsâbit* a dit : «Le Prophète tolérait qu'on vendît des dattes fraîches contre des dattes sèches quand il y avait ʿariyya.»

3. *Djâbir-ben-ʿAbdallah* a entendu le Prophète défendre le contrat d'ensemencement[2], la vente de grains sur pied contre du grain dépiqué, la vente de fruits verts contre des fruits secs de même espèce, la vente des fruits tant que la maturité n'a pas commencé : tout cela devrait être vendu et payé en espèces, dinars ou dirhems; les ʿariyya étaient exceptés de cette dernière règle.

4. *Abou-Horaïra* a dit : «Le Prophète tolérait la vente des dattes fraîches contre des dattes sèches lorsqu'il y avait ʿariyya et qu'il s'agissait de moins de cinq charges» — ou «qu'il s'agissait de cinq charges», Daoud, un des *râwi*, n'étant pas sûr de ce passage.

5. *Râfiʿ-ben-Khadîdj* et *Sahl-ben-Ḥatsma* rapportent que l'Envoyé de Dieu a interdit la *mozâbana*, c'est-à-dire la vente de fruits sur l'arbre contre des fruits cueillis. Exception fut faite par lui pour les contractants d'un ʿariyya qui furent autorisés à employer ce mode de vente.

El-Bokhâri indique un autre *isnâd*.

[1] Voir ci-dessus, p. 40. — [2] Quand le preneur doit fournir la semence.

AU NOM DE DIEU, LE CLÉMENT, LE MISÉRICORDIEUX.

TITRE XLIII.

DU PRÊT, DU PAYEMENT DES DETTES, DE L'INTERDICTION ET DE LA DÉCONFITURE.

CHAPITRE PREMIER. — De celui qui achète à crédit et qui ne possède pas le prix de l'objet ou qui ne l'a pas par devers lui à ce moment-là.

1. *Djâbir-ben-ʿAbdallah* a dit : « J'étais en expédition avec le Prophète quand il me dit : « Qu'a donc ton chameau ? Veux-tu me « le vendre ? — Certes oui, répondis-je. » Et je le lui vendis. Quand le Prophète fut arrivé à Médine, je lui amenai le chameau et il m'en donna le prix. »

2. D'après *ʿAïcha*, le Prophète acheta d'un juif des grains à terme et il donna en gage une cotte de mailles en fer.

CHAPITRE II. — De celui qui prend la chose d'autrui dans le but de payer une dette ou de dissiper cette chose.

1. Selon *Abou-Horaïra*, le Prophète a dit : « Quiconque prend la chose d'autrui dans le but de payer une dette, Dieu l'aidera à s'acquitter; quiconque prend (cette chose) dans le but de la dissiper, Dieu la dissipera lui-même. »

CHAPITRE III. — Du payement des dettes. — *De ces mots du Coran : « Certes Dieu vous ordonne de remettre les dépôts à ceux qui en sont les propriétaires, et, quand vous êtes appelés à prononcer un jugement dans un procès, de le faire avec équité. Ah ! qu'elle est belle l'exhortation que Dieu vous fait à ce sujet ! Certes Dieu entend tout et voit tout »* (sourate IV, verset 61).

1. *Abou-Dzarr* a dit : « J'étais avec le Prophète quand il (la) contempla — je veux dire la montagne de Ohod — en s'écriant :

IMPRIMERIE NATIONALE.

« Que je voudrais qu'elle fût transformée pour moi en or et qu'après « avoir gardé cette valeur durant trois jours, il ne me restât plus « qu'un seul dinâr que je conserverais pour acquitter une dette ! » Puis il ajouta : « Les plus riches (en ce monde) seront les plus « pauvres (dans l'autre monde) à moins qu'ils n'aient ainsi dépensé « leur fortune de telle et telle manière. » — Et Abou-Chihâb, un des *râwi*, imitait le Prophète qui avait fait le geste de répandre devant lui, à sa droite et à sa gauche : — « mais combien peu le « feront. »

« Ne bouge pas de ta place », me dit alors le Prophète qui s'en alla loin de moi. Puis, comme j'entendis une voix, je voulus aller le rejoindre, mais je me souvins qu'il m'avait dit : « Ne bouge pas « de ta place tant que je ne serai pas revenu près de toi. » Quand le Prophète revint, je lui dis : « Ô Envoyé de Dieu, qui donc ai-je « entendu ? — Ou suivant une variante : « Quelle est la voix que « j'ai entendue ? — Tu as donc entendu ? me demanda-t-il. — « Oui, répliquai-je. — Gabriel, ajouta-t-il, est venu me trouver et « m'a dit : « Celui de ta nation qui mourra sans avoir rien associé « à Dieu (dans son culte) entrera dans le Paradis. » — Même celui « qui aura fait telle ou telle chose ? lui dis-je. — Oui, me répon- « dit-il. »

2. *AbouHoraira* a dit que l'Envoyé de Dieu a prononcé les paroles suivantes : « Je serais heureux d'avoir un monceau d'or du volume (de la montagne) de Oḥod si, trois jours plus tard, il ne m'en restait rien sauf de quoi payer une dette. »

In fine, indication d'autres *isnâd.*

CHAPITRE IV. — Le fait d'emprunter un chameau (est licite)[1].

1. D'après *Abou-Horaïra*, un homme, qui réclamait le payement d'une dette[2] à l'Envoyé de Dieu, se servit de paroles inconve-

[1] Il ne s'agit pas seulement du chameau, mais d'un animal quelconque.

[2] Il s'agissait d'un chameau que Mahomet avait emprunté.

nantes. Les Compagnons du Prophète songeaient à lui faire un mauvais parti, mais le Prophète leur dit : «Laissez-le, celui qui fait valoir ses droits a le droit de parler. Achetez un chameau et donnez-le lui. — Mais, répondirent-ils, nous ne trouvons (à acheter) que des chameaux d'un âge supérieur au sien. — Achetez-le et donnez-le lui, répliqua le Prophète. — Mais nous ne trouvons (à acheter) que des chameaux d'un âge supérieur au sien. — Achetez-le et donnez-le lui, reprit le Prophète; le meilleur d'entre vous est celui qui s'acquitte le plus libéralement de ses dettes.»

CHAPITRE V. — De la bonne façon de régler ses comptes.

1. *Ḥodzaïfa* a dit : «J'ai entendu le Prophète dire : «On[1] de-«manda à un homme qui était mort : «Que faisais-tu ? — Je faisais «du commerce, répondit-il; j'étais impitoyable pour les gens aisés «et indulgent pour ceux qui étaient dans la gêne.» Le pardon de ses fautes fut accordé à cet homme.»

In fine, indication d'un autre *isnâd*.

CHAPITRE VI. — Faut-il donner un (animal) plus âgé que le sien ?

1. Selon *Abou-Horaïra*, un homme vint trouver le Prophète pour lui réclamer le payement d'un chameau. «Qu'on le lui donne, dit l'Envoyé de Dieu. — Nous ne trouvons (à acheter), lui répondit-on, qu'un animal plus âgé que le sien. — Tu m'as fait bonne mesure, s'écria l'homme; Dieu te fasse aussi bonne mesure! — Qu'on lui donne le chameau, reprit l'Envoyé de Dieu, car c'est parmi les meilleurs des hommes que figure celui qui s'acquitte le plus libéralement de ses dettes.»

CHAPITRE VII. — De la bonne façon de s'acquitter.

1. *Abou-Horaïra* a dit : «Le Prophète devait à un homme un

[1] C'est Dieu qu'il faut entendre par ce pronom indéfini.

chameau d'un certain âge. Cet homme étant venu réclamer son dû, le Prophète répondit : «Qu'on le lui donne.» On chercha un chameau du même âge, mais on n'en trouva (à acheter) que d'un âge supérieur au sien. «Qu'on le lui donne, dit le Prophète. — «Tu m'as fait bonne mesure, s'écria l'homme; Dieu te fasse aussi «bonne mesure! — Les meilleurs d'entre vous, reprit alors le Pro-«phète, sont ceux qui s'acquittent le plus libéralement de leurs «dettes.»

2. *Djâbir-ben-ʿAbdallah* a dit : «Je vins trouver le Prophète pendant qu'il était à la mosquée, — et je crois qu'il ajouta «dans la matinée», dit un *râwi*. — «Prie deux rekaʿ, me dit le Prophète.» Et comme j'avais une créance sur lui, il me la régla et me donna plus qu'il ne me devait.»

CHAPITRE VIII. — Il est permis (au créancier) de faire remise d'une partie de sa créance ou de sa créance entière.

1. *Ibn-Kaʿb-ben-Mâlik* rapporte que Djâbir-ben-ʿAbdallah lui a raconté que son père, qui périt victime de la bonne cause en combattant le jour de la bataille de Ohod, avait laissé des dettes. Comme ses créanciers insistaient pour être payés, j'allai trouver le Prophète. Celui-ci demanda aux créanciers d'accepter en payement les fruits de mon verger et de donner quittance des dettes de mon père, En présence de leur refus, le Prophète ne leur donna pas mon verger et il me dit : «Demain matin, j'irai chez toi.» Le lendemain matin, en effet, il vint et se promena au milieu des palmiers en appelant sur eux la bénédiction du ciel. Alors, je fis la cueillette des dattes, je payai les créanciers et il nous resta encore des dattes pour nous.

CHAPITRE IX. — Quand, en matière de dettes, il y a règlement de compte ou remise de choses en bloc (pour le règlement), il est permis de donner des dattes contre des dattes ou contre toute autre chose.

1. Suivant *Ouahb-ben-Kisân,* Djâbir-ben-ʿAbdallah a raconté

que son père étant mort était resté débiteur de trente charges [1] envers un juif. Djâbir demanda au juif d'attendre (le règlement), mais celui-ci refusa d'attendre. Alors Djâbir s'adressa à l'Envoyé de Dieu et lui demanda d'intercéder en sa faveur auprès du juif. L'Envoyé de Dieu alla trouver le juif et lui demanda de prendre les dattes des palmiers de Djâbir en payement de la créance qu'il avait sur le père de celui-ci. Le juif refusa. Alors l'Envoyé de Dieu se rendit dans la palmeraie de Djâbir et s'y promena; puis il dit à celui-ci : «Cueille tes fruits et acquitte complètement la dette de ton père.» Quand l'Envoyé de Dieu fut parti, Djâbir cueillit ses dattes, il paya intégralement les trente charges et eut dix-sept charges d'excédent. Il alla alors trouver l'Envoyé de Dieu afin de lui raconter ce qui en était. A ce moment, le Prophète faisait la prière de l'ʿaṣr; quand il l'eut terminée et que Djâbir l'eut informé de l'excédent qu'il avait trouvé, il lui dit : «Va raconter cela à Ibn-El-Khattâb.» Djabir se rendit auprès d'ʿOmar qui, après avoir été instruit de la chose, lui dit : «Je savais bien lorsque l'Envoyé de Dieu était allé dans ton verger qu'il le bénirait.»

CHAPITRE X. — Du fait de demander à Dieu de vous préserver des dettes.

1. D'après *ʿOrwa*, ʿAïcha raconte que, faisant une invocation pendant la prière, l'Envoyé de Dieu s'écria : «Ô mon Dieu, préserve-moi du péché et des dettes [2].» Quelqu'un ayant alors dit au Prophète : «Que de fois tu demandes à Dieu de te préserver des dettes.» Celui-ci répondit : «L'homme qui fait des dettes parle et ment; il fait des promesses et ne les tient pas.»

CHAPITRE XI. — De la prière sur celui qui est mort en laissant des dettes.

D'après *Abou-Horaïra*, le Prophète a dit : «Quiconque meurt en

[1] Il s'agissait de charges de dattes.

[2] C'est-à-dire de dettes telles qu'on ne peut pas les payer ou encore de dettes ayant une origine illicite.

laissant un actif, cet actif appartient à ses héritiers. Quiconque meurt en laissant des dettes, ces dettes sont à notre charge.»

2. Selon *Abou-Horaïra*, le Prophète a dit : «Il n'y a pas un seul musulman que je ne sois plus qualifié que tout autre pour le diriger en ce monde et dans l'autre. («Et, ajouta *Abou-Horaïra*, récitez, si vous voulez, ces mots du Coran : «Le Prophète est plus «qualifié que les musulmans eux-mêmes pour les diriger» [sourate XXIII, verset 6].») Quel que soit le croyant qui mourra en laissant un bien, ce bien appartiendra à ses agnats quels qu'ils soient; celui qui mourra en laissant des dettes ou de la famille sans ressources, qu'il s'adresse à moi, c'est moi qui me chargerai de ses dettes et de sa famille.»

CHAPITRE XII. — L'HOMME AISÉ QUI RETARDE UN PAYEMENT COMMET UNE INIQUITÉ.

1. *Abou-Horaira* a dit : «Le Prophète a prononcé ces mots : «L'homme aisé qui retarde un payement commet une iniquité.»

CHAPITRE XIII. — CELUI QUI A DES DROITS A LE DROIT DE PARLER. — *On rapporte que le Prophète a dit : «Le retard de celui qui est solvable autorise (les paroles blessantes pour) son honneur et aussi son châtiment.» — Sofyân a dit : «Son honneur lui dit : «Tu m'as mis en retard; son châtiment sera la prison.»*

1. D'après *Abou-Horaïra*, un homme vint trouver le Prophète pour le règlement d'une affaire et fut violent dans ses paroles. Les Compagnons du Prophète songeaient à le mettre à la raison, mais le Prophète dit : «Laissez-le; celui qui a des droits a le droit de parler.»

CHAPITRE XIV. — CELUI QUI TROUVE SON BIEN CHEZ QUELQU'UN EN DÉCONFITURE, QUE CE BIEN PROVIENNE D'UNE VENTE, D'UN PRÊT OU D'UN DÉPÔT, A UN PRIVILÈGE SUR CE BIEN. — *El-Ḥasan a dit : «Celui dont la déconfiture a été prononcée n'a plus le droit d'affranchir, de vendre ni d'acheter.» — Saʿîd-ben-El-Mosayyib a dit : «ʿOtsmân a jugé que celui qui reçoit son dû de quelqu'un qui ne tombe en déconfiture que plus tard a droit à ce qu'il a reçu.*

Celui qui reconnaît un objet déterminé lui appartenant, a privilège sur cet objet. »

1. *Abou-Horaïra* a dit : « L'Envoyé de Dieu a dit : — ou suivant une variante, j'ai entendu l'Envoyé de Dieu dire : « Celui qui « trouve un bien déterminé qui lui appartient chez un homme, — ou « un individu » suivant une variante, — qui est en déconfiture, « a plus de droit que tout autre sur ce bien. »

CHAPITRE XV. — De celui qui renvoie son créancier au lendemain ou à quelque chose d'approchant et qui ne croit pas se mettre ainsi en retard. — *Djâbir a dit : « Les créanciers insistaient pour qu'on acquittât la dette de mon père. Le Prophète leur demanda d'accepter (en payement) les fruits de mon verger, et, comme ils refusèrent, il ne leur donna pas ce verger et ne leur en répartit pas les fruits. Il me dit ensuite : « Demain matin, je viendrai chez « toi. » Il vint le lendemain matin, appela la bénédiction du Ciel sur mes fruits et je m'acquittai vis-à-vis de ces créanciers.* »

CHAPITRE XVI. — De celui qui vend le bien du failli ou de l'insolvable et le partage entre les créanciers ou le lui donne pour pourvoir à son entretien.

1. *Djâbir-ben-ʿAbdallah* a dit : « Un homme d'entre nous [1] avait affranchi un sien esclave par affranchissement posthume. Le Prophète dit : « Qui veut m'acheter cet esclave ? » Noʿaïm-ben-ʿAbdallah l'acheta ; le Prophète toucha le prix et le remit au maître de l'esclave. »

CHAPITRE XVII. — De celui qui prête pour un délai déterminé ou qui paye d'avance le prix de la vente. — *Au sujet du prêt à terme fixé, Ibn-ʿOmar a dit : « Il n'y a aucun mal à cela, même si l'emprunteur donne plus de dirhems qu'il n'en a reçu, pourvu qu'il n'y ait pas eu de stipulations à ce sujet. » — ʿAṭa et ʿAmar-ben-Dînâr ont dit : « L'emprunteur n'est tenu qu'au délai fixé. » — El-Leïts a dit : « Djaʿfar-ben-Rebîʿa m'a rapporté tenir de ʿAbderrahman-ben-Hormoz, qui le tenait lui-même d'Abou-Horaïra, que le Prophète a fait mention*

[1] Qui était insolvable ou dans une gêne extrême.

d'un homme des Benou-Israël qui avait demandé à un de ses contribules de lui prêter de l'argent. Le prêt fut fait pour un délai déterminé, etc... »

CHAPITRE XVIII. — Du fait d'intercéder pour obtenir la remise d'une (partie d'une)[1] dette.

1. *Djâbir* a dit : « 'Abdallah avait été tué et avait laissé de la famille et des dettes. Je demandai aux créanciers de faire remise d'une partie de ces dettes; ils refusèrent. Alors, j'allai trouver le Prophète et le priai d'user de son influence auprès des créanciers. Ceux-ci refusant tout arrangement, le Prophète me dit : « Dispose « tes dattes en mettant chaque espèce à part : les *'Adzq-Ibn-Zeïd*[2] « d'un côté; les *lîn* d'un autre côté et les *'adjoua* à part également. « Puis convoque les créanciers et attends que je vienne. » Je me conformai à ces instructions. Le Prophète vint et s'assit sur les dattes, puis il fit mesurer les dattes et donna à chacun bonne mesure. Malgré cela, le tas resta tel qu'il était et il semblait qu'on n'y eût pas touché.

« Je fis une expédition avec le Prophète. Ma monture était un chameau d'arrosage[3] qui nous appartenait; l'animal, tirant sur sa longe, me laissait en arrière des autres. Le Prophète se mit alors à le frapper par derrière et me dit : « Vends-moi ton cha-« meau et je te le laisserai monter jusqu'à Médine. » Quand nous fûmes près de la ville, je lui demandai la permission (de le quitter) en disant : « Ô Envoyé de Dieu, je viens de me marier récemment. « — Qui as-tu épousé, me demanda-t-il, une femme vierge ou « une femme ayant été déjà mariée? — Une femme ayant été « déjà mariée, répondis-je. 'Abdallah a été tué; il a laissé des filles « jeunes, et c'est pourquoi j'ai épousé une femme ayant déjà été « mariée afin qu'elle les instruisît et les éduquât. — Va retrouver « ta femme, répliqua le Prophète. » J'allai trouver ma femme et

[1] C'est le commentateur qui fait cette restriction qui ne résulte en aucune façon du contexte.

[2] Personnage qui a donné son nom à une qualité de dattes des plus estimées.

[3] Autrement dit : un chameau de bât.

informai mon oncle maternel de la vente du chameau; il me blâma (de l'avoir vendu). Alors, je lui racontai que le chameau était fatigué et que le Prophète avait dû le frapper pour stimuler sa marche. Quand le Prophète arriva, je me rendis auprès de lui, lui amenant le chameau. Il me donna le prix de l'animal, l'animal lui-même et la part qui me revenait comme aux autres dans le butin.»

CHAPITRE XIX. — De la prohibition qui a été faite de gaspiller les choses inutilement. — *De ces mots du Coran : «...Dieu n'aime pas le désordre»* (sourate II, verset 201) *et «Dieu ne fait pas réussir l'œuvre de ceux qui commettent du désordre»* (sourate X, verset 81). — *«... Sont-ce tes prières qui t'ordonnent de nous faire abandonner ce qu'adoraient nos pères ou de ne point disposer de nos biens comme nous l'entendons?»* (sourate XI, verset 89). — *«Ne confiez pas vos biens à des incapables...»* (sourate IV, verset 4). — *De l'incapacité légale (en matière de biens). — De la prohibition de la fraude.*

1. *Ibn-ʿOmar* a dit : «Un homme ayant dit au Prophète : «Je «suis victime de fraude quand je fais des transactions», celui-ci dit : «Lorsque tu feras une affaire dis : «Pas de fraude!» Et l'homme suivit cette recommandation.»

2. *El-Moghîra-ben-Choʿba* a dit : «Le Prophète a prononcé les paroles suivantes : «Dieu vous a interdit de manquer d'égards en- «vers vos mères, d'enterrer vos filles vivantes, de refuser (d'acquit- «ter ce que vous devez), de demander (ce qui ne vous est pas dû). «Dieu réprouve les commérages, les demandes excessives[1] et le «gaspillage des biens.»

CHAPITRE XX. — L'esclave est le berger du bien de son maître; il ne doit en user qu'avec son autorisation.

1. *ʿAbdallah-ben-ʿOmar* a entendu l'Envoyé de Dieu dire : «Chacun de vous est un berger et il lui sera demandé compte de son troupeau. L'imam (le souverain) est un berger; il lui sera demandé compte de son troupeau. L'homme est un berger pour sa

[1] Ou «les questions indiscrètes».

famille; il lui sera demandé compte de son troupeau. La femme, pour la maison de son mari, est une bergère; il lui sera demandé compte de son troupeau. Le serviteur, pour le bien de son maître, est un berger; il lui sera demandé compte de son troupeau. »

ʿAbdallah ajoute : « J'ai entendu l'Envoyé de Dieu énumérer tous ces personnages et je crois que le Prophète a dit aussi : « L'homme « pour le bien de son père, est un berger; il lui en sera demandé « compte. Chacun de vous est un berger; il sera demandé compte « à chacun de vous de son troupeau. »

AU NOM DE DIEU, LE CLÉMENT, LE MISÉRICORDIEUX.

TITRE XLIV.

DES LITIGES.

CHAPITRE PREMIER. — De ce qui est mentionné au sujet de la citation abusive [1], de la contrainte et du litige entre musulman et juif.

1. *'Abdallah* a dit : «J'entendis un homme réciter un verset du Coran d'une façon différente de celle que j'avais entendu moi-même prononcer par l'Envoyé de Dieu. Prenant alors cet homme par la main, je le menai devant l'Envoyé de Dieu qui dit : «Chacun de vous a bien fait.»

Cho'ba ajouta : «Je crois que le Prophète a dit : «Ne soyez pas «ainsi en désaccord, car ceux qui vous ont précédés ont péri pour «n'avoir pas été d'accord.»

2. *Abou-Horaïra* a dit : «Deux hommes se querellèrent : l'un était un musulman, l'autre un juif. Le musulman dit : «J'en jure «par celui qui a choisi Mohammed parmi (tous les êtres) de l'Univers.» Le juif dit : «J'en jure par Celui qui a choisi Moïse parmi «(tous les êtres de) l'Univers.» A ce moment, le musulman leva la main et souffleta la joue du Juif. Celui-ci alla aussitôt trouver le Prophète et lui raconta ce qui venait de se passer entre lui et le musulman. Le Prophète ayant mandé le musulman, le questionna et, quand il eut entendu son récit, il dit : «Ne m'attribuez pas la préé«minence sur Moïse. Au jour de la Résurrection, tous les hommes «s'évanouiront (de frayeur), moi comme les autres, mais je serai «le premier à reprendre mes sens. A ce moment-là, Moïse sera

[1] Par citation abusive, il faut entendre le renouvellement du procès devant un ou plusieurs magistrats. Le mot traduit par contrainte ne figure pas dans le texte de El-Bokhâri, bien qu'il soit expliqué dans le commentaire.

«cramponné au bord du trône. J'ignore s'il se sera évanoui comme «les autres et s'il aura repris ses sens avant moi ou s'il aura été «en cela l'objet d'une exception de par la volonté de Dieu[1].»

3. *Abou-Sa'îd-El-Khodry* a dit : «Pendant que l'Envoyé de Dieu était assis, un juif vint et dit : «Ô Abou-'l-Qâsim, un de tes com-«pagnons m'a frappé au visage. — Qui est-ce? demanda le Pro-«phète. — Un homme des Anṣâr, répondit le juif. — Qu'on le fasse «venir, s'écria le Prophète. — Tu as frappé cet homme, dit-il à «l'Anṣâr. — Je l'ai entendu, répliqua l'Anṣâr, jurer au marché en «disant : «Par celui qui a choisi Moïse entre toutes les créatures!» et «je lui ai dit : «Misérable! il aurait donc été préféré à Mahomet.» «Et alors la colère me prit et je le frappai au visage. — Ne faites «pas de comparaison entre les prophètes, ajouta Mahomet; au «jour de la Résurrection tous les hommes s'évanouiront (de frayeur) «et je serai le premier à sortir de la tombe; à ce moment-là, je «verrai Moïse cramponné à un des pieds du trône et je ne sais pas «s'il se sera évanoui comme tout le monde ou bien s'il lui aura été «tenu compte de son premier évanouissement[2].»

4. D'après *Anas*, un juif avait broyé la tête d'une femme entre deux pierres. «Qui t'a mis dans cet état, demanda-t-on à la femme? Est-ce un tel, un tel?» Lorsqu'on lui nomma le juif elle fit un signe de la tête. On arrêta le juif qui fit des aveux. Le Prophète ordonna d'écraser la tête du juif coupable entre deux pierres.

CHAPITRE II. — De celui qui n'accepte pas les actes du prodigue ou du faible d'esprit bien qu'ils n'aient pas été encore frappés d'interdiction par l'imam. — *On raconte, d'après Djâbir, que le Prophète fit tout d'abord rendre à celui qui avait fait une aumône, ce qu'il avait donné avant d'interdire l'aumône*[3].

[1] Par faveur spéciale certains hommes ne s'évanouiront pas en entendant la trompette du jour du Jugement dernier.

[2] Le premier évanouissement dont il est question est celui qu'éprouva Moïse lorsque, sur le mont Sinaï, il se trouva face à face avec Dieu.

[3] Certains arabes avaient cru devoir donner tout ce qu'ils possédaient et s'étaient ensuite livrés à la mendicité. Mahomet réprouva cette façon d'agir, d'abord en faisant rendre l'aumône ainsi faite et, plus tard, en l'interdisant dans ces conditions.

Cette aumône fut interdite par la suite. — Mâlik a dit : « Quand un homme doit de l'argent à quelqu'un et qu'il ne possède d'autre bien qu'un esclave, si ce débiteur affranchit son esclave, l'affranchissement n'est pas valable. »

CHAPITRE III. — *Celui qui a vendu au nom d'un faible (d'esprit) ou autre incapable et qui lui remet le prix en l'invitant à bien gérer lui-même ses affaires, devra de nouveau le faireinterdire s'il dilapide (encore) ses biens, parce que le Prophète a interdit de gaspiller les biens. Le Prophète a dit à celui qui était victime de fraudes : « Quand tu fais une affaire dis : « Pas de fraude ! » Le Prophète n'a pas pris son bien*[1].

1. *Ibn-ʿOmar* a dit : « Un homme ayant été victime de fraudes dans ses affaires commerciales, le Prophète lui prescrivit de dire, quand il ferait une affaire : « Pas de fraude ! » Et l'homme se conforma à cette prescription. »

2. D'après *Djâbir*, un homme n'ayant d'autre bien qu'un esclave le vendit. Le Prophète lui rendit cet esclave qu'il avait fait acheter par Noʿaîm-ben-En-Naḥḥâm.

CHAPITRE IV. — DES PROPOS QU'ÉCHANGENT ENTRE EUX LES PLAIDEURS.

1. Selon *ʿAbdallah*, l'Envoyé de Dieu a dit : « Celui qui prête un serment sachant qu'il ment, et cela dans le but de s'approprier une partie du bien d'un musulman, trouvera Dieu plein de colère contre lui lorsqu'il le rencontrera. »

« Par Dieu ! dit El-Achʿats, c'est à mon sujet que ces paroles ont été prononcées. Une contestation s'était élevée entre moi et un homme à propos d'une terre et cet homme niait qu'elle m'appartînt. Je le conduisis devant le Prophète. « As-tu des témoins ? me « demanda l'Envoyé de Dieu. — Non, répondis-je. » Alors, s'adres-

[1] Un musulman qui n'avait pour tout bien qu'un esclave l'ayant affranchi, la question se posait de savoir si cet homme n'était pas faible d'esprit ou prodigue. Le Prophète, n'étant pas suffisamment fixé à cet égard, annula l'affranchissement sans cependant aller jusqu'à interdire ce musulman et à se réserver le droit de disposer pour lui du prix de l'esclave. C'est ce qu'il faut entendre par ces mots du hadîts : « Le Prophète n'a pas pris son bien. »

sant au juif, il lui dit : « Jure. » — « Ô Envoyé de Dieu, m'écriai-je, il « va jurer et je vais perdre mon bien. » Dieu révéla à ce moment ce verset : « Certes, ceux qui, moyennant un engagement envers Dieu « et des serments, achètent à vil prix... » (sourate III, verset 71).

2. D'après *ʿAbdallah-ben-Kaʿb-ben-Mâlik*, Kaʿb-ben-Mâlik demandait à Ibn-Abou-Ḥadrad le règlement d'une créance qu'il avait sur ce dernier. La chose se passait à la mosquée et les deux parties élevèrent la voix au point que l'Envoyé de Dieu, qui était dans son appartement, les entendit. Il se porta du côté des deux personnages, souleva l'un des pans de la portière de sa chambre et cria : « Hé! Kaʿb. — Me voici à vos ordres, ô Envoyé de Dieu, répondit Kaʿb. — Diminue ta créance de ceci, reprit le Prophète. » Et ce disant il fit un geste qui signifiait la moitié. « C'est fait, ô Envoyé de Dieu, répliqua Kaʿb. — Allons, acquitte-toi, ajouta le Prophète en s'adressant à Ibn-Abou-Ḥadrad. »

3. *ʿOmar-ben-El-Khattâb* disait : « J'ai entendu Hichâm-ben-Ḥakîm-ben-Ḥizâm réciter la sourate d'El-Forqân autrement qu'on ne la récitait (d'ordinaire). Or l'Envoyé de Dieu me l'avait fait réciter lui-même. Je fus sur le point de me précipiter immédiatement sur Hichâm, mais je le laissai terminer sa récitation et alors, l'enroulant dans son propre manteau, je le traînai devant l'Envoyé de Dieu et dis à ce dernier : « Je viens d'entendre cet homme réciter le Coran « autrement que tu me l'as fait réciter toi-même. — Lâche-le, me « dit le Prophète. » Puis s'adressant à Hichâm il lui dit de réciter. Celui-ci récita. « C'est ainsi que cette sourate a été révélée, ajouta « le Prophète. » S'adressant alors à moi, il me dit de réciter. Je récitai. « C'est bien ainsi que cette sourate a été révélée ajouta-t-il « encore. Le Coran a été révélé de sept manières[1], récitez-en ce « que vous pourrez. »

CHAPITRE V. — Du fait d'expulser des maisons, lorsqu'on les a reconnus,

[1] C'est-à-dire que le Coran présente sept sortes de variantes également orthodoxes.

LES COUPABLES DE FAUTES ET LES PLAIDEURS. — *ʿOmar expulsa la sœur d'Abou-Bakr lorsqu'elle se lamenta* [1].

1. D'après *Abou-Horaïra*, le Prophète a dit : « J'avais songé à donner l'ordre de faire la prière et, quand elle serait en train, à me précipiter, pour mettre le feu aux demeures de ceux qui n'assistaient point à la prière [2]. »

CHAPITRE VI. — DE LA PRÉTENTION ÉMISE PAR LE TUTEUR TESTAMENTAIRE AU NOM DU DÉFUNT.

1. Selon *ʿAïcha*, ʿAbdo-ben-Zemaʿa et Saʿd-ben-Abou-Ouaqqâṣ élevèrent une contestation devant le Prophète au sujet du fils d'une esclave de Zemaʿa. « Ô Envoyé de Dieu, dit Saʿd, mon frère, lorsque j'étais venu le trouver, m'avait fait la recommandation dernière suivante : « Sois le tuteur du fils de l'esclave de Zemaʿa et prends-« le avec toi car c'est mon fils. » A cela ʿAbdo-ben-Zemaʿa répliqua : « Il est mon frère et le fils de l'esclave de mon père, car il est issu du lit de mon père. » Le Prophète, voyant la ressemblance frappante de l'enfant avec ʿOtba, dit alors : « Cet enfant est à toi, ô ʿAbdo-ben-Zemaʿa, car l'enfant appartient au lit et toi, ô Sauda, ne reste pas le visage découvert devant lui. »

CHAPITRE VII. — DU FAIT DE GARROTTER QUELQU'UN DONT ON REDOUTE QUELQUE DANGER. — *Ibn-ʿAbbâs enchaîna ʿIkrima pour lui faire apprendre le Coran, les traditions et le droit successoral.*

1. *Abou-Horaira* a dit : « L'Envoyé de Dieu avait expédié un détachement de cavalerie du côté du Nedjd. Ce détachement ramena un homme des Benou-Ḥanîfa, nommé Tsomâma-ben-Otsâl et qui était le chef des gens de El-Yemâma. Le prisonier fut attaché à une des colonnes de la mosquée. Sortant de son appartement, l'Envoyé de Dieu vint trouver le prisonnier et lui dit : « Qu'as-tu ? ô Tso-

[1] A propos de la mort de son frère ; il la frappa même de sa cravache.

[2] Afin de les contraindre à se rendre à la prière.

« mâma. — Ô Mohammed, répondit Tsomâma, j'ai du bien. » Le récit complet se termina par ces mots du Prophète : « Relâchez « Tsomâma. »

CHAPITRE VIII. — Du fait d'attacher et d'emprisonner dans un endroit sacré. — *Nâfi'-ben-Abd-El-Ḥârits acheta à la Mecque, pour en faire une prison, une maison appartenant à Ṣafouân-ben-Omayya. Si, était-il dit dans le contrat, 'Omar y consent, la vente sera définitive; s'il n'y consent pas, Ṣafouân recevra quatre cents dinars. Ibn-Ez-Zobaïr se servit de cette prison à la Mecque.*

1. *Abou-Horaïra* a dit : « Le Prophète avait expédié un détachement de cavalerie du côté du Nedjd. Ce détachement ramena un homme des Benou-Ḥanîfa, nommé Tsomâma-ben-Otsâl. On l'attacha à une des colonnes de la mosquée. »

AU NOM DE DIEU, LE CLÉMENT, LE MISÉRICORDIEUX.

CHAPITRE IX. — De la contrainte (exercée par le créancier)[1].

1. D'après *'Abdallah-ben-Ka'b-ben-Mâlik-El-Anṣâri*, Ka'b-ben-Mâlik avait une créance sur 'Abdallah-ben-Abou-Ḥadrad. Ayant rencontré son débiteur, il le mit en demeure (de s'acquitter) et, au cours des paroles qu'ils échangèrent, ils élevèrent tous deux la voix. Le Prophète passa alors près deux et dit : « Hé! Ka'b » et en même temps il fit un geste de la main comme pour lui dire : « la moitié. » Ka'b prit la moitié de sa créance et fit remise de l'autre moitié.

CHAPITRE X. — Du fait de réclamer le règlement des dettes.

1. *Khabbâb* a dit : « Avant l'islamisme, j'étais forgeron et El-'Âṣ-ben-Ouâïl me devait quelque argent. Comme j'allai le trouver pour lui demander de régler son compte il me dit : « Je ne

[1] L'édition de Krehl ne donne pas à ce court chapitre un titre à part.

« le payerai pas tant que tu n'auras pas renié Mahomet. — « Par Dieu ! lui répondis-je, je ne renierai pas Mahomet avant que « Dieu ne t'ait fait mourir et ressusciter ensuite. — Eh bien ! « s'écria-t-il, laisse-moi mourir et ressusciter, car alors j'aurai de « l'argent et des enfants et réglerai ton compte. » Ce fut à cette occasion que fut révélé le verset suivant : « As-tu vu celui qui niait « nos versets et qui disait : « Certes j'aurai des richesses et des enfants » (sourate XIX, verset 80). »

IMPRIMERIE NATIONALE.

AU NOM DE DIEU, LE CLÉMENT, LE MISÉRICORDIEUX.

TITRE XLV.

DES OBJETS TROUVÉS.

CHAPITRE PREMIER. — Lorsque le propriétaire d'un objet trouvé en donne la description, on doit le lui remettre.

1. D'après *Salama*, Souaïd-ben-Ghafala a dit : «Je rencontrai Obayy-ben-Kaʿb qui me dit : «J'avais ramassé une bourse contenant «cent dinars. J'allai trouver le Prophète qui me dit : «Fais con-«naître ta trouvaille pendant une année.» J'accomplis cette forma-«lité sans que personne vînt reconnaître la bourse. Je retournai vers «le Prophète qui me répéta ces mots : «Fais connaître ta trouvaille «pendant une année.» Je le fis sans plus de succès que la première «fois. Je revins trouver le Prophète une troisième fois. «Retiens «bien, me dit-il, la nature de cette bourse, le nombre des pièces «qu'elle contenait et son système de fermeture. Si le propriétaire «vient (tu la lui donneras), sinon tu pourras en disposer.» Et alors «j'en disposai.»

Le *râwi* ajoute : «Plus tard je rencontrai Salama à la Mecque et il me dit : «Je ne sais pas si Souaïd a parlé de trois années ou d'une «seule année.»

CHAPITRE II. — Du chameau égaré.

1. *Zeïd-ben-Khâlid-El-Djohani* a dit : «Un bédouin étant venu vers le Prophète l'interrogea au sujet des objets trouvés : «Fais «connaître ta trouvaille pendant une année, répondit le Prophète; «puis retiens la nature de la bourse et son système de fermeture. Si «quelqu'un vient et t'en fait une description (exacte, donne-la lui), «sinon dispose du contenu pour toi-même. — Et si, ô Envoyé de

«Dieu, il s'agit d'un mouton égaré? demanda le bédouin. — Il «sera à toi, à ton frère ou au loup, répondit-il. — Et si c'est un «chameau égaré? reprit le bédouin.» En entendant ces mots le visage du Prophète s'emplit de colère et il s'écria : «Qu'as-tu à t'in-«quiéter de ce chameau? Cet animal a des pieds et une outre; il «sait aller trouver l'eau et il mange des arbustes.»

CHAPITRE III. — Du mouton égaré.

1. Suivant *Yezîd*, affranchi de El-Monbaʿits, Zeïd-ben-Khâlid a dit qu'on questionna le Prophète au sujet des objets trouvés et il assure que celui-ci répondit : «Retiens la nature de la bourse et son système de fermeture; puis fais connaître ta trouvaille pendant une année.» Yezîd ajouta : «Si personne ne la reconnaît, l'inventeur disposera de son contenu; la chose est en quelque sorte un dépôt à lui confié [1].»

Yaḥya (un des râwi) ajoute : «J'ignore si cette dernière phrase figurait dans le hadits du Prophète, ou si c'est une addition de son crû.»

«Que penses-tu du mouton égaré? demanda-t-on ensuite au Prophète. — Prends-le, répondit-il, car il sera à toi, à ton frère ou au loup.» Yezîd ajoute encore : «et fais connaître ta trouvaille.» Enfin, comme on l'interrogeait sur son opinion au sujet du chameau égaré, le Prophète s'écria : «Laisse-le, car il a une outre et des pieds, il saura aller trouver de l'eau et il mangera des arbustes jusqu'au moment où son propriétaire le retrouvera.»

CHAPITRE IV. — Quand, après une année, le propriétaire de l'objet trouvé ne s'est par présenté, la chose appartient à l'inventeur.

1. D'après *Yezîd*, affranchi de El-Monbaʿits, Zeïd-ben-Khâlid a dit : «Un homme vint vers l'Envoyé de Dieu et le questionna au sujet des objets trouvés : «Retiens la nature de la bourse et son

[1] Pendant la première année seulement, ou pour toujours? Cela n'est pas dit clairement.

« système de fermeture, répondit le Prophète; puis fais connaître ta « trouvaille pendant une année. Si le propriétaire vient (donne-la lui); « sinon fais ce que tu voudras. — Et s'il s'agit d'un mouton égaré ? « (demanda l'homme). — Il sera à toi, à ton frère ou au loup, « répondit-il. — Et le chameau égaré ? — Qu'as-tu à t'en inquié- « ter ? Il y a une outre et des pieds; il ira s'abreuver et mangera « des arbustes jusqu'au moment où son propriétaire le retrou- « vera. »

CHAPITRE V. — De la poutre, du fouet ou de toute autre chose analogue trouvée dans la mer.

1. *Abou-Horaïra* rapporte que l'Envoyé de Dieu raconta qu'un homme des Benou-Israël, etc. . . et termine ainsi : « Il sortit pour voir si quelque navire était venu lui apporter son argent, et il aperçut une poutre. Il la prit pour en faire du bois à brûler pour sa famille, et quand il scia cette poutre il y trouva l'argent et le billet. »

CHAPITRE VI. — Du fait de trouver une datte sur la route.

1. *Anas* a dit : « En passant sur une route, le Prophète trouva une datte. « Si je ne craignais, dit-il, qu'elle ne fît partie de la dîme, « je la mangerais. »

In fine, variante d'*isnâd*.

2. D'après *Abou-Horaïra*, le Prophète a dit : « En revenant vers ma famille, je trouvai une datte qui était tombée sur mon lit. Je l'enlevai pour la manger, puis, craignant qu'elle ne fît partie de la dîme, je la rejetai. »

CHAPITRE VII. — De quelle façon se fait l'annonce des objets trouvés par les gens de la Mecque[1]. — *Tâous tient de Ibn-ʿAbbâs que le Prophète a dit : « On ne ramassera ses objets trouvés que pour faire annoncer leur trouvaille. »* —

[1] C'est-à-dire les objets trouvés à la Mecque et sur le territoire sacré qui l'environne.

Khâlid tient d'ʿIkrima, qui le tenait lui-même d'Ibn-ʿAbbâs, que le Prophète a dit : « On ne ramassera ses objets trouvés que pour faire annoncer leur trouvaille. » — Ahmed-ben-Saʿîd, d'après une tradition remontant à Ibn-ʿAbbâs, dit que l'Envoyé de Dieu s'est exprimé ainsi : « On ne coupera pas ses épines, on ne fera pas fuir son gibier ; on ne prendra ses objets trouvés que pour annoncer leur trouvaille ; on ne fauchera pas son herbe. — Excepté l'idzkhîr *dit Ibn-ʿAbbâs. — Excepté l'idzkhîr, répondit le Prophète. »*

1. *Abou-Horaïra* a dit : « Lorsqu'il eut fait la conquête de la Mecque, l'Envoyé de Dieu se leva au milieu de la foule, loua Dieu, proclama sa gloire et dit : « Dieu a préservé la Mecque de l'Éléphant ; mais il a rendu maîtres de cette ville l'Envoyé de Dieu et « les Croyants. Elle a été inviolable pour tous avant moi ; elle n'a « cessé d'être sacrée pour moi qu'un instant, durant un seul jour, et « elle ne cessera de l'être après moi pour personne. On ne doit ni « effaroucher son gibier, ni couper ses épines, ni ramasser les objets « qu'on y trouve sinon pour annoncer leur trouvaille. Les parents « de celui qui y aura été victime d'un meurtre auront le choix « entre ces deux partis : ou accepter une composition ou exercer « le talion contre le meurtrier. — Fais une exception pour l'*idzkhîr*, « demanda Ibn-ʿAbbâs, car nous employons cette plante pour nos « tombes et pour nos maisons. — Exception est faite pour l'*idzkhîr*, « répliqua l'Envoyé de Dieu. »

« Alors un homme du Yémen, Abou-Châhin se leva et dit : « Ô Envoyé de Dieu, qu'on me mette ceci par écrit. — Qu'on le « mette par écrit pour Abou-Châhin ! s'écria l'Envoyé de Dieu. » Un des *râwi* ayant demandé à El-Aouzâʿi ce qu'il fallait entendre par ces mots : « Ô Envoyé de Dieu, qu'on me mette ceci par écrit », celui-ci répondit qu'il s'agissait du discours qu'on venait d'entendre faire par l'Envoyé de Dieu. »

CHAPITRE VIII. — On ne doit pas traire l'animal de quelqu'un à moins que ce dernier n'en ait donné l'autorisation.

1. D'après *ʿAbdallah-ben-ʿOmar*, l'Envoyé de Dieu a dit : « Que

personne, absolument personne, ne traie l'animal d'un homme sans que celui-ci lui en ait donné l'autorisation. L'un de vous aimerait-il à ce qu'on vînt dans son cellier, briser ses portes et emporter ses vivres ? Or les mamelles de vos animaux sont les celliers de votre nourriture. Que personne donc, absolument personne, ne traie l'animal de quelqu'un sans que celui-ci lui en ait donné l'autorisation. »

CHAPITRE IX. — QUAND LE PROPRIÉTAIRE D'UN OBJET TROUVÉ VIENT LE RÉCLAMER APRÈS UNE ANNÉE, L'INVENTEUR DOIT LE LUI RENDRE, CAR CET OBJET ÉTAIT EN DÉPÔT CHEZ LUI.

1. D'après *Zeïd-ben-Khâlid-El-Djohani*, un homme questionna l'Envoyé de Dieu au sujet des objets trouvés. « Annonce ta trouvaille pendant une année, répondit l'Envoyé de Dieu; puis retiens la nature de la bourse et son système de fermeture et alors dispose de l'argent. Si le propriétaire vient (le réclamer) remets-le lui. — Et si c'est un mouton égaré, ô Envoyé de Dieu, reprit l'homme. — Prends-le, répliqua-t-il, car il ne peut-être qu'à toi, à ton frère ou au loup. — Et le chameau égaré ? ajouta l'homme. » À ces mots l'Envoyé de Dieu entra dans une telle colère que ses joues rougirent — ou suivant une variante « son visage rougit » — et il s'écria : « Qu'as-tu à t'inquiéter de cet animal qui a des pieds et une outre (et se tirera d'affaire) jusqu'au moment où son propriétaire le retrouvera. »

CHAPITRE X. — DOIT-ON PRENDRE L'OBJET TROUVÉ SANS LE LAISSER (EXPOSÉ À) PÉRIR, AFIN QUE NE PUISSE PAS S'EN EMPARER CELUI QUI N'Y A AUCUN DROIT.

1. *Souaïd-ben-Ghafala* a dit : « J'étais durant une expédition avec Selmân-ben-Rebîʿa et Zeïd-ben-Ṣoḥân. Comme j'avais trouvé un fouet, l'un d'eux me dit : « Jette-le. — Non, lui répondis-je, je ne « le jetterai pas, mais si je trouve son propriétaire (je le lui ren- « drai), sinon je m'en servirai. » Quand nous fûmes de retour, nous fîmes le pèlerinage et, en passant à Médine, je questionnai Obayy-

ben-Ka'b (à ce sujet). «Du temps du Prophète, me répondit-il, «j'avais trouvé une bourse contenant cent dinârs. Je la portai au «Prophète qui me dit : «Fais connaître ta trouvaille pendant un an.» «Pendant un an je fis cette annonce et allai de nouveau vers le «Prophète qui me répéta : «Fais connaître ta trouvaille pendant «un an.» Je fis cette annonce et retournai auprès du Prophète qui «m'engagea à faire connaître ma trouvaille pendant une année «encore. Je le fis et, quand je revins le trouver pour la quatrième «fois, il me dit : «Retiens le nombre de pièces de cette bourse, sa «nature et son système de fermeture; si le propriétaire vient (la «réclamer, donne-la lui); sinon dispose de cette bourse.»

2. *Cho'ba*, rapportant cette tradition de Salama a dit : «Plus tard, je rencontrai Salama à la Mecque et il me dit : «Je ne sais «plus si Souaïd a dit trois ans ou une année seulement.»

CHAPITRE XI. — De celui qui annonce une trouvaille et ne la remet pas au souverain.

1. Selon *Zeïd-ben-Khâlid*, un bédouin questionna le Prophète au sujet des objets trouvés. «Fais connaître ta trouvaille pendant un an, lui répondit le Prophète; si quelqu'un vient et te donne une description (exacte) de l'enveloppe et du système de fermeture (remets-lui l'objet); sinon fais-en usage pour toi.» Le bédouin questionna au sujet du chameau égaré. Le visage du Prophète s'emplit alors de colère et il s'écria : «Qu'as-tu à t'inquiéter de cet animal? Il a des pieds et une outre, il sait aller s'abreuver et il mange des arbustes. Laisse-le jusqu'à ce que son propriétaire le retrouve.» Enfin le bédouin questionna au sujet du mouton égaré : «Il sera, dit le Prophète, à toi, à ton frère ou au loup.»

CHAPITRE XII.

1. D'après *El-Barâ*, Abou-Bakr a dit : «Comme je m'avançai, j'aperçus un berger de moutons qui faisait paître son troupeau : «A qui appartiens-tu, lui demandai-je? — A un homme des

« Qoraïch, me répondit-il ! » Et il nomma cet homme que je connaissais. « As-tu des brebis ayant du lait, lui demandai-je ? — Oui, « répondit-il. — Es-tu disposé [1] à traire pour moi, repris-je ? — « Oui, répliqua-t-il ! » Alors je lui enjoignis d'entraver une des brebis de son troupeau ; puis je lui enjoignis d'enlever la poussière du pis et la poussière de ses mains. Il frappa ses deux mains l'une contre l'autre de la façon suivante et il tira un peu de lait. J'avais préparé pour l'Envoyé de Dieu un récipient dont l'orifice était bouché par un tampon. Je versai (un peu de l'eau qu'il contenait) sur le lait de façon à refroidir la partie inférieure, puis je rejoignis le Prophète et lui dis : « Ô Envoyé de Dieu, bois. » Il but, en sorte que je fus satisfait [2]. »

[1] Ou : « Es-tu autorisé par ton maître à me donner du lait de ses brebis ? » Cette interprétation fournie par le commentaire, d'une façon précise, ne résulte pas des mots employés dans le contexte.

[2] Dans ce hadits, El-Bokhâri semble considérer le lait de cette brebis comme un objet trouvé, en ce sens qu'il était perdu pour son propriétaire qui n'en pouvait tirer aucun parti dans le désert.

AU NOM DE DIEU, LE CLÉMENT, LE MISÉRICORDIEUX.

TITRE XLVI.

DES ACTES INJUSTES ET DE LA SPOLIATION.

De ces mots du Coran : « Surtout ne crois point que Dieu néglige de s'occuper de ce que font les hommes iniques. Il se contente seulement de retarder leur châtiment jusqu'au jour où les regards seront pétrifiés, où les hommes se hâteront de lever la tête; (les mots مقنع *et* مقمح *sont synonymes; Mojâhid dit que* مهطع *signifie « fixer les regards »; d'autres l'interprètent par « se hâter »); la vision ne leur sera pas rendue et leurs cœurs seront vides (*هواء *signifie « creux, vide ») et alors ils n'auront plus leur raison. — Avertis les hommes du jour où leur châtiment viendra. — Alors ceux qui ont été iniques diront : « Seigneur, retarde notre châtiment et accorde-« nous un court répit, — afin que nous obéissions à ton appel et que nous « suivions les Envoyés. » N'aviez-vous pas juré, auparavant, leur répondra-t-on, que vous ne quitteriez jamais la terre? — Cependant vous aviez habité les lieux qu'occupaient ceux qui avaient été victimes d'eux-mêmes et vous aviez vu ce que nous avions fait d'eux. Nous vous avons cité ces peuples en exemple. Ils avaient déployé toutes leurs perfidies, mais Dieu a connu leurs perfidies (et il les a déjouées) bien que ces perfidies fussent telles qu'elles auraient renversé des montagnes. — Ne comptez pas que Dieu manque jamais aux promesses qu'il a faites à ses Envoyés. Dieu est puissant et il se charge de venger (les siens) »* (sourate XIV, versets 43, 44, 45, 46, 47 et 48).

CHAPITRE PREMIER. — DE LA PUNITION DES ACTES INJUSTES.

1. D'après *Abou-Sa'îd-El-Khodry*, l'Envoyé de Dieu a dit : « Lorsque les croyants auront échappé à l'enfer, ils seront retenus sur un pont établi entre le Paradis et l'Enfer. Là, ils subiront la

punition des actes injustes qu'ils auront commis les uns envers les autres en ce monde. Puis, quand ils auront été triés et épurés, on les autorisera à entrer dans le Paradis. J'en jure par celui qui tient l'âme de Mahomet entre ses mains, chacun d'eux retrouvera plus facilement sa demeure dans le Paradis qu'il ne la retrouvait en ce bas monde.»

In fine, indication d'un autre *isnâd.*

CHAPITRE II. — *De ces mots du Coran : « . . . La malédiction de Dieu ne tombera-t-elle pas sur ceux qui sont iniques ?»* (sourate XI, verset 21).

1. *Sefouân-ben-Moḥriz-El-Mâzini* a dit : «Pendant que je marchais avec Ibn-ʿOmar le tenant par la main, un homme se présenta à lui et lui dit : «Comment as-tu entendu l'Envoyé de Dieu parler «du tête à tête [1] (de Dieu avec les hommes au jour de la Résurrec-«tion? — J'ai, répondit-il, entendu l'Envoyé de Dieu dire : «Certes «Dieu fera approcher de lui le Croyant; il le couvrira de sa protec-«tion et lui viendra en aide en lui disant : «Reconnais-tu avoir «commis telle faute? — Oui, Seigneur, répondra le Croyant.» Et «quand le Croyant aura reconnu toutes ses fautes et qu'il s'imagi-«nera qu'il est perdu, Dieu lui dira : «Ces fautes, pour lesquelles «je t'ai épargné en ce monde, je te les pardonne aujourd'hui.» Et «alors on remettra (à Dieu) le livre des bonnes actions du Croyant. «Quant à l'infidèle et à l'hypocrite, les (anges) témoins diront : «Ces gens-là sont ceux qui ont déblatéré des mensonges sur le Sei-«gneur. La malédiction de Dieu ne tombera-t-elle pas sur ceux qui «ont été iniques?»

CHAPITRE III. — LE MUSULMAN NE DOIT PAS OPPRIMER LE MUSULMAN, NI L'ABANDONNER.

1. *ʿAbdallah-ben-ʿOmar* raconte que l'Envoyé de Dieu a dit : «Le musulman est le frère du musulman; il ne doit ni l'opprimer, ni

[1] Dieu s'adressera à chaque homme en particulier afin, dit le commentaire, de lui épargner la honte d'avoir à rougir devant ses semblables.

l'abandonner. Celui qui viendra en aide à son frère, Dieu lui viendra en aide à lui-même. Celui qui délivrera un musulman d'une angoisse, Dieu le délivrera d'une des angoisses du jour de la Résurrection. Celui qui couvrira de son égide un musulman, Dieu le couvrira de son égide au jour de la Résurrection.»

CHAPITRE IV. — Aide ton frère, qu'il soit oppresseur ou opprimé.

1. Selon *Anas-ben-Mâlik*, le Prophète a dit : «Assiste ton frère qu'il soit oppresseur ou opprimé.»

2. D'après *Anas*, l'Envoyé de Dieu ayant dit : «Assiste ton frère qu'il soit oppresseur ou opprimé», Anas lui répliqua : «Ô Envoyé de Dieu, cet homme qui est opprimé je l'assisterai, mais comment assister un oppresseur? — En l'empêchant[1] de mal faire, répondit-il.»

CHAPITRE V. — De l'assistance à donner à l'opprimé.

1. *El-Barâ-ben-ʿÂzib* a dit : «Le Prophète nous a ordonné sept choses et nous en a défendu sept autres.» Et il fit l'énumération suivante : «Visiter les malades, suivre les enterrements, dire Dieu vous bénisse à celui qui éternue, rendre le salut, assister l'opprimé, accepter les invitations et faire ce dont on vous adjure.»

2. D'après *Abou-Mousa*, le Prophète a dit : «Le musulman doit être pour le musulman comme sont entre eux les matériaux d'une construction qui se renforcent les uns les autres.» Et, ce disant, il entrecroisa ses doigts.

CHAPITRE VI. — Du fait de demander assistance contre l'oppresseur *en vertu de ces mots du Coran : «Dieu n'aime pas ceux qui prononcent à haute voix des imprécations, à moins qu'ils ne soient opprimés. Dieu entend et sait tout»* (sourate IV, verset 147). — *«Et ceux qui, victimes d'une injustice, se font justice eux-mêmes»* (sourate XLII, verset 37). — *Ibrahîm a dit :*

[1] Mot à mot : «En prenant le dessus sur lui», pour l'empêcher de recommencer et de mériter ainsi un nouveau châtiment.

« *On appréhendait d'être traité avec mépris, mais lorsqu'on le pouvait, on pardonnait.* »

CHAPITRE VII. — Du pardon accordé par l'opprimé *en vertu de ces mots du Coran : « Soit que vous fassiez le bien ouvertement; soit que vous le fassiez en secret; soit que vous pardonniez le mal qu'on vous a fait, Dieu est indulgent et tout puissant* » (sourate IV, verset 148). — « *La rétribution d'un mal est un mal pareil. Mais celui qui pardonne et se réconcilie trouvera sa récompense auprès de Dieu. Dieu certes n'aime pas les gens iniques. — Ceux qui après avoir été victimes d'une injustice se feront eux-mêmes justice n'auront pas à souffrir de la voie qu'ils ont suivie. — Ceux-là seuls auront à souffrir de la voie qu'ils ont suivie, qui auront été iniques envers les autres et qui, sur terre, auront commis sans aucun droit des actes de violence. Ceux-là auront un châtiment douloureux. — Celui qui patientera et pardonnera aura fait ainsi un acte d'initiative (méritoire). — Celui que Dieu égare ne saurait trouver ailleurs un protecteur et tu verras les hommes iniques — en présence du châtiment mis sous leurs yeux, dire : « Y a-t-il donc aucun moyen de retourner (sur terre)?* » (sourate XLII, versets 38, 39, 40, 41, 42 et 43).

CHAPITRE VIII. — L'injustice formera des ténèbres au jour de la Résurrection.

1. Selon *'Abdallah ben 'Omar*, le Prophète a dit : « L'injustice formera des ténèbres [1] au jour de la Résurrection. »

CHAPITRE IX. — Du fait de redouter l'imprécation de l'opprimé et de s'en méfier.

1. D'après *Ibn-'Abbâs*, le Prophète avait envoyé Mo'âdz dans le Yémen en lui disant : « Redoute l'imprécation de l'opprimé car aucun voile ne s'interpose entre elle et Dieu. »

CHAPITRE X. — Celui qui a été victime de l'oppression d'un homme et qui l'en tient quitte, doit-il divulguer cette oppression?

1. *Sa'îd-El-Maqbari* rapporte, d'après Abou-Horaïra, que l'Envoyé de Dieu a dit : « Celui qui a porté préjudice à son frère, soit dans

[1] C'est-à-dire formera une atmosphère de ténèbres qui enveloppera le méchant et lui masquera les endroits les plus dangereux de l'enfer.

son honneur, soit dans toute autre chose, doit se le faire pardonner aujourd'hui avant le jour où il n'y aura plus ni un dinâr, ni un dirhem. (Sinon), s'il y a à son actif une bonne œuvre, on en retranchera la valeur de sa mauvaise action et, s'il n'a pas à son actif de bonnes œuvres, on défalquera des mauvaises actions de sa victime (une part égale à celle de sa mauvaise action) et on la mettra à son passif.»

El-Bokhâri ajoute que le surnom de El-Maqbari donné à Sa'îd vient de ce qu'il habitait du côté des cimetières.

CHAPITRE XI. — Celui qui a pardonné à celui dont il a été la victime ne peut revenir sur ce pardon.

1. *ʿOrwa* rapporte, au sujet du verset du Coran : «Si une femme craint des mauvais traitements ou de l'aversion de la part de son mari...» (sourate IV, verset 127), que ʿAïcha dit : «Un homme avait une femme avec laquelle il n'avait que de rares rapports parce qu'il voulait s'en séparer. Cette femme lui ayant dit : «Je ne «considère pas comme un grief ta conduite à mon égard», le verset ci-dessus fut alors révélé.

CHAPITRE XII. — Du fait d'autoriser quelque chose ou d'en admettre la légitimité sans spécifier dans quelle mesure.

1. D'après *Sahl-ben-Saʿd-Es-Saʿidi*, le Prophète, à qui on avait apporté à boire, alors qu'il avait à sa droite un jeune homme et à sa gauche des hommes âgés, but et dit au jeune homme : «M'autorises-tu à passer d'abord le breuvage à ces gens-ci? — Non, par Dieu! ô Envoyé de Dieu, s'écria le jeune homme; je ne cèderai mon tour après toi à personne.» Alors l'Envoyé de Dieu lui remit vivement la coupe entre les mains[1].

[1] Les commentateurs ne voient pas très bien le rapport qu'il y a entre le hadits et sa rubrique. Ils supposent l'hypothèse où le jeune homme, au lieu de boire, aurait autorisé le Prophète à passer la coupe à d'autres sans spécifier dans quel ordre, ni dans quelle mesure on en ferait usage.

CHAPITRE XIII. — Du péché que commet celui qui fait tort d'une parcelle de terre.

1. *Sa'îd-ben-Zeïd* dit qu'il a entendu l'Envoyé de Dieu prononcer ces mots : « Celui qui aura fait tort d'une parcelle de terre, Dieu lui en fera un collier de la hauteur de sept terres[1]. »

2. *Abou-Salama* rapporte qu'il avait un procès avec quelqu'un. Comme il en parlait à 'Aïcha, celle-ci lui dit : « O Bou-Salama abstiens-toi de (spolier) la terre, car le Prophète a dit : « Celui « qui aura fait tort de la valeur d'un empan de terre, on lui en « fera un collier de la hauteur de sept terres. »

3. D'après *Sâlim*, le Prophète a dit : « Celui qui, sans aucun droit, s'empare d'une parcelle de terre, sera englouti avec elle jusqu'aux sept terres le jour de la Résurrection. »

El-Bokhâri dit que cette tradition n'existait point au Khorasân dans les livres de Ibn-El-Mobârek et qu'elle lui a été seulement dictée à Bassora.

CHAPITRE XIV. — Il est permis à un homme d'en autoriser un autre à faire une chose.

1. *Djabala* a dit : « Nous étions à Médine avec des gens de l'Irâq. Comme nous avions eu une disette, Ibn-Ez-Zobaïr nous fournissait des dattes (pour notre nourriture). Ibn-'Omar, étant venu à passer près de nous, nous dit : « L'Envoyé de Dieu a défendu de porter « à la bouche plus d'une datte à la fois, à moins qu'on n'y soit « autorisé par son frère[2]. »

2. D'après *Abou-Mas'oud*, un homme des Anṣâr, nommé Abou-Cho'aïb, avait un esclave qui vendait de la viande. Abou-Cho'aïb dit à son esclave : « Fais-moi un repas pour cinq personnes, car il se peut que j'invite le Prophète qui fera alors le cinquième

[1] La valeur de cette expression est fort vague; il semble cependant qu'il faille entendre par ces sept terres les sept couches terrestres qui sont attribuées à notre planète par les musulmans.

[2] Cette autorisation n'est nécessaire qu'autant qu'il s'agit de choses qui ne vous appartiennent pas. C'est surtout une leçon de savoir-vivre bien qu'on puisse y voir encore un précepte hygiénique.

convive. » Abou-Cho'aïb, qui avait remarqué à l'aspect du visage du Prophète que celui-ci avait faim, l'invita au repas. Un individu, qui n'avait pas été invité, suivit alors le Prophète qui dit alors : « Cet homme m'a suivi, l'autorises-tu à être des nôtres? — Oui, répondit Abou-Cho'aïb. »

CHAPITRE XV. — *De ces mots du Coran : « Il est le plus acharné des plaideurs »* (sourate II, verset 200).

1. Selon *'Aïcha*, le Prophète a dit : « L'homme que Dieu hait le plus est celui qui est le plus acharné des plaideurs. »

CHAPITRE XVI. — Du péché commis par celui qui plaide une mauvaise cause et qui le sait.

1. *Omm-Salama*, une des femmes de l'Envoyé de Dieu, rapporte que celui-ci, entendant une discussion à la porte de son appartement, sortit vers ces plaideurs et leur dit : « Moi, je ne suis qu'un homme devant qui on vient plaider. Il se peut que l'un de vous soit plus éloquent que son adversaire, qu'alors je croie qu'il a raison et que je prononce en sa faveur. Celui à qui j'aurai ainsi attribué le bien qui appartenait à un musulman n'aura qu'un morceau de l'enfer, qu'il prenne ce bien ou qu'il le laisse de côté. »

CHAPITRE XVII. — De celui qui est de mauvaise foi lorsqu'il plaide.

1. D'après *'Abdallah-ben-'Amr*, le Prophète a dit : « Quatre défauts, quand on y tombe, font qu'on est un hypocrite, — ou celui qui a un de ces quatre défauts reste un hypocrite tant qu'il ne s'en corrige pas; — tels sont : celui qui parle et qui ment, celui qui promet et ne tient pas son engagement; celui qui fait un pacte et le trahit; celui qui plaide et qui est de mauvaise foi. »

CHAPITRE XVIII. — De la compensation prélevée par l'opprimé quand il trouve le bien de son oppresseur. — *Ibn-Sîrîn a dit : « Il a droit à faire cette compensation*», *et il récita ce passage du Coran : «Si vous châtiez, que le châtiment soit égal à l'offense»* (sourate XVI, verset 127).

1. *'Aïcha* a dit : «Hind-bent-'Otba-ben-Rabî'a vint et dit : «Ô «Envoyé de Dieu, Abou-Sofyân est un homme très avare. Y aurait-«il faute de ma part, si je nourrissais ma famille de son bien? — «Tu ne commettras aucune faute, répondit-il, à condition que tu «la nourrisses d'une façon modeste.»

2. *'Oqba-ben-'Âmir* s'est exprimé ainsi : «Nous dîmes au Prophète : «Tu nous envoies en mission et nous nous arrêtons chez des gens «qui ne nous donnent point l'hospitalité. Que penses-tu de cela? «— Quand vous vous arrêterez chez des gens qui donneront «l'ordre de vous fournir ce qu'il convient d'offrir à des hôtes, «acceptez leur hospitalité. S'ils ne donnent point cet ordre, prenez «vous-mêmes chez eux ce qui est dû à un hôte.»

CHAPITRE XIX. — De ce qui est rapporté au sujet des vérandas [1]. — *Le Prophète s'assit avec ses compagnons sous la véranda des Benou-Sâ'ida.*

1. *'Omar* a dit : «Lorsque le Prophète eut rendu son âme à Dieu, les Anṣâr se réunirent sous la véranda des Benou-Sâ'ida. Alors je dis à Abou-Bakr : «Viens avec moi», et nous nous rendîmes à la véranda des Benou-Sâ'ida.»

CHAPITRE XX. — Le voisin ne doit pas empêcher son voisin de planter une poutre dans son mur.

1. D'après *Abou-Horaïra*, l'Envoyé de Dieu a dit : «Le voisin ne doit pas empêcher son voisin de planter une poutre dans son mur.» Et, ajouta Abou-Horaïra : «Pourquoi vous vois-je ainsi protester. Par Dieu! je vous lancerai cette poutre entre les épaules.»

CHAPITRE XXI. — Du fait de verser du vin sur la voie publique.

1. *Anas* a dit : «J'étais en train de verser à boire aux gens

[1] Il s'agit d'endroits abrités du soleil et surtout des abris qu'un propriétaire faisait construire dans la rue devant sa maison.

dans la demeure de Abou-Talḥa, et la liqueur fermentée dont on faisait usage à ce moment était le *faḍîkh*[1]. L'Envoyé de Dieu ordonna alors à un héraut de proclamer ces mots : «Eh bien! «les liqueurs fermentées n'ont-elles donc pas été interdites?» Alors, ajoute Anas, Abou-Ṭalḥa me dit : «Sors et répands cette «liqueur.» Je sortis et répandis la liqueur qui se mit à couler dans les rues de Médine. Un des assistants dit : «Il y a des gens qui ont «été tués[2] alors qu'ils avaient de cette liqueur dans le ventre.» C'est à ce propos que fut révélé ce verset : «Ceux qui ont cru et «fait de bonnes œuvres n'auront pas à s'imputer à faute ce qu'ils «ont mangé» (sourate v, verset 94).»

CHAPITRE XXII. — Du seuil des maisons, du fait de s'y asseoir et de s'asseoir sur les voies publiques. — *ʿAïcha a dit : «Abou-Bakr avait établi une mosquée au seuil de sa maison; il y faisait la prière et y récitait le Coran. Les femmes et les enfants des polythéistes se bousculaient autour de lui et admiraient ce spectacle. A ce moment-là, Mahomet était à la Mecque.»*

1. D'après *Abou-Saʿîd-El-Khodry*, le Prophète a dit : «Gardez-vous de vous asseoir sur les voies publiques. — Mais, lui répondit-on, nous ne pouvons faire autrement; nous n'avons pas d'autre endroit pour nous réunir et causer. — Si, reprit le Prophète, vous refusez de vous réunir (ailleurs), alors observez les exigences qu'impose la voie publique. — Et quelles sont ces exigences, lui demande-t-on? — On doit, répliqua-t-il, baisser les yeux, s'abstenir de nuire, rendre le salut, ordonner de faire le bien, défendre de faire le mal.»

CHAPITRE XXIII. — Des puits (creusés) sur la voie publique lorsqu'ils ne nuisent à personne.

1. D'après *Abou-Horaïra*, l'Envoyé de Dieu a dit : «Un homme, qui était sur une route, étant éprouvé par une soif très vive, trouva

[1] Le nom de فضيخ s'applique non seulement au vin, mais à une liqueur fermentée provenant des dattes.

[2] Il s'agit de ceux qui étaient morts en combattant pour l'islamisme avant que le vin n'eût été interdit.

IMPRIMERIE NATIONALE.

un puits. Il descendit dans ce puits et y but. Quand il remonta il vit un chien qui, tout haletant, mâchait de la terre (humide). « Cet animal, se dit l'homme, souffre de la soif autant que j'en « souffrais moi-même. » Alors, descendant dans le puits, il remplit sa bottine d'eau et en abreuva le chien. Dieu lui sut gré de son acte et lui accorda le pardon (de ses fautes). — Ô Envoyé de Dieu, s'écrièrent les assistants, aurons-nous une récompense pour ce que nous ferons pour les animaux ? — Il y aura une récompense, répondit-il, pour (le bien fait à) tout être doué d'un cœur sensible. »

CHAPITRE XXIV. — Du fait d'écarter les choses nuisibles. — *Hammâm rapporte d'après Abou-Horaïra que le Prophète a dit : « Écarter les choses nuisibles du chemin, c'est faire acte de charité. »*

CHAPITRE XXV. — De la pièce dite *ghorfa* et *ʿoliya* [1], que cette pièce domine ou non les terrasses ou autre chose.

1. *Osâma-ben-Zeïd* a dit : « Le Prophète, dominant un jour un des forts de Médine, s'écria : « Voyez-vous, ce que je vois ? Eh bien ! « je vois les troubles tomber par les fissures de vos demeures et « s'y infiltrer comme les gouttes de pluie. »

2. *ʿAbdallah-ben-ʿAbbâs* a dit : « Je n'avais cessé de désirer ardemment d'interroger ʿOmar pour savoir quelles étaient les deux femmes, épouses du Prophète, à qui Dieu s'adressa dans ce verset : « Si vous vous repentez vers Dieu, puisque vos cœurs ont dévié... » (sourate LXVI, verset 4), jusqu'au jour où je fis le pèlerinage avec lui. Comme il s'était écarté du chemin, je m'en écartai également en portant une outre pleine d'eau. Quand il eut satisfait ses besoins et qu'il revint vers moi je lui versai de l'eau de l'outre sur les mains. L'ablution terminée, je lui dis : « Ô prince des Croyants, « quelles sont donc les deux femmes épouses du Prophète, à qui « Dieu s'adressa dans ce verset : « Si vous vous repentez vers Dieu,

[1] Ces deux mots désignent une pièce de l'étage supérieur d'une maison, endroit d'où l'on peut d'ordinaire voir chez le voisin.

« puisque vos cœurs ont dévié... » (sourate LXVI, verset 4). — « Combien je suis surpris, ô Ibn-ʿAbbâs (de ta question)! mais « c'était Aïcha et Ḥafṣa. »

« ʿOmar se mit alors à faire le récit suivant : « Un de mes voisins « des Anṣâr et moi nous étions chez les Benou-Omayya-ben-Zeïd qui « habitaient dans le faubourg de Médine dit ʿAouâli [1]. Nous nous « rendions à tour de rôle auprès du Prophète. Un jour, c'était mon « voisin qui y allait, le jour suivant c'était moi. Quand j'y allais « je rapportais tous les événements de ce jour, prescriptions ou « autres. Mon voisin en faisait autant quand il y allait. Dans la tribu « de Qoraïch nous avions toute autorité sur nos femmes. Quand « les Anṣâr arrivèrent, comme ils subissaient l'ascendant de leurs « femmes, nos femmes prirent les manières des femmes des Anṣâr.

« Un jour que j'avais gourmandé ma femme elle me répliqua. « Comme je lui reprochais de me répliquer elle me dit : « Pourquoi « me reproches-tu de te répliquer? Par Dieu, les femmes du Pro- « phète lui répliquent bien, et aujourd'hui même l'une d'elles vient « de s'éloigner de lui jusqu'à la nuit. » Tout scandalisé (par ces « paroles) je dis : « Elle sera bien déçue celle qui a fait un acte « aussi grave. »

« Puis m'habillant complètement pour sortir, j'entrai chez Ḥafṣa : « Ô Ḥafṣa, lui dis-je, est-il vrai que l'une de vous se soit fâchée « aujourd'hui avec l'Envoyé de Dieu jusqu'à la nuit? — Oui, me « répondit-elle. — Elle sera déçue et éprouvera un dommage, lui « répliquai-je; car n'a-t-elle pas à redouter que Dieu épouse la co- « lère de son Envoyé et la fasse périr? Ne sois pas trop exigeante « envers l'Envoyé de Dieu, ne lui réplique jamais en rien, ne « t'éloigne pas de lui et demande-moi ce que tu voudras. Surtout « ne sois pas troublée si ta voisine est plus sédiusante que toi et plus « aimée de l'Envoyé de Dieu. » (ʿOmar voulait parler de ʿAïcha.)

« Nous venions de parler des Ghassân qui faisaient ferrer leurs

[1] Nom donné à une série de villages dont le plus rapproché de Médine était à quatre milles de cette ville et le plus éloigné à huit milles.

« chevaux pour entreprendre une expédition contre nous, quand « mon compagnon, dont c'était le tour de rôle, se rendit auprès du « Prophète. Le soir, en rentrant, il frappa violemment à ma porte. « Effrayé, je sortis aussitôt. « Il vient d'arriver un gros événement, « me dit-il. — Et lequel, lui demandai-je? Les Ghassân seraient-« ils arrivés? — C'est une chose plus grave et plus importante que « cela, reprit-il. L'Envoyé de Dieu a répudié ses femmes. » — Ḥafṣa « a été déçue et a éprouvé un dommage, continua ʿOmar, je me « doutais bien que cela ne tarderait pas à arriver. J'ajustai mes « vêtements et fis la prière de l'aurore avec l'Envoyé de Dieu, puis « celui-ci, étant entré dans un belvédère [1] de son appartement, « s'y isola. Je pénétrai aussitôt chez Hafṣa que je trouvai en larmes. « Pourquoi pleures-tu, lui demandai-je, ne t'avais-je pas engagé « à être prudente? L'Envoyé de Dieu vous a-t-il donc répudiées? — Je ne sais, reprit-elle, il est maintenant dans son belvédère. »

« Je sortis et me rendis à la chaire de la mosquée; autour de la « chaire se trouvait un groupe de gens dont quelques-uns pleuraient. « Je m'assis auprès d'eux un instant, puis, n'y tenant plus, je me « rendis au belvédère où se trouvait le Prophète. Je dis à son esclave « noir qui était là : « Demande la permission d'introduire ʿOmar. » « Il entra dans la pièce, parla au Prophète et revint me dire : « Je lui « ai parlé de toi et il a gardé le silence. » Je m'en allai m'asseoir de « nouveau avec les gens qui étaient auprès de la chaire. Mais, n'y « pouvant plus tenir encore, je revins et répétai à l'esclave ce que je « lui avais dit. Il me fit la même réponse que la première fois. Je re-« tournai m'asseoir avec les gens qui étaient auprès de la chaire et, « n'y pouvant pas tenir, je revins auprès de l'esclave et lui dis : « Demande la permission d'introduire ʿOmar. » Il m'avait fait la « même réponse qu'auparavant et j'avais déjà tourné le dos pour « m'en aller quand l'esclave me rappela et me dit : « L'Envoyé de « Dieu vous accorde audience. »

[1] Pièce située sur la terrasse où on allait respirer le frais, d'où son nom de مشربة.

« Je pénétrai alors chez le Prophète et le trouvai étendu sur une « natte tressée qui n'était point couverte d'un tapis, en sorte que les « traces de la natte étaient imprimées sur son flanc. Il était accoudé « sur un coussin de cuir rembourré de fibres de palmier. Je le saluai « et, tout en restant debout, je lui dis : « As-tu répudié tes femmes? » « Il leva les yeux vers moi et me répondit : « Non. » Tout en restant « debout j'essayai de le calmer en lui disant : « Ô Envoyé de Dieu, « si tu m'avais vu quand je disais : « Dans la tribu de Qoraïch nous « avions toute autorité sur nos femmes. Quand les Anṣâr arrivèrent, « comme ils subissaient l'ascendant de leurs femmes, etc. » Le Pro- « phète sourit et je repris : « Si tu m'avais vu quand je suis entré chez « Ḥafṣa et que je lui ai dit : « Surtout ne sois pas troublée si ta voisine « est plus séduisante que toi et plus aimée du Prophète. » Je voulais « parler de ʿAïcha. Le Prophète sourit alors une seconde fois. Le « voyant ainsi sourire, je m'assis et, levant les yeux pour examiner « la pièce, par Dieu! je n'y vis rien qui masquât la vue sinon trois « peaux (non tannées). « Invoque Dieu, dis-je alors, afin qu'il « accorde l'aisance à ta nation. Les Persans, les Grecs jouissent de « l'aisance; ils ont reçu les biens de ce monde et cependant ils « n'adorent pas Dieu. »

« Le Prophète, qui était accoudé, (se redressa) et dit : « Ô fils « d'El-Khattâb, douterais-tu, toi, que ces gens-là n'aient reçu par « avance toutes leurs bonnes choses dans la vie de ce monde? — « Ô Envoyé de Dieu, répondis-je, demande pardon à Dieu pour « moi. » Le Prophète vécut à part à cause de cette aventure[1] que « Ḥafṣa avait racontée à ʿAïcha et il avait dit qu'il ne se rendrait plus « chez ses femmes pendant un mois, tant sa colère était vive. Ce fut « alors que Dieu lui adressa des reproches. Au bout de vingt-neuf « nuits il se rendit chez ʿAïcha et c'est par elle qu'il commença. « Tu « avais juré, lui dit ʿAïcha, de ne pas venir chez nous pendant un « mois, or ce matin il ne s'était écoulé que vingt-neuf nuits, je les

[1] Le Prophète était resté en tête en tête avec Maria le jour où c'était le tour de rôle de ʿAïcha. Ḥafṣa, qui avait appris la chose, en avait informé ʿAïcha.

« ai comptées exactement. — Le mois n'a que vingt-neuf jours, ré-« pliqua le Prophète. » Ce mois-là n'avait en effet que vingt-neuf jours.

« Le verset de *l'option*[1], dit ʿAïcha, fut alors revélé et, de toutes « ses femmes, ce fut à moi qu'il s'adressa le premier : « Je vais, me « dit-il, te parler d'une chose, mais tu n'as pas à te hâter pour « me répondre ; attends que tu aies demandé l'avis de ton père et de « ta mère. — Je sais bien, répondis-je, que mon père et ma mère « ne sont pas gens à m'ordonner de me séparer de toi. » Alors le « Prophète dit ces mots de Coran : « O Prophète, dis à tes femmes. . . « considérable » (sourate xxxiii, versets 28 et 29). — Ais-je be-« soin, dis-je, de consulter là-dessus mon père et ma mère? moi « qui veux Dieu, son Envoyé et la vie future? » Il dit ensuite à ses « autres femmes de choisir (si elles voulaient rester avec lui ou le « quitter), et toutes firent la même réponse que ʿAïcha. »

3. D'après *Anas*, l'Envoyé de Dieu fit serment de n'avoir aucun rapport avec ses femmes pendant un mois. C'était au moment où il s'était démis le pied. Il se tenait dans une pièce de l'étage supérieur de son appartement quand ʿOmar vint le trouver et lui dit : « As-tu répudié tes femmes? — Non, répondit-il, j'ai seulement « fait serment de n'avoir aucun rapport avec elles durant un mois. » Il resta vingt-neuf jours dans sa chambre, puis il en descendit et alla chez ses femmes.

CHAPITRE XXVI. — De celui qui attache son chameau dans le parvis ou à la porte de la mosquée.

1. *Abou-'l-Motawakkil-En-Nâdji* alla trouver Djâbir-ben-ʿAbdallah qui lui dit : « Le Prophète, étant entré dans la mosquée, j'allai l'y trouver et attachai le chameau à un endroit du seuil de la porte. « Voici ton chameau, dis-je au Prophète. » Alors le Prophète examina le chameau et me dit : « Le prix du chameau et le chameau sont « à toi. »

[1] Ou, plus exactement, les « deux versets » 28 et 29 de la sourate xxxiii.

CHAPITRE XXVII. — Du fait de se tenir debout et d'uriner auprès du tas d'ordures de quelqu'un.

1. *Hodzaïfa* a dit : « J'ai vu l'Envoyé de Dieu se rendre — ou l'Envoyé de Dieu se rendit — auprès du tas d'ordures de quelqu'un et urina debout. »

CHAPITRE XXVIII. — De celui qui prend une branche ou quelque chose qui gêne les gens sur la voie publique et écarte cet objet.

1. D'après *Abou-Horaïra*, l'Envoyé de Dieu a dit : « Tandis qu'un homme marchait sur une route, il trouva une branche d'épines sur son chemin; il l'écarta; Dieu lui sut gré de cela et lui pardonna (ses péchés). »

CHAPITRE XXIX. — Du cas où il y a contestation au sujet de la voie publique — c'est-à-dire d'un emplacement qui fait communiquer deux autres voies — et que les propriétaires de l'emplacement y élèvent une construction, ceux-ci doivent laisser un passage de sept coudées de large.

1. *Abou-Horaira* a dit : « Le Prophète a jugé qu'en cas de contestations au sujet d'une voie publique il y aurait sept coudées (de passage). »

CHAPITRE XXX. — Du fait de s'emparer du butin d'autrui sans son assentiment. – *ʿObâda a dit : « Nous prêtâmes serment de fidélité au Prophète à condition qu'il ne s'approprierait pas notre butin. »*

1. *ʿAbdallah-ben-Yezîd-El-Anṣâri* a dit : « Le Prophète nous a « interdit la spoliation et la mutilation. »

2. D'après *Abou-Horaïra*, le Prophète a dit : « Au dernier moment[1] il ne commettra pas l'adultère, celui qui est croyant; au dernier moment, il ne boira pas de vin, celui qui est croyant; au dernier moment, il ne volera pas, celui qui est croyant; au der-

[1] Autrement dit celui qui est croyant et qui a conçu le désir de commettre l'adultère sera retenu au moment d'exécuter son désir coupable.

nier moment, il ne pillera pas, celui qui est croyant, alors que tous auront les regards fixés sur cette proie. »

In fine, indication d'une variante sans importance. D'après un texte écrit de la main du libraire de El-Bokhâri, le croyant ne commettrait ces actes que si on lui avait enlevé la lumière de la foi.

CHAPITRE XXXI. — Du bris de la croix et de la mise à mort du porc.

1. D'après *Abou-Horaïra*, le Prophète aurait dit : « L'Heure dernière ne viendra pas tant que le fils de Marie ne sera pas descendu parmi vous en qualité d'arbitre équitable; il brisera la croix, il mettra à mort le porc, il supprimera la capitation[1]. Alors l'argent sera si abondant que personne ne voudra plus l'accepter. »

CHAPITRE XXXII. — Doit-on briser les jarres et crever les outres, qui ont contenu du vin? Quid? si on brise une idole, une croix, un tambour ou une chose en bois non utilisable[2]. — *On vint trouver Choraïh au sujet d'un tambour qu'on avait brisé et il ne rendit aucune sentence à ce sujet.*

1. D'après *Salama-ben-El-Akwaʿ*, le Prophète, ayant vu allumer des feux le jour de Khaibar, demanda pourquoi on avait allumé ces feux. On lui répondit que c'était pour (faire cuire) des ânes domestiques[3]. « Brisez ces marmites, dit le Prophète, et jetez-en le contenu. — Mais, lui répondit-on, ne pourrions-nous les vider et les laver? — Eh bien! lavez-les, reprit le Prophète. »

El-Bokhâri indique que Ibn-Abou-Owaïs lisait الأَنَسِيَّة.

2. *ʿAbdallah-ben-Masʿoud* a dit : « Quand le Prophète entra à la Mecque il y avait autour de la Kaʿba cent soixante idoles. Du bout d'une baguette qu'il tenait à la main il toucha chaque idole en

[1] Tout le monde à ce moment devant adopter l'islamisme, la capitation n'aura plus sa raison d'être puisqu'elle n'est jamais applicable à un musulman.

[2] Les instruments de musique, par exemple, la musique étant considérée comme une chose vaine et inutile.

[3] On ne doit manger la chair d'aucun des animaux domestiques suivants : ânes, mulets et chevaux.

disant : « La vérité est venue et l'erreur s'est dissipée. . . » (sourate XVII, verset 83).

3. D'après *El-Qâsim*, ʿAïcha avait recouvert un meuble d'une étoffe dont le dessin représentait des êtres animés. Le Prophète déchira cette étoffe dont on fit deux coussins qui, dans la pièce, servaient de sièges.

CHAPITRE XXXIII. — De celui qui combat pour défendre son bien.

1. *ʿAbdallah-ben-ʿAmr* a dit : « J'ai entendu l'Envoyé de Dieu prononcer ces mots : « Celui qui succombe en défendant son bien « est un martyr. »

CHAPITRE XXXIV. — De celui qui casse un plat ou une autre chose appartenant à autrui.

1. D'après *Anas* : « Pendant que le Prophète était chez une de ses femmes, une des mères des Croyants lui envoya, par une domestique, un plat contenant un mets. La femme du Prophète ayant heurté le plat le brisa. Le Prophète réunit les morceaux, y replaça le mets et dit : « Mangez. » Il retint la servante et garda le plat cassé jusqu'à ce qu'on eut fini de manger. Alors il remit un plat intact à la servante et garda le plat cassé. »

In fine, variante d'*isnâd*.

CHAPITRE XXXV. — Celui qui démolit le mur (d'autrui) doit en rebâtir un semblable.

1. D'après *Abou-Horaira*, le Prophète a dit : « Il y avait parmi les Benou-Isrâël un homme nommé Djoraïdj qui priait. Sa mère l'ayant appelé, il refusa de lui répondre, après s'être demandé s'il devait répondre à sa mère ou continuer de prier. Sa mère vint alors vers lui et dit : « Ô mon Dieu ! ne le fais pas mourir avant de lui « avoir fait voir la figure des femmes de mauvaise vie. » Or Djoraïdj habitait une tourelle. Une femme dit : « Je vais séduire Djoraïdj. » Elle vint se présenter à lui et lui parla ; mais Djoraïdj refusa. Alors

elle alla trouver un berger, se livra à lui; elle en eut un fils et déclara que cet enfant était de Djoraïdj. On se rendit alors à la tourelle; on la démolit et on en fit descendre Djoraïdj que l'on injuria. Celui-ci, après avoir fait ses ablutions et avoir prié, alla trouver cet enfant et lui dit : «Qui est ton père, ô enfant? — Le berger, «répondit-il.» Alors on dit : «Nous allons rebâtir ta tourelle en «or. — Non, dit-il, mais simplement en pisé.»

AU NOM DE DIEU, LE CLÉMENT, LE MISÉRICORDIEUX.

TITRE XLVII.

DU CONTRAT DE SOCIÉTÉ.

CHAPITRE PREMIER. — De la société ayant pour objet des comestibles, des provisions de voyage et des objets mobiliers. — Comment doit être partagé ce qui se mesure ou se pèse. Est-ce en bloc, ou à la mesure ou au poids? Les musulmans ne voyaient aucun inconvénient pour les provisions de voyage à ce que l'un mangeât une chose tandis qu'un autre mangeait une autre chose. Il en était de même du partage en bloc d'or ou d'argent et du mélange de dattes (d'espèces différentes).

1. *Ouahb-ben-Kîsân* rapporte que Djâbir-ben-ʿAbdallah a dit : « L'Envoyé de Dieu avait organisé une expédition pour opérer du côté du littoral de la mer et il lui avait donné pour chef Abou-ʿObaïda-ben-El-Djerrâḥ. Cette expédition, dont je faisais partie, comptait trois cents hommes. Nous étions partis quand, à certain endroit de notre route, les provisions furent épuisées. Abou-ʿObaïda donna l'ordre de réunir tous les sacs à provisions de l'expédition, et lorsqu'on les eut rassemblés on trouva en tout la valeur de deux sacs de dattes. Chaque jour on nous en distribua un peu pour notre nourriture jusqu'à ce que la pénurie fût telle que notre ration fût d'une datte chacun. « A quoi pouvait servir une datte? « demanda Ouahb à Djâbir. — Nous en ressentîmes la perte, ré- « pondit-il, quand nous n'en eûmes plus du tout. » Arrivés sur le bord de la mer, nous trouvâmes un poisson gros comme un monticule, et l'armée vécut de ce poisson dix-huit jours. Abou-ʿObaïda ordonna de ficher en terre deux des côtes du poisson, d'amener une chamelle et de la faire passer sous ces côtes. Elle put y passer sans toucher ces côtes. »

2. *Salama-ben-El-Akwa*ʿ a dit : « Les provisions étaient épuisées et l'on manquait de tout. On alla alors trouver le Prophète et lui demander l'autorisation d'égorger des chameaux. L'autorisation ayant été accordée, ʿOmar rencontra ceux qui venaient de la solliciter. Comme ils lui faisaient part de la chose, ʿOmar s'écria : « Comment vivrez-vous quand vous n'aurez plus vos chameaux ? » Et aussitôt, se rendant chez le Prophète, il lui dit : « Ô Envoyé de Dieu, comment vont-ils vivre quand ils n'auront plus leurs chameaux ? — Fais annoncer aux fidèles, répondit-il, qu'ils apportent « ce qui leur reste dans leurs sacs à provisions. » On étendit à cet effet une nappe en cuir sur laquelle on plaça tous les restes. L'Envoyé de Dieu se leva, fit une prière, bénit ces restes et dit aux fidèles d'apporter leurs sacs. Chacun en prit à pleines mains et, quand ils eurent fini, l'Envoyé de Dieu dit : « Je témoigne qu'il n'y « a pas d'autre divinité que Dieu et que je suis l'Envoyé de Dieu. »

3. *Râfiʿ-ben-Khadîdj* a dit : « Nous faisions avec le Prophète la prière de l'ʿasr ; nous égorgions alors les animaux dont on partageait la chair en dix portions. Nous mangions cette viande cuite à point avant que le soleil ne se couchât. »

4. *Abou-Mousa* a dit : « Le Prophète a dit : « Les Achʿari[1], quand « ils manquaient de vivres dans une expédition ou, qu'étant à Médine, « ils avaient peu à donner à manger à leurs familles, réunissaient « toutes leurs provisions dans une même pièce d'étoffe, puis les « partageaient par parts égales au moyen d'un même vase. Je me « joignais à eux et ils se joignaient à moi (dans cette circon- « stance). »

CHAPITRE II. — Quand deux personnes ont mélangé leurs apports, chacune d'elles sera tenue vis-à-vis de l'autre pour une somme égale de la dîme.

1. *Anas* rapporte que Abou-Bakr, lui écrivant au sujet de la

[1] Nom d'une tribu du Yémen.

dîme telle que l'avait établie l'Envoyé de Dieu, s'exprimait ainsi : « Quand deux personnes ont mélangé leurs apports, chacune d'elles sera tenue vis-à-vis de l'autre pour une somme égale [1]. »

CHAPITRE III. — Du partage des moutons.

1. *ʿAbâya* rapporte que son grand-père Râfiʿ-ben-Khadîdj a dit : « Nous étions avec le Prophète à Dzou-'l-Ḥolaïfa. Tout le monde avait faim lorsqu'on s'empara de chameaux et de moutons. Le Prophète était resté avec les retardataires. On se hâta d'égorger des animaux et d'installer les marmites. Le Prophète ordonna de les renverser, puis il partagea (le butin) en donnant dix moutons comme équivalent d'un chameau. Un des chameaux s'étant enfui, on chercha en vain à le rattraper. Comme on ne disposait que de peu de chevaux, un des hommes décocha une flèche à l'animal que Dieu arrêta ainsi. « Parmi ces animaux, dit le Prophète, il en est « qui fuient comme les animaux sauvages. Faites comme il vient « d'être fait contre ceux que vous ne pourrez rattraper. »

« Mon grand-père, dit ʿAbâya, répondit : « Nous attendons — ou, « suivant une variante, — nous craignons d'avoir contact avec l'en- « nemi demain et nous n'avons pas de couteaux; pouvons-nous « égorger nos animaux avec des roseaux? — L'animal dont le sang « a abondamment coulé et sur lequel le nom de Dieu a été pro- « noncé, mangez-le, répliqua le Prophète, pourvu qu'il n'ait pas été « saigné avec la dent et avec l'ongle; la raison de cela la voici : la « dent est un os et l'ongle est le couteau [2] des Abyssins. »

CHAPITRE IV. — Le mélange des dattes (d'espèces différentes) entre associés ne se fait que si les cocontractants l'autorisent.

1. *Ibn-ʿOmâr* dit que le Prophète a défendu à l'homme de mé-

[1] Il s'agit ici des dépenses faites à l'occasion de l'acte de société; elles doivent être supposées proportionnellement à l'apport de chacun.

[2] Les Abyssins, pour qui le sang n'était pas chose impure, étranglaient leurs victimes au lieu de les égorger; de là la métaphore employée ici.

langer deux espèces de dattes à moins d'avoir l'assentiment des propriétaires de ces fruits.

2. *Djabala* a dit : «Tandis que nous étions à Médine il y eut une disette, et Ibn-Ez-Zobaïr nous donnait des dattes. Quand Ibn-ʿOmar passait près de nous il disait : «Ne mélangez pas (les espèces «différentes), car le Prophète a interdit ce mélange. Toutefois «faites-le si votre frère vous y autorise.»

CHAPITRE V. — L'ESTIMATION DES CHOSES ENTRE ASSOCIÉS DOIT ÊTRE FAITE ÉQUITABLEMENT.

1. D'après *Ibn-ʿOmar*, l'Envoyé de Dieu a dit : «Celui qui affranchit sa part d'un esclave — le *râwi* hésite, sur le mot employé pour dire part, entre شقص, شرك et نصيب — et qui possède de quoi en payer le prix, estimé à une valeur équitable, devra l'affranchir (complètement). S'il ne possède pas la somme nécessaire, l'esclave ne sera affranchi que pour la somme payée.»

Les mots «sera affranchi pour la somme payée» appartiennent-ils au hadits ou sont-ils du *râwi?* Nâfiʿ, un des autres *râwi*, dit qu'il n'en sait rien.

2. D'après *Abou-Horaïra*, le Prophète a dit : «Celui qui affranchit partiellement son esclave doit compléter l'affranchissement de ses deniers (s'il le peut). S'il n'a pas la somme nécessaire, on estimera la valeur équitable de l'esclave, puis on le mettra en demeure de gagner (de quoi se libérer) sans toutefois lui imposer une tâche trop pénible.»

CHAPITRE VI. — EN CAS DE PARTAGE, PEUT-ON TIRER AU SORT LA PART ATTRIBUÉE À CHACUN DES COPARTAGEANTS?

1. *En-Noʿaman-ben-Bachîr* rapporte que le Prophète a dit : «Il en est de celui qui observe les prescriptions de Dieu et de celui qui les enfreint comme de gens qui se partageraient un navire, le sort ayant donné aux uns le bas du navire, aux autres la partie supérieure. Si ceux qui auront la partie inférieure et qui voudront s'abreuver d'eau, obligés de passer par la partie supérieure, disaient :

« Creusons un trou dans notre part de façon à ne pas gêner ceux « qui ont la partie supérieure », que ces derniers les laissent réaliser leur dessein, tous périront; si, au contraire, ils les en empêchent, ils seront sauvés eux et tous les autres. »

CHAPITRE VII. — De l'association de l'orphelin avec des personnes de la succession [1].

1. *ʿOrwa-ben-Ez-Zobaïr* ayant interrogé ʿAïcha au sujet de ces mots du Coran : « Si vous craignez de n'être pas équitables... quatre.... » (sourate IV, verset 3), celle-ci lui répondit : « Ô fils de ma sœur, il s'agit du cas de l'orpheline qui est sous la puissance de son tuteur (matrimonial) et qui lui est associée dans ses biens. Le tuteur, séduit par la beauté et la fortune de cette orpheline, voulant l'épouser, sans lui donner une dot équitable, il ne pourra le faire qu'en lui payant la dot que lui donnerait un autre que lui. On a interdit (aux tuteurs) d'épouser leurs pupilles à moins d'être justes envers elles et de leur assigner comme dot le maximum qui convient aux femmes de leur condition. Sinon ils doivent épouser d'autres femmes qui leur plaisent. »

« ʿAïcha, dit ʿOrwa, ajoute ceci : « Après la révélation du verset « ci-dessus, les fidèles avaient demandé à l'Envoyé de Dieu de leur « en donner l'interprétation. Alors Dieu révéla ce verset : « Et ils te « demandent des explications au sujet des femmes... que vous « désirez épouser » et sur ce que Dieu a dit : « On vous lira dans le « Coran... » (sourate IV, verset 126), c'est-à-dire dans le premier « verset où il est dit : « Si vous craignez de ne pas être équitables « envers les orphelines, épousez les femmes qui vous plaisent... » (sourate IV, verset 3). ʿAïcha dit que, par ces mots : « que vous « désirez épouser », il faut entendre celui qui désire épouser une « orpheline placée sous sa tutelle, quand cette orpheline a peu de « fortune et peu de beauté. Quant aux femmes orphelines, qu'on

[1] Il s'agit ici non seulement de co-héritiers, mais aussi de personnes à qui la mort du défunt confère certains droits tels que la tutelle.

« recherche à cause de leur fortune et de leur beauté, on ne doit « les épouser qu'autant qu'on agit équitablement du moment qu'on « dédaigne les autres (sans fortune et sans beauté). »

CHAPITRE VIII. — De l'association pour des terres ou pour autre chose.

1. *Djâbir-ben-ʿAbdallah* a dit : « Le Prophète n'a institué le droit de retrait que pour les choses qui ne sont pas susceptibles d'être partagées. Mais, quand on peut fixer des limites et avoir un chemin (d'accès), il ne doit pas y avoir de retrait. »

CHAPITRE IX. — Quand les associés ont partagé les maisons ou les autres choses, ils ne peuvent plus revenir sur ce qui a été fait, ni exercer le droit de retrait.

1. *Djâbir-ben-ʿAbdallah* a dit : « Le Prophète a jugé que le droit de retrait ne s'appliquait qu'aux choses non susceptibles d'être partagées. Mais quand on peut fixer des limites et avoir un chemin d'accès, il ne doit plus y avoir de retrait. »

CHAPITRE X. — De l'association pour l'or, pour l'argent et pour tous les cas où il y a (en même temps) change.

1. *Solaïmân-ben-Abou-Moslim* a dit : « Comme j'interrogeais Abou-'l-Minhâl au sujet du change, fait de la main à la main, il me répondit : « Nous avions, moi et un associé, acheté quelque chose « de la main à la main et aussi à terme. El-Barâ-ben-ʿÂzib étant « venu nous trouver nous le questionnâmes là-dessus. « J'avais, dit-il « fait la même chose, avec mon associé, Zeïd-ben-Arqam, et le « Prophète, interrogé par nous à ce sujet, nous répondit : « Ce qui « a eu lieu de la main à la main gardez-le; ce qui a été pris à terme « rendez-le. »

CHAPITRE XI. — Du fait de faire un ensemencement en commun avec un tributaire et un polythéiste.

1. *Nâfiʿ-ben-ʿAbdallah* a dit : « L'Envoyé de Dieu donna Khaïbar

aux juifs pour le mettre en valeur et l'ensemencer, et il leur attribua la moitié des produits. »

CHAPITRE XII. — Du partage des moutons et du fait de l'accomplir avec équité.

1. *ʿOqba-ben-ʿÂmir* rapporte que l'Envoyé de Dieu lui avait remis des moutons afin de les répartir entre ses compagnons pour la fête des sacrifices. Il resta un jeune mouton. J'annonçai la chose à l'Envoyé de Dieu qui me dit : « Sacrifie-le pour toi-même. »

CHAPITRE XIII. — De l'association pour les comestibles et autres choses. — *On rapporte qu'un homme marchandant quelque chose, un autre lui fit un signe d'intelligence. ʿOmar en conclut qu'il étaient associés.*

1. *Zohra-ben-Maʿbed* rapporte que quand son père ʿAbdallah-ben-Hichâm, qui vivait au temps du Prophète, avait été emmené par sa mère Zeïneb-bent-Ḥomaïd vers l'Envoyé de Dieu : « Ô Envoyé de Dieu, dit-elle, conclue avec lui le pacte de l'islam. — Il est bien jeune, répondit le Prophète. » Cependant il lui passa la main sur la tête et le bénit.

Zohra-ben-Maʿbed rapporte encore que son grand-père, ʿAbdallah-ben-Hichâm, l'emmenait au marché quand il allait acheter des grains et que, là, il rencontrait Ibn-ʿOmar et Ibn-Ez-Zobaïr qui lui disaient : « Prends-nous comme associés parce que le Prophète a appelé sur toi la bénédiction. » Il les prenait comme associés, et parfois la part de gain était un chameau tout chargé[1] que l'on envoyait à la maison.

El-Bokhâri ajoute : « Si un homme dit à un autre : « Prends-moi comme associé » et que ce dernier garde le silence ils sont associés pour moitié[2]. »

CHAPITRE XIV. — De l'association en matière d'esclaves.

1. D'après *Ibn-ʿOmar*, le Prophète a dit : « Celui qui affranchit

[1] Ou une charge de chameau seulement. L'expression employée est ambiguë.

[2] Ce paragraphe manque dans Qastallâni.

IMPRIMERIE NATIONALE.

un esclave pour la part qui lui appartient, doit affranchir cet esclave complètement s'il possède de quoi payer la somme représentant la valeur totale estimée à sa juste valeur. On donnera à chaque associé sa part du prix et l'esclave affranchi sera mis en liberté. »

2. D'après *Abou-Horaïra*, le Prophète a dit : « Quand quelqu'un affranchit un esclave pour la part qu'il en détient, cet esclave doit être affranchi par lui complètement s'il dispose de l'argent nécessaire. Sinon, on mettra l'esclave en mesure de se libérer (par son travail) sans toutefois lui imposer une tâche pénible. »

CHAPITRE XV. — De l'association en matière de victime avec guirlande destinée au pèlerinage. — *Quid de quelqu'un qui s'associe un autre pour la victime qu'il destine au pèlerinage?*

1. *Djâbir* rapporte d'après Ṭâous que Ibn-ʿAbbâs a dit : « Lorsque le Prophète et ses compagnons arrivèrent dans la matinée du quatrième jour de dzou-'l-hiddja, ils avaient fait la telbiya du pèlerinage seulement sans y rien ajouter. Aussitôt arrivés nous reçumes l'ordre de faire la telbiya de la visite pieuse et de reprendre notre liberté vis-à-vis de nos femmes. Cette nouvelle se répandit aussitôt. »

D'après ʿAṭâ, Djâbir a dit : « L'un de nous va-t-il donc aller à Mina, la verge dégouttant de sperme? » et, ce disant, il faisait un geste de la main. La chose étant parvenue aux oreilles du Prophète, il se leva et fit le discours suivant : « J'ai appris que certaines gens « disent telle et telle chose. Or, par Dieu! je suis plus pieux et « plus respectueux envers Dieu que pas un d'eux. Si j'avais pu « prévoir ce qui est arrivé je n'aurais pas amené de victime et, « même, si je n'avais pas de victime je quitterais l'état d'iḥrâm. »

« Alors Sorâqa-ben-Mâlik-ben-Djoʿchom se leva et dit : « Ô Envoyé « de Dieu, est-ce une exception faite pour nous, ou en sera-t-il tou- « jours ainsi? — Pas du tout, répondit-il, il en sera toujours ainsi. »

Ali-ben-Abou-Ṭâlib étant arrivé aurait dit, d'après Djâbir : « Je fais la même telbiya que celle qu'a faite l'Envoyé de Dieu. »

Selon Ibn-ʿAbbâs, il aurait dit : « Je fais la telbiya du pèlerinage de l'Envoyé de Dieu.» Le Prophète ordonna alors à Ali de se maintenir en état d'iḥrâm et il l'associa dans sa victime.

CHAPITRE XVI. — De celui qui, dans un partage, donne dix moutons pour l'équivalent d'un chameau.

1. *ʿAbâya-ben-Rifâʿa* rapporte que son grand-père, Râfiʿ-ben-Khadîjd, a dit : «Nous étions à Dzou-'l-Ḥolaïfa (point de telbiya) du Tihâma. Nous nous étions emparés de moutons et de chameaux. On se hâta de faire bouillir les marmites pleines de la viande provenant de ces animaux. L'Envoyé de Dieu, qui survint à ce moment, ordonna de renverser les marmites, puis il (fit le partage) en prenant dix moutons pour l'équivalent d'un chameau. Un chameau s'était enfui. Comme nous n'avions parmi nous que peu de chevaux, un homme décocha une flèche à l'animal et l'abattit. «Ces «animaux, dit l'Envoyé de Dieu, s'effarouchent comme des animaux «sauvages. Quand vous ne pouvez pas vous en rendre maîtres, «agissez à leur égard de cette façon.»

«Mon grand-père dit ensuite : «Ô Envoyé de Dieu, nous atten«dons — ou nous redoutons — la rencontre de l'ennemi demain. «Puisque nous n'avons pas de couteaux, pouvons-nous égorger nos «animaux avec des roseaux? — Hâte-toi — ou dépêche-toi, — «répondit le Prophète. L'animal dont le sang a été répandu abon«damment et sur qui on a prononcé le nom de Dieu, mangez-le, «pourvu qu'il n'ait pas été égorgé au moyen d'une dent ou d'un «ongle. Et voici l'explication de cela, c'est que la dent est un os et «que l'ongle sert de couteau aux Abyssins.»

AU NOM DE DIEU, LE CLÉMENT, LE MISÉRICORDIEUX.

TITRE XLVIII.

DU GAGE.

CHAPITRE PREMIER. — Du gage dans les villes. — *De ces mots du Coran : « Quand vous êtes en voyage et que vous ne trouvez pas d'écrivain, alors, des gages devront être pris...* » (sourate II, verset 283).

1. *Anas* a dit : « Le Prophète avait donné en gage sa cotte de mailles en garantie d'orge. J'allai lui apporter un pain d'orge et de la graisse rance fondue, car je l'avais entendu dire : « La famille « de Mahomet n'avait ce matin qu'un ṣâʿ (de dattes) et le soir elle « n'avait plus rien, car elle comptait neuf ménages [1]. »

CHAPITRE II. — De celui qui met en gage sa cote de mailles.

1. *El-Aswad* rapporte, d'après ʿAïcha, que le Prophète acheta d'un juif des grains à crédit et qu'il donna en gage sa cotte de mailles.

CHAPITRE III. — De celui qui met en gage des armes.

1. *Djâbir-ben-ʿAbdallah* a dit que l'Envoyé de Dieu s'étant écrié : « Qui me débarrassera de Kaʿb-ben-El-Achraf qui a mal agi envers Dieu et son Envoyé ? », Mohammed-ben-Maslama répondit : « Moi. » Il alla le trouver et lui dit : « Nous voudrions emprunter une charge ou deux charges. — Me donnerez-vous vos femmes en gage ? répondit-il. — Comment, lui répondit-on, pourrions-nous te donner nos femmes en gage à toi qui es le plus bel homme des Arabes ? — Donnez-moi vos fils en gage, reprit-il. — Com-

[1] Ou : « neuf femmes », chacune ayant un logement particulier.

ment, répliqua-t-on, pourrions-nous te donner nos fils en gage? On pourrait leur jeter à la face qu'ils ont été donnés en gage pour une charge ou deux charges, et ce serait une honte pour nous. Mais nous te donnerons en gage nos *lâma.* » — « Et par là, dit Sofiân, il faut entendre « les armes ». — Mohammed-ben-Maslama lui promit de revenir. Ils[1] tuèrent Ka'b et allèrent en informer l'Envoyé de Dieu.

CHAPITRE IV. — Du gage consistant en une monture ou en un animal donnant du lait. — *El-Moghîra a dit, d'après Ibrahîm, que l'animal égaré pouvait (légitimement) servir de monture ou être trait, à condition de lui fournir sa provende; la règle est la même quand l'animal est remis en gage.*

1. D'après *Abou-Horaïra* le Prophète disait : « L'animal donné en gage peut être monté, à condition de le nourrir, et (à cette condition) on est en droit de boire le lait d'un animal mis en gage. »

2. *Abou-Horaïra* a dit : « L'Envoyé de Dieu s'est exprimé ainsi : « On peut se servir du dos d'une monture en lui fournissant sa « nourriture, si l'animal est mis en gage. On peut boire le lait d'un « animal en lui fournissant sa nourriture, si l'animal est en gage. « C'est celui qui le monte ou le trait qui doit la nourriture de « l'animal. »

CHAPITRE V. — Du gage remis à un juif ou à tout autre.

1. *Ibrahîm-ben-El-Aswad* rapporte que 'Aïcha a dit : « L'Envoyé de Dieu avait acheté des grains d'un juif et il lui donna en gage sa cotte de mailles. »

CHAPITRE VI. — En cas de désaccord entre le constituant et le gagiste, c'est au demandeur de fournir la preuve et le serment incombe au défendeur.

1. *Ibn-Abou-Molaïka* a dit : « J'écrivis à Ibn-'Abbas qui me répon-

[1] Mohamed-ben-Maslama revint ensuite avec un complice et tua Ka'b. C'est à eux que se rapporte le pronom *Ils.*

dit par lettre que le Prophète avait décidé que le serment incombe au défendeur.»

2. D'après *Abou-Ouaïl,* ʿAbdallah a dit : «Celui qui prête serment en qualité de défendeur, dans le but de s'approprier un bien et qui fait un faux serment, trouvera Dieu irrité contre lui lorsqu'il le rencontrera. Ces paroles ont été confirmées plus tard par ce verset du Coran : «Ceux qui, moyennant un engagement «vis-à-vis de Dieu et des serments, achètent à vil prix...», et il récita le passage jusqu'à ces mots : «un châtiment douloureux» (sourate III, verset 71).

El-Achʿats-ben-Qaïs, survenant à ce moment, dit : «Que vous rapporte Abou-ʿAbderraḥman ?» Nous le lui répétâmes. «Il a raison, reprit-il, c'est à mon sujet que cette révélation a eu lieu. J'avais, à propos d'un puits, une contestation avec un homme. Nous portâmes notre différend devant l'Envoyé de Dieu qui me dit : «Produis deux témoins, sinon il va prêter serment. — Alors il va jurer, répliquai-je, car il n'a aucun scrupule. — Celui qui, ajouta l'Envoyé de Dieu, dans le but de s'approprier un bien, jure et fait un faux serment, trouvera Dieu irrité contre lui lorsqu'il le rencontrera.» Dieu a confirmé ces paroles en révélant ce verset que récita le Prophète : «Ceux qui, moyennant un engagement vis-à-vis de Dieu ou des serments, achètent à vil prix... un châtiment douloureux» (sourate III, verset 71).

AU NOM DE DIEU, LE CLÉMENT, LE MISÉRICORDIEUX.

TITRE XLIX.

DE L'AFFRANCHISSEMENT.

CHAPITRE PREMIER. — De ce qui a été rapporté au sujet de l'affranchissement et de ses mérites. — *De ces mots du Coran : « Il rachètera un captif — ou il nourrira au jour de la disette — un orphelin qui est son proche »* (sourate xc, versets 13, 14 et 15).

1. *Sa'îd-ben-Mardjâna*, le compagnon de 'Ali-ben-El-Ḥosaïn, rapporte que Abou-Horaïra lui a dit que le Prophète avait prononcé ces mots : « L'homme, quel qu'il soit, qui affranchira un musulman, Dieu, pour chacun des membres de l'esclave, délivrera du feu de l'Enfer chacun des membres de cet homme. » — « Comme, ajoute Sa'îd-ben-Mardjâna, j'allai rapporter ce hadits à 'Ali-ben-El-Ḥosaïn, celui-ci se rendit auprès d'un esclave dont 'Abdallah-ben-Djâ'far lui avait offert dix mille dirhems ou mille dinars et l'affranchit aussitôt. »

CHAPITRE II. — Quel est l'esclave (dont l'affranchissement est) le plus méritoire.

1. *Abou-Dzarr* a dit : « J'interrogeai le Prophète pour savoir quelle était l'œuvre la plus méritoire. « La foi en Dieu, répondit-il, « et le djihâd dans sa voie. — Et quel est l'esclave dont l'affran« chissement est le plus méritoire? lui demandai-je. — Celui « qui a coûté le plus cher, répondit-il, et auquel son maître tient « le plus. — Et si je ne puis le faire? repris-je. — Alors, répli« qua-t-il, aide-le dans son métier [1] ou, s'il ne sait rien faire,

[1] Au lieu de صانعا on lit également ضائعا, et alors le sens serait : « viens en aide à un malheureux ».

« travaille pour lui. — Et si je ne le fais pas ? — Alors tu t'abs-
« tiendras de faire du mal et ce sera une façon d'aumône dont tu
« bénéficieras. »

CHAPITRE III. — De l'affranchissement recommandé à l'occasion d'une éclipse ou d'un cataclysme.

1. D'après *Asmâ-bent-Abou-Bakr*, le Prophète a ordonné de faire des affranchissements à l'occasion de l'éclipse de soleil.

In fine, indication d'un autre *isnâd*.

2. D'après *Fâṭima-bent-El-Mondzir*, Asma-bent-Abou-Bakr a dit : « On nous ordonna de faire des affranchissements à l'occasion de l'éclipse (de lune). »

CHAPITRE IV. — De l'affranchissement de l'esclave (mâle) qui appartient à deux[1] personnes, ou de la femme esclave appartenant à des associés.

1. D'après *Sâlim*, le Prophète a dit : « Celui qui affranchit un esclave dont il possède une partie avec un tiers devra, si ses moyens le lui permettent, faire estimer la part du tiers et compléter ensuite l'affranchissement. »

2. D'après *ʿAbdallah-ben-ʿOmar*, l'Envoyé de Dieu a dit : « Celui qui affranchit un esclave pour la part dont il est propriétaire, et qui disposera de la somme nécessaire pour compléter l'affranchissement, fera estimer à sa juste valeur cet esclave et donnera à chacun de ses coassociés la somme qui leur revient pour affranchir complètement cet esclave. Si ses ressources ne lui permettent pas d'agir ainsi, l'esclave restera affranchi partiellement. »

3. Selon *Ibn-ʿOmar*, l'Envoyé de Dieu a dit : « Celui qui affranchit un esclave pour la part dont il est propriétaire doit l'affranchir en entier si ses ressources lui permettent de payer la somme totale. S'il n'a pas les ressources nécessaires, celui qui a affranchi fera

[1] Ou plusieurs personnes.

estimer la valeur de l'esclave qui restera affranchi partiellement.»

Ces derniers mots sont-ils de Nâfiʿ ou font-ils partie du hadits? Ayyoub, un des *râwi*, déclare qu'il l'ignore.

4. D'après *Ibn-ʿOmar*, le Prophète a dit : «Celui qui affranchit un esclave pour la part qu'il en possède, doit affranchir cet esclave complètement s'il possède de quoi payer la somme représentant la valeur totale estimée à sa juste valeur, sinon, ajoute le *râwi Nâfiʿ*, l'esclave restera affranchi partiellement.»

5. *Nâfiʿ* rapporte que Ibn-ʿOmar avait formulé la règle suivante au sujet de l'esclave homme ou femme appartenant à plusieurs copropriétaires et que l'un d'eux a affranchi pour sa part : «Celui-ci, disait-il, doit affranchir l'esclave complètement s'il a la somme nécessaire pour payer le prix total estimé à sa juste valeur. Il payera alors à chacun des copropriétaires la valeur de sa part, et l'esclave, alors affranchi, sera mis en liberté.» Ibn-ʿOmar donnait cette information d'après le Prophète.

Indication d'autres *isnâd*.

CHAPITRE V. — Celui qui a affranchi un esclave pour la part qu'il possède et qui n'a pas les ressources nécessaires (pour l'affranchir complètement) devra mettre cet esclave en demeure de gagner (de quoi se libérer), sans toutefois lui imposer une tâche trop pénible, c'est-à-dire comme on agit pour l'affranchissement contractuel.

1. Suivant deux *isnâd* différents, *Abou-Horaïra* rapporte que le Prophète a dit : «Celui qui affranchit une part[1] d'un esclave devra le libérer complètement de ses deniers s'il possède les ressources (nécessaires). Sinon, on estimera la valeur de l'esclave et on le mettra en demeure de gagner (de quoi se libérer), sans toutefois lui imposer une tâche trop pénible.»

Confirmation du hadits d'après une autre source.

CHAPITRE VI. — De l'erreur et de l'omission dans (la formule de) l'af-

[1] Le texte porte deux mots synonymes, sur l'emploi desquels le râwi n'était point certain : ce sont les mots : نصيب et شقيص.

FRANCHISSEMENT, DE LA RÉPUDIATION, ETC. — *Il n'y a pas d'affranchissement sinon en vue de la face de Dieu. — Le Prophète a dit : « A chaque homme il sera tenu compte de ses intentions. » — Il n'y a pas intention chez celui qui oublie et qui se trompe (involontairement).*

1. *Abou-Horaira* a dit : « Le Prophète a prononcé les paroles suivantes : « Par égard pour moi, Dieu ne tiendra aucun compte « des suggestions venues aux cœurs (des fidèles) de ma nation tant « qu'elles ne se seront pas manifestées par des actes ou par des « paroles. »

2. *'Omar-ben-El-Khaṭṭâb* rapporte que le Prophète a dit : « Les actes ne valent que par l'intention. A chaque homme il ne sera tenu compte que de ses intentions. Pour celui qui aura émigré en vue de Dieu et de son Envoyé, son émigration lui sera comptée pour Dieu et son Envoyé. Quant à celui qui aura émigré en vue de biens terrestres, ou afin de trouver une femme à épouser, l'émigration ne comptera que pour le but qui aura déterminé son voyage. »

CHAPITRE VII. — De celui qui dit à son esclave : « Il est à Dieu », et qui, ce disant, a l'intention de l'affranchir, et du fait de prendre à témoin qu'on affranchit.

1. D'après *Qaïs*, lorsque Abou-Horaïra vint pour embrasser l'islamisme, il avait avec lui son esclave. En route chacun d'eux ayant perdu son compagnon, l'esclave arriva le dernier et trouva Abou-Horaïra assis avec le Prophète. « Ô Abou-Horaïra, dit le Prophète, voici ton esclave qui vient te rejoindre. — En vérité, répondit Abou-Horaïra, je te prends à témoin qu'il est libre. » Cet affranchissement avait été résolu quand Abou-Horaïra avait récité ce vers :

Quelle nuit longue et pénible! et pourtant c'est grâce à elle que je suis délivré du fléau de l'infidélité.

2. D'après *Qaïs*, Abou-Horaïra a dit : « Comme je me rendais auprès du Prophète, je dis en route :

Quelle nuit longue et pénible! et pourtant c'est grâce à elle que je suis délivré du fléau de l'infidélité.

«A ce moment, mon esclave m'abandonna en chemin. Arrivé chez le Prophète, je lui prêtai serment de fidélité et, pendant que j'étais encore auprès de lui, l'esclave se montra. «Ô Abou-Horaïra, «me dit alors l'Envoyé de Dieu, voici ton esclave. — Il est libre «pour la face de Dieu, répondis-je.» Et je l'affranchis.»

In fine, indication d'une variante consistant en l'omission du mot حر «libre».

3. *Qaïs* a dit : «Quand Abou-Horaïra, accompagné de son esclave, vint afin d'embrasser l'islamisme, chacun d'eux avait perdu son compagnon de route. «En vérité, dit Abou-Horaïra, je te prends «à témoin que cet homme est à Dieu[1].»

CHAPITRE VIII. — DE LA MÈRE DE L'ENFANT[2]. — *Abou-Horaïra dit, d'après le Prophète, qu'un des signes de l'Heure suprême sera que la femme esclave donnera naissance à son maître.*

1. *ʿOrwa-ben-Ez-Zobair* rapporte que ʿAïcha a dit : «ʿOtba-ben-Abou-Ouaqqâṣ avait fait prendre à son frère Saʿd-ben-Abou-Ouaqqâṣ l'engagement de garder auprès de lui le fils de l'esclave de Zemaʿa, en lui disant qu'il était son fils. Quand l'Envoyé de Dieu vint à la Mecque au temps de la conquête de cette ville, Saʿd prit avec lui l'enfant de l'esclave de Zemaʿa et se rendit auprès de l'Envoyé de Dieu en compagnie de ʿAbdo-ben-Zemaʿa. «Ô Envoyé de Dieu, dit Saʿd, cet «enfant est le fils de mon frère, il m'a assuré que c'était son fils. «— Ô Envoyé de Dieu, dit alors ʿAbdo-ben-Zemaʿa, cet enfant est «mon frère, le fils de Zemaʿa, il est né de son lit.» Examinant le fils de l'esclave de Zemaʿa, l'Envoyé de Dieu, trouvant qu'il ressemblait étonnamment à ʿOtba, dit : «Il est ton frère, ô ʿAbdo-ben-«Zemaʿa, puisqu'il est né du lit de ton père.» Puis il ajouta : «Ô Sauda-bent-Zemaʿa, cache ton visage devant lui», parce qu'il

[1] C'est une des formules que l'on emploie quand on fait un affranchissement contractuel.

[2] L'expression «mère d'enfant» est employée spécialement pour désigner la femme esclave devenue mère des œuvres de son maître et qui, par ce seul fait, devient entièrement libre.

trouvait que l'enfant ressemblait à ʿOtba. Sauda était une des femmes du Prophète.»

CHAPITRE IX. — De la vente de l'affranchi posthume.

ʿAmr-ben-Dînâr a entendu Djâbir-ben-ʿAbdallah dire : «Un des nôtres avait affranchi un de ses esclaves de l'affranchissement dit *posthume*. Le Prophète manda cet esclave et le vendit[1].» Djâbir ajouta : «Cet esclave mourut dans le courant de l'année.»

CHAPITRE X. — De la vente et de la donation du droit de patronage.

1. *Ibn-ʿOmar* a dit : «La Prophète a interdit de vendre le droit de patronage et d'en faire donation.»

2. *El-Aswad* rapporte que ʿAïcha a dit : «J'avais acheté Barîra et ses maîtres avaient stipulé qu'ils conserveraient le droit de patronage. Quand je parlai de cela au Prophète, il me dit : «Affranchis-«la ; le droit de patronage appartient à celui qui a donné l'argent.» J'affranchis Barîra, et le Prophète l'ayant fait appeler lui laissa le choix de garder son mari[2] (ou de reprendre sa liberté). «Il me «donnerait telle et telle chose, s'écria-t-elle, que je ne voudrais «pas rester avec lui.» Puis elle choisit sa liberté.»

CHAPITRE XI. — Quand le frère ou l'oncle paternel d'un homme est fait prisonnier, celui-ci doit-il le racheter s'il s'agit d'un polythéiste? — *Anas a dit : «El-ʿAbbâs dit au Prophète : «Je me suis racheté et j'ai racheté ʿAqîl.» ʿAli avait droit à une part de ce butin qui comprenait son frère ʿAqîl et son oncle paternel ʿAbbâs[3].»*

1. D'après *Ibn-Chihâb*, Anas-ben-Mâlik lui a raconté que des hommes des Anṣâr demandèrent à l'Envoyé de Dieu une audience

(1) Cette vente fut faite à un tiers pour la somme de 800 dirhems que le Prophète remit au propriétaire de l'esclave.

(2) Ce mari était, dit-on, esclave; mais le fait est contesté de savoir s'il était ingénu ou esclave; c'est ce qui explique la réponse faite par Barîra.

(3) Par suite de cette circonstance, ʿAli se trouvait, pour une partie, propriétaire de son frère et de son oncle, puisque ceux-ci, en qualité de prisonniers, faisaient partie du butin.

et lui dirent : «Autorise-nous à abandonner (une part du butin) pour le rachat de 'Abbâs, le fils de notre sœur. — Non, répondit-il, vous n'abandonnerez pas un seul dirhem.»

CHAPITRE XII. — De l'affranchissement fait par le polythéiste.

1. *Hichâm* rapporte que Ḥakîm-ben-Ḥizâm, avant d'être musulman, avait affranchi cent esclaves et apporté (des offrandes) sur cent chameaux[1]. Quant il fut musulman, il apporta (des offrandes) sur cent chameaux et il affranchit cent esclaves. «J'interrogeai, dit Ḥakîm, l'Envoyé de Dieu et lui dis : «Ô Envoyé de Dieu, que «penses-tu qu'il adviendra des choses que je faisais dans un but «pieux avant d'être musulman ? — En adoptant l'islamisme, ré«pondit l'Envoyé de Dieu, tu as conservé le bénéfice du bien que «tu avais fait précédemment.»

CHAPITRE XIII. — De l'Arabe qui, maître d'une esclave[2], la donne, la vend, la rachète, cohabite avec elle et emmène en captivité sa descendance. — *De ces mots du Coran : «Dieu vous propose de comparer un esclave, au pouvoir de son maître et ne disposant de rien, avec un homme à qui nous avons octroyé une belle fortune qu'il dépense en secret et en public. Sont-ils égaux? Non, certes; Dieu soit loué, mais la plupart des hommes ne le sauront jamais»* (sourate XVI, verset 77).

1. *Meroudân* et *El-Misouar-ben-Makhrama* rapportent tous deux que le Prophète se leva quand la députation des Hawâzin arriva. Ceux-ci demandaient qu'on leur rendît les richesses prises ainsi que les captifs : «J'ai avec moi, répondit le Prophète, les gens que vous voyez; or le discours que je préfère, c'est le plus sincère. Choisissez un des deux lots suivants : les richesses ou les captifs, car j'ai retardé le partage (du butin).» Le Prophète, en effet, avait attendu cette députation pendant dix et quelques jours après son retour de Ṭâïf. Voyant bien que le Prophète ne rendrait que l'une des deux choses,

(1) A l'occasion du pèlerinage.

(2) Ou : «un esclave». C'est à cause du verbe cohabiter qu'il a été nécessaire de mettre le féminin dans la traduction. Si l'on a employé le mot «arabe» au lieu de «musulman», c'est, disent les commentateurs, que le hadits s'applique également à tous les non musulmans.

les députés répondirent : «Nous choisissons nos captifs.» Le Prophète se leva au milieu de la foule et, après avoir loué Dieu autant qu'il en est digne, il ajouta : «Voici les faits : Vos frères sont venus pleins de repentir et je suis d'avis de leur rendre leurs captifs. Que ceux d'entre vous qui consentent de bon gré à cela s'exécutent. Que ceux qui désirent conserver leur part de butin entière donnent également leurs captifs et qu'ils attendent que nous leur rendions cela sur le premier butin que Dieu nous accordera. — Nous te les donnons de bon gré, s'écrièrent les fidèles. — Je ne puis distinguer, reprit le Prophète, quels sont ceux d'entre vous qui m'autorisent et ceux qui ne m'autorisent pas. Retournez dans vos demeures, et vos chefs nous feront connaître votre décision.» Les fidèles rentrèrent chez eux; leurs chefs les interrogèrent, puis revinrent trouver le Prophète et lui annoncèrent que tous consentaient de bon gré et autorisaient (la restitution des captifs). «Voilà, dit le râwi Ez-Zohri, ce que nous avons appris au sujet des captifs des Hawâzin.»

Anas a dit que ʿAbbâs dit au Prophète : «J'ai racheté ma personne et j'ai racheté ʿAqîl (avec le produit du butin).»

2. *Ibn-ʿAoun* a dit : «J'avais écrit à Nâfiʿ; il me répondit également par écrit que le Prophète avait fait une expédition contre les Benou-'l Moṣṭalaq et les avait surpris au moment où ils abreuvaient leurs troupeaux, qu'il avait tué un certain nombre de combattants et emmené leurs enfants en captivité; ce fut ce jour-là que le Prophète prit Djowaïria. C'est ʿAbdallah-benʿOmar, ajoutait-il, qui m'a raconté ce fait et il faisait partie de cette expédition.»

3. *Ibn-Moḥaïriz* a dit : «J'ai vu Abou-Saʿîd, et, comme je le questionnais, il me répondit : «Nous partîmes avec l'Envoyé de Dieu «pour une expédition contre les Benou-'l-Moṣṭalaq. Nous fîmes un «certain nombre de captifs. Nous recherchions les femmes, car le «célibat nous pesait; mais nous voulions cependant agir de façon à «ne pas avoir d'enfants[1]. Nous interrogeâmes l'Envoyé de Dieu à ce

[1] Mot à mot : nous aimions à nous retirer (au moment de l'éjaculation).

« sujet et il nous répondit : « Il n'y a aucun mal à ce que vous agis« siez ainsi, car, d'ici au jour de la Résurrection, tout être dont l'exis« tence aura été prédestinée ne manquera pas d'exister. »

4. Suivant deux *isnâd* différents, *Abou-Zorʿa* rapporte que Abou-Horaïra a dit : « Depuis trois jours j'avais une affection particulière pour les Benou-Tamîm, parce que j'avais entendu l'Envoyé de Dieu en faire l'éloge et que je l'avais entendu dire : « Ils seront les plus « vaillants de mon peuple contre l'antéchrist. » Les Benou-Tamîm ayant apporté leur dîme, l'Envoyé de Dieu dit : « Cette dîme est « la dîme des nôtres. » Et, ʿAïcha ayant une captive appartenant à cette tribu, il lui dit : « Affranchis-la, car c'est une descendante « d'Ismaʿël. »

CHAPITRE XIV. — De celui qui éduque sa servante et lui donne de l'instruction.

1. D'après *Abou-Mousa*, l'Envoyé de Dieu a dit : « Celui qui, ayant une servante esclave, l'élève[1] et la soigne, puis l'affranchit et l'épouse, aura une double récompense. »

CHAPITRE XV. — *De ces paroles du Prophète : « Les esclaves sont vos frères, nourrissez-les de ce que vous mangez vous-mêmes. » — De ces mots du Coran : « Adorez Dieu ; ne lui associez rien (dans votre culte). Pour vos père et mère soyez bons ; soyez-le pour vos proches, pour les orphelins, les malheureux, pour le voisin parent ou étranger, pour le compagnon de route, le voyageur, et ceux dont vous êtes les maîtres. Dieu n'aime pas l'homme qui est présomptueux et orgueilleux »* (sourate iv, verset 40). — *El-Bokhâri explique les mots* ذوالقربى *par « proche » et* الجنب *par « étranger ».*

1. *El-Maʿrour-ben-Souaïd* a dit : « Je vis Abou-Dzarr-El-Ghifâri revêtu d'une tunique ; son esclave en portait une également. Questionné par nous à ce sujet, il répondit : « J'avais injurié un homme « qui alla porter plainte au Prophète. Celui-ci me dit : « L'as-tu

[1] Au lieu de غذاها, on trouve la variante فعلمها « l'instruit », qui concorde mieux avec la rubrique.

« injurié en la personne de sa mère ? » Puis il ajouta : « Les esclaves « sont vos frères ; ce sont des serviteurs que Dieu a placés en votre « pouvoir. Que celui qui a un frère en son pouvoir le nourrisse des « choses dont il se nourrit lui-même, qu'il l'habille comme il s'ha- « bille lui-même, qu'il ne lui impose aucune chose au-dessus de ses « forces, ou s'il lui en impose une qu'il lui vienne en aide. »

CHAPITRE XVI. — De l'esclave qui se distingue par sa piété envers le Seigneur et qui donne de bons conseils à son maître.

1. Selon *Ibn-'Omar*, l'Envoyé de Dieu a dit : « L'esclave qui donne de bons conseils à son maître et qui se distingue par sa piété envers le Seigneur, aura une double récompense. »

2. D'après *Abou-Mousa-El-Ach'ari*, le Prophète a dit : « L'homme, quel qu'il soit, qui, ayant une esclave, l'éduque, lui donne une bonne instruction, l'affranchit et l'épouse, aura une double récompense. L'esclave, quel qu'il soit, qui remplira ses devoirs envers Dieu et envers ses maîtres aura une double récompense. »

3. Selon *Abou-Horaïra*, l'Envoyé de Dieu a dit : « Une double récompense sera accordée à l'esclave pieux en possession de son maître. J'en jure par celui qui tient mon âme entre ses mains, ajouta-t-il, n'étaient la lutte dans la voie de Dieu, le pèlerinage et les devoirs de la piété filiale envers ma mère, j'aurais voulu mourir étant esclave. »

4. D'après *Abou-Horaïra*, le Prophète a dit : « Heureux celui d'entre vous qui se distingue par sa piété envers le Seigneur et qui donne de bons conseils à son maître. »

CHAPITRE XVII. — De la réprobation qui s'attache à celui qui surmène son esclave et qui dit : « Mon esclave mâle, mon esclave femme ». — *De ces mots du Coran : « . . . et vos esclaves pieux et vos esclaves femmes . . . »* (sourate XXIV, verset 32) ; « . . . *et un esclave en possession de son maître* . . . » (sourate XVI, verset 77) ; « . . . *et ils trouvèrent tous deux son mari devant la porte* . . . » (sourate XII, verset 25) ; « . . . *de vos esclaves croyantes* » (sourate IV, verset 29). — *Le Prophète a dit : « Allez trouver votre maître. »*

— « . . . *Rappelle-moi à ton seigneur, à ton maître . . .* » (sourate xii, verset 42). — « *Qui est votre maître?* », *a dit le Prophète.*

1. D'après *'Abdallah*, le Prophète a dit : « L'esclave, qui donne de bons conseils à son maître et qui se distingue par sa piété envers le Seigneur aura une double récompense. »

2. D'après *Abou-Mousa*, le Prophète a dit : « L'esclave qui se distingue par sa piété envers le Seigneur et qui remplit tous ses devoirs à l'égard de son maître, en lui donnant de bons conseils et en lui étant soumis, aura une double récompense. »

3. *Abou-Horaïra* rapporte que le Prophète a dit : « Qu'aucun de vous n'emploie ces expressions : « donne à manger, offre l'ablution, donne à boire à ton seigneur ». Dites : « ton maître — (en se servant du mot سيد ou du mot مولى) » — Qu'aucun de vous ne dise : « mon esclave homme, mon esclave femme »; qu'il dise : « mon serviteur, ma servante ou mon garçon. »

4. Selon *Ibn-'Omar*, le Prophète a dit : « Celui qui affranchit un esclave pour la part dont il est propriétaire, doit l'affranchir (complètement) de ses deniers, s'il possède de quoi payer la valeur de cet esclave estimé à juste prix. Sinon, l'esclave restera affranchi partiellement. »

5. D'après *'Abdallah*, le Prophète a dit : « Chacun de vous est un pasteur à qui on demandera compte de son troupeau. Le prince qui commande au peuple est un pasteur et on lui en demandera compte. La femme est un pasteur pour la maison de son mari et pour ses enfants, on lui en demandera compte. L'esclave est un pasteur en ce qui concerne le bien de son maître, on lui en demandera compte. N'êtes-vous donc pas tous des pasteurs à qui on demandera compte de son troupeau? »

6. *Abou-Horaïra* et *Zeïd-ben-Khâlid* rapportent que le Prophète a dit : « Si une femme esclave fornique, frappez-la du fouet; si elle recommence, frappez-la encore. A la troisième ou à la quatrième fois, vendez-la, fût-ce pour un bout de ficelle. »

CHAPITRE XVIII. — De celui à qui son domestique[1] apporte le repas.

1. *Abou-Horaïra* rapporte que le Prophète a dit : « Quand l'un de vous reçoit son domestique qui lui apporte son repas, s'il ne fait pas asseoir le domestique avec lui, qu'il lui offre une bouchée ou deux bouchées — le *râwi* hésite sur le point de savoir si le mot employé est لقمة ou أكلة — car c'est le domestique qui a eu la peine de préparer ce repas. »

CHAPITRE XIX. — L'esclave est un pasteur pour le bien de son maître. — *Le Prophète attribue au maître le bien (de l'esclave)*[2].

1. *'Abdallah-ben-'Omar* a entendu l'Envoyé de Dieu dire : « Chacun de vous est un pasteur à qui on demandera compte de son troupeau. Le Pontife suprême est un pasteur, on lui demandera compte de ses sujets. Pour les gens de sa maison l'homme est un pasteur et on lui demandera compte de son troupeau. La femme est un pasteur pour la maison de son mari et on lui demandera compte de son troupeau. Le serviteur est un pasteur en ce qui concerne le bien de son maître et on lui demandera compte de son troupeau. » — « J'ai entendu nommer tous ces personnages par le Prophète, dit 'Abdallah, et je crois qu'il a ajouté : « L'homme est un pasteur pour « le bien de son père et on lui demandera compte de son troupeau. « Chacun de vous est un pasteur et on lui demandera compte de « son troupeau. »

CHAPITRE XX. — Quand on frappe l'esclave, éviter de l'atteindre au visage.

1. Suivant deux *isnâd* différents, *Abou-Horaïra* rapporte que le Prophète a dit : « Quand l'un de vous combat, qu'il évite de frapper le visage. »

[1] Que ce domestique soit de condition libre ou esclave, on doit agir de la même façon.

[2] D'après le commentaire, la condition serve est incompatible avec le droit de propriété.

AU NOM DE DIEU, LE CLÉMENT, LE MISÉRICORDIEUX.

TITRE L.

DE L'AFFRANCHI CONTRACTUEL.

CHAPITRE PREMIER[1]. — DE LA FAUTE QUE COMMET CELUI QUI CALOMNIE SON ESCLAVE.

CHAPITRE PREMIER (*bis*). — DE L'AFFRANCHI CONTRACTUEL, DES ÉCHÉANCES[2] QUI LUI SONT FIXÉES, UNE ÉCHÉANCE CHAQUE ANNÉE. — *De ces mots du Coran : «... Ceux d'entre vos esclaves qui désirent un contrat d'affranchissement, accordez-le leur si vous les reconnaissez solvables*[3], *et donnez-leur une partie du bien de Dieu que vous avez reçu»* (sourate XXIV, verset 33). — *D'après Ibn-Djoraïdj, Rauḥ a dit : «Comme je demandais à ʿAṭâ s'il était obligatoire pour moi d'affranchir par contrat mon esclave, si je savais qu'il avait les ressources nécessaires, il me répondit : «Pour moi, il me semble que c'est obligatoire.» — «Ayant, dit ʿAmr-ben-Dînâr, demandé à ʿAṭâ : «Est-ce une opi«nion émise par quelqu'un que tu donnes?», il répondit : «Non.» Puis il me raconta que Mousa-ben-Anas l'avait informé que Sîrîn, qui possédait un bien considérable, avait demandé à Anas de l'affranchir contractuellement. Anas ayant refusé, Sîrîn alla trouver ʿOmar qui dit à Anas : «Affranchis-le.» Et comme celui-ci refusait encore, il le frappa de sa cravache en récitant ces mots du Coran : «Accordez-leur un contrat d'affranchissement si vous les reconnaissez solvables.» Alors Anas fit le contrat. — El-Laïts a dit : «Younos m'a rapporté, d'après Ibn-Chihâb, ces paroles d'Orwa : «ʿAïcha a dit que Barîra «entra chez elle pour la prier de lui venir en aide pour son contrat d'affranchis-*

[1] Ce «chapitre premier» ne figure pas dans l'édition de Krehl.

[2] Le mot traduit par «échéance» signifie à la lettre «étoile, astre». Le commentateur fait remarquer à ce propos que les Arabes ne pouvaient reconnaître le retour périodique d'une date autrement que par la présence de telle ou telle étoile au-dessus de l'horizon.

[3] Le texte dit mot à mot : «Si vous savez qu'il y a en eux du bien», ce qui pourrait s'entendre également dans le sens de «si vous les jugez honnêtes». Comme il s'agit d'un contrat il faut que le maître juge son esclave capable de remplir honnêtement des engagements pécuniaires échelonnés parfois sur un assez long espace de temps.

« sement, car elle devait cinq onces échelonnées par termes pendant cinq ans. « Comme je tenais à cette Barîra, continua ʿAïcha, je lui dis : « Que penserais-tu si je comptais à tes maîtres la somme en une seule fois? Tes maîtres « consentiraient-ils à te vendre à moi? Alors, je t'affranchirais et j'aurais sur « toi le droit de patronage. » — Barîra partit aussitôt trouver ses maîtres et « leur fit part de cette proposition. — « Non, répondirent-ils, nous n'accepterons « que si nous avons le droit de patronage. » — ʿAïcha se rendit auprès de l'Envoyé « de Dieu et lui rapporta la chose. » — « Achète-la, répondit l'Envoyé de Dieu, « et affranchis-la; le droit de patronage appartient à celui qui a affranchi. » — « Se levant ensuite, l'Envoyé de Dieu dit : — « Qu'ont donc certains hommes à « stipuler des conditions qui ne figurent pas dans le Livre de Dieu? Toute sti- « pulation qui ne figure pas dans le Livre de Dieu est nulle. Les conditions de « Dieu sont les plus équitables et les plus sûres. »

CHAPITRE II. — Des conditions permises dans l'affranchissement contractuel. De celui qui stipule des conditions qui ne figurent pas dans le Livre de Dieu. — *Là-dessus un hadits d'Ibn-ʿOmar.*

1. D'après *ʿOrwa*, ʿAïcha a raconté que Barîra vint la trouver pour lui demander de l'aider dans son contrat d'affranchissement alors qu'elle n'avait encore rien payé de la somme convenue : « Va retrouver tes maîtres, lui dit ʿAïcha; s'ils y consentent, je payerai pour toi la somme fixée pour ton affranchissement et j'aurai sur toi le droit de patronage. » Barîra alla rapporter ces paroles à ses maîtres qui refusèrent en disant : « Si elle veut payer pour toi, qu'elle le fasse, mais le droit de patronage nous appartiendra. » ʿAïcha fit part de la chose à l'Envoyé de Dieu qui lui répondit : « Achète et affranchis; le droit de patronage n'est qu'à celui qui affranchit. » Puis l'Envoyé de Dieu se leva et dit : « Qu'ont donc certaines gens à stipuler des conditions qui ne figurent point dans le Livre de Dieu? Celui qui stipule une condition qui ne figure pas dans le Livre de Dieu n'y aura aucun droit, l'eût-il énoncée cent fois. Les conditions de Dieu sont les plus équitables et les plus sûres. »

2. *ʿAbdallah-ben-ʿOmar* dit : « ʿAïcha voulait acheter une femme esclave pour l'affranchir. Les maîtres y mirent comme condition qu'ils auraient le droit de patronage : « On ne peut absolument pas

« t'empêcher d'avoir ce droit, dit l'Envoyé de Dieu à ʿAïcha, car le « droit de patronage n'appartient qu'à celui qui affranchit. »

CHAPITRE III. — De l'affranchi contractuel qui demande aide et qui s'adresse dans ce but à quelqu'un.

1. *ʿOrwa* rapporte que ʿAïcha a dit : « Barîra vint et me dit : « J'ai fait contrat pour mon affranchissement moyennant neuf onces « (40 dirhems), à raison d'une once par an; venez à mon aide. — Si, « répondit ʿAïcha, tes maîtres le veulent, je leur compterai cette « somme en une seule fois et je t'affranchirai ensuite, mais le droit « de patronage m'appartiendra. » Barîra alla chez ses maîtres qui refusèrent cette combinaison. Elle revint ensuite et me dit : « J'ai exposé « la chose à mes maîtres, mais ils refusent à moins qu'on ne leur « laisse le droit de patronage. » L'Envoyé de Dieu, ayant entendu parler de cela, me questionna et, quand je lui eus raconté les faits, il me dit : « Prends-la, affranchis-la, et stipule que le droit de pa- « tronage leur appartiendra; or, le droit de patronage n'appartient « qu'à celui qui affranchit. »

« A ce moment, ajoute ʿAïcha, l'Envoyé de Dieu se leva, loua Dieu et lui rendit grâces, puis il dit : « Et maintenant, à quoi pen- « sent donc certains hommes d'entre vous lorsqu'ils stipulent une « condition qui ne figure pas dans le Livre de Dieu ? Elle est nulle. Y « eût-il cent conditions, que la décision de Dieu est plus équitable « et plus sûre. A quoi donc pensent certains hommes d'entre vous « quand l'un d'eux dit : « Affranchis, ô un tel, et moi j'aurai le droit « de patronage. Le droit de patronage n'appartient qu'à celui qui affranchit. »

CHAPITRE IV. — De la vente de l'affranchi contractuel quand il y consent. — *ʿAïcha a dit : « Il reste esclave tant qu'il doit quelque chose. » — Zeïd-ben-Tsâbit a dit : « Tant qu'il doit un dirhem. » — Ibn-ʿOmar a dit : — « Il reste esclave, qu'il vive, qu'il meure ou qu'il soit criminel, tant qu'il doit quelque chose. »*

1. D'après *ʿAmra-bent-Abderraḥman*, Barîra alla trouver la

mère des Croyants, ʿAïcha, et lui demanda de lui venir en aide : « Si, lui dit ʿAïcha, tes maîtres le veulent, je leur verserai en une seule fois ton prix et je t'affranchirai. » Barîra alla rapporter ces paroles à ses maîtres qui répondirent : « Non, à moins que le droit de patronage ne nous appartienne. » Suivant un des râwi, Mâlik, un autre *râwi* Yaḥya a dit : « ʿAmra prétend que ʿAïcha, ayant parlé de cela à l'Envoyé de Dieu, celui-ci, lui aurait répondu : « Achète « et affranchis, le droit de patronage n'appartient qu'à celui qui « affranchit. »

CHAPITRE V. — Du cas où l'affranchi contractuel dit : « Achète-moi et affranchis-moi ». et où on l'achète dans ce but.

1. *Abou-Aïman* a dit : « J'entrai chez Aïcha et lui dis : « J'étais « l'esclave de ʿOtba-ben-Abou-Lahab; mon maître est mort et ses « enfants m'ont hérité, puis ils m'ont vendu à ʿAbdallah-ben-Abou-« ʿAmr-El-Makhzoumi. Ce dernier m'a affranchi, mais les fils d'ʿOtba « ont stipulé qu'ils auraient le droit de patronage. — Barîra, qui était « affranchie contractuellement, me répondit ʿAïcha, entra chez moi, « et me dit : « Achète-moi et affranchis-moi. » ʿAïcha ayant dit oui, Barîra ajouta : « Ils ne me vendent qu'à la condition de garder le « droit de patronage sur moi. — Je n'ai nul besoin de ce droit, ré-« pliqua ʿAïcha. » Le Prophète qui avait entendu ce propos — ou, suivant une variante, à qui on l'avait rapporté, — en parla à ʿAïcha qui lui raconta ce qu'avait dit Barîra : « Achète-la, dit le Prophète, « affranchis-la, et laisse-les stipuler ce qu'ils voudront. » ʿAïcha acheta Barîra et l'affranchit. Les maîtres de Barîra ayant mis comme condition qu'ils gardaient le droit de patronage, le Prophète dit : « Le « droit de patronage appartient à celui qui affranchit, eût-on fait « cent stipulations contraires. »

AU NOM DE DIEU, LE CLÉMENT, LE MISÉRICORDIEUX.

TITRE LI.

DE LA DONATION.

CHAPITRE PREMIER. — De la donation, de ses mérites et des encouragements à lui donner.

1. D'après *Abou-Horaïra*, le Prophète a dit : « Ô femmes musulmanes, qu'aucune de vous ne dédaigne (de faire un présent à) sa voisine, ne consistât-il qu'en l'extrémité d'un sabot de mouton. »

2. *ʿOrwa* rapporte que ʿAïcha lui dit : « Ô fils de ma sœur, certes, nous avons vu le croissant, puis le croissant, puis le croissant, trois fois le croissant[1] en deux mois, sans qu'on ait allumé de feu dans un des appartements de l'Envoyé de Dieu. — Ô tante, répondis-je, de quoi, viviez-vous donc? — Des deux choses noires[2], les dattes et l'eau, reprit-elle; toutefois, l'Envoyé de Dieu avait pour voisins des Anṣâr à qui on avait donné le droit de traire certains animaux. Ils donnaient de ce lait à l'Envoyé de Dieu qui nous le faisait boire. »

CHAPITRE II. — Du don d'une chose minime.

1. D'après *Abou-Horaïra*, le Prophète a dit : « Si l'on m'invitait à manger une épaule[3] ou un pied de mouton, je répondrais également à l'invitation. Si l'on m'offrait en cadeau une épaule ou un pied de mouton, je l'accepterais. »

[1] Façon de dire deux mois *pleins*. A Médine, on n'allume de feu que pour faire la cuisine.

[2] L'expression opposée «les deux choses blanches» désigne le lait et l'eau. Il est assez singulier que l'on retrouve l'eau dans les deux locutions.

[3] L'épaule, qui était le morceau de prédilection du Prophète, était d'ordinaire peu appréciée.

CHAPITRE III. — De celui qui sollicite un don de ses compagnons. — *Suivant Abou-Saʿîd, le Prophète a dit : «Attribuez-moi une part comme à vous-mêmes.»*

1. D'après *Sahl*, le Prophète envoya quelqu'un chez une femme des Mohâdjir, qui avait un esclave menuisier, pour lui dire : «Ordonne à ton esclave de travailler des bois pour une chaire.» La femme en ayant donné l'ordre à son esclave, celui-ci alla couper des tamaris et exécuta une chaire pour le Prophète. Quand l'ouvrage fut terminé, la femme envoya prévenir le Prophète de l'achèvement du travail : «Envoie-moi cette chaire, fit dire le Prophète à la femme.» On apporta la chaire et le Prophète lui-même s'en fut la placer à l'endroit où vous la voyez.

2. *Abou-Qatâda-Es-Solami* a dit : «Un jour, j'étais assis avec des Compagnons du Prophète à un campement sur la route de la Mecque. L'Envoyé de Dieu était campé en avant de nous et tout le monde, sauf moi, était en état d'ihrâm. On aperçut un âne sauvage pendant que j'étais occupé à réparer mes chaussures. On ne me prévint pas parce qu'on voulait que je visse de moi-même l'animal. Puis, comme je me retournais, j'aperçus l'animal. Aussitôt, j'allai à mon cheval, je le sellai et l'enfourchai oubliant de prendre mon fouet et ma lance : «Passez-moi mon fouet et ma lance, m'écriai-je. — Non, par Dieu! me répondirent-ils, nous ne t'aiderons en rien[1].» Tout en colère, je descendis de cheval et, après avoir pris fouet et lance, je remontai sur ma bête et fondis sur l'âne. Je l'atteignis et le rapportai mort. On se mit à manger la chair de l'âne, puis, comme on avait des doutes pour savoir s'il était permis d'en manger, étant donné qu'on était en état d'ihrâm, nous allâmes trouver l'Envoyé de Dieu. J'avais dissimulé (sous mes vêtements) une épaule de l'âne. Quand nous joignîmes l'Envoyé de Dieu et que nous l'eûmes questionné au sujet de nos doutes, il nous dit : «En avez-«vous encore un morceau? — Oui, lui répondis-je», et je lui tendis

[1] Il faut se rappeler que celui qui est en état d'ihrâm ne peut ni chasser ni aider quelqu'un à poursuivre le gibier.

l'épaule. Il la mangea et n'en laissa rien bien qu'il fût en état d'ihrâm.

In fine, indication d'un autre *isnâd*.

CHAPITRE IV. — Du fait de demander à boire. — *D'après Sahl, le Prophète a dit : « Donne-moi à boire. »*

1. *Abou-Țouâla-ʿAbdallah-ben-ʿAbderraḥman* rapporte avoir entendu Anas dire : « L'Envoyé de Dieu vint chez nous dans cette maison-ci qui nous appartient et demanda à boire. Nous tirâmes du lait d'une de nos brebis et, après avoir coupé ce lait d'eau prise dans notre puits, je lui offris à boire. Abou-Bakr était à sa gauche, ʿOmar lui faisait face et un bédouin était à sa droite. Quand le Prophète eut bu, ʿOmar lui dit : « Passe à Abou-Bakr »; mais le Prophète passa le reste du lait au bédouin, puis, il prononça ces mots : « Ceux de la droite (d'abord), ceux de la droite. « Alors, mettez-vous à droite. » Et Anas dit : « C'est la règle c'est la « règle, c'est la règle. »

CHAPITRE V. — Du fait d'accepter du gibier en cadeau. — *Le Prophète accepta une épaule d'onagre que Abou-Qatâda lui donna.*

1. *Hichâm-ben-Zeïd-ben-Anas-ben-Mâlik* rapporte que Anas a dit : « Nous avions fait lever un lièvre à Marr-Ezd-dzahrân. Les gens se mirent à sa poursuite, mais se lassèrent et ce fut moi qui l'atteignis. Je le pris et l'apportai à Abou-Țalḥa qui l'égorgea et expédia à l'Envoyé de Dieu le train de derrière de l'animal — ou suivant une variante — les deux cuisses; le *râwi*, Choʿba dit : « C'était sûrement « les deux cuisses. » — Le Prophète accepta ce cadeau et mangea de ce lièvre — ou suivant une variante — il mangea de ce lièvre et accepta ce cadeau. »

CHAPITRE VI. — De l'acceptation du cadeau[1].

2. *Eṣ-Ṣaʿb-ben-Djatstsâma* rapporte que, étant à El-Abouâ — ou

[1] Beaucoup de copies d'El-Bokhâri ne donnent point cette rubrique qui fait double emploi avec celle du chapitre suivant.

suivant une variante — à Oueddân, il offrit un onagre à l'Envoyé de Dieu qui le refusa. Mais, voyant la mine d'Eṣ-Ṣa'b, le Prophète lui dit : «Je ne l'aurais pas refusé, si je n'avais été en état d'ihrâm.»

CHAPITRE VII. — De l'acceptation du cadeau.

1. *'Orwa* rapporte, d'après 'Aïcha, que les fidèles choisissaient pour offrir leurs cadeaux le jour de 'Aïcha, dans le désir, par là — ou suivant la variante — par cela, d'être agréable à l'Envoyé de Dieu.

2. *Ibn-'Abbâs* a dit : «Omm-Ḥofaïd, tante maternelle de Ibn-'Abbâs avait offert au Prophète du fromage, du beurre et des lézards. Le Prophète mangea du fromage et du beurre délaissant le lézard qu'il n'aimait pas.» Ibn-'Abbâs ajoute : «On mangea du lézard à la table de l'Envoyé de Dieu; si le lézard avait été interdit on n'en aurait pas mangé à la table de l'Envoyé de Dieu.»

3. *Abou-Horaïra* a dit : «Quand on apportait quelque chose à manger à l'Envoyé de Dieu, il demandait si c'était un cadeau ou si cela faisait partie de la dîme. Si on répondait que cela faisait partie de la dîme, il disait à ses compagnons d'en manger, mais il n'en mangeait pas lui-même. Si on répondait que c'était un cadeau, il y portait la main et mangeait avec eux.»

4. D'après *El-Qâsim*, 'Aïcha désira acheter Barîra, mais les maîtres y mettaient comme condition qu'ils auraient le droit de patronage. On raconta la chose au Prophète qui dit : «Achète-la et affranchis-la; le droit de patronage n'appartient qu'à celui qui a affranchi.» On avait offert de la viande à Barîra : «Qu'est-ce ceci? demanda le Prophète. — C'est une aumône qui a été faite à Barîra, répondit 'Aïcha. — C'est une aumône pour elle, reprit le Prophète et un cadeau pour nous.» Barîra avait été mise en demeure de choisir (garder ou non son mari).

Le *râwi* 'Abderraḥman a dit : «Son mari était-il un ingénu ou un esclave?» — «Plus tard, dit Cho'ba, j'interrogeai à ce sujet

ʿAbderraḥman qui me répondit : « J'ignore si son mari était un « ingénu ou un esclave. »

5. *Anas-ben-Mâlik* a dit : « On apporta de la viande au Prophète et on lui dit qu'il en avait été fait aumône à Barîra : « Pour Barîra, « répondit-il, c'est une aumône; pour nous, c'est un cadeau.[1] »

6. *Omm-ʿAṭiya* a dit : « Le Prophète entra chez ʿAïcha et dit : « Avez-vous quelque chose (à manger)? — Rien, répondit ʿAïcha, « sinon le morceau de mouton envoyé par Omm-ʿAṭiya, et qu'elle « avait reçu à titre d'aumône. — Eh bien! s'écria le Prophète, il « est arrivé à sa destination. »

CHAPITRE VIII. — De celui qui fait un cadeau à son ami et qui choisit le jour d'une de ses femmes plutôt que celui d'une autre.

1. *ʿOrwa* rapporte que ʿAïcha a dit : « Pour faire leurs cadeaux, les fidèles choisissaient mon jour. » — « Mes compagnes, dit Omm-Salama se réunirent, et je fis part (de leurs réclamations) au Prophète, mais il se détourna de moi. »

2. *ʿOrwa* rapporte, d'après ʿAïcha, que les femmes de l'Envoyé de Dieu formaient deux clans : un clan qui comprenait ʿAïcha, Ḥafṣa, Ṣafiya et Sauda; l'autre qui comptait Omm-Salama et toutes les autres femmes du Prophète. Les Musulmans connaissaient la préference qu'avait l'Envoyé de Dieu pour ʿAïcha; aussi, lorsque l'un d'eux avait un cadeau à offrir à l'Envoyé de Dieu, il attendait que l'Envoyé de Dieu fût dans l'appartement de ʿAïcha, et alors, il envoyait le porteur du cadeau trouver l'Envoyé de Dieu dans l'appartement de ʿAïcha. Le clan d'Omm-Salama parla de la chose à cette dernière et lui demanda de prier l'Envoyé de Dieu de faire aux fidèles une annonce en ces termes : « Quiconque voudra offrir un cadeau à l'Envoyé de Dieu devra le lui envoyer dans l'appartement de celle de ses femmes où il se trouvera. »

Omm-Salama répéta au Prophète les paroles de ses compagnes, mais le Prophète ne lui répondit rien. Interrogée par ses compagnes,

[1] Dans l'édition de Boulâq ce hadits est placé avant le précédent.

Omm-Salama leur annonça que le Prophète ne lui avait rien répondu. «Questionne-le de nouveau», lui répliquèrent-elles. Le jour où le Prophète vint chez elle, elle l'interrogea une seconde fois, mais il ne répondit rien. Interrogée par ses compagnes, Omm-Salama leur annonça que le Prophète ne lui avait rien dit. «Répète-lui tes paroles jusqu'à ce qu'il te dise quelque chose», dirent les compagnes d'Omm-Salama. Le Prophète étant venu chez elle, Omm-Salama lui parla de nouveau : «Ne me chagrine pas au sujet de ʿAïcha, répondit le Prophète, car la révélation ne m'arrive jamais quand je suis dans les jupes d'une femme, si ce n'est dans celles de ʿAïcha. — Ô Envoyé de Dieu, reprit Omm-Salama, je demande pardon à Dieu du chagrin que je t'ai causé.»

Les femmes (du clan d'Omm-Salama) mandèrent alors Fâṭima, la fille de l'Envoyé de Dieu, et la dépêchèrent à ce dernier pour lui dire : «Tes femmes te demandent d'être impartial et de ne pas favoriser la fille d'Abou-Bakr.» Fâṭima parla au Prophète qui lui répondit : «Ma chère enfant, n'aimes-tu donc pas ce que j'aime moi-même? — Certes oui», répliqua-t-elle, puis elle retourna auprès des femmes, et leur fit part de cette réponse. Celles-ci, lui demandèrent de faire une nouvelle démarche, mais elle refusa. Les femmes envoyèrent ensuite Zeïneb-bent-Djaḥch qui alla trouver le Prophète et lui dit d'une voix forte : «Tes femmes te demandent d'être impartial et de ne pas favoriser la fille du fils d'Abou-Qoḥâfa.» Elle éleva la voix au point que ʿAïcha, qui était-là assise, l'entendit dire du mal d'elle. L'Envoyé de Dieu s'était tourné vers ʿAïcha, afin de voir si elle allait parler à son tour. ʿAïcha prit, en effet, la parole et répliqua à Zeïneb jusqu'à ce qu'elle l'eût réduite au silence. A ce moment, le Prophète regarda ʿAïcha et s'écria : «Elle est bien la fille d'Abou-Bakr.»

In fine, indication de variantes sans importance.

CHAPITRE IX. — Du cadeau qu'on ne peut pas refuser.

1. ʿ*Azra-ben-Tsâbit-El-Anṣâri* a dit : «J'entrai chez Tsomâma-ben-

ʿAbdallah-ben-Anas et il m'offrit des parfums en disant que Anas ne refusait jamais des parfums, et qu'il assurait que le Prophète lui-même ne les refusait jamais non plus. »

CHAPITRE X. — De celui qui estime qu'il est valable de donner une chose non présente[1].

1. *El-Miswar-ben-Makhrama* et *Merouân* racontent que le Prophète, ayant reçu une députation de Hawâzin, se leva au milieu des fidèles, loua Dieu autant qu'il le mérite et dit : « Et maintenant, vos frères sont venus à nous, animés du repentir. Je suis d'avis de leur rendre leurs captifs. Que celui d'entre vous qui voudra les lui rendre bénévolement, le fasse; quant à ceux qui préfèrent garder leur part de butin, ils attendront, pour que je la leur rende, le premier butin que Dieu nous accordera. » Toute l'assistance répondit : « Nous les rendons bénévolement. »

CHAPITRE XI. — De la rétribution donnée pour un cadeau.

1. *ʿAïcha* a dit : « L'Envoyé de Dieu acceptait les cadeaux et en rendait d'autres en échange. »

Variante d'*isnâd* indiquée par El-Bokhâri.

CHAPITRE XII. — Du cadeau fait à l'enfant[2]. Le cadeau fait à un de ses enfants n'est valable que si l'on agit équitablement à l'égard des autres en donnant à chacun un équivalent; l'assistance de témoins n'est pas nécessaire en ce cas. — *Le Prophète a dit : « Soyez équitables entre vos enfants en matière de cadeau. » — Le père peut-il revenir sur la donation? (faite à son enfant. Oui). — De la règle à suivre, au sujet du père qui se nourrit aux dépens du bien de son fils quand il en use avec discrétion et sans abus. — Le Prophète acheta un chameau d'ʿOmar et en fit don au fils d'ʿOmar en lui disant : « Fais-en ce que tu voudras. »*

1. *En-Noʿmân-ben-Bachîr* rapporte que son père le conduisit

[1] Mot à mot « absente ». Par là il faut entendre non seulement les choses non présentes, mais aussi celles qui ne sont pas disponibles immédiatement comme, par exemple, la part qui revient à quelqu'un dans une chose à partager, bien que cette chose en réalité soit présente.

[2] Il faudrait ajouter : « par son père ».

auprès de l'Envoyé de Dieu et dit : «J'ai donné à mon fils que voici un esclave. — En as-tu également donné un à chacun de tes enfants? demanda le Prophète. — Non, répondit Bachîr. — Eh bien! reprit le Prophète, reprends cet esclave.»

CHAPITRE XIII. — De l'assistance de témoins en matière de donation.

1. *ʿÂmir* a dit : «J'ai entendu En-Noʿmân-ben-Bachîr étant en chaire prononcer ces mots : «Mon père m'avait fait un cadeau.» ʿAmra-bent-Rawâḥa dit alors : «Je n'accepte pas tant que l'En-«voyé de Dieu n'aura pas été pris à témoin.» Bachîr se rendit auprès de l'Envoyé de Dieu et lui dit : «J'ai fait un cadeau au fils «que j'ai eu de ʿAmra-bent-Rawâḥa et elle exige que je te prenne à «témoin, ô Envoyé de Dieu. — As-tu, demanda le Prophète, «donné à chacun de tes enfants la même chose? — Non, répondit «Bachîr. — Craignez Dieu, s'écria le Prophète, et soyez équitables «envers vos enfants.» De retour chez lui, Bachîr reprit le cadeau qu'il avait fait.»

CHAPITRE XIV. — De la donation faite par le mari à sa femme et par la femme à son mari. — *Ibrahîm a dit qu'elle était licite. — ʿOmar-ben-ʿAbd-elazîz a dit qu'ils ne pouvaient ni l'un ni l'autre revenir sur leur donation. — Le Prophète demanda à ses femmes la permission de rester dans l'appartement de ʿAïcha pendant sa maladie. — Le Prophète a dit : «Celui qui revient sur un cadeau est comme le chien qui revient à son vomissement.» — Ez-Zohri a dit : «Celui qui demande à sa femme de lui faire don d'une partie de sa dot ou de sa dot intégrale, puis qui ne tarde pas longtemps après cela à répudier sa femme, doit, si sa femme le lui réclame, rendre ce qu'il a reçu, s'il a employé la contrainte; mais, si la femme a agi de son plein gré et qu'il n'y ait eu aucune trahison de la part du mari, la donation est valable.» — De ces mots du Coran : . . . «Si elles vous en donnent de leur plein gré, mangez-le»* (sourate IV, verset 3).

1. D'après *ʿObaïd-Allah-ben-ʿAbdallah*, ʿAïcha a dit : «Lorsque le Prophète, affaibli par la maladie, se trouva plus mal, il demanda à ses femmes la permission de passer le temps de sa maladie dans mon appartement. Cette autorisation lui ayant été accordée, il

sortit appuyé sur deux hommes et les pieds traînant à terre; d'un côté était El-ʿAbbâs, de l'autre côté, un autre homme.»

«Comme, dit ʿObaïd-Allah, je rapportai ces paroles de ʿAïcha à Ibn-ʿAbbâs, celui-ci me dit : «Sais-tu quel était l'homme que ʿAïcha «n'a pas nommé? — Non, répondis-je. — C'était, reprit-il, ʿAli-ben-«Abou-Tâlib.»

2. D'après Ibn-ʿAbbâs, le Prophète a dit : «Celui qui revient sur une donation qu'il a faite est comme le chien qui revient à son vomissement.»

CHAPITRE XV. — De la donation faite par la femme à un autre que son mari et de l'affranchissement fait par une femme en puissance de mari. Ces actes sont valables, si elle a la capacité légale; si elle ne l'a pas, ces actes ne sont pas valables. — *Il est dit dans le Coran : «Ne donnez pas la disposition de vos biens à ceux qui sont incapables légalement»* (sourate IV, verset 4).

1. D'après *ʿAbbâd-ben-ʿAbdallah*, Asmâ a dit: «Je dis: «Ô Envoyé «de Dieu, je n'ai d'autre bien que celui que me donne Ez-Zobaïr, «puis-je m'en servir pour faire l'aumône? — Fais l'aumône, me «répondit-il; ne mets pas cet argent de côté; on mettra (des récom-«penses) de côté pour toi.»

2. *Asmâ* rapporte que l'Envoyé de Dieu lui dit : «Dépense et ne compte pas, Dieu comptera pour toi; ne mets rien de côté, Dieu mettra de côté pour toi.»

3. D'après *Koraïb*, l'affranchi d'Ibn-ʿAbbâs, Maïmouna-bent-El-Ḥârits lui a raconté qu'elle avait affranchi une femme esclave sans demander l'autorisation du Prophète. Le jour venu, où c'était son tour de recevoir le Prophète, elle lui dit : «Sais-tu que j'ai affranchi ma femme esclave? — C'est déjà fait? demanda le Prophète. — Oui, répondit-elle. — Eh bien! reprit-il, si tu l'avais donnée à tes oncles maternels[1], cela t'aurait valu une meilleure récompense.»

Indication *in fine* d'une légère variante suivant un autre *isnâd*.

[1] Au lieu de أخوالك, on lit dans certaines copies أخواتك qui signifie «tes sœurs».

4. D'après ʿOrwa, ʿAïcha a dit que l'Envoyé de Dieu, s'il allait en voyage, tirait au sort entre ses femmes, et que c'était celle que le sort avait désignée qui l'accompagnait. Il partageait son temps entre ses femmes, accordant à chacune un jour et une nuit. Sauda-bent-Zemaʿa faisait seule exception, parce que, pour être agréable à l'Envoyé de Dieu, elle avait fait don de son jour et de sa nuit à ʿAïcha.

CHAPITRE XVI. — À QUI DOIT-ON D'ABORD FAIRE UN CADEAU? — *D'après Koraïb, Maimouna, femme du Prophète, ayant affranchi une femme esclave, le Prophète lui avait dit : « Si tu en avais fait don à tes oncles maternels, cela t'aurait valu une meilleure récompense. »*

1. D'après *Ṭalḥa-ben-ʿAbdallah*, homme de la tribu des Benou-Temîm-ben-Morra[1], ʿAïcha ayant dit : « Ô Envoyé de Dieu, j'ai deux voisins; auquel des deux dois-je faire un cadeau? — A celui des deux, répondit-il, dont la porte est la plus rapprochée de toi[2]. »

CHAPITRE XVII. — DE CELUI QUI, POUR UN MOTIF, REFUSE UN CADEAU. — *ʿOmar-ben-ʿAbdelazîz a dit : « Au temps de l'Envoyé de Dieu les cadeaux étaient des cadeaux, aujourd'hui ce sont des pots-de-vin. »*

1. *ʿAbdallah-ben-ʿAbbâs* raconte qu'il a entendu Eṣ-Ṣaʿb-ben-Djatstsâma, un des Compagnons du Prophète, raconter qu'il avait fait cadeau d'un onagre à l'Envoyé de Dieu pendant que celui-ci était à Abouâ — ou suivant une variante — à Oueddân, en état d'ihrâm. « Mais, ajoutait-il, le Prophète, voyant sur mon visage l'effet produit par son refus, me dit : « Je n'ai aucune autre raison « pour te refuser que celle d'être en état d'ihrâm. »

2. *Abou-Ḥomaïd-Es-Săʿidi* a dit : « Le Prophète avait chargé du prélèvement de la dîme un homme des Azd, nommé Ibn-El-Otabyya[3]. Quand cet homme revint, il dit : « Voici ce qui est à vous; quant à « ceci, il m'a été donné en cadeau. — Cet homme, s'écria le Pro-

[1] L'édition de Krehl porte Teïm; celle de Boulaq : Temîm.

[2] La raison de ce choix, dit Qastallâni, c'est que ce voisin peut voir les cadeaux que l'on apporte et que cette vue est de nature à éveiller ses appétits.

[3] Il y a quatre variantes sur la lecture exacte de ce nom.

«phète, ne s'est donc jamais assis dans l'appartement de son père, «ni dans celui de sa mère? Il aurait alors su si telle chose pouvait lui «être offerte ou non[1]. Par celui qui tient mon âme entre ses mains, «personne d'entre vous n'aura pris une chose (de la dîme) sans qu'au «jour de la Résurrection, il ne soit obligé de la porter à son cou. «Si c'est un chameau, l'animal criera; si c'est une vache, elle «beuglera; si c'est un mouton, il bêlera.» Levant ensuite la main si haut que nous aperçûmes le blanc de son aisselle, il ajouta par trois fois : «Ô mon Dieu, ai-je transmis (ta volonté)?»

CHAPITRE XVIII. — DE CELUI QUI FAIT UNE DONATION OU QUI PROMET UNE CHOSE ET QUI MEURT AVANT QU'IL Y AIT EU PRISE DE POSSESSION. — *ʿAbîda a dit : «Si le donateur meurt après s'être dessaisi de la chose, pendant que le donataire était vivant, la chose (si ce dernier meurt) appartiendra aux héritiers du donataire; si le donateur ne s'est pas dessaisi, c'est à ses héritiers que la chose reviendra.» — El-Ḥasan a dit : «Quel que soit celui des deux qui prédécède, la chose appartiendra aux héritiers du donataire, si son messager[2] en a pris possession.»*

1. *Djâbir* a dit : «Le Prophète m'avait dit : «Quand la dîme de «El-Bahreïn arrivera, je t'en donnerai trois[3].» La dîme arriva seulement après la mort du Prophète, et alors Abou-Bakr ordonna à un héraut de faire la proclamation suivante : «Que celui à qui «le Prophète avait fait une promesse ou à qui il devait quelque «chose se rende auprès de nous.» Je m'y rendis et dis : «Le Pro«phète m'avait fait une promesse.» Abou-Bakr me donna trois poignées (d'argent).»

CHAPITRE XIX. — COMMENT PREND-ON POSSESSION D'UN ESCLAVE OU D'UN OBJET MOBILIER[4]. — *Ibn-ʿOmar a dit : «J'étais sur un chameau rétif; le Prophète me l'acheta et me dit ensuite : «Il est à toi, ô ʿAbdallah.»*

1. *Ibn-Abou-Molaïka* rapporte que El-Miswar-ben-Makhrama a

[1] Cette phrase assez obscure semble signifier que si ce bédouin avait été élevé par ses père et mère il aurait appris qu'on ne doit pas accepter en cadeau quoi que ce soit de la dîme.

[2] C'est-à-dire toute personne, quelle qu'elle soit, qui prendra possession au nom du donataire.

[3] Le texte est ainsi conçu.

[4] Qui font l'objet d'une donation.

IMPRIMERIE NATIONALE.

dit : « L'Envoyé de Dieu avait fait un partage de vêtements[1] sans en rien donner à Makhrama. — « Ô mon cher enfant, dit alors « Makhrama, viens avec moi trouver l'Envoyé de Dieu. » Mon père que j'accompagnais, dit El-Miswar, me demanda d'entrer appeler le Prophète. J'appelai le Prophète qui sortit, portant sur lui un des vêtements, et dit : « Nous l'avions mis de côté pour toi. » Puis, quand mon père eut regardé le vêtement, le Prophète ajouta : « Makhrama « est-il satisfait ? »

CHAPITRE XX. — DU CAS OÙ QUELQU'UN AYANT FAIT UNE DONATION LE DONATAIRE EN PREND POSSESSION SANS DIRE : « J'ACCEPTE. »

1. D'après *Abou-Horaïra*, un homme vint trouver l'Envoyé de Dieu et dit : « Je suis un homme perdu. — Et comment cela ? demanda le Prophète. — J'ai eu commerce (de jour) avec ma femme en ramaḍân, répondit-il. — As-tu un esclave ? reprit le Prophète. — Non. — Peux-tu jeûner deux mois de suite sans interruption ? — Non. — Peux-tu donner à manger à soixante pauvres ? — Non. » Sur ces entrefaites, un homme de Anṣâr apporta un *ʿirq* — l'*ʿirq* est un panier — qui était rempli de dattes. « Emporte cet *ʿirq*, dit le Prophète à son premier interlocuteur, et fais-en l'aumône. — A plus besogneux que moi ? ô Envoyé de Dieu, répliqua-t-il ; or, j'en jure par celui qui t'a envoyé avec la Vérité, il n'y a pas entre les deux *laba*[2] une maison dont les habitants soient plus besogneux que nous. — Emporte le panier, dit le Prophète, et nourris ta famille de son contenu. »

CHAPITRE XXI. — DE CELUI QUI DONNE UNE CRÉANCE SUR QUELQU'UN[3]. — *CHOʿBA RAPPORTE, D'APRÈS EL-ḤAKAM, QUE CELA EST PERMIS. — El-Ḥasan-ben-ʿAli fit don à un homme du montant d'une créance qu'il avait sur lui. — Le Prophète a dit : « Celui qui a une dette doit l'acquitter ou s'en faire faire re-*

[1] Il s'agissait de tuniques dites قباء qebâ.

[2] Les deux quartiers de Médine.

[3] Ce peut être la créance sur le débiteur lui-même à qui, de cette façon, on fait remise de sa dette.

mise.» — Djâbir a dit : «Mon père avait été tué. Comme il avait laissé une dette, le Prophète demanda aux créanciers d'accepter les dattes de mon clos de palmiers et d'en donner décharge.»

1. Suivant deux *isnâd* différents, *Djâbir-ben-ʿAbdallah* raconte que son père avait été tué martyr de sa foi, à la bataille de Oḥod. «Ses créanciers insistant pour obtenir le règlement de leurs créances, j'allai trouver l'Envoyé de Dieu et lui en parlai. Il demanda aux créanciers d'accepter les fruits de mon clos de palmiers et de donner décharge pour mon père. Ils refusèrent. L'Envoyé de Dieu ne leur donna pas mon clos et ne leur en fit pas la répartition des fruits; mais il me dit : «Demain matin, je viendrai chez toi.» Le lendemain, dès le matin, il arriva chez nous; il fit le tour des palmiers appelant la bénédiction sur leurs fruits. Alors je cueillis les fruits; j'acquittai le montant des créances, et il me resta encore une certaine quantité de fruits. Ensuite je retournai auprès de l'Envoyé de Dieu qui s'était assis et l'informai de la chose. Se tournant vers ʿOmar, qui était assis également, l'Envoyé de Dieu lui dit : «Tu «entends, ô ʿOmar. — Ne savions-nous pas déjà, répondit «ʿOmar, que tu es l'Envoyé de Dieu; par Dieu, tu es l'Envoyé de «Dieu.»

CHAPITRE XXII. — De la donation faite par une seule personne à une société. — *Asmâ dit à El-Qâsim-ben-Mohammed et à Ibn-Abou-ʿAtîq : «J'ai hérité de ʿAïcha, ma sœur, un bien sis à El-Ghâba, dont Moʿâwia m'a offert cent mille. Il est dorénavant à vous deux.»*

1. D'après *Sahl-ben-Saʿd*, on avait offert à boire au Prophète, qui avait à sa droite un jeune homme et à sa gauche des personnes âgées. Le Prophète dit au jeune homme : «M'autorises-tu à passer la coupe à ces personnes? — Je ne suis pas disposé, répondit le jeune homme, à céder l'honneur que tu me fais.» Et le Prophète remit la coupe au jeune homme.

CHAPITRE XXIII. — Du don de la chose perçue et de celle qui n'a pas été perçue; du don de la chose divisée et de la chose non divisée. — *Le Pro-*

phète et ses compagnons firent don, avant son partage, du butin qu'ils avaient fait au Hawâzin.

1. *Djâbir* a dit : « J'allai trouver le Prophète à la mosquée; il me régla mon compte et me donna quelque chose en plus. »

2. *Djâbir-ben-ʿAbdallah* a dit : « Au cours d'un voyage, j'avais vendu un chameau au Prophète. Quand nous fûmes arrivés à Médine, le Prophète me dit : « Va à la mosquée, prie deux *rekaʿ*. » Et il pesa[1]. » — Choʿba dit : « Je crois qu'il ajouta : « Il *me* pesa *et fit* « *bon poids.* » — « Il me restait encore une partie de cette somme, ajoute Djâbir, quand elle me fut enlevée par les gens de Syrie, le jour de la bataille de El-Ḥarra[2]. »

3. Selon *Sahl-ben-Saʿd,* on avait offert à boire au Prophète, qui avait à sa droite un jeune homme et à sa gauche des personnes âgées. Le Prophète dit au jeune homme : « M'autorises-tu à passer la coupe à ces personnes? — Je ne suis pas disposé, répondit le jeune homme, à céder à qui que ce soit l'honneur que tu me fais. » Et le Prophète remit la coupe au jeune homme.

4. *Abou-Horaïra* a dit : « Un homme avait une créance sur l'Envoyé de Dieu. Comme les Compagnons du Prophète songeaient à faire un mauvais parti à cet homme, le Prophète dit : « Laissez-le; il « faut laisser parler celui qui a droit. » Puis il ajouta : « Achetez un « chameau de l'âge du sien et donnez-le lui. — Nous n'en trouvons « pas de l'âge du sien, répondit-on; nous n'en trouvons que d'une « valeur supérieure. — Achetez-le, répliqua le Prophète, et don- « nez-le lui, car le meilleur d'entre vous est celui qui s'acquitte le « mieux de ses dettes. »

CHAPITRE XXIV. — Il est permis à un groupe de donner à un autre groupe[3] et à une seule personne de donner à un groupe.

1. *Merouân-ben-El-Ḥakam* et *El-Miswar-ben-Makhrama* racontent

[1] L'argent. Autrement dit : il paya.

[2] Bataille qui eut lieu en l'an 63 de l'hégire entre les habitants de Médine et Yezîd-ben-Moʿâwia.

[3] Toute la partie de la rubrique qui vient ensuite ne figure pas dans toutes les bonnes copies du Saḥîḥ d'El-Bokhâri.

tous deux que les députés des Hawâzin, qui avaient embrassé l'islamisme, étant venus, demandèrent qu'on leur rendît leurs biens et leurs captifs. « Vous voyez qui est avec moi, répondit le Prophète, et le meilleur récit est celui qui est le plus véridique. Choisissez l'une des deux choses : ou les captifs ou les biens. Je vous attendais. » Le Prophète les avait attendus dix, et quelques jours après son retour de Eṭ-Ṭâïf. Persuadés que le Prophète ne leur rendrait que l'une des deux choses, les députés dirent : « Nous choisissons les captifs. » Après s'être levé au milieu des fidèles et avoir rendu à Dieu les grâces qu'il mérite, le Prophète ajouta : « Et maintenant, voici vos frères qui sont venus à nous repentants; je suis d'avis de leur rendre leurs captifs. Que celui d'entre vous qui veut le faire bénévolement le fasse. Quant à ceux qui préfèrent conserver leur part de butin, qu'ils la donnent, puis qu'ils attendent, pour que je la leur rende, le premier butin que Dieu nous accordera. — Ô Envoyé de Dieu, répondirent les fidèles, nous leur rendons les captifs bénévolement. — Comme, dit le Prophète, je ne sais qui autorise et qui n'autorise pas, retournez chez vous et vos chefs me rapporteront votre décision. » Chacun étant rentré chez soi, les chefs s'informèrent, puis revinrent vers le Prophète et lui annoncèrent que tous acceptaient la chose bénévolement et l'autorisaient. — « Tel est ce que nous avons appris au sujet des captifs des Hawâzin. »

La dernière phrase, dit El-Bokhâri, est de Ez-Zohri.

CHAPITRE XXV. — Celui à qui on offre un cadeau, alors qu'il a auprès de lui ses amis, a plus de droits qu'eux à ce cadeau. — *On rapporte, d'après Ibn-ʿAbbâs, que les amis de quelqu'un sont ses associés; mais El-Bokhâri dit que ce n'est pas authentique.*

1. D'après *Abou-Horaïra*, le Prophète avait emprunté un chameau d'un certain âge. Le propriétaire de l'animal vint lui en demander le payement. Les Compagnons du Prophète ayant fait une observation, le Prophète dit : « Il faut laisser parler celui qui a

droit»; puis, après avoir réglé en donnant un animal de valeur supérieure, il ajouta : «Le meilleur d'entre vous est celui qui s'acquitte le mieux de ses dettes.»

2. D'après *'Amr*, Ibn-'Omar, au cours d'un voyage avec le Prophète, était monté sur un chameau difficile appartenant à 'Omar, et il se trouvait toujours en avant du Prophète : «Ô 'Abdallah, lui dit son père, personne ne doit marcher en avant du Prophète. — Vends-moi ce chameau, dit alors le Prophète. — Il est à toi, répondit 'Omar.» Le Prophète acheta l'animal et dit à 'Abdallah : «Il t'appartient maintenant, fais-en ce que tu voudras.»

CHAPITRE XXVI. — Il est permis de donner un chameau à l'homme qui le monte au moment de la donation. — *El-Ḥomaïdi a dit : «Sofyân, qui le tenait de 'Amr, rapporte que Ibn-'Omar a dit : «Nous étions en voyage avec le «Prophète et j'étais monté sur un chameau difficile. — Vends-moi ce cha«meau, dit le Prophète à 'Omar.» Omar le lui rendit, et le Prophète me dit : «Il t'appartient maintenant, ô 'Abdallah.»*

CHAPITRE XXVII. — Du cadeau d'un vêtement dont le port est répréhensible.

1. *'Abdallah-ben-'Omar* a dit : «'Omar-ben-El-Khaṭṭab avait vu à la porte de la mosquée une tunique rayée de soie. «Ô Envoyé «de Dieu, dit-il, tu devrais acheter cette tunique pour la revêtir «le vendredi et pour les réceptions des députations. — Il n'y a que «celui qui n'est pas destiné à porter de la soie dans l'autre monde «qui porte un pareil vêtement.» Plus tard, à la suite d'un arrivage de ces tuniques, l'Envoyé de Dieu en donna une à 'Omar. «Vou«drais-tu me faire revêtir cette tunique, s'écria 'Omar, après que «tu as dit au sujet de la tunique de 'Oṭârid ce que tu as dit. — Je «ne l'ai pas donnée pour que tu la mettes, répondit le Prophète.» 'Omar donna cette tunique à un frère polythéiste qu'il avait à la Mecque.»

2. *Ibn-'Omar* a dit : «Le Prophète se rendit à la maison de Fâṭima, mais il n'y entra pas. 'Ali étant venu ensuite, Fâṭima lui

raconta la chose. ʿAli en parla au Prophète, qui lui répondit : « J'avais vu à sa porte une portière en étoffe à croix[1], et je me suis dit : « Qu'ai-je à faire avec les choses de ce monde ? » Quand ʿAli revint vers elle, Fâṭima lui dit : « Qu'il m'ordonne d'en faire ce qui lui « plaira ! » (Instruit de cette réponse), le Prophète dit : « Qu'elle « l'envoie chez un tel, sa famille en a besoin. »

3. *Zeïd-ben-Ouahb* rapporte que ʿAli a dit : « Le Prophète m'avait fait présent d'une tunique de soie à croix. Je m'en étais revêtu, mais quand je vis la colère sur le visage du Prophète, je la découpai et en partageai les morceaux entre mes femmes. »

CHAPITRE XXVIII. — De l'acceptation du présent fait par les polythéistes. — *Abou-Horaïra a dit, d'après le Prophète : « Abraham émigra avec Sarah et entra dans un bourg où il avait un prince — ou suivant une variante — un tyran, qui dit : « Qu'on lui donne Agar. » — On fit présent au Prophète d'un mouton empoisonné. — Abou-Ḥomaïd a dit : « Le prince de Aïla fit présent au Prophète d'une mule blanche et d'un manteau, et le Prophète lui confirma par écrit (la souveraineté de) son pays. »*

1. *Anas* a dit : « On avait offert au Prophète une fustanelle de satin, ce qui suprit les fidèles, car il avait prohibé la soie. « Par celui « qui tient entre ses mains l'âme de Mahomet, s'écria-t-il, les man- « tilles de Saʿd-ben-Moʿâdz, dans le Paradis, seront plus belles que « cela. »

Suivant un autre *isnâd*, Anas raconte que Okaïdir de Dauma fit un présent au Prophète.

2. D'après *Anas-ben-Mâlik*, une juive avait offert un mouton empoisonné au Prophète qui en mangea. On amena cette juive et on demanda au Prophète s'il fallait la tuer. « Non, répondit-il. » Anas ajoute : « J'ai toujours reconnu cet empoisonnement[2] sur la luette de l'Envoyé de Dieu. »

3. *ʿAbderraḥman-ben-Abou-Bakr* a dit : « Nous étions avec le

[1] Emblèmes chrétiens ou simples dessins.

[2] Le commentateur explique que, de temps à autre, le Prophète se ressentait de cet empoisonnement ; sa maladie était alors caractérisée par une altération de la luette.

Prophète au nombre de cent trente. «Quelqu'un d'entre vous «a-t-il du grain? demanda le prophète.» Or il se trouva qu'un homme en avait un ṣâʿ ou quelque chose d'approchant. On fit pétrir. A ce moment arriva un homme polythéiste, de haute stature et les cheveux ébouriffés; il conduisait un troupeau de moutons. «A vendre ou à faire cadeau — ou suivant une variante — à faire «donation? demanda le Prophète. — Non, à vendre, répliqua «l'homme.» Le Prophète acheta un mouton que l'on prépara; puis il ordonna d'en faire rôtir les organes internes. J'en jure par Dieu, il n'y eut pas un seul des cent trente hommes à qui le Prophète n'offrit un morceau de ces organes internes. On servit un morceau à chacun de ceux qui étaient présents et on mit en réserve la part de ceux qui n'étaient pas là. On en remplit deux grands plats; tout le monde en mangea et se rassasia. Il en resta dans les deux plats et nous les chargeâmes sur le chameau. Peut-être s'est-il servi d'autres termes[1].»

CHAPITRE XXIX. — Du présent offert aux polythéistes. — *De ces mots du Coran : «Dieu ne vous interdit pas d'être bienveillants et équitables envers ceux qui ne vous combattent point au sujet de la religion et qui ne vous expulsent pas de vos demeures. Dieu aime ceux qui sont équitables»* (sourate LX, verset 8).

1. *Ibn-ʿOmar* a dit : «ʿOmar, ayant vu un homme qui avait une tunique à vendre, dit au Prophète : «Achète cette tunique, tu la «revêtiras le jour de vendredi et quand tu recevras une députa-«tion. — Il n'y a que ceux qui n'en auront pas dans l'autre «monde qui revêtent de pareils costumes, répondit le Prophète.» Ayant ensuite reçu de ces tuniques, le Prophète en envoya une à ʿOmar. «Comment, s'écria ʿOmar, revêtirais-je cette tunique après «ce que tu as dit? — Ô ʿOmar, répondit-il, je ne t'ai pas envoyé «cette tunique pour que tu la mettes; vends-la ou donne-la.»

[1] Le râwi n'est pas sûr de cette dernière phrase au point de vue des mots employés; il en affirme seulement le sens général. Mot à mot son expression signifie : «Ou comme il a dit», qui n'aurait eu aucun sens en français.

ʿOmar envoya cette tunique à un frère qu'il avait à la Mecque et qui ne s'était pas encore converti à l'islamisme. »

2. D'après *ʿOrwa*, Asmâ-bent-Abou-Bakr a dit : « Ma mère, qui était polythéiste, était venue me voir au temps de l'Envoyé de Dieu; je demandai conseil à l'Envoyé de Dieu en lui disant : « Ma « mère est venue; elle désire (me voir), puis-je la recevoir? — « Oui, me répondit-il, reçois ta mère. »

CHAPITRE XXX. — Il n'est permis à personne de revenir sur sa donation ni sur son aumône.

1. D'après *Ibn-ʿAbbâs*, le Prophète a dit : « Celui qui revient sur une donation est comme celui qui revient à son vomissement. »

2. D'après *Ibn-ʿAbbâs*, l'Envoyé de Dieu a dit : « Pour nous, personne ne fait une aussi mauvaise action que celui qui revient sur sa donation comme le chien qui revient à son vomissement. »

3. *Aslam* a entendu ʿOmar-ben-El-Khaṭṭâb dire : « J'avais fait don pour la guerre sainte d'un cheval qui m'appartenait et celui à qui il était échu l'avait fourbu. Je voulus le lui acheter pensant qu'il le vendrait à bas prix. J'en parlai au Prophète qui me dit : « Ne « l'achète pas, même s'il te le donnait pour un dirhem, car celui « qui revient sur son aumône est comme le chien qui revient à son « vomissement. »

CHAPITRE XXXI.

1 *ʿAbdallah-ben-ʿObaïd-Allah-ben-Abou-Molaïka* rapporte que les fils de Ṣohaïb, affranchi de Ibn-Djodʿân, revendiquaient deux maisons et une pièce isolée, disant que l'Envoyé de Dieu avait donné cela à Ṣohaïb. « Qui témoignera là-dessus en votre faveur, demanda Merouân? — Ibn-ʿOmar, répondirent-ils. » Ibn-ʿOmar mandé témoigna que l'Envoyé de Dieu avait donné à Ṣohaïb deux maisons et une pièce isolée. Sur ce témoignage, Merouân se prononça en leur faveur.

TITRE LI bis[1].

DE LA DONATION VIAGÈRE (*'OMRA* OU *ROQBA*[2]).

CHAPITRE I (XXXII). — DE CE QUI A ÉTÉ DIT DE LA DONATION VIAGÈRE (*'OMRA* OU *ROQBA*). – *On se sert du mot* أعمر *pour dire «donner en viager»; on dit d'une maison qu'elle est* عُمْرَى *«donnée en viager».* استعمر, *signifie «désigner quelqu'un comme donataire en viager».*

1. D'après *Djâbir*, le Prophète a décidé qu'une chose donnée en viager est la propriété de celui à qui elle a été donnée.

2. D'après *Abou-Horaïra*, le Prophète a dit que la donation viagère est licite. 'Aṭâ a dit que Djâbir a attribué ces mêmes paroles au Prophète.

CHAPITRE II (XXXIII). — DE CELUI QUI EMPRUNTE À QUELQU'UN UN CHEVAL, UNE BÊTE DE SOMME OU AUTRE CHOSE POUR S'EN SERVIR.

1. D'après *Qatâda*, Anas a dit : «Il y avait une panique à Médine. L'Envoyé de Dieu emprunta à Abou-Ṭalḥa un cheval nommé El-Mendoub; il enfourcha l'animal (pour aller aux nouvelles).

[1] L'édition de Krehl ne fait pas un chapitre spécial de cette forme de la donation en viager. On remarquera aussi qu'il est également question du prêt à usage dans ce même chapitre. Afin de faciliter les recherches dans le texte on a conservé entre parenthèses le numérotage de l'édition de Krehl.

[2] Ces deux mots désignent deux variétés de contrats pratiqués par les Arabes avant l'islamisme. Il y avait *'omra* quand le propriétaire d'un immeuble disait à un tiers : «Tu auras l'usufruit de cet immeuble tant que tu vivras — ou tant que je vivrai. L'immeuble deviendra la propriété des héritiers de celui de nous deux qui prédécédera.» Dans le contrat *roqba*, le propriétaire de l'immeuble en donnait également l'usufruit à un tiers qui devait en jouir sa vie durant; mais il ajoutait : «Si je meurs avant vous, vous serez propriétaire de l'immeuble; si vous mourez avant moi, je reprendrai mon bien en toute propriété.» Mahomet a prohibé ces sortes de conventions en décidant que la donation en viager ne serait permise qu'à la condition de conférer la propriété définitive de l'immeuble.

Quand il revint il dit : « Nous n'avons rien vu; pourtant nous avions « un coursier agile[1]. »

CHAPITRE III (XXXIV). — Du prêt fait au fiancé pour la célébration du mariage.

1. *Aïman* a dit : « J'entrai chez ʿAïcha qui portait un corsage de coton[2] du prix de cinq dirhems. Elle me dit : « Lève les yeux et « regarde ma voisine; elle serait fière de le porter chez elle. Du « temps de l'Envoyé de Dieu j'en avais un comme cela; aussi pas « une femme à Médine ne se parait[3] sans m'avoir demander de le « lui prêter. »

CHAPITRE IV (XXXV). — Des mérites du prêt d'une bête laitière.

1. D'après *Abou-Horaïra*, le Prophète a dit : « Ah! quelle belle chose que le prêt d'une chamelle récemment laitière aux pis gonflés d'un lait pur dont on vous fait cadeau et d'une brebis qui, matin et soir, remplit un vase d'un lait pur. »

2. D'après *Ismaʿîl*, Mâlik a dit : « Quelle belle aumône! »

3. *Anas-ben-Mâlik* a dit : « Quand les Mohâdjir, venus de la Mecque, arrivèrent à Médine, ils ne possédaient rien, tandis que les Anṣâr avaient des terres et des immeubles. Les Anṣâr partagèrent en donnant aux Mohâdjir chaque année (la moitié) des fruits de leurs biens, à la condition que ces derniers fourniraient en échange leur travail et la semence. La mère d'Anas, Omm-Solaïm, était également la mère de ʿAbdallah-ben-Abou-Ṭalḥa. La mère d'Anas ayant donné des palmiers à l'Envoyé de Dieu, celui-ci les donna à son tour à son affranchie, Omm-Aïman, la mère de Osâma-ben-Zeïd. »

Anas a encore raconté que le Prophète, après avoir terminé le

[1] Le sens de cette dernière phrase n'est pas certain. En adoptant une des variantes signalées on pourrait traduire : « Nous n'avons trouvé que l'immensité (la mer devant nous). »

[2] Au lieu de قطن on lit aussi قطر et il s'agirait alors d'un corsage en étoffe épaisse.

[3] La coutume d'emprunter costumes et bijoux pour les mariages est encore fréquente.

combat qu'il livra aux gens de Khaïbar, rentra à Médine. Alors les Mohâdjir rendirent aux Anṣâr les propriétés dont ceux-ci leur avaient donné les produits, et le Prophète remit à la mère d'Anas les palmiers qu'elle lui avait donnés. Enfin l'Envoyé de Dieu donna à Omm-Aïman, à la place (des fruits) de ces palmiers, des fruits de son clos (de Khaïbar).

In fine, indication d'une variante remplaçant حائطه par خالصه.

4. D'après *ʿAbdallah-ben-ʿAmr*, l'Envoyé de Dieu a dit : « Il y a quarante vertus, la plus haute consistant à offrir l'usufruit d'une chèvre (laitière). Tout fidèle ayant pratiqué l'une de ces (quarante) vertus, avec l'espoir d'une récompense future et avec la certitude que cette promesse se réalisera, ne manquera pas d'être introduit par Dieu dans le Paradis. »

« Quand, dit Ḥassân, nous voulûmes énumérer ces vertus, nous ne pûmes arriver au chiffre de quinze après avoir compté, en dehors du don de l'usufruit d'une chèvre, le fait de rendre le salut, de dire Dieu vous bénisse! à celui qui éternue, d'enlever les choses qui gênent sur la route, etc. »

5. D'après *ʿAṭâ*, Djâbir a dit : « Quelques-uns d'entre nous possédaient plus de terres qu'ils n'en pouvaient mettre en valeur. « Nous « allons, dirent-ils, les donner à mettre en valeur moyennant le « tiers, le quart ou la moitié (des produits). » Le Prophète dit alors : « Que celui qui a une terre la cultive lui-même ou en donne l'usage « son frère. Si celui-ci refuse, qu'il garde sa terre. »

ʿAṭâ-ben-Zeïd ajoute que Abou-Saʿîd lui a raconté qu'un bédouin vint trouver l'Envoyé de Dieu et l'interrogea au sujet de l'émigration.[1] « Malheureux! s'écria le Prophète, l'émigration est une chose terrible. As-tu des chameaux? — Oui, répondit l'homme. — Paies-tu leur dîme? — Oui. — Donnes-tu l'usage de quelques-uns d'entr'eux? — Oui. — Les trais-tu le jour de leur abreuvement? — Oui. — Eh bien! dit en terminant le Pro-

[1] Il s'agissait pour ce bédouin de quitter la Mecque pour aller à Médine.

phète, va au-delà des mers[1], et Dieu ne manquera pas de te récompenser de tout le bien que tu feras. »

6. *Ṭâous* rapporte que celui qui était le mieux instruit de la chose, c'est-à-dire Ibn-ʿAbbâs, lui a raconté que le Prophète, étant allé sur une terre couverte de moissons, demanda à qui elle appartenait. Et comme on lui répondit : « C'est un tel qui l'a prise en location », il s'écria : « Pourquoi le propriétaire ne lui en a-t-il pas donné gracieusement l'usage? Cela aurait mieux valu pour lui que d'en exiger une redevance déterminée. »

CHAPITRE V (XXXVI). — DE CELUI QUI DIT : « JE METS À VOTRE SERVICE CETTE ESCLAVE CONFORMÉMENT À LA COUTUME ADMISE. » CELA EST LICITE. — *Suivant certains auteurs cela constitue un prêt à usage. — Et quand on dit : « Je vous donne ce vêtement à porter », c'est une donation.*

1. D'après *Abou-Horaïra*, l'Envoyé de Dieu, a dit : « Abraham émigra avec Sarah et on donna Agar à Sarah. Celle-ci de retour auprès d'Abraham lui dit : « Sais-tu que Dieu a mâté l'infidèle et « que celui-ci a donné une esclave comme servante? »

Ibn-Sîrin dit que, d'après Abou-Horaïra, le Prophète se serait servi des mots : « Et il mit Agar à son service. »

CHAPITRE VI (XXXVII). — QUAND UN HOMME FAIT MONTER QUELQU'UN SUR UN CHEVAL, IL Y A LÀ UNE SORTE DE DONATION VIAGÈRE ET D'AUMÔNE. — *Certains auteurs disent qu'on ne peut revenir là-dessus.*

1. *Sofyân* a dit : « J'ai entendu Mâlik interroger Zeïd-ben-Aslam qui lui répondit : « J'ai entendu mon père prononcer ce qui suit : « ʿOmar a dit : « J'avais fourni un cheval[2] pour la guerre sainte. Puis, « le voyant mettre en vente, je consultai l'Envoyé de Dieu qui me « répondit : « Ne l'achète pas, ne reviens pas sur ton aumône. »

[1] Ou, suivant une variante : « Va derrière les négociants », c'est-à-dire : « Fais du commerce où tu voudras. »

[2] A titre de contribution volontaire et non à titre de *ouaqf*, sinon la vente en eût été interdite.

AU NOM DE DIEU, LE CLÉMENT, LE MISÉRICORDIEUX.

TITRE LII.

DES TÉMOIGNAGES.

CHAPITRE PREMIER. — DE CE QUI A ÉTÉ RAPPORTÉ SUR CE POINT QUE LA PREUVE INCOMBE AU DEMANDEUR. — *De ces mots du Coran : « Ô vous qui croyez, lorsque vous contractez une dette pour une échéance déterminée, rédigez cela par écrit. Qu'un écrivain, pris parmi vous, mette exactement par écrit ce contrat; qu'il ne refuse pas de le faire conformément aux enseignements que Dieu lui a indiqués. Qu'il écrive et qu'il se fasse dicter par le débiteur; qu'il craigne Dieu, son Seigneur, et qu'il n'omette rien. Si le débiteur est un interdit ou un mineur, ou qu'il soit dans l'impossibilité de dicter lui-même, que le tuteur dicte équitablement pour son pupille. Faites certifier le contrat par deux témoins hommes pris parmi vous. Si l'on ne trouve pas deux hommes, prenez un homme et deux femmes que vous choisirez parmi ceux que vous agréez comme témoins. Car, si les souvenirs de l'une des femmes l'induisent en erreur, l'autre rappellera ce qu'elle a oublié. Que les témoins ne refusent pas de se rendre à votre appel. Ne craignez pas de mettre vos contrats par écrit, qu'ils soient importants ou non, quand il y a terme, cela est plus équitable aux yeux de Dieu, plus efficace pour le témoignage et plus propre à écarter les doutes. Toutefois s'il s'agit d'une marchandise présente, que vous traitez au comptant, il n'y a aucun mal à ne point rédiger un contrat. Appelez des témoins chaque fois que vous concluez une affaire. Ne portez aucun préjudice, ni à l'écrivain, ni au témoin, car si vous le faites, vous commettez une mauvaise action. Craignez Dieu et Dieu vous instruira, car Dieu est instruit de tout»* (sourate II, verset 282). — *De ces mots du Coran : « Ô vous qui croyez, soyez fermes en équité quand vous témoignez devant Dieu, même s'il faut témoigner contre vous-mêmes, contre vos père et mère et contre vos proches, qu'il s'agisse d'un homme riche ou d'un homme pauvre. Dieu, mieux que tout autre, veille sur eux. Ne vous laissez pas entraîner par vos passions, qui vous éloigneraient de l'équité. Si vous avez des réticences ou si vous refusez votre témoignage, Dieu est instruit de ce que vous faites»* (sourate II, verset 134).

CHAPITRE II. — Du fait d'un homme qui en justifie un autre disant : « Je ne sais — ou je n'ai su — de lui que du bien. »

1. *ʿOrwa-ben-Ez-Zobaïr, Ibn-El-Mosayyab, ʿAlqama-ben-Ouaqqâṣ* et *ʿObaïd-Allah-ben-ʿAbdallah*, ont rapporté des hadits relatifs à ʿAïcha et partie de ces hadits se confirment les uns les autres. Lorsque les calomniateurs eurent dit ce qu'ils avaient dit sur le compte de ʿAïcha, l'Envoyé de Dieu manda ʿAli et Osâma. Comme la révélation tardait à venir, il les consulta tous deux pour savoir s'il devait se séparer de sa femme. « Ta femme, dit Osâma, je n'en sais que du bien. » Barîra interrogé dit : « Je ne vois rien à lui reprocher, sinon qu'elle est une femme très jeune encore et qu'elle s'endort en faisant la pâtée de sa famille, si bien que le mouton apprivoisé en profite pour venir la manger. » L'Envoyé de Dieu dit : « Qui justifiera à nos yeux cet homme qu'on dit avoir offensé des gens de ma maison ? Par Dieu ! je ne sais que du bien de mes femmes, et on accuse un homme sur le compte duquel je ne sais que du bien. »

CHAPITRE III. — Du témoignage de celui qui ne s'est pas montré[1]. — *ʿAmr-ben-Ḥoraits le tient pour valable. « Ainsi, dit-il, doit-on faire à l'égard du menteur et de l'homme malhonnête. » — Ech-Chaʿbi, Ibn-Sîrîn, ʿAṭâ et Qatâda ont dit : « Le fait d'avoir entendu est un témoignage. » — El-Ḥasan disait : « On ne m'a pas pris à témoin d'une chose, mais j'ai entendu telle et telle chose. »*

1. *Sâlim* a dit : « J'ai entendu ʿAbdallah-ben-ʿOmar dire : « L'Envoyé de Dieu, accompagné de Obayy-ben-Kaʿb, se dirigea vers les « palmiers où se trouvait Ibn-Ṣayyâd. Aussitôt entré dans cette palmeraie, l'Envoyé de Dieu se mit à se cacher derrière les troncs de « palmiers cherchant à entendre dire quelque chose à Ibn-Ṣayyâd « avant que celui-ci le vît. Ibn-Ṣayyâd était étendu sur son tapis, « enveloppé d'un manteau de satin doublé dans lequel il faisait entendre un léger murmure. » Le râwi hésite entre les mots رمرمة et

[1] Il s'agit de celui qui entend, sans être vu, une déclaration faite en tête à tête à un tiers ou l'aveu d'une faute.

زمزمة. « La mère d'Ibn-Ṣayyâd, apercevant le Prophète, qui se dissi-« mulait derrière les troncs de palmiers, cria à Ibn-Ṣayyâd : « Ô Ṣâfi, « voici Mahomet. » Et Ibn-Ṣayyâd s'arrêta aussitôt. « Si sa mère « m'avait laissé continuer, dit le Prophète, le mystère se serait « éclairci. »

2. D'après *ʿOrwa*, qui tenait la chose de ʿAïcha, la femme de Rifâʿa-El-Qoradzi vint trouver le Prophète et lui dit : « J'étais mariée à Rifâʿa qui m'a répudiée d'une façon définitive. J'ai alors épousé ʿAbderraḥmân-ben-Ez-Zobaïr, mais sa verge est pareille à une frange de vêtement. — Veux-tu, lui demanda le Prophète, retourner avec Rifâʿa? Alors ce ne sera pas avant que tu aies goûté du petit miel d'ʿAbderraḥmân et qu'il n'ait goûté du tien[1]. » A ce moment Abou-Bakr était assis auprès du Prophète et Khâlid-ben-Saʿîd-ben-El-ʿAṣ attendait à la porte l'autorisation d'être reçu. « Ô Abou-Bakr, s'écria Khâlid, n'as-tu pas entendu les mots que cette femme vient de dire ouvertement en présence du Prophète? »

CHAPITRE IV. — Quand un ou plusieurs témoins déclarent une chose, et que d'autres disent qu'ils n'en ont pas connaissance, c'est d'après le dire des premiers que la décision sera rendue. — *El-Ḥomaïdi a dit : « Telle est la règle; c'est ainsi que Bilâl ayant dit que le Prophète avait fait la prière dans la Kaʿba, alors que El-Faḍl avait déclaré qu'il n'avait pas prié, on s'en rapporta au témoignage de Bilâl. » — De même, quand deux témoins ont déclaré qu'un tel était créancier d'un tel d'une somme de mille dirhems et que deux autres témoins déclarent que la somme est de mille cinq cents, c'est la somme la plus forte qui doit être payée.*

1. *ʿAbdallah-ben-Abou-Molaïka* rapporte que ʿOqba-ben-el-Ḥârits épousa une fille de Abou-Ihâb-ben-ʿAzîz. Survint alors une femme qui dit : « J'ai été la nourrice de ʿOqba et de la femme qu'il a épousée. — Je ne savais pas, dit ʿOqba à cette femme, que tu avais été ma nourrice et tu ne m'en avais jamais rien dit. » Puis il envoya questionner la famille de Abou-Ihâb qui répondit qu'elle ignorait

[1] Une femme ne peut reprendre son mari qui l'a répudiée définitivement que si elle a consommé le mariage avec un autre époux.

que sa fille avait été allaitée par cette femme. ʿOqba monta à cheval, se rendit à Médine auprès du Prophète et lui soumit la question. « Comment as-tu osé la garder après ce qui a été dit? répondit l'Envoyé de Dieu. » ʿOqba se sépara de sa femme qui prit un autre mari.

CHAPITRE V. — Les témoins doivent être des hommes justes[1]. — *De ces mots du Coran : « Appelez en témoignage deux hommes justes choisis parmi vous et parmi ceux que vous agréez comme témoins...* » (sourate XLV, verset 2).

1. *ʿAbdallah-ben-ʿOtba* a entendu ʿOmar-ben-El-Khaṭṭâb dire : « Du temps de l'Envoyé de Dieu, il y avait des gens qu'on jugeait[2] en vertu de la Révélation. Maintenant que la Révélation a cessé pour toujours, nous ne jugeons les hommes que d'après leurs œuvres apparentes; celui qui nous paraît faire bien nous le protégeons et nous l'estimons, car nous ne savons rien de son for intérieur et c'est Dieu qui règlera les comptes relatifs à ce for intérieur. Celui qui nous apparaît comme faisant le mal, nous ne le protégeons pas, nous n'avons aucune confiance en lui, bien qu'il dise que ses intentions sont pures. »

CHAPITRE VI. — De la justification[3]. Par combien de personnes doit-elle être faite pour être valable.

1. D'après *Tsâbit*, Anas a dit : « Un convoi funèbre étant venu à passer auprès du Prophète, on fit l'éloge du défunt. « Il lui est « assuré, dit le Prophète. » Un autre convoi venant à passer, on blâma la conduite du défunt — le râwi hésite sur l'expression employée. — « Il lui est assuré, dit le Prophète. — Ô Envoyé de Dieu, « lui dit-on, tu t'es servi de ces mots « il lui est assuré » pour celui- « ci et des mêmes mots pour celui-là. — C'est le témoignage du

[1] Sous cette épithète on doit comprendre le fait d'être musulman.

[2] Ou : qu'on pouvait punir en vertu de la Révélation qui faisait connaître au Prophète des actions restées secrètes.

[3] De l'innocence ou de la culpabilité.

IMPRIMERIE NATIONALE.

« peuple musulman, reprit le Prophète; il constitue les témoins de « Dieu sur terre. »

2. *ʿAbdallah-ben-Boraïda* rapporte que Abou-'l-Aswad a dit : « Je m'étais rendu à Médine où régnait une épidémie qui faisait mourir les gens rapidement. Comme je m'étais assis auprès de ʿOmar, un enterrement vint à passer. On fit l'éloge du défunt et ʿOmar dit : « Il lui est assuré. » Un autre enterrement passa ; on fit l'éloge du défunt et ʿOmar répéta : « Il lui est assuré. » Un troisième convoi funèbre vint encore à passer et on blâma la conduite du défunt. Comme ʿOmar répéta encore : « Il lui est assuré », je lui demandai : « Et que lui est-il assuré, ô prince des Croyants ? — Je « répète, me répondit-il, les paroles que prononçait le Prophète : à « savoir que tout musulman sur lequel quatre autres porteraient « un témoignage favorable serait admis par Dieu en Paradis. Et, « comme nous demandions au Prophète si le témoignage de trois « suffisait, il nous répondit que oui. Puis, comme nous lui parlions « de deux seulement, il nous dit que deux aussi suffisaient. Mais « nous ne l'interrogeâmes pas au sujet du témoignage d'un seul. »

CHAPITRE VII. — Du témoignage en matière de filiation, d'allaitement manifeste et de décès ancien. — *Le Prophète a dit : « Omm-Salama et moi avons eu Tsouaïba comme nourrice. » — De la fixation de l'allaitement*[1].

1. *ʿOrwa-ben-Ez-Zobaïr* rapporte que ʿAïcha a dit : « Aflaḥ m'avait fait demander de le recevoir. Comme je lui refusais cette autorisation, il s'écria : « Me cacherais-tu ton visage, à moi qui suis ton oncle « maternel ? — Comment cela ? lui répondis-je. — La femme de « mon frère a été ta nourrice[2], me répondit-il. » Questionné par moi à ce sujet, ajoute ʿAïcha, l'Envoyé de Dieu me dit : « Aflaḥ a « raison, laisse-le entrer chez toi. »

[1] Il ne suffit pas de présenter le sein quelques minutes à un enfant pour qu'il y ait lieu d'appliquer les interdictions que crée la parenté par allaitement; il faut que l'allaitement soit réel ou, suivant l'expression employée ici, qu'il soit « fixe » ou bien établi.

[2] Le texte de Qastallâni porte : « La femme de mon frère t'a nourrie *du lait de mon frère*. »

2. D'après *Ibn-ʿAbbâs* le Prophète, parlant de la fille de Ḥamza, dit : «Je n'ai pas le droit de l'épouser; la parenté par allaitement crée les mêmes interdictions que la parenté naturelle. Or elle est la fille de mon frère de lait.»

3. *ʿAmra-bent-ʿAbderraḥmân* rapporte que ʿAïcha, la femme du Prophète, lui a raconté que, le Prophète étant chez elle, elle entendit la voix d'un homme qui demandait à entrer chez Ḥafṣa. «Ô Envoyé de Dieu, dit ʿAïcha, un homme demande à entrer dans ta maison. — Je crois, répondit le Prophète, que c'est un tel, l'oncle paternel de lait de Ḥafṣa. — Alors, dit ʿAïcha, si un tel, son oncle paternel de lait, était vivant, il pourrait donc entrer chez moi? — Certes oui, répondit l'Envoyé de Dieu, l'allaitement crée les mêmes interdictions que l'enfantement.»

4. *Masrouq* rapporte que ʿAïcha a dit : «Le Prophète entra chez moi alors qu'il se trouvait là un homme. «Ô ʿAïcha, demanda-t-il, «qui est cet homme? — Mon frère de lait, répondit-elle. — «Ô ʿAïcha, reprit-il, voyez bien quels sont vos frères, car il n'y a «allaitement que quand on apaise la faim (d'habitude).»

In fine, confirmation d'après un autre *isnâd*.

CHAPITRE VIII. — Du témoignage du calomniateur, du voleur et du fornicateur. — *De ces mots du Coran : . . . «N'acceptez jamais leurs témoignages, car se sont de malhonnêtes gens, — à moins qu'ils ne soient venus à résipiscence. . .»* (sourate XXIV, versets 4 et 5). — *ʿOmar infligea le supplice du fouet à Abou-Bakra, à Chibl-ben-Maʿbad et à Nâfiʿ qui avaient diffamé El-Maghîra; plus tard, il leur demanda de se repentir et dit : «Celui qui se repentira, son témoignage sera acceptable.» — D'après ʿAbdallah-ben-ʿOtba, ʿOmar-ben-ʿAbdelazîz, Saʿîd-ben-Djobaïr, Ṭaous, Modjâhid, Ech-Chaʿbi, ʿIkrima, Ez-Zohri, Mohârib-ben-Ditsâr, Choraïḥ et Moʿâwia-ben-Qorra, ce témoignage est valable. — «Chez nous à Médine, dit Abou-'z-Zinâd, la règle était que l'on acceptait le témoignage du diffamateur quand il s'était rétracté et qu'il avait demandé pardon au Seigneur.» — Ech-Chaʿbi et Qatâda ont dit : «On accepte le témoignage de celui qui s'est rétracté après qu'il a reçu le fouet.» — Ets-Tsauri a dit : «Est valable le témoignage de l'esclave qui a subi la peine du fouet et qui a été affranchi ensuite. Est valable sa décision s'il est pris pour arbitre après avoir subi sa peine.» — Certains auteurs disent que le témoignage du diffamateur n'est pas valable même s'il s'est rétracté. — Un mariage n'est pas valable sans la présence de deux témoins. Le mariage est valable quand les deux témoins ont subi la peine (qu'ils avaient méritée). Si les deux témoins sont des esclaves, le mariage n'est pas valable. — Certains auteurs admettent le témoignage de l'esclave, de celui qui a subi une peine et de l'esclave femme lorsqu'il s'agit de la vue du croissant de la lune du ramadân. — Comment se reconnaît le repentir du diffamateur. Le Prophète exilait le fornicateur pendant une année. — Le Prophète défendit de parler pendant cinquante jours à Ka'b-ben-Mâlik et à ses deux compagnons.*

1. D'après *Ibn-Chihâb*, 'Orwa-ben-Ez-Zobaïr rapporte qu'à la prise de la Mecque une femme avait commis un vol; on l'amena à l'Envoyé de Dieu qui donna l'ordre de lui couper la main (droite). 'Aïcha a dit : «Cette femme eut un repentir sincère et se maria. Plus tard, elle venait me trouver et je transmettais ses requêtes à l'Envoyé de Dieu.»

2. *Zeid-ben-Khâlid* rapporte que l'Envoyé de Dieu ordonna de punir de cent coups de fouet et d'un exil d'un an tout fornicateur que rien n'empêchait de se marier[1].

CHAPITRE IX. — On ne doit pas témoigner pour une injustice si l'on en est requis.

1. *Ech-Cha'bi* rapporte que En-No'mân-ben-Bâchîr a dit : «Ma mère avait demandé à mon père de me faire donation d'un de ses biens. Mon père, par la suite, ayant consenti, me fit ce cadeau. Alors ma mère de dire : «Je ne serai pas satisfaite tant que tu «n'auras pas pris à témoin de cela le Prophète.» Mon père me prit par la main, car j'étais encore un enfant; il me conduisit chez le Prophète et dit : «Bent-Raouâḥa, la mère de cet enfant, m'a demandé «de faire un cadeau à cet enfant. — As-tu d'autres enfants? de- «manda le Prophète. — Oui, répondit mon père.» Et je crois que le Prophète reprit : «Ne me prends pas à témoin pour une injus-

[1] Physiquement ou légalement.

tice.» Suivant Abou-Ḥarîz, qui le rapporte d'après Ech-Chaʿbi, le Prophète aurait dit : «Je ne témoigne pas sur une injustice.»

2. D'après *ʿImrân-ben-Hosaïn*, le Prophète a dit : «Les meilleurs d'entre vous sont ceux de mon siècle; au-dessous d'eux seront ceux qui les suivront, et ceux qui viendront ensuite seront encore inférieurs à ces derniers.» — «J'ignore, ajoute Imrân, si, après son siècle, le Prophète n'a pas dit deux ou trois siècles. — «Après vous, «a dit le Prophète, viendront des gens qui seront perfides et n'in«spireront aucune confiance, qui témoigneront sans qu'on leur de«mande de témoignages, qui feront des promesses qu'ils ne tien«dront pas et qui seront bouffis de graisse[1].»

3. D'après *ʿAbdallah*, le Prophète a dit : «Les meilleurs des hommes sont ceux de mon siècle; au-dessous d'eux seront ceux qui les suivront, et ceux qui viendront ensuite seront inférieurs à ces derniers. Ensuite il y aura des gens dont le témoignage précédera le serment et le serment le témoignage[2]. Ibrahîm a dit : «On nous «frappait pour nous obliger à témoigner et à prêter serment.»

CHAPITRE X. — De ce qui a été dit du faux témoignage. — *De ces mots du Coran : «Et ceux qui ne font pas de faux témoignages...»* (sourate xxv, verset 72). *Du fait de refuser le témoignage et de ces mots du Coran «..Ne refusez pas le témoignage, car celui qui le refuse pèche par le cœur. Dieu, de tout ce que vous faites, est instruit»* (sourate ii, verset 283). ... *«Et si vous entortillez vos langues pour le témoignage»* (sourate iv, verset 134).

1. D'après *Anas*, le Prophète, questionné sur les péchés capitaux, répondit : «Ce sont : le polythéisme, la mauvaise conduite envers ses père et mère, le meurtre et le faux témoignage.»

In fine, confirmation du hadits par d'autres *isnâd*.

2. D'après *Abou-Bekra*, le Prophète a dit : «Eh bien! voulez-vous que je vous dise quels sont les trois plus grands péchés? —

[1] Parce qu'ils ne songeront qu'à bien vivre sur terre aux dépens du prochain sans s'inquiéter de la vie future.

[2] On veut entendre par là des gens faisant métier de témoins et mettant un tel empressement à vouloir gagner ainsi de l'argent qu'ils accompliront à tort et à travers les formalités de la loi.

Certes oui, répondîmes-nous. — Ce sont, répondit-il, le polythéisme, la mauvaise conduite envers père et mère, — puis se mettant sur son séant, car il était accoudé, il ajouta — et le faux témoignage. » Il ne cessa de répéter ces mots si souvent que nous dîmes : « Plaise au Ciel qu'il se taise ! »

In fine, indication d'une variante d'*isnâd*.

CHAPITRE XI. — DU TÉMOIGNAGE DE L'AVEUGLE, DE SA SITUATION LÉGALE, DE SON PROPRE MARIAGE, DE SON DROIT À MARIER, DES CONTRATS QU'IL CONCLUT DE SON EMPLOI POUR L'APPEL À LA PRIÈRE OU AUTRE CHOSE SEMBLABLE ET DE SON TÉMOIGNAGE POUR CE QUI SE RECONNAÎT À LA VOIX. — *Qâsim, El-Ḥasan, Ibn-Sîrîn, Ez-Zohri et ʿAṭâ acceptent son témoignage. — Ech-Chaʿbi accepte le témoignage de l'aveugle si celui-ci jouit de ses qualités mentales. — El-Ḥakam a dit : « Son témoignage est valable en nombre de choses. » — Ez-Zohri a dit : « Si Ibn-ʿAbbâs*[1] *déposait contre moi, le récuserais-tu ? » — Ibn-ʿAbbâs envoyait demander à un homme si le soleil était couché et alors il rompait le jeûne. Il s'informait au sujet de l'aurore et quand on lui disait qu'elle était levée, il priait deux rekaʿ. — Solaïmân-ben-Yesâr a dit : « Je demandai à entrer chez ʿAïcha ; elle reconnut ma voix et me dit : « Solaïmân, entre ; tu es encore « un esclave tant qu'il te reste quelque chose à payer. » — Samora-ben-Djondab accepta le témoignage d'une femme voilée.*

1. D'après ʿ*Orwa*, ʿAïcha a dit : « Le Prophète entendit quelqu'un qui récitait du Coran dans la mosquée. « Dieu fasse miséri-« corde à cet homme, s'écria le Prophète, il me rappelle tel et tel[2] « verset que j'ai oublié dans telle et telle sourate. »

ʿAbbâd-ben-ʿAbdallah rapporte, d'après ʿAïcha, que le Prophète, étant en prière pendant la nuit dans sa chambre, entendit la voix de ʿAbbâd qui priait dans la mosquée. « Ô ʿAïcha, demanda le Prophète, n'est-ce pas la voix de ʿAbbâd que j'entends ? — Oui, répondit ʿAïcha — Ô mon Dieu fais miséricorde à ʿAbbâd ! s'écria le Prophète. »

[1] Qui était aveugle.

[2] L'expression arabe : كذا وكذا qui, d'ordinaire, n'indique qu'un nombre vague, a, chez certains auteurs, un sens précis. Ainsi le cheikh Khelil emploie : كذا وكذا درهما pour dire 21 dirhems ; كذا درهما pour 20 dirhems, et كذا كذا درهما, pour 11 dirhems.

2. D'après *Sâlim-ben-ʿAbdallah-ben-ʿOmar*, le Prophète a dit : « Certes Bilâl fait l'appel à la prière pour la nuit : Mangez alors et buvez jusqu'à ce qu'il fasse l'appel à la prière — ou bien jusqu'à ce que vous entendiez l'appel à la prière de Ibn-Omm-Maktoum. » Cet Ibn-Omm-Maktoum était un homme aveugle qui ne faisait l'appel à la prière que lorsque les gens lui disaient : « Voici le matin. »

3. *ʿAbdallah-ben-Abou-Molaïka* rapporte que El-Miswar-ben-Makhrama a dit : « On avait apporté des *qeba* au Prophète. Makhrama, mon père, me dit : « Allons trouver le Prophète, peut-être qu'il « nous donnera un de ces vêtements. » Mon père, debout près de la porte ayant parlé, le Prophète, qui avait reconnu sa voix, sortit tenant un de ces qebâ, dont il lui fit admirer la beauté, et dit : « Je « l'avais mis de côté pour toi; je l'avais mis de côté pour toi. »

CHAPITRE XII. — Du témoignage des femmes. — *De ces mots du Coran : « . . . Si on ne trouve pas deux hommes, alors prenez un homme et deux femmes. . . »* (sourate II, verset 282).

1. D'après *Abou-Saʿîd-El-Khodri*, le Prophète a dit : « Le témoignage d'une femme n'est-il pas la moitié du témoignage d'un homme? — Certes oui, répondîmes-nous[1]. — Cela, reprit-il, tient à l'infériorité de son intelligence. »

CHAPITRE XIII. — Du témoignage des esclaves hommes et femmes. — *Anas a dit : « Le témoignage de l'esclave, qui est honorable, est valable. » — Choraïḥ et Zorâra-ben-Awfa l'admettent également. — Ibn-Sîrîn a dit : « Le témoignage de l'esclave est valable à moins qu'il ne témoigne en faveur de son maître. » — El-Ḥasan et Ibrahîm l'admettent pour une chose peu importante. — Choraïḥ a dit : « Vous êtes tous fils d'esclaves hommes ou femmes. »*

1. *Ibn-Abou-Molaïka* rapporte qu'il a entendu dire d'ʿOqba-ben-El-Ḥârits, ou que celui-ci lui a raconté, qu'il avait épousé Omm-Yaḥya-bent-Abou-Ihâb et qu'une esclave noire vint leur dire : « J'ai été votre nourrice à tous deux. » « Comme, ajoute ʿOqba, je

[1] Ou, suivant une variante : « répondirent-elles ».

mentionnais ce fait au Prophète, il se détourna de moi. Alors me retournant vers lui je lui répétai la chose. «Comment, s'écria-t-il, (tu gardes ta femme) alors qu'une telle prétend avoir été votre nourrice à tous deux?» Et il lui défendit de garder cette femme.

CHAPITRE XIV. — Du témoignage de la nourrice.

1. *Ibn-Abou-Molaïka* rapporte que ʿOqba-ben-El-Ḥârits avait épousé une femme. Une autre femme vint et dit : «J'ai été la nourrice de vous deux.» «Alors, ajoute ʿOqba, j'allai trouver le Prophète qui me dit : «Comment?» Et on me dit : «Laisse-la» ou quelque chose d'approchant.»

CHAPITRE XV. — De la justification des femmes les unes par les autres.

1. *Orwa-ben-Ez-Zobaïr, Saʿîd-ben-El-Mosayyab, ʿAlqama-ben-Ouaqqâṣ-El-Leïtsî* et *ʿObaïd-Allah-ben-ʿAbdallah-ben-ʿOtba* rapportent ceci : «Quand les diffamateurs eurent dit ce que l'on sait au sujet de ʿAïcha, la femme du Prophète, Dieu la lava de cette accusation.»

Ez-Zohri a dit: «Chacun d'eux m'a raconté une partie de ces hadits, les uns avec plus de détails que les autres et une plus grande précision. J'ai réuni la partie des hadits que chacun d'eux avait rapportés au sujet de ʿAïcha et, conservant ce qui, dans ces récits, se confirme réciproquement il en est résulté que, selon eux, ʿAïcha a dit : «Quand l'Envoyé de Dieu voulait partir en expédition, il fai-«sait tirer au sort entre ses femmes pour savoir celle que le sort «désignerait pour l'accompagner dans son expédition. Lors d'une «des expéditions qu'il entreprit, il avait fait procéder de cette ma-«nière et, le sort m'ayant désignée, je l'accompagnai. C'était après «la révélation relative au port du voile; on me fit monter dans un «palanquin où on m'installa et nous nous mîmes en route. Aussitôt «que l'Envoyé de Dieu eut terminé cette expédition, que l'on eut «pris le chemin du retour et que nous approchâmes de Médine, «ordre fut donné pendant une nuit de reprendre notre marche. Dès «que l'ordre de départ eut été donné, je me levai pour satisfaire «un besoin en dehors du campement. Mes besoins satisfaits, je «retournai au camp lorsque, portant la main à ma poitrine, «je m'aperçus que mon collier d'agates de Dzafâr s'était détaché. Je «revins sur mes pas à la recherche de mon collier et fus retenue «sur place par le désir de le retrouver.

«Les gens, chargés de s'occuper de ma monture, prirent mon «palanquin et le placèrent sur le chameau qui me servait de «monture, supposant que j'étais dans le palanquin. A cette époque, «les femmes étaient légères; elles ne pesaient point, car elles «n'étaient guère en chair, ne mangeant que des bribes de nourri-«ture. Aussi les gens ne trouvèrent-ils rien d'étonnant au poids du «palanquin quand ils le soulevèrent, et c'est pourquoi ils le char-«gèrent. J'étais une toute jeune femme à cette époque. On fit en-«suite avancer le chameau et on se mit en route.

«Quand je trouvai mon collier, les troupes n'étaient plus là. «J'allai au camp et, n'y trouvant plus personne, je me dirigeai vers «la place que j'y occupais, croyant qu'après s'être aperçu de mon «absence on reviendrait m'y chercher. Pendant que j'étais assise en «cet endroit le sommeil me gagna et je m'endormis. Or, Ṣafouân-«ben-El-Moʿaṭṭal-Es-Solami-Edz-Dzakouâni, qui était resté en ar-«rière des troupes, arriva au matin à l'endroit où je me trouvais. «Apercevant la silhouette d'une personne endormie, il vint à moi. «Il m'avait vue avant que le port du voile eût été ordonné par le «Coran. Au bruit de son exclamation[1] je me réveillai. Il arrêta sa «monture, la fit agenouiller et, quand j'y fus montée, il la conduisit «par la longe et nous nous mîmes en route jusqu'à ce que nous «atteignîmes les troupes qui avaient établi leur campement pour y «passer le moment de la forte chaleur. Et périrent ceux qui péri-«rent[2].

[1] En voyant ʿAïcha dans cette situation il s'était écrié : «Nous sommes à Dieu et c'est vers lui que nous devons retourner», formule que l'on emploie quand on est en présence d'un événement fâcheux.

[2] Cette dernière phrase semble signifier que la chaleur, qui était excessive, puisqu'on avait pris la résolution de marcher la nuit, fit, parmi les musulmans, un certain nombre de victimes.

« Celui qui avait mis en circulation la calomnie était ʿAbdallah-« ben-Obayy-ben-Saloul. Nous gagnâmes Médine où je fus malade « pendant un mois. Les gens répandirent les calomnies débitées « contre moi et laissèrent entendre que, si je souffrais, c'était de ne « plus voir le Prophète aux petits soins pour moi comme il l'était « auparavant lorsque j'étais malade ; qu'il entrait seulement chez « moi pour me saluer et me dire : « Comment vas-tu ? »

« Je ne sus rien de tout cela avant d'être rétablie. Alors je sortis « avec Omm-Misṭaḥ pour aller satisfaire nos besoins du côté de El-« Menâṣiʿ, endroit qui nous avait été désigné à cet usage ; à cette « époque nous ne nous y rendions que la nuit, n'ayant pas encore « de latrines à proximité de nos maisons, et nous conformant en cela « à la coutume des anciens Arabes qui allaient dans la campagne « ou loin des habitations. Comme je m'avançais en compagnie de « Omm-Misṭaḥ-bent-Abou-Rohm, celle-ci fit un faux pas en mar-« chant sur le pan de son manteau. « Malheur à Misṭaḥ ! s'écria ma « compagne. — Que c'est mal ce que vous dites, lui répliquai-je ; « voulez-vous insulter un homme qui a versé son sang pour la foi « à Bedr. — Hé ! me reprit-elle, n'as-tu donc pas entendu ce « qu'on dit. » Puis elle me raconta les propos des diffamateurs.

« Ma maladie s'aggrava à cette nouvelle et lorsque, rentrée chez « moi, l'Envoyé de Dieu se présenta à moi et me dit : « Comment « vas-tu ? » je lui répondis : « Permets-moi d'aller chez mon père et « ma mère », parce qu'à ce moment-là, je désirais connaître exacte-« ment la nouvelle par mes parents. L'Envoyé de Dieu m'y ayant « autorisée, j'allai chez mes parents et dis à ma mère : « Que raconte « donc le monde ? — Ma chère enfant, me répondit-elle, n'attache « pas trop d'importance à cette affaire. Par Dieu ! il est bien rare « qu'une femme quelconque, jolie, aimée de son mari, ne soit pas « victime de la médisance des autres femmes de son mari quand « celui-ci en a plusieurs. — Grand Dieu ! m'écriai-je, tout le monde « parle de cela. »

« Je passai cette nuit-là sans cesser de verser des larmes et sans

« fermer les paupières. Le lendemain matin, comme la révélation « tardait à venir, l'Envoyé de Dieu convoqua ʿAli-ben-Abou-Ṭalib « et Osâma-ben-Zeïd et leur demanda conseil pour savoir s'il devait « se séparer de sa femme. Osâma, sachant combien au fond le Pro- « phète avait d'affection pour ses femmes, le conseilla en lui di- « sant : « Ô Envoyé de Dieu, tes femmes, par Dieu, nous n'en savons « que du bien. » Quant à ʿAli, il répondit ainsi : « Ô Envoyé de Dieu, « Dieu ne veut pas te faire de peine ; il y a beaucoup de femmes « autres qu'elles. Interroge la suivante, elle te dira la vérité. »

« L'Envoyé de Dieu manda Barîra : « Ô Barîra, lui dit-il, as-tu « vu quelque chose dans cette affaire qui puisse donner lieu à des « soupçons ? — Par Celui qui t'a envoyé apporter la Vérité, répon- « dit Barîra, je n'ai jamais rien vu à lui reprocher, sinon qu'elle « est d'un âge tendre et qu'elle s'endort auprès de la pâtée en sorte « que le mouton apprivoisé vient et la mange. » L'Envoyé de Dieu « monta en chaire ce jour-là et demanda qu'on prouvât la culpabilité « d'Abdallah-ben-Obayy-ben-Saloul. « Qui donc, demanda-t-il, me « prouvera la culpabilité d'un homme que l'on m'a dit s'être mal « conduit avec ma femme ? Par Dieu, je ne sais que du bien de ma « femme et on parle d'un homme dont je ne sais également que du « bien, car il n'entrait chez ma femme qu'avec moi. »

« Saʿd se leva alors et dit : « Moi, par Dieu! je te prouverai sa « culpabilité : si c'est un homme des Aous, nous lui trancherons la « tête; s'il appartient à la tribu de nos frères les Khazradj, tu n'as « qu'à nous donner tes ordres et nous les exécuterons. » Saʿd-ben- « ʿObâda, le chef des Khazradj, se leva à son tour. C'était avant cela « un homme vertueux, mais, emporté par la colère, il s'écria : « Tu « en as menti, par la vie de Dieu! Tu ne le tueras pas et tu ne « pourras pas le faire. » Osaïd-ben-Ḥoḍair se leva aussi et dit : « Tu « en as menti, par la vie de Dieu ! Par Dieu nous le tuerons « certainement et tu n'es qu'un hypocrite qui défend des hypo- « crites. »

« Les deux tribus de Aous et de Khazradj se levèrent et se dis-

« posaient à en venir aux mains, quand l'Envoyé de Dieu, qui « était en chaire, descendit et les apaisa jusqu'à ce que le calme fût « rétabli ; puis il garda lui-même le silence.

« Tout ce jour je ne cessai de fondre en larmes et je ne pus fer- « mer mes paupières. Mon père et ma mère vinrent le lendemain « matin chez moi. J'avais pleuré toute la nuit[1] et tout un jour au point « que je crus que mes larmes me briseraient le cœur. Pendant que « mes parents étaient assis auprès de moi et que je pleurais, une « femme des Anṣâr demanda la permission d'entrer. Je la lui donnai. « Elle entra, s'assit et se mit à pleurer avec moi. Nous étions ainsi « lorsque inopinément l'Envoyé de Dieu entra.

« Il s'assit, ce qu'il n'avait pas fait chez moi depuis le jour où on « avait déblatéré sur mon compte. Il y avait un mois de cela et il « n'avait pas encore reçu de révélation à mon sujet. Il prononça la « profession de foi et me dit ensuite : « Ô 'Aïcha, j'ai appris à ton « sujet telle et telle chose. Si tu es innocente, Dieu te lavera de « cette accusation. Si tu as manqué à tes devoirs, demande pardon « à Dieu et tourne-toi vers lui; l'homme qui reconnaît sa faute et « se tourne vers Dieu, Dieu se tournera vers lui. »

« L'Envoyé de Dieu avait à peine achevé ce discours que mes « larmes s'arrêtèrent à ce point que je n'en sentis plus la moindre « goutte et, m'adressant à mon père, je lui demandai de répondre « pour moi. « Par Dieu! me répondit-il, je ne sais que dire à l'En- « voyé de Dieu. » Me tournant ensuite vers ma mère, je la priai de « répondre pour moi. « Par Dieu! répondit-elle, je ne sais que dire « à l'Envoyé de Dieu. » Alors, moi, qui étais une femme d'âge tendre, « n'ayant pas beaucoup appris de Coran, je dis : « Je sais que vous « avez entendu ce que les gens racontent de moi, que cela a fait im- « pression sur vous et que vous y ajoutez foi. Si je vous dis que je « suis innocente, et Dieu sait que je suis innocente, vous ne me croirez « pas. Mais si je vous avoue quelque chose, et Dieu sait que je suis

[1] Qastallâni donne la variante : *deux nuits*.

« innocente, vous me croirez. Par Dieu, je ne trouve de situation ana-
« logue à la mienne vis-à-vis de vous que celle du père de Joseph quand « il a dit : « Il vaut mieux être résigné. » C'est de Dieu que j'implore « l'aide contre ce que vous venez de décrire (sourate XII, verset 18). » « Cela dit, je me retournai sur mon lit et, tout en ayant l'espoir que « Dieu me laverait de l'accusation, je ne croyais pas qu'une révéla- « tion serait faite à mon sujet, car j'avais une trop faible opinion « de moi-même pour m'imaginer que le Coran parlerait de mon « aventure.

« Tout ce que j'espérais alors, c'est que l'Envoyé de Dieu aurait, « pendant son sommeil, une vision qui me justifierait. Eh bien! « j'en jure par Dieu, le Prophète n'avait pas quitté sa place et per- « sonne des gens de la maison n'avait eu le temps de sortir que la « révélation arriva au Prophète. Il eut comme d'habitude, bien que « ce fût un jour d'hiver, cette sueur abondante qui découlait en « gouttes grosses comme des perles. Puis, quand on le découvrit, il « apparut tout souriant et les premiers mots qu'il prononça furent « les suivants : « Ô ʿAïcha, loue Dieu, car Dieu t'a justifiée. » Ma « mère me dit alors : « Lève-toi, va vers l'Envoyé de Dieu. — Non, « lui répondis-je, par Dieu, je ne me lèverai pas pour aller vers lui « et je ne veux louer personne sinon Dieu. »

« Dieu avait révélé ces mots : « Ceux qui ont colporté le mensonge « forment un groupe parmi vous, etc. » (sourate XXIV, verset 11). « Quand ce verset, qui me disculpait, eut été révélé, Abou-Bakr-Eṣ- « Ṣiddîq qui, à cause de sa parenté envers lui, nourrissait Misṭaḥ- « ben-Otsâtsa, s'écria : « Par Dieu! je ne veux plus donner quoi que « ce soit à Misṭaḥ après ce qu'il a dit de ʿAïcha. » Ce fut alors « que Dieu révéla ce verset : « Que ceux d'entre vous qui ont la « supériorité et l'opulence ne jurent point qu'ils donneront... « indulgent, miséricordieux » (sourate XXIV, verset 22). « Certes, par « Dieu, dit alors Abou-Bakr, je préfère que Dieu me pardonne », « et il rendit à Misṭaḥ la pension qu'il lui faisait.

« L'Envoyé de Dieu avait interrogé Zeïnab-bent-Djaḥch au sujet

« de mon affaire. « Ô Zeïnab, lui avait-il dit, que sais-tu, qu'as-tu vu ? « — Ô Envoyé de Dieu, répondit-elle, je surveille mes oreilles « et mes yeux ; par Dieu, je ne sais que du bien sur elle. » C'était « elle, continue ʿAïcha, qui était ma rivale en beauté. Dieu veillait « sur elle en lui inspirant cette réserve.

In fine, indication d'autres *isnâd*.

CHAPITRE XVI. — Un seul homme suffit pour établir l'honorabilité de quelqu'un. — *Abou-Djemila a dit : « J'avais trouvé un enfant abandonné. Quand ʿOmar me vit, il me dit : « Une petite caverne peut être cause de grands dan- « gers. » Ces paroles semblaient indiquer qu'il me soupçonnait, mais, quand mon chef lui eut dit que j'étais un homme vertueux, il reprit : « S'il en est « ainsi, va-t-en, nous nous chargerons de son entretien. »*

1. D'après *Abou-Bekra*, un homme ayant fait l'éloge d'un autre devant le Prophète, celui-ci dit : « Mais malheureux ! tu coupes le cou de ton ami, tu coupes le cou de ton ami », et il répéta ces mots à plusieurs reprises, puis il ajouta : « Celui qui tient absolument à faire l'éloge de son frère doit dire : « Je crois tel un tel, Dieu lui « en tiendra compte. Il ne faut pas dire : Je déclare honorable un « tel devant Dieu, mais je crois qu'il est tel et tel, si on lui connaît « ces qualités. »

CHAPITRE XVII. — De ce qu'il y a de répréhensible dans l'exagération de l'éloge. Qu'on dise ce que l'on sait.

1. *Abou-Mousa* a dit : « Le Prophète entendit un homme faire l'éloge d'un autre et montrer en cela une grande exagération. « Vous tuez cet homme, dit-il, — ou vous cassez les reins de cet « homme. »

CHAPITRE XVIII. — De la majorité des enfants et de leurs témoignages. — *De ces mots du Coran : « Lorsque vos enfants auront atteint l'âge de la puberté, qu'ils demandent la permission d'entrer »* (sourate XXIV, verset 58). — *Moghîra a dit : « Je fus pubère à l'âge de douze ans. » — De la majorité des femmes quand elles ont leurs menstrues, d'après ces mots du Coran : « Celles d'entre vos femmes qui n'espèrent plus avoir leurs menstrues. . . qu'elles accouchent »* (sourate LXV, verset 4). — *El-Ḥasan-ben-Ṣâliḥ a dit : « J'ai connu une de nos voisines qui était grand'mère à vingt et un ans. »*

1. *Ibn-ʿOmar* rapporte que l'Envoyé de Dieu, le jour de la bataille de Ohod, le passa en revue. « Comme je n'avais alors que quatorze ans, ajoute Ibn-ʿOmar, le Prophète ne m'admit pas[1] (parmi les combattants). A une autre revue, le jour de la bataille du Fossé, comme j'avais quinze ans, il m'admit. »

Nafiʿ a dit : « Je m'étais rendu chez ʿOmar-ben-ʿAbdelaziz, qui alors était calife, et lui parlais du récit qui précède. « C'est, en « effet, me répondit-il, l'âge où l'on cesse d'être mineur pour « devenir majeur. » Et il écrivit à ses gouverneurs pour leur enjoindre d'inscrire sur les rôles tous ceux qui auraient atteint l'âge de quinze ans. »

2. D'après une tradition de *Abou-Saʿîd-El-Khodri*, qui la faisait remonter au Prophète, celui-ci a dit : « La lotion du jour du vendredi est obligatoire pour quiconque est pubère. »

CHAPITRE XIX. — De la question : « As-tu des preuves? » que pose le magistrat au demandeur avant de déférer le serment au défendeur.

1. D'après *ʿAbdallah*, l'Envoyé de Dieu a dit : « Celui qui prête un serment dans lequel il est de mauvaise foi afin de s'emparer du bien d'un homme musulman, trouvera Dieu irrité contre lui quand il le rencontrera. » « Par Dieu! ce fut à cause de moi, dit El-Achʿats-ben-Qaïs, que ces paroles furent prononcées. J'étais en contestation avec un juif au sujet d'une terre sur laquelle il niait mes droits de propriété. Je le conduisis alors devant le Prophète : « As-tu des « preuves? me demanda l'Envoyé de Dieu. — Non, répondis-je. » Puis, comme il déférait le serment au juif, j'ajoutai : « Il va jurer « et je vais perdre mon bien. » Dieu révéla à cette occasion ce verset : « Certes, ceux qui, grâce à des engagements envers Dieu et à des « serments, achètent à vil prix. . . » (sourate III, verset 71). »

[1] A recevoir la solde, celle-ci étant réservée aux seuls combattants.

CHAPITRE XX. — Le serment est déféré au défendeur en matière civile et criminelle. — *Le Prophète a dit : « Tes deux témoins ou son serment. » — Qotaïba a dit : « Sofyân rapporte le récit suivant de Ibn-Chobroma : « Abou-« 'z-Zinâd me parlait du témoignage d'un seul témoin avec serment du de-« mandeur. « Dieu, lui répondis-je, a dit : « Invoquez le témoignage de deux « hommes parmi vous; s'il n'y a pas deux hommes, que ce soit alors un homme « et deux femmes choisies parmi celles que vous agréez comme témoins, en sorte que « si l'une d'elles s'égare, l'autre lui rappelle ce qu'elle aura oublié »* (sourate II, « verset 282). — *Mais, m'objecta-t-il, puisqu'il suffit du témoignage d'un « seul témoin avec le serment du demandeur, il n'est pas besoin qu'une des femmes « rafraîchisse la mémoire de l'autre? A quoi sert donc la déclaration de l'autre « femme? »*

1. *Ibn-Abou-Molaïka* a dit : « Ibn-ʿAbbâs m'écrivit que le Prophète avait jugé en déférant le serment au défendeur. »

2 [1]. D'après *Abou-Ouaïl*, ʿAbdallah a dit : « Celui qui prête un serment dans le but de s'approprier un bien, trouvera Dieu irrité contre lui quand il le rencontrera. La Révélation a confirmé cela en disant : « Certes ceux qui, grâce à des engagements envers Dieu « et à des serments, achètent à vil prix. . . un châtiment doulou-« reux » (sourate III, verset 71).

« Plus tard, El-Achʿats-ben-Qaïs étant venu nous trouver nous dit : « Quelle tradition vous a rapportée ʿAbderraḥman? » Nous la lui rapportâmes et il ajouta alors : « Il a raison; ce verset a été révélé « à cause de moi. J'avais un procès au sujet d'une chose avec quel-« qu'un. Nous portâmes notre différend devant le Prophète qui me « dit : « (Produis) deux témoins ou qu'il jure. — En ce cas, répon-« dis-je, il va jurer car il n'a aucun scrupule. — Celui, reprit le « Prophète, qui jure de mauvaise foi dans le but de s'approprier « un bien trouvera Dieu irrité contre lui quand il le rencontrera. » Dieu confirma ces paroles par la Révélation et le Prophète récita ce verset. »

[1] Qastallâni fait de ces hadits l'objet d'un chapitre spécial auquel il ne donne pas de rubrique.

CHAPITRE XXI. — Celui qui émet une prétention, ou qui accuse, doit fournir la preuve, et on le laissera aller chercher ses témoins.

1. D'après *Ibn-ʿAbbâs*, Hilâl-ben-Omayya accusa devant le Prophète, sa femme d'adultère avec Cherîk-ben-Saḥmâ. « Produis la preuve, dit le Prophète, sinon un châtiment frappera ton dos. — Quand, dit Hilâl, un de nous trouve un homme sur sa femme, il faut qu'il aille chercher des preuves? — Fournis la preuve, répéta le Prophète, sinon un châtiment frappera ton dos. » Ibn-ʿAbbâs rappela alors le hadits relatif à l'anathème.

CHAPITRE XXII. — Du serment après l'heure de l'ʿaṣr.

1. D'après *Abou-Horaïra*, l'Envoyé de Dieu a dit : « Il y a trois personnes à qui Dieu n'adressera pas la parole, qu'il ne regardera pas, qu'il ne justifiera[1] pas et qui auront un châtiment douloureux : l'homme qui, en cours de route, ayant plus d'eau qu'il n'en a besoin, refuse de l'eau à un voyageur; l'homme qui, prêtant serment de fidélité, ne le fait qu'en vue d'un profit terrestre et qui, alors, est fidèle quand on lui donne ce qu'il a demandé, mais qui, sinon, ne tient pas ses engagements. Enfin l'homme qui, débattant le prix d'une marchandise, après l'heure de l'ʿaṣr, jure ses grands dieux qu'elle a été payée par lui telle et telle somme et qui la vend à ce prix. »

CHAPITRE XXIII. — Le défendeur prête serment quand le serment lui est déféré, mais il n'est pas astreint à se déplacer de l'endroit où il est. — *Merouân avait décidé que Zeïd-ben-Tsâbit prêterait serment sur la chaire. « Je jurerai à la place où je suis, répondit Zeïd. » Et il jura en refusant de se rendre sur la chaire. Merouân fut très surpris de cela. — Le Prophète a bien dit : « Tes deux témoins ou son serment », mais il n'a pas spécifié un endroit plutôt qu'un autre.*

1. D'après *Ibn-Masʿoud*, le Prophète a dit : « Celui qui jure en vue de s'approprier un bien trouvera Dieu irrité contre lui quand il le rencontrera. »

[1] Surtout en rayant de son actif quelques péchés.

IMPRIMERIE NATIONALE.

CHAPITRE XXIV. — Du cas où, ayant à prêter serment, plusieurs personnes se disputent la priorité.

1. D'après *Abou-Horaïra*, le Prophète ayant déféré le serment à un groupe de gens, ceux-ci se précipitèrent tous à la fois. Alors le Prophète ordonna de tirer au sort pour savoir dans quel ordre ils prêteraient serment.

CHAPITRE XXV. — *De ces mots du Coran : « Certes ceux qui, grâce à des engagements envers Dieu et des serments, achètent à vil prix. . . »* (sourate III, verset 71).

1. *Ibrahîm-Abou-Isma'îl-Es-Seksaki* a entendu 'Abdallah-ben-Abou-Awfa dire : « Un homme avait installé sa marchandise et jurait ses grands dieux qu'il avait payé cette marchandise un prix qu'il n'avait pas donné. Alors fut révélé ce verset : « Ceux qui, grâce « à des engagements envers Dieu et des serments, achètent à vil « prix. . . » (sourate III, verset 71). »

Ibn-Abou-Awfa a dit : « Celui qui cherche à duper ainsi commet le délit d'usure; c'est un voleur. »

2. D'après *'Abdallah*, le Prophète a dit : « Celui qui fait un faux serment dans le but de s'approprier le bien d'un homme — ou suivant une variante — de son frère, trouvera Dieu irrité contre lui quand il le rencontrera. » Dieu a confirmé ces paroles dans le Coran où il est dit : « Certes, ceux qui, grâce à des engagements envers Dieu et à des serments, achètent à vil prix. . . un châtiment douloureux » (sourate III, verset 71). El-Ach'ats que rencontra Abou-Ouaïl lui dit : « Que vous a rapporté 'Abdallah aujourd'hui? — Telle et telle chose, lui répondis-je. — Eh bien! reprit-il, c'est à cause de moi qu'a eu lieu cette révélation. »

CHAPITRE XXVI. — Comment doit-on demander de prêter serment. — *De ces mots du Coran : . . . « Ensuite ils viendront vers toi et ils jureront par Dieu qu'ils ne voulaient que bonté et concorde »* (sourate IV, verset 65). — *De ces mots du Coran : « Ils jureront par Dieu qu'ils sont des vôtres »* (sourate IX, verset 56). — *De ces mots du Coran : . . . « Ils jureront pour vous afin de vous être agréables»* (sourate IX, verset 63). — *De ces mots du Coran : . . . «Alors ils jureront tous deux par Dieu en disant : «Notre seul «témoignage est plus valable que deux des leurs*[1]» (sourate IX, verset 106). — *On peut dire* باللّه, تاللّه *et* واللّه. — *Le Prophète a dit : «Et un homme qui jure faussement par Dieu après l'*ʿ*aṣr.»* — *On ne doit jurer que par Dieu.*

1. *Mâlik-ben-Abou-ʿAmir* a entendu Ṭalḥa-ben-ʿObaïd-Allah dire : «Un homme vint trouver l'Envoyé de Dieu et se mit à le questionner sur l'islâm. L'Envoyé de Dieu dit : «Cinq prières par «jour et par nuit. — Dois-je en faire d'autres? demanda l'homme. «— Non, répondit le Prophète, à moins que ce ne soit volontai«rement. — Tu dois jeûner pendant le mois de ramadan, ajouta le «Prophète. — Dois-je jeûner davantage reprit l'homme ? — Non, «reprit le Prophète, à moins que ce ne soit volontairement.» L'envoyé de Dieu lui ayant ensuite parlé de la dîme, l'homme demanda s'il devait donner davantage. «Non, répéta le Prophète, à moins «que ce ne soit volontairement.» L'homme tourna les talons en disant : «Par Dieu je n'ajouterai rien, ni ne retrancherai rien. «— Il sera un des bienheureux s'il est sincère», s'écria l'Envoyé de Dieu.»

2. D'après *ʿAbdallah*, le Prophète a dit : «Celui qui a un serment à prêter doit jurer par Dieu, sinon qu'il garde le silence.»

CHAPITRE XXVII. — De celui qui produit sa preuve après le serment (de son adversaire[2]). — *Le Prophète a dit: «Il se peut que l'un de vous connaisse mieux ses moyens de défense qu'un autre.»* — *Ṭaous, Ibrahîm et Choraïḥ ont dit : «La preuve juste l'emporte sur le faux serment*[3].»

1. D'après *Omm-Salama*, l'Envoyé de Dieu a dit : «Quand vous

[1] Qastallâni donne comme première citation du Coran : «Ils vous jureront par Dieu» et il n'ajoute ensuite que la première citation de la sourate IV, verset 65.

[2] Le cas prévu est le suivant : Le demandeur, ignorant qu'il peut se procurer la preuve de ce qu'il avance, défère le serment au défendeur. Plus tard, le demandeur produisant sa preuve, celle-ci est admise malgré le serment déféré et prêté.

[3] Telle est la traduction littérale; mais il faut entendre qu'il s'agit de quelqu'un qui a fait des aveux et qui, ensuite, jure le contraire de ce qu'il a avoué; si alors des témoins honorables viennent confirmer l'existence des aveux, leur témoignage prévaudra sur le faux serment.

plaidez devant moi, il peut arriver que l'un de vous soit plus habile à présenter ses arguments qu'un autre. Celui sur le dire habile de qui je décide qu'il aura droit à quelque chose du bien de son frère, je ne lui donne en réalité qu'un morceau de l'enfer; qu'il ne le prenne donc pas. »

CHAPITRE XXVIII. — De celui qui ordonne de remplir ses promesses. — *El-Ḥasan l'a fait. — On trouve dans le Coran : « Et dans le Livre mentionne Ismaʿîl; il était fidèle à ses promesses »* (sourate xix, verset 55). — *Ibn-Achouaʿ a jugé qu'on devait remplir sa promesse. Le fait a été rapporté par Samora-ben-Djondab. — El-Miswar-ben-Makhrama a dit : « J'ai entendu le Prophète, parlant d'un de ses gendres, dire : « Il m'a fait une promesse et il l'a « tenue. » — El-Bokhâri a dit : « J'ai vu Isḥaq-ben-Ibrahîm tirer argument du hadits de Ibn-Achouaʿ. »*

1. *Abou-Sofyân* rapporte que Héraclius lui dit : « Je t'ai demandé ce qu'il vous ordonnait de faire, et tu assures qu'il vous ordonne de prier, d'être de bonne foi, d'avoir des mœurs pures, de tenir vos engagements, de rendre les dépôts. C'est là, ajouta-t-il, le signalement d'un prophète. »

2. D'après *Abou-Horaïra,* l'Envoyé de Dieu a dit : « Les signes auxquels on reconnaît l'hypocrite sont au nombre de trois : s'il parle, il ment; si l'on met sa confiance en lui, il la trahit; s'il promet, il manque à ses engagements. »

3.[1] *Djâbir-ben-ʿAbdallah* a dit : « Après la mort du Prophète, Abou-Bakr reçut de l'argent de El-Alâ-ben-El-Ḥadrami. « Quiconque, « dit Abou-Bakr, est créancier du Prophète ou a reçu de lui une « promesse n'a qu'à se rendre auprès de nous. — L'Envoyé de « Dieu, dit alors Djâbir, m'avait promis de me donner comme ceci « et comme ceci, et, ce disant, il avait étendu trois fois ses mains. » Alors, poursuivit Djâbir, Abou-Bakr me compta dans la main cinq cents, puis cinq cents et encore cinq cents. »

4. *Sâlim-El-Afṭas* rapporte que Saʿîd-ben-Djobaïr a dit : « Un

[1] Qastallâni donne ce hadits et le suivant comme formant un chapitre à part sans la moindre rubrique.

juif de Hîra me demanda quel était celui des deux délais qu'avait fixé Moïse[1]. — Je ne sais, répondis-je à ce juif, mais je vais m'en informer auprès du savant des Arabes. Je me rendis (à la Mecque) et interrogeai Ibn-ʿAbbâs qui me répondit : «Moïse avait fixé le «plus long et le meilleur.» Quand l'Envoyé de Dieu avait dit une chose, il la faisait.»

CHAPITRE XXIX. — On ne doit demander ni témoignage ni autre chose (du même genre) à un polythéiste. — *Ech-Chaʿbi a dit : «N'est pas valable le témoignage des gens de religions différentes les uns contre les autres ainsi que cela résulte de ces mots du Coran : «Nous avons suscité entre eux l'inimitié et la haine»* (sourate v, verset 17). — *Abou-Horaïra a dit, d'après le Prophète : «N'ajoutez pas foi aux gens du Livre et ne les démentez pas non plus, mais dites : «Nous croyons en Dieu et en ce qu'il a révélé.»*

1. D'après *ʿObaïd-allah-ben-ʿAbdallah-ben-ʿOtba,* Abdallah-ben-ʿAbbâs a dit : «Ô musulmans, qui êtes ici assemblés, comment se fait-il que vous questionniez les gens du Livre, alors que votre livre, qui a été révélé à votre prophète, vous donne des informations plus récentes de la part de Dieu, et que ce livre que vous récitez n'a pas été altéré. Dieu vous a annoncé que les gens du Livre avaient modifié le texte écrit de ses paroles et que, de leurs mains, ils avaient changé le contexte du Livre en disant qu'il leur était venu ainsi de Dieu lui-même afin d'acquérir par là une chose à vil prix. Ce que vous avez reçu de la science ne vous interdit-il donc pas de questionner ces gens-là? Et par Dieu, voyons-nous un seul d'entre eux vous questionner au sujet de la révélation qu'ils ont reçue?»

CHAPITRE XXX. — De la consultation du sort dans les questions douteuses. — *De ces mots du Coran : «... Lorsqu'ils lancèrent leurs roseaux pour savoir qui d'entre eux se chargerait de Marie...»* (sourate iii, verset 39). — *Ibn-ʿAbbâs a dit : «Ils consultèrent le sort; les roseaux furent*

[1] Il s'agit du temps pendant lequel le futur gendre de Moïse devait rester sans gages à son service pour obtenir la main de sa fille.

lancés dans le fleuve et, celui de Zacharie l'ayant emporté sur les autres, ce fut lui qui se chargea de Marie.» — *De ses paroles*[1] : *«Il leur fut pénible que le sort eût été employé, car il fut*[2] *du nombre de ceux qui échouent»* (sourate XXXVII, verset 141). — *C'est-à-dire contre lesquels le sort s'est prononcé.* — *Abou-Horaïra a dit : «Le Prophète avait déféré le serment à plusieurs personnes. Comme elles se bousculaient, il ordonna de tirer au sort pour savoir qui jurerait le premier.»*

1[3]. *Khâridja-ben-Zeïd-El-Anṣâri* rapporte que Omm-El-ʿAlâ, une des femmes des Anṣâr qui avait prêté serment de fidélité au Prophète, lui a raconté ceci : «Lorsque les Anṣâr tirèrent au sort pour loger les Mohâdjir, le sort nous attribua ʿOtsmân-ben-Medzʿoun. Ce Mohâdjir, continua Omm-El-ʿAlâ, après être resté chez nous un certain temps, tomba malade; nous le soignâmes jusqu'au jour où il mourut et nous l'ensevelîmes dans ses vêtements. L'Envoyé de Dieu entrant à ce moment, je dis : «Ô Abou-«'s-Sâïb[4], la miséricorde de Dieu soit sur toi; je témoigne en ta «faveur que Dieu s'est montré généreux envers toi. — Et qui t'a «appris que Dieu s'était montré généreux envers lui? s'écria le «Prophète. — Je l'ignore, répondis-je, ô Envoyé de Dieu pour qui «je donnerai la vie de mon père et de ma mère. — Quant à «ʿOtsmân, reprit l'Envoyé de Dieu, il est mort, par Dieu! et j'es-«père qu'il ne lui arrivera que du bien, mais, par Dieu! moi, l'En-«voyé de Dieu, j'ignore ce qui sera fait de lui.»

«Par Dieu! ajoute Omm-El-ʿAlâ, je ne m'érigeai plus depuis cela en juge de l'honorabilité de quelqu'un et j'éprouvai un vif chagrin de ce qui s'était passé. Pendant mon sommeil, je vis ʿOtsmân avec une source d'eau courante. J'allai trouver l'Envoyé de Dieu et lui rapportai la chose. «Cela, me dit-il, ce sont ses «œuvres.»

2. *ʿOrwa* rapporte que ʿAïcha a dit : «Quand l'Envoyé de Dieu

[1] De Dieu, c'est-à-dire du Coran.

[2] Il s'agit de Jonas que le sort désigna pour être jeté à la mer.

[3] Qastallâni place en tête de ce chapitre le hadits n° 4 qui, d'après son édition, devrait porter le numéro 1.

[4] C'était le surnom de cet ʿOtsmân-ben-Medzʿoun.

désirait entreprendre une expédition, il faisait tirer au sort entre ses femmes pour savoir celle qu'il emmènerait avec lui. Il accordait à chacune de ses femmes un jour et une nuit, sauf à Sauda-bent-Zemaʿa qui avait cédé sa nuit et son jour à ʿAïcha, femme du Prophète, et qui avait désiré ainsi se rendre agréable à l'Envoyé de Dieu.»

3. D'après *Abou-Horaïra*, l'Envoyé de Dieu a dit : «Si les fidèles savaient ce qu'il y a (de mérite) dans l'appel à la prière et dans le premier rang, et qu'ils n'eussent d'autre moyen d'y atteindre qu'en tirant au sort, ils tireraient au sort. S'ils savaient ce qu'il y a dans la prière de nuit, ils se hâteraient d'y accourir. S'ils savaient ce qu'il y a dans la prière du soir et dans celle du matin, ils y viendraient en rampant sur les genoux au besoin.»

4. D'après *En-Noʿmân-ben-Bachîr*, le Prophète a dit : «Il en est de ceux qui violent les prescriptions de Dieu et tombent dans le péché comme des gens qui tirent au sort un navire, les uns ayant pour leur lot la partie inférieure, les autres la partie supérieure. Ceux qui occupent la partie inférieure, empêchés par ceux qui ont la partie supérieure d'aller chercher de l'eau, prennent une hache et se mettent à faire un trou au fond du navire : «Que faites-vous «là, leur dit-on? — Vous nous empêchez de passer et nous avons «absolument besoin d'eau.» Si ceux de la partie supérieure retiennent la main de ceux qui font le trou, ils les sauveront et se sauveront eux-mêmes; si, au contraire, ils les laissent faire, ils les feront périr et périront eux-mêmes.»

AU NOM DE DIEU, LE CLÉMENT, LE MISÉRICORDIEUX.

TITRE LIII.

DE LA CONCILIATION.

CHAPITRE PREMIER. — Du fait de concilier les gens. — *De ces mots du Coran : « Rien de bon dans un grand nombre de leurs conciliabules; toutefois celui qui ordonnera une aumône. . . »* (sourate IV, verset 114). — *De la sortie de l'imam avec ses compagnons pour concilier les gens sur place.*

1. D'après *Sahl-ben-Sa'd,* des gens des Benou-'Amr-ben-'Aouf avaient été en désaccord. Le Prophète se rendit chez eux avec un certain nombre de ses Compagnons pour les réconcilier. L'heure de la prière étant venue avant le retour du Prophète, Bilâl fit l'appel à la prière; puis, comme le Prophète n'était pas là, il alla trouver Abou-Bakr et lui dit : « Le Prophète est absent, l'heure de la prière est venue, veux-tu te mettre à la tête des fidèles. — Oui, répondit Abou-Bakr, si tu veux. » Bilâl fit le second appel et Abou-Bakr se plaça en avant des fidèles. Peu après, le Prophète arriva; il marcha à travers les rangs jusqu'à ce qu'il se trouva au premier rang. Les fidèles se mirent à battre longuement des mains à ce moment où Abou-Bakr venait à peine de se mettre en posture pour la prière. Abou-Bakr se retourna et aperçut derrière lui le Prophète qui lui fit signe de la main de continuer la prière comme il l'avait commencée. Abou-Bakr leva les mains, loua Dieu, puis, revenant en arrière à reculons, il rentra dans le rang.

Le Prophète se porta en avant et dirigea la prière des fidèles. La prière terminée, il se tourna vers l'assistance et dit : « Ô musulmans, quand il survient quelque chose pendant votre prière, vous battez des mains; or battre des mains n'est fait que pour les femmes. Quand il survient quelque chose pendant la prière, dites :

«Gloire à Dieu! Gloire à Dieu!», et tous ceux qui entendront se retourneront. Ô Abou-Bakr, quel motif t'a empêché de continuer la prière quand je t'ai fait signe? — Il ne convenait pas, répondit celui-ci, que le fils d'Abou-Qoḥâfa priât en avant du Prophète.»

2. *Anas* a dit : «Comme on disait au Prophète : «Tu devrais «aller chez ʿAbdallah-ben-Obayy», il s'y rendit. Il enfourcha un âne et se mit en route accompagné des musulmans en traversant le sol d'une sebkha. Quand on fut arrivé, ʿAbdallah dit au Prophète : «Éloigne-toi de moi, l'odeur de ton âne m'incommode.» Un des hommes des Anṣar, qui se trouvait là, dit : «Certes l'âne de l'En«voyé de Dieu exhale un parfum plus agréable que toi.» Un des compagnons de ʿAbdallah fut irrité de ces paroles et les deux hommes s'injurièrent; puis, l'irritation ayant gagné les compagnons de chacun de ces deux hommes, ces derniers en vinrent aux mains se frappant avec des branches de palmier, avec les mains et avec leurs chaussures. On nous a assuré que ce fait fut l'occasion de la révélation suivante : «Quand deux groupes de croyants se com«battent, cherchez à les réconcilier...» (sourate XLIX, verset 9).

CHAPITRE II. — Il n'est pas menteur, celui qui ment pour réconcilier les gens.

1. *Omm-Keltsoum-bent-ʿOqba* raconte qu'elle a entendu l'Envoyé de Dieu dire : «Celui qui réconcilie les gens n'est pas un menteur, car il provoque un bien — ou suivant une variante — il dit une bonne chose.»

CHAPITRE III. — De ces paroles adressées par l'imam à ses compagnons : «Allons mettre la paix.»

1. *Sahl-ben-Saʿd* rapporte que les gens de Qobà se battirent et en vinrent à se jeter des pierres. Informé de cela, l'Envoyé de Dieu dit : «Allons mettre la paix parmi eux!»

CHAPITRE IV. — *De ces mots du Coran : « . . . qu'ils fassent tous deux un arrangement, car la conciliation est un bien. . . »* (sourate IV, verset 127).

1. D'après *ʿOrwa*, ʿAïcha, commentant (ces mots du Coran) : « Et si une femme redoute des sévices de la part de son mari ou de l'aversion. . . » (sourate IV, verset 127), dit : « Il s'agit du cas où l'homme apercevant chez sa femme quelque chose qui lui déplaît, vieillesse ou autre chose, veut la quitter, et que la femme lui dit : « Garde-moi et ne me donne que la part [1] que tu voudras. » A cela il n'y a aucun inconvénient si tous deux y consentent. »

CHAPITRE V. — QUAND LA CONCILIATION EST FAITE D'UNE FAÇON ILLÉGALE, ELLE EST SANS VALEUR.

1. *Abou-Horaïra* et *Zeid-ben-Khâlid-El-Djohani* ont dit : « Un bédouin vint et dit : « Ô Envoyé de Dieu, décide entre nous « d'après le Livre de Dieu. » Son adversaire se leva et dit également : « Il a raison, décide entre nous d'après le Livre de Dieu. — « Mon fils, dit le bédouin, était employé chez cet homme et avait « forniqué avec sa femme. Comme on m'avait dit que mon fils « devait être lapidé, j'ai racheté sa vie moyennant cent moutons et « une esclave. Puis, des gens de loi que j'ai consultés m'ont dit que « la peine méritée par mon fils était cent coups de fouet et un exil « d'un an. — Maintenant, dit le Prophète, je vais décider entre « vous d'après le Livre de Dieu : les moutons et l'esclave te seront « rendus et ton fils après avoir reçu cent coups de fouet sera exilé « pendant un an. Quant à toi, ô Onaïs, va trouver demain matin « la femme de cet homme et lapide-la. » Le lendemain matin, Onaïs y alla et la lapida. »

2. D'après *ʿAïcha*, le Prophète a dit : « Celui qui innovera dans notre religion des choses qui n'en font pas partie, aura fait une œuvre vaine. »

In fine, indication d'un autre *isnâd*.

[1] C'est-à-dire qu'elle se contentera d'une part moindre que les autres femmes, alors que la loi impose au mari une répartition égale de toutes ses faveurs.

CHAPITRE VI. — COMMENT ON RÉDIGE (L'ACTE DE CONCILIATION) : « CECI EST L'ARRANGEMENT INTERVENU ENTRE UN TEL FILS D'UN TEL. » IL EST VALABLE MÊME SI L'ON N'Y AJOUTE PAS LE NOM DE LA TRIBU OU LA FILIATION (COMPLÈTE).

1. *El-Barâ-ben-ʿÂzib* a dit : « Quand l'Envoyé de Dieu conclut une convention avec les gens de El-Ḥodaïbiya, ʿAli-ben-Abou-Ṭâlib en mit le texte par écrit. Comme il avait écrit : « Mahomet, l'Envoyé de Dieu », les polythéistes dirent : « Nous n'admettons pas que « tu écrives ces mots : « Mahomet, l'Envoyé de Dieu », car si tu avais « été l'Envoyé de Dieu, nous ne t'aurions pas combattu. — Efface « (envoyé de Dieu), dit alors le Prophète à ʿAli. — Je ne suis pas « homme à l'effacer. » Le Prophète l'effaça lui-même. D'après cette convention, le Prophète et ses compagnons ne devaient rester dans la ville que pendant trois jours et n'y entrer que les armes au fourreau. » — Le mot جُلُبّان signifie « le fourreau avec l'arme qu'il doit contenir ».

2. *El-Barâ* a dit : « Le Prophète entreprit la visite pieuse au mois de dzou-'l-qaʿda. Les habitants de la Mecque refusèrent de le laisser entrer dans la ville jusqu'au moment où il s'engagea à n'y demeurer que trois jours. Quand on rédigea la convention on écrivit : « Ceci est ce qui est intervenu entre Mahomet, l'Envoyé « de Dieu. — Nous ne pouvons, disaient les Mecquois, te reconnaître « ce titre, car si nous savions que tu es l'Envoyé de Dieu, nous ne « t'empêcherions pas (d'entrer); pour nous tu es Moḥammed fils « d'ʿAbdallah. — Je suis à la fois l'Envoyé de Dieu et Moḥammed « fils d'ʿAbdallah », répliqua Mahomet qui dit ensuite à ʿAli : « Efface « Envoyé de Dieu. » — Par Dieu, s'écria ʿAli, jamais je n'effacerai « ces mots. » Alors l'Envoyé de Dieu prit le papier et écrivit[1] : « Ceci « est ce qui est convenu avec Moḥammed fils d'ʿAbdallah; il n'in- « troduira pas d'armes à la Mecque, à moins qu'elles ne soient dans

[1] Ce passage embarrasse les commentateurs, car on s'accorde à reconnaître que Mahomet ne savait pas écrire. Les uns disent qu'il faut entendre que Mahomet ordonna d'écrire; d'autres voient dans ce fait un miracle et croient que Mahomet écrivit cette fois-là seulement, sa main, dans cette circonstance particulière, ayant été dirigée par Dieu qui lui aurait fait tracer les caractères.

«leur fourreau; il n'emmènera avec lui aucun des habitants de la «Mecque qui voudra le suivre; et il n'empêchera aucun de ses «compagnons de demeurer dans cette ville s'il le désire.»

«Quand on fut entré à la Mecque et que le délai fut expiré, les Mecquois allèrent trouver ʿAli et lui dirent: «Dis à ton ami de nous «quitter, car le délai est expiré.» Le Prophète quitta la Mecque. La fille de Ḥamza le suivit en criant: «Ô mon oncle! ô mon «oncle!» ʿAli recueillit cette fille, la prit par la main et la mena à Fâṭima en lui disant: «Prends la fille de ton oncle.» Fâṭima la fit monter avec elle. ʿAli, Zeïd et Djaʿfar se disputèrent ensuite la garde de cette fille. «Moi, dit ʿAli, j'ai sur elle plus de droits que «vous, puisqu'elle est la fille de mon oncle. — C'est moi qui ai le «plus de droits, répliqua Djaʿfar, puisqu'elle est la fille de mon «oncle paternel et que sa tante maternelle est ma femme.» Zeïd, à son tour, argua que c'était la fille de son frère. Le Prophète trancha la question en faveur de la tante maternelle, car, dit-il, la tante maternelle tient lieu de mère. Puis il ajouta: «Toi, ʿAli, tu «es des miens et je suis des tiens; toi, Djaʿfar, tu me ressembles «physiquement et moralement; toi, Zeïd, tu es mon frère (en re- «ligion) et mon affranchi.»

CHAPITRE VII. — Du pacte avec les polythéistes. — *Abou-Sofyân a fourni une tradition à ce sujet. — ʿAwf-ben-Mâlik a dit d'après le Prophète: «Ensuite il y aura une trêve entre vous et les Benou-'l-Asfar.» — Sahl-ben-Honaïf*[1], *Asmâ et El-Miswar ont rapporté à ce sujet des traditions du Prophète.*

1. *El-Barâ-ben-ʿÂzîb* a dit: «Le Prophète, le jour de El-Ḥodaïbiya, conclut avec les polythéistes une convention portant sur trois points: 1° qu'il renverrait tout polythéiste qui viendrait à lui; 2° que les Mecquois ne renverraient pas le musulman qui viendrait à eux; 3° qu'il entrerait (à la Mecque) l'année suivante, qu'il y séjournerait trois jours et qu'il n'entrerait que armes au

[1] Qastallâni ajoute ici: (a dit): «Tu nous as vu le jour d'Abou-Djandal.»

fourreau, sabre, arc, etc. Abou-Djandal étant venu en se traînant[1] dans ses chaînes, le Prophète le renvoya aux Mecquois. »

In fine, El-Bokhâri dit que Sofyân ne mentionne pas Abou-Djandal et indique la variante جُلُبّ au lieu de جُلُبّان.

2. *Ibn-ᶜOmar* rapporte que l'Envoyé de Dieu sortit pour faire la visite pieuse. Les Qoraïchites infidèles vinrent se placer entre lui et le temple de la Kaᶜba. Le Prophète égorgea sa victime et se rasa la tête à El-Ḥodaïbiya. Il conclut avec les Qoraïchites un pacte en vertu duquel il ferait la visite pieuse l'année suivante; les fidèles ne porteraient sur eux d'autres armes que leurs épées et ils ne resteraient à la Mecque que le temps que les Qoraïchites voudraient. L'année suivante le Prophète accomplit la visite pieuse; il entra dans la ville suivant les conventions stipulées. Puis, après qu'il y eut séjourné trois jours, les Qoraïchites lui ordonnèrent de partir et il partit.

3. *Sahl-ben-Abou-Ḥatsma* a dit : « ᶜAbdallah-ben-Sahl et Moḥayyiṣa-ben-Masᶜoud-ben-Zeïd se rendirent à Khaïbar qui avait alors conclu une trêve. »

CHAPITRE VIII. — Des conventions relatives au prix du sang.

1. *Anas* rapporte que Er-Robayyiᶜ, qui était la fille de En-Naḍr, avait brisé une dent incisive d'une jeune fille. Les parents de Er-Robayyiᶜ demandèrent qu'on acceptât la composition et qu'on pardonnât; mais les parents de la jeune fille refusèrent. On alla alors trouver le Prophète qui ordonna le talion. « Ô Envoyé de Dieu, dit Anas-ben-En-Naḍr, voudrais-tu que l'on brisât une dent de Er-Robayyiᶜ? Par celui qui t'a envoyé apporter la Vérité on ne brisera pas sa dent. — Ô Anas, répondit le Prophète, le Livre de Dieu ordonne le talion. » Les parents de la jeune fille consentirent alors à pardonner. Alors le Prophète dit : « Certes, parmi les adorateurs

[1] Mot-à-mot : marchant comme une perdrix, clopin-clopant.

de Dieu, il en est que Dieu dégage des serments qu'ils ont faits en son nom.»

In fine, indication de la variante : «Ils consentirent à accepter la composition.»

CHAPITRE IX. — *De ces paroles que le Prophète adressa à El-Hasan-ben-ʿAli : «Ce mien fils est un seigneur et peut-être que, grâce à lui, Dieu rétablira la concorde entre deux grands partis.» — De ces mots du Coran : «Rétablissez la concorde entre eux deux»* (sourate XLIX, verset 9).

1. *Abou-Mousa* a entendu El-Ḥasan dire : «Par Dieu ! El-Ḥasan-ben-ʿAli fit face à Moʿâwia avec des masses de soldats pareilles à des montagnes. ʿAmr-ben-El-ʿÂs dit alors : «Je vois des bataillons qui ne «tourneront les talons qu'après avoir tué leurs émules. — Ô ʿAmr, «dit Moʿâwia, qui valait mieux que lui, si ceux-ci tuent ceux-là et «si ceux-là tuent ceux-ci, qui pourra s'occuper avec moi des affaires «du peuple; qui m'aidera à m'occuper de leurs femmes; qui m'ai-«dera à m'occuper de leurs villages?»

«Moʿâwia envoya vers El-Ḥasan deux hommes des Qoraïch, pris dans la tribu d'ʿAbd-Ech-Chems; l'un était ʿAbderraḥman-ben-Samora et l'autre ʿAbdallah-ben-ʿÂmir-ben-Koraïz. «Allez, leur «dit-il, trouver cet homme (El-Ḥasan); proposez-lui un pacte, dis-«cutez-en les termes et demandez-lui ses conditions.» Arrivés chez El-Ḥasan, les deux envoyés furent introduits; ils prirent la parole, discutèrent et lui demandèrent ses conditions. El-Ḥasan-ben-ʿAli leur répondit en ces termes : «Nous, les Benou-ʿAbdelmoṭṭalib, «nous avons épuisé nos ressources et la nation que voici a prodigué «son sang.— Moʿâwia, répondirent les envoyés, te propose telle et «telle chose; il accepte tes conditions, dis-les. — Qui se chargera «de cela pour moi, demanda El-Ḥasan?— Nous, répondirent-ils.» Et il ne demanda rien sans que les envoyés lui répondissent : «Nous nous en chargeons.» Et le pacte fut conclu.»

El-Ḥasan a dit : «J'ai entendu Abou-Bakra dire : «J'ai vu l'En-«voyé de Dieu en chaire et El-Ḥasan-ben-ʿAli à son côté. Une fois «le Prophète se tourna du côté des fidèles, une autre fois du côté

« de El-Ḥasan et il dit alors : « Ce mien fils est un seigneur et il se « peut que Dieu, grâce à lui, rétablisse la concorde entre les deux « grands partis des musulmans. »

El-Bokhâri fait remarquer que ce hadits est le seul qui établisse que El-Ḥasan a entendu Abou-Bakra.

CHAPITRE X. — L'IMAM PEUT-IL INVITER À LA CONCILIATION?

1. *ʿAmra-bent-ʿAbderraḥman* rapporte qu'elle a entendu ʿAïcha dire : « L'Envoyé de Dieu entendit près de la porte le bruit d'une contestation entre deux personnes qui élevaient la voix. L'une d'elles demandait qu'on réduisît sa dette et qu'on lui accordât des facilités de payement. L'autre disait : « Non, par Dieu! je n'en ferai « rien. » L'Envoyé de Dieu sortit et, se dirigeant vers elles, dit : « Quel est celui qui jure par Dieu qu'il ne fera pas une bonne « action? — Moi, ô Envoyé de Dieu », répondit l'un d'eux, et il ajouta : « Je lui accorde celle des deux choses qu'il préférera. »

2. *ʿAbdallah-ben-Kaʿb-ben-Mâlik* rapporte que Kaʿb-ben-Mâlik avait une créance sur ʿAbdallah-ben-Abou-Ḥadrad-El-Aslami. Ayant rencontré son débiteur, Kaʿb exigea le payement de sa créance et tous deux élevaient la voix lorsque, passant près d'eux, le Prophète dit : « Hé! Kaʿb », et en même temps il faisait avec sa main le geste comme pour dire la moitié. Kaʿb accepta la moitié de son argent et fit remise de l'autre moitié.

CHAPITRE XI. — DU MÉRITE QU'IL Y A À CONCILIER LES GENS ET À ÊTRE ÉQUITABLE ENVERS EUX.

1. D'après *Abou-Horaïra*, l'Envoyé de Dieu a dit : « Chacune des articulations[1] des fidèles doit une aumône chaque jour quand le soleil se lève. Être juste envers les gens vaut une aumône. »

CHAPITRE XII. — QUAND L'IMAM A INVITÉ QUELQU'UN À TRANSIGER ET QUE CELUI-CI REFUSE, IL DOIT LE CONDAMNER PAR UNE SENTENCE NETTE.

1. D'après *ʿOrwa-ben-Ez-Zobaïr*, Ez-Zobaïr racontait qu'il avait

[1] Ou parties du corps. Il y en a 360.

eu un procès avec un homme des Anṣar qui avait assisté à la bataille de Bedr. La contestation, portée devant l'Envoyé de Dieu, avait pour objet des canaux d'irrigation du Ḥarra, à l'aide desquels ils arrosaient leurs terres. «Arrose, ô Zobaïr, dit le Prophète, et ensuite envoie l'eau chez ton voisin.» A ces mots, l'homme des Anṣar entra en colère et s'écria : «Ô Envoyé de Dieu, on voit qu'il est le fils de ta tante[1].» L'Envoyé de Dieu changea de visage et dit : «Arrose, puis arrête l'eau jusqu'à ce qu'elle s'élève à la hauteur des murs[2].» L'Envoyé de Dieu donna ainsi pleinement son dû à Ez-Zobaïr. Avant cela il avait fait signe du regard à Ez-Zobaïr pour qu'il s'entendît avec l'homme des Anṣar; mais, comme ce dernier l'avait irrité, l'Envoyé de Dieu voulut donner pleinement son dû à Ez-Zobaïr par un jugement formel. «Par Dieu! ajoutait Ez-Zobaïr, je crois que c'est pour cette affaire que fut révélé ce verset : «J'en jure par ton Seigneur, ils ne croiront pas tant qu'ils «ne t'auront point pris comme arbitre dans les différends qui sur- «gissent entre eux» (sourate IV, verset 68).»

CHAPITRE XIII. — Des transactions entre créanciers et héritiers et de l'emploi de choses en bloc pour leur règlement. — *Ibn-'Abbâs a dit : «Il n'y a aucun mal à ce que deux associés qui séparent leurs intérêts prennent, l'un des espèces, l'autre des créances. Si l'une des choses (reprises) vient à périr, aux mains de l'un d'eux, il n'aura pas de recours contre l'autre.»*

1. *Djâbir-ben-'Abdallah* a dit : «Mon père mourut laissant des dettes; j'offris à ses créanciers de venir prendre des fruits pour ce qui leur était dû. Ils refusèrent n'estimant pas obtenir ainsi un payement intégral. J'allai trouver le Prophète et lui exposai la situation. «Lorsque, me dit-il, tu auras cueilli les fruits, que tu les «auras déposés dans le séchoir, fais prévenir l'Envoyé de Dieu.» Le Prophète vint avec Abou-Bakr et 'Omar; il s'assit sur les fruits,

[1] Locution pour dire «apparenté» ou «membre de la même tribu».

[2] Au lieu de «murs», il est encore possible de traduire le mot arabe par «troncs d'arbre», ou par «le rebord des bassins creusés autour de chaque arbre».

les bénit, puis me dit : « Appelle tes créanciers et paye-les com-« plètement. » Je ne laissai aucun des créanciers de mon père sans lui avoir payé intégralement ce qui lui était dû, et il resta encore treize charges de fruits : sept d'*ʿadjoua* et six de *loun* — ou suivant une variante — six d'*ʿadjoua* et sept de *loun*. A la prière du coucher du soleil, je retrouvai l'Envoyé de Dieu et lui racontai la chose. Il se mit à rire et dit : « Va trouver Abou-Bakr et ʿOmar, « raconte-leur cela. — Du moment, répondirent-ils, que l'Envoyé « de Dieu avait fait ce qu'il a fait, nous savions qu'il en serait ainsi. »

In fine, indication de variantes sans importance.

CHAPITRE XIV. — De la transaction qui a pour objet une obligation et du numéraire.

1. Suivant deux *isnâd* différents, *Kaʿb-ben-Mâlik* rapporte qu'il demandait règlement de comptes d'une créance qu'il avait sur Ibn-Abou-Ḥadrad. C'était au temps du Prophète et la chose se passait dans la mosquée. Comme tous deux élevaient la voix, l'Envoyé de Dieu, qui était dans sa chambre, les entendit; il alla vers eux et, soulevant la portière de sa chambre, il interpella Kaʿb-ben-Mâlik : « Hé! Kaʿb, s'écria-t-il. — Me voici, ô Envoyé de Dieu », répondit Kaʿb. Le Prophète lui fit de la main signe de diminuer de moitié. « C'est fait, ô Envoyé de Dieu, dit Kaʿb. — Maintenant, dit l'Envoyé de Dieu au débiteur, allons libère-toi. »

AU NOM DE DIEU, LE CLÉMENT, LE MISÉRICORDIEUX.

TITRE LIV.

DES STIPULATIONS.

CHAPITRE PREMIER. — Des stipulations permises en ce qui touche l'islâm[1], les contrats et le serment de fidélité.

1. *ʿOrwa-ben-Ez-Zobaïr* et *El-Miswar-ben-Makhrama* rapportent, d'après les compagnons du Prophète, le fait suivant : « Quand, à cette époque, Sohaïl-ben-ʿAmr rédigea la convention, il y avait inséré ceci entre autres conditions imposées au Prophète : « Aucun de « nous, fût-il de ta religion, ne pourra se rendre auprès de toi « sans que tu nous le renvoies, et tu n'interviendras plus entre lui « et nous. » Les Croyants désapprouvèrent cette stipulation et manifestèrent leur mécontentement, mais Sohaïl refusa d'y rien changer et le Prophète accepta cette rédaction. A ce moment-là il renvoya Abou-Djandal à son père Sohaïl-ben-ʿAmr et, pendant la trêve, il continua à renvoyer tous ceux qui vinrent le trouver, fussent-ils musulmans.

« Des croyantes fuyant l'idolâtrie vinrent également trouver à ce moment l'Envoyé de Dieu ; parmi elles figurait Omm-Keltsoum-bent-ʿOqba-ben-Abou-Moʿaït. C'était une toute jeune fille. Ses parents vinrent demander au Prophète de la leur renvoyer, mais il s'y refusa à cause de la révélation qu'il avait reçue à ce sujet et qui était ainsi conçue : « Lorsque des croyantes fuyant l'idolâtrie viennent « à vous, soumettez-les à une épreuve. Dieu connaît mieux que per- « sonne quelle est leur foi. . . et il ne leur sera pas permis de les « épouser. . . » (sourate LX, verset 10).

[1] Il serait plus exact de dire : en ce qui touche les musulmans en dehors des dogmes et des pratiques religieuses.

«ʿAïcha, dit ʿOrwa, m'a raconté que l'Envoyé de Dieu éprouvait la foi de ces femmes à l'aide de ce verset : «Ô vous qui croyez, «lorque des croyantes fuyant l'idolâtrie viendront à vous... indul-«gent, miséricordieux» (sourate LX, verset 10). Quand une de ces femmes avait déclaré accepter cette stipulation, l'Envoyé de Dieu lui disait : بايعتك[1]; c'était la formule dont il se servait. Par Dieu! jamais sa main n'a touché celle d'une femme qui venait lui prêter serment de fidélité et il ne se servait que de ce mot pour cette circonstance.»

2. *Ziyâd-ben-ʿIlâqa* rapporte qu'il a entendu Djarîr dire : «Je prêtai serment de fidélité au Prophète et il m'imposa des conditions, entre autres celle d'aider de mes bons conseils tout musulman.»

3. *Qaïs-ben-Abou-Hâzim* rapporte que Djarîr-ben-ʿAbdallah a dit : «Je prêtai serment de fidélité au Prophète à la condition de pratiquer la prière, de donner la dîme et d'aider de mes bons conseils tout musulman.»

CHAPITRE II. — De celui qui vend des palmiers déjà fécondés et qui ne s'en réserve pas les fruits.

1. D'après *ʿAbdallah-ben-ʿOmar*, l'Envoyé de Dieu a dit : «En cas de vente de palmiers déjà fécondés, les fruits appartiendront au vendeur, à moins que l'acheteur n'ait stipulé qu'ils seraient à lui.»

CHAPITRE III. — Des conditions en matière de vente.

1. *ʿOrwa* rapporte que ʿAïcha lui a fait le récit suivant : «Barîra vint trouver ʿAïcha et la pria de lui venir en aide pour son affranchissement contractuel dont elle n'avait pu encore payer aucun terme. «Va trouver tes maîtres, dit ʿAïcha; s'ils le veulent, je paye-«rai pour toi les termes de ton affranchissement et j'aurai sur toi «le droit de patronage.» Barîra rapporta ce propos à son maître qui refusa cette combinaison en disant : «Si elle veut payer pour

[1] Mot-à-mot : Je fais avec toi un contrat bilatéral. C'est la formule adoptée, chez les musulmans, pour prêter serment de fidélité au souverain.

«toi, qu'elle le fasse, mais le droit de patronage m'appartiendra.» Comme ʿAïcha racontait cela à l'Envoyé de Dieu, celui-ci lui dit : «Achète (Barîra) et affranchis-la; le droit de patronage n'appartient qu'à celui qui a affranchi.»

CHAPITRE IV. — Quand le vendeur se réserve le dos d'une monture pour aller à un endroit déterminé, cela est permis.

1. D'après *ʿAmir*, Djâbir a dit : «Je voyageai monté sur un chameau qui m'appartenait et qui était fatigué. Le Prophète, venant à passer, frappa l'animal, fit une invocation et le chameau se mit à marcher à une allure qu'il n'avait jamais eue. Puis, le Prophète m'ayant dit : «Vends-moi ton chameau pour une once[1]», je le lui vendis en me réservant le droit de monter l'animal jusqu'à mon arrivée chez ma femme. Quand nous fûmes arrivés, j'amenai le chameau au Prophète qui m'en paya le prix, puis je m'en allai. Le Prophète envoya quelqu'un sur mes pas et, quand je fus revenu, il me dit : «Je n'avais pas l'intention de prendre ton chameau, garde-le donc, il est dorénavant ta propriété.»

Indication de nombreuses variantes, sans importance pour le sens général, sur les mots employés par Djâbir. Au lieu de *une once* on trouve la variante *quatre dinars*, le dinar valant *dix dirhems;* suivant d'autres *râwi*, le prix aurait été fixé à deux cents dirhems, à quatre onces, à vingt dinars.

CHAPITRE V. — Des conditions dans un contrat.

1. D'après *Abou-Horaïra*, les Anṣâr dirent au Prophète : «Opère le partage des palmiers entre nous et nos frères. — Non, répondit le Prophète. — Alors, reprirent les Anṣar (en s'adressant aux Mohâdjir), vous cultiverez les palmiers et nous ferons de vous nos associés pour les fruits. — C'est une chose entendue, dirent les Mohâdjir.»

2. *ʿAbdallah* a dit : «L'Envoyé de Dieu laissa Khaïbar aux Juifs

[1] Qastallâni ajoute : «Non, répondis-je. — Vends-le moi pour une once, répéta le Prophète.»

à la condition que ceux-ci travailleraient la terre et l'ensemenceraient, et qu'ils auraient la moitié des produits du sol. »

CHAPITRE VI. — Des stipulations relatives à la dot au moment du contrat de mariage. — *ʿOmar a dit : « Les mines d'où l'on extrait les droits, ce sont les conventions. Tu as droit à tout ce que tu as stipulé. » — El-Miswar a dit : « J'ai entendu le Prophète parler d'un de ses gendres et faire un brillant éloge de sa conduite : « Quand il me parle, disait-il, il me dit la vérité et « s'il me promet quelque chose il tient sa promesse. »*

1. D'après *ʿOqba-ben-ʿAmir,* l'Envoyé de Dieu a dit : « La plus indispensable des conditions c'est d'acquitter la somme par laquelle vous vous assurez la légitimité des relations conjugales. »

CHAPITRE VII. — Des stipulations dans le contrat d'ensemencement.

1. *Râfiʿ-ben-Khadîdj* a dit : « Nous étions, nous, les plus grands propriétaires fonciers des Anṣâr. Nous louions nos terres[1], et parfois celle-ci donnait des produits tandis que celle-là n'en donnait pas. Ce système de location nous fut interdit, mais on ne nous défendit pas de percevoir des loyers en argent. »

CHAPITRE VIII. — Des stipulations qui sont interdites dans le (contrat de) mariage.

1. D'après *Abou-Horaïra,* le Prophète a dit : « Le citadin ne doit pas vendre pour le bédouin ; n'indiquez pas des prix surélevés de fantaisie[2] ; ne surenchérissez pas sur la vente de votre frère ; ne demandez pas en mariage une femme qu'il a demandée ; enfin qu'une femme ne demande pas la répudiation de sa sœur pour renverser sa marmite. »

[1] Cette location était d'une nature particulière. Le propriétaire laissait au preneur une parcelle du sol dont celui-ci gardait pour lui les produits, à condition de cultiver tout le reste et d'en remettre les produits en totalité au bailleur.

[2] Dans le but de faire acheter par un tiers, à un prix exagéré, un objet d'une valeur bien inférieure.

CHAPITRE IX. — DES STIPULATIONS QUI SONT ILLICITES EN MATIÈRE DE PÉNALITÉ.

1. *Abou-Horaïra* et *Zeïd-ben-Khâlid-El-Djohani* ont dit : « Un homme des Arabes vint trouver l'Envoyé de Dieu et lui dit : « Ô Envoyé de Dieu, je te le demande au nom du Seigneur, ne « décide pour moi que d'après le Livre de Dieu. — Oui, dit son « adversaire qui était plus expert que lui, décide entre nous « d'après le Livre de Dieu et donne-moi la parole. — Parle, lui « dit l'Envoyé de Dieu. — Mon fils, dit le bédouin, était employé « chez cet homme et il a abusé de sa femme. Comme on m'avait ra- « conté que mon fils méritait d'être lapidé, je l'ai racheté de ce « châtiment en donnant cent moutons et une esclave. Des gens de « science que j'ai consultés ensuite m'ont appris que mon fils ne « méritait que cent coups de fouet et un exil d'un an et que c'était « la femme qui devait être lapidée. — Par celui qui tient mon « âme entre ses mains, s'écria l'Envoyé de Dieu, je vais décider « d'après le Livre de Dieu : on va te rendre tes cent moutons et « ton esclave, puis ton fils recevra cent coups de fouet et sera exilé « pendant un an. Ô Onaïs, va trouver la femme de cet homme, « et, si elle avoue sa faute, lapide-la. » Onaïs se rendit auprès de cette femme qui fit des aveux, et l'Envoyé de Dieu donna l'ordre de la lapider. Ce qui fut fait. »

CHAPITRE X. — DE CE QUI EST PERMIS EN FAIT DE STIPULATION POUR L'AFFRANCHI CONTRACTUEL, S'IL ACCEPTE D'ÊTRE VENDU À LA CONDITION D'ÊTRE AFFRANCHI.

1. *Aïman-El-Makki* a dit : « J'entrai chez 'Aïcha qui me dit : « Barîra qui est affranchie contractuellement vient de venir et m'a « dit : « Ô Mère des Croyants, achète-moi, puisque mon maître « consent à me vendre, et tu m'affranchiras. — Bien, répondis-je. « — Mon maître, ajouta-t-elle, ne me vendra que si on stipule « qu'il aura le droit de patronage sur moi. — Alors, repris-je, je « n'ai plus à m'occuper de toi. » Le Prophète, qui avait entendu ces

« propos — ou suivant une variante — qui en avait été instruit, « me demanda ce que c'était que cette histoire de Barîra, puis il « me dit : « Achète-la, affranchis-la et laisse-les stipuler ce qu'ils « voudront. » J'achetai donc Barîra et l'affranchis bien que le maître « eût stipulé qu'il se réservait le droit de patronage. Le Prophète « dit alors : « Le droit de patronage appartient à celui qui affran-« chit, eût-on stipulé cent conditions (contraires). »

CHAPITRE XI. — Des stipulations dans la répudiation. — *Ibn-El-Mosayyab, El-Ḥasan et ʿAṭa ont dit : « Que le mot répudiation précède ou suive la condition, le mari est tenu à la stipulation. »*

1. *Abou-Horaïra* a dit : « L'Envoyé de Dieu a interdit d'aller au-devant des caravanes; il a interdit au mohâdjir (citadin) d'acheter pour l'Arabe (bédouin); à la femme de stipuler la répudiation de sa sœur; à l'homme d'offrir un prix supérieur à celui offert par son frère. Enfin il a interdit l'offre d'un prix exagéré sans désir d'acheter et la fraude dite *teṣriya*[1]. »

In fine, confirmation d'après un autre *isnâd*, et indication de variantes insignifiantes.

CHAPITRE XII. — Des stipulations faites verbalement.

1. D'après *Obayy-ben-Kaʿb*, l'Envoyé de Dieu a dit en rapportant l'aventure de Moïse, l'envoyé de Dieu : « Ne t'avais-je pas dit, ô Moïse, s'écria El-Khaḍir, que tu serais incapable d'avoir de la patience? » La première fois Moïse avait oublié; la seconde fois il avait manqué à une stipulation, et la troisième il avait agi intentionnellement. « Ne m'en veuille pas, dit-il, parce que j'ai oublié et ne m'accable pas à cause de ce que j'ai fait. » Ils rencontrèrent un jeune homme; El-Khaḍir le tua; puis, poursuivant leur route, ils trouvèrent un mur qui menaçait de s'effondrer, et El-Khaḍir le redressa.

Dans le Coran, Ibn-ʿAbbâs lisait امامهم au lieu de وراءهم « un roi était devant eux ».

[1] Fraude qui consiste à attacher le pis d'une femelle pour le faire gonfler et laisser croire qu'elle a du lait en abondance.

CHAPITRE XIII. — Des stipulations en matière de patronage.

1. *'Aïcha* a dit : «Barîra vint me trouver et me dit : «J'ai obtenu «l'affranchissement contractuel de mes maîtres moyennant neuf «onces, à raison de une once par année; viens à mon aide. — Si, «lui répondis-je, tes maîtres consentent à ce que je leur compte «la somme et que j'aie sur toi le droit de patronage, je suis prête «à le faire.» Barîra alla trouver ses maîtres et leur rapporta mes paroles, mais ils refusèrent. Quand elle revint, l'Envoyé de Dieu était assis (auprès de moi), et elle me dit : «Je leur ai exposé la «chose, mais ils refusent à moins qu'ils n'aient pour eux le droit «de patronage.» Le Prophète ayant entendu ces paroles, je l'informai de ce qui s'était passé. «Prends-la, me dit-il, et stipule en leur «faveur le droit de patronage; ce droit n'appartient qu'à celui qui «affranchit.» Je me conformai à cet avis.

«Le Prophète se leva ensuite au milieu des fidèles; il loua Dieu, il lui rendit grâces, puis il dit : «A quoi songent donc les hommes «qui stipulent des conditions qui ne sont point dans le livre de Dieu. «Toute stipulation qui n'est pas conforme à ce qui est dans le Livre «de Dieu est nulle, fût-elle répétée cent fois. La décision de Dieu «et les conditions de Dieu sont ce qu'il y a de plus sûr. Or, le droit «de patronage appartient à celui qui affranchit.»

CHAPITRE XIV. — De celui qui, dans un contrat d'ensemencement, insère cette clause : «Si je veux, je t'expulserai.»

1. *Ibn-'Omar* a dit : «Lorsque les gens de Khaïbar maltraitèrent 'Abdallah-ben-'Omar, 'Omar monta en chaire et prononça le sermon suivant : «L'Envoyé de Dieu avait conclu avec les Juifs de «Khaïbar un arrangement au sujet de leurs terres en leur disant : «Nous vous maintiendrons sur vos terres tant que Dieu doit vous y «maintenir.» Or 'Abdallah-ben-'Omar, étant allé voir la propriété «qu'il avait là-bas, a été assailli pendant la nuit et il a eu les mains «et les jambes foulées. Nous n'avons là d'autre ennemi qu'eux; nos «soupçons tombent donc sur eux qui sont nos ennemis et je suis

«d'avis de les expulser (de Khaïbar).» ʿOmar avait pris cette résolution quand un des Benou-Abou-'l-Ḥoqaïq arriva vers lui et dit : «Ô «prince des Croyants, veux-tu donc nous expulser alors que Ma-«homet nous a maintenus à Kaïbar, qu'il a conclu avec nous un «arrangement au sujet de nos terres en en fixant les conditions? « — Comment peux-tu supposer, répondit ʿOmar, que j'aie oublié «les paroles de l'Envoyé de Dieu? Qu'adviendra-t-il de toi, lorsque, «chassé de Khaïbar, ta chamelle t'emportera en s'éloignant de jour «en jour? — Alors, répondit-il, tout cela n'était qu'une plaisan-«terie de la part d'Abou-'l-Qâsim (Mahomet). — Tu blasphèmes, «ô ennemi de Dieu, s'écria ʿOmar.» ʿOmar expulsa ensuite les Juifs et leur donna la valeur de ce qui leur revenait de dattes, en argent, chameaux, ustensiles tels que bâts et cordes, etc. . . »

In fine, indication d'un autre *isnâd.*

CHAPITRE XV. — Des stipulations en matière de guerre sainte; des traités avec l'ennemi. De la mise par écrit des stipulations et des conventions verbales.

1. *El-Miswar-ben-Makhrama* et *Merouân*, chacun d'eux confirmant le récit de l'autre, rapportent que l'Envoyé de Dieu sortit de Médine à l'époque de El-Ḥodaïbiya. Pendant qu'ils étaient en cours de route, le Prophète dit : «Khâlid-ben-El-Oualîd est à El-Ghamîm, à la tête d'une avant-garde de cavaliers des Qoraïch. Prenez donc à droite.» Par Dieu! Khâlid ne savait rien de la présence des musulmans, quand tout à coup il aperçut la poussière que soulevaient les troupes musulmanes. Aussitôt il prit le galop pour aller prévenir les Qoraïch du danger.

Le Prophète continua sa marche quand, arrivée au col d'où l'on pouvait fondre sur l'ennemi, la chamelle qu'il montait s'agenouilla. La chamelle ne bougeant pas malgré les cris des fidèles, ceux-ci s'écrièrent : «El-Qaṣouâ est devenue rétive, El-Qaṣouâ est devenue rétive! — Non, répondit le Prophète, El-Qaṣouâ n'est pas devenue rétive, et si elle reste ainsi ce n'est pas par tempérament, mais parce qu'elle est immobilisée par celui qui a immobilisé l'éléphant.» Puis il ajouta : «Par celui qui tient mon âme entre ses mains, ils (les Qoraïch) ne me demanderont jamais une chose qui soit de nature à honorer l'enceinte sacrée de Dieu, sans que je ne la leur accorde.» Puis il excita sa chamelle qui se releva.

Le Prophète s'éloigna des Mecquois et alla camper à l'extrémité la plus éloignée de El-Ḥodaïbiya auprès d'une mare contenant très peu d'eau, que les fidèles, bien qu'ils se rationnassent, ne tardèrent pas à épuiser. On alla se plaindre du manque d'eau au Prophète qui retira une flèche de son carquois et leur ordonna de mettre cette flèche dans la mare. Par Dieu! la mare ne cessa de leur fournir en abondance de quoi boire jusqu'au moment où ils s'éloignèrent.

Pendant qu'ils étaient ainsi arriva, à la tête d'une troupe de Khozâᶜa, Bodaïl-ben-Ouarqâ-El-Khozâᶜi. Ces gens étaient les plus fidèles informateurs de l'Envoyé de Dieu parmi les gens de Tihâma. «J'ai, dit Bodaïl, laissé Kaᶜb-ben-Loayy et ᶜÂmir-ben-Loayy campés près des sources d'eau vive de El-Ḥodaïbiya; ils ont avec eux leurs chamelles suitées qui ont récemment mis bas. Ils vont te combattre et t'empêcher d'arriver au Temple de la Kaᶜba. — Nous ne sommes pas venus, répondit l'Envoyé de Dieu, pour combattre qui que ce soit, mais seulement pour faire la visite pieuse. Les Qoraïch ont été éprouvés par la guerre qui leur a causé de graves préjudices. S'ils le veulent, je leur propose une trêve pendant laquelle ils me laisseront le champ libre contre les autres tribus. Si je suis vainqueur et qu'ils veuillent accepter les mêmes conditions que les autres, ils n'auront qu'à le faire. Si je suis vaincu, ils auront eu du répit (pour se refaire). S'ils refusent (la trêve), alors j'en jure par celui qui tient mon âme entre ses mains, je les combattrai pour la cause que je soutiens jusqu'à ce que ma tête soit séparée de mon corps. Certes Dieu accomplira ses desseins.»

Bodaïl répondit qu'il allait transmettre ces paroles; puis il partit et, revenu auprès des Qoraïch, il leur dit : «Je viens vous trouver de la part de cet homme qui nous a fait entendre des paroles que je vous répéterai si vous le désirez. — Non, répondirent les exaltés d'entre les Qoraïch, nous n'avons nul besoin que tu nous racontes quelque chose de tout cela.» Les gens sensés, au contraire, demandèrent à Bodaïl de répéter ce qu'il avait entendu. Celui-ci dit qu'il avait entendu telle et telle chose, et il leur répéta les propos tenus par le Prophète.

ʿOrwa-ben-Masʿoud se leva alors et dit : «Ô mes concitoyens, n'êtes-vous pas comme un père [1]? — Certes oui, répondirent-ils. — Ou n'êtes-vous pas comme un enfant? — Certes oui. — Vous suis-je suspect? — Non. — Ne savez-vous pas que j'ai cherché à grouper autour de vous les gens de ʿOkâdz et, quand ils ont refusé, je suis venu à vous avec mes parents, mes enfants et tous ceux qui m'obéissaient? — Oui, nous le savons. — Eh bien! cet homme vous propose une chose juste; acceptez-la et laissez-moi aller le trouver. — Va le trouver.» ʿOrwa se rendit auprès du Prophète et s'entretint avec lui. Celui-ci lui répéta à peu près ce qu'il avait déjà dit à Bodaïl.

«Ô Mahomet, répondit alors ʿOrwa, veux-tu donc, dis-moi, l'extermination de ton peuple? As-tu jamais entendu un seul Arabe avant toi demander la ruine de ses concitoyens? Si la fortune tourne contre toi, par Dieu! je vois à coup sûr aussi bien les notables que les gens de toutes les classes de ton peuple fuir et t'abandonner.» A ces mots Abou-Bakr-Eṣ-Ṣiddîq s'écria : «Va sucer le clitoris de El-Lât! Crois-tu que nous allons fuir (Mahomet) et l'abandonner? — Qui a parlé? demanda ʿOrwa. — Abou-Bakr, lui répondit-on. — Par celui qui tient mon âme entre ses mains, reprit ʿOrwa, si tu ne m'avais rendu un service dont je n'ai pu m'acquitter envers toi je te répondrais.» ʿOrwa se mit ensuite à parler avec le

[1] Suivant une variante, Orwa aurait dit la première fois : «N'êtes-vous pas (pour moi) un enfant?»; et la seconde fois : «Ne suis-je pas (pour vous) comme un père?» Il voulait indiquer par là les liens qui l'unissaient à la tribu dont sa mère était originaire et prouver son absolu dévouement.

Prophète et, chaque fois qu'il parlait, il prenait la barbe du Prophète.

El-Moghîra-ben-Cha'ba était debout, dominant la tête du Prophète. Il tenait à la main son sabre et avait son casque en tête. Chaque fois que 'Orwa portait la main sur la barbe du Prophète, il lui frappait la main du fourreau de son épée en disant : « Éloigne ta main de la barbe de l'Envoyé de Dieu. » 'Orwa leva la tête et dit : « Qui est cet individu ? — C'est, lui répondit-on, El-Moghîra-ben-Cha'ba. — Ô traître, lui dit 'Orwa, ne t'ai-je pas aidé à te tirer d'affaire lors de ta trahison ? » Avant l'islamisme, El-Moghîra, qui voyageait en compagnie de quelques individus, les avait tués et leur avait pris leurs biens. Depuis, il était allé embrasser l'islamisme, et le Prophète lui avait dit : « J'accepte ta conversion. Quant à l'argent que tu as pris, je n'ai point à m'en occuper. »

'Orwa, jetant ensuite un regard de ses deux yeux sur les Compagnons du Prophète, dit : « Par Dieu ! l'Envoyé de Dieu ne peut lancer un crachat sans qu'il ne tombe dans la main d'un de ses Compagnons qui s'en frotte ensuite le visage et la peau. Quand il donne un ordre, tout le monde s'empresse de l'exécuter; s'il fait ses ablutions, on se bat pour en recueillir l'eau. S'il parle, tous ceux qui sont auprès de lui baissent la voix. Personne ne fixe son regard sur lui, tant est grand le respect qu'il inspire. »

'Orwa retourna auprès de ses concitoyens et leur dit : « Ô mes concitoyens, par Dieu ! j'ai été en députation chez des princes; j'ai été en ambassade auprès des César, des Kosroës et des Négus. Eh bien ! par Dieu ! je n'ai vu aucun prince que son entourage honorât autant que les Compagnons de Mahomet honorent Mahomet. Par Dieu ! il ne peut lancer un crachat sans qu'il ne tombe dans la main d'un de ses Compagnons qui s'en frotte ensuite le visage et la peau. Quand il donne un ordre, tout le monde s'empresse de l'exécuter. S'il fait ses ablutions, on se bat pour en recueillir l'eau. S'il parle, tous ceux qui sont auprès de lui baissent la voix. Personne ne fixe son regard sur lui, tant est grand le respect qu'il inspire. Il vous offre une chose juste, acceptez-la. »

Un homme des Benou-Kinâna dit alors : « Laissez-moi aller le trouver. — Va », lui répondit-on. Au moment où cet homme fut en vue du Prophète et de ses Compagnons, l'Envoyé de Dieu dit : « C'est un tel, et il appartient à une tribu qui honore les victimes (destinées au pèlerinage); envoyez-lui en une. » On la lui envoya, et les fidèles s'avancèrent en prononçant la *telbiya*. « Louange à Dieu, s'écria cet homme en voyant cela, il ne convient pas d'empêcher ces gens-ci d'aller à la Kaʿba. » De retour auprès de ses compagnons, cet homme dit : « J'ai vu les victimes enguirlandées et marquées (suivant la coutume), je ne pense pas qu'on puisse empêcher ces gens-là d'aller à la Kaʿba. »

Un autre homme, nommé Mikraz-ben-Ḥafṣ, se leva à son tour et dit : « Laissez-moi aller le trouver. — Va », lui répondit-on. Au moment où il arriva en vue du Prophète, celui-ci s'écria : « Voici Mikraz, c'est un traître. » Mikraz s'entretint avec le Prophète, et, pendant qu'il causait avec lui, survint Sohaïl-ben-ʿAmr. D'après ʿIkrima, lorsque Sohaïl arriva, le Prophète dit : « Les choses maintenant vont s'arranger facilement. »

Aussitôt arrivé, Sohaïl-ben-ʿAmr dit : « Allons, rédige les termes de la convention que nous allons faire entre nous. » Le Prophète manda son secrétaire et lui dit : « Écris : Au nom de Dieu, le Clément, le Miséricordieux. — Par Dieu! dit Sohaïl, je ne sais pas ce que c'est que ce mot *raḥmân* (clément); écris : En ton nom, ô mon Dieu, comme tu écrivais autrefois. — Par Dieu! s'écrièrent les musulmans, nous ne mettrons pas autre chose que : Au nom de Dieu, le Clément, le Miséricordieux. — Écris : En ton nom, ô mon Dieu, reprit le Prophète, qui ajouta : Ceci est la convention intervenue entre Moḥammed l'Envoyé de Dieu. — Par Dieu! répliqua Sohaïl, si nous savions que tu es l'Envoyé de Dieu, nous ne t'empêcherions pas d'aller à la Kaʿba et nous ne te combattrions pas. Écris : Moḥammed, fils de ʿAbdallah. — Par Dieu! certes, je suis l'Envoyé de Dieu, répliqua le Prophète, bien que vous m'en donniez un démenti; écris : Moḥammed, fils de 'Abdallah.» Et cela, dit le râwi, il l'accepta, parce qu'il avait dit : «Ils ne me demanderont pas une chose qui soit de nature à accroître le prestige du territoire sacré de Dieu, sans que je ne la leur accorde.»

«A la condition, ajouta le Prophète, que vous nous laissiez libres d'aller à la Ka'ba et d'y faire les tournées processionnelles. — Par Dieu! reprit Sohaïl, il ne faut pas que les Arabes racontent que nous avons cédé à la violence; ce sera donc pour l'année prochaine.» Cela mis par écrit, Sohaïl ajouta : «Et à la condition qu'aucun homme d'entre nous, fût-il de ta religion, n'ira te rejoindre sans que tu nous le renvoies. — Grand Dieu! s'écrièrent les musulmans. Comment? on renverrait un musulman chez les polythéistes?»

Or, pendant qu'ils étaient en train de discuter, arriva Abou-Djandal-ben-Sohaïl-ben-'Amr qui se traînait péniblement dans ses chaînes; il était parti du bas de la Mecque et était venu se réfugier parmi les musulmans. «O Mahomet, dit Sohaïl, celui-ci sera le premier que tu nous renverras, d'après la convention que nous venons de faire. — Nous n'avons pas encore achevé le traité, répondit le Prophète. — Alors, par Dieu! s'écria Sohaïl, je ne veux plus faire dorénavant de convention sur quoi que ce soit. — Accorde-moi personnellement cette faveur, reprit le Prophète. — Je ne puis pas te l'accorder, répliqua Sohaïl. — Allons, fais-le, dit le Prophète. — Je ne le ferai pas», répondit Sohaïl. Prenant la parole, Mikraz dit : «Eh bien! nous, nous te l'accordons.»

«Ô assemblée des musulmans, dit Abou-Djandal, je vais donc être renvoyé chez les polythéistes, moi qui suis venu ici musulman. Ne voyez-vous donc pas ce que j'ai enduré?» Il avait, en effet, subi de cruelles tortures à cause de Dieu. 'Omar-ben-El-Khaṭṭab dit ensuite : «J'allai trouver le Prophète et eus avec lui ce colloque : «N'es-tu «pas vraiment le Prophète de Dieu? lui demandai-je. — Certes «oui, je le suis, répondit-il. — Ne sommes-nous pas dans la vérité «et nos ennemis dans l'erreur? — Oui. — Pourquoi alors, nous, «ferions-nous injure à notre religion? — Je suis l'Envoyé de Dieu; «je ne lui désobéis pas, car c'est lui qui me protège. — Ne nous «avais-tu pas annoncé que nous irions à la Kaʿba faire les tournées «processionnelles? — Certes; mais t'avais-je annoncé que nous «irions cette année? — Non. — Tu iras sûrement et tu feras les «tournées processionnelles.»

«Ensuite, poursuivit ʿOmar, j'allai trouver Abou-Bakr, avec qui j'échangeai les propos suivants : «Ô Abou-Bakr, cet homme n'est-il «pas vraiment l'Envoyé de Dieu? — Certes oui. — Ne sommes-«nous pas dans la vérité et nos ennemis dans l'erreur? — Oui. «Pourquoi alors ferions-nous injure à notre religion? — Ô homme, «répondit-il, certes il est l'Envoyé de Dieu; il ne doit pas désobéir «au Seigneur qui est son protecteur. Accroche-toi donc à son étrier, «car il est dans la vérité. — Ne nous avait-il pas annoncé que nous «irions à la Kaʿba faire les tournées processionnelles? — Certes «oui, mais t'avait-il annoncé que tu irais cette année? — Non. «— Tu iras sûrement et tu feras les tournées processionnelles.» D'après le râwi, ʿOmar ajouta : «Je fis à cette occasion diverses bonnes œuvres.»

Quand la rédaction de la trêve fut achevée, l'Envoyé de Dieu dit à ses Compagnons : «Égorgez maintenant vos victimes et rasez-vous.» Par Dieu! pas un homme ne se leva, bien qu'il eût répété ces mots trois fois. Alors, voyant que personne ne s'était levé, il entra chez Omm-Salama et lui raconta l'accueil que ses gens avaient fait à ses ordres. «Ô Envoyé de Dieu, dit Omm-Salama, si tu tiens à ce que cela soit fait, sors et n'adresse la parole à personne avant d'avoir égorgé tes victimes et d'avoir mandé ton perruquier pour te raser les cheveux.» Le Prophète sortit aussitôt; il n'adressa la parole à personne avant d'avoir fait tout cela, c'est-à-dire d'avoir égorgé ses victimes et appelé son perruquier qui lui rasa la tête. Quand les fidèles eurent vu cela, ils se levèrent, égorgèrent leurs victimes et se mirent à se raser les uns les autres avec tant de précipitation qu'ils faillirent s'écraser les uns les autres.

Ensuite des femmes croyantes vinrent le trouver. Dieu, à cette occasion, révéla ce verset : « Ô vous qui croyez, lorsque des croyantes viennent à vous fuyant l'idolâtrie »... (sourate LX, verset 10), dans lequel il blâme le mariage avec les femmes polythéistes. ʿOmar répudia alors deux femmes qu'il avait épousées alors qu'elles étaient polythéistes. L'une de ces femmes épousa Moʿâwia-ben-Abou-Sofyân, l'autre Safouân-ben-Omayya.

Le Prophète rentra ensuite à Médine. Abou-Baṣîr, un homme des Qoraïch, qui était musulman, vint l'y rejoindre. On avait dépêché deux hommes à sa poursuite. Ces hommes ayant invoqué le pacte conclu avec le Prophète, celui-ci leur remit Abou-Baṣîr. Ils l'emmenèrent et, arrivés à Dzou-'l-Ḥolaïfa, ils s'arrêtèrent pour manger des dattes qu'ils avaient. S'adressant à l'un des deux hommes, Abou-Baṣîr lui dit : « Ô un tel, par Dieu ! je vois que tu as un sabre excellent. » L'autre tira le sabre du fourreau et dit : « Certes oui, par Dieu ! c'est un sabre excellent et j'en ai fait l'épreuve à plusieurs reprises. — Montre-le-moi, que je l'examine », répliqua Abou-Baṣîr. Saisissant l'arme, Abou-Baṣîr frappa l'homme et le tua. L'autre homme prit alors la fuite, gagna Médine, et entra en courant dans la mosquée.

En l'apercevant, l'Envoyé de Dieu s'écria : « Voilà un homme qui vient de courir un grand danger. » Quand il arriva auprès du Prophète, l'homme dit : « Par Dieu ! il a tué mon compagnon, et moi-même je vais être tué. » Abou-Baṣîr arriva et dit : « Ô Prophète de Dieu, Dieu t'a fait tenir complètement tes engagements puisque tu m'as renvoyé vers eux ; mais Dieu m'a délivré d'eux. » Le Prophète répondit : « Malheur à la mère du tisonnier de la guerre s'il a quelqu'un (pour l'aider). » En entendant ces mots, Abou-Baṣîr comprit qu'on allait le renvoyer chez les Qoraïch ; il sortit et gagna le bord de la mer.

Abou-Djandal se sauva également et alla rejoindre Abou-Baṣîr.

Pas un seul homme des Qoraïch, devenu musulman, ne manqua de quitter la Mecque et d'aller retrouver Abou-Baṣîr, si bien qu'il se forma ainsi un groupe d'une certaine importance. Par Dieu ! ils n'entendaient jamais parler du départ d'une caravane des Qoraïch pour la Syrie sans lui barrer le passage, lui tuer des hommes et s'emparer de ses biens. Les Qoraïch députèrent quelqu'un au Prophète afin de lui demander, au nom de Dieu et de la parenté qu'ils avaient avec lui, de faire cesser ces hostilités, et alors les musulmans qui viendraient le trouver n'auraient plus à craindre d'être renvoyés. Le Prophète manda à Abou-Baṣîr (de cesser les hostilités) et Dieu révéla ces versets : « C'est lui qui a écarté de vous le bras de vos ennemis et écarté d'eux votre bras dans la vallée de la Mecque après vous avoir donné la victoire sur eux. . . » (sourate XLVIII, verset 24). Plus loin, le Coran parle de « la colère des païens » (sourate XLVIII, verset 26); or cette colère s'était manifestée en ne reconnaissant pas Mahomet comme le Prophète de Dieu, en n'acceptant pas la formule : « Au nom de Dieu, le Clément, le Miséricordieux », et en empêchant les fidèles d'arriver à la Kaʿba.

El-Bokhâri explique la valeur exacte et étymologique des mots معرة , تزيلوا et حمية qui se trouvent dans les versets 25 et 26 de la sourate XLVIII.

ʿOrwa ajoute que ʿAïcha lui a raconté que l'Envoyé de Dieu éprouvait la foi des croyantes (réfugiées). « Après que Dieu, continua-t-il, eut révélé qu'on devait restituer aux polythéistes ce qu'ils avaient payé[1] pour celles de leurs femmes qui avaient fui (à Médine) et qu'il eut été décidé que les musulmans ne devaient point garder comme femmes légitimes des polythéistes, nous apprîmes que ʿOmar avait répudié deux femmes : Qoraïba-bent-Abou-Omayya et la fille de Djaroual-El-Khozâʿi. Qoraïba épousa ensuite Moʿâwiya et l'autre épousa Abou-Djahem. Puis, comme les polythéistes refu-

[1] Il s'agit du remboursement des dots qui leur avaient été constituées par les maris qu'elles abandonnaient.

IMPRIMERIE NATIONALE.

saient de reconnaître qu'ils devaient rembourser ce que les musulmans avaient dépensé pour leurs femmes, Dieu fit la révélation suivante... : «Si l'une de vos femmes passe chez les polythéistes «et que vous ayez fait une restitution...» (sourate LX, verset 11). Le mot عقب signifie ce que les musulmans remboursaient pour celles de leurs femmes qui avaient quitté les polythéistes. Dieu ordonna de donner à celui des musulmans dont la femme fuirait vers les polythéistes une partie de la dot égale à celle attribuée aux femmes des polythéistes qui s'étaient enfuies chez les musulmans. Je ne sache pas qu'aucune des femmes réfugiées ait renié sa foi.»

Nous avons appris également que Abou-Baṣîr-ben-Osaïd-Ets-Tseqefi, devenu croyant, s'enfuit de (Mina) la Mecque et vint trouver le Prophète à cette époque. El-Akhnas-ben-Cherîq écrivit au Prophète pour lui réclamer Abou-Baṣîr. Le râwi mentionne ensuite le hadits.

CHAPITRE XVI. — DES CONDITIONS EN MATIÈRE DE PRÊT. — *Ibn-ʿOmar et ʿAṭâ ont dit : «Il est permis de fixer un terme quand il s'agit d'un prêt.»*

1. *Abou-Horaïra* rapporte que le Prophète a parlé d'un homme qui demanda à un des Benou-Israïl de lui prêter une somme de mille dinars, et que la somme lui fut remise payable à un terme fixé.

CHAPITRE XVII. — DE L'AFFRANCHI CONTRACTUEL ET DES CONDITIONS QU'IL N'EST POINT PERMIS DE STIPULER PARCE QU'ELLES SONT CONTRAIRES AU CORAN. — *Djâbir-ben-ʿAbdallah a dit : «Dans l'affranchissement contractuel, les parties fixent entre elles les conditions.» — Ibn-ʿOmar ou ʿOmar a dit : «Toute condition qui contrevient au Coran est nulle, fût-elle stipulée cent fois.»*

1. D'après *ʿAmra,* ʿAïcha a dit : «Barîra vint me demander de m'occuper de son affranchissement contractuel. «Si tu veux, lui «dis-je, je payerai à tes maîtres, et le droit de patronage m'appar«tiendra.» Quand l'Envoyé de Dieu vint et que je lui racontai la

chose, il me dit : «Achète-la et affranchis-la, car le droit de «patronage n'appartient qu'à celui qui affranchit.» Ensuite l'Envoyé de Dieu monta en chaire et dit : «A quoi donc pensent les «gens qui stipulent des conditions qui ne figurent point dans le «Livre de Dieu? Celui qui stipule une condition qui ne figure «pas dans le Livre de Dieu ne pourra s'en prévaloir, l'eût-il insérée «cent fois.»

CHAPITRE XVIII. — Des stipulations permises. — De la restriction faite dans un aveu. — Des conditions (implicites) admises par l'usage. — Du fait de dire : cent (et d'ajouter) moins un ou moins deux. — *Ibn-ʿAoun rapporte, d'après Ibn-Sîrîn, le fait suivant : «Un homme dit à un loueur : «Prépare-moi ta monture, et si je ne pars pas avec toi tel jour, tu auras cent «dirhems.» Le preneur n'étant pas parti, Choraïḥ dit : «Celui qui de son «plein gré, sans y être contraint, s'impose une condition est tenu de la remplir.» — Ayyoub, d'après Ibn-Sîrîn, rapporte qu'un homme avait vendu des grains. L'acheteur dit : «Si je ne suis pas venu te trouver mercredi, le marché conclu entre nous sera nul.» L'acheteur n'étant pas venu, Choraïḥ lui dit : «Tu as manqué au rendez-vous», et il le débouta.*

1. D'après *Abou-Horaïra*, l'Envoyé de Dieu a dit : «Dieu a quatre-vingt-dix-neuf noms, cent moins un; celui qui les énumérera entrera au Paradis.»

CHAPITRE XIX. — Des stipulations en matière de ouaqf.

1. D'après *Ibn-ʿOmar*, ʿOmar-ben-El-Khaṭṭâb, qui avait eu pour sa part une terre à Khaïbar, vint trouver le Prophète et lui demanda des instructions au sujet de cette terre. «Ô Envoyé de Dieu, lui dit-il, je possède une terre à Khaïbar, et jamais je n'ai eu un bien qui me fût aussi précieux. Que m'ordonnes-tu d'en faire? — Si tu veux, répondit le Prophète, immobilise le fonds et fais l'aumône de ses produits.» ʿOmar fit aumône de cette terre en stipulant qu'elle ne serait ni vendue, ni donnée, ni héritée. Il en fit aumône aux pauvres, aux proches, aux voyageurs, aux hôtes, et il décida qu'elle serait également employée pour le rachat des captifs et pour

la guerre sainte. Il n'y a aucun mal à ce que celui qui administre le ouaqf mange de ses produits d'une façon équitable et qu'il en nourrisse d'autres, pourvu qu'il n'abuse pas. Ibn-Sîrîn, à qui Ibn-ʿAoun répétait ce hadits, remplaça les derniers mots par : « pourvu qu'il ne thésaurise pas ».

AU NOM DE DIEU, LE CLÉMENT, LE MISÉRICORDIEUX.

TITRE LV.

DES TESTAMENTS.

CHAPITRE PREMIER. — DES TESTAMENTS. — *De ces paroles du Prophète : « Le testament de l'homme doit être écrit chez lui. » — De ces mots du Coran : « Il vous est prescrit, quand l'un de vous voit venir la mort et qu'il possède un bien, de faire un testament en faveur des vos père et mère et de vos proches d'une façon équitable. C'est un devoir pour ceux qui craignent Dieu. — Celui qui modifiera (le testament) après l'avoir entendu sera seul coupable des changements qu'il y aura apportés. Dieu entend tout et sait tout. — Celui qui craint que le testateur ait commis quelque partialité ou quelque erreur, et qui rétablit les choses régulièrement n'est point coupable. Dieu est indulgent et clément »* (sourate II, versets 176, 177 et 178). — *El-Bokhâri dit que* جنف *équivaut à* ميل *et* متجانف *à* مائل.

1. D'après *Ibn-ʿOmar*, l'Envoyé de Dieu a dit : « Un homme musulman qui possède un bien dont il veut disposer par testament n'a pas le droit d'attendre deux jours pour que ses dispositions soient mises par écrit par devers lui. »

Confirmation par un autre *isnâd*.

2. *ʿAmr-ben-El-Ḥârits*, parent par les femmes de l'Envoyé de Dieu et frère de Djouaïria-bent-El-Ḥârits, a dit : « A sa mort, l'Envoyé de Dieu ne laissa ni un dirhem, ni un dinâr, ni un esclave homme, ni une esclave, enfin rien sinon sa mule blanche, ses armes et une terre dont il avait fait une libéralité (de son vivant). »

3. *Ṭalḥa-ben-Moṣarrif* a dit : « Comme je demandai à ʿAbdallah-ben-Abou-Awfa si le Prophète avait fait un testament[1], il me

[1] Le mot arabe signifie, à la fois, le testament proprement dit et les recommandations que l'on fait *in extremis*.

répondit : « Non. — Comment se fait-il, repris-je, qu'il ait prescrit le « testament — ou suivant une variante — qu'on ait prescrit le tes- « tament ? — Son testament, répliqua-t-il, c'est le Livre de Dieu. »

4. *El-Aswad* a dit : « On disait auprès de ʿAïcha qu'Ali était le légataire du Prophète. « A quel moment, s'écria-t-elle, le Prophète « aurait-il testé en sa faveur ? Je le tenais appuyé sur ma poitrine « — ou suivant une variante — sur mes genoux. Il demanda le bol « (plein d'eau), puis il s'affaissa sur mes genoux et il était déjà mort « que je ne m'en étais pas aperçue. A quel moment aurait-il donc « testé en faveur d'Ali ? »

CHAPITRE II. — Mieux vaut laisser ses héritiers riches que réduits à tendre la main aux passants.

1. *Saʿd-ben-Abou-Ouaqqâṣ* a dit : « Le Prophète vint me rendre visite pendant que j'étais malade à la Mecque. Et il m'eût été pénible de mourir dans la ville dont j'avais émigré[1]. « Dieu fasse « miséricorde au fils de ʿAfrâ, dit-il. — Ô Envoyé de Dieu, lui ex- « posai-je, je vais léguer par testament tout ce que je possède. — « Non, me répondit-il. — La moitié ? — Non. — Le tiers ? — « Le tiers, oui, et c'est beaucoup, reprit-il ; mieux vaut que tu laisses « tes héritiers riches que pauvres et réduits à tendre la main aux « passants. Tout ce que tu dépenses en entretien est une aumône, « même la bouchée que tu portes à la bouche de ta femme. Il se « peut que Dieu te guérisse ; alors des gens profiteront de ton existence « tandis que d'autres en éprouveront du dommage. » A cette époque Saʿd n'avait qu'une fille.

CHAPITRE III. — Du legs du tiers. — *El-Ḥasan a dit : « Il n'est pas permis au tributaire de tester pour plus du tiers. » — Dieu a dit : « Prononce entre eux d'après ce que Dieu a révélé . . . »* (sourate v, verset 54).

1. *Ibn-ʿAbbâs* a dit : « Les gens ne devraient pas dépasser le

[1] Le commentateur admet que cette phrase pourrait avoir été prononcée par le Prophète qui aurait manifesté ainsi le désir de ne pas mourir à la Mecque. Cette hypothèse paraît être assez vraisemblable.

quart, puisque l'Envoyé de Dieu a dit : «Le tiers, et le tiers c'est «beaucoup — ou suivant une variante — grand.»

2. *Sa'd* a dit : «J'étais malade et le Prophète vint me voir. «Ô Envoyé de Dieu, lui dis-je, fais des vœux pour que Dieu ne me «fasse pas retourner en arrière [1]. — Il se peut que Dieu te rende «la santé, répondit-il, et que, par toi, il rende service aux gens. «— Je voudrais, repris-je, faire mon testament, et je n'ai qu'une «fille. Je vais lui léguer la moitié de mes biens. — La moitié, c'est «beaucoup. — Le tiers? — Le tiers, soit! et le tiers c'est beau- «coup — ou suivant une variante — grand.» Les gens firent alors le testament pour le tiers, et cela leur fut déclaré licite.

CHAPITRE IV. — De ces paroles : «Engage-toi à l'égard de mon enfant», que dit le testateur au tuteur testamentaire, et des revendications permises à ce dernier.

1. *'Orwa-ben-Ez-Zobaïr* rapporte que 'Aïcha, la femme du Prophète, a dit : «'Otba-ben-Abou-Ouaqqâṣ avait donné la tutelle testamentaire à son frère Sa'd-ben-Abou-Ouaqqâṣ, en lui disant : «Le «fils de l'esclave de Zema'a est à moi, prends-le avec toi.» L'année de la conquête de la Mecque, Sa'd prit cet enfant avec lui en disant : «C'est le fils de mon frère; il me l'a confié.» 'Abdo-ben-Zema'a prétendit alors que cet enfant était son frère, qu'il était le fils de l'esclave de son père et qu'il était né du lit de ce dernier. Tous deux allèrent ensemble trouver le Prophète. «Ô Envoyé de Dieu, dit «Sa'd, c'est le fils de mon frère, il m'en a confié la tutelle. — «C'est mon frère et le fils de l'esclave de mon père, répliqua 'Abdo- «ben-Zema'a. — Cet enfant te revient, ô 'Abdo-ben-Zema'a, «déclara l'Envoyé de Dieu; l'enfant appartient au lit et le fornica- «teur doit être lapidé.» Ensuite, s'adressant à Sauda-bent-Zema'a, il lui dit de se voiler devant cet enfant parce qu'il lui trouvait une

[1] Sa'd, qui avait émigré à Médine, désirait ne pas mourir à la Mecque et ne pas paraître revenir en arrière.

grande ressemblance avec ʿOtba. Et l'enfant ne vit pas Sauda avant d'avoir rencontré Dieu[1]. »

CHAPITRE V. — Quand, de la tête, le malade fait un signe précis, l'indication est valable.

1. *Qatâda* rapporte, d'après Anas, qu'un juif avait écrasé la tête d'une femme entre deux pierres. Comme on demandait à cette femme qui lui avait fait cela, en lui disant : « Est-ce un tel ? Est-ce un tel ? » et qu'on arriva à nommer le juif, elle fit signe que oui de la tête. Amené en présence du Prophète, le juif finit par avouer son crime. Alors le Prophète ordonna de lui écraser la tête entre deux pierres.

CHAPITRE VI. — Pas de legs en faveur d'un héritier.

1. *Ibn-ʿAbbâs* a dit : « Au début, le bien appartenait à l'enfant et on devait faire un legs en faveur des père et mère. Dieu abrogea ce qui lui plut de ces dispositions. Il assigna au mâle une part égale à celle de deux femmes. Il attribua au père et à la mère un sixième à chacun; à la veuve, le huitième et le quart; au veuf, la moitié et le quart[2]. »

CHAPITRE VII. — De la libéralité faite à l'article de la mort.

1. D'après *Abou-Horaïra*, un homme dit au Prophète : « Ô Envoyé de Dieu, quelle est la meilleure libéralité ? — C'est, répondit-il, celle que tu fais en parfaite santé, alors que tu es animé de l'espoir d'être riche et de la crainte d'être pauvre. N'attends pas que tu sois sur le point de rendre l'âme pour dire : « Ceci sera « à un tel; ceci sera à un tel », car cela appartiendra déjà à un autre. »

[1] Façon de dire : avant de mourir.

[2] On n'a pas nettement indiqué, dans le premier cas, la distinction qu'il y avait lieu de faire dans les parts attribuées au père ou à la mère, suivant que le *de cujus* avait ou non des enfants.

CHAPITRE VIII. — *De ces mots du Coran : « . . . après prélèvement des legs ou des dettes. . . »* (sourate IV, verset 12). — *On rapporte que Choraïḥ, ʿOmar-ben-ʿAbdelaziz, Ṭâous, ʿAṭa et Ibn-Odzaïna admettent la reconnaissance d'une dette par le malade. — El-Ḥasan a dit : « La meilleure des libéralités que puisse faire un homme, c'est le jour où il quitte ce monde et où commence pour lui l'éternité. » — Ibrahîm et El-Ḥakam ont dit : « L'héritier est libéré de la dette dont il lui a été fait remise par le* de cujus *(à l'article de la mort). » — Râfiʿ-ben-Khadîdj avait, par testament, décidé qu'on ne comprendrait pas dans l'inventaire ce que sa femme El-Fezâriya avait sous la clé de sa porte. — El-Ḥasan a dit : « Est valable la déclaration faite à l'article de la mort à un esclave en ces termes : « Je t'avais affranchi. » — Ech-Chaʿbi a dit : « Est valable la déclaration que la femme fait en ces termes à l'article de la mort : « Mon mari s'est acquitté envers moi et j'ai reçu mon dû. » — Certain auteur a dit : « L'aveu du moribond n'est pas valable à cause de la suspicion dont il est l'objet de la part des héritiers. » Puis il admet cet aveu en disant « qu'il est valable en matière de dépôt, de marchandises et d'opérations commerciales ». — Le Prophète a dit : « Gardez-vous de la suspicion, car la suspicion est ce qui donne au récit son caractère le plus mensonger. » — Le bien des musulmans n'est pas licite (en cas d'aveu) à cause de ces paroles du Prophète : « Le signe auquel on reconnaît l'hypocrite, c'est qu'il trahit celui qui a confiance en lui. » — De ces mots du Coran : « Dieu vous ordonne de rendre les dépôts à qui ils appartiennent. . . »* (sourate IV, verset 61), *et il n'a pas spécifié que cela s'appliquait à l'héritier, ni à aucun autre. — La tradition relative à l'hypocrite a été rapportée par ʿAbdallah-ben-ʿAmr d'après le Prophète.*

1. D'après *Abou-Horaïra*, le Prophète a dit : « Les signes auxquels se peut reconnaître l'hypocrite sont au nombre de trois : s'il parle, il ment; si l'on a confiance en lui, il trahit; s'il promet, il manque à sa parole. »

CHAPITRE IX. — *De l'interprétation de ces mots du Coran : « Après prélèvement des legs ou des dettes. . . »* (sourate IV, verset 12). *On rapporte que le Prophète a décidé que les dettes seraient prélevées avant les legs. — De ces mots du Coran : « Il vous ordonne de rendre les dépôts à qui ils appartiennent. . . »* (sourate IV, verset 61). *La remise des dépôts a le privilège sur la délivrance des legs. — Le Prophète a dit : « Pas d'aumône, sinon avec le superflu de la richesse. » — Ibn-ʿAbbâs a dit : « L'esclave ne peut tester qu'avec l'autorisation de son maître.* » – *Le Prophète a dit : « L'esclave est le pasteur des biens de son maître.* »

1. *Ḥakîm-ben-Ḥizâm* a dit : « Je demandai à l'Envoyé de Dieu, et il me donna ; je lui demandai de nouveau, et il me donna encore, puis il me dit : « Ô Ḥakîm, cet argent est chose belle à voir et « agréable. Celui qui le prend sans avidité, cela lui portera bonheur ; « mais celui qui le prend avec avidité n'en profitera pas ; il sera « comme celui qui mange sans se rassasier. La main la plus haute « vaut mieux que la main la plus basse[1]. — Ô Envoyé de Dieu, « répondis-je, j'en jure par celui qui t'a envoyé pour le triomphe « de la vérité, dorénavant je ne demanderai plus rien à personne « jusqu'au jour où je quitterai ce monde. »

Abou-Bakr ayant ensuite offert à Ḥakîm de lui donner quelque chose, celui-ci refusa de l'accepter. Plus tard, ʿOmar ayant fait venir Ḥakîm pour lui donner quelque chose, celui-ci refusa de l'accepter. ʿOmar dit : « Ô musulmans, je lui ai offert ce qui lui revenait de la part du butin que Dieu lui attribuait, et il a refusé de le prendre. » En effet, Ḥakîm, après son aventure avec le Prophète, ne voulut plus rien accepter de personne jusqu'à sa mort.

2. *ʿOmar* a dit : « J'ai entendu l'Envoyé de Dieu dire : « Chacun « de vous est un berger à qui on demandera compte de son trou« peau ; l'imam est un berger, il lui sera demandé compte de son « troupeau ; l'homme, pour sa famille, est un berger, on lui de« mandera compte de son troupeau ; la femme, dans la maison de « son mari, est une bergère à qui on demandera compte de son « troupeau ; le serviteur, pour le bien de son maître, est un berger « à qui on demandera compte de son troupeau. » Je crois, ajoute Ibn-ʿOmar, qu'il a dit aussi : « L'homme est le berger des biens de « son père. »

CHAPITRE X. — De celui qui constitue un ouaqf en faveur de ses proches ou leur fait un legs. Que faut-il entendre par « proches ». – *Tsâbit, d'après*

[1] La main la plus haute est celle qui donne ; la plus basse est celle qui reçoit.

Anas, rapporte que le Prophète a dit à Abou-Ṭalḥa : « Constitue-le en faveur de tes proches. » Et il le constitua en faveur de Ḥassân et de Obayy-ben-Kaʿb. — El-Anṣari a dit : « Mon père m'a rapporté, d'après Tsomâma qui le tenait de Anas, un hadits pareil à celui de Tsâbit. » Le Prophète avait dit : « Constitue-le en faveur de tes proches. » — « Et alors, dit Anas, il le constitua en faveur de Ḥassân et Obayy-ben-Kaʿb qui lui étaient plus proches parents que moi. Voici quelle était la parenté de Ḥassân et de Obayy avec Abou-Ṭalḥa. Abou-Ṭalḥa se nommait Zeïd-ben-Sahl-ben-El-Aswad-ben-Ḥarâm-ben-ʿAmr-ben-Zeïd-Menât-ben-Adyy-ben-ʿAmr-ben-Mâlik-ben-En-Nedjdjâr. Ḥassân et Abou-Ṭalḥa avaient dans Ḥarâm un ancêtre commun au troisième degré, Ḥassân étant fils de Tsâbit-ben-El-Mondzir-ben-Ḥarâm-ben-ʿAmr-ben-Zeïd-Menât-ben-Adyy-ben-ʿAmr-ben-Mâlik-ben-En-Nedjdjâr. Quant à Obayy, c'est au sixième degré, par ʿAmr-ben-Mâlik, qu'il se réunissait avec Abou-Ṭalḥa à un ancêtre commun. Obayy était fils de Kaʿb-ben-Qaïs-ben-ʿObaïd-ben-Zeïd-ben-Moʿâwia-ben-ʿAmr-ben-Mâlik-ben-En-Nedjdjâr ʿAmr-ben-Mâlik était l'ancêtre commun à Ḥassân, Abou-Ṭalḥa et Obayy. » — Un auteur a dit que, dans ces mots : « Celui qui fait un legs à ses proches », il faut entendre par proche celui qui a un ancêtre commun avec lui dans l'islamisme.

1. D'après *Anas*, le Prophète a dit à Abou-Ṭalḥa : « Je suis d'avis que tu le constitues en faveur de tes proches. — C'est ce que je ferai, ô Envoyé de Dieu », répondit Abou-Ṭalḥa. Abou-Ṭalḥa partagea le bien entre ses proches et ses contribules[1].

Ibn-ʿAbbâs a dit : « Lorsque fut révélé ce verset : « Et avertis les « proches de ta famille » (sourate xxvi, verset 214), le Prophète se mit à crier : « Ô Benou-Fihr, ô Benou-Adyy des tribus de « Qoraïch ! »

Abou-Horaïra a dit : « Lorsque fut révélé ce verset : « Et avertis « les proches de ta famille » (sourate xxvi, verset 214), le Prophète s'écria : « Ô assemblée des Qoraïch ! »

CHAPITRE XI. — Les femmes et les enfants font-ils partie des proches ?

1. *Abou-Horaïra* a dit : « Lorsque fut révélé ce verset : « Et

[1] L'expression employée ici est « les fils de son oncle paternel » ; on peut l'entendre aussi dans son sens propre de « cousins paternels ».

«avertis les proches de ta famille» (sourate XXVI, verset 214), l'Envoyé de Dieu dit : «Ô assemblée des Qoraïch — ou des mots approchants — rachetez vos âmes vous-mêmes, car je ne peux «rien pour vous auprès de Dieu; ô Benou-Abd-Menâf, je ne «puis rien pour vous auprès de Dieu; ô ʿAbbâs-ben-ʿAbdelmoṭṭalib, «je ne puis rien pour toi auprès de Dieu; ô Safiyya, tante paternelle «de l'Envoyé de Dieu, je ne puis rien pour toi auprès de Dieu; «ô Faṭima-bent-Moḥammed, demande-moi ce que tu voudras de «mes biens, mais je ne puis rien pour toi auprès de Dieu.»

Confirmation du hadits par un autre *isnâd.*

CHAPITRE XII. — Le constituant d'un ouaqf peut-il en jouir lui-même? — *ʿOmar a stipulé qu'il n'y avait pas de faute de la part de l'administrateur d'un ouaqf quand il mangeait des produits de ce bien. — Le constituant ou tout autre peut administrer un ouaqf. — De même, toute personne qui a consacré à Dieu une victime ou autre chose a le droit d'en faire usage comme en ferait usage un autre, même s'il ne l'a pas stipulé.*

1. *Qatâda* rapporte, d'après Anas, que le Prophète, voyant un homme qui conduisait un animal victime par le licol, lui dit : «Monte-le. — Mais, répliqua l'homme, c'est une victime.» Le Prophète lui dit, à la troisième ou à la quatrième fois : «Monte-le, malheureux!»

2. D'après *Abou-Horaïra,* l'Envoyé de Dieu, voyant un homme qui conduisait une victime par le licol, lui dit : «Monte-la. — Mais, répliqua l'homme, c'est une victime.» Et le Prophète de lui dire, à la seconde ou à la troisième fois : «Monte-la, malheureux!»

CHAPITRE XIII. — Quand on constitue une chose en ouaqf, ce ouaqf est valable avant que la chose ait été remise à un tiers. — *Quand ʿOmar constitua un ouaqf, il dit : «Il n'y a pas de faute de la part de celui qui l'administrera à manger de ses produits», et il n'avait pas spécifié si l'administrateur serait lui-même ou tout autre. — Le Prophète dit à Abou-Ṭalḥa : «J'estime que tu dois le donner à tes proches. — C'est ce que je ferai», répondit Abou-Ṭalḥa, qui partagea la chose entre ses proches et ses contribules.*

CHAPITRE XIV. — Quand quelqu'un dit : « Je donne ma maison en aumône[1] à Dieu », sans désigner les pauvres ou tout autre dévolutaire, son aumône est valable, et il peut la donner à ses proches ou à qui il lui plaît. — *Le Prophète parla dans ce sens à Abou-Ṭalḥa quand celui-ci lui dit : « Le bien auquel je tiens le plus est Baïroḥâ, et j'en fais aumône à Dieu. » Le Prophète autorisa donc. — Certain auteur dit que cette libéralité n'est pas valable tant qu'on n'a pas désigné à qui elle serait dévolue. — La première opinion est la plus certaine*[2].

CHAPITRE XV. — Si quelqu'un dit : « Je donne ma terre ou mon jardin à Dieu au nom de ma mère », cela est valable, même si l'on n'a pas spécifié quels seront les dévolutaires.

1. *Ibn-ʿAbbâs* a raconté que Saʿd-ben-ʿObâda perdit sa mère alors qu'il n'était pas auprès d'elle : « Ô Envoyé de Dieu, dit-il, ma mère est morte alors que je n'étais pas auprès d'elle. Si je faisais une aumône en son nom, cela lui servirait-il à quelque chose? — Oui, répondit le Prophète. — Eh bien! reprit Saʿd, je te prends à témoin que je fais aumône en son nom de mon enclos de El-Mikhrâf[3]. »

CHAPITRE XVI. — Il est permis de faire aumône d'une partie de son bien, de son esclave ou d'un de ses animaux, ou de le constituer ouaqf.

1. *ʿAbdallah-ben-Kaʿb* a entendu Kaʿb-ben-Mâlik parler ainsi : « Je dis : « Ô Envoyé de Dieu, une des marques de mon repentir « c'est que je me dépouille d'une partie de mon bien pour en faire « aumône à Dieu et à son Envoyé. — Garde une partie de ton « bien, répondit le Prophète, cela vaudra mieux pour toi. — Eh « bien! repris-je, je garde ma part du butin de Khaïbar. »

(1) Le mot صدقة, dans son sens général, s'applique à toutes les libéralités y compris le ouaqf. La traduction « aumône » conserve le vague de l'expression arabe.

(2) La première opinion, c'est-à-dire que le ouaqf est valable même quand le dévolutaire n'a pas encore été désigné.

(3) Le mot مخراف signifie « qui produit des fruits ». Il se pourrait donc que ce ne fût pas un nom propre, comme le supposent la plupart des commentateurs.

CHAPITRE XVII. — De celui qui fait aumône à son intendant, qui ensuite lui rend cette aumône.

1. *Isḥâq-ben-ʿAbdallah-ben-Abou-Ṭalḥa* — mais, d'après El-Bokhâri, ce serait Anas — a dit : « Lorsque fut révélé le verset : « Vous n'atteindrez pas la piété (parfaite) tant que vous n'aurez pas « donné en aumône une des choses auxquelles vous tenez » (sourate III, verset 86), Abou-Ṭalḥa alla trouver l'Envoyé de Dieu et lui dit : « Ô Envoyé de Dieu, Dieu, qu'il soit béni sans cesse et exalté ! a dit « dans son Livre : « Vous n'atteindrez pas la piété (parfaite) tant que « vous n'aurez pas donné en aumône une des choses auxquelles vous « tenez. » Or, de tous mes biens, celui auquel je tiens le plus c'est « Baïroḥâ. » — C'était, dit le râwi, un jardin dans lequel l'Envoyé de Dieu allait se mettre à l'ombre et boire de l'eau. — « Il est mainte- « nant à Dieu et à son Envoyé. J'espère qu'il m'en sera tenu compte « et qu'il me vaudra des trésors d'indulgence. Ô Envoyé de Dieu, « dispose de ce jardin de la façon que Dieu t'indiquera. — Bravo ! « ô Abou-Ṭalḥa, s'écria le Prophète, c'est là un bien productif; nous « l'acceptons et te le rendons afin que tu le donnes à tes proches. » Abou-Ṭalḥa fit don de cette propriété à ses proches qui étaient Obayy et Ḥassân. Ḥassân vendit sa part à Moʿâwiya : « Comment, « lui dit-on, tu vends l'aumône que t'a donnée Abou-Ṭalḥa ? — « Est-ce que je ne vends pas un ṣâʿ de dattes contre un ṣâʿ de « dirhems ? » Ce jardin se trouvait à l'endroit où s'élève le château des Benou-Ḥodaïla[1] que fit bâtir Moʿâwiya. »

CHAPITRE XVIII. — *De ces mots du Coran : « Lorsque les cognats*[2]*, les orphelins et les pauvres assistent au partage, donnez-leur quelque chose »* (sourate IV, verset 9).

1. *Ibn-Abbâs* a dit : « Il est des gens qui prétendent que ce verset a été abrogé; non, par Dieu, il n'a pas été abrogé. Mais c'est une des prescriptions auxquelles beaucoup de gens n'attachent pas

(1) On lit aussi ce mot « Djadîla ». — (2) Ou, d'une manière plus générale, tous les parents non successibles.

d'importance. Or il y a deux catégories de préposés au partage : 1° un préposé qui est lui-même héritier, et celui-là doit donner; 2° un préposé qui n'hérite pas, et celui-là a raison de dire : « Je ne « possède rien que je puisse te donner. »

CHAPITRE XIX. — De l'aumône qu'il convient de faire au nom de celui qui est mort subitement. De l'accomplissement des voeux du défunt.

1. *Orwa* rapporte, d'après 'Aïcha, qu'un homme dit au Prophète : « Ma mère a rendu l'âme subitement, et je crois que si elle avait eu le temps de parler elle aurait fait une aumône. Puis-je faire une aumône en son nom? — Oui, répondit le Prophète, fais une aumône en son nom. »

2. *Ibn-'Abbâs* rapporte que Sa'd-ben-'Obâda demanda à l'Envoyé de Dieu ce qu'il devait faire : « Ma mère, lui dit-il, est morte, et elle avait fait un vœu. — Accomplis ce vœu, répondit le Prophète. »

CHAPITRE XX. — De l'action de faire constater par témoins le ouaqf, l'aumône et le testament [1].

1. *Ibn-Abbâs* rapporte que Sa'd-ben-'Obâda, un des Benou-Sâ'ida, avait perdu sa mère alors qu'il n'était pas auprès d'elle. Il alla trouver le Prophète et lui dit : « Ô Envoyé de Dieu, ma mère est morte alors que je n'étais pas auprès d'elle. Lui serait-il utile en quelque chose que je fasse une aumône en son nom? — Oui, répondit le Prophète. — Eh bien! reprit Sa'd, je te prends à témoin que mon clos de El-Mikhrâf est donné en aumône en son nom. »

CHAPITRE XXI. — *De ces mots du Coran : « Donnez aux orphelins les biens qui leur appartiennent sans substituer du mauvais à ce qui est bon. Ne mangez pas leur bien en le confondant avec le vôtre, car ce serait commettre un grand péché. — Si vous craignez de ne pas être justes à l'égard des orphe-*

[1] Ce dernier mot manque dans Qastallâni.

lines, alors épousez celles des femmes qui vous plaisent. . . . . » (sourate IV, versets 2 et 3).

1. *Orwa-ben-Ez-Zobaïr* rapportait qu'il avait interrogé ʿAïcha au sujet de ces mots du Coran : « Si vous craignez de ne pas être justes à l'égard des orphelines, épousez celles des femmes qui vous plaisent. » — « Il s'agit, dit ʿAïcha, de l'orpheline placée sous la dépendance de son tuteur, celui-ci, attiré par sa beauté et sa fortune, voulant l'épouser en lui donnant une dot moindre qu'à une autre femme qu'il épouserait. On lui a défendu de l'épouser à moins qu'il ne fût juste à son égard en lui donnant une dot complète. On lui a enjoint d'épouser une autre femme (s'il ne devait pas donner à l'orpheline la dot à laquelle elle a droit). » ʿAïcha ajouta : « Plus tard les fidèles consultèrent (à ce sujet) l'Envoyé de Dieu, et c'est alors que Dieu révéla ce verset : « Ils te consulteront au « sujet des femmes. Dis : « Dieu vous instruira à leur sujet » (sourate IV, verset 175). Dieu, dit ʿAïcha, a parlé dans ce verset de l'orpheline ayant beauté et richesse, qui est recherchée en mariage et à qui on n'attribue pas la dot entière que lui assigne l'usage, tandis qu'on délaisse une orpheline de peu de beauté et de peu de richesse pour rechercher une autre femme. Puisqu'ils la dédaignent, quand ils ne sont point attirés vers elle, ils n'ont pas le droit de l'épouser quand elle est recherchée, à moins qu'ils ne se montrent équitables envers elle, qu'ils lui payent pleine dot et lui donnent ce à quoi elle a droit. »

CHAPITRE XXII. — *De ces mots du Coran : « Éprouvez les orphelins jusqu'à ce qu'ils soient en âge de se marier. Alors, si vous les jugez capables, remettez-leur la direction de leur fortune. Ne gaspillez pas leurs biens en vous hâtant avant qu'ils soient majeurs. Que le tuteur riche s'abstienne d'user pour lui du bien de ses pupilles, et que celui qui est pauvre le fasse avec discrétion. — Quand vous leur remettrez leurs biens, demandez la présence de témoins. Dieu suffira à vous tenir compte de vos actions. — Les hommes auront une part dans la succession de leurs père et mère et de leurs proches; les femmes auront également une part de la succession de leurs père et mère et de leurs proches, et, qu'il y ait peu ou beaucoup, leur part sera fixe»* (sourate IV, versets 5, 6, 7 et 8). — *Le tuteur testamentaire doit gérer le bien de l'orphelin et n'en prélever pour son usage que dans la mesure de ses services.*

1. D'après *Ibn-ʿOmar*, ʿOmar, du temps de l'Envoyé de Dieu, fit aumône d'un bien qui lui appartenait et qui s'appelait Tsamgh; c'était une palmeraie : «Ô Envoyé de Dieu, dit ʿOmar, je jouis d'un bien auquel je tiens beaucoup et je voudrais en faire aumône. — Fais aumône du fonds, lui répondit le Prophète, qu'il ne puisse être ni vendu, ni donné, ni hérité; mais qu'on en distribue les produits.» ʿOmar fit aumône de ce bien dont les produits furent affectés à la guerre sainte, au rachat des captifs, aux pauvres, aux hôtes, aux voyageurs et aux proches. Il fut permis à l'administrateur d'en prélever avec discrétion ce qui était utile à son usage et d'en faire manger à un de ses amis non compris parmi les dévolutaires.

2. D'après *ʿAïcha*, ces mots du Coran : «Que celui qui est riche s'abstienne, mais que celui qui est pauvre use pour son usage du bien de son pupille avec discrétion», ont été révélés au sujet du tuteur de la fortune de l'orphelin. S'il est dans le besoin, il ne devra toucher au bien de son pupille qu'en raison de sa valeur et avec discrétion.

CHAPITRE XXIII. — *De ces mots du Coran : «Ceux qui mangent injustement la fortune des orphelins introduisent le feu dans leurs entrailles; ils seront consumés dans un feu ardent»* (sourate IV, verset 11).

1. D'après *Abou-Horaïra*, le Prophète a dit : «Évitez sept périls. — Et quels sont ces périls, ô Envoyé de Dieu? lui demanda-t-on. — Ce sont, répondit-il, le polythéisme, la magie, le meurtre à moins qu'il ne soit légitime et non interdit par Dieu, le fait de vivre de l'usure, de manger le bien de l'orphelin, de fuir au jour du combat et de calomnier les croyantes vertueuses qui ne songent point à mal.»

CHAPITRE XXIV. — *De ces mots du Coran : «... Ils t'interrogeront au sujet des orphelins. Dis-leur : «Améliorer leur sort est une bonne action. — Si vous*

IMPRIMERIE NATIONALE.

«mélangez votre bien au leur, traitez-les en frères. Dieu sait distinguer qui agit «mal de qui agit bien. S'il le voulait, Dieu vous ferait pécher, mais il est puis-«sant et sage» (sourate IV, versets 218 et 219). — أَعْنَتَ *signifie faire pécher, mettre dans la gêne;* عَنَتٌ *est synonyme de* خضعت. — *Nâfi^c a dit : «Ibn-ʿOmar ne repoussa de personne la tutelle testamentaire.» — Ibn-Sîrîn, quand il s'agissait du bien d'un orphelin, n'aimait rien tant que de réunir ses conseillers et ses agents et de délibérer avec eux sur ce qu'il y avait de plus avantageux à faire. — Ṭaous, quand on le consultait sur quelque chose de relatif aux orphelins, récitait ces mots du Coran : «Et Dieu sait distinguer qui agit mal de qui agit bien.» — ʿAṭâ a dit au sujet des orphelins, quand il y en a de jeunes et d'âgés*[1], *que le tuteur doit dépenser pour chacun d'eux en raison de la fortune qui lui est attribuée.*

CHAPITRE XXV. — DU FAIT, EN VOYAGE OU EN STATION, DE PRENDRE À SON SERVICE UN ORPHELIN QUAND CELA LUI EST PROFITABLE. — DE LA TUTELLE QU'EXERCE SUR L'ORPHELIN SA MÈRE OU LE MARI DE SA MÈRE[2].

1. *Anas* a dit : «Quand l'Envoyé de Dieu arriva à Médine, il n'avait pas de domestique. Abou-Ṭalḥa me prit par la main, me conduisit vers l'Envoyé de Dieu et lui dit : «Anas est un garçon «rangé, qu'il te serve de domestique.» Je fus employé à son service en voyage et en station, ajoute Anas, et jamais le Prophète ne m'a dit : «Pourquoi as-tu fais cela ainsi?», quand j'avais fait quelque chose, ni : «Pourquoi n'as-tu pas fait cette chose ainsi?», quand il s'agissait d'une chose que je n'avais pas faite.»

CHAPITRE XXVI. — QUAND ON N'A PAS INDIQUÉ LES LIMITES D'UNE TERRE QUE L'ON A CONSTITUÉE OUAQF, LA FONDATION EST VALABLE. — MÊME RÈGLE POUR L'AUMÔNE.

1. *Anas-ben-Mâlik* a dit : «Abou-Ṭalḥa était des Anṣâr de Médine le plus riche en palmiers, et, de toutes ses palmeraies, celle qu'il préférait était le clos de Baïroḥâ, en face de la mosquée. Le Prophète allait dans ce clos et y buvait de son eau qui était excel-

(1) Ou plutôt : «d'humbles et de puissants». Les mots صغير et كبير sont pris ici avec leur acception vulgaire.

(2) Quand aucun des deux n'est tuteur testamentaire, la mère n'ayant pas de droit la tutelle.

lente. Quand le verset : « Vous n'atteindrez pas la piété complète « tant que vous n'aurez pas donné une des choses auxquelles vous « tenez » (sourate III, verset 86) fut révélé, Abou-Ṭalḥa alla trouver Mahomet et lui dit : « Ô Envoyé de Dieu, certes Dieu a dit : « Vous « n'atteindrez pas la piété complète tant que vous n'aurez pas donné « une des choses auxquelles vous tenez; ce que j'aime le plus c'est « Baïroḥâ; eh bien! j'en fais aumône et j'espère que Dieu m'en « tiendra compte et qu'il me vaudra des trésors d'indulgence; dispose « de ce clos de la façon que Dieu t'indiquera. — Bravo! s'écria le « Prophète, c'est là un bien productif[1] — Abou-Maslama hésite entre le mot رابح et le mot رائح, — j'ai entendu ce que tu as dit, « mais j'estime que tu dois donner ce clos à tes proches. — C'est ce « que je ferai », répliqua Abou-Ṭalḥa, qui partagea ce clos entre ses cognats et ses contribules. »

Indication de râwi donnant la leçon رابح.

2. *Ibn-ʿAbbâs* rapporte qu'un homme dit à l'Envoyé de Dieu : « Ma mère est morte, lui serait-il profitable que je fisse une aumône en son nom? — Oui, répondit le Prophète. — Je possède le clos de Mikhrâf, reprit l'homme, et je te prends à témoin que j'en fais aumône au nom de ma mère. »

CHAPITRE XXVII. — Il est permis aux copropriétaires d'une terre indivise de la constituer en ouaqf.

1. *Anas* a dit : « Le Prophète ordonna de bâtir la mosquée et dit : « Ô Benou-En-Nedjdjâr, fixez le prix que vous demandez de « votre enclos. — Non, par Dieu, répondirent-ils, nous n'en demanderons le prix qu'à Dieu. »

CHAPITRE XXVIII. — Du ouaqf et de la façon dont il doit être rédigé.

Ibn-ʿOmar a dit : « ʿOmar avait eu pour sa part une terre à Khaï-

[1] Ou, comme nous dirions : c'est de l'argent bien placé.

bar; il se rendit auprès du Prophète et lui dit : «Il m'est échu «pour ma part une terre et je n'ai jamais possédé une chose à «laquelle je tinsse davantage; que m'ordonnes-tu d'en faire? — «Si tu veux, répondit le Prophète, immobilise le fonds et fais-en «aumône.» ʿOmar en fit aumône en stipulant qu'il ne serait ni vendu, ni donné, ni hérité et qu'il serait dévolu aux pauvres, à ses proches, au rachat des captifs, à la guerre sainte, aux hôtes, aux voyageurs et que l'administrateur ne commettrait pas une faute s'il mangeait avec discrétion de ses produits ou s'il en donnait à manger à l'un de ses amis non compris parmi les dévolutaires.»

CHAPITRE XXIX. — Le ouaqf peut être fait en faveur du riche, du pauvre et de l'hôte[1].

1. D'après *Ibn-ʿOmar*, ʿOmar, se trouvant avoir un bien à Khaïbar, alla trouver le Prophète et lui en parla : «Si tu veux, lui dit le Prophète, fais-en aumône.» Et ʿOmar en fit aumône aux pauvres, aux malheureux, à ses proches et aux hôtes.

CHAPITRE XXX. — Du ouaqf d'une terre pour une mosquée.

1. *Anas-ben-Mâlik* rapporte que l'Envoyé de Dieu, arrivé à Médine, donna l'ordre de bâtir la mosquée et qu'il dit : «Ô Benou-En-Nedjdjâr, fixez le prix que vous demandez de votre enclos. — Non, par Dieu, répondirent-ils, nous n'en demanderons le prix qu'à Dieu.»

CHAPITRE XXXI. — Du ouaqf des animaux, des chevaux, des objets mobiliers[2] et du numéraire. — *Ez-Zohri a dit au sujet d'un homme qui, ayant affecté mille dinars pour la guerre sainte, remet cet argent à un esclave qui fait du commerce, afin qu'il emploie cet argent dans le commerce et qu'il en donne le bénéfice comme aumône aux pauvres et à ses proches, cet homme peut-il employer pour se nourrir quelque chose du produit de ces mille dinars, même*

[1] C'est-à-dire «l'hôte de passage», contribule ou étranger.

[2] Le mot عروض comprend tous les objets mobiliers sauf le numéraire.

s'il n'a pas stipulé que le bénéfice serait distribué en aumône aux pauvres? Non, à son avis, il n'en peut faire usage.

1. *Ibn-ʿOmar* rapporte que ʿOmar avait donné comme monture pour la guerre sainte un cheval que l'Envoyé de Dieu lui avait donné pour son usage. ʿOmar fut informé que l'homme qui avait monté ce cheval le mettait en vente et il demanda à l'Envoyé de Dieu s'il pouvait l'acheter. «Non, ne l'achète pas, lui répondit le Prophète, ne reviens jamais sur ton aumône.»

CHAPITRE XXXII. — De l'indemnité due à l'administrateur du ouaqf.

1. D'après *Abou-Horaïra*, l'Envoyé de Dieu a dit : « Que mes héritiers ne partagent pas ma succession en dinars, ni en dirhems. Ce que je laisserai, après prélèvement de l'entretien de mes femmes[1] et de l'indemnité de mon agent, sera une aumône.»

2. D'après *Ibn-ʿOmar*, ʿOmar stipula dans son ouaqf que l'administrateur aurait droit à sa nourriture et qu'il pourrait donner à manger à un ami non compris parmi les dévolutaires.

CHAPITRE XXXIII. — De celui qui constitue en ouaqf une terre ou un puits et qui stipule qu'il n'aura droit qu'à son seau comme tout autre musulman. — *Anas avait constitué en ouaqf une maison; chaque fois qu'il venait, il y descendait. — Ez-Zobaïr constitua en ouaqf ses maisons et dit à une de ses filles divorcées d'y habiter, que cela ne lui nuirait pas et ne nuirait pas au ouaqf, mais que si elle se remariait elle n'y aurait plus droit. — Ibn-ʿOmar donna la part qui lui revenait dans la maison d'Omar comme habitation aux personnes nécessiteuses de la famille d'ʿAbdallah. — D'après ʿAbderrahman, quand ʿOtsmân fut assiégé, il se montra aux assiégeants et leur dit : « Je vous demande au nom de Dieu et je ne m'adresse qu'aux Compagnons du Prophète : Ne savez-vous pas que l'Envoyé de Dieu a dit : « Celui qui a creusé Rouma[2] « ira au Paradis; or c'est moi qui ai creusé Rouma? » — Ne savez-vous*

[1] Les veuves du Prophète ne devant pas se remarier, elles demeurèrent jusqu'à leur mort en état de *retraite légale*, et c'est à ce titre qu'elles avaient droit à leur entretien.

[2] Nom du seul puits de Médine qui donnait de l'eau potable. Otsmân l'avait acheté et en avait rendu l'usage public. Il ne l'avait donc pas creusé, mais seulement curé et peut-être approfondi.

pas qu'il a dit aussi : « Celui qui a organisé l'expédition de El-ʿOsra[1] *ira au « Paradis ? » Et ils ajoutèrent foi à ses paroles. — En faisant son ouaqf, ʿOmar dit : « Il n'y a aucun mal à ce que l'administrateur mange de ses produits. » L'administrateur pouvant être le constituant ou tout autre, la chose s'applique à tout le monde.*

CHAPITRE XXXIV. — Il est permis au constituant de dire : « Je ne demande son prix qu'à Dieu. »

1. D'après *Anas*, le Prophète dit : « Ô Benou-En-Nedjdjâr, fixez le prix que vous demandez de votre jardin[2]. — Non, répondirent-ils, nous ne demanderons son prix qu'à Dieu. »

CHAPITRE XXXV. — *De ces mots du Coran : « Ô vous qui croyez, pour le le testament fait à l'article de la mort, vous prendrez parmi vous deux personnes honorables ou deux témoins étrangers*[3] *si vous êtes en voyage et que la mort vienne à vous frapper. Vous les retiendrez pour jurer après la prière, et ils jureront par Dieu. Si vous avez des doutes, ils devront ajouter : « Nous « n'achetons pas par notre serment une chose de ce monde, pas même s'il s'agit « d'un parent, et nous ne cachons pas le témoignage ordonné par Dieu, car alors « nous serions des criminels. » — Si l'on s'aperçoit qu'ils ont faussement témoigné, alors deux autres témoins prendront la place de ceux qui ont faussement juré et seront choisis parmi les successibles ayants droit, et ces derniers jureront en ces termes : « Par Dieu ! notre témoignage est plus vrai que celui des deux « premiers témoins et nous n'avons rien dit de trop, car alors nous serions du « nombre des pervers. » — Cela est pour eux le moyen le plus facile d'obtenir un témoignage sincère, et d'éviter que les serments qu'ils ont prêtés soient repoussés par d'autres serments. Craignez Dieu ; écoutez ceci. Dieu ne dirige pas les hommes pervers »* (sourate v, versets 105, 106 et 107). — *Ibn-ʿAbbâs a dit : « Un homme des Benou-Sahm était parti avec Temîm-Ed-Dâri et ʿAdyy-ben-Beddâ. L'homme de Sahm mourut dans un pays où il n'y avait pas de musulmans. Lorsque les deux autres furent de retour avec la succession, on trouva qu'il manquait une coupe d'argent rayé d'or. L'Envoyé de Dieu leur fit prêter serment. Plus tard, on retrouva la coupe à la Mecque. Les gens qui l'avaient dirent :*

[1] Il s'agit de l'expédition de Tabouk. L'épithète de *El-ʿOsra* qu'on lui donne signifie « pénible ».

[2] Par le seul fait qu'on avait édifié une mosquée sur cet emplacement, il était devenu ouaqf.

[3] Musulmans ou, à défaut de ceux-ci, des gens du Livre.

« Nous l'avons achetée de Temîm-Ed-Dâri et de Adyy. » Alors deux hommes des parents du défunt jurèrent que leur témoignage était plus vrai que le témoignage précédent, et que la coupe appartenait à leur parent. Ce fut à cette occasion que fut révélé ce passage du Coran : « Ô vous qui croyez, pour le testament fait à l'article de la mort. . . »

CHAPITRE XXXVI. — De l'exécuteur testamentaire qui acquitte les dettes du défunt en dehors de la présence des héritiers.

1. *Djâbir-ben-ʿAbdallah-El-Anṣâri* rapporte que son père mourut en combattant pour la foi le jour de Oḥod. Il laissait six filles et des dettes : « Au moment de la cueillette des dattes, dit Djâbir, j'allai trouver l'Envoyé de Dieu et lui dis : « Ô Envoyé de Dieu, tu « sais que mon père est mort en combattant pour la foi le jour de « Oḥod; or il a laissé de nombreuses dettes, et je voudrais que les « créanciers te vissent. — Va, répondit le Prophète, dispose chaque « qualité de dattes en un tas séparé. » Quand la chose fut faite, j'allai l'appeler. En apercevant le Prophète, les créanciers se montrèrent plus exigeants. Voyant la façon dont ils agissaient, le Prophète tourna trois fois autour du plus gros tas et s'assit dessus, puis il me dit : « Appelle tes créanciers », et il se mit à leur mesurer des dattes jusqu'à ce que Dieu eût fait honneur à la parole de mon père. Par Dieu! Je me serais contenté de ce que Dieu eût fait honneur à la parole de mon père sans avoir une seule datte à rapporter à mes sœurs. Mais, par Dieu! tous les autres tas étaient restés intacts, et, quant à celui sur lequel l'Envoyé de Dieu était assis, à le voir il me sembla qu'il n'avait pas diminué d'une seule datte. »

In fine explication des mots : أغروا بى.

AU NOM DE DIEU, LE CLÉMENT, LE MISÉRICORDIEUX.

TITRE LVI.

DE LA GUERRE SAINTE.

CHAPITRE PREMIER. — DES MÉRITES DE LA GUERRE SAINTE ET DES EXPÉDITIONS. – *De ces mots du Coran : « Dieu a acheté aux croyants leurs personnes et leurs biens avec le Paradis pour prix. Ils combattront dans la voie de Dieu, tueront et seront tués; c'est là une promesse sincère faite par la Taoura, l'Évangile et le Coran; et qui est, plus que Dieu, fidèle à ses engagements? Réjouissez-vous donc de la vente que vous avez contractée!... » jusqu'à ces mots : « Annonce cette bonne nouvelle aux croyants »* (sourate IX, versets 112 et 113). – *Ibn-ʿAbbâs a dit : « [Dans le verset 113] « les limites »* الحدود *signifie « l'obéissance à Dieu »* الطاعة. »

1. *ʿAbdallâh-ben-Masʿoûd* a dit : « Je demandai à l'Envoyé de Dieu quel était l'acte le plus méritoire. « La prière faite au moment « précis, répondit-il. — Et quoi ensuite? repris-je. — La piété filiale. « — Et après cela? — La guerre dans la voie de Dieu. » J'arrêtai là mes questions; mais, si j'en avais demandé davantage, l'Envoyé de Dieu aurait continué et m'en aurait dit davantage. »

2. *Ibn-ʿAbbâs* a dit : « L'Envoyé de Dieu a dit : « Il n'y a pas « d'hégire possible après la prise de la Mecque; mais il reste la « guerre sainte, et les bonnes intentions. Lorsqu'on vous appellera « en campagne, mettez-vous-y. »

3. D'après *ʿAïcha-bent-Ṭalḥa*, ʿAïcha dit au Prophète : « Envoyé de Dieu, nous estimons que la guerre sainte est l'acte le plus méritoire. Ne pourrions-nous donc pas la faire? — Non, répondit-il; mais la guerre sainte la plus méritoire, c'est un pèlerinage pieusement accompli. »

4. *Abou-Horaira* a dit : « Un homme vint trouver l'Envoyé de Dieu et lui dit : « Indique-moi une œuvre qui ait la valeur de la

«guerre sainte. — Je n'en trouve pas, répondit le Prophète.» Puis il ajouta : «Pourrais-tu, pendant le temps où le guerrier est parti «à la guerre sainte, te tenir incessamment en prière dans ton ora-«toire et observer un jeûne ininterrompu? — Qui le pourrait?» répartit l'homme.»

Abou-Horaïra ajoute : «Lorsque le cheval de celui qui fait la guerre sainte veut s'élancer au bout de la corde qui le retient, pour cet acte même, on écrit à son compte des bonnes œuvres.»

CHAPITRE II. — LE PLUS MÉRITANT DES HOMMES, C'EST LE GUERRIER QUI FAIT LA GUERRE SAINTE, PRODIGUANT SA PERSONNE ET SES BIENS DANS LA VOIE DE DIEU. — *De ces paroles du Coran : «Ô croyants, vous enseignerai-je un négoce capable de vous sauver du châtiment cruel? Il faut croire en Dieu et en son Envoyé, et faire la guerre sainte dans la voie de Dieu, en prodiguant vos biens et vos personnes. Ce serait pour vous plus avantageux, si vous saviez! Dieu vous pardonnerait vos péchés et vous introduirait dans des jardins sous lesquels coulent des fleuves. Il vous assignerait des demeures parfumées dans les jardins d'Éden; voilà le suprême triomphe»* (sourate LXI, versets 10 et 11).

1. *Abou-Sa'îd-El-Khodri* a raconté : «On demanda à l'Envoyé de Dieu quel était l'homme le plus méritant. Il répondit : «C'est le «croyant qui combat dans la voie de Dieu en prodiguant sa per-«sonne et ses biens. — Et qui ensuite? — C'est le croyant, répon-«dit-il, qui, réfugié dans un défilé de montagnes, craindra Dieu «et n'aura pas avec les hommes un commerce qui leur nuise.»

2. *Abou-Horaïra* a dit : «J'ai entendu l'Envoyé de Dieu dire : «Ceux qui combattent dans la voie de Dieu — et c'est Dieu qui «connaît le mieux ceux-là — sont comme l'individu qui jeûne et «qui se tient [la nuit] en prière. Dieu s'est porté garant, envers le «guerrier qui combat dans sa voie, de le faire entrer en paradis «lorsqu'il recueillerait son âme; ou de le ramener sain et sauf avec «droit à une récompense céleste, ou avec du butin.»

CHAPITRE III. — DU FAIT DE DEMANDER [À DIEU] POUR LES HOMMES ET POUR LES FEMMES LA PARTICIPATION À LA GUERRE SAINTE ET LA MORT DES MARTYRS. —

ʿOmar a dit : « Ô mon Dieu ! accorde-moi la mort des martyrs dans la patrie de ton prophète. »

1. *Anas-ben-Mâlik* a dit : « L'Envoyé de Dieu entrait chez Omm-Ḥarâm-bent-Milḥân qui lui préparait à manger. Elle était mariée à ʿObâda-ben-eṣ-Ṣâmit. L'Envoyé de Dieu entra un jour chez elle. Elle lui donna à manger, puis se mit à lui nettoyer la tête. Il s'endormit, puis, quelque temps après, il se réveilla en riant : « Qu'est-« ce qui te fait rire, Envoyé de Dieu? lui demanda-t-elle. — Ce « sont des gens de mon peuple, répondit-il, qui viennent d'être « offerts à ma vue. Ils font une expédition dans la voie de Dieu, et na-« viguent sur l'abîme de cette mer en rois — ou comme des rois — « assis sur leurs trônes. — Demande au Seigneur, Envoyé de Dieu, « reprit-elle, de me mettre de leur nombre. » Il invoqua alors Dieu pour elle, puis posa de nouveau sa tête [et s'endormit]. Ensuite il se réveilla en riant : « Qu'est-ce qui te fait rire, Envoyé de Dieu? « demanda-t-elle. — Ce sont, répondit-il, des gens de mon peuple « qui viennent d'être offerts à ma vue. Ils sont en expédition dans la « voie de Dieu. . . . » Et il fit la même description que la première fois. « Ô Envoyé de Dieu, dit-elle, prie Dieu qu'il me mette de « leur nombre. — Tu es déjà avec les précédents, répondit-il. »

« Or cette femme s'embarqua sur mer au temps de Moʿâwiya-ben-Abou-Sofyân; puis, après le débarquement, elle fut précipitée à bas de sa monture et en mourut. »

CHAPITRE IV. — DES DEGRÉS DES GUERRIERS QUI COMBATTENT DANS LA VOIE DE DIEU. — *Le mot* سبيل *« voie » est indifféremment masculin ou féminin. — Bokhâri a dit : « Celui qui prend part à une expédition est* غازٍ, *pluriel* غُزًّى; *l'intitulé des degrés des, etc. » signifie que les guerriers occupent des degrés différents. »*

1. *Abou-Horaira* a dit : « L'Envoyé de Dieu a dit : « Quiconque « croit en Dieu et en son Envoyé s'acquitte de la prière et observe « le jeûne du Ramaḍân, mérite auprès de Dieu d'être admis en « paradis, qu'il ait fait la guerre dans le sentier de Dieu ou qu'il

«soit tranquillement resté dans son pays natal.» On lui dit alors : «Envoyé de Dieu, ne porterons-nous pas aux croyants cette bonne «nouvelle?» Il poursuivit : «Il y a dans le paradis cent degrés diffé-«rents, destinés par Dieu à ceux qui auront combattu dans sa voie, «et il y a entre chacun d'eux et le suivant la distance du ciel à la «terre. Lorsque vous adressez une demande à Dieu, demandez-lui «le *Firdaoûs*, car c'est l'étage le meilleur et le plus haut placé au «paradis.»

«Je pense bien, dit un râwi, que le Prophète a ajouté : «C'est «au-dessus du *Firdaoûs* que se trouve le trône du Miséricordieux, «et de lui prennent leur source les fleuves du paradis.»

Avec un autre isnâd il est bien rapporté : «C'est au-dessus du *Firdaoûs* que se trouve le trône du Miséricordieux.»

2. *Samora* a dit : «Le Prophète a dit : «J'ai vu pendant la nuit «deux hommes venir vers moi. Ils m'ont enlevé vers l'arbre, puis «m'ont fait entrer dans une maison plus belle et plus magnifique[1], «telle que je n'en ai jamais vu de plus somptueuse, et ils m'ont dit : «Cette maison, c'est la demeure des martyrs.»

CHAPITRE V. — Ce qui est dit d'une seule marche au commencement ou à la fin du jour dans la voie de Dieu; et d'une longueur de branche d'arc en paradis.

1. *Anas-ben-Mâlik* a dit : «Le Prophète a dit : «Une seule marche, «au commencement ou à la fin du jour, dans la voie de Dieu vaut «mieux que ce bas monde et tout ce qu'il contient.»

2. D'après *Abou-Horaïra*, le Prophète a dit : «La longueur d'une branche d'arc en paradis vaut mieux que tout ce sur quoi le soleil se lève et se couche.» Et il a dit encore : «Une seule marche dans la voie de Dieu, au commencement ou à la fin de la journée, vaut mieux que tout ce sur quoi le soleil se lève et se couche[2].»

[1] «Qu'une autre où j'étais précédemment entré.» Cf. le hadîts complet, I, 448.

[2] Cette fin manque dans le texte de Krehl.

3. D'après *Sahl-ben-Sa'd*, le Prophète a dit : « Une seule marche au commencement ou à la fin de la journée dans la voie de Dieu est préférable à ce bas monde et à ce qu'il renferme. »

CHAPITRE VI. — Des houris aux yeux de gazelles et de leur aspect qui étonne le regard, tant sont tranchés le noir et le blanc de leurs yeux. — « *Nous leur avons donné pour épouses des houris* » (sourate LII, verset 20) *signifie « nous les leur avons données pour cohabiter avec elles.* »

1. *Anas-ben-Mâlik* a dit : « Le Prophète a dit : « Il n'est point « d'homme ayant obtenu auprès de Dieu une récompense qui se « réjouirait à l'idée de revenir sur cette terre, obtînt-il même tout « ce bas monde et ce qu'il contient. Il faut cependant faire excep- « tion pour le martyr, car lui se réjouirait de revenir sur terre pour « être de nouveau tué [dans la voie de Dieu]. »

« Le Prophète a dit encore : « Une seule marche dans la voie de « Dieu, au commencement ou à la fin du jour, vaut mieux que ce « bas monde et tout ce qu'il renferme. La longueur de la branche « d'un de vos arcs — ou peut-être, dit-il, la place qu'occuperait le « fouet de l'un de vous (قيد synonyme de سوط « fouet ») — en para- « dis vaut mieux que ce bas monde et tout ce qu'il renferme. Si « l'une des femmes du paradis apparaissait aux yeux des humains, « elle inonderait de lumière l'espace compris entre le ciel et la « terre, et le remplirait de senteur. Le voile qu'elle a sur la tête « vaut, à lui seul, mieux que ce bas monde et tout ce qu'il ren- « ferme. »

CHAPITRE VII. — Du fait de souhaiter le martyre.

1. *Abou-Horaïra* a dit : « J'ai entendu le Prophète dire : « Par celui « dans la main duquel je suis, [je sais] que certains croyants éprou- « veraient de la peine à me voir partir sans eux, et d'autre part je « ne peux leur fournir de montures. Sans cela, je ne voudrais rester « en arrière d'aucun des détachements qui s'en vont combattre « dans le sentier de Dieu. J'aimerais à être tué dans la guerre

« sainte, puis à être rappelé à la vie, et tué encore, puis encore rappelé à la vie, et encore tué. »

2. *Anas-ben-Mâlik* a dit : « Le Prophète dit dans un prêche : « Zaïd a pris le drapeau et a été tué; alors Dja'far l'a pris et a « été frappé à son tour; puis 'Abdallah-ben-Rawâḥa, et lui aussi a été « tué. Alors Khâlid-ben-el-Walîd l'a pris sans en avoir reçu l'ordre, « et la victoire lui a été donnée. » Et il ajouta : « Mais je ne serais « pas réjoui de les voir au milieu de nous! — ou suivant un râwi — « mais ils ne seraient pas réjouis d'être au milieu de nous! » et ses yeux laissèrent couler des larmes. »

CHAPITRE VIII. — MÉRITE DE CELUI QUI EST RENVERSÉ ET MEURT DE SA CHUTE DANS LA VOIE DE DIEU. IL DOIT ÊTRE COMPTÉ AU NOMBRE DES GUERRIERS MARTYRS. — *De cette parole du Coran : « Celui qui sort de chez lui, abandonnant son pays pour la cause de Dieu et de son Envoyé, puis qui trouve la mort, sa récompense incombe à Dieu »* (sourate IX, verset 111). *« Incombe à »* وقع *est synonyme de* وجب *« est obligatoire pour ».*

Il est rapporté d'*Anas-ben-Mâlik* que sa tante maternelle Omm-el-Ḥarâm lui dit : « Le Prophète s'endormit un jour auprès de moi; puis il se réveilla en souriant. « Qu'est-ce qui te fait rire? lui demandai-je. — Ce sont, dit-il, des gens de mon peuple qui viennent « d'être offerts à ma vue. Ils naviguent sur cette mer, verte comme « des rois assis sur leur trônes. — Demande à Dieu, dit-elle, de « me mettre de leur nombre. » Il invoqua Dieu pour elle, puis se rendormit, et la même chose arriva que la première fois. Elle lui fit la même question, et il fit la même réponse : « Demande à Dieu, « dit Omm-Ḥarâm, qu'il me mette de leur nombre. — Tu es déjà « au nombre des premiers, me répondit-il. »

« Or, dit Anas, dans la suite elle partit en expédition avec son époux 'Obâda-ben-eṣ-Ṣâmit; ce fut la première fois que les musulmans s'embarquèrent sur mer, avec Mo'âwiya; lorsqu'ils revinrent de leur expédition, ils débarquèrent en Syrie; on lui approcha une bête de somme pour qu'elle la montât. Mais l'animal la renversa à terre, et elle mourut de sa chute. »

CHAPITRE IX. — De celui dont le sang est versé dans la voie de Dieu.

1. *Anas* a dit : « Le Prophète envoya des gens des Banoû-Solaïm au nombre de soixante-dix, vers les Banoû-ʿÂmir. Lorsqu'ils furent arrivés, mon oncle maternel dit aux autres : « Je vais prendre les « devants vers eux; s'ils me promettent la sécurité, en sorte que « je puisse leur faire parvenir les enseignements du Prophète, « [tout va bien]; sinon, vous vous tiendrez près de moi. » Il « s'avança donc vers les infidèles, et ils lui promirent la sécurité. Puis, pendant qu'ils les entretenait du Prophète, à un signal, l'un d'eux lui transperça le corps de sa lance. Il poussa un cri : « Dieu « est le plus grand! à moi le triomphe, par le maître de la Kaʿba. » Puis les infidèles se jetèrent sur ses compagnons et les massacrèrent. Un seul échappa, un boiteux[1] qui grimpa dans la montagne. — Je crois bien, dit un des râwis, qu'il y en eut un autre encore avec lui. — Alors Gabriel informa le Prophète que ces braves avaient rencontré Dieu, qu'il avait été content d'eux, les avait rendus contents de lui; et nous récitions alors ce passage du Coran, abrogé par la suite : « *Apprenez aux nôtres que nous avons rencontré « notre Seigneur; il a été content de nous, et nous a rendus contents de lui.* » Et, quarante matins, le Prophète prononça des malédictions contre les infidèles, Riʿl, Dsakwân, les Banoû-Liḥyân, les Banoû-ʿOṣaiya qui s'étaient montrés rebelles à Dieu et à son Envoyé. »

2. D'après *Djondab-ben-Sofyân*, à une bataille, l'Envoyé de Dieu ayant été frappé, son doigt saigna. Il dit alors : « Es-tu donc autre chose qu'un doigt en sang, et ce qui t'a atteint, c'est dans le sentier du Dieu grand! »

CHAPITRE X. — De celui qui est blessé dans le sentier de Dieu.

1. D'après *Abou-Horaïra*, l'Envoyé de Dieu a dit : « Par celui dans la main de qui je me trouve, personne ne sera blessé dans la voie de Dieu — et Dieu connaît mieux que quiconque ceux qui

[1] أَعْرَج, avec indication de la variante عرج, qu'il faut peut-être entendre : « qui gravit » (glosé par صعد « qui monta »).

sont blessés dans sa voie — sans qu'au jour de la Résurrection il ne se présente, répandant ce qui aura la couleur du sang et la senteur du musc. »

CHAPITRE XI. — *De cette parole du Coran : « Qu'attendez-vous pour nous, sinon l'une des deux belles destinées ? »* (sourate IX, verset 52). — *Que la guerre a des alternatives.*

1. *Abou-Sofyân-ben-Ḥarb* a raconté qu'Héraclius lui dit : « Je t'ai demandé comment avait été la lutte entre vous et lui; et tu as prétendu que la guerre avait eu des alternatives et des revirements. Il en est ainsi des Envoyés de Dieu : ils ont des épreuves, mais le succès final leur appartient. »

CHAPITRE XII. — *De cette parole du Coran : « Il y a parmi les croyants des hommes qui ont déjà tenu leurs engagements envers Dieu, d'autres qui ont accompli leurs vœux, d'autres qui attendent encore, sans avoir varié en rien »* (sourate XXXIII, verset 23).

1. *Anas* a dit : « Mon oncle Anas-ben-en-Naḍr n'avait pas pris part au combat de Badr. Il dit au Prophète : « Envoyé de Dieu, je « n'ai pas été présent au premier combat livré par toi aux poly- « théistes. Mais, si Dieu me donne d'assister à un autre, il verra « comment je me comporterai. » — Or, au jour d'Oḥod, lorsque les musulmans furent en déroute, il s'écria : « Ô mon Dieu, je m'excuse « à toi de ce qu'ont fait ceux-ci — il entendait [les musulmans] ses « compagnons d'armes — et je me déclare irresponsable devant toi « de ce qu'ont fait ceux-là — il entendait les polythéistes. » — Puis il se porta en avant, et comme Saʿd-ben-Moʿâdz se présentait à lui, il lui dit : « Le paradis, ô Saʿd-ben-Moʿâdz, par le Dieu de [mon père] « En-Naḍr, je sens son parfum s'exhalant d'Oḥod. » Saʿd dit plus tard au Prophète : « Je n'ai pu, ô Envoyé de Dieu, faire ce qu'il a fait. »

Anas ajoute : « Nous trouvâmes son corps percé de plus de quatre-vingts blessures, coups de sabre, de lance, de flèches; nous le trouvâmes tué et mutilé par les polythéistes. Personne ne put le reconnaître que sa sœur, et elle le reconnut au bout de ses doigts. Nous pensions — ou nous croyions — que ce verset : « *Il y a parmi les « croyants des hommes qui ont déjà tenu leurs engagements envers « Dieu* » (xxxiii, 23) avait été révélé pour lui et ses pareils. »

Anas continue : « La sœur de Anas-ben-en-Naḍr, nommée Er-Robaïyi', avait cassé les dents de devant d'une autre femme. Le Prophète ordonna qu'on lui appliquât la peine du talion. Alors Anas-ben-en-Naḍr lui dit : « Envoyé de Dieu, par Celui qui t'a en- « voyé porter la vérité, on ne lui cassera pas les dents ! » Les offensés acceptèrent la composition pécuniaire et renoncèrent au talion. L'Envoyé de Dieu dit : « C'est un vrai serviteur de Dieu celui dont « Dieu, par lui sacramentellement adjuré, accomplit le serment [1]. »

2. Zaïd-ben-Tsâbit a dit : « Je recopiai dans les exemplaires du Coran les feuillets épars du Livre Saint. Mais il m'arriva de perdre un verset de la sourate « *les nations* », que j'avais entendu réciter au Prophète. Je ne pus retrouver ce verset qu'avec le secours de Khozaïma-ben-Tsâbit-el-Anṣâri, celui au témoignage duquel le Prophète donna la valeur de deux témoignages. C'était le verset : « *Il y « a parmi les croyants des hommes qui ont déjà tenu leurs engagements « envers Dieu.* »

CHAPITRE XIII. — Du fait d'accomplir une bonne œuvre avant le combat. Abou-'d-Dardâ a dit : « Vous combattez munis seulement de vos actions. » — *De cette parole du Coran : « Ô croyants, pourquoi dites-vous ce que vous ne faites pas ? — Grande est l'irritation de Dieu que vous disiez ce que vous ne faites pas ! — Certes, Dieu aime ceux qui combattent dans sa voie, rangés en ordre, comme un édifice solide* » (sourate lxi, versets 2, 3, 4).

1. *El-Barâ* a dit : « Un homme casqué de fer vint trouver le Prophète et lui dit : « Envoyé de Dieu, je vais combattre, et après « cela j'embrasserai l'islâm. — Embrasse d'abord l'islâm, et combats « ensuite, répondit le Prophète. » L'homme embrassa donc l'islâm, puis combattit et fut tué. L'Envoyé de Dieu dit alors : « Pour une « action petite, il a acquis une récompense considérable. »

[1] Cf. Goldziher, ap. *Orient. Studien* Th. Nöldeke, I, 307.

CHAPITRE XIV. — De celui qui meurt, atteint par une flèche perdue.

1. *Anas-ben-Mâlik* a raconté : « Omm-er-Robaïyi', fille d'El-Barâ et mère de Ḥâritsa-ben-Sorâqa, vint trouver le Prophète et lui dit : « Ô Prophète de Dieu, ne me diras-tu rien au sujet de Ḥâritsa ? — Ḥâritsa avait été tué le jour de Badr, atteint par une flèche égarée. — S'il est en paradis, je me résignerai; mais autrement, je pleu« rerai sur lui de toutes mes forces. — Ô mère de Ḥâritsa, lui « répondit le Prophète, il y a dans le paradis plusieurs jardins; et « ton fils a obtenu une place au plus élevé, le *Firdaoûs*. »

AU NOM DE DIEU, LE CLÉMENT, LE MISÉRICORDIEUX (1).

CHAPITRE XV. — De celui qui combat pour que la parole de Dieu soit au-dessus de tout.

1. *Abou-Moûsa* a dit : « Un homme vint trouver le Prophète et lui dit : « Il y a des hommes qui combattent pour le butin, d'autres « pour la gloire, d'autres par ostentation. Mais quel est celui qui se « trouve dans la voie de Dieu ? » Le Prophète répondit : « Celui qui « combat pour que la parole de Dieu soit au-dessus de tout, celui-là « est dans la voie de Dieu. »

CHAPITRE XVI. — De celui dont les pieds se sont couverts de poussière dans la voie de Dieu. — *De cette parole du Coran : « Il n'y avait pas de motif pour que les gens de Médine et les Arabes d'alentour restassent en arrière du Prophète . . . » jusqu'à ces mots : « Dieu ne laissera pas perdue la récompense de ceux qui font le bien »* (sourate IX, verset 121).

1. *Abou-'Abs*, c'est-à-dire *'Abd-er-Raḥmân-ben-Djabr* a raconté : « L'Envoyé de Dieu a dit : « Des pieds qui se seront couverts de pous« sière dans la voie de Dieu, le feu de l'Enfer ne saurait les toucher. »

CHAPITRE XVII. — Du fait d'essuyer la poussière dont les gens (2) se sont couverts dans la voie de Dieu.

1. D'après *'Iqrima*, que Ibn-'Abbâs lui dit à lui et à 'Alî-ben-

(1) N'existe pas dans l'édition de Krehl. — (2) Au lieu de « les gens » الناس, « la tête » الرأس, dans l'édition de Krehl.

IMPRIMERIE NATIONALE.

ʿAbdallah : « Allez trouver Abou-Saʿîd et écoutez ses ḥadîts. » « Nous allâmes donc le trouver, dit ʿIqrima, et le trouvâmes lui et son frère dans un jardin enclos qui leur appartenait, occupés à arroser. Lorsqu'il nous aperçut, il vint, s'accroupit en tenant ses genoux, s'assit et nous dit : « Nous portions les briques crues de la mosquée « une par une, tandis que ʿAmmâr les portait deux par deux. Le « Prophète venant à passer auprès de lui, lui essuya la poussière « de la tête et dit : « Malheureux ʿAmmâr ! la troupe des injustes[1] « le tuera ! ʿAmmâr les appellera à Dieu et ils l'appelleront à « l'enfer. »

CHAPITRE XVIII. — De la lotion, après le combat où l'on s'est couvert de poussière.

D'après *ʿAïcha*, « l'Envoyé de Dieu, en revenant de la bataille du Fossé, déposa ses armes et fit la lotion. Alors Gabriel vint à lui, la tête couronnée de poussière et lui dit : « Tu as déposé tes armes; mais, par Dieu, je n'ai pas encore déposé les miennes. — Et où devons-nous attaquer, demanda le Prophète ? — De ce côté, répondit l'ange », et il désigna par signe le quartier des Benoû-Qoraitha. Alors l'Envoyé de Dieu sortit les attaquer.

CHAPITRE XIX. — Du mérite promis par cette parole du Coran : « *Ne pensez pas que ceux qui ont succombé dans la voie de Dieu soient morts; ils sont vivants près de leur Seigneur, recevant leur nourriture. . .* » *jusqu'à ces mots* : « *Dieu ne laissera pas perdue la récompense des croyants* » (sourate III, versets 163-165).

1. *Anas-ben-Mâlik* a dit : « L'Envoyé de Dieu prononça pendant trente matins des malédictions contre les meurtriers des gens du puits de Maʿoûna, contre Riʿl, Dzakwân, ʿOṣaïya, qui s'étaient montrés rebelles à Dieu et à son Envoyé. »

[1] ʿAmmâr fut tué à Ṣiffîn; la « troupe des injustes » désigne les partisans des Omeyyades et le caractère abbasside du ḥadîts est, par là, mis en lumière. Les commentateurs ont, en conséquence, proposé d'autres explications.

Anas ajoute : « Un morceau de Coran fut révélé relativement aux gens du puits de Ma'oûna; nous le récitâmes, puis il fut abrogé. C'était : « Apprenez aux nôtres que nous avons rencontré notre Sei- « gneur; il a été content de nous et nous a rendus contents de lui. »

2. *Djâbir-ben-'Abdallah* a dit : « Au matin d'Oḥod certains burent du vin⁽¹⁾; puis ils trouvèrent la mort du martyre. »

« Fut-ce à la fin de la journée ? », demanda-t-on à Sofyân-ben-'Oyaïna (l'un des râwi). « Cela n'est pas dit dans le ḥadîts », répondit-il.

CHAPITRE XX. — QUE LES ANGES COUVRENT DE LEUR OMBRE LE CORPS DU MARTYR.

1. *Djâbir* a dit : « On apporta le corps de mon père qui avait été mutilé, et on le plaça devant le Prophète. Je voulus découvrir son visage, mais mes parents m'en empêchèrent. L'Envoyé de Dieu entendit la voix d'une femme poussant des cris : « C'est, lui dit-on, « la fille de 'Amr — ou la sœur de 'Amr. » — Alors il reprit : « Pourquoi « pleure-t-elle ? — ou ne pleure pas ? — puisque les anges n'ont « pas cessé d'ombrager ce corps de leurs ailes. »

El-Bokhâri ajoute : « Je demandai à Ṣadaqa [qui me rapportait le ḥadîts] si le récit se terminait par les mots « jusqu'à ce qu'on « l'ait emporté ». Il me répondit : « Parfois, en effet, Djâbir aurait « ajouté ces mots. »

CHAPITRE XXI. — DU SOUHAIT FORMÉ PAR LE COMBATTANT DE LA GUERRE SAINTE DE REVENIR EN CE BAS MONDE.

1. *Anas-ben-Mâlik* a dit : « Le Prophète a dit : « Personne des « élus du paradis ne voudrait revenir en ce bas monde, dût-il pos- « séder n'importe lequel des biens de la terre, à l'exception du « martyre; car lui, il souhaiterait de revenir en ce bas monde, et

---

⁽¹⁾ اصطبح « burent le صبوح » (coup du matin); les commentateurs remarquent qu'à cette époque l'usage du vin n'avait pas encore été interdit aux musulmans.

« d'être tué de nouveau, et cela dix fois de suite, étant donné ce « qu'il sait des faveurs célestes. »

CHAPITRE XXII. — LE PARADIS EST SOUS LES SABRES FULGURANTS. — *El-Moghîra-ben-Cho'ba a dit : « Notre Prophète nous a appris, d'après communication reçue de notre Seigneur, que celui d'entre nous qui serait tué entrerait en paradis. » — 'Omar dit au Prophète : « Est-ce que nos tués ne sont pas en paradis et les leurs en enfer ? — Sans doute, répondit le Prophète. »*

1. *Sâlim-Abou-'n-Naḍr*, affranchi de 'Omar-ben-'Obaïd-Allah et qui lui servait de secrétaire, a dit que 'Abdallah-ben-Aboû-Aoufâ écrivit à ce dernier que l'Envoyé de Dieu avait dit : « Sachez que le paradis est sous l'ombre des épées. »

In fine, indication d'un autre *isnâd* en *confirmation*.

CHAPITRE XXIII. — DE CELUI QUI CHERCHE À AVOIR UN FILS POUR LA GUERRE SAINTE.

1. D'après *Abou-Horaïra*, l'Envoyé de Dieu a dit : « Salomon, fils de David, dit une fois : « Cette nuit je veux tour à tour avoir des « rapports avec cent femmes — ou avec quatre-vingt-dix-neuf; — « et chacune d'elles enfantera un guerrier qui combattra dans la « voie de Dieu. — Ajoute : « S'il plaît à Dieu », lui dit son compagnon. » Mais Salomon ne le dit pas; et alors il n'y eut qu'une seule de ses femmes à devenir enceinte, et elle mit au monde la moitié d'un homme. Par Celui dans la main duquel est Mahomet, s'il avait dit : « S'il plaît à Dieu », [Salomon aurait eu de toutes] des guerriers qui tous auraient combattu dans la voie de Dieu. »

CHAPITRE XXIV. — DE LA BRAVOURE ET DE LA POLTRONNERIE À LA GUERRE.

1. *Anas* a dit : « Le Prophète était le plus beau, le plus brave et le plus généreux des hommes. Les gens de Médine furent pris de panique; or le Prophète les avait devancés, monté sur un cheval : « Ce cheval, dit-il, nous l'avons trouvé une vraie mer[1]. »

[1] C'est-à-dire rapide; cf. AHLWARDT, *Chalef elahmar*, p. 296.

2. *Djobaïr-ben-Moṭʿim* a raconté qu'en compagnie du Prophète et de nombreux musulmans, il revenait de Ḥonaïn. Les gens s'attachaient au Prophète pour lui adresser des demandes, à tel point qu'ils le pressèrent contre un acacia épineux, auquel son manteau resta accroché [1]. Alors il s'arrêta et dit : «Donnez-moi mon manteau; si j'avais de bestiaux le nombre de ces arbres, je les partagerais entre vous. Vous ne me trouverez jamais ni avare, ni menteur, ni poltron.»

CHAPITRE XXV. — Comment on cherche refuge contre la poltronnerie.

1. *ʿAmr-ben-Maïmoûn-el-Aoudi* a dit : «Saʿd apprenait à ses fils les paroles qu'on verra plus loin, comme le maître apprend à écrire aux enfants; il disait que l'Envoyé de Dieu cherchait par elles refuge auprès de Dieu, à la fin de sa prière : «Ô mon Dieu! «je me réfugie auprès de toi contre la poltronnerie; je me réfugie «contre le retour à l'âge le plus misérable de la vie [2]. Je me réfugie «contre les épreuves du bas monde et le châtiment de la tombe.»

Un des râwi a dit : «Je rapportai ce ḥadîts devant Moṣʿab, qui le déclara véridique.»

2. *Anas-ben-Mâlik* a dit : «Le Prophète disait : «Ô mon Dieu! je «me réfugie auprès de toi contre la faiblesse, la paresse, la pol«tronnerie, la caducité; je me réfugie auprès de toi contre les «épreuves de la vie, de la mort et le châtiment de la tombe.»

CHAPITRE XXVI. — De celui qui raconte les batailles auxquelles il a assisté. — *Il y a à ce sujet une information d'Abou-ʿOtsmân d'après Saʿd.*

1. *Es-Sâïb-ben-Yazîd* a dit : «J'ai fréquenté Ṭalḥa-ben-ʿObaïd-Allah, Saʿd, El-Miqdâd-ben-el-Aswad, et ʿAbd-er-Raḥmân-ben-ʿAouf, et je n'ai entendu aucun d'entre eux rapporter de ḥadîts du Prophète, sauf cependant Ṭalḥa, que j'ai entendu raconter des choses relatives à la bataille d'Oḥod.»

[1] Peut-être «et on lui vola son manteau».

[2] Le fait de tomber en enfance dans la vieillesse.

CHAPITRE XXVII. — Qu'il est obligatoire de se mettre en campagne. — De ce qui est obligatoire relativement à la guerre sainte, à la bonne intention. — *De ces mots du Coran : « Partez en campagne, légers et lourds; combattez dans la voie de Dieu avec vos biens et vos personnes; ce serait un bien pour vous, si vous saviez! — S'il y avait eu un avantage immédiat, s'il s'était agi d'une expédition de durée moyenne, ils t'auraient suivi. Mais la fatigue leur a paru longue! et cependant ils jureront par Dieu, etc.* (sourate IX, verset 41). — *De cette autre parole : « Ô croyants, qu'avez-vous donc? Lorsqu'on vous a dit de vous mettre en campagne dans la voie de Dieu, vous vous êtes montrés lourds et comme attachés à la terre. Est-ce que vous avez préféré la vie de ce bas monde à la vie future. . . . . » jusqu'à ces mots : « Dieu est tout-puissant »* (verset 38, 39). — *On rapporte d'Ibn-ʿAbbâs que, dans le verset 73 de la sourate IV,* إنفروا ثبات *signifie « partez par détachements séparés » (singulier de* ثُبَات، ثُبَة*).*

1. D'après *Ibn-ʿAbbâs*, le Prophète dit, le jour de la prise de la Mecque : « Il ne reste plus d'hégire après la prise de la Mecque; mais il reste la guerre sainte et les bonnes intentions. Lorsque vous êtes invités à vous mettre en campagne, mettez-vous-y. »

CHAPITRE XXVIII. — L'infidèle tue le musulman, puis se convertit, marche dans le bon chemin, et est lui-même tué.

1. D'après *Abou-Horaïra*, l'Envoyé de Dieu a dit : « Dieu accueillera en souriant deux hommes dont l'un aura tué l'autre, et les fera entrer en paradis : ce sera le musulman qui, combattant dans la voie de Dieu, aura été tué, et son meurtrier auquel Dieu, dans sa grâce, sera revenu ensuite, et accordé la mort des martyrs. »

2. *Abou-Horaïra* a dit : « Je vins trouver le Prophète à Khaïbar après la prise de la ville et je lui dis : « Envoyé de Dieu, donne-moi « une part de butin. » Alors l'un des fils de Saʿîd-ben-el-ʿÂṣ s'écria : « Ne lui donne pas de part, Envoyé de Dieu! — Celui-là, repris-je, « c'est le meurtrier d'Ibn-Qaouqal! » Alors le fils de Saʿîd-ben-el-ʿÂṣ répartit : « C'est merveille de voir ce *wabr*[1] descendu vers nous

[1] Nom d'un petit rongeur; cf. Huber, *Voyage en Arabie*, p. 578; R. Smith (*Religion der Semiten*, p. 100) le considère comme le lapin.

«de Qadoûm Ḍân [1] me reprocher qu'un musulman soit mort «[martyr] sous mes coups par l'effet de la grâce divine, plutôt qu'à «moi soit échu l'avilissement de mourir [païen] par sa main.»

Un des râwi ajoute : «J'ignore si l'Envoyé de Dieu donna ou non une part de butin à Abou-Horaïra.»

Indication d'un autre *isnâd* contenant le nom de Sa'ïdi.

El-Bokhâri dit : «Le nom du Sa'ïdi en question était : 'Amr-ben-Yaḥyâ-ben-Sa'ïd-ben-'Amr-ben-Sa'ïd-ben-el-'Âṣ.»

CHAPITRE XXIX. — De celui qui préfère les expéditions à la pratique du jeûne.

1. *Anas-ben-Mâlik* a dit : «Abou-Ṭalḥa ne jeûnait pas, à l'époque du Prophète, à cause des expéditions. Mais, après la mort du Prophète, je ne le vis jamais rompre le jeûne que les jours de la rupture de Ramaḍân et de la fête des Sacrifices.»

CHAPITRE XXX. — Il y a, en dehors de la mort à la guerre sainte, sept genres de trépas qui sont des martyres.

1. D'après *Abou-Horaïra*, l'Envoyé de Dieu a dit : «Il y a cinq martyrs : celui qui meurt de la peste, celui qui meurt du choléra, celui qui meurt noyé ou écrasé, et celui qui trouve le martyre dans la voie de Dieu [2].»

2. D'après *Anas-ben-Mâlik* : le Prophète a dit : «La peste procure la mort du martyre à tout musulman.»

CHAPITRE XXXI. — *De ces mots du Coran : «Les croyants qui resteront dans leurs foyers sans que quelque nécessité les y contraigne, ne seront pas les égaux de ceux qui combattront dans le sentier de Dieu avec leurs biens et leurs personnes; Dieu a assigné à ceux-ci un degré plus élevé qu'à ceux-là; à tous il a fait de belles promesses, mais il a destiné aux combattants une récompense plus grande qu'à ceux qui restent dans leurs foyers...» jusqu'à ces mots : «Dieu est indulgent et miséricordieux..»* (sourate IV, versets 97 et 98).

1. *El-Barâ* a dit : «Lorsque fut révélé «*Les croyants qui resteront*

[1] Montagne du pays de Daous. — [2] Cf. Goldziher, *Muh. Studien*, II, p. 388.

« *dans leurs foyers ne seront pas les égaux.....* », l'Envoyé de Dieu fit venir Zaïd. Celui-ci arriva muni d'une omoplate et y écrivit le verset. Alors Ibn-Omm-Maktoûm déplora sa cécité; et c'est alors que furent révélés les mots : « *sans que quelque nécessité les y con-* « *traigne.* »

2. *Sahl-ben-Sa'd-es-Sâ'idi* a dit : « Apercevant Merwân-ben-el-Ḥakam assis dans la mosquée, je m'avançai et m'assis à côté de lui. Il m'apprit alors que Zaïd-ben-Tsâbit lui avait appris ce qui suit : « L'Envoyé de Dieu me dicta : « Les croyants qui resteront dans « leurs foyers ne seront pas les égaux de ceux qui combattront « dans le sentier de Dieu. » A ce moment même, Ibn-Omm-Maktoûm survint et dit à l'Envoyé de Dieu : « Envoyé de Dieu, si je « pouvais prendre part à la guerre sainte, certes je le ferais. » Or il était aveugle. Alors Dieu continua sa révélation au Prophète; celui-ci avait sa cuisse sur la mienne, et je la sentis s'appesantir à tel point que je craignais de voir la mienne se rompre. Puis cela se dissipa, et Dieu lui révéla : « *sans que quelque nécessité les y* « *contraigne...* »

CHAPITRE XXXII. — De l'endurance dans le combat.

D'après *Sâlim-Abou'-n-Naḍr* : « 'Abdallah-ben-Abou-Aoufâ écrivit — et moi je l'ai lu — que l'Envoyé de Dieu avait dit : « Lorsque « vous rencontrerez [les infidèles], montrez de l'endurance. »

CHAPITRE XXXIII. — Du fait d'exciter au combat. — *De ces mots du Coran : « Excite les croyants au combat »* (sourate IV, verset 28).

1. *Anas* a dit : « L'Envoyé de Dieu, s'étant rendu au fossé, trouva les Mohâdjir et les Anṣâr occupés à creuser par une matinée froide, car ils n'avaient pas d'esclaves capables d'accomplir ce travail. Le Prophète, voyant la faim, la fatigue qu'ils supportaient, s'écria : « Mon Dieu, la seule vie, c'est celle du monde à venir! Pardonne à « tout Anṣâr et à tout Mohâdjir. » Et eux lui répondirent : « C'est

« nous qui, dans notre serment à Mahomet, avons promis le bon « combat, toujours tant que nous vivrons. »

CHAPITRE XXXIV. — Du fait de creuser le fossé.

1. *Anas* a dit : « Mohâdjir et Anṣâr se mirent à creuser un fossé autour de Médine, transportant la terre sur leurs dos; et ils disaient : « C'est nous qui, dans notre serment à Mahomet, avons « promis fidélité à l'islâm toujours tant que nous vivrons. » Le Prophète leur répondait : « Ô mon Dieu! le seul vrai bien est celui de « la vie à venir; bénis, ô mon Dieu! tout Anṣâr et tout Mohâdjir. »

2. *El-Barâ* a dit : « Le Prophète transportait de la terre et disait : « Sans toi, nous n'aurions pas été conduits dans la bonne « voie. »

3. *El-Barâ* a dit : « Je vis l'Envoyé de Dieu, le jour de la bataille des *Nations*, transporter de la terre [du fossé], à tel point que la blancheur de son ventre en était maculée. Il disait : « Sans toi, « nous n'aurions pas été conduits dans la bonne voie; nous n'au« rions connu ni l'aumône, ni la prière; fais descendre sur nous la « sérénité, et affermis nos pas à la rencontre de l'ennemi. Ceux qui « se montraient injustes envers nous, nous avons repoussé l'épreuve « à laquelle ils voulaient nous soumettre. »

CHAPITRE XXXV. — De celui qu'une excuse valable retient loin d'une expédition.

1. *Anas* a dit : « Nous revenions de l'expédition de Taboûk avec le Prophète — ou suivant un autre isnâd — nous étions en expédition, lorsque le Prophète dit : « Il y a des gens demeurés derrière « nous à Médine, qui cependant nous ont accompagnés dans tous « les défilés, dans toutes les vallées que nous avons parcourus; « ce sont ceux qu'une excuse valable a retenus loin de notre expé« dition. »

In fine, indication d'une variante dans l'*isnâd* avec cette remarque de Bokhâri : « Pour moi, le premier *isnâd* est plus *sain*. »

CHAPITRE XXXVI. — Du mérite du jeûne dans la voie de Dieu.

1. *Abou-Sa'îd-el-Khodri* a dit : «J'ai entendu l'Envoyé de Dieu dire : «Quiconque jeûne un seul jour dans la voie de Dieu, Dieu «éloignera son visage du feu de l'enfer d'une distance de soixante-«dix années (de marche).»

CHAPITRE XXXVII. — Du mérite de la dépense faite dans la voie de Dieu.

1. *Abou-Horaïra* a dit : «Le Prophète a dit : «A celui qui aura «dépensé une paire de choses dans la voie de Dieu, les gardiens «de toutes les portes du paradis crieront : «Eh! un tel arrive!» — Abou-Bakr répondit : «Envoyé de Dieu, ceux-là qui seront appelés, «il ne saurait y avoir d'inconvénient pour eux [1]. — J'espère, reprit «le Prophète, que tu seras de ceux-là.»

2. D'après *Abou-Sa'îd-el-Khodri*, l'Envoyé de Dieu se leva en chaire et dit : «Je ne crains pour vous, quand je ne serai plus là, que ce qui vous sera offert des bénédictions de la terre»; et il se mit à décrire les splendeurs du monde, après avoir parlé des bénédictions de la terre. Alors un homme se leva et lui dit : «Envoyé de Dieu, est-ce donc que le bien peut amener le mal?» Le Prophète se tut, et nous nous dîmes : «Voici la révélation qui lui vient!» Et les gens gardèrent un profond silence, comme s'il y avait eu des oiseaux au-dessus de leurs têtes. Puis le Prophète essuya de son visage une sueur abondante et dit : «Où est celui qui m'a tout à l'heure interrogé? Est-ce que les splendeurs du monde méritent vraiment le nom de bien?» Et il répéta cela par trois fois : «Le bien, continua-t-il, ne saurait amener que le bien. Toutes les plantes que fait pousser la pluie printanière [2] peuvent tuer par météorisation, ou mettre en danger de mort; mais la bête qui a le ventre gonflé à force d'en avoir mangé, s'étant mise au soleil, fiente, urine, se remet à paître. Le bien est chose verte et douce. Il sied comme compagnon au musulman qui le prend avec les

[1] A ce qu'ils choisissent l'une ou l'autre porte. — [2] Ou l'eau du ruisseau.

obligations qu'il engendre[1], et l'emploie dans la voie de Dieu, et pour secourir les orphelins, les pauvres. Mais celui qui ne le prend pas avec les obligations qu'il engendre ressemble à celui qui mange et ne se rassasie pas; son bien viendra témoigner contre lui au jour de la résurrection. »

CHAPITRE XXXVIII. — Du mérite de celui qui équipe un guerrier ou le remplace efficacement [pendant son absence].

1. D'après *Zaïd-ben-Khâlid*, l'Envoyé de Dieu a dit : « Celui qui équipe efficacement un guerrier dans la voie de Dieu est lui-même en expédition dans la voie de Dieu, et celui qui le remplace est lui-même en expédition. »

2. D'après *Anas*, en dehors de la demeure de ses épouses, le Prophète n'entrait à Médine dans aucune autre maison que celle d'Omm-Solaïm. On lui en fit la remarque. Il répondit : « J'ai pitié d'elle, car son frère a été tué dans mon combat. »

CHAPITRE XXXIX. — Du fait de s'enduire de baume aromatique au moment du combat.

1. *Moûsâ-ben-Anas* dit en parlant de la journée de Yamâma : « Anas étant allé trouver Tsâbit-ben-Qaïs, le trouva, les cuisses découvertes, qui se frottait de baume aromatique : « Ô mon oncle, « lui dit-il, qu'est-ce donc qui te retient de venir au combat? — « A l'instant, mon neveu, répondit Tsâbit. » Et il se mit à s'embaumer, c'est-à-dire à se frotter de baume. Puis, étant arrivé, il s'assit. »

Anas, qui rapporte ce hadîts, dit qu'à ce moment les musulmans s'étaient repliés : « Toute cette distance devant nous, avant que nous ne puissions frapper l'ennemi! dit Tsâbit; vraiment ce n'était pas là notre manière de combattre avec l'Envoyé de Dieu; c'est une bien mauvaise habitude que vous donnez à vos adversaires. »

In fine, indication d'un autre isnâd remontant à Anas.

[1] Qui l'acquiert par des moyens justes d'après les commentateurs.

CHAPITRE XL. — Du mérite qu'il y a à faire une reconnaissance.

1. *Djâbir* a dit : «Le Prophète dit, au jour de la bataille des *Nations* : «Qui m'apportera des nouvelles de l'ennemi? — Moi, «répondit Ez-Zobaïr.» Puis le Prophète dit encore : «Qui m'apportera des nouvelles de l'ennemi? — Moi, répondit Ez-Zobaïr.» Le Prophète dit alors : «Tout prophète a eu un *fidèle* (حوارى), et «mon *fidèle* à moi c'est Ez-Zobaïr.»

CHAPITRE XLI. — Envoie-t-on un individu tout seul en reconnaissance?

1. *Djâbir-ben-ʿAbdallah* a dit : «Le Prophète fit appel aux musulmans — je crois bien, dit un râwi, que ce fut le jour du Fossé — et Ez-Zobaïr répondit à son appel; une deuxième fois, une troisième, le Prophète fit encore appel aux musulmans, et à chaque fois Ez-Zobaïr répondit à son appel. Le Prophète dit alors : «Tout prophète a eu un *fidèle*, et mon *fidèle* à moi c'est Ez-Zobaïr-«ben-el-ʿAwwâm.»

CHAPITRE XLII. — Du fait de se mettre à deux en route.

1. *Mâlik-ben-el-Howaïrits* a dit : «Au moment où nous quittions le Prophète, moi et un compagnon de voyage, il nous dit : «Prononcez le premier et le second appel à la prière; et que le plus «âgé de vous deux joue le rôle d'imâm.»

CHAPITRE XLIII. — Le bien sera attaché aux toupets des chevaux jusqu'au jour de la résurrection.

1. *ʿAbdallah-ben-ʿOmar* a dit : «L'Envoyé de Dieu a dit : «Les «chevaux auront le bien à leurs toupets jusqu'au jour de la résur-«rection.»

2. D'après *ʿOrwa-ben-el-Djaʿd*, le Prophète a dit : «Les chevaux porteront le bien attaché à leurs toupets jusqu'au jour de la résurrection.»

3. *Anas-ben-Mâlik* a dit : «L'Envoyé de Dieu a dit : «La béné-«diction est aux toupets des chevaux.»

CHAPITRE XLIV. — La guerre sainte devra continuer, avec un imâm juste aussi bien qu'avec un imâm injuste, à cause de cette parole du Prophète : « Le bien sera attaché aux toupets des chevaux jusqu'au jour de la résurrection. »

1. *'Orwa-el-Bâriqi* a raconté que le Prophète dit : « Le bien, récompense en paradis, butin en ce monde, sera attaché aux toupets des chevaux jusqu'au jour de la résurrection. »

CHAPITRE XLV. — De celui qui fait donation perpétuelle d'un cheval à cause de cette parole du Coran : « Et l'affectation perpétuelle de chevaux à la guerre sainte » (sourate VII, verset 62).

1. *Abou-Horaïra* a dit : « Le Prophète a dit : « Celui qui fait do-« nation perpétuelle d'un cheval dans la voie de Dieu, par un effet « de sa foi en Dieu et de sa confiance dans ses promesses, verra « mettre en sa faveur dans la balance, au jour de la résurrection, « la nourriture, la boisson, le crottin et l'urine de ce cheval. »

CHAPITRE XLVI. — Du nom du cheval et de l'âne.

1. *Abou-Qatâda* a raconté qu'il partit une fois avec l'Envoyé de Dieu; puis il demeura en arrière avec quelques-uns de ses compagnons; eux étaient en état d'iḥrâm, mais pas lui. Ils aperçurent un âne sauvage avant lui et laissèrent l'animal tranquille. Mais Abou-Qatâda, lorsqu'il l'aperçut monta sur un cheval à lui qu'on appelait Djarâda et demanda à ses compagnons de lui passer un fouet; eux refusèrent. Ayant réussi à l'attraper, il partit au galop, et abattit l'âne sauvage. Il mangea de la chair de son gibier, et ses compagnons firent comme lui. Puis ils continuèrent leur route[1]. Lorsqu'ils rejoignirent le Prophète, celui-ci leur dit : « Avez-vous encore avec vous quelque quartier de l'animal? — Nous avons encore une jambe de derrière, répondit Abou-Qatâda. » Alors le Prophète la prit et la mangea[2].

[1] Dans Krehl « puis ils se repentirent », ندموا au lieu de قدموا.

[2] Cf. une version beaucoup plus complète, I, p. 585.

2. *Sahl-ben-Sa'd* a dit : « Le Prophète avait dans notre enclos un cheval qu'on appelait el-Loḥaïf[1]. »

3. *Mo'âdz* a dit : « J'étais monté en croupe du Prophète sur un âne qu'on appelait 'Ofaïr. « Ô Mo'âdz, me dit-il, connais-tu ce que « Dieu peut exiger de ses serviteurs, et ce que ses serviteurs peuvent « attendre de Dieu ? — Dieu et son Envoyé sont ceux qui le savent « le mieux, répondis-je. — Ce que Dieu peut exiger de ses servi- « teurs, reprit-il, c'est qu'ils l'adorent sans rien lui associer; ce « que ses serviteurs peuvent attendre de Dieu, c'est qu'il ne châtie « pas celui qui ne lui aura rien associé. — Puis-je, ô Envoyé de « Dieu, dis-je alors, porter cette bonne nouvelle aux musulmans? « — Ne le fais pas, me répondit-il, car ils pourraient alors se « reposer entièrement là-dessus. »

4. *Anas-ben-Mâlik* a dit : « Il y eut panique à Médine. Alors le Prophète emprunta un de nos chevaux qu'on appelait Mandoûb. Il dit ensuite : « Nous n'avons pas vu de panique, mais nous avons « trouvé ce cheval une vraie mer. »

CHAPITRE XLVII. — DE CE QUI A ÉTÉ DIT DES INFLUENCES FUNESTES DANS LES CHEVAUX.

1. *'Abdallah-ben-'Omar* a dit : « J'ai entendu le Prophète dire : « Ce n'est que dans trois choses que des influences funestes peuvent « se faire sentir, la femme, le cheval et la maison. »

2. D'après *Sahl-ben-Sa'd-es-Sâ'idi*, l'Envoyé de Dieu dit : « Si [les influences funestes] se font sentir dans quelque chose, c'est dans la femme, le cheval et la maison. »

CHAPITRE XLVIII. — QU'IL Y A À FAIRE TROIS DISTINCTIONS CONCERNANT LES CHEVAUX. — *De cette parole du Coran : « Il vous a donné les chevaux, les mulets et les ânes pour vous servir de monture et d'apparat »* (sourate XII, verset 8).

1. D'après *Abou-Horaïra*, l'Envoyé de Dieu a dit : « Il y a à

[1] Dans l'édition de Krehl, *in fine*, cette addition : « et, suivant certains, « el-Lokhaïf » اللُخَيْف.

faire, concernant les chevaux, trois distinctions; il en est qui seront pour les propriétaires une source de récompense, d'autres une protection, d'autres un fardeau accablant. Les premiers seront ceux affectés à la guerre sainte dans la voie de Dieu et mis à la corde dans une prairie ou un verger. Tout ce que le cheval pourra alors manger à la corde dans le verger ou la prairie sera compté au propriétaire comme bonnes actions. Puis, s'il arrive que, coupant sa corde, la bête s'éloigne gaiement à un temps ou deux de galop, son crottin, les traces de ses pas, tout sera compté comme bonnes actions. Si, passant près d'un fleuve, elle y boit, sans que le maître ait eu l'intention de la faire boire, tout cela encore sera compté comme bonnes actions. Quant à l'homme qui a donné à titre perpétuel des chevaux par orgueil, par ostentation et par hostilité contre les musulmans, ils seront pour lui un fardeau accablant.»

On interrogea alors l'Envoyé de Dieu au sujet des ânes. Il répondit : «Rien ne m'a été révélé à leur sujet, hormis ce verset général et isolé : «Quiconque aura fait le poids d'un atome de bien, «le verra, et quiconque aura fait le point d'un atome de mal, le «verra» (sourate XCIX, versets 7 et 8).

CHAPITRE XLIX. — De celui qui frappe en expédition la monture d'un compagnon.

1. *Abou-'l-Motawakkil* a dit : «Je vins trouver Djâbir-ben-ʿAbd-allah-el-Anṣâri et je lui dis : «Rapporte-moi ce que tu as entendu «dire à l'Envoyé de Dieu.»

«Djâbir me dit alors : «J'étais en compagnie du Prophète dans «l'un de ses voyages — expédition ou visite pieuse, dit un des «râwi. Comme nous étions en chemin pour revenir, il nous dit : «Que celui qui désire revoir vite les siens, hâte le pas!» Nous con-«tinuâmes notre route; moi j'étais monté sur un chameau brun «foncé sans tache, et je devançais les autres. Mais, tout d'un coup, «ma bête vint à s'arrêter. Le Prophète me dit alors : «Tiens bon,

«Djâbir!» et il frappa la bête de son fouet. Elle bondit alors en «avant. «Me vends-tu ton chameau? me demanda le Prophète. — «Oui, lui répondis-je.» Lorsque nous fûmes arrivés à Médine, le «Prophète entra à la mosquée avec un groupe de ses compagnons. «Moi-même je me rendis vers lui, et j'attachai le chameau au «bout de la cour pavée. «Voilà ton chameau, lui dis-je.» Il sortit «alors, et, tournant autour du chameau, il dit: «Ce chameau est «à nous.» Après quoi il envoya chercher plusieurs onces d'or, et dit: «Donnez-les à Djâbir. — Tu as bien reçu le prix? ajouta-t-il. — «Oui, répondis-je. — Eh bien! prix et chameau sont à toi.»

CHAPITRE L. — DU FAIT DE MONTER SUR LES BÊTES DIFFICILES ET SUR LES ÉTALONS. — *Râchid-ben-Sa'd a dit: «Les anciens faisaient de préférence usage d'étalons (comme montures) parce qu'ils sont plus hardis*[1] *et plus courageux.»*

1. *Anas-ben-Mâlik* a dit: «Il y eut panique à Médine. Alors le Prophète, ayant emprunté à Abou-Ṭalḥa un cheval qu'on appelait Mandoûb, l'enfourcha. Il dit ensuite: «Nous n'avons pas vu de «panique, mais nous avons trouvé ce cheval une vraie mer.»

CHAPITRE LI. — DE LA PART DE BUTIN ASSIGNÉE AUX CHEVAUX. — *Mâlik a dit: «On attribue des parts de butin aux chevaux, y compris les birdzaoun*[2], *à cause de ces mots du Coran: «(Et Dieu a créé) les chevaux, les mulets et les «ânes pour qu'ils soient vos montures»* (sourate XVI, verset 8); *mais un même individu ne reçoit pas de part pour plus d'un cheval.»*

1. D'après *Ibn-'Omar*, l'Envoyé de Dieu assigna au cheval deux parts de butin et à son maître une part.

CHAPITRE LII. — DE CELUI QUI, DANS LE COMBAT, CONDUIT (PAR LA BRIDE) LA MONTURE D'UN AUTRE.

1. *Abou-Isḥâq* a dit: «Un homme demanda à El-Barâ-ben-'Âzib:

(1) أجرأ; dans une autre leçon, «plus rapides à la course» أجرى.

(2) Cheval de charge qui n'est pas de pure race arabe (عراب).

« Est-ce que vous vous enfuîtes, abandonnant le Prophète, au jour « de Ḥonaïn ? » El-Barâ répondit : « Mais le Prophète, lui, ne prit pas « la fuite. Les Hawâzin (que nous combattions) étaient d'habiles « archers. Lorsque nous fûmes en leur présence, nous les char-« geâmes; ils battirent en retraite, et les musulmans se disposèrent « à piller. Alors l'ennemi, refaisant face, nous cribla de flèches. « Quant à l'Envoyé de Dieu, il ne prit pas la fuite. Je le vis parfai-« tement, monté sur une mule blanche qu'Abou-Sofyân avait prise « par la bride. Il disait : « C'est moi le Prophète, sans mensonge; « c'est moi le fils d'ʿAbd-el-Moṭṭalib. »

CHAPITRE LIII. — De l'usage de l'étrier en métal (ركاب) ou en cuir (غرز) pour les bêtes de somme.

1. D'après *Ibn-ʿOmar*, le Prophète, après avoir introduit son pied dans l'étrier en cuir, lorsque sa chamelle s'était relevée et mise d'aplomb, lui monté sur elle, prononçait la *telbiya* d'auprès de la mosquée de Dzou-'l-Ḥolaïfa.

CHAPITRE LIV. — Du fait de monter les chevaux à poil.

1. D'après *Anas*, le Prophète vint à leur rencontre, montant un cheval, à poil, sans selle; il avait un sabre suspendu au cou.

CHAPITRE LV. — Du cheval qui a le pas court.

1. D'après *Anas-ben-Mâlik*, il y eut panique à Médine; alors le Prophète monta un cheval d'Abou-Ṭalḥa qui marchait d'un pas court — ou dont le pas était court. — Lorsqu'il fut revenu il dit : « J'ai trouvé votre cheval que voilà une vraie mer »; et après cela aucun ne put plus lutter de vitesse avec celui-là.

CHAPITRE LVI. — Des courses de chevaux.

1. *Ibn-ʿOmar* a dit : « Le Prophète fit faire une course entre chevaux entraînés de el-Ḥafyâ au col des *Adieux*, et une autre entre

IMPRIMERIE NATIONALE.

chevaux non entraînés du col jusqu'à l'oratoire des Banoû-Zoraïq; je pris part à cette course.»

Sofyân (l'un des râwi) ajoute : «Entre el-Ḥafyâ et le col des *Adieux*, il y a une distance de cinq à six milles, et entre le col et l'oratoire des Banoû-Zoraïq, une distance d'un mille.»

CHAPITRE LVII. — De l'entraînement des chevaux pour la course.

1. D'après *Ibn-ʿOmar*, le Prophète fit faire une course entre chevaux non entraînés. La carrière à parcourir était du col (des *Adieux*) jusqu'à l'oratoire des Banou-Zoraïq. Ibn-ʿOmar prit part à cette course.

Bokhâri dit : «امد» (ici employé) est synonyme de غاية «carrière»; on dit طال عليهم الامد «la carrière a été pour eux longue à fournir».

CHAPITRE LVIII. — De l'institution d'un but dans les courses de chevaux entraînés.

1. *Ibn-ʿOmar* a dit : «Le Prophète fit faire une course entre chevaux entraînés. Le point de départ était el-Ḥafyâ, et le but final le col des *Adieux*.» — On demanda à Moûsâ (l'un des râwi) : «Quelle distance y a-t-il entre ces deux points?» Il répondit : «Six ou sept milles.» — [Ibn-ʿOmar continue :] «Il fit faire une course entre chevaux non entraînés; le point de départ était le col des *Adieux*, et le but final l'oratoire des Banoû-Zoraïq.» — On demanda (à Moûsâ): «Quelle distance y a-t-il entre ces deux points?» Il répondit: «Un mille environ.» Ibn-ʿOmar prit part à cette dernière course.

CHAPITRE LIX. — De la chamelle du Prophète. — *Ibn-ʿOmar a dit : «Le Prophète fit monter Osâma en croupe sur el-Qaṣwâ.» El-Miswara dit : «Le Prophète dit : «El-Qaṣwâ ne s'est pas montrée rétive.»*

1. *Anas* a dit : «Le Prophète avait une chamelle que l'on nommait el-ʿAḍbâ.»

2. *Anas* a dit : «Le Prophète avait une chamelle nommée el-ʿAḍbâ, indevançable — ou presque indevançable — à la course.

Puis un Arabe arriva, monté sur un chameau *qaʿoûd*[1] qui la devança à la course, et cela fut pénible aux musulmans. Le Prophète, ayant eu connaissance de leur ennui, dit : «Dieu se doit de ne «point laisser en ce bas monde de chose qui surpasse les autres «sans l'abaisser.»

Avec un autre *isnâd*, il existe une version amplifiée de ce récit.

CHAPITRE LX. — Du fait de partir en expédition montés à ânes.

CHAPITRE LXI. — De la mule blanche du Prophète (Anas en a parlé). — *Abou-Ḥomaïd a dit : «Le roi de Aïla fit présent au Prophète d'une mule blanche.»*

1. *ʿAmr-ben-el-Ḥârits* a dit : «Le Prophète ne laissa qu'une mule blanche, ses armes, et quelques fonds de terre dont il avait disposé comme aumône.»

2. D'après *El-Barâ*, un homme lui dit, un jour : «Ô Abou-ʿOmâra, vous avez pris la fuite au jour de Ḥonaïn?» — Il répondit : «Non, par Dieu, le Prophète ne prit pas la fuite, mais seuls les musulmans trop pressés, lorsque les Hawâzin les eurent reçus à coups de flèches. Le Prophète était sur sa mule blanche, dont Abou-Sofyân-ben-el-Ḥârits tenait la bride, et il disait : «C'est «moi le Prophète, sans mensonge; c'est moi le fils d'ʿAbd-el-«Moṭṭalib.»

CHAPITRE LXII. — De la guerre sainte pour les femmes.

1. *ʿAïcha*, mère des croyants, a dit : «Je demandai au Prophète la permission de prendre part à la guerre sainte. Il me répondit : «Votre guerre sainte, c'est le pèlerinage.»

In fine, indication de *confirmations* avec d'autres *isnâd*.

2. *ʿAïcha*, mère des croyants, a dit : «Les femmes du Prophète

[1] Chameau en âge d'être monté, de deux à six ans.

l'interrogèrent au sujet de la guerre sainte; il leur répondit : « Que « le pèlerinage est beau en fait de guerre sainte! »

CHAPITRE LXIII. — La femme prend part à une expédition maritime.

1. *Anas* a dit : « L'Envoyé de Dieu étant entré chez Bent-Milḥân s'y accota [et s'y endormit]. Puis il se mit à rire. « Pourquoi ris-tu, « Envoyé de Dieu, lui demanda-t-elle? — Ce sont, dit-il, des gens « de mon peuple qui naviguent sur la verte mer, dans la voie de « Dieu, semblables à des rois assis sur leurs trônes. — Prie Dieu, « reprit-elle, qu'il me mette de leur nombre! — Ô mon Dieu! « dit-il alors, mets-la de leur nombre. » Puis il recommença [à dormir] et de nouveau sourit. Elle lui fit la même question que la première fois — ou lui dit : « D'où provient ce rire? » Et il lui fit la même réponse. « Prie Dieu, dit-elle, qu'il me mette de leur « nombre. — Tu es déjà d'entre les premiers, répondit-il, et tu « n'es pas de ces seconds. »

Anas ajoute : « Cette femme épousa ʿObâda-ben-eṣ-Ṣâmit; elle s'embarqua en mer avec Bent-Qaratha; puis, au retour, étant montée sur une bête de somme, elle fut renversée à bas et mourut de sa chute. »

CHAPITRE LXIV. — On emmène en expédition une seule de ses femmes à l'exclusion des autres.

1. *ʿAïcha* a dit : « Le Prophète, quand il voulait se mettre en route, tirait au sort entre ses femmes, et il emmenait avec lui celle dont la flèche sortait. Il tira donc au sort, dans une de ses expéditions, et ce fut ma flèche qui sortit. Je partis avec lui; c'était après la révélation de ce qui est relatif au voilement des femmes. »

CHAPITRE LXV. — Comment les femmes prennent part aux expéditions et combattent avec les hommes.

1. *Anas* a dit : « Au jour d'Oḥod, les musulmans prirent la fuite, abandonnant le Prophète. J'ai vu alors ʿAïcha, fille d'Abou-Bakr,

et Omm-Solaïm retroussées, de sorte que j'apercevais les bracelets de leurs jambes; elles sautaient portant des outres — ou elles transportaient des outres — sur leurs dos; elles les vidaient dans les bouches des musulmans, puis retournaient les remplir, puis revenaient les vider encore dans les bouches des musulmans.»

CHAPITRE LXVI. — Les femmes, en expédition, apportent aux combattants des outres d'eau.

1. *Tsaʿlaba-ben-Abou-Mâlik* a dit : «ʿOmar-ben-el-Khaṭṭâb partagea des vêtements de laine fine entre des femmes de Médine; comme il en restait un beau, un assistant dit au calife : «Prince des croyants, «donne celui-ci à la fille de l'Envoyé de Dieu qui est ton épouse» —, on voulait désigner par là Omm-Koltsoûm, fille d'ʿAlî. — ʿOmar répondit : «Omm-Salîṭ y a plus de droit.» Omm-Salîṭ était une des femmes des Anṣâr qui prêtèrent serment à l'Envoyé de Dieu. ʿOmar ajouta : «car elle nous apportait les outres au jour de la bataille d'Ohod.»

El-Bokhârî dit : «زفر» (traduit ici par «apporter») est synonyme de خاط «percer pour coudre» [1].

CHAPITRE LXVII. — Les femmes soignent les blessés en expédition.

1. *Er-Robayyiʿ, fille de Moʿawwidz*, a dit : «Nous assistions aux expéditions du Prophète; nous donnions à boire aux combattants, nous soignions les blessés [2], et nous ramenions les morts à Médine.»

CHAPITRE LXVIII. — Les femmes ramenaient les blessés et les morts [à Médine].

1. *Er-Robayyiʿ, fille de Moʿawwidz*, a dit : «Nous accompagnions le Prophète en expédition; nous donnions à boire aux combattants, nous les servions et nous ramenions les blessés et les morts à Médine.»

[1] Les commentateurs font remarquer que cette acception de زفر n'est pas connue des lexicographes.

[2] Dans l'édition Krehl, on trouve ces mots : «nous les servions» placés devant : «et nous les soignions».

CHAPITRE LXIX. — Du fait d'arracher une flèche du corps.

1. *Abou-Moûsâ* a dit : « Abou-ʿÂmir fut atteint d'une flèche au genou. Je parvins auprès de lui, et il me dit : « Arrache-la ! » Je le fis, et l'eau se mit à couler de sa blessure. J'allai alors trouver le Prophète et je l'informai de ce qui s'était passé. « O mon Dieu ! « s'écria-t-il, pardonne à ʿObaïd-Abou-ʿÂmir. »

CHAPITRE LXX. — De la garde pendant une expédition dans la voie de Dieu.

1. *ʿAïcha* a dit : « Le Prophète passait la nuit sans dormir ; après son arrivée à Médine, il dit un jour : « Plût à Dieu que je trou- « vasse entre mes compagnons un homme de bien qui me gardât « la nuit. » Or, (un soir), nous entendîmes tout à coup un bruit d'armes. « Qui est là, demanda le Prophète ? — C'est moi, ré- « pondit-on, Saʿd-ben-Abou-Waqqâṣ, qui suis venu te garder. » Et le Prophète put alors dormir. »

2. D'après *Abou-Horaira*, le Prophète dit : « Qu'il soit renversé celui qui se fait le serviteur du dinâr, du dirhem, de la couverture à franges et du vêtement à bordure, qui est content lorsqu'il a reçu, et mécontent lorsqu'il n'a pas reçu. »

Avec un autre *isnâd*, ce ḥadîts est rapporté comme non *remontant* au Prophète.

3. Et avec un autre isnâd, il est rapporté de ce ḥadîts la version à *supplément* que voici. D'après *Abou-Horaïra*, « le Prophète dit : « Qu'il soit renversé celui qui se fait le serviteur du dinâr, du dirhem, du vêtement à bordure, qui est content lorsqu'il a reçu, et révolté lorsqu'il n'a pas reçu. Qu'il soit renversé et abattu ! qu'il ne puisse arracher l'épine qui aura percé sa chair. Mais que le paradis appartienne au serviteur qui, dans la voie de Dieu, prendra la bride de son cheval, les cheveux en désordre, les pieds blancs de poussière ; s'il est de garde aux avant-postes, il est aux avant-postes ; s'il est l'arrière-garde, il est à l'arrière-

garde; s'il demande, on ne l'écoute pas; s'il intercède, on n'accepte pas son intercession. »

El-Bokhâri dit : « Certains râwi ont rapporté ce ḥadîts comme *non remontant* au Prophète; quant à l'expression تَعِسَ « qu'il soit renversé » — dans le Coran on trouve تعسًا (XLVII, 9) — elle a ici la valeur de فاتعسهم الله « que Dieu les renverse » (IVe forme); طُوبَى « le paradis » (mot à mot : chose excellente) est, avec une forme فُعْلَى, une épithète qui s'applique à toute chose bonne; le *yâ* radical de la racine يطيب طاب y a été transformé en *wâw*. »

CHAPITRE LXXI. — Qu'il est méritoire de servir d'autres en expédition.

1. *Anas-ben-Mâlik* a dit : « J'étais en compagnie de Djarîr-ben-ʿAbdallah et il me servait — et [dit un râwi] Djarîr était plus âgé qu'Anas. — Il disait : « J'ai vu les Anṣâr accomplir de telles « choses, que je n'en rencontrerai jamais aucun sans lui faire « honneur. »

2. *Anas-ben-Mâlik* a dit : « J'étais parti avec l'Envoyé de Dieu pour Khaïbar et je le servais. Puis, au retour, lorsque parut à ses yeux la montagne d'Oḥod, il dit : « Voilà une montagne qui nous « aime et que nous aimons », puis, montrant de la main Médine, il s'écria : « Ô mon Dieu! je déclare sacré ce qui se trouve entre « ces deux plaines rocheuses, comme Abraham a déclaré la Mecque « sacrée; ô mon Dieu! bénis-nous dans notre *ṣâʿ* et notre *modd.* »

3. *Anas* a dit : « Nous étions [en expédition] avec le Prophète; et celui d'entre nous qui trouvait le plus d'ombre était celui qui s'abritait de son vêtement. Ceux qui jeûnaient ne faisaient rien. Mais ceux qui ne jeûnaient pas menaient à l'eau les bêtes, faisaient le service, s'occupaient des autres. Alors le Prophète dit : « Aujour- « d'hui ce sont ceux qui ne jeûnent pas qui ont obtenu la récom- « pense. »

CHAPITRE LXXII. — Du mérite qu'il y a à porter en voyage le bagage d'un compagnon.

1. D'après *Abou-Horaira*, le Prophète a dit : « Chaque jour, chaque articulation du corps humain doit faire l'aumône d'une bonne

œuvre; mais aider autrui à s'occuper de sa monture, soit en lui donnant la main pour y monter, soit en lui chargeant ses bagages sur elle, c'est une aumône; toute bonne parole, tout pas fait vers la prière, sont des aumônes; montrer le chemin à autrui, c'est une aumône. »

CHAPITRE LXXIII. — Du mérite qu'il y a à s'attacher à la guerre sainte, même un seul jour dans la voie de Dieu. — *De cette parole du Coran : « Ô croyants, soyez fermes, supportez les épreuves, et attachez-vous à la guerre sainte; craignez Dieu; peut-être que vous obtiendrez le bonheur »* (sourate III, verset 200).

1. D'après *Sahl-ben-Sa'd-es-Sâ'idi*, l'Envoyé de Dieu a dit : « Le fait de s'attacher à la guerre sainte dans la voie de Dieu un seul jour vaut mieux que ce bas monde et tout ce qu'il contient. La place du fouet de l'un de vous en paradis vaut mieux que ce bas monde et tout ce qu'il contient; les pas faits par l'homme matin ou soir dans le sentier de Dieu valent mieux que ce bas monde et tout ce qu'il contient. »

CHAPITRE LXXIV. — Du fait d'emmener avec soi en expédition un jeune serviteur.

1. D'après *Anas-ben-Mâlik*, le Prophète dit à Abou-Ṭalḥa : « Cherche-moi quelqu'un de vos jeunes gens qui soit mon serviteur pendant mon expédition contre Khaïbar. » — « Abou-Ṭalḥa m'emmena à l'expédition en croupe derrière lui; j'étais alors tout proche de la puberté. Je servais l'Envoyé de Dieu lorsqu'il faisait halte, et je l'entendais souvent dire : « Ô mon Dieu! je me réfugie « auprès de toi contre le souci, la tristesse, la faiblesse, l'indolence, « l'avarice, la peur, le poids des dettes et l'accablement par les « hommes. » Puis nous arrivâmes à Khaïbar, et, lorsque Dieu eut ouvert au Prophète la forteresse, on lui parla de la beauté de Ṣafîya, fille de Ḥoyaiy-ben-Akhṭab, qui, jeune mariée encore, avait eu son époux tué dans la guerre. L'Envoyé de Dieu la choisit donc pour lui

et l'emmena avec lui. Lorsque nous arrivâmes à la digue d'es-Ṣahbâ[1], Ṣafîya fut en état de pureté légale, et le Prophète consomma son union avec elle; il fit faire de la pâte de dattes (حيس) dans une petite nappe, et me dit : «Appelle tous ceux qui seront auprès «de toi»; ce fut là le repas nuptial du Prophète dans son mariage avec Ṣafîya. Nous continuâmes ensuite vers Médine; et j'ai vu alors l'Envoyé de Dieu disposer pour elle un manteau derrière lui sur sa monture. Il s'asseyait auprès du chameau et plaçait son genou de telle sorte que Ṣafîya pût y poser le pied et monter sur la bête. Poursuivant notre chemin, nous découvrîmes Médine. Le Prophète regarda le mont Oḥod et dit : «Voilà une montagne qui nous aime et que «nous aimons.» Puis, portant ses regards vers Médine, il s'écria : «Ô mon Dieu! je déclare sacré ce qui s'étend entre ces deux «plaines rocheuses, comme Abraham a déclaré sacrée la Mecque. «Bénis-les dans leur *ṣâ*ᶜ et dans leur *modd.*»

CHAPITRE LXXV. — Du fait de s'embarquer sur la mer.

1. *Anas-ben-Mâlik* a dit : «Omm-Ḥarâm m'a raconté que le Prophète, faisant un jour la sieste chez elle, se réveilla en riant : «Qu'est-ce qui te fait rire, Envoyé de Dieu?» lui demanda-t-elle. Il répondit : «J'ai été émerveillé de voir les gens de mon peuple, «embarqués sur la mer et semblables à des rois sur leurs trônes! «— Demande à Dieu, dit-elle, de me mettre de leur nombre! — «Tu en es, lui répondit-il.» Puis il se rendormit, de nouveau se réveilla en riant, et cela à deux ou trois reprises, faisant à la même question la même réponse. Comme Omm-Ḥarâm lui disait encore : «Demande à Dieu de me mettre de leur nombre!», il répondit : «Tu es déjà avec les premiers.» Or, dans la suite, Omm-Ḥarâm épousa ᶜObâda-ben-eṣ-Ṣâmit; son mari l'emmena en expédition et, au retour, comme on approchait une bête de somme pour qu'elle y montât, elle fit une chute et se tua.»

[1] Localité voisine de Khaïbar.

CHAPITRE LXXVI. — Du fait de chercher à la guerre l'aide des humbles et des gens de bien.

1. *Abou-Sofyân* a raconté : « César me dit : « Je t'ai demandé si « ses adeptes se recrutaient parmi les grands ou les humbles, et tu « as prétendu que c'était parmi les humbles; or ce sont eux les « adeptes habituels des Envoyés de Dieu. »

2. *Moṣʿab-ben-Saʿd* a dit : « Saʿd s'imaginait être supérieur à d'autres compagnons. Le Prophète lui dit : « Dieu vous donne-t-il « donc la victoire et la subsistance quotidienne pour autre chose « que (le mérite de) vos humbles? »

3. D'après *Abou-Saʿîd-el-Khodri*, le Prophète a dit : « Un temps viendra où, lorsqu'une troupe sera en expédition, il sera demandé à ceux qui la composent : « Y a-t-il parmi vous quelque Compa- « gnon du Prophète? — Oui, répondront-ils. » Et la victoire sera alors par la grâce de ce Compagnon. Puis un autre temps viendra où il sera demandé : « Y a-t-il parmi vous quelqu'un qui ait fréquenté les « Compagnons du Prophète? — Oui répondront-ils. » Et la victoire sera alors donnée. Puis un autre temps viendra où il sera demandé : « Y a-t-il parmi vous quelqu'un qui ait fréquenté ceux qui ont fré- « quenté les Compagnons du Prophète? — Oui, répondront-ils. » Et la victoire sera alors donnée. »

CHAPITRE LXXVII. — Qu'on ne doit pas dire d'un individu : « Il est mort martyr. » — *Abou-Horaïra a dit : « C'est Dieu qui est le mieux informé de ceux qui combattent dans sa voie, le mieux informé de ceux qui sont blessés dans sa voie. »*

1. D'après *Sahl-ben-Saʿd-es-Sâʿidi* l'Envoyé de Dieu se rencontra avec les polythéistes, et on combattit. Puis, lorsqu'il fut revenu vers son armée et que l'ennemi eut fait de même, un des Compagnons du Prophète continua, poursuivant, frappant du sabre, partout où il trouvait à le faire. Quelqu'un dit alors en parlant de cet homme : « Personne de nous n'a autant fait en ce jour qu'un tel. » — L'Envoyé de Dieu répondit : « Eh bien! il sera au nombre des dam-

nés! » — Quelqu'un des Croyants dit alors : « Je vais m'attacher à ses pas », et il partit avec l'homme, s'arrêtant lorsqu'il s'arrêtait, pressant l'allure lorsqu'il la pressait. Or voilà que l'homme fut blessé grièvement; et, devançant le terme de son trépas, il appuya à terre la lame de son sabre et plaça la pointe entre ses deux mamelles. Puis il se courba sur son sabre et se tua. Celui qui le suivait revint alors vers le Prophète en disant : « Je témoigne que tu es vraiment l'Envoyé de Dieu! — Qu'y a-t-il donc, demanda le Prophète? — Quand tu as dis tout à l'heure d'un tel, reprit son interlocuteur, qu'il serait au nombre des damnés, les gens ont trouvé cette déclaration exorbitante! et moi je leur ai dit: « Je vous renseignerai à son « sujet »; je suis donc parti à sa suite; or il a été grièvement blessé, et alors a devancé le terme du trépas; ayant placé la lame de son sabre à terre, et la pointe entre ses deux mamelles, il s'est courbé dessus et s'est tué. » L'Envoyé de Dieu répondit alors : « Il peut arriver qu'en apparence l'homme ait la conduite des élus, alors qu'il sera des damnés, et il arrive aussi qu'en apparence l'homme ait la conduite des damnés, alors qu'il sera des élus. »

CHAPITRE LXXVIII. — Du fait d'exciter les gens au tir à l'arc. — *De ces mots du Coran: « Préparez-vous contre les païens tout ce que vous pourrez qui vous rende forts; et consacrez des chevaux à la guerre sainte; par là vous ferez naître la crainte dans le cœur des ennemis de Dieu et de vos ennemis »* (sourate VIII, verset 62).

1. *Salama-ben-el-Akwa'* a dit : « Le Prophète passa un jour auprès d'un groupe d'Aslamites qui se défiaient au tir à l'arc. « Tirez, « fils d'Ismaël, leur dit-il, car votre père était habile tireur; moi je « me mets avec les Banoû un tel. » Or l'un des deux camps cessa aussitôt de tirer, et, comme le Prophète leur demandait pourquoi, ils répondirent : « Comment tirerions-nous, alors que tu te mets « avec eux! — Tirez, reprit le Prophète, je suis avec vous tous. »

2. *Abou-Osaïd* a dit : « Au jour de Badr, après que nous et les Qoraïchites nous nous fûmes rangés en face les uns des autres, le

Prophète nous dit : « Lorsqu'ils seront à portée, lancez-leur des « flèches. »

CHAPITRE LXXIX. — Du jeu des piques ou des autres armes.

1. *Abou-Horaïra* a dit : « Les Abyssins jouaient avec leurs armes en présence du Prophète. ʿOmar survint qui se disposa à prendre des pierres et à les leur lancer. « Laisse-les, ʿOmar », dit alors le Prophète. »

Avec un autre *isnâd* : « (Les Abyssins jouaient) dans la mosquée. »

CHAPITRE LXXX. — Du bouclier; du fait de s'abriter derrière le bouclier de son compagnon.

1. D'après *Anas-ben-Mâlik*, Abou-Ṭalḥa et le Prophète s'abritaient derrière un même bouclier. Or Abou-Ṭalḥa était habile au tir de l'arc; et, lorsqu'il visait, le Prophète se haussait pour voir par-dessus le bouclier l'endroit qu'atteignait la flèche. »

2. *Sahl* a dit : « Le casque du Prophète avait été rompu sur sa tête, son visage était ensanglanté, et il avait une dent incisive brisée. Alors on voyait ʿAli apporter à plusieurs reprises de l'eau dans le creux de son bouclier, tandis que Fâṭima lavait les blessures. Puis, lorsqu'elle vit que le sang, malgré l'eau, sortait avec plus d'abondance, elle prit une natte, la brûla, et l'appliqua sur la blessure; alors le sang s'arrêta de couler. »

3. *ʿOmar* a dit : « Les biens des Banoû-Naḍîr furent au nombre de ceux que Dieu donna en butin à son Envoyé. Comme les musulmans n'avaient eu à employer pour cette conquête ni chevaux, ni chameaux, ces biens devinrent la propriété particulière de l'Envoyé de Dieu; or il prélevait sur leurs revenus ce qui était nécessaire à l'entretien des siens pendant l'année, puis il consacrait le reste à l'équipement en armes et en montures des musulmans dans la voie de Dieu. »

4. *ʿAbdallah-ben-Chaddâd* a dit : « J'ai entendu ʿAli dire : « Je n'ai

« vu le Prophète employer la formule « que te serve de rançon... »
« pour personne après Sa'd; je l'entendis lui dire : « Tire! que
« mon père et ma mère te servent de rançon. »

CHAPITRE LXXXI. — Du bouclier appelé daraqa.

1. *'Aïcha* a dit : « L'Envoyé de Dieu entra chez moi pendant que deux jeunes filles chantaient des chansons sur la guerre de Bo'âts. Il s'étendit sur le lit en nous tournant le dos. Sur ces entrefaites arriva Abou-Bakr qui me gronda durement, en s'écriant : « Com-« ment, des chants diaboliques auprès de l'Envoyé de Dieu! » Alors le Prophète, se tournant vers lui, lui dit : « Laisse-les. » Puis, pendant qu'Abou-Bakr n'y prenait pas garde, je fis signe aux deux jeunes filles qui sortirent.

« C'était un jour de fête, et les nègres exécutaient leurs jeux avec le *daraqa* et la lance. L'Envoyé de Dieu, soit que je lui eusse demandé, soit que de son propre mouvement il m'eût dit : « Veux-tu « les voir », et que je lui eusse répondu : « Oui », me fit placer debout derrière lui, ma joue frôlant la sienne; puis il dit : « Allez, fils « d'Arfida! » Puis, quand j'en eus assez (de ce spectacle), il ajouta : « Cela te suffit? — Oui, lui répondis-je. — Eh bien! va-t-en », « me dit-il.

In fine, indication d'un *isnâd* différent.

CHAPITRE LXXXII. — De l'usage des baudriers et du fait de suspendre un sabre à son cou.

1. *Anas* a dit : « Le Prophète était le plus beau des hommes, et le plus courageux; une nuit, il y eut panique à Médine, et les habitants sortirent dans la direction du bruit. Le Prophète, après avoir tiré la nouvelle au clair, les rencontra en chemin. Il montait à poil un cheval appartenant à Abou-Ṭalḥa, et portait un sabre suspendu à son cou; il répétait : « N'ayez pas peur, n'ayez pas peur. » Puis il dit : « Nous avons trouvé que ce cheval était une mer » — ou encore : « Ce cheval est une mer. »

CHAPITRE LXXXIII. — De ce qui est relatif aux ornements des sabres.

1. *Abou-Omâma* a dit : « Les conquêtes ont été faites par des gens qui, pour orner leurs sabres, n'employaient ni l'or, ni l'argent. Leurs ornements, c'étaient les nerfs de chameaux, le plomb et le fer. »

CHAPITRE LXXXIV. — Du fait de suspendre son sabre aux arbres, au moment de la grosse chaleur, en temps d'expédition.

1. *Djâbir-ben-ʿAbdallah* a raconté ce qui suit : « Il était allé en expédition avec l'Envoyé de Dieu du côté de Nedjd. Au retour, le moment de la grosse chaleur les atteignit dans une vallée couverte d'arbres épineux. L'Envoyé de Dieu fit halte, et les musulmans se disséminèrent à l'ombre des arbres. L'Envoyé de Dieu s'arrêta sous un acacia épineux et suspendit son sabre à l'arbre; puis nous nous endormîmes. Tout à coup l'Envoyé de Dieu nous appela; nous accourûmes; il avait auprès de lui un Arabe! Il nous dit : « Pendant « que je dormais, cet homme a tiré mon sabre, et il l'avait nu à la « main; lorsque je me suis réveillé, il m'a dit : « Qui pourrait te « défendre contre moi[1]? — Dieu, lui ai-je, à trois reprises, « répondu » et le Prophète ne punit pas l'homme qui s'était assis. »

Ap. Krehl avec un autre *isnâd* : « Là-dessus il a rengainé le sabre, et voyez, le voilà assis ». Dans la suite, le Prophète n'infligea aucun châtiment à cet homme[2]. »

CHAPITRE LXXXV. — De l'usage du casque.

1. D'après *Sahl*, on l'interrogea sur la blessure dont fut atteint le Prophète à la journée d'Oḥod. Il répondit : « L'Envoyé de Dieu fut blessé au visage; il eut une dent incisive brisée, et son casque fracassé sur la tête. Fâṭima lavait le sang de sa blessure, tandis que ʿAli présentait l'eau. Lorsque Fâṭima vit que le flot de sang ne faisait qu'augmenter, elle prit une natte, la brûla, et, lorsqu'elle fut

[1] Deux fois répété dans le texte de Krehl. — [2] Cf. *infra*, chap. LXXXVII.

calcinée, elle l'appliqua sur la blessure. Alors le sang s'arrêta de couler. »

CHAPITRE LXXXVI. — De celui qui ne juge pas bon qu'on brise les armes à la mort d'un individu.

1. *'Amr-ben-el-Ḥârits* a dit : « Le Prophète ne laissa à sa mort que ses armes, une mule blanche et un fonds de terre, dont il avait disposé à titre d'aumône. »

CHAPITRE LXXXVII. — Les gens se dispersent à l'écart de l'imâm, au moment de la grosse chaleur, et recherchent l'ombre des arbres.

1. Avec deux *isnâd* différents, *Djâbir-ben-'Abdallah* a raconté ce qui suit : « Il était allé en expédition avec l'Envoyé de Dieu. Le moment de la grosse chaleur les atteignit dans une vallée couverte d'arbres épineux. Alors les musulmans se disséminèrent parmi les arbres, pour chercher de l'ombre. L'Envoyé de Dieu, s'étant arrêté sous un arbre, y suspendit son sabre et s'endormit. Puis il se réveilla et trouva près de lui un homme, qui s'était approché sans qu'il en eût connaissance. « Cet homme, raconta ensuite le Prophète, a dégainé mon sabre et m'a dit : « Qui pourrait te défendre « contre moi? — Dieu », lui ai-je répondu; là-dessus il a rengainé « le sabre, et voyez, le voilà assis. » Dans la suite, le Prophète n'infligea aucun châtiment à cet homme. »

CHAPITRE LXXXVIII. — De ce qui a été dit relativement aux lances. — *On mentionne, d'après Ibn-'Omar, du Prophète la parole suivante : « Ma subsistance a été placée à l'ombre de ma lance; l'abaissement et l'asservissement ont été placés sur les épaules de ceux qui contreviennent à mon ordre. »*

1. D'après *Abou-Qatâda*, qui marcha en compagnie du Prophète jusqu'à une certaine distance sur la route de la Mecque; alors, avec quelques compagnons, il resta en arrière; ils étaient en état d'*iḥrâm*, mais lui n'y était pas. Or il aperçut un âne sauvage, et aussitôt, s'affermissant en selle, il demanda à ses compagnons de lui tendre

son fouet. Ils refusèrent; alors il leur demanda sa lance. Ils refusèrent encore. Lui, la prit, galopa vers l'âne et le tua. Puis quelques-uns des Compagnons du Prophète mangèrent de la chair de l'animal, et d'autres ne voulurent pas en manger. Lorsqu'ils eurent rejoint l'Envoyé de Dieu, ils l'interrogèrent sur le cas. Il leur répondit : «Ce n'est qu'une nourriture que Dieu vous a accordée.»

Avec un autre *isnâd,* on rapporte le même ḥadîts au sujet de l'âne sauvage, avec ce supplément que le Prophète aurait dit : «Vous reste-t-il quelque chose de sa chair?»

CHAPITRE LXXXIX. — De ce qui est relatif à la cotte de mailles du Prophète; de l'usage du qamîṣ à la guerre. — *Le Prophète dit : «Quant à Khâlid, il a fait de ses cottes de mailles une fondation perpétuelle dans la voie de Dieu.»*

1. *Ibn-ʿAbbâs* a dit : «Le Prophète se trouvait sous une tente, lorsqu'il dit : «Ô mon Dieu! je t'en conjure, accomplis ton pacte et «réalise tes promesses. Ô mon Dieu! si tu le veux, tu ne seras plus «adoré après ce jour.» Alors Abou-Bakr lui prit la main en lui disant : «Envoyé de Dieu, en voilà assez, tu as fait des instances «auprès de ton Seigneur.» Le Prophète était alors revêtu de sa cotte de mailles; il sortit en disant : «La troupe sera mise en fuite, «et ils tourneront le dos; mais c'est l'heure du jugement qui sera «pour eux le châtiment promis, et l'heure sera plus terrible et plus «amère» (sourate liv, verset 45).

Avec un autre *isnâd,* «c'était le jour de Badr».

2. *ʿAïcha* a dit : «L'envoyé de Dieu mourut, alors que sa cotte de mailles était en gage chez un juif pour trente *ṣâʿ* d'orge.»

Avec un autre *isnâd,* «c'était une cotte de mailles de fer».
Avec un autre *isnâd,* «il lui avait engagé une cotte de mailles de fer».

3. D'après *Abou-Horaïra,* le Prophète a dit : «On peut comparer l'avare et l'homme charitable à deux hommes revêtus de tuniques de fer et dont les bras sont serrés contre les clavicules. Chaque fois que l'homme charitable a l'intention de faire une aumône, sa

tunique s'élargit à tel point, que les pans peuvent effacer les traces de ses pas. Mais, toutes les fois que l'avare a l'intention de faire une aumône, chaque anneau de la tunique se serre fortement contre son voisin; le tissu de fer se contracte sur l'homme, et colle ses bras à ses clavicules.»

Et *Abou-Horaïra* entendit le Prophète dire : «L'avare fait des efforts pour élargir sa tunique; mais elle ne s'élargit pas.»

CHAPITRE XC. — Du port de la tunique en voyage et en expédition.

1. *El-Moghîra-ben-Cho'ba* a dit : «Le Prophète s'éloigna pour satisfaire un besoin. Lorsqu'il eut terminé, je lui apportai de l'eau; il fit alors l'ablution, revêtu d'une tunique syrienne. Il se rinça la bouche, aspira de l'eau avec le nez et se lava le visage. Il se prit alors à retirer les mains de ses manches, où elles se trouvaient à l'étroit. Puis, attirant les mains par-dessous sa tunique, il les lava, se frotta la tête, et passa la main humide sur ses chaussures.»

CHAPITRE XCI. — Du port d'habits de soie à la guerre.

1. *Anas* a rapporté que le Prophète toléra à ʿAbd-er-Raḥmân-ben-ʿAouf et à Ez-Zobaïr le port de *qamîṣ* de soie, à cause d'un prurit qui les dévorait.

2. D'après *Anas*, ʿAbd-er-Raḥmân et Ez-Zobaïr se plaignirent au Prophète d'avoir des poux. Il leur toléra alors le port d'habits de soie. «Et je les ai vus alors, ajoute Anas, habillés de soie en temps d'expédition.»

3. *Anas* a dit : «Le Prophète toléra à ʿAbd-er-Raḥmân-ben-ʿAouf et à Ez-Zobaïr-ben-el-ʿAouwâm le port d'habits de soie.»

4. *Anas* a dit : «Le Prophète accorda une tolérance — ou une tolérance fut accordée — aux deux individus précités à cause d'un prurit qui les dévorait.»

CHAPITRE XCII. — De ce qui a été dit relativement au couteau.

ʿ*Amr-ben-Omayya* a dit : «J'ai vu le Prophète manger d'une

épaule (de mouton); il en coupait des morceaux; puis, comme on l'appelait à la prière, il alla prier, sans faire d'ablutions.»

Avec un autre *isnâd,* ce *supplément* «il jeta le couteau qu'il tenait.»

CHAPITRE XCIII. — De ce qui a été dit au sujet de la guerre contre les Grecs.

1. *'Omaïr-ben-el-Aswad-el-'Ansi* a raconté qu'il vint trouver 'Obâda-ben-eṣ-Ṣâmit, alors qu'il se trouvait sur la côte d'Émesse dans une maison à lui. Il avait avec lui Omm-Ḥarâm. «Celle-ci, dit 'Omaïr, nous raconta qu'elle avait entendu dire au Prophète : «Les premiers «combattants de mon peuple qui feront une expédition en mer «s'acquerront nécessairement des mérites.» — Je lui dis alors, poursuivit Omm-Ḥarâm : «Serai-je parmi eux, Envoyé de Dieu! «— Tu y seras», me répondit-il; et il ajouta : «Les premiers de «mon peuple qui attaqueront la ville de César se verront pardonner «leurs péchés. — Serai-je parmi eux, Envoyé de Dieu? lui deman«dai-je. — Non! me répondit-il.»

CHAPITRE XCIV. — De la guerre contre les Juifs.

1. D'après *'Abdallah-ben-'Omar,* l'Envoyé de Dieu a dit : «Vous combattrez les Juifs au point que si l'un d'eux se cache derrière une pierre, la pierre dira : «Serviteur de Dieu! voilà un Juif der«rière moi, tue-le!»

2. D'après *Abou-Horaïra,* l'Envoyé de Dieu a dit : «L'heure du jugement n'arrivera pas avant que vous n'ayez combattu les Juifs, et à tel point que la pierre derrière laquelle s'abritera un Juif dira : «Musulman! voilà un Juif derrière moi, tue-le!»

CHAPITRE XCV. — De la guerre contre les Turcs.

1. *'Amr-ben-Taghlib* a dit : «Le Prophète a dit : «Parmi les signes «de l'heure du Jugement, il y a que vous combattrez un peuple qui «chausse des sandales de poils tressés; et, parmi les signes de l'heure

« du Jugement, il y a que vous combattrez un peuple au visage large « et semblable à des boucliers couverts de grosse peau. »

2. *Abou-Horaïra* a dit : « L'Envoyé de Dieu a dit : « L'heure du « Jugement ne viendra pas avant que vous ne combattiez les Turcs « aux yeux petits, aux figures rouges, aux nez épatés, dont les visages « sont semblables à des boucliers couverts de grosse peau; et l'heure « du Jugement ne viendra pas avant que vous ne combattiez un « peuple qui chausse des sandales de poils tressés. »

CHAPITRE XCVI. — De la guerre contre ceux qui chaussent des sandales de poils tressés.

1. D'après *Abou-Horaïra*, le Prophète a dit : « L'heure du Jugement ne viendra pas avant que vous ne combattiez des gens qui chausseront des sandales de poils tressés, avant que vous ne combattiez des gens dont les visages sont semblables à des boucliers couverts de grosse peau. »

Avec un autre *isnâd*, d'après Abou-Horaïra comme *remontant* au Prophète, ce *supplément* « aux yeux petits, aux nez épatés, et dont les visages sont semblables à des boucliers couverts de grosse peau ».

CHAPITRE XCVII. — De celui qui met en rangs ses compagnons, au moment de la déroute, descend de sa monture et invoque l'aide divine.

1. *Abou-Isḥâq* a dit : « Un homme ayant demandé à El-Barâ : « Est-ce « que vous prîtes la fuite, au jour de Ḥonaïn, ô Abou-ʿOmâra? » je l'entendis répondre : « Non, par Dieu, l'Envoyé de Dieu ne revint « pas en arrière; mais il était arrivé que les jeunes d'entre ses Com- « pagnons et ceux d'entre eux équipés à la légère étaient sortis « sans cuirasses, sans armes; ils allèrent du côté d'habiles archers, « gens des Hawâzin et des Banoû-Naṣr, qui tiraient presque tou- « jours juste. Ces gens leur envoyèrent une décharge de flèches, « qui ne pouvaient guère manquer le but. Alors les musulmans se « portèrent vers le Prophète, qui chevauchait une mule blanche,

« conduite par son cousin Abou-Sofyân-ben-el-Ḥârits-ben-ʿAbd-el-« Moṭṭalib. Le Prophète descendit de sa monture, invoqua l'aide « divine, puis il dit : « C'est moi le Prophète, sans mensonge; c'est « moi le fils d'ʿAbd-el-Moṭṭalib », puis il mit en rangs ses Compa-« gnons. »

CHAPITRE XCVIII. — Du fait d'invoquer Dieu contre les polythéistes pour qu'il leur envoie la déroute et le tremblement.

1. *ʿAlî* a dit : « Au jour de la bataille des *Nations*, l'Envoyé de Dieu dit : « Puisse Dieu remplir leurs demeures et leurs tombeaux de « feu! ils nous ont empêchés de faire la prière du *milieu* (el-ʿAṣr), « jusqu'au moment où le soleil a disparu. »

2. *Abou-Horaïra* a dit : « Le Prophète répétait dans son *qonoût* l'invocation suivante : « O mon Dieu! sauve Salama-ben-Hichâm; « ô mon Dieu! sauve El-Walîd-ben-el-Walîd; ô mon Dieu! sauve « ʿAyyâch-ben-Abou-Rabîʿa; ô mon Dieu! sauve les faibles d'entre « les musulmans; mais, ô mon Dieu! fais sentir le poids de ton châ-« timent à Moḍar; ô mon Dieu! donne-leur des années de disette « comme celles de Joseph. »

3. *ʿAbdallah-ben-Abou-Aoufâ* a dit : « L'Envoyé de Dieu, à la bataille des *Nations*, prononça l'invocation suivante contre les polythéistes : « Ô mon Dieu! ô révélateur du Coran, ô justicier diligent! mets en « déroute les *Nations;* ô mon Dieu! envoie-leur la déroute et le « tremblement. »

4. *ʿAbdallah* a dit : « Le Prophète faisait la prière à l'ombre de la Kaʿba, lorsque Abou-Djahl et un groupe de Qoraïchites se communiquèrent le projet suivant : comme on avait abattu une bête de boucherie non loin de la Mecque, ils envoyèrent chercher le placenta de l'animal, et l'étendirent sur le Prophète. Fâṭima, étant survenue, rejeta l'ordure loin de son père. Alors le Prophète dit : « Ô mon Dieu! à toi les Qoraïchites! Ô mon Dieu! à toi les Qo-« raïchites! Ô mon Dieu! à toi les Qoraïchites! Abou-Djahl-ben-

« Hichâm, ʿOtba-ben-Rabîʿa, Chaïba-ben-Rabîʿa, El-Walîd-ben-« ʿOtba, Obaïy-ben-Khalaf, ʿOqba-ben-Abou-Moʿaiṭ! »

ʿAbdallâh ajoute : « J'ai vu tous ces gens-là morts dans le puits de Badr. »

Abou-Isḥâq (l'un des râwi) a dit : « J'ai oublié le nom d'un septième individu que nomma le Prophète. » — D'autre part, avec un autre *isnâd*, c'est non pas Obaïy, mais Omayya-ben-Khalaf le cinquième. — Choʿba (l'un des râwi) dit : « C'est Obaïy ou Omayya. » Mais la bonne leçon est Omayya.

5. D'après *ʿAïcha*, les Juifs entrèrent chez le Prophète et lui dirent : « Que la mort[1] soit sur toi! » Alors, dit ʿÂïcha, comme je les maudissais, le Prophète me demanda : « Qu'as-tu donc? — N'as-« tu pas entendu ce qu'ils ont dit? lui répondis-je. — Et toi, dit-il « alors, n'as-tu pas entendu que je leur ai répliqué : « sur vous[2]? »

CHAPITRE XCIX. — Un musulman peut-il guider un des gens de l'Écriture [vers la vraie religion], ou lui apprendre le Coran?

ʿAbdallah-ben-ʿAbbâs a raconté que l'Envoyé de Dieu écrivit à César et lui dit : « Si tu te détournes de l'islâm, tu seras responsable du péché des laboureurs[3]. »

CHAPITRE C. — On demande à Dieu qu'il ramène dans la bonne voie les polythéistes, pour que leurs coeurs soient gagnés.

1. *Abou-Horaïra* a dit : « Ṭofaïl-ben-ʿAmr le Daousite s'en vint trouver le Prophète avec ses compagnons. Ils lui dirent : « Envoyé « de Dieu, la tribu de Daous s'est montrée rebelle et a refusé d'en-« tendre la vérité; invoque contre elle la colère divine! » — On dit alors : « La tribu de Daous est perdue ». Mais l'Envoyé de Dieu

(1) السام au lieu de السلام.

(2) Dans la leçon de Qasṭallâni, « sur vous aussi »; mais les commentaires se prononcent pour la version « sur vous », en omettant le mot « aussi », parce que le Prophète rejette entièrement par elle sur ses insulteurs leur vœu de haine, sans en rien prendre pour lui.

(3) الاريسيّون cf. إرّيس ap. Frænkel, *Aram. Fremdwörter*, p. 128; peut-être « le péché des Ariens », cf. Nöldeke, ap. *Z.D.M.G.*, XII, p. 701, note 1.

s'écria : « Ô mon Dieu! conduis les Daousites dans la bonne voie et « amène-les à l'islâm. »

CHAPITRE CI. — On appelle à l'islâm les juifs et les chrétiens; pourquoi on les combat; de ce qu'écrivit le Prophète à Cosroës et à César. — Qu'on doit appeler l'ennemi à l'islâm avant de le combattre.

1. *Anas* a dit : « Lorsque le Prophète voulut écrire aux Grecs, on lui dit : « Ils ne lisent jamais une lettre, à moins qu'elle ne soit « marquée d'un sceau ». C'est alors que le Prophète fit usage d'un sceau; et il me semble voir encore la blancheur de l'argent à sa main. Ce sceau portait gravé : « Moḥammed, l'Envoyé de Dieu. »

2. *ʿAbdallah-ben-ʿAbbâs* a raconté que le Prophète envoya un messager porteur de sa lettre à Cosroës avec mission de la remettre au prince d'El-Baḥraïn, qui lui-même la ferait parvenir à Cosroës. Cosroës, après l'avoir lue, la déchira.

« Je pense, dit un râwi, que Saʿîd-ben-el-Mosayyib a dit : « Alors « le Prophète invoqua contre les Perses [la colère divine] en disant : « Qu'ils soient mis eux-mêmes en mille pièces ! »

CHAPITRE CII. — Le Prophète invite les gens à embrasser l'islâm, à reconnaître sa mission prophétique, et à ne pas prendre leurs seigneurs parmi les hommes au détriment de Dieu. — *De cette parole du Coran : « Il n'a été permis à aucun être humain auquel Dieu avait donné l'Écriture, etc. »* (sourate III, verset 73).

1. *ʿAbdallah-ben-ʿAbbâs* a raconté ce qui suit : « L'Envoyé de Dieu écrivit à César pour l'appeler à l'islâm. Il envoya Diḥya le Kelbite porter sa lettre, avec mission de la remettre au gouverneur de Boṣrâ, qui la ferait parvenir à César. Ce dernier, après que Dieu l'eut rendu vainqueur de l'armée perse, s'était rendu d'Émesse à Îliyâ pour remercier Dieu de la faveur qu'il lui avait faite. Lorsqu'il eut reçu la lettre de l'Envoyé de Dieu, il la lut; puis il demanda : « Cherchez-moi ici quelque compatriote de cet homme que « je puisse interroger au sujet de l'Envoyé de Dieu. »

Ibn-ʿAbbâs continue : « Abou-Sofyân-ben-Ḥarb m'a raconté

qu'il se trouvait alors en Syrie à la tête d'une caravane de marchands qoraïchites; c'était au cours de la trêve conclue entre l'Envoyé de Dieu et les infidèles de Qoraïch : « L'émissaire de César, « dit Abou-Sofyân, nous ayant rencontré dans une localité de Syrie, « nous emmena, moi et mes compagnons, jusqu'à Îliyâ. On nous « introduisit auprès de l'empereur, et nous le vîmes assis dans la « salle du conseil, le front ceint d'un diadème, et entouré des « grands d'entre les Grecs. Il dit à son interprète : « Demande-« leur lequel d'entre eux est le plus proche parent de cet homme « qui prétend être prophète. — C'est moi, répondis-je. — Et « quel est ton degré de parenté avec lui? interrogea César. — C'est « mon cousin, répartis-je. » Et de fait il n'y avait alors dans la cara-« vane aucun autre que moi appartenant aux Banoû-ʿAbd-Manâf. « Qu'on le fasse approcher! » dit l'empereur; et il donna aussi l'ordre « qu'on plaçât mes compagnons derrière moi, contre mes épaules. « Après quoi, s'adressant à son interprète : « Dis-leur, reprit-il, que « je vais interroger cet homme sur le prétendu prophète; si cet « homme ment, ses compagnons devront relever ses mensonges. » « Or, par Dieu! si je n'avais eu honte alors de voir relever mes men-« songes par mes compagnons, j'eusse menti lorsque l'empereur « m'interrogea sur Mahomet. Mais, retenu par cette honte, je dis « la vérité. César dit à son interprète : « Demande-lui quel rang la « famille de ce prophète occupe parmi eux. — Il est de bonne « naissance, répondis-je. — Quelqu'un parmi vous a-t-il jamais « tenu avant lui de semblables propos? — Non. — Le soupçonniez-« vous de mensonge, avant qu'il tînt ces discours? — Non. — « Quelqu'un de ses ancêtres a-t-il régné? — Non. — Ses parti-« sans se recrutent-ils dans les hautes classes ou parmi les humbles? « — Parmi les humbles. — Leur nombre augmente-t-il ou va-t-il en « décroissant? — Il augmente. — En est-il parmi eux qui, après « avoir adopté sa religion, la prennent ensuite en aversion et « apostasient? — Non. — Trahit-il ses engagements? — Non; « mais nous avons conclu une trêve avec lui en ce moment, et

« nous craignons qu'à ce propos il ne trahisse. » Cette réponse fut « la seule où je pus glisser une insinuation défavorable au Prophète, « sans craindre de la voir relever. »

« Poursuivant ses questions, l'empereur dit : « Avez-vous été en « guerre avec lui ? — Oui, répondis-je. — Quelle a été l'issue des « combats livrés ? — La guerre entre nous a eu des alternatives : « tantôt c'est lui qui l'a emporté sur nous, tantôt c'est nous qui « l'avons emporté sur lui. — Et que vous ordonne-t-il donc ? — Il « nous ordonne de n'adorer que Dieu seul, de ne lui associer aucun « être, de renoncer au culte de nos pères, de faire la prière, l'au- « mône, d'être chastes, de tenir les engagements et de rendre les « dépôts confiés. » Après que j'eus ainsi parlé, l'empereur dit à son « interprète : « Dis-lui : « Je t'ai interrogé sur sa famille, et tu m'as « prétendu qu'il était de bonne naissance. Or Dieu a toujours choisi « ses Envoyés parmi les nobles du peuple auquel ils apparte- « naient. Je t'ai demandé si parmi vous quelqu'un, avant lui, avait « tenu de semblables discours, et tu as prétendu que non. Alors « en moi-même j'ai pensé que si quelqu'un avant lui avait tenu les « mêmes propos, je pourrais croire que cette homme ne fait qu'imi- « ter ses prédécesseurs. Je t'ai demandé si avant qu'il tînt ces dis- « cours, vous le soupçonniez d'être un menteur, et tu as prétendu « que non. J'ai compris par là que, s'il n'était pas homme à mentir « à l'égard de ses semblables, il ne pouvait, à plus forte raison, men- « tir à l'égard de Dieu. Je t'ai demandé si quelqu'un de ses ancêtres « avait régné, et tu as prétendu que non. J'ai pensé alors que si « quelqu'un de ses ancêtres avait régné, je me dirais : Cet homme « cherche à remonter sur le trône de ses pères. Je t'ai demandé si « ses adeptes se recrutaient parmi les humbles ou parmi les grands, « et tu as prétendu que c'était parmi les humbles. Or c'est tou- « jours eux qui forment les partisans des prophètes. Je t'ai demandé « s'ils augmentaient en nombre ou s'ils diminuaient, et tu as « prétendu qu'ils allaient en augmentant. Or c'est bien là le propre « de la foi de croître jusqu'à sa complète évolution. Je t'ai demandé

« si quelques-uns d'entre eux, après avoir embrassé sa religion, « s'en détournaient avec horreur et la reniaient, et tu as prétendu « que non. Et c'est bien ainsi qu'il en est de la foi : les cœurs que « sa grâce a pénétrés ne la prennent pas en aversion. Je t'ai « demandé s'il manquait à ses engagements, et tu as prétendu « que non : il en est ainsi des prophètes, ils ne trahissent point. Je « t'ai demandé si vous avez été en guerre avec lui, et tu as prétendu « que oui, que la guerre entre vous avait eu des alternatives, tan- « tôt à son avantage, tantôt au vôtre. Il en est ainsi des prophètes : « ils subissent des épreuves, mais le succès final leur appartient. Je « t'ai demandé ce qu'il ordonnait, et tu as prétendu qu'il vous inter- « disait d'adorer ce qu'adoraient vos ancêtres, qu'il vous prescrivait « la prière, l'aumône, la pureté de mœurs, la fidélité à tenir les « engagements et à rendre les dépôts confiés.

« Tout cela, poursuivit César, répond bien au portrait d'un vrai « prophète. Je savais bien que cet homme allait paraître, mais je ne « supposais pas qu'il serait l'un d'entre vous. Si tu as dit vrai, il ne « s'en faut guère que cet homme conquière cet endroit même que « foulent mes deux pieds. Quant à moi, si je savais pouvoir par- « venir vers lui, je m'efforcerais de le rencontrer, et si j'étais auprès « de lui, je laverais la poussière de ses pieds. »

« Ensuite l'empereur fit apporter la lettre de l'Envoyé de Dieu. On la lut et elle était ainsi conçue : « Au nom de Dieu, le clément, « le miséricordieux. De la part de Mahomet, l'adorateur de Dieu, « et son envoyé à Héraclius, le chef des Grecs. Salut à quiconque « suit la bonne voie. Ensuite : je t'appelle à la foi musulmane. « Convertis-toi à l'islamisme, tu seras sauvé; convertis-toi à l'isla- « misme, Dieu te donnera une double part de récompense. Si tu « te détournes de l'islam, tu seras en outre responsable du péché « des laboureurs. Ô gens de l'Écriture, venez à l'appel d'une « parole qui nous est commune à nous et à vous, à savoir que « nous ne devons adorer que Dieu et ne lui associer aucun être; « qu'aucun de nous n'en prenne quelque autre comme souverain

« suprême à l'exclusion de Dieu. S'ils se détournent à cet appel, « dites-leur : « Soyez témoins que nous sommes musulmans ! » (sourate III, verset 57).

« Abou-Sofyân poursuit son récit en ces termes : « Lorsque Héraclius eut fini de parler, des cris violents furent poussés par les « grands personnages grecs qui l'entouraient, et un grand tumulte « s'éleva. L'empereur donna alors l'ordre qu'on nous fît sortir. « Lorsque nous fûmes dehors, me trouvant seul avec mes compa- « gnons, je leur dis : « Il faut que les affaires du fils d'Abou-Kab- « cha aient pris de l'importance, puisque le prince des Banoû-'l- « Asfar le redoute. » Et depuis lors, jusqu'au jour où malgré mes « répugnances Dieu amena mon cœur à l'islam, je demeurai hum- « blement convaincu du succès de Mahomet. »

2. D'après *Sahl-ben-Sa'd,* il entendit le Prophète dire, le jour de Khaïbar : « Je confierai le drapeau à un homme par la main de qui Dieu nous donnera la victoire. » Alors les musulmans présents se levèrent, chacun d'eux attendant avec espoir le choix du Prophète; et, le lendemain matin, tous encore attendaient qu'il donnât le drapeau. Alors le Prophète demanda où était 'Alî. « Il a mal aux yeux », lui répondit-on. Il le fit alors appeler, lui cracha sur les yeux, et 'Alî fut guéri aussitôt, aussi complètement que s'il n'avait eu aucun mal. « Nous les combattrons, dit 'Alî, jusqu'à ce qu'ils aient la même religion que nous! — Vas-y doucement, répartit le Prophète, et, arrivé devant leurs demeures, appelle-les à l'islâm; apprends-leur ce qui leur est imposé. Par Dieu! être le guide d'un seul homme dans la bonne voie, cela vaut mieux pour toi que les chamelles brunes. »

3. *Anas* a dit : « Lorsque le Prophète était en expédition contre une tribu, il ne l'attaquait pas avant le lever du jour. Si alors il entendait l'appel à la prière, il n'avait garde de les attaquer; mais, s'il ne l'entendait pas, il les attaquait une fois le matin venu. Nous vînmes camper de nuit devant Khaïbar. »

4. D'après *Anas* : « Lorsque le Prophète nous dirigeait en expédition, etc. . . »

5. D'après *Anas* : « Le Prophète partit pour attaquer Khaïbar, et arriva devant la ville pendant la nuit. Il avait l'habitude, lorsqu'il était arrivé de nuit sur le territoire d'une tribu, de ne pas l'attaquer avant le lever du jour. Au matin, l'on vit sortir des Juifs avec des pelles et des paniers. Apercevant le Prophète, ils s'écrièrent : « Par Dieu! c'est Mahomet, Mahomet et l'armée! » Le Prophète dit alors : « Dieu est le plus grand! Khaïbar est perdue! « Certes, lorsque nous sommes venus camper au seuil des gens, « mauvais est le réveil des avertis du châtiment. »

6. *Abou-Horaïra* a dit : « L'Envoyé de Dieu a dit : « J'ai reçu « l'ordre de combattre les gens jusqu'à ce qu'ils confessent qu'il « n'y a pas d'autre divinité que Dieu. Celui qui le confesse n'a rien « à craindre de moi : il ne peut être frappé dans sa personne, dans « ses biens, que conformément au droit de l'islâm, et c'est Dieu qui « se charge de son compte. »

In fine, indication d'un *isnâd* différent.

CHAPITRE CIII. — Du fait de dissimuler le but véritable d'une expédition, en laissant croire qu'on en projette une autre. — De la prédilection pour le jeudi comme jour de départ.

1. *ʿAbdallah-ben-Kaʿb*, qui, de tous les fils de Kaʿb, servait de guide à son père[1], a dit : « J'ai entendu (mon père) Kaʿb-ben-Malik raconter dans quelles circonstances il avait fait défection à l'Envoyé de Dieu, et dire que ce dernier, toutes les fois qu'il projetait une expédition, en dissimulait le but véritable et laissait croire à une autre. »

2. *Kaʿb-ben-Mâlik* a dit : « Le plus souvent, l'Envoyé de Dieu dissimulait le but véritable d'une expédition projetée et laissait

[1] Il était devenu aveugle.

croire à une autre. Mais, lorsque ce fut l'expédition de Taboûk, comme il faisait une chaleur très forte, qu'il y avait une route longue et en pays désert, que les ennemis étaient nombreux, il dévoila aux musulmans ce dont il s'agissait pour eux, afin qu'ils fissent tous les préparatifs nécessaires à la rencontre de l'ennemi; et il leur annonça le but véritable de l'expédition.»

3. *Kaʿb-ben-Mâlik* disait : «Le plus souvent, lorsque le Prophète devait se mettre en route, il choisissait le jeudi comme jour de départ.»

4. D'après *Kaʿb-ben-Mâlik*, l'Envoyé de Dieu se mit en route le jeudi, pour l'expédition de Taboûk; il choisissait de préférence le jeudi comme jour de départ.

CHAPITRE CIV. — Du fait de se mettre en route après l'heure de midi.

1. D'après *Anas*, le Prophète fit à Médine la prière du midi, et pria quatre rakʿa; il fit la prière de l'ʿAṣr à Dzou-'l-Ḥolaïfa et pria deux rakʿa.

«Et je les entendis, dit Anas, criant à haute voix le *telbiya* à la fois pour le pèlerinage et la visite pieuse.»

CHAPITRE CV. — Du fait de se mettre en route à la fin du mois. — *Koraïb a dit, d'après Ibn-ʿAbbâs : «Le Prophète partit de Médine, lorsqu'il restait encore cinq jours du mois de Dzouʿl-Qaʿda; il arriva à la Mecque, quatre nuits du mois de Dzou'l-Ḥijja s'étant déjà écoulées.»*

1. *ʿAïcha* a dit : «Nous partîmes avec l'Envoyé de Dieu lorsqu'il restait encore cinq nuits du mois de Dzou'l-Qaʿda, et nous ne pensions pas que ce fût pour autre chose que pour le pèlerinage. Lorsque nous approchâmes de la Mecque, le Prophète donna l'ordre suivant : «Que ceux qui n'ont pas amené avec eux des bêtes de sacrifice quittent l'iḥrâm après avoir accompli les tournées processionnelles et la course entre eṣ-Ṣafâ et el-Marwa.»

ʿAïcha ajoute : «Or, le jour des sacrifices, on nous apporta de la viande de bœuf. Je demandai ce que c'était, et le porteur me répondit : « C'est la viande des animaux sacrifiés par l'Envoyé de « Dieu pour ses épouses. »

Yaḥyâ (l'un des rawi) a dit : « Comme je citais ce ḥadîts à El-Qâsim-ben-Moḥammed, il me dit : « ('Amra dont tu le tiens) te l'a « rapporté très exactement. »

CHAPITRE CVI. — Du fait de se mettre en route en ramaḍân.

1. *Ibn-ʿAbbâs* a dit : « Le Prophète se mit en route en Ramaḍân. Il jeûna jusqu'à el-Kadîd; mais, arrivé là, il rompit le jeûne. »

In fine, indication d'un autre *isnâd.*

CHAPITRE CVII. — Des adieux.

1. *Abou-Horaïra* a dit : « L'Envoyé de Dieu nous envoya en détachement, et nous dit : « Si vous rencontrez un tel et un tel — « et il nomma deux Qoraïchites — brûlez-les par le feu. » Puis, lorsqu'au moment de partir nous vînmes lui dire adieu, il nous dit : « Je vous avais ordonné de brûler un tel et un tel par le feu; « mais le feu, c'est le châtiment que Dieu seul a le droit d'infliger; « si donc vous prenez ces deux individus, tuez-les. »

CHAPITRE CVIII. — Il faut écouter l'imâm et lui obéir.

1. D'après *Ibn-ʿOmar,* le Prophète a dit : « Écouter l'imâm et lui obéir est un devoir autant que les choses ordonnées ne sont pas des péchés envers Dieu. Mais, si ce qui est ordonné par l'imâm est un péché, il n'y a plus ni à écouter, ni à obéir. »

CHAPITRE CIX. — On doit combattre derrière l'imâm et se défendre par lui.

1. *Abou-Horaïra* a dit qu'il entendit l'Envoyé de Dieu dire : « Nous autres les derniers venus, nous serons les premiers [dans la vie future]. — Quiconque m'obéit, obéit à Dieu; et quiconque me désobéit, désobéit à Dieu. Quiconque obéit au chef, m'obéit à

moi; et quiconque lui désobéit, me désobéit à moi. L'imâm n'est qu'un véritable abri; il faut combattre derrière lui et se défendre par lui. S'il ordonne la crainte de Dieu et se montre juste, il recevra récompense; mais, s'il se conduit autrement, il encourra une [lourde] part de responsabilité. »

CHAPITRE CX. — SERMENT PRÊTÉ À LA GUERRE DE NE PAS PRENDRE LA FUITE, ET, SUIVANT QUELQUES-UNS, DE COMBATTRE À MORT, *à cause de ces mots du Coran : « Dieu a été satisfait des musulmans lorsqu'ils t'ont prêté serment sous l'arbre »* (sourate XLVIII, verset 18).

1. *Nâfi‘* a dit : « Ibn-‘Omar a dit : « Lorsque nous revînmes « l'année suivante, il n'y en eut pas deux d'entre nous à s'accorder « sur l'arbre sous lequel nous avions prêté serment, et c'était là un « effet de la miséricorde divine [1]. »

« Je demandai à Nâfi‘, dit un des râwi, de quoi le Prophète leur avait fait prêter serment, si c'était de combattre à mort. « Non, me « répondit-il, il fit prêter serment d'avoir de la patience. »

2. *‘Abdallah-ben-Zaïd* a raconté qu'au temps d'el-Ḥarra [2] quelqu'un vint le trouver et lui dit : « Ibn-Ḥanthala fait prêter serment aux gens de combattre jusqu'à la mort. — Je ne prêterai ce serment à personne après le Prophète », répondit ‘Abdallah.

3. *Salama* a dit : « Après avoir prêté serment au Prophète, je me retirai à l'ombre de l'arbre. Lorsque la foule des musulmans se fut éclaircie, le Prophète me dit : « Eh bien! Ibn-el-Akwa‘, est-ce que « tu ne me prêtes pas serment? — Je l'ai déjà fait, Envoyé de « Dieu, lui répondis-je. — Alors prête-moi serment encore », reprit-il. Je lui prêtai donc serment une deuxième fois. »

Un des râwi dit : « Je demandai à Salama quel serment ils

[1] Si on l'avait sûrement reconnu, cet arbre serait devenu objet d'adoration : d'où retour au paganisme. Cf. GOLDZIHER, *Muh. Studien*, II, p. 306 et 307.

[2] Bataille livrée entre les partisans d'‘Abdallah-ben-ez-Zobaïr et ceux de l'omeyyade Yezîd-ben-Mo‘âwiya en 63 de l'hégire.

prêtèrent ce jour-là. Il me répondit : «Le serment de combattre «jusqu'à la mort.»

4. *Anas* a dit : «Au jour de la bataille du *Fossé*, les Anṣâr disaient :

> C'est nous qui, dans notre serment à Mahomet,
> Avons juré le bon combat, toujours tant que nous vivrons.

Et le Prophète leur répondait :

> Ô mon Dieu! la seule vie, c'est la vie à venir;
> Sois généreux pour tout Anṣâr et tout Mohâdjir.

5. *Modjâchi*ʿ a dit : «Étant venu avec mon frère trouver le Prophète, je lui dis : «Reçois notre serment de prendre part à l'hégire. « — L'hégire est passée, répondit-il; elle est tout entière à ceux qui «la firent. — De quoi te prêterons-nous donc serment? repris-je. « — D'être fidèles à l'islâm, et de faire la guerre sainte, dit-il.»

CHAPITRE CXI. — L'imâm peut-il presser les musulmans de faire ce qui ne dépasse pas leurs forces?

1. *ʿAbdallah-ben-Masʿoûd* dit : «Un homme aujourd'hui est venu me poser une question à laquelle je n'ai pas su répondre. «Que «penses-tu, m'a-t-il dit, du cas suivant : Un musulman bien armé, «bien dispos, part en campagne avec nos chefs, et il voit le chef «nous presser de faire des choses que nous ne connaissons pas «bien»? Je lui ai dit, continua ʿAbdallah, que, par Dieu! je ne savais ce que je devais lui répondre; qu'au temps du Prophète, ce n'est guère qu'une seule fois que ce dernier eut à nous presser d'accomplir une chose. Au reste, vous ne vous écarterez pas du bien aussi longtemps que vous craindrez Dieu, que dans vos doutes vous interrogerez un homme qui vous guérira de ces doutes. Mais un tel homme est maintenant presque introuvable. Par Celui qui seul est Dieu, ce bas monde et ce qui reste s'offre à mes souvenirs comme une mare dont l'eau limpide a été bue et dont l'eau fangeuse seule demeure encore.»

CHAPITRE CXII. — Lorsque le Prophète n'avait pas combattu au commencement de la journée, il retardait l'engagement jusqu'au déclin du soleil.

1. *Sâlim-Abou-'n-Naḍr*, affranchi d''Omar-ben-'Obaïd-Allah et qui lui servait de secrétaire, a dit : « 'Abdallah-ben-Abou-Aoufâ écrivit à 'Obaïd-Allah une lettre que j'ai lue et où il lui disait : « L'Envoyé « de Dieu, dans l'une de ses expéditions, se trouvant en présence de « l'ennemi, attendit jusqu'au déclin du soleil. Alors il se leva au « milieu des musulmans, et leur dit : « Ô musulmans, ne souhaitez « pas la rencontre de l'ennemi, et demandez plutôt à Dieu la paix. « Puis, lorsque vous rencontrerez l'ennemi, montrez de l'endurance « et sachez que le paradis est à l'ombre des sabres. » Puis il ajouta : « Ô mon Dieu! toi qui as fait descendre sur terre le Livre Saint, « qui fais courir les nuages au ciel, qui as mis en déroute les na- « tions, mets l'ennemi en déroute et assiste-nous contre lui! »

CHAPITRE CXIII. — Le musulman doit demander à l'imâm la permission de partir, *à cause de ces mots du Coran : « Les vrais croyants, ce sont ceux-là seuls qui croient en Dieu et en son Envoyé; qui, lorsqu'ils sont avec son Envoyé dans une affaire qui réunit les fidèles, ne s'en vont pas sans lui en avoir demandé la permission. Certes, ceux qui te demandent la permission, etc. »* (sourate XXIV, verset 62).

Djâbir-ben-'Abdallah a dit : « Je partis en expédition avec l'Envoyé de Dieu. Le Prophète me joignit en chemin; ma monture, c'était une bête habituée au travail de l'irrigation; elle était fatiguée et ne marchait plus qu'à grand'peine. Le Prophète me dit : « Qu'a « donc ton chameau? — Il est fatigué », répondis-je. Alors l'Envoyé de Dieu, restant en arrière, pressa l'animal et invoqua pour lui le secours divin; et l'animal se mit à marcher, devançant sans cesse la troupe des autres chameaux. L'Envoyé de Dieu me dit alors : « Comment trouves-tu ton chameau? — Il va bien, répondis-je, « il éprouve les effets de ta bénédiction. — Veux-tu me le vendre? » « demanda-t-il. » A cette demande, je fus pris de honte, car l'animal était notre unique chameau d'irrigation; mais je répondis :

« Oui » au Prophète. « Vends-le-moi donc, » reprit-il; et effectivement je le lui vendis avec réserve du droit de le monter jusqu'à mon arrivée à Médine. Je dis en outre à l'Envoyé de Dieu que j'étais nouveau marié, et lui demandai la permission de quitter la troupe. Il me la donna, et je pris les devants vers Médine. Arrivé à la ville, je rencontrai mon oncle maternel qui me demanda des nouvelles du chameau; je lui dis ce que j'avais conclu à son sujet, et il m'en blâma. Lorsque j'avais demandé la permission à l'Envoyé de Dieu, il m'avait dit : « As-tu épousé une vierge ou une femme antérieu-« rement mariée? — Une femme antérieurement mariée, avais-je « répondu. — Pourquoi, m'avait-il dit, n'as-tu pas épousé une « vierge? Vous vous seriez réciproquement mieux divertis. — En-« voyé de Dieu, avais-je réparti, mon père est mort — ou est mort « martyr — me laissant de jeunes sœurs. Or je n'ai pas voulu « choisir une épouse semblable à elles, qui ne saurait ni les éduquer, « ni en prendre soin; et c'est pour cela que j'ai épousé une femme « antérieurement mariée, qui pourra les soigner et les éduquer. » Lorsque le Prophète arriva à Médine, j'allai lui mener le chameau. Il me paya le prix de l'animal et, en outre, me le rendit. »

El-Moghîra a dit : « Dans notre jurisprudence, un contrat de vente conclu aux conditions ci-dessus indiquées a de la valeur; nous n'y voyons pas de mal. »

CHAPITRE CXIV. — De celui qui part en expédition étant tout jeune marié. — *Djâbir a rapporté à ce sujet une tradition du Prophète.*

CHAPITRE CXV. — De celui qui considère comme préférable qu'un marié ne parte en expédition qu'après consommation du mariage : *Abou-Horaïra a rapporté à ce sujet une tradition du Prophète.*

CHAPITRE CXVI. — L'imâm montre de l'empressement à un moment de panique.

1. *Anas-ben-Mâlik* a dit : « Il y eut panique à Médine. Alors l'Envoyé de Dieu monta sur un cheval appartenant à Abou-Ṭalḥa, et

IMPRIMERIE NATIONALE.

dit : « Nous n'avons rien vu; mais nous avons trouvé ce cheval « une vraie mer. »

CHAPITRE CXVII. — Du fait de se hâter et de galoper au moment d'une panique.

1. *Anas-ben-Mâlik* a dit : « Les gens furent saisis de panique; l'Envoyé de Dieu enfourcha un cheval appartenant à Abou-Ṭalḥa et qui était d'une allure très lente; puis il partit tout seul, au galop. Les musulmans montèrent alors à cheval et galopèrent derrière lui. Il dit : « Ne craignez rien. Ce cheval est une vraie mer. »

Anas ajoute que, dans la suite, ce cheval ne put jamais être dépassé à la course.

CHAPITRE CXVIII. — Du fait de sortir seul dans un moment de panique.

CHAPITRE CXIX. — Des subsides et des montures fournies aux combattants dans la voie de Dieu. — *Modjâhid a dit : « Je dis à Ibn-ʿOmar : « Voilà, (je pars) « en expédition ». Il me répondit : « Je voudrais bien t'y aider d'une part de « mes biens. — Dieu m'a mis dans l'aisance, lui répartis-je. — C'est un bien pour « toi que tu puisses te suffire, me dit-il; mais moi, j'aimerais à consacrer à « l'œuvre de la guerre sainte quelque chose de ma fortune. » — ʿOmar a dit : « Il y a des gens qui prennent quelque chose de ce bien (du trésor public) pour faire la guerre sainte, puis qui ne la font pas. Vis-à-vis de ceux qui agissent de la sorte, nous aurions tous les droits de reprendre sur leurs biens ce qu'ils ont pris eux-mêmes. » — Ṭaous et Modjâhid ont dit : « Lorsque vous aurez reçu quelque chose pour vous mettre en campagne dans la voie de Dieu, faites-en ce que voudrez; consacrez-le même à votre famille. »*

1. *Aslam* a dit : « ʿOmar-ben-el-Khaṭṭâb a dit : « Je fis don d'un « cheval pour la guerre sainte. Puis, dans la suite, je vis vendre « ce cheval. Je demandai alors à l'Envoyé de Dieu si je devais le « racheter : « Ne le rachète pas, me répondit-il, et ne reviens pas « sur les bonnes œuvres que tu as faites ! »

2. D'après *ʿAbdallah-ben-ʿOmar,* ʿOmar-ben-el-Khaṭṭâb fit don d'un cheval pour la guerre sainte; plus tard, le voyant vendre, il

voulut le racheter et interrogea à ce sujet l'Envoyé de Dieu. « Ne le rachète pas, répondit celui-ci, et ne reviens pas sur les bonnes œuvres que tu as faites. »

3. *Abou-Horaïra* a dit : « L'Envoyé de Dieu a dit : « Si je ne « craignais de causer de la peine à mon peuple, je ne voudrais de- « meurer en arrière d'aucun détachement. Mais je ne peux réunir « le nombre de montures suffisant, et je ne puis supporter l'idée « qu'ils resteront derrière moi : (sans cela,) j'aimerais à combattre « dans le sentier de Dieu, à y être tué, puis rappelé à la vie, pour « être tué encore, et encore rappelé à la vie. »

CHAPITRE CXX. — De ce qui concerne le mercenaire. *El-Ḥasan et Ibn-Sîrîn ont dit : « Il recevra une part du butin. » — On prêta à ʿAṭiya-ben-Qaïs un cheval à mi-part ; et la part de butin attribuée au cheval ayant atteint quatre cents dînârs, il en garda deux cents et donna les deux cents autres au propriétaire de la bête.*

1. *Yaʿlâ(-ben-Omaïya)* a dit : « Je pris part à l'expédition de Taboûk avec l'Envoyé de Dieu, et je donnais pour la guerre sainte un jeune chameau ; ce fut là la plus sûre à mes yeux de mes bonnes actions. Je louai les services d'un mercenaire. Or il arriva qu'il se battit avec un autre homme, et l'un des deux mordit son adversaire. Celui-ci, retirant violemment sa main de la bouche de l'autre, lui arracha une dent de devant. Ce dernier s'en vint alors devant le Prophète, et laissa tomber devant lui sa dent. Le Prophète lui dit : « Penses-tu qu'il pouvait t'offrir sa main, pour que tu la broutes « comme broute l'étalon ! »

CHAPITRE CXXI. — De ce qui a été dit relativement au drapeau du Prophète.

1. *Tsaʿlaba-ben-Abou-Mâlik-el-Qorathi* a rapporté que Qaïs-ben-Saʿd-el-Anṣâri, qui était le porte-drapeau du Prophète, voulant faire le pèlerinage, donna de la liberté à ses cheveux.

2. *Salama-ben-el-Akwaʿ* a dit : « ʿAlî était resté en arrière du Pro-

phète à l'expédition de Khaïbar, à cause d'un mal aux yeux dont il souffrait. Puis il se dit : « Resterai-je donc en arrière de l'Envoyé « de Dieu! » Il partit là-dessus et rattrapa le Prophète. Or, la veille au soir du jour dans la matinée duquel il devait prendre la ville, l'Envoyé de Dieu dit : « Demain je donnerai le drapeau à un homme, « — ou le drapeau sera reçu par un homme — aimé de Dieu et « de son Envoyé — ou aimant Dieu et son Envoyé; — et c'est par « sa main que sera accordée la victoire. » Et voilà qu'à ce moment ʿAlî survint près de nous à l'improviste. « Voilà ʿAlî, » dirent les musulmans. Alors l'Envoyé de Dieu lui confia le drapeau, et Dieu donna la victoire aux musulmans par ses mains. »

3. *Nâfiʿ-ben-Djobaïr* a dit : « J'entendis El-ʿAbbâs dire à Ez-Zobaïr : « C'est ici que le Prophète t'a ordonné de planter le drapeau. »

CHAPITRE CXXII. — *De cette parole du Prophète : « J'ai été aidé par l'épouvante à la distance d'un mois de marche. » Elle a été rapportée de lui par Djâbir. — De ces mots du Coran : « Nous jetterons l'épouvante dans le cœur des infidèles »* (sourate III, verset 144).

1. D'après *Abou-Horaïra*, l'Envoyé de Dieu a dit : « On m'a envoyé porter les paroles concises, et j'ai été aidé par l'épouvante. Pendant mon sommeil, les clés des trésors de la terre m'ont été apportées, et ont été placées dans ma main. »

Abou-Horaïra ajouta : « L'Envoyé de Dieu est parti, et maintenant, vous autres, vous extrayez ces trésors. »

2. *Ibn-ʿAbbâs* a rapporté qu'Abou-Sofyân lui avait rapporté ce qui suit : Héraclius l'envoya chercher, alors qu'ils étaient à Îliyâ; puis il se fit apporter la lettre de l'Envoyé de Dieu. Lorsqu'il en eut achevé la lecture, un grand tumulte se produisit et des cris violents retentirent. « On nous fit alors sortir, dit Abou-Sofyân, et je dis à mes compagnons : « Il faut que les affaires du fils d'Abou-Kabcha « aient pris de l'importance, puisque le prince des Banoû'-l-Aṣfar « le redoute. »

CHAPITRE CXXIII. — Du fait d'emporter des provisions en expédition. — *De ces mots du Coran : « Prenez des provisions de route ; mais le meilleur viatique, c'est la crainte de Dieu »* (sourate II, verset 193).

1. *Asmâ* a dit : « C'est moi qui préparai le viatique du Prophète dans la maison d'Abou-Bakr, quand il voulut faire l'hégire vers Médine. Or je ne trouvai pas avec quoi lier son sac à provisions, ni sa gourde. « Je ne trouve pour les lier, dis-je à Abou-Bakr, que le « cordon de ma ceinture ! — Fends-le en deux, et lie avec un des « morceaux la gourde, et avec l'autre le sac », me répondit-il. C'est ce que je fis, et c'est pour cela qu'on m'appela par la suite « la femme aux deux ceintures[1]. »

2. *Djâbir-ben-ʿAbdallah* a dit : « Nous emportions comme provision de route de la viande des sacrifices, pour le voyage de retour à Médine, au temps du Prophète. »

3. *Sowaïd-ben-en-Noʿmân* a raconté qu'il partit avec le Prophète l'année de la prise de Khaïbar. Arrivés à es-Ṣahbâ, qui fait partie de Khaïbar et est située dans la partie la plus basse de son territoire, ils firent la prière de l'ʿ*Aṣr*. Le Prophète dit alors d'apporter les vivres ; et on ne lui apporta que du *sawîq*, que nous nous mîmes à mâcher. Nous mangeâmes donc et nous bûmes ; puis le Prophète se leva et se rinça la bouche. Nous nous la rinçâmes comme lui, et nous fîmes la prière. »

4. *Salama* a dit : « Les provisions s'étaient réduites ; les musulmans étaient en détresse. Ils s'en vinrent trouver le Prophète pour lui demander d'égorger leurs chameaux. Le Prophète le leur accorda. Or, rencontrant ʿOmar, ils lui apprirent cette nouvelle : « Et « que durera votre existence après l'égorgement de vos chameaux ? » dit-il. ʿOmar s'en vint donc vers le Prophète et dit : « Envoyé « de Dieu, que durera leur existence après qu'ils auront abattu « leurs chameaux ? » L'Envoyé de Dieu lui répondit : « Appelle-les, « qu'ils m'apportent ce qui reste de leurs provisions. » Alors il

[1] Cf. Nöldeke, ap. *Z. D. M. G.*, 1898, p. 30, note 2.

invoqua sur les vivres restants la bénédiction divine; puis il dit aux musulmans de venir avec leurs sacs à provisions. Ils vinrent, ramassèrent à poignées jusqu'à ce qu'il ne resta plus rien : «Je «témoigne, dit alors l'Envoyé de Dieu, que Dieu seul est Dieu, et «que je suis l'Envoyé de Dieu.»

CHAPITRE CXXIV. — Du fait de porter ses provisions sur ses épaules.

1. *Djâbir* a dit : «Nous partîmes au nombre de trois cents; chacun de nous portait ses provisions sur ses épaules. Or ces provisions s'épuisèrent à tel point, que chacun ne mangeait plus qu'une datte par jour.» — Un homme dit à Djâbir : «Ô Abou-ʿAbdallâh! «quelle pouvait être la valeur d'une datte pour un homme?» Il ré«pondit : Nous ressentîmes pourtant cruellement la disparition de «cet aliment, lorsqu'il vint à nous manquer!» Enfin nous arrivâmes au rivage de la mer, et aperçûmes tout à coup un poisson que la mer y avait rejeté. Nous en mangeâmes dix-huit jours durant, autant que nous voulûmes.»

CHAPITRE CXXV. — La femme monte en croupe derrière son frère.

1. *ʿAïcha* a raconté qu'elle dit à l'Envoyé de Dieu : «Envoyé de Dieu, tes compagnons reviendront avec les récompenses attachées au pèlerinage et à la visite pieuse, et moi je n'aurai rien de plus que le pèlerinage! — Va-t'en, lui répondit-il, ʿAbd-er-Raḥmân te prendra en croupe.» Et il ordonna à ʿAbd-er-Raḥmân de faire faire la visite pieuse à ʿAïcha à partir d'et-Tanʿîm. Le Prophète attendit le retour d'Âïcha au plus haut point du territoire de la Mecque.»

2. *ʿAbderraḥmân-ben-Abou-Bakr-eṣ-Ṣiddîq* a dit : «Le Prophète m'ordonna de prendre en croupe ʿÂïcha et de lui faire faire la visite pieuse à partir d'et-Tanʿîm.»

CHAPITRE CXXVI. — Du fait de monter en croupe en expédition et pour le pèlerinage.

1. *Anas* a dit : «J'étais en croupe derrière Abou-Ṭalḥa; le Pro-

phète et ses compagnons élevaient la voix pour les deux cérémonies, aussi bien le pèlerinage que la visite pieuse. »

CHAPITRE CXXVII. — De celui qui monte en croupe d'un autre, sur un âne.

1. D'après *Osâma-ben-Zaïd*, l'Envoyé de Dieu monta sur un âne muni d'un bât sur lequel était posée une couverture à franges; il prit Osâma en croupe derrière lui. »

2. D'après *ʿAbdallah-ben-ʿOmar*, le jour de la prise de la Mecque, le Prophète s'avança du plus haut point de la ville, monté sur son chameau. Il avait Osâma-ben-Zaïd en croupe, et était accompagné de Bilâl et d'ʿOtsmân-ben-Ṭalḥa, l'un des gardiens du temple. Arrivé, il fit agenouiller sa monture dans l'oratoire et donna l'ordre qu'on lui apportât la clef de la maison de Dieu. Il l'ouvrit, et y entra accompagné d'Osâma, de Bilâl et d'ʿOtsmân. Il y demeura tout un jour; puis, lorsqu'il sortit, les gens s'avancèrent en foule. Le premier qui entra dans la Kaʿba fut ʿAbdallah-ben-ʿOmar. Il y trouva Bilâl, debout derrière la porte, et lui demanda à quel endroit l'Envoyé de Dieu avait prié; Bilâl le lui désigna.

ʿAbdallah-ben-ʿOmar ajoute : « J'oubliai de lui demander combien de rakʿa le Prophète avait prié. »

CHAPITRE CXXVIII. — Du fait de tenir l'étrier d'un compagnon ou de lui rendre quelque service analogue.

1. *Abou-Horaïra* a dit : « L'Envoyé de Dieu a dit : « Chaque articulation du corps humain doit faire l'aumône d'une bonne œuvre « à chacun des jours où le soleil monte au firmament : réconcilier « deux croyants, c'est une aumône; aider autrui à s'occuper de sa « monture, soit en lui donnant la main pour y monter, soit en lui « chargeant ses bagages sur elle, c'est une aumône; toute bonne « parole, tout pas fait vers la prière sont des aumônes; rejeter du « chemin quelque objet dangereux, c'est une aumône. »

CHAPITRE CXXIX. — Qu'il est répréhensible d'aller en pays ennemi en emportant des exemplaires du Coran. — *C'est ce qui est rapporté de Moḥam-*

med-ben-Bichr, d'ʿObaïd-Allah, de Nâfiʿ, d'Ibn-ʿOmar, du Prophète avec confirmation par Ibn-Isḥâq de Nâfiʿ, d'Ibn-ʿOmar. Mais le Prophète et ses compagnons allèrent en pays ennemi, bien qu'ils sussent le Coran.

1. D'après *ʿAbdallah-ibn-ʿOmar*, l'Envoyé de Dieu interdit d'emporter le Coran dans un voyage en pays ennemi.

CHAPITRE CXXX. — Du fait de prononcer le tekbîr à la guerre.

1. *Anas* a dit : « Le Prophète arriva au matin devant Khaïbar, au moment où les habitants en sortaient la pelle sur l'épaule. Lorsqu'ils l'aperçurent, ils s'écrièrent : « C'est Mahomet et l'armée! « Mahomet et l'armée! » et ils se réfugièrent dans l'enceinte fortifiée. Le Prophète, élevant alors les deux mains, s'écria : « Dieu est « le plus grand! Khaïbar est perdue! Quand nous venons nous « installer devant la demeure des gens, triste est le matin de ceux « qui ont reçu l'avertissement du châtiment! » Puis, ayant capturé des ânes, nous en fîmes cuire la chair; mais alors le héraut vint crier : « Dieu et son Envoyé vous interdisent l'usage de la viande « d'âne! » et incontinent les marmites furent renversées avec ce qu'elles contenaient. »

In fine, indication d'une confirmation.

CHAPITRE CXXXI. — Qu'il est répréhensible d'élever trop la voix dans le tekbîr.

1. *Abou-Moûsâ-el-Achʿari* a dit : « Étant avec le Prophète, lorsque nous avions gravi la pente d'une vallée, nous élevions nos voix pour prononcer le *tekbîr* et le *tahlîl*. Le Prophète nous dit : « Contenez-vous, ô musulmans; celui que vous invoquez n'est ni « sourd, ni absent; il est bien entendant et tout proche. »

CHAPITRE CXXXII. — Du fait de prononcer le tesbîḥ en descendant la pente d'une vallée.

1. *Djâbir-ben-ʿAbdallah* a dit : « En montant nous prononcions le *tekbîr*, et en descendant nous prononcions le *tesbîḥ*. »

CHAPITRE CXXXIII. — Du fait de prononcer le tekbîr en montant sur une hauteur.

1. *Djâbir* a dit : « En montant nous prononcions le *tekbîr,* et en descendant nous prononcions le *tesbîḥ.* »

2. *ʿAbdallah-ben-ʿOmar* a dit : « Lorsqu'il revenait du pèlerinage ou de la visite pieuse, — je crois bien, dit un des râwis qu'il dit « d'expédition », — le Prophète, toutes les fois qu'il avait gravi un col ou passé un terrain accidenté, prononçait trois fois le *tekbîr;* puis il ajoutait : « Dieu seul est Dieu; il n'a pas d'associé : à lui « l'empire, à lui la louange; il a pouvoir sur toutes choses. Nous « reviendrons, nous nous repentirons, nous adorerons, nous nous « prosternerons en louant notre Seigneur. Dieu a tenu ses pro- « messes, assisté son serviteur et mis en fuite les nations à lui tout « seul ! »

Sâliḥ (un des râwi) a dit : « Je demandai si ʿAbdallah-ben-ʿOmar n'avait pas ajouté à « nous reviendrons » les mots « s'il plaît à Dieu »; on me répondit que non. »

CHAPITRE CXXXIV. — Les bonnes œuvres qu'on avait coutume d'accomplir dans sa demeure sont inscrites au compte lorsqu'on voyage.

1. *Abou-Borda* a rapporté qu'il voyageait en compagnie de Yazîd-ben-Abou-Kabcha. Yazîd jeûnait pendant la route; alors Abou-Borda lui dit : « J'ai entendu à plusieurs reprises Abou-Moûsâ (-el-Achʿari) rapporter ces mots de l'Envoyé de Dieu : « Lorsque le « musulman est malade ou en voyage, il est inscrit à son compte « les mêmes bonnes œuvres qu'il avait coutume d'accomplir étant « dans sa demeure, ou jouissant de sa santé. »

CHAPITRE CXXXV. — Du fait de marcher seul.

1. *Djâbir-ben-ʿAbdallah* a dit : « Le Prophète fit appel aux musulmans une première fois le jour du *Fossé,* et Ez-Zobaïr répondit à cet appel; puis une deuxième, et Ez-Zobaïr répondit encore; puis une troisième, et Ez-Zobaïr répondit encore. Le Prophète dit alors :

« Tout prophète a eu un fidèle (حوارى), et mon fidèle à moi, « c'est Ez-Zobaïr. »

Sofyân a dit : حوارى est synonyme de ناصر « aide ».

2. D'après *Ibn-ʿOmar* : « Le Prophète a dit : « Si les gens savaient « ce que je sais, moi, de la solitude, l'on ne verrait personne chevaucher tout seul pendant la nuit ! »

CHAPITRE CXXXVI. — Du fait de hâter la marche; *Abou-Ḥomaïd (-es-Saʿidi) a dit : « Le Prophète dit : « Je hâte ma marche vers Médine; que celui qui veut « se hâter avec moi, le fasse », etc.*

1. *ʿOrwa-ben-ez-Zobaïr* a dit : « On interrogea Osâma-ben-Zaïd — moi entendant [et ces mots d'ʿOrwa, dit un des râwi, je les omis dans un précédent récit] — au sujet de l'allure prise par le Prophète au pèlerinage d'adieu : « Il marchait à une allure large et « mesurée, répondit-il; puis, lorsqu'il trouvait quelque coupure de « terrain, il prenait le pas accéléré. »

Le pas accéléré النص est plus rapide que l'allure large العنق.

2. *Aslam* a dit : « J'étais avec ʿAbdallâh-ben-ʿOmar sur le chemin de la Mecque, lorsqu'il reçut la nouvelle que Ṣafîya, fille d'Abou-ʿObaïd, était dangereusement malade. Il pressa alors sa marche, jusqu'au moment où disparut du ciel l'empourprement du couchant. Il s'arrêta alors, et fit à la fois les deux prières du maghreb et du soir; puis il dit : « J'ai vu le Prophète, lorsqu'il « avait besoin de marcher rapidement, reculer la prière du maghreb « jusqu'au moment où il la réunissait à celle du soir. »

3. D'après *Abou-Horaïra*, l'Envoyé de Dieu a dit : « Le voyage est une fraction de la torture. Il empêche de goûter le sommeil, la nourriture, la boisson. Aussi bien, lorsque l'un de vous aura terminé ses affaires, qu'il hâte son retour vers les siens ! »

CHAPITRE CXXXVII. — Un musulman, ayant offert un cheval pour la guerre sainte, le voit vendre par la suite.

1. D'après *ʿAbdallah-ben-ʿOmar*, « ʿOmar-ben-el-Khaṭṭâb avait

offert un cheval dans le sentier de Dieu. Plus tard, le voyant vendre, il voulut le racheter, et interrogea à ce sujet l'Envoyé de Dieu : «Ne le rachète pas, répondit celui-ci, et ne reviens pas sur les bonnes œuvres que tu as faites.»

2. *Aslam* a dit : «J'entendis 'Omar-ben-el-Khaṭṭâb dire : «J'avais «offert un cheval pour la guerre sainte. Dans la suite, celui qui le «possédait le vendit — ou, suivant un râwi, l'abîma. — Je vou- «lus alors le racheter, persuadé que le possesseur le céderait à bas «prix. J'interrogeai à ce sujet le Prophète, qui me répondit : «Ne «le rachète pas, fût-ce au prix d'un seul dirhem; car celui qui «revient sur sa donation est comparable au chien qui retourne à «son vomissement.»

CHAPITRE CXXXVIII. — Qu'il faut demander aux parents la permission de partir à la guerre sainte.

1. *'Abdallah-ben-'Amr* a dit : «Un homme vient trouver le Prophète pour lui demander la permission de partir à la guerre sainte : «Tes parents sont-ils encore vivants? lui demanda le Prophète. — «Oui, répondit l'homme. — Eh bien! c'est pour eux que tu as à «faire la guerre sainte[1].»

CHAPITRE CXXXIX. — De ce qui a été dit au sujet des clochettes et d'autres objets qu'on suspend au cou des chameaux.

1. *Abou-Bachîr-el-Anṣâri* a raconté que l'Envoyé de Dieu, dans une expédition où lui-même l'avait accompagné, envoya un messager — «Je crois, dit un râwi, qu'il ajouta : «lorsque chacun s'était retiré dans son campement» — porter l'ordre suivant : «Il ne faut plus désormais de colliers de corde — ou simplement de colliers — au cou des chameaux; qu'on les coupe tous!»

[1] Le mot جهاد est pris ici dans le sens d'«efforts pour les honorer et les faire vivre»; c'est, du moins, avec ce sens que les commentateurs expliquent ce hadits qu'on pourrait comprendre encore avec cette tout autre signification : «C'est à eux qu'il faut t'adresser; et fais ensuite la guerre sainte.»

CHAPITRE CXL. — Lorsqu'un individu a été enrôlé pour une expédition, peut-il obtenir congé, lorsque sa femme est partie en pèlerinage ou qu'il a quelque autre excuse?

1. *Ibn-'Abbâs* a rapporté qu'il entendit le Prophète dire : «Il ne faut pas qu'un homme demeure seul avec une femme, il ne faut pas qu'une femme aille en voyage sans que soit à côté d'elle un parent du degré où le mariage est interdit.» Alors un homme se leva et dit : «Envoyé de Dieu, j'ai été enrôlé pour telle expédition, alors que ma femme est partie au pèlerinage. — Va-t'en, lui répondit le Prophète, et fais le pèlerinage avec ta femme.»

CHAPITRE CXLI. — De l'espion (الجاسوس) : *espionner* (تجسّس), *c'est proprement «enquêter»* (تبحّث). — *De ces mots du Coran : «(Croyants!) ne prenez point pour amis mes ennemis et les vôtres»* (sourate LX, verset 1).

1. *'Ali* a dit : «L'Envoyé de Dieu m'envoya en compagnie d'Ez-Zobaïr et d'El-Miqdâd, en nous disant : «Marchez jusqu'à Raoudat-«Khâkh; vous y trouverez une femme en litière qui est porteuse «d'une lettre; vous lui prendrez cette lettre.» Nous partîmes donc au galop de nos chevaux, jusqu'à l'endroit indiqué. Nous y trouvâmes de fait une femme en litière, à laquelle nous dîmes : «Remets-nous la lettre que tu as! — Je n'ai pas de lettre, «répondit-elle. — Tu vas remettre la lettre, reprîmes-nous, ou nous allons te fouiller[1]!» Alors elle retira la lettre du cordon qui retenait ses cheveux. Là-dessus, nous emportâmes la lettre à l'Envoyé de Dieu : or c'était un message de Ḥâṭib-ben-Abou-Balta'a à certains polythéistes de la Mecque, par lequel il leur donnait des renseignements sur un projet de l'Envoyé de Dieu. Celui-ci dit à Ḥâṭib : «Qu'est-ce que cela, ô Ḥâṭib?» Le coupable répondit : «Ne «te hâte pas de me juger, Envoyé de Dieu; moi, je n'ai eu dans «Qoraïch que la situation d'un *rapporté*, n'appartenant pas originai-«rement à la tribu. Les autres mohâdjir ont, à la Mecque, des pa-

[1] Mot à mot «nous enlèverons tes habits», et, dans le texte de Krehl, «ou tu vas enlever tes habits».

« rents par lesquels ils peuvent assurer la protection de leurs femmes « et de leurs biens ; moi, comme les liens du sang ne me donnaient « pas cet avantage, j'ai voulu m'acquérir à la reconnaissance de « Qoraïch des droits qui assurassent la protection de mes proches. « Mais je n'ai pas agi par infidélité ou par apostasie ; je n'ai point « accepté comme religion l'infidélité après avoir embrassé l'Islâm. » L'Envoyé de Dieu répondit : « En vérité, il vous a parlé sincère- « ment. » ʿOmar dit alors : « Envoyé de Dieu, laisse-moi couper la « tête de cet hypocrite. » L'Envoyé de Dieu lui répondit : « Cet « homme a assisté au combat de Badr ; d'où pourrais-tu savoir que « Dieu n'aurait pas considéré les combattants de Badr en leur di- « sant : « Faites maintenant tout ce que vous voudrez, mais d'avance « je vous l'ai pardonné » ?

Sofyân, l'un des râwi, dit : « Et avec quel isnâd est rapporté ce ḥadîts ? »

CHAPITRE CXLII. — Du fait de vêtir les prisonniers.

1. *Djâbir-ben-ʿAbdallah* a dit : « Au jour de Badr, on amena des prisonniers parmi lesquels se trouvait El-ʿAbbâs ; comme il était sans vêtement, le Prophète s'occupa de lui chercher une chemise. Or on trouva que la chemise d'ʿAbdallah-ben-Obaïy allait juste à la taille d'El-ʿAbbâs, et le Prophète en revêtit son oncle. C'est pour cela que, plus tard, le Prophète retira sa propre chemise pour en revêtir le corps d'Ibn-Obaïy. »

Ibn-ʿOyaïna (l'un des rawi) a ajouté : « Ibn-Obaïy avait rendu service au Prophète, et celui-ci voulut payer sa dette de reconnaissance. »

CHAPITRE CXLIII. — Du mérite de celui entre les mains duquel un infidèle se convertit à l'islâm.

1. *Sahl* a dit : « Le Prophète dit, le jour de Khaïbar : « Demain « je confierai le drapeau à un homme par la main duquel nous sera « donnée la victoire ; celui-là, il aime Dieu et son Envoyé, et il est

«aimé d'eux.» Les musulmans passèrent la nuit se demandant lequel d'entre eux recevrait le drapeau; et, au matin suivant, chacun espéra pour lui l'accomplissement de la promesse du Prophète. Celui-ci demanda alors où était ʿAli : «Il souffre des yeux, lui répondit-on. Alors le Prophète lui cracha sur les yeux», en invoquant pour lui la grâce divine; et ʿAli fut guéri complètement, comme s'il n'eût jamais été malade. Après quoi, le Prophète lui remit le drapeau : «Je combattrai l'ennemi, s'écria alors ʿAli, jusqu'à ce qu'il prenne la même religion que nous! — Va-t'en «tranquillement, lui répondit le Prophète, jusqu'au-devant de «leurs demeures; et là appelle-les à l'islâm, et informe-les des «obligations qui leur incombent. Par Dieu! que Dieu te fasse le «guide d'un seul homme dans la bonne voie, cela vaut mieux pour «toi que les troupeaux de chamelles brunes!»

CHAPITRE CXLIV. — De l'enchaînement des prisonniers.

1. D'après *Abou-Horaïra*, le Prophète a dit : «Dieu est émerveillé des gens qui entrent au paradis avec leurs chaînes.»

CHAPITRE CXLV. — Mérite des gens de l'Écriture qui embrassent l'islamisme.

1. *Aboû-Mousâ-el-Achʿari* a dit : «Le Prophète a dit : «Trois «personnes auront une double part de récompense : l'homme qui, «possédant une femme esclave, l'instruit avec soin des devoirs de «sa religion, lui donne une bonne éducation, puis l'affranchit et «l'épouse, aura une double récompense; un croyant des gens des «Écritures qui, ayant cru en son prophète, croira ensuite en Ma«homet, aura une double récompense [1]; enfin l'esclave qui rem«plira ses devoirs envers Dieu, tout en servant fidèlement son «maître, aura aussi une double récompense.»

ʿAmir-ech-Chaʿbi (l'un des râwi) dit (en transmettant ce ḥadîts) :

[1] Comp. Coran, sourate XXVIII, verset 54.

« Je te donne ce ḥadîts sans rien exiger en retour, alors que, pour d'autres de moindre importance, on faisait exprès le voyage de Médine. »

CHAPITRE CXLVI. — Du cas où, des ennemis étant attaqués de nuit (يُبَيَّتُونَ), les enfants, les jeunes sont frappés. — *Dans le Coran* (sourate VII, verset 3), بياتا *veut dire « de nuit »*; لَنُبَيِّتَنَّهُ (sourate XXVII, verset 50) *veut dire « nous viendrons les surprendre de nuit;* بيّت (sourate IV, verset 83) *veut dire « fit dans l'ombre de la nuit*[1] ».

1. *Eṣ-Ṣa'b-ben-Djattsâma* a dit : « Le Prophète passa une fois avec moi à côté d'El-Abwâ, ou de Waddân; on lui demanda ce qu'il en était lorsque, dans une attaque nocturne contre des ennemis polythéistes, des femmes et des enfants étaient frappés : « Ces femmes et ces enfants, répondit-il, font partie des ennemis. »

Eṣ-Ṣa'b a encore dit : « Il n'appartient à personne de territoire réservé, sauf à Dieu et à son Envoyé. »

In fine, indication d'*isnâd* différents avec de légères variantes : dans l'une, il n'est question que des jeunes et non des enfants; dans une autre à laquelle il est fait allusion, le Prophète aurait dit : « Ces enfants sont enfants de leurs pères. »

CHAPITRE CXLVII. — Du meurtre des enfants à la guerre.

1. *'Abdallah* (-ibn-'Omar) a raconté que, dans l'une des expéditions du Prophète, on trouva une femme tuée. Alors l'Envoyé de Dieu réprouva le meurtre des femmes et des enfants.

CHAPITRE CXLVIII. — Du meurtre des femmes à la guerre.

1. (*'Abdallah-*) *'Ibn-Omar* a dit : « Dans l'une des expéditions du Prophète, une femme fut trouvée tuée. Alors l'Envoyé de Dieu interdit le meurtre des femmes et des enfants. »

[1] Ces deux derniers passages du Coran manquent dans l'édition Krehl, et sont rapportés fautivement dans le texte de Qasṭallâni.

CHAPITRE CXLIX. — Qu'il ne faut pas punir avec la punition qui appartient à Dieu.

1. *Abou-Horaïra* a dit : « L'Envoyé de Dieu dépêcha une troupe de guerriers en leur disant : « Si vous trouvez un tel et un tel, « brûlez-les par le feu. » Puis, lorsque les émissaires furent sur le point de partir, il leur dit : « Je vous ai ordonné de brûler un tel « et un tel; mais le feu, c'est Dieu seul qui a le droit de punir par « lui; aussi bien, si vous trouvez les deux coupables en question, « tuez-les simplement. »

2. D'après *ʿIkrima*, ʿAlî avait fait brûler des criminels; Ibn-ʿAbbâs, l'ayant appris, dit : « Si c'eût été moi, je ne les aurais pas brûlés; car le Prophète a dit : « Ne punissez pas avec le châtiment « qui appartient à Dieu »; mais je les aurais simplement tués conformément à ce précepte du Prophète : « Celui qui change pour « une autre la vraie religion, qu'on le tue ! »

CHAPITRE CL. — *« Et ensuite interviendra ou une libération gracieuse, ou le payement d'une rançon »* (sourate XLVII, verset 5). — *Il existe à ce sujet le ḥadîts de l'histoire de Tsomâma. — De cette parole du Coran : « Il n'a jamais été donné à un Prophète d'avoir des prisonniers. . .; vous, vous désirez les profits de ce bas monde »* (sourate VIII, verset 68).

CHAPITRE CLI. — Est-il permis aux musulmans de tuer et de trahir ceux qui l'ont fait prisonnier, pour s'échapper des mains des infidèles ? — *Il existe sur ce point un ḥadîts rapporté du Prophète par El-Miswar.*

CHAPITRE CLII. — Le polythéiste qui a brûlé un musulman sera-t-il brûlé ?

1. D'après *Anas-ben-Mâlik*, un groupe de huit ʿOklites étaient venus vers le Prophète. Se trouvant mal du séjour de Médine, ils lui dirent : « Envoyé de Dieu, procure-nous du lait ! — Je ne vois pas d'autre moyen pour vous que de suivre un troupeau de chameaux (dans la campagne) », répondit-il. Les ʿOklites partirent et

burent du lait et de l'urine de chamelles, si bien qu'ils retrouvèrent la santé, qu'ils engraissèrent; et alors, ayant tué le berger, ils emmenèrent le troupeau de chameaux, et de l'islâm retombèrent dans l'infidélité. Or le Prophète avait entendu les cris de secours (de la victime). Il envoya à la poursuite des malfaiteurs; et le jour n'était pas encore bien haut, quand on les ramena. Le Prophète leur fit couper les mains, couper les pieds, crever les yeux avec des clous rougis au feu, et on les rejeta dans la Ḥarra; en vain ils demandaient à boire; personne ne leur donna à boire jusqu'à ce qu'ils moururent. »

Abou-Qilâba a dit : « Ils avaient tué; ils avaient volé; ils avaient fait la guerre à Dieu et à son Envoyé, et accompli sur la terre une œuvre de méchanceté. »

CHAPITRE CLIII.

1. *Abou-Horaïra* a dit : « J'ai entendu dire à l'Envoyé de Dieu : « Une fourmi ayant piqué l'un des prophètes, il ordonna de brûler « la cité des fourmis. Alors Dieu lui révéla : « Pour une seule « fourmi qui t'a piqué, tu as donc brûlé tout un peuple qui louait « Dieu! »

CHAPITRE CLIV. — Du fait d'incendier les maisons et les palmeraies.

1. *Djarîr* a dit : « L'Envoyé de Dieu me dit : « Ne me mettras-tu « pas en repos de Dzoû-'l-Khalaṣa? » C'était un temple situé sur le territoire de Khatsʿam, qu'on surnommait la Kaʿba yéménite. Je me disposai à partir avec cent cinquante cavaliers de Aḥmas; c'étaient de vrais cavaliers, tandis que moi je n'étais pas ferme en selle. Or le Prophète me frappa la poitrine avec tant de force, que je pus voir sur ma chair la trace de ses doigts, et dit : « Ô mon Dieu! af-« fermis-le, et fais-en un guide bien guidé. »

Djârir partit donc vers Dzoû-'l-Khalaṣa; il démolit et incendia tout; puis il envoya un émissaire en porter la nouvelle; cet émissaire dit au Prophète : « Par Celui qui t'a envoyé apporter la vérité,

IMPRIMERIE NATIONALE.

« je ne suis pas venu vers toi avant d'avoir vu le temple aussi ruiné « qu'une carcasse de chameau — ou qu'un chameau galeux. » — Alors le Prophète appela les bénédictions sur les chevaux et les guerriers de Aḥmas, à cinq reprises. »

2. *Ibn-ʿOmar* a dit : « Le Prophète fit mettre le feu aux palmeraies des Banoû-'n-Naḍîr. »

CHAPITRE CLV. — Du fait de tuer un polythéiste pendant son sommeil.

1. *El-Barâ-ben-ʿÂzib* a dit : « L'Envoyé de Dieu dépêcha un groupe d'Anṣâr vers Abou-Râfiʿ avec mission de le tuer. L'un de ces hommes se détacha du groupe et entra dans la forteresse de l'ennemi. Il a raconté ce qui suit : « J'entrai, dit-il, dans un enclos à bêtes de « somme leur appartenant; ils avaient d'abord fermé la porte de la « forteresse; puis, ayant perdu un âne, ils sortirent pour le cher- « cher. Moi, je sortis avec eux, faisant semblant d'être à la recherche « de l'animal comme les autres. L'ayant retrouvé, ils rentrèrent, et « moi aussi avec eux. Puis ils fermèrent, la nuit, la porte de la for- « teresse, et déposèrent les clefs dans une niche du mur; je remar- « quai cette place des clefs, et, lorsqu'on fut endormi, j'allai les « prendre et j'ouvris la porte de la partie de la forteresse où repo- « sait Abou-Râfiʿ; j'entrai auprès de lui et l'appelai : « Eh! Abou- « Râfiʿ! » Comme il me répondit, je me guidai sur sa voix, et je le « frappai. Il poussa un cri, et je sortis. Peu après, je revins comme « quelqu'un qui lui aurait porté secours, et je l'appelai : « Eh! « Abou-Râfiʿ! » en déguisant ma voix. — « Qu'as-tu? me répondit- « il, malheur à ta mère! — Que t'est-il arrivé? repris-je. — Je ne « sais, dit-il, qui est entré auprès de moi et m'a frappé. » — Alors « moi je le frappai de mon sabre au ventre, et je pesai sur la lame « jusqu'à ce qu'elle eût atteint les os. Là-dessus je sortis, tout hébété. « Je grimpai à une échelle des ennemis pour descendre vers mes « compagnons; mais, dans la descente, je tombai et me déboîtai le « pied. Je sortis cependant de la forteresse et parvins auprès de mes « compagnons. Je leur dis : « Je ne m'en irai pas d'ici avant d'avoir

«entendu le héraut funèbre[1] annoncer la mort.» Et, de fait, je «ne partis pas avant d'avoir entendu les cris funèbres pour la mort «d'Abou-Râfiʿ, le grand marchand du Ḥidjâz. Alors je me levai, sans «ressentir aucune douleur. Nous revînmes auprès du Prophète, et «nous lui apprîmes ce qui s'était passé.»

2. *El-Barâ-ben-ʿÂzib* a dit : «L'Envoyé de Dieu dépêcha un groupe d'Anṣâr vers Abou-Râfiʿ. L'un d'eux, ʿAbdallâh-ben-ʿAtîk, entra la nuit dans la chambr e d'Abou-Râfiʿ et le tua pendant son sommeil.»

CHAPITRE CLVI. — Qu'il ne faut pas souhaiter la rencontre de l'ennemi.

1. *Sâlim-Abou-'n-Naḍr*, affranchi d'ʿOmar-ben-ʿObaïd-Allâh, a raconté ce qui suit : «J'étais secrétaire d'ʿOmar lorsque lui parvint une lettre d'ʿAbdallâh-ben-Abou-Aoufâ, au moment où il allait partir contre les Ḥaroûrites[2]. Je la lus, et voici ce qu'elle contenait : «L'Envoyé de Dieu, dans l'un de ses combats, se trouvant en «présence de l'ennemi, attendit jusqu'au déclin du soleil. Alors il «se leva au milieu des musulmans et leur dit : «Ô musulmans! ne «souhaitez pas la rencontre de l'ennemi, et demandez plutôt à Dieu «la paix. Puis, lorsque vous rencontrez l'ennemi, montrez de l'en«durance, et sachez que le paradis est à l'ombre des sabres.» Puis «il ajouta : «Ô mon Dieu! toi qui as fait descendre sur terre le «Livre Saint, qui fais courir les nuages au ciel, qui as mis en «déroute les *Nations*, mets l'ennemi en déroute et assiste-nous «contre lui.»

2. *Sâlim-Abou-'n-Naḍr* a raconté : «J'étais secrétaire d'ʿOmar-ben-ʿObaïd-Allâh, lorsque lui parvint une lettre d'ʿAbdallâh-ben-Abou-Aoufâ; elle contenait ceci : «L'Envoyé de Dieu a dit : «Ne «souhaitez pas la rencontre de l'ennemi.»

[1] الناعية indique peut-être que c'était une femme qui annonçait à haute voix la mort; comp. à la نادبة souvent mentionnée (par exemple : *Aghâni*, CIX, 88, l. 4); les commentaires indiquent comme variante le synonyme واعية, cf. d'ailleurs Wellhausen, *Reste*, 177.

[2] Cf., sur ce nom, Welhausen, *Die religiös-politischen Oppositionsparteien im alten Islam*, p. 4, nos 1 et 2.

3. D'après *Abou-Horaïra*, le Prophète a dit : «Ne souhaitez pas la rencontre de l'ennemi; et, lorsque vous le rencontrerez, montrez de l'endurance.»

CHAPITRE CLVII. — La guerre est tromperie.

1. D'après *Abou-Horaïra*, le Prophète a dit : «Cosroès périra[1], et il n'y aura pas d'autre Cosroès après lui; et certes aussi César périra, et il n'y aura pas d'autre César après lui; et leurs trésors seront partagés dans la voie de Dieu.» Et il nomma la guerre une tromperie.

2. *Abou-Horaïra* a dit : «Le Prophète nomma la guerre une tromperie.»

3. *Djâbir-ben-ʿAbdallah* a dit : «Le Prophète a dit : «La guerre «est une tromperie.»

CHAPITRE CLVIII. — Du mensonge dans la guerre.

1. D'après *Djâbir-ben-ʿAbdallah*, le Prophète a dit : «Qui se chargera de Kaʿb-ben-el-Achraf, qui a mal agi envers Dieu et son Envoyé?» Moḥammed-ben-Maslama dit alors : «Veux-tu que je le tue, Envoyé de Dieu? — Oui, répondit le Prophète.» Moḥammed-ben-Maslama s'en alla donc vers Kaʿb, et lui tint le propos suivant : «Cet homme — c'était à dire le Prophète — nous a excédés; il nous a demandé de payer la dîme! — Par Dieu, répondit Kaʿb! vous aurez encore de lui bien d'autres sujets d'ennui. — C'est, répondit Moḥammed, que nous l'avons suivi jusqu'ici; et il nous répugne de l'abandonner avant de voir ce qu'il adviendra de ses affaires!» Puis, dans la suite, Moḥammed continua d'entretenir Kaʿb, jusqu'à ce qu'ayant pu se rendre maître de sa personne, il le tua.

CHAPITRE CLIX. — Du fait de tuer un ennemi par surprise.

1. D'après *Djâbir*, le Prophète dit un jour : «Qui se chargera de

[1] Suivant une autre interprétation : «Cosroès a péri.»

Kaʿb-ben-el-Achraf? » Moḥammed-ben-Maslama lui dit alors : « Veux-tu que je le tue? — Oui, répondit le Prophète. — Permets-moi donc de lui parler comme je l'entendrai. — Je te le permets, » répondit le Prophète.

CHAPITRE CLX. — Comment il est licite d'user de ruse et de prendre des précautions avec ceux dont on redoute quelque perfidie.

1. *ʿAbdallah-ben-ʿOmar* a dit : « En compagnie d'Obaïy-ben-Kaʿb, le Prophète se dirigea vers Ibn-Ṣayyâd, qui, d'après ce qu'on avait dit, se trouvait dans un bois de palmiers. Lorsqu'il y fut entré, le Prophète n'avança plus qu'en se cachant derrière les troncs des palmiers. Ibn-Ṣayyâd était enveloppé dans une couverture lui appartenant, d'où sortait un bourdonnement. Mais, à ce moment, la mère d'Ibn-Ṣayyâd aperçut l'Envoyé de Dieu et cria à son fils : « Eh! Ṣâfi, voilà Mahomet. » A ces mots, Ibn-Ṣayyâd bondit. L'Envoyé de Dieu dit : « Si sa mère l'avait laissé, il aurait montré ce qu'il « était. »

CHAPITRE CLXI. — Du fait de réciter à la guerre des chants radjaz, et d'élever la voix en creusant le fossé. — *A ce sujet, il existe des récits de Sahl et de Anas au sujet du Prophète, et aussi un récit de Yazîd d'après Salama.*

1. *El-Barâ* a dit : « Au jour du Fossé, je vis l'Envoyé de Dieu transporter tant de terre, que l'abondante masse de poils qui recouvrait sa poitrine disparut sous la poussière. Il chantait à voix très haute le *radjaz* d'ʿAbdallah-ben-Rawâḥa, et disait :

Ô mon Dieu! sans toi nous ne serions pas dans la bonne voie;
Nous ne ferions ni l'aumône, ni la prière;
Fais descendre sur nous la sérénité;
Et affermis nos pas dans les rencontres dangereuses;
Les ennemis nous ont accablés d'injustice;
Et, lorsqu'ils ont voulu nous éprouver, nous les avons repoussés.

CHAPITRE CLXII. — De celui qui ne tient pas solidement à cheval.

1. *Djarîr* a dit : « Le Prophète ne se déroba jamais à moi, depuis

le jour où je me convertis à l'islâm, et ne m'aperçut jamais sans me sourire. Or il arriva que je me plaignis à lui de ne pas tenir solidement à cheval. « Ô mon Dieu ! s'écria-t-il, affermis-le, et « dans la bonne voie fais-en un guide bien dirigé. »

CHAPITRE CLXIII. — COMMENT ON PANSE UNE BLESSURE AVEC UNE NATTE CALCINÉE; COMMENT LA FEMME LAVE LE SANG DU VISAGE DE SON PÈRE AVEC DE L'EAU APPORTÉE DANS UN BOUCLIER.

1. *Abou-Ḥâzim* a dit : « On demanda à Sahl-ben-Sa'd-es-Sâ'idi avec quoi avait été pansée la blessure reçue par le Prophète. « Il ne « reste plus personne, dit-il, qui le sache mieux que moi; 'Alî ap-« portait de l'eau dans son bouclier, tandis qu'elle — c'est-à-dire « Fâṭima — lavait le sang du visage du Prophète. Puis on prit une « natte, on la calcina, et on en tamponna la blessure de l'Envoyé « de Dieu. »

CHAPITRE CLXIV. — COMMENT LA DISCORDE ET LES DIVERGENCES D'OPINIONS SONT CHOSES RÉPRÉHENSIBLES À LA GUERRE. — DU CHÂTIMENT DE CEUX QUI DÉSOBÉISSENT À LEUR IMÂM. — *Dieu a dit : « Ne vous laissez pas aller à la discorde : votre courage en serait affaibli, et le succès vous échapperait »* (sourate VIII, verset 48). *Qatâda a dit : « Dans ce verset,* الريح *signifie « la guerre »,* الحرب. »

1. D'après *Abou-Moûsâ-el-Ach'ari*, le Prophète envoya Mo'âdz et Abou-Moûsâ au Yémen, et leur dit : « Facilitez, ne rendez pas difficile; annoncez de bonnes nouvelles, non des choses à faire fuir; faites-vous des concessions réciproques, et ne soyez pas en désaccord. »

2. *El-Barâ-ben-'Âzib* a raconté : « Le jour d'Oḥod, l'Envoyé de Dieu mit 'Abdallah-ben-Djobaïr à la tête des fantassins, qui étaient au nombre de cinquante, et leur dit : « Si vous nous voyez mis en « déroute, ne bougez pas de votre poste que voici, jusqu'à ce que « je vous l'envoie dire; et, si vous nous voyez mettre en déroute les « ennemis et fouler aux pieds leurs cadavres, ne bougez pas davan-« tage, jusqu'à ce que je vous en envoie l'ordre. » Le Prophète mit

les infidèles en déroute. Moi, j'ai vu, par Dieu! leurs femmes marcher si vite, les habits relevés, qu'on apercevait leurs jambes et leurs periscellides. Ce que voyant, les hommes d'ʿAbdallah-ben-Djobaïr dirent : « Au butin! eh! les gens, au butin! vos amis sont « vainqueurs; qu'attendez-vous? — Avez-vous oublié, répondit « ʿAbdallah-ben-Djobaïr, ce que vous a prescrit l'Envoyé de Dieu? « — Pardieu! répliquèrent-ils, allons donc vers les combattants, « et nous ferons du butin. » Mais, lorsqu'ils s'avancèrent, ils durent tourner le dos, et ils se trouvèrent en pleine déroute; et c'était juste à ce moment que l'Envoyé de Dieu faisait appel à la réserve qu'ils constituaient! Il ne resta avec le Prophète que douze hommes. Les infidèles nous firent perdre (dans cette journée) soixante-dix hommes; mais le Prophète et ses compagnons avaient fait perdre aux polythéistes le jour de Badr cent quarante hommes, savoir soixante-dix prisonniers et soixante-dix tués. »

« Abou-Sofyân dit alors, à trois reprises : « Est-ce que dans cette « troupe se trouve Mahomet? » Mais le Prophète interdit aux musulmans de lui répondre; puis il dit à trois reprises : « Est-ce que « dans cette troupe se trouve le fils d'Abou-Qoḥafâ? ». Puis enfin, à trois reprises : « Est-ce que dans cette troupe se trouve le fils « d'El-Khaṭṭâb? » Et là-dessus il revint vers les siens et leur dit : « Ceux dont je viens de prononcer les noms ont été tués. » Alors ʿOmar ne put se retenir, et lui cria : « Par Dieu! tu en as menti, « ennemi de Dieu! tous ceux que tu viens d'énumérer sont bien « vivants; et il reste encore ce dont tu te trouveras mal un jour! « — Voici une journée qui vaut pour celle de Badr; la guerre a « des vicissitudes, repartit Abou-Sofyân. Vous trouverez des ca- « davres mutilés; je n'ai pas ordonné ces mutilations, mais elles ne « me causent nul chagrin », et il se mit à entonner en forme de *radjaz* : « Soit exalté Hobal! soit exalté Hobal! » Le Prophète dit aux siens : « Ne lui répondrez-vous rien? — Que dirons-nous donc, « Envoyé de Dieu? lui demandèrent-ils. — Dites, répondit-il : « Dieu « est le plus haut et le plus magnifique. » Abou-Sofyân continua :

«Nous, nous avons El-ʿOzza, et vous, vous n'avez pas d'ʿOzza.» «Ne lui répondrez-vous rien? dit alors le Prophète aux siens. — «Que dirons-nous donc, Envoyé de Dieu? lui demandèrent-ils. — «Dites, répondit-il : «Dieu est notre protecteur, et vous, vous n'avez «pas de protecteur.»

CHAPITRE CLXV. — Du cas où une panique se produit de nuit.

1. *Anas* a dit : «L'Envoyé de Dieu était le plus beau des hommes, le plus généreux et le plus brave. Or, une nuit, les Médinois furent pris de panique : ils avaient entendu du bruit. Le Prophète les rencontra; il montait à poil un cheval d'Abou Ṭalḥa, et portait son sabre en sautoir. «Ne craignez rien, ne craignez rien,» répétait-il. Puis il dit : «Je l'ai trouvé — il voulait parler du cheval — «une véritable mer.»

CHAPITRE CLXVI. — Un individu, apercevant l'ennemi, appelle au secours en criant de toutes ses forces «À l'incursion!» pour bien se faire entendre.

1. *Salama* a dit : «Étant sorti de Médine, je me dirigeai vers el-Ghâba. Arrivé au col d'el-Ghâba, je rencontrai un jeune serviteur d'ʿAbd-er-Raḥmân-ben-ʿAouf : «Eh là! qu'as-tu? lui dis-je. — On «vient de voler les chamelles du Prophète, me répondit-il. — Et «qui sont les ravisseurs? — Ce sont des gens de Ghaṭafân et de «Fazâra.» Alors, à trois reprises, je me mis à pousser le cri : «À «l'incursion! à l'incursion!» de façon que l'on m'entendît d'une plaine rocheuse à l'autre.

«Puis je hâtai ma marche pour rejoindre les incurseurs, qui avaient déjà enlevé les chamelles. Je me mis à leur décocher des flèches, en criant : «C'est moi, Ibn-el-Akwaʿ, et c'est le dernier «jour de la canaille!» J'arrivai à reprendre les bêtes de leurs mains, avant qu'ils eussent pu boire; et je m'en revins, poussant le troupeau devant moi. Le Prophète me rencontra en chemin. Je lui dis : «Envoyé de Dieu! l'ennemi était altéré; mais je les ai «trop pressés pour qu'ils pussent boire à leur soif! Envoie à leur «poursuite! — Ibn-el-Akwaʿ, me répondit-il, tu t'es comporté en

« maître; maintenant montre-toi pitoyable; l'ennemi est déjà à « l'abri parmi les siens. »

CHAPITRE CLXVII. — De celui qui crie : « Attrape ce coup! c'est moi le fils d'un tel ! » — *Salama dit une fois : « Attrape ce coup; c'est moi Ibn-el-Akwa^c. »*

1. *Abou-Isḥâq* a dit : « Un homme interrogea El-Barâ et lui dit : « Ô Abou-ʿOmâra, vous êtes-vous donc enfui le jour de Ḥonaïn? » El-Barâ répondit, et moi j'entendis sa réponse : « Quant à l'Envoyé « de Dieu, il ne s'enfuit pas ce jour-là! Abou-Sofyân-ben-el-Ḥârits « tenait la bride de la mule du Prophète. Puis, lorsque les poly- « théistes l'entourèrent, celui-ci descendit de sa monture, et se mit « à dire : « C'est moi le Prophète, sans mensonge; c'est moi le fils « d'ʿAbd-el-Moṭṭalib. » — Et, dans cette journée-là, on ne vit personne plus intrépide que l'Envoyé de Dieu. »

CHAPITRE CLXVIII. — Du cas où l'ennemi est descendu de sa position, en se remettant de son sort à la sentence d'un homme.

1. *Abou-Saʿîd-el-Khodri* a dit : « Les Banoû-Qoraïtha descendirent de leur forteresse en se remettant de leur sort à la sentence de Saʿd. L'Envoyé de Dieu envoya chercher ce dernier, qui n'était pas loin; et Saʿd arriva, porté sur un âne. Lorsqu'il approcha, l'Envoyé de Dieu dit aux vaincus : « Levez-vous devant votre maître. » Saʿd vint alors s'asseoir à côté du Prophète, qui lui dit : « Ces gens sont « descendus de leur forteresse, en s'en remettant à ta sentence. « — Eh bien! moi, je décide, répondit Saʿd, que les combattants « d'entre eux seront mis à mort et que les enfants seront réduits « en esclavage. — Tu as rendu à leur encontre, dit alors le Pro- « phète, la sentence même du Roi des cieux. »

CHAPITRE CLXIX. — Du fait de tuer le prisonnier, et de tuer de sang-froid[1].

1. D'après *Anas-ben-Mâlik*, « l'Envoyé de Dieu, l'année de la

[1] صبر. On dit qu'un individu est tué صبرا « de sang froid », lorsque, ses pieds et ses mains étant liés, et quelqu'un le maintenant, on lui tranche la tête.

prise de la Mecque, était entré dans la ville, le casque en tête. Puis il avait enlevé sa coiffure, lorsque quelqu'un vint lui dire : « Ibn-Khaṭal est suspendu aux voiles de la Ka'ba! — Tuez-le quand « même, répondit-il. » .

CHAPITRE CLXX. — Peut-on se rendre prisonnier de celui qui ne se rend pas prisonnier? et de celui qui prie deux rak'a au moment d'être mis à mort?

1. *Abou-Horaïra* a dit : « L'Envoyé de Dieu envoya une dizaine de musulmans en détachement d'observation et mit à leur tête 'Âṣim-ben-Tsâbit-el-Anṣâri, le grand-père maternel d''Âṣim-ben-'Omar-ben-el-Khaṭṭâb. Ils partirent donc; mais, lorsqu'ils furent arrivés à el-Had'a, point situé entre 'Osfân et la Mecque, ils furent signalés à une tribu hodzaïlite, appelée les Banoû-Liḥyân, qui réunit aussitôt à leur intention environ deux cents guerriers, tous bons tireurs. Ces guerriers suivirent les traces du petit détachement, et, à un endroit où il avait mangé, ils trouvèrent des dattes emportées de Médine par les musulmans comme provisions de route : « Voilà, dirent-ils, des dattes de Yatsrib », et là-dessus ils continuèrent de suivre les traces du détachement. Lorsque 'Âṣim et ses compagnons les aperçurent, ils se réfugièrent sur une éminence; mais l'ennemi les cerna, et leur dit : « Descendez et rendez-« vous à nous; nous prenons l'engagement formel de ne tuer per-« sonne de vous. » Alors 'Âṣim-ben-Tsâbit, chef du détachement, dit : « Quant à moi, en ce jour, je ne descendrai pas me rendre « entre les mains des infidèles. Ô mon Dieu! porte à ton Prophète « de nos nouvelles! » Là-dessus, les Hodzaïlites leur envoyèrent une volée de flèches qui tua 'Âṣim et six de ses compagnons. Les trois survivants descendirent alors vers l'ennemi et se rendirent, sur l'engagement formel qu'ils auraient la vie sauve. C'étaient Khobaïb-el-Anṣâri, Ibn-Datsina et un autre. Lorsqu'ils se furent emparés de leurs personnes, les Hodzaïlites détachèrent les cordes de leurs arcs et lièrent avec elles leurs prisonniers. Le troisième captif

dit alors : « Voilà le commencement de la traîtrise. Par Dieu! je ne « vous accompagnerai pas plus outre. L'exemple de ceux-ci — il « voulait dire de ceux qui avaient été tués — est bon à suivre. » Les Hodzaïlites voulurent le traîner, s'efforçant de l'emmener avec eux à la Mecque, mais il refusa, et ils le tuèrent. Puis ils emmenèrent Khobaïb et Ibn-Datsina à la Mecque et les y vendirent. Or ceci se passait à une date postérieure à la journée de Badr, et les Banoû-Ḥârits-ben-ʿÂmir-ben-Naoufal-ben-ʿAbd-Manâf achetèrent Khobaïb, qui avait tué leur père à cette bataille. Khobaïb demeura donc prisonnier chez eux. »

La fille d'El-Ḥârits a raconté que, lorsque les Banoû-Ḥârits se réunirent pour mettre Khobaïb à mort, celui-ci lui emprunta un rasoir pour se raser le poil du pubis. « Je le lui prêtai, dit-elle; puis il saisit un de mes fils qui s'était approché de lui, sans que j'y fisse attention; et je le retrouvai ayant assis l'enfant sur sa cuisse, et le rasoir à la main. Telle fut alors ma terreur, que Khobaïb s'en aperçut à l'altération de mon visage : « Crains-tu donc que je le ne « tue? me dit-il; je ne suis pas homme à le faire! » — Jamais, par Dieu! continua-t-elle, je n'ai vu de prisonnier meilleur que Khobaïb. Un jour, je le trouvai tenant à la main une grappe de raisin qu'il mangeait. Or il était chargé de fers et, au reste, il n'y avait pas de fruits à la Mecque. C'était un don que Dieu, dans sa grâce, lui avait fait. Lorsqu'on le conduisit hors du territoire sacré, pour le tuer en territoire profane, Khobaïb dit à ses bourreaux : « Laissez-« moi prier deux rakʿa »; on le laissa donc prier deux rakʿa, et il dit : « Si je ne craignais que vous ne pensiez que c'est la peur qui « me possède, je ferais cette prière plus longue. » Puis il ajouta : « Ô mon Dieu! compte bien leur nombre!... Je ne m'inquiète « pas, du moment que je meurs musulman, du côté sur lequel je « tomberai pour le service de Dieu; car tout ceci, je le fais en vue « de lui seul; s'il le veut, il peut répandre ses bénédictions sur les « membres épars d'un corps dépecé. » Après quoi, le fils d'El-Ḥârits « l'immola, et ce fut ainsi Khobaïb qui institua la pratique de la prière de deux rak'a pour tout musulman qui est mis à mort de sang-froid.»

«Par ailleurs, Dieu exauça la prière d'ʿÂṣim-ben-Tsâbit le jour où il fut tué, et le Prophète avertit ses compagnons de ce qui était advenu au petit détachement. Des infidèles de Qoraïch, à la nouvelle du meurtre d'ʿÂṣim, dépêchèrent vers lui quelqu'un chargé de couper quelque partie de son corps qui pût établir son identité, et de la rapporter; car ʿÂṣim avait tué un de leurs chefs le jour de Bedr. Mais alors, quelque chose comme un nuage de frelons, survenant autour du cadavre, le protégea contre l'envoyé de Qoraïch, et l'empêcha de rien couper du corps du martyr.»

CHAPITRE CLXXI. — De la délivrance des prisonniers. — *Il existe à ce sujet un ḥadîts rapporté du Prophète par Aboû-Mousâ*[1].

1. *Abou-Moûsâ* a dit : «Le Prophète a dit : «Délivrez celui qui «est dans la peine — il entendait par là le prisonnier; — donnez «à manger à celui qui a faim, et visitez le malade.»

2. *Abou-Djoḥaïfa* a dit : «Comme je demandais à ʿAlî s'il n'existait pas chez eux quelque enseignement particulier de la révélation autre que ce qui figurait dans le livre de Dieu, il me répondit : «Non! par Celui qui fait germer la graine et a créé «l'homme! à ma connaissance, nous n'avons rien d'autre que la «compréhension que Dieu peut donner du Coran à tout homme, «et aussi ce qui est inscrit sur ce feuillet. — Et que contient «ce feuillet? lui demandai-je alors. — Ce qui a trait au prix du «sang, à la délivrance des prisonniers, et le principe qu'un musul-«man ne doit pas être mis à mort à cause d'un infidèle.»

CHAPITRE CLXXII. — De la rançon des polythéistes.

1. *Anas-ben-Mâlik* a rapporté : «Quelques Anṣâr vinrent trouver le Prophète et lui dirent : «Envoyé de Dieu, permets-nous de faire

[1] Cette dernière phrase manque dans l'édition Krehl.

«à notre neveu, fils de notre sœur, ʿAbbâs, l'abandon de sa «rançon. — Non, répartit le Prophète, vous ne devez rien en abandonner, pas même un dirhem.»

Anas dit encore : «On apporta au Prophète de l'argent (du tribut) de Baḥraïn. ʿAbbâs vint trouver l'Envoyé de Dieu et lui dit : «Donne-moi de l'argent, car j'ai eu à payer ma rançon, plus celle «de ʿAqîl. — Prends-en», lui répondit le Prophète; et il lui en mit dans son manteau.

2. *Djobaïr*, qui était venu traiter [de la rançon] des prisonniers de Badr, a dit : «J'entendis le Prophète réciter la sourate du mont Sinaï, à la prière du coucher du soleil.»

CHAPITRE CLXXIII. — Du cas où un habitant d'un pays en guerre entre en terre d'islâm, sans avoir reçu de sauf-conduit.

1. *Salama-ben-el-Akwaʿ* a dit : «Un espion des polythéistes était venu auprès du Prophète pendant une expédition. Il s'assit à converser avec les Compagnons, puis s'en alla. Alors le Prophète dit : «Qu'on le poursuive et qu'on le tue!» Je tuai l'espion, et le Prophète me donna ses dépouilles comme prise de guerre.»

CHAPITRE CLXXIV. — Qu'il faut combattre pour défendre les tributaires (اهل الذِّمّة); et ne pas les traiter en esclaves.

1. *ʿOmar* dit : «... et j'adresse encore des recommandations [au futur calife] relativement aux gens qui sont sous la protection de Dieu et de son Envoyé : il faut observer fidèlement les engagements pris envers eux, combattre pour les défendre, et ne pas leur imposer de charges au-dessus de leurs forces [1].»

CHAPITRE CLXXV. — Des présents d'ambassade [2].

[1] Corriger, dans le sens de cette traduction, les lignes 11-15 de la page 452 du tome I.

[2] Les commentateurs font remarquer que le ḥadîts du chapitre suivant peut rentrer partiellement sous la présente rubrique. Cela est peu vraisemblable, puisqu'il n'a qu'un ḥadîts.

CHAPITRE CLXXVI. — Peut-on intercéder pour les tributaires? — De la façon de les traiter.

1. D'après *Sa'îd-ben-Djobaïr*, Ibn-'Abbâs dit : «Le jeudi, ah! ce qu'est le jeudi!» et il se mit à pleurer si fort, que ses larmes mouillaient les cailloux du sol. «C'est le jeudi, reprit-il, que les souffrances du Prophète devinrent plus vives; alors il dit : «Qu'on «m'apporte de quoi écrire, afin que je mette par écrit ce qui, «dans l'avenir, vous préservera de l'erreur.» Une discussion, à ces mots, s'élève; et la discussion auprès d'un Prophète est inconvenante. On déclare que l'Envoyé de Dieu avait le délire; mais lui, dit : «Laissez-moi, ce qui m'occupe maintenant vaut mieux que ce «à quoi vous m'invitez.» Au moment de la mort, il fit des recommandations sur trois points : «Expulsez, dit-il, de l'Arabie les «polythéistes; donnez aux députations qui viendront vers vous, «de la même façon que moi-même je leur donnais.» J'ai oublié, dit Ibn-'Abbâs, la troisième recommandation.»

Ya'qoûb-ben-Moḥammed a dit : «Je demandai à El-Moghîra-ben-'Abd-er-Raḥman ce qu'était l'Arabie; il me répondit : «C'est la «Mecque, Médine, le Yemâma et le Yémen.»

Ya'qoûb dit encore : «El-'Ardj est le commencement du Tihâma.»

CHAPITRE CLXXVII. — Doit-on se revêtir de beaux habits pour recevoir les députations?

1. *Ibn-'Omar* a dit : «'Omar, ayant trouvé une tunique de brocart en vente sur le marché, l'apporta à l'Envoyé de Dieu en lui disant : «Envoyé de Dieu, achète cette tunique, et pare-t'en les jours de «fête et aussi pour recevoir les députations. — Un tel vêtement, «répondit le Prophète, ne convient qu'à celui qui n'a aucune «chance (pour l'autre monde) — ou : il n'y a à revêtir un pareil «vêtement que celui qui n'a aucune chance.» — Au bout d'un certain temps fixé par la volonté divine, l'Envoyé de Dieu envoya à 'Omar une tunique de brocart. 'Omar s'en vint l'apporter au

Prophète, et lui dit : « Ô Envoyé de Dieu! tu as déclaré qu'un tel « vêtement ne convient qu'à celui qui n'a aucune chance (pour « l'autre monde) — ou qu'il n'y avait à revêtir un pareil vêtement que celui qui n'a aucune chance, — et tu m'envoies ce « vêtement, à moi! — C'est, répondit le Prophète, pour que tu le « vendes — ou que tu pourvoies avec à quelqu'un de tes besoins. »

CHAPITRE CLXXVIII. — COMMENT ON EXPOSE LA RELIGION MUSULMANE À UN JEUNE HOMME.

1. D'après *Ibn-ʿOmar,* ʿOmar se rendit avec le Prophète et un groupe de compagnons vers l'endroit où se trouvait Ibn-Ṣayyâd. Ils le trouvèrent en train de jouer avec d'autres enfants, près du château des Banoû-Maghalâ. A cette époque, Ibn-Ṣayyâd approchait de l'âge de la puberté. Il ne s'aperçut de l'arrivée du Prophète que lorsque celui-ci, de sa main lui frappant le dos, lui dit : « Confesses-tu que je suis l'Envoyé de Dieu ? » Ibn-Ṣayyâd le regarda, et lui répondit : « Je confesse que tu es l'Envoyé des illettrés. » Puis il ajouta, s'adressant au Prophète : « Et toi, confesses-tu que je suis l'Envoyé de Dieu ? — Je crois en Dieu et en ses Envoyés, » répondit le Prophète; puis il ajouta : « Quelles visions as-tu? — J'en ai de vraies et de mensongères, repartit Ibn-Ṣayyâd. — C'est que, pour toi, on embrouille les choses. Eh bien! je pense en moi-même à quelque chose que je te cache. — C'est à la fum... (ée), dit Ibn-Ṣayyâd. — Assez! s'écria le Prophète; tu ne feras pas ce qui est au-dessus de tes forces! » ʿOmar dit alors : « Ô Envoyé de Dieu! laisse-moi lui trancher la tête. — Si c'est celui que je crois, répliqua l'Envoyé de Dieu, tu ne saurais avoir de pouvoir sur lui; et s'il n'est pas celui que je crois, il n'y aura pour toi aucun avantage à l'avoir tué. »

Ibn-ʿOmar a dit encore : « L'Envoyé de Dieu, accompagné de Obayy-ben-Kaʿb, se rendit vers un bosquet de palmiers où se trouvait Ibn-Ṣayyâd. Lorsqu'il fut parvenu sous les arbres, il n'avança plus qu'avec précaution, se dissimulant derrière les troncs, dans l'espoir de surprendre quelque propos d'Ibn-Ṣayyâd avant d'en être aperçu. Ce dernier était étendu sur son lit, enveloppé d'une couverture d'où sortait un bruit confus. Mais la mère d'Ibn-Ṣayyâd, ayant aperçu l'Envoyé de Dieu qui se dissimulait derrière les troncs de palmiers, cria à son fils : «Hé! Ṣâfi» — c'était le nom d'Ibn-Ṣayyâd, — et aussitôt celui-ci bondit. «Si, dit alors le Prophète, cette femme l'avait laissé, il aurait montré clairement qui «il était.»

Ibn-ʿOmar a dit encore : «Le Prophète, s'étant levé, adressa à Dieu les louanges convenables; puis il parla de l'Antéchrist et dit : «Je vous avertis à son sujet; et c'est ainsi que tous les prophètes «ont fait pour leurs peuples. Noé aussi en a averti son peuple; «mais moi, je vais vous dire de lui ce qu'aucun prophète n'a cependant dit à son peuple : Vous saurez que l'Antéchrist est borgne, «tandis que Dieu, certes lui, n'est pas borgne.»

CHAPITRE CLXXIX. — De cette parole du Prophète aux Juifs : «Embrassez l'islam, vous serez sauvés.» — *El-Maqbori l'a rapportée d'après Abou-Horaïra.*

CHAPITRE CLXXX. — Après leur conversion à l'islam, les gens qui habitaient un pays ennemi conservent les biens et les terres qu'ils y possédaient.

1. *Osâma-ben-Zaïd* a dit : «Je demandai : «Envoyé de Dieu, où «descends-tu demain?» C'était dans son pèlerinage. «ʿAqîl, me «répondit-il, nous aurait-il laissé une demeure?» Puis il ajouta : «Demain nous camperons à la descente des Banoû-Kinâna, à el-«Moḥaṣṣab, à l'endroit où les Qoraïchites ont échangé des ser-«ments pour le pacte d'infidélité.» Il faisait allusion à l'engagement sacramentel, pris par les Banoû-Kinâna vis-à-vis de Qoraïch, de ne pas contracter avec les Banoû-Hâchim et de leur refuser l'hospitalité.»

El-Zohri (un des râwi) ajoute : الخيف «la descente» est synonyme de الوادى «pente de la vallée».

2. D'après *Aslam*, ʿOmar-ben-el-Khaṭṭâb avait préposé un de ses affranchis nommé Honaïy à la garde de l'enclos réservé; il lui dit : « O Honaïy! montre-toi pitoyable aux musulmans et redoute la prière de l'opprimé; car la prière de l'opprimé est exaucée de Dieu. Laisse entrer dans l'enclos celui qui a un petit troupeau de chameaux et celui qui a quelques moutons. Mais gardons-nous de laisser pénétrer le bétail de Ibn-ʿAouf ou celui de Ibn-ʿAffân; ceux-ci, au cas de perte de leurs troupeaux, pourront se rabattre sur les palmiers et les champs ensemencés; mais le maître d'un petit troupeau de chameaux, le maître de quelques moutons, si leurs bêtes périssent, viendront m'amener leurs enfants en criant : « Prince des croyants! prince des croyants! » Et pourrai-je, moi, les abandonner! tu n'as pas de père [1]! Aussi bien, l'eau et le fourrage me coûtent moins à donner que l'or et l'argent. J'en jure par Dieu! ces gens-là croiront que je leur fais une injustice. Ces contrées sont leurs territoires; ils ont combattu pour elles au temps de la Barbarie; et ils se sont convertis à l'islâm en continuant de les occuper. Par Celui qui me tient dans sa main! si je n'avais le souci des montures à préparer pour la guerre dans la voie de Dieu, je n'aurais rien réservé, fût-ce un empan, du territoire de ces gens. »

CHAPITRE CLXXXI. — L'imâm consigne par écrit les noms des fidèles.

1. *Ḥodzaïfa* a dit : « Le Prophète a dit : « Mettez-moi par écrit « les noms de tous ceux qui professent l'islâm. » Nous le fîmes et atteignîmes le nombre de quinze cents hommes. Alors nous nous écriâmes : « Pourrions-nous avoir quelque crainte, alors que nous « sommes quinze cents? » Mais, depuis, je nous ai vus dans des épreuves telles, qu'un fidèle faisait tout seul la prière, rempli de crainte. »

A la suite ces deux variantes : « et nous trouvâmes un nombre de cinq cents fidèles » — « et nous trouvâmes entre six à sept cents fidèles ».

[1] La meilleure explication de cette formule semble celle fournie par Nöldeke, ap. *Delectus carminum*, comp. *Fünf moʿallaqât*, III, p. 35.

2. *Ibn-ʿAbbâs* a dit : « Un homme vint trouver le Prophète et lui dit : « Envoyé de Dieu! j'ai été inscrit pour telle et telle expé-« dition : or ma femme fait le pèlerinage. — Retourne-t'en, répon-« dit le Prophète, et fais le pèlerinage avec ta femme. »

CHAPITRE CLXXXII. — Dieu fait des actes de l'impie un secours pour la religion.

1. *Abou-Horaïra* a dit : « Nous étions en campagne avec le Prophète. Il dit à un homme qui prétendait être musulman : « Celui-ci « sera damné. » Or, le combat s'étant engagé, l'homme y déploya une grande activité et reçut une blessure; on dit alors au Prophète : « Envoyé de Dieu, celui que tu as déclaré être au nombre des « damnés a combattu aujourd'hui à outrance et a succombé. — « Succombé pour aller en enfer! » repartit-il. Certains musulmans étaient tout près de douter de cette assertion, lorsqu'on vint dire : « L'homme n'est pas mort, il est blessé grièvement. » Or la nuit vint, et, ne pouvant supporter la souffrance de sa blessure, l'homme se tua. Le Prophète, lorsqu'on lui en porta la nouvelle, s'écria : « Dieu est le plus grand! je confesse que je suis son servi-« teur et son envoyé! » Puis il donna l'ordre à Bilâl d'aller crier parmi les musulmans : « Il n'entrera en paradis que des âmes vrai-« ment musulmanes! Mais Dieu fait parfois des actes de l'impie « un secours pour notre religion. »

CHAPITRE CLXXXIII. — De celui qui prend le commandement à la guerre de sa propre autorité, lorsqu'il redoute le succès de l'ennemi.

1. *Anas-ben-Mâlik* a dit : « L'Envoyé de Dieu dit dans son prêche : « Zaïd a pris le drapeau et a été atteint; alors Djaʿfar, l'ayant pris, « a été atteint à son tour; puis ʿAbdallâh-ben-Rawâḥa l'a recueilli, « et lui aussi est tombé. Alors Khâlid-ben-el-Walîd a saisi le dra-« peau, sans en avoir reçu l'ordre, et la victoire lui a été accordée. « Mais je n'éprouverais pas de joie à voir les trois martyrs auprès « de nous — ou les trois martyrs n'éprouveraient aucune joie à

«se voir auprès de nous.» — Et ses yeux laissaient couler des larmes.»

CHAPITRE CLXXXIV. — Du fait de prêter aide avec des renforts.

1. D'après *Anas*, «Ri'l, Dzakwân, 'Oṣaïya et les Banou-Liḥyân, étant venus trouver le Prophète, prétendirent qu'ils s'étaient convertis à l'islâm et demandèrent des renforts contre leurs contribules. En conséquence, le Prophète leur adjoignit comme renforts soixante-dix Anṣâr que nous nommions les *lecteurs* : dans la journée ils étaient bûcherons, et ils passaient la nuit en prières. Les soi-disant convertis partirent donc avec ces Anṣar; mais, arrivés au puits de Ma'oûna, ils les massacrèrent traîtreusement. Alors, l'espace d'un mois, le Prophète, dans son *Qonoût*, appella la colère divine sur Ri'l, Dzakwân et les Banou Liḥyân.

Anas ajoute que les musulmans récitèrent alors un texte coranique sur les martyrs de Ma'oûna : «Informez les nôtres que nous avons rencontré notre Seigneur; il a été content de nous et nous a rendus contents de lui;» puis, dans la suite, ce texte fut abrogé.

CHAPITRE CLXXXV. — Du fait, après avoir vaincu l'ennemi, de demeurer trois nuits sur son territoire.

1. D'après *Abou-Ṭalḥa*, le Prophète, lorsqu'il avait vaincu les ennemis, demeurait trois nuits sur leur territoire.»

In fine, indication d'une *confirmation* par un *isnâd* différent.

CHAPITRE CLXXXVI. — Du fait de partager le butin dans l'expédition même et en cours de route. — *Râfi' a dit : «Nous étions avec le Prophète à Dzou-'l-Ḥolaïfa; nous prîmes des moutons et des chameaux; le Prophète institua l'équivalence entre dix moutons et un chameau.»*

1. *Anas* a dit : «Le Prophète fit la visite pieuse à partir de el-Dji'râna, où il avait partagé le butin fait à Ḥonaïn.»

CHAPITRE CLXXXVII. — Du cas où les polythéistes ayant capturé des objets appartenant à un musulman, celui-ci retrouve son bien par la suite.

1. *Ibn-'Omar* a raconté qu'un cheval à lui s'étant échappé fut

capturé par l'ennemi. Puis, les musulmans ayant été victorieux, son cheval lui fut rendu. Ceci se passait au temps de l'Envoyé de Dieu.

Une autre fois, un de ses esclaves s'enfuit et rejoignit les Grecs; puis les musulmans ayant vaincu ces derniers, Khâlid-ben-el-Walîd fit rendre à Ibn-ʿOmar son esclave; ceci se passait après la mort du Prophète [1].

2. *Nâfiʿ* a raconté qu'un esclave d'Ibn-ʿOmar s'étant enfui rejoignit les Grecs; Khâlid-ben-el-Walîd, s'en étant réemparé, le fit rendre à Ibn-ʿOmar.

Une autre fois, un cheval lui appartenant s'échappa et joignit l'armée des Grecs. Le cheval ayant été recapturé, on le rendit à ʿAbdallâh-ben-ʿOmar.

El-Bokhâri dit : عار «s'échapper», synonyme de هرب «fuir» est dérivé de عير «onagre mâle».

3. D'après *Ibn-ʿOmar*, qu'il était monté sur un cheval, au jour où l'armée musulmane, envoyée par Abou-Bakr sous les ordres de Khâlid-ben-el-Walîd, rencontra l'ennemi. Le cheval fut capturé par l'ennemi; mais, lorsque ce dernier fut mis en déroute, Khâlid fit rendre le cheval à Ibn-ʿOmar.

CHAPITRE CLXXXVIII. — De celui qui parle la langue persane et la langue des Barbares. — *De cette parole de Dieu : «et la différence de vos langues et de vos couleurs»* (sourate XXX, verset 21). — *Il a dit encore : «Et nous n'avons donné de mission à nos envoyés qu'avec la langue des leurs»* (sourate XIV, verset 4).

1. *Djâbir-ben-ʿAbdallah* a dit : «Je dis au Prophète : «Envoyé «de Dieu! nous avons abattu une jeune bête et j'ai fait moudre un «*ṣâʿ* d'orge. Viens donc en compagnie de quelques autres!» Le Prophète cria alors : «Ohé! les gens du Fossé! voilà Djâbir qui a «préparé un festin [2]! Allons, arrivez!»

2. *Omm-Khâlid*, fille de Khâlid-ben-Saʿîd, a dit : «Je vins trouver

[1] Ces deux informations doivent vraisemblablement faire partie de la rubrique du titre. — [2] En employant le mot persan سور.

le Prophète en compagnie de mon père; j'étais vêtue d'une *qamîṣ* jaune. L'Envoyé de Dieu dit alors : « *Sanah! sanah!* » [El-Bokhâri dit que ce mot en langue éthiopienne veut dire *belle.*] Omm-Khâlid continue : « Comme je voulus jouer avec le sceau de la prophétie, mon père me repoussa sévèrement; mais l'Envoyé de Dieu lui dit : « Laisse-la; » puis il ajouta : « Use et troue; puis use et troue, puis « use et troue[1] ! »

ʿAbdallah-ben-el-Mobârak dit : « Et Omm-Khâlid demeura en vie jusqu'à ce que le vêtement fût devenu noir d'usage[2]. »

3. D'après *Abou-Horaïra*, El-Ḥasan-ben-ʿAlî prit une datte dans le tas des dattes de la dîme, et la mit dans sa bouche. Le Prophète lui dit alors en langue persane : « *Kakh, Kakh!* » et ajouta : « Ne sais-tu bien que, nous autres, nous ne mangeons pas ce qui provient de la dîme? »

CHAPITRE CLXXXIX. — De la fraude dans le partage du butin. — *De cette parole du Coran : « Quiconque aura fraudé viendra chargé de sa fraude, etc. »* (sourate III, verset 155).

1. *Abou-Horaïra* a dit : « Le Prophète, s'étant levé au milieu de nous, parla de la fraude au partage; il en fit un péché terrible, et de conséquences terribles. « Que je ne rencontre pas l'un de vous, « dit-il, au jour du jugement, portant sur ses épaules une brebis « bêlante ou un cheval hennissant! « Envoyé de Dieu prête-moi, « secours », me dira-t-il, et moi je lui répondrai : « Je ne puis rien « pour toi; je t'ai fait parvenir les enseignements ». Que je ne ren- « contre pas quelqu'un de vous portant sur ses épaules un chameau « bramant! « Envoyé de Dieu, prête-moi secours, » me dira-t-il, et « moi je lui répondrai : « Je ne puis rien pour toi; je t'ai fait par- « venir les enseignements »; ou quelqu'un de vous portant sur ses « épaules des métaux précieux : « Envoyé de Dieu, prête-moi se-

[1] أبلى وأخلقى, cf. *Z.D.M.G.*, 1905, p. 835.

[2] Au lieu de دكن, on trouve dans Krehl la leçon ذكر, c'est-à-dire : « ... demeura en vie, un temps qu'on me mentionna ».

«cours,» me dira-t-il, et moi je lui répondrai : «Je ne puis rien «pour toi, je t'ai fait parvenir les enseignements»; ou encore les «épaules chargées d'étoffes flottant au vent. Il me dira : «Envoyé «de Dieu, prête-moi secours!» et moi je lui répondrai : «Je ne puis «rien pour toi, je t'ai fait parvenir les enseignements.»

CHAPITRE CXC. — De la fraude (dans le butin) de peu d'importance. — *Dans le ḥadîts ici rapporté, ʿAbdallâh-ben-ʿAmr ne mentionne pas que le Prophète fit brûler les objets trouvés sur l'homme; et c'est bien là la version la plus saine.*

1. *ʿAbdallah-ben-ʿAmr* a dit : «Il y avait aux bagages du Prophète un homme nommé Kirkira. Il mourut, et l'Envoyé de Dieu dit : «Il ira en enfer.» On alla vers lui, on regarda, et on trouva une tunique qu'il avait prise en fraude sur le butin.»

Ibn-Salâm a dit : «C'est *Karkara* avec deux *a*, qui est l'orthographe bien établie du nom.»

CHAPITRE CXCI. — Qu'il est répréhensible d'égorger des chameaux ou des moutons enlevés de la masse du butin.

1. D'*ʿAbâya-ben-Rifâʿa*, que son grand-père Râfiʿ dit : «Nous étions en compagnie du Prophète à Dzou-'l-Ḥolaïfa. Des gens eurent faim, et, le Prophète se trouvant aux derrières de l'armée, on se dépêcha d'abattre des chameaux et des moutons capturés, et d'installer les marmites. Mais le Prophète ordonna de les renverser; puis il procéda au partage, et institua l'équivalence entre dix moutons et un chameau. Or il arriva qu'un chameau s'enfuit. Il y avait peu de chevaux à l'armée; on se mit à la poursuite de l'animal fugitif. Comme il fatiguait les poursuivants, un homme lui décocha une flèche, et Dieu arrêta ainsi l'animal. Le Prophète dit alors : «Parmi ces animaux domestiques, il y en a de farouches comme les bêtes sauvages farouches; celles-là, traitez-les de cette façon.»

«Mon grand-père, dit ʿAbâya, dit ensuite au Prophète : «Nous «espérons — ou nous craignons — pour demain la rencontre de «l'ennemi. Or nous n'avons pas de couteau. Pouvons-nous égorger le «bétail avec des roseaux? — De toute viande abattue à l'aide de ce «qui fait couler le sang, et sur laquelle on aura prononcé le nom de «Dieu, dit le Prophète, mange sans crainte. Toutefois il faut faire «exception pour les dents et pour les ongles. Je vais vous en parler : les «dents ce sont des os; et les ongles, c'est le couteau des Abyssins.»

CHAPITRE CXCII. — Du fait d'annoncer l'heureuse nouvelle de la victoire.

1. *Djarîr-ben-ʿAbdallah* a dit : «L'Envoyé de Dieu me dit : «Ne «me mettras-tu pas en repos de Dzôu-'l-Khalaṣa?» C'était un temple où venaient les Khatsʿamites et qu'on appelait la Kaʿba yamanite. Je me préparai donc à partir à la tête de cent cinquante hommes de Aḥmas, tous cavaliers. Quant à moi, j'informai le Prophète que je n'étais pas ferme en selle. Alors il me frappa la poitrine avec tant de force, que je pus voir sur ma chair la trace de ses doigts, et dit : «Ô mon Dieu! affermis-le, et dans la bonne voie fais-en un guide «bien dirigé!»

Djarîr partit donc vers Dzoû-'l-Khalaṣa y brisa et y brûla tout, puis envoya porter au Prophète cette heureuse nouvelle. Le messager de Djarîr dit à l'Envoyé de Dieu : «Par Celui qui t'a envoyé apporter la vérité, je l'ai laissée avant de venir vers toi, semblable à un chameau galeux!» Alors le Prophète appela la bénédiction de Dieu sur les chevaux et les guerriers de Aḥmas, à cinq reprises.

In fine, indication d'une variante : «un temple sur le territoire des Khatsʿamites».

CHAPITRE CXCIII. — Des présents faits au porteur d'une bonne nouvelle. — *Kaʿb-ben-Mâlik fit présent de deux habits le jour où on lui apporta la bonne nouvelle de l'acceptation de son repentir.*

CHAPITRE CXCIV. — Il n'y a plus d'hégire après la conquête de la Mecque.

1. *Ibn-ʿAbbâs* a dit : «Le Prophète dit, le jour de la prise de la Mecque : «Il n'y a plus maintenant d'hégire, mais il reste la guerre

« sainte et les bonnes intentions. Lorsque vous serez appelés en « campagne, mettez-vous-y. »

2. *Modjâchi'-ben-Mas'oûd* a dit : « Modjâchi' amena son frère Modjâlid-ben-Mas'oûd au Prophète, et lui dit : « Voilà Modjâlid qui « vient te prêter serment de prendre part à l'hégire. — Il n'y a « plus d'hégire possible après la prise de la Mecque, mais je lui ferai « prêter serment d'être attaché à l'Islâm. »

3. *'Aṭâ* a dit : « Je m'en allai avec 'Obaïd-ben-'Omaïr trouver 'Âïcha qui faisait alors une retraite pieuse à Tsabîr, et elle nous dit : « L'hégire a complètement cessé, depuis que Dieu a ouvert la Mecque à son Prophète. »

CHAPITRE CXCV. — Du cas où l'homme est obligé de regarder les cheveux d'une chrétienne ou d'une juive; d'examiner des musulmanes qui se montrent rebelles et de les dépouiller de leurs vêtements.

1. D'après *Sa'd-ben-'Obaïda*, Abou-'Abd-er-Raḥmân qui était partisan d''Otsmân dit à Ibn-'Aṭîya qui était partisan d''Alî : « Je sais bien ce qui a donné à ton maître l'audace de répandre le sang; je lui ai entendu faire le récit suivant : « L'Envoyé de Dieu m'envoya en « compagnie d'Ez-Zobaïr, en nous disant : « Marchez jusqu'à Raoudat (Khâkh), vous y trouverez une femme à laquelle Ḥâṭib a remis « une lettre. » Nous allâmes donc à l'endroit indiqué, et dîmes (à la « femme) : « Donne la lettre! — Il ne m'a pas remis de lettre, répondit-elle. — Tu vas nous attirer la lettre, reprîmes-nous, ou « je vais t'enlever tes vêtements. » Alors elle nous sortit la lettre « de sa ceinture. » — Le Prophète envoya chercher Ḥâṭib; celui-ci lui dit : « Ne te hâte pas de me juger; par Dieu! je n'ai pas « commis le péché d'infidélité, et mon amour pour l'islâm n'a fait « que croître. Mais tous tes compagnons ont à la Mecque des rela- « tions par le moyen desquelles Dieu pourra assurer la protection « de leurs parents et de leurs biens; moi, n'ayant personne, j'ai « voulu m'assurer des droits à la reconnaissance des Mecquois. » Le « Prophète, là-dessus, déclara qu'il avait dit vrai, et comme 'Omar

« disait : « Laisse-moi lui trancher la tête; il s'est montré hypocrite ! » « il lui répondit : « Que sais-tu? Dieu peut-être a considéré les com- « battants de Bedr en leur disant : « Faites maintenant ce que vous « voudrez ! »

« Voilà, conclut Abou-ʿAbd-er-Raḥmân, ce qui a donné à ʿAlî l'audace de répandre le sang. »

CHAPITRE CXCVI. — Du fait d'aller à la rencontre des guerriers.

1. *Ibn-Abou-Molaïka* a dit : « Ibn-ez-Zobaïr dit à Ibn-Djaʿfar : « Te « souviens-tu du jour où nous allâmes à la rencontre de l'Envoyé « de Dieu, moi, toi et Ibn-Abbâs? — Oui, lui répondit-il; il nous « fit monter sur des bêtes, et toi il te laissa à terre ! »

2. *Es-Sâïb-ben-Yazîd* a dit : « Nous allâmes, moi et les autres jeunes garçons, à la rencontre de l'Envoyé de Dieu jusqu'au col des *Adieux*. »

CHAPITRE CXCVII. — Ce qu'on dit en revenant d'expédition.

1. D'après *ʿAbdallah*, le Prophète, lorsqu'il revenait d'expédition, prononçait à trois reprises le *tekbîr*, et disait : « Nous reviendrons si Dieu le veut, nous repentant, adorant, chantant les louanges, nous prosternant devant notre Seigneur. Dieu a tenu sa promesse, a aidé son serviteur, et mis lui seul en fuite les nations. »

2. *Anas-ben-Mâlik* a dit : « Nous marchions en compagnie du Prophète à son retour de ʿOsfân. L'Envoyé de Dieu montait sa chamelle, ayant en croupe Ṣafîya-bent-Ḥoyaï; or la bête vint à trébucher, et tous deux furent renversés à terre. Alors Abou-Ṭalḥa se précipita en disant : « Envoyé de Dieu, que Dieu me fasse ta « rançon ! — Prends soin de la femme », lui répondit le Prophète. Alors Abou-Ṭalḥa retourna son vêtement sur son visage, et s'en vint vers Ṣafîya; il jeta le vêtement sur elle, et remit la monture en état. Le Prophète et Ṣafîya remontèrent sur leur chamelle, et nous entourâmes tous l'Envoyé de Dieu. Lorsque d'une hauteur nous dominâmes Médine, le Prophète s'écria : « Nous reviendrons,

« nous repentant, adorant, louant notre Seigneur. » Et il ne cessa de prononcer ces mots jusqu'à son entrée à Médine[1]. »

3. D'*Anas-ben-Mâlik*, qu'ils revinrent d'expédition lui et Abou-Ṭalḥa avec le Prophète. Celui-ci avait pris Ṣafîya en croupe sur sa chamelle. Or, en cours de route, il arriva que la chamelle trébucha, et le Prophète et la femme furent jetés à terre. Or Abou-Ṭalḥa — c'est bien là, croit un râwi, le récit d'Anas — se précipita à bas de son chameau et s'en vint vers l'Envoyé de Dieu : « Que Dieu me fasse ta rançon, Envoyé de Dieu! dit-il; as-tu quelque mal? — Non, répondit le Prophète; mais prends soin de la femme! » Alors Abou-Ṭalḥa jeta son vêtement sur sa figure et se dirigea vers Ṣafîya. Il jeta son vêtement sur elle; elle se releva, et il les remit solidement en selle. Puis, le Prophète et Ṣafîya étant remontés, on continua la route. Lorsque le cortège fut arrivé dans la banlieue de Médine — ou lorsque d'une hauteur on domina Médine — le Prophète s'écria : « Nous reviendrons, nous repentant, adorant, louant notre Seigneur! » Et il ne cessa de prononcer ces mots jusqu'à son entrée à Médine.

CHAPITRE CXCVIII. — De la prière lorsqu'on revient d'expédition[2].

1. *Djâbir-ben-ʿAbdallah* a dit : « J'étais en route avec le Prophète. Lorsque nous revînmes à Médine, il me dit : « Entre à la mosquée « et prie deux raʿka. »

2. D'après *Kaʿb*, le Prophète, lorsqu'il revenait de route, entrait à la mosquée et priait deux raʿka avant de s'asseoir.

CHAPITRE CXCIX. — Du fait de préparer de la nourriture en revenant de voyage. — *Ibn-ʿOmar rompait alors le jeûne à cause de ceux qui le venaient voir.*

1. D'après *Djâbir-ben-ʿAbdallah*, le Prophète, lorsqu'il arriva à Médine, égorgea un chameau ou un bœuf.

[1] *In fine*, ap. Krehl, la glose تاب « se repentir » c'est رجع « revenir à Dieu ».

[2] Dans le texte de Qasṭallâni, en tête de ce chapitre « au nom de Dieu, etc. ».

Djâbir a dit encore : « Le Prophète m'acheta un chameau pour deux onces et un dirhem ou pour deux dirhems. Lorsqu'il fut arrivé à Ṣirâr, il fit abattre un bœuf dont on mangea; puis, lorsqu'il fut arrivé à Médine, il m'ordonna de me rendre à la mosquée et d'y prier deux raᶜka; et il me paya le prix du chameau. »

2. *Djâbir* a dit : « Je revins de route; le Prophète me dit : « Prie « deux raᶜka. »

In fine : Ṣirâr est une localité des environs de Médine [1].

[1] Cette remarque de Bokhâri manque dans l'édition de Krehl.

AU NOM DE DIEU, LE CLÉMENT, LE MISÉRICORDIEUX.

TITRE LVII.

DE LA PRESCRIPTION DU QUINT.

CHAPITRE PREMIER. — De la prescription du quint.

1. *'Alî* a dit : « Je possédais une chamelle âgée qui provenait de ma part du butin de Badr, et une autre que le Prophète avait prise pour moi sur le quint. Lorsque je voulus consommer mon union avec Fâṭima, fille de l'Envoyé de Dieu, je convins avec un joaillier des Banou-Qaïnoqa qu'il viendrait avec moi, pour que j'apportasse de l'*idzkhir;* je voulais vendre cette herbe aux joailliers, et pourvoir, avec le prix, aux dépenses du repas de noces. J'avais donc fait agenouiller mes chamelles auprès de la maison d'un Anṣâr, pendant que je rassemblais, pour les garnir, divers objets, bâts, sacs et cordes. Ayant rassemblé ce que je pus, je m'en revins vers les bêtes et je les trouvai les bosses tailladées, les flancs éventrés, des morceaux du foie coupés. A ce triste spectacle, je ne pus retenir mes larmes et je demandai qui avait commis cet acte. « C'est « Ḥamza-ben-'Abd-el-Moṭṭalib, me répondit-on; il est dans cette « maison à boire avec des Anṣâr. » Je m'en allai aussitôt trouver le Prophète, qui avait à ce moment avec lui Zaïd-ben-Ḥâritsa. Le Prophète connut à mon visage qu'un malheur m'était arrivé : « Qu'as-tu? me demanda-t-il. — Envoyé de Dieu, lui répondis-je, « je n'ai jamais vu encore ce que j'ai vu aujourd'hui! Ḥamza a in- « justement tailladé les bosses de mes chamelles et éventré leurs « flancs; et maintenant le voilà à boire avec d'autres dans une « maison. »

« L'Envoyé de Dieu demanda aussitôt son manteau, s'en revêtit et sortit, suivi de moi et de Zaïd-ben-Ḥâritsa. Il s'en vint à la maison où se trouvait Ḥamza, et demanda la permission d'entrer; on la lui donna, et il se trouva en présence du groupe de buveurs. Il commençait à reprocher à Ḥamza sa conduite, lorsque celui-ci, qui était ivre, tourna ses yeux, rouges de boisson, vers l'Envoyé de Dieu, et son regard, remontant lentement, s'arrêta d'abord aux genoux, puis au ventre, puis au visage même du Prophète; et il lui dit alors : « Vous autres, êtes-vous donc autre chose que les « esclaves de mon père ? » L'Envoyé de Dieu, comprenant que Ḥamza était ivre, s'en revint sur ses pas à reculons; et nous, nous sortîmes avec lui. »

2. *ʿAïcha*, mère des croyants, a raconté ce qui suit : « Après la mort de l'Envoyé de Dieu, sa fille Fâṭima vint réclamer d'Abou-Bakr à titre d'héritage la part de biens laissés par son père et dont Dieu lui avait accordé la conquête. Abou-Bakr lui répondit que l'Envoyé de Dieu avait dit : « On n'hérite pas de nous; ce que « nous laissons est une aumône. » Fâṭima, fille du Prophète, courroucée, évita depuis cette époque Abou-Bakr, et ne cessa de l'éviter jusqu'à sa propre mort, survenue six mois après celle de l'Envoyé de Dieu.

ʿAïcha dit encore : « Fâṭima demandait à Abou-Bakr sa part de ce qu'avait laissé le Prophète à Khaïbar, à Fadak, et aussi ses biens d'aumône de Médine. Abou-Bakr lui refusa, en disant : « Je n'ai rien négligé de ce que le Prophète lui-même observait dans sa « conduite; et j'ai peur, en en négligeant quelque chose, de tomber « dans l'erreur. » — Puis les biens d'aumône appartenant au Prophète à Médine furent remis par ʿOmar à ʿAlî et à ʿAbbâs. Mais ʿOmar retint les propriétés de Khaïbar et de Fadak, et dit à ce propos : « Ce sont là les biens d'aumône de l'Envoyé de Dieu; ils « étaient destinés à pourvoir aux nécessités qui lui incombaient, à « parer aux événements. Ils demeurent dans les mains de celui qui « a la charge du pouvoir. »

Ez-Zohri (l'un des râwi) ajoute : «Ces deux biens sont encore dans cette situation aujourd'hui.»

El-Bokhâri dit : «اعترى (de Coran, sourate xi, verset 57) est une forme افتعل de عرا, يعرو «atteindre» («incomber», employé dans le présent ḥadîts).

3. *Ibn-Chihâb-ez-Zohri* a dit : «Moḥammed-ben-Djobaïr m'ayant fait mention du ḥadîts qui suit, je me rendis chez Mâlik-ben-Aous et l'interrogeai au sujet du ḥadîts; il me dit : «J'étais assis avec «les miens au moment de la chaleur, lorsqu'un messager d'ʿOmar-«ben-el-Khaṭṭâb vint me trouver et me dit : «Rends-toi, sur son «ordre, chez le chef des croyants.» Je partis avec lui, et entrai «chez ʿOmar. Il était assis sur un lit de feuilles de palmier tressé, «que ne recouvrait aucun tapis, appuyé sur un coussin de peau. Je «le saluai et m'assis : «Mâlik, me dit-il, il nous est arrivé plusieurs «tentes de ta tribu; et j'ai commandé qu'on leur donnât quelques «menus secours. Tu prendras ces dons, et les partageras entre eux. «— Chef des croyants, lui répondis-je, si tu en chargeais plutôt un «autre que moi? — Prends-les, toi, eh l'homme!» me répartit-il. «J'étais toujours assis à côté de lui, lorsque son chambellan Yarfâ «entra et lui dit : «Veux-tu recevoir ʿOtsmân, ʿAbd-er-Raḥmân-ben-«ʿAouf, Ez-Zobaïr et Saʿd-ben-Abou-Waqqâs? Ils te demandent «à entrer. — Oui, répondit ʿOmar.» Yarfâ les fit donc entrer; ils «saluèrent et s'assirent. Yarfâ resta quelque temps, puis il dit : «Veux-tu recevoir ʿAlî et ʿAbbâs? — Oui, répondit ʿOmar.» Yarfâ «les fit donc entrer; ils saluèrent et s'assirent. Puis ʿAbbâs dit : «Chef des croyants, sois juge entre moi et entre celui-ci» — ils «avaient une contestation au sujet de ce que Dieu avait accordé à «son Envoyé des biens des Banou-Nadîr — «Oui, chef des croyants, «dit aussi le groupe d'ʿOtsmân et de ses compagnons, sois juge «entre eux deux, et mets-les en repos du souci qu'ils se font l'un «l'autre.» ʿOmar dit alors : «Patience, si vous le voulez! Je vous en «conjure, au nom de Dieu, par la permission de qui subsistent les «cieux et la terre. Savez-vous bien que l'Envoyé de Dieu a dit :

[1] Dans l'édition Krehl en sous-titre *Histoire de Fadak.*

« On n'hérite pas de nous; ce que nous laissons est une aumône »
« et qu'il entendait parler de lui? » — Le groupe d'ʿOtsmân répondit :
« Oui, certes, il a bien dit cela. »

« Alors ʿOmar s'avança vers ʿAlî et ʿAbbâs et leur dit : « Je vous
« conjure au nom de Dieu! Savez-vous que le Prophète a bien
« dit cela? — Oui, il l'a bien dit », répondirent-ils. ʿOmar pour-
« suivit : « Je vais vous informer à ce sujet que Dieu a spécialement,
« et à l'exclusion de tout autre, attribué ce bien de conquête à son
« Prophète »; et il récita : *Ce que Dieu a donné par droit de con-*
« *quête à son Envoyé*, etc..., jusqu'à ces mots... *Dieu est tout-*
« *puissant* » (LIX, 6). « Ces biens auxquels il est fait allusion, pour-
« suivit ʿOmar, ont donc été la propriété particulière de l'Envoyé
« de Dieu; mais, par Dieu! il ne les a pas accaparés; il ne s'en est
« pas réservé la propriété exclusive; il vous en a fait don, et les a
« partagés entre vous; après quoi, ce bien [que vous réclamez] lui
« étant resté, il pourvoyait aux dépenses annuelles de ses femmes,
« et donnait au reste l'affectation qui convient au bien de Dieu;
« c'est ainsi qu'il agit sa vie durant. Je vous en conjure au nom de
« Dieu, le savez-vous bien? — Nous le savons, répondit le groupe.
« — Et vous deux, reprit ʿOmar, en s'adressant à ʿAlî et à ʿAbbâs,
« je vous en conjure au nom de Dieu! le savez-vous bien? » ʿOmar
« continua : « Le Prophète mort, Abou-Bakr dit : « C'est moi le
« successeur de l'Envoyé de Dieu », et en conséquence il garda dans
« sa main ses biens, et fit d'eux ce qu'avait fait l'Envoyé de Dieu; et
« Dieu sait qu'il fut dans leur administration, loyal, pieux, droit,
« attaché à la justice. Puis Abou-Bakr étant mort, c'est moi qui ai
« été son successeur : j'ai gardé ces biens pendant deux années de
« mon califat, faisant d'eux ce qu'en avaient fait l'Envoyé de Dieu
« et Abou-Bakr, et Dieu sait que j'ai été dans leur administration
« loyal, pieux, droit, attaché à la justice. C'est alors que vous êtes
« arrivés tous les deux me parler : vous disiez tous deux la même
« chose, vous émettiez tous deux la même prétention. Toi, ʿAbbâs,
« tu es venu me demander ta part, te provenant de ton neveu;

« et celui-ci — il voulait dire ʿAlî, — est venu me demander la « part de sa femme dans l'héritage de son père. Je vous ai ré- « pondu : « L'Envoyé de Dieu a dit : « On n'hérite pas de nous; ce « que nous laissons est une aumône. » Puis, quand il m'a semblé « bon de vous remettre à tous deux ces biens, je vous ai dit : « Je « vais vous les remettre, à condition que vous soyez fidèles aux « prescriptions de Dieu, à l'engagement par lui dicté : vous ferez « de ces biens ce qu'en ont fait l'Envoyé de Dieu et Abou-Bakr, ce « que j'en ai fait moi-même, depuis que je les administre. — « Remets-les-nous, » m'avez-vous répondu, et sous cette condition « je vous les ai remis. Je vous en adjure au nom de Dieu, leur « ai-je remis les biens à cette condition? — Oui », répondit le « groupe d'ʿOtsmân. Alors ʿOmar s'avança vers Alî et ʿAbbâs, et leur « dit : « Je vous adjure, au nom de Dieu, vous ai-je bien remis les « biens à cette condition? — Oui, répondirent les deux hommes. « — Et maintenant, vous voulez de moi une autre décision que « celle-là. Au nom de Dieu par la permission de qui subsistent les « cieux et la terre, je n'en prendrai point d'autre! Si vous êtes in- « capables d'administrer les biens, rendez-les-moi ; je m'en chargerai « parfaitement pour vous. »

CHAPITRE II. — Le payement du quint fait partie de la religion.

1. *Ibn-ʿAbbâs* a dit : « La députation des ʿAbd-el-Qaïs, étant arrivée, dit : « Envoyé de Dieu, cette tribu-ci est de Rabîʿa; et entre « toi et nous se trouvent les mécréants de la race de Modar, si bien « qu'il nous est impossible de venir vers toi excepté durant un mois « sacré. Ordonne-nous donc quelque prescription formelle que « nous observions, et à l'observance de laquelle nous appelions « ceux que nous avons laissés derrière nous. » L'Envoyé de Dieu répondit : « Je vous prescris quatre choses, et je vous en interdis « quatre autres. Je vous prescris de croire en Dieu, c'est-à-dire de « confesser que Dieu seul est Dieu »; puis, comptant sur ses doigts, il continua : « Je vous prescris encore de pratiquer la prière, de

«payer la dîme, de faire le jeûne du ramadân et de donner à Dieu «le quint de votre butin; et je vous interdis l'usage des jarres, des «tonneaux de palmier, des gourdes et des outres enduites de poix.»

CHAPITRE III. — De l'entretien des femmes du Prophète après sa mort.

1. D'après *Abou-Horaïra*, l'Envoyé de Dieu a dit : «On ne partagera pas de mon héritage même un seul dînâr. Ce que je laisserai, après qu'on aura prélevé l'entretien de mes femmes et la subsistance de mon chargé d'affaires[1], sera une aumône.»

2. *ʿAïcha* a dit : «Lorsque l'Envoyé de Dieu mourut, il ne restait pas chez moi la moindre nourriture convenable à un être vivant, si ce n'est une demi-charge d'orge. Elle était placée dans un placard, et j'en mangeai bien longtemps; puis, ayant mesuré ce qui restait d'orge, je le vis disparaître[2].»

3. *ʿAmr-ben-el-Ḥârits* a dit : «Le Prophète ne laissa que ses armes, sa mule blanche et des biens en terre ayant le caractère d'aumône».

CHAPITRE IV. — De ce qui est relatif aux chambres des épouses du Prophète. Des chambres qui leur furent attribuées. — *De ces mots du Coran : «Demeurez dans vos chambres»* (sourate XXXIII, verset 33), *et : «N'entrez point dans les chambres du Prophète sans qu'on vous l'ait permis»* (sourate XXXIII, verset 53).

1. *ʿAïcha* a dit : «Lorsque le Prophète fut immobilisé, il demanda à ses épouses la permission d'être soigné pendant sa maladie dans ma chambre. Elles le lui permirent.»

2. *ʿAïcha* a dit : «Le Prophète mourut dans ma chambre, et le jour où c'était mon tour de le recevoir; il mourut reposant entre mon flanc et ma poitrine, et Dieu réunit sa salive à la mienne : en

[1] Le calife son successeur, suivant les commentaires, ou celui qui l'enterra, ou celui qui prit soin des palmiers lui appartenant. Cf. au reste, sur ce ḥadîts, Goldziher, *Muh. Studien*, II, p. 103.

[2] Une bénédiction est attachée aux aliments aussi longtemps qu'on n'en connaît pas l'exacte quantité; cf. *W.Z.K.M.*, 1896, p. 215.

IMPRIMERIE NATIONALE.

effet, ʿAbd-er-Raḥmân entra tenant un frottoir à dents; comme le Prophète était trop faible pour en faire usage, ayant pris et mâché le cure-dents, je le passai sur ses dents.»

3. *Ṣafîya*, épouse du Prophète. a raconté qu'elle vint visiter le Prophète tandis qu'il faisait une retraite spirituelle dans la mosquée, pendant la dernière décade de Ramaḍân. Puis elle se leva pour se retirer, et l'Envoyé de Dieu se leva et marcha avec elle jusque auprès de la porte de la mosquée qui donnait accès à la chambre d'Omm-Salama, son épouse. Deux Anṣâr, venant alors à passer près d'eux, saluèrent l'Envoyé de Dieu et continuèrent leur route. «Allez doucement, leur dit le Prophète. — A Dieu ne plaise! Envoyé de Dieu,» répondirent-ils, car cette observation du Prophète leur avait fait grand effet. «Le diable, reprit le Prophète, se glisse dans l'homme comme s'y glisse le sang, et j'ai craint qu'il ne jetât dans vos cœurs quelque mauvaise pensée.»

4. *ʿAbdallah-ben-ʿOmar* a dit : «Étant monté au-dessus de la chambre de Ḥafṣa, j'aperçus l'Envoyé de Dieu qui satisfaisait un besoin, tournant le dos à la qibla, et faisant face au côté de la Syrie.»

5. *ʿAïcha* a dit : «L'Envoyé de Dieu faisait la prière de l'*ʿaṣr* au moment où le soleil n'était pas encore parti de ma cellule.»

6. *Nâfiʿ-ben-ʿAbdallah* a dit : «L'Envoyé de Dieu, s'étant levé pour prêcher, montra la direction de l'habitation d'ʿAïcha et dit à trois reprises : «C'est là qu'est la sédition, là où monte (au ciel) «la corne du diable.»

7. *ʿAïcha*, épouse du Prophète, a raconté que, le Prophète étant chez elle, elle entendit la voix d'un homme qui demandait la permission d'entrer dans la chambre de Ḥafṣa : «Je dis à l'Envoyé de Dieu, raconte ʿAïcha : «Voilà un homme qui demande la permis-«sion d'entrer dans ta chambre. — Je pense, répondit le Prophète, «que c'est un tel»; et il dit le nom d'un oncle de lait de Ḥafṣa. «L'allaitement, continua-t-il, apporte au mariage les mêmes em-«pêchements que la parenté par le sang.»

CHAPITRE V. — DE CE QUI EST RELATIF À LA COTTE DE MAILLES DU PROPHÈTE, À SON BÂTON, À SON SABRE, À SA COUPE, À SON CACHET. — QUE LES CALIFES, APRÈS LUI, FIRENT USAGE DE CERTAINS DE CES OBJETS, POUR LESQUELS ON NE MENTIONNE PAS DE PARTAGE. — DES POILS DU PROPHÈTE, DE SES SANDALES, DE SES VASES, PAR LESQUELS SES COMPAGNONS ET D'AUTRES RECHERCHAIENT LA BÉNÉDICTION APRÈS SA MORT.

1. D'après *Anas :* Qu'Abou-Bakr, lorsqu'il fut calife, l'envoya au Baḥraïn, et lui écrivit cette fameuse lettre[1]; il la scella avec le sceau du Prophète, qui portait, gravées, trois lignes : *Mahomet* composait la première, *Envoyé* la deuxième, et *de Dieu* la troisième.

2. *ʿÎsâ-ben-Ṭahmân* a dit : « Anas nous attira deux sandales qui avaient perdu leur poil, ayant chacune deux cordons. — Puis, dans la suite, Tsâbit-el-Bonâni me rapporta, d'après Anas, que c'étaient les sandales du Prophète. »

3. *Abou-Borda* a dit : « ʿAïcha nous attira un vêtement d'étoffe feutrée et nous dit : « C'est dans ce vêtement que le Prophète « rendit l'âme. »

Abou-Borda a dit encore : « ʿAïcha nous attira un *izâr* de façon grossière, comme on en fabrique dans le Yémen, et un vêtement de cette étoffe qu'on nomme « feutrée ».

4. D'après *Anas-ben-Mâlik :* La coupe du Prophète s'étant brisée, il fit mettre une chaînette d'argent à l'endroit de la brisure.

ʿÂṣim (l'un des râwi) a dit : « J'ai vu cette coupe et j'y ai bu. »

5. *ʿAlî-ben-el-Ḥosaïn* a raconté que, lorsqu'ils se rendirent à Médine, sur l'ordre de Yazîd-ben-Moʿâwiya, après le meurtre de Ḥosaïn-ben-ʿAlî, il rencontra El-Miswar-ben-Makhrama, qui lui dit : « As-tu besoin de moi pour quelque affaire, ordonne! — Je lui répondis que non, dit ʿAlî. — Veux-tu, reprit-il, me donner le sabre de l'Envoyé de Dieu? Je crains qu'on ne s'en empare sur toi, et, j'en jure par Dieu! si tu me le donnes, on ne l'aura pas jusqu'à mon dernier souffle. » — Il arriva qu'ʿAlî-ben-Abou-Ṭâlib demanda en mariage la fille d'Abou-Djahl, ayant déjà Fâṭima pour épouse.

[1] Cf. I, p. 473.

J'entendis le Prophète en parler en chaire, dans son prêche aux musulmans. J'avais alors atteint la puberté. «Fâṭima, dit le Prophète, est une partie de moi-même et je crains qu'elle ne soit éprouvée dans sa religion.» Puis il parla d'un de ses gendres des Banou-ʿAbd-Chams et fit l'éloge de cet homme dans les rapports d'alliance qu'ils avaient eus ensemble. «Il m'a parlé, dit-il, et a été sincère; il m'a promis et a tenu sa promesse, ce n'est pas moi qui interdirai ce qui est permis et permettrai ce qui est interdit; mais, par Dieu! la fille de l'Envoyé de Dieu et celle de l'ennemi de Dieu ne pourront jamais se trouver réunies!»

6. *Ibn-el-Ḥanafîya* a dit : «Si jamais ʿAlî voulait dire du mal d'ʿOtsmân, il se contentait de rappeler le jour où des gens vinrent à lui se plaindre des collecteurs d'impôts de ce dernier. «Va-t'en «chez ʿOtsmân, me dit-il, et apprends-lui que (ce feuillet) contient «les prescriptions à suivre pour l'aumône du Prophète; dis-«lui qu'il ordonne à ses préposés de s'y conformer.» J'apportai donc ce feuillet à ʿOtsmân qui me dit : «Fais-nous grâce de cela!» Je le remportai alors à ʿAli, et je l'informai de ce qui s'était passé : «Pose ce feuillet où tu l'as pris,» me répondit-il.»

Avec un autre isnâd : Ibn-el-Ḥanafîya a dit : «Mon père m'envoya à ʿOtsmân en me disant : «Prends cet écrit, et emporte-le à «ʿOtsmân; car il contient les prescriptions du Prophète relative-«ment à l'aumône.»

CHAPITRE VI. — Ce qui montre que le quint devait servir au Prophète à parer aux événements, qu'il était destiné aux pauvres, attribué de préférence par le Prophète aux gens du banc, aux veuves; *et, de fait, lorsque Fâṭima vint se plaindre à lui de la fatigue qu'elle éprouvait à moudre et lui demander un prisonnier pour la servir, il s'en remit pour elle à la bonté divine.*

1. *ʿAlî* a raconté ce qui suit : «Fâṭima se plaignait de la fatigue qu'elle éprouvait à moudre au moulin; ayant appris que l'Envoyé de Dieu avait reçu des prisonniers, elle vint lui en demander un pour le servir; n'ayant pas trouvé son père, elle

parla de son désir à ʿAïcha. Lorsque le Prophète revint, ʿAïcha lui en parla. Alors le Prophète vint nous trouver alors que nous nous étions étendus dans nos lits; comme nous voulions nous lever, «Restez à vos places», nous dit-il, et il s'approcha à tel point que je sentis à la poitrine le froid de ses pieds : «Je vais vous indiquer, «nous dit-il, quelque chose qui vaut mieux que ce que vous «m'avez demandé; lorsque vous vous serez étendus sur vos lits, «dites trente-quatre fois : «Dieu est le plus grand», trente-trois «fois : «Louange à Dieu!» et trente-trois fois : «Gloire à Dieu!» «Cela vaudra mieux pour vous que ce que vous m'avez demandé.»

CHAPITRE VII. — *De cette parole du Coran : «A Dieu appartient le quint du butin et à son Envoyé...»* (sourate VIII, verset 42), *c'est-à-dire : «... et à son Envoyé appartient le partage de ce quint. L'Envoyé de Dieu a dit : «Je ne suis, moi, qu'un partageur, un gardien, et c'est Dieu qui donne.»*

1. *Djâbir-ben-ʿAbdallah* a dit : «Un fils étant né à un Anṣâr d'entre nous, cet homme voulut donner à l'enfant le nom de Mahomet.

D'après une autre version, l'Anṣâr a dit : «Je portai l'enfant sur mes épaules au Prophète.»

D'après une autre version : «Un fils lui naquit (à cet Anṣâr), et il voulut lui donner le nom de Mahomet.»

Le Prophète dit alors : «Donnez mon nom comme nom, mais ne prenez pas pour *Konia* ma *Konia*[1]. Car, moi, je n'ai été institué que comme un partageur chargé de partager entre vous.»

D'après une autre version : «J'ai été envoyé comme partageur chargé de partager entre vous.»

Suivant une autre version : «L'Anṣâr voulut donner à son fils le nom de El-Qâsim (le partageur).»

2. *Djâbir-ben-ʿAbdallah-el-Anṣâri* a dit : «L'un d'entre nous, ayant eu un fils, lui donna le nom d'El-Qâsim. Les Anṣâr lui dirent : «Nous ne te donnerons pas pour *konia* Abou'l-Qâsim; certes nous ne

[1] Abou'l-Qâsim; cf. *Z. D. M. G.*, 1897, p. 261 et suiv.

«te ferons pas cet honneur.» L'homme s'en vint trouver le Prophète et lui dit : «Envoyé de Dieu, un fils m'est né et je lui ai donné le «nom d'El-Qâsim; alors les Anṣâr m'ont dit qu'ils ne me donne-«raient pas pour *Konia* Abou'l-Qâsim, qu'ils ne me feraient pas cet «honneur! — Les Anṣâr ont bien dit, répliqua le Prophète. Don-«nez mon nom comme nom, mais ne prenez pas ma *Konia* pour «*Konia*. Je ne suis, moi, qu'un partageur (*Qâsim*).»

3. *Moʿâwiya* a dit : «L'Envoyé de Dieu a dit : «Celui à qui il «veut du bien, Dieu lui fait acquérir la science dans la religion. «C'est Dieu qui donne, moi je partage. Ce peuple-ci ne cessera de «se maintenir, triomphant de ses adversaires, jusqu'au jour où «viendra l'ordre de Dieu; et ce jour les trouvera triomphants.»

4. D'après *Abou-Horaïra*, l'Envoyé de Dieu a dit : «Je ne vous donne pas, et je ne vous refuse pas. Je ne suis qu'un partageur; et je mets les biens là où j'en ai reçu l'ordre.»

5. *Khaoula* l'Anṣârienne a dit : «J'entendis le Prophète dire : «Des gens qui administreront injustement le bien de Dieu auront l'enfer pour lot, au jour de Résurrection.»

CHAPITRE VIII. — *De cette parole du Prophète : «Il vous a été permis de vous emparer du butin; Dieu a dit : «Dieu vous a fait promesse d'un «butin abondant à conquérir par vous»* (sourate XLVIII, verset 20). *C'est une attribution du butin à la généralité des musulmans, jusqu'à ce que le Prophète spécifie les ayants droit.*

1. D'après *ʿOrwa-el-Bâriqi*, le Prophète a dit : «Les chevaux porteront, attaché à leur toupets, le bien, récompense céleste ou butin, jusqu'au jour de la Résurrection.»

2. D'après *Abou-Horaïra*, l'Envoyé de Dieu a dit : «Lorsque Kosroës périra, il n'y aura plus d'autre Kosroës après lui, et lorsque César périra, il n'y aura plus d'autre César après lui; par Celui dans la main duquel je suis, certes leurs trésors seront dépensés dans la voie de Dieu.»

3. *Djâbir-ben-Samora* a dit : «L'Envoyé de Dieu a dit : «Kosroës

«mort, il n'y aura plus de Kosroës après lui; César mort, il n'y «aura plus de César après lui; par Celui dans la main duquel je «suis, certes leurs trésors seront dépensés dans la voie de Dieu.»

4. *Djâbir-ben-ʿAbdallah* a dit : «L'Envoyé de Dieu a dit : «Il m'a «été permis de faire du butin.»

5. D'après *Abou-Horaïra*, l'Envoyé de Dieu a dit : «Dieu s'est porté garant du sort de celui qui s'est mis en campagne dans sa voie, seulement par désir de combattre dans cette voie et par confiance dans la parole divine; il fera entrer ce guerrier au paradis ou le ramènera à la demeure qu'il a quittée, ayant acquis des droits à une récompense céleste ou ayant obtenu du butin.»

6. *Abou-Horaïra* a dit : «L'Envoyé de Dieu a dit : «Une fois, un «prophète partit en expédition et dit à son peuple : «Que tous ceux «qui, ayant contracté mariage avec une femme, n'ont pas encore «consommé leur union et désirent le faire, ne me suivent pas; que «ne me suivent pas non plus ceux qui, ayant élevé des maisons, n'en «ont pas encore placé les toits, et non plus ceux qui, ayant acquis «des brebis ou des chamelles pleines, attendent qu'elles mettent «bas.» Puis il partit et, étant arrivé près d'un village à l'heure de «la prière de l'ʿaṣr, ou tout près de cette heure, il dit au soleil : «Toi, soleil, tu as reçu des ordres, et moi j'en ai reçu aussi. Ô mon «Dieu! retiens-le dans sa course, qu'il nous éclaire.» Le soleil fut «alors arrêté, jusqu'à ce que Dieu eut donné la victoire à son pro-«phète. Celui-ci rassembla le butin, que le feu vint pour dévorer; «mais le feu n'en voulut pas, et alors le prophète s'écria : «Il y a eu «de la fraude parmi vous; qu'un homme de chaque tribu vienne «me toucher la main!» Or la main d'un homme resta collée à la «sienne, et le prophète s'écria : «C'est parmi vous qu'il y a eu de la «fraude; que la tribu vienne me toucher la main!» Or les mains de «deux ou de trois hommes restèrent collées à la sienne : «C'est parmi «vous, s'écria-t-il, qu'il y a eu de la fraude.» Alors ces hommes «rapportèrent une tête en or, faite à l'image d'une tête de bœuf, et «la déposèrent. Le feu vint alors et mangea le butin.»

« Après, continua l'Envoyé de Dieu, Dieu nous a permis de faire « du butin; il a vu notre faiblesse, notre débilité, et il nous a permis « en conséquence de faire du butin. »

CHAPITRE IX. — Le butin fait dans une bataille doit revenir à ceux qui ont assisté à cette bataille.

1. *Aslam* a dit : « ʿOmar a dit : « Si je ne prenais en considération les musulmans à venir, je partagerais toute localité conquise « entre ceux qui ont pris part à sa conquête, comme le Prophète « partagea Khaïbar. »

CHAPITRE X. — Lorsqu'un individu combat pour le butin, ses droits à la récompense céleste sont-ils diminués ?

1. *Abou-Moûsâ-el-Achʿari* a dit : « Un Arabe du désert dit au Prophète : « Des gens, les uns combattent pour le butin, les autres « pour la gloire, d'autres par ostentation; mais quel est celui qui « combat dans la voie de Dieu ? — Celui qui combat pour que la « parole de Dieu soit la plus haute, celui-là est vraiment dans la « voie de Dieu, » répondit le Prophète. »

CHAPITRE XI. — L'imâm partage les présents par lui reçus, et met de côté une part pour ceux qui n'assistent pas au partage ou se trouvent absents.

1. D'après *ʿAbdallah-ben-Abou-Molaïka*, on fit présent au Prophète de tuniques de brocart à boutons d'or[1]. Il les partagea entre certains de ses compagnons, mais en mit une à part pour Makhrama-ben-Naoufal. Celui-ci arriva avec son fils El-Miswar-ben-Makhrama, se tint à la porte et dit à son fils : « Informe le Prophète que je suis là. » Le Prophète, ayant entendu sa voix, prit une tunique et vint avec au-devant de lui, lui présentant le côté des boutons. « Ô Abou'l-Miswar! dit le Prophète, j'ai mis celle-ci

[1] *Apud* Krehl, مزرّدة au lieu de مزررة « de brocart entrelacé d'or ».

de côté pour toi; ô Abou'l-Miswar! j'ai mis celle-ci de côté pour toi. » Makhrama était d'un caractère irascible.

D'après El-Miswar-ben-Makhrama, on donna au Prophète des tuniques, — avec indication d'un autre *isnâd* en *confirmation.*

CHAPITRE XII. — Comment le Prophète partagea les biens de Qoraïtha et de en-Nadîr et disposa d'eux pour des besoins imprévus.

1. *Anas-ben-Mâlik* a dit : « Des musulmans attribuaient au Prophète le revenu de leur palmeraies. Ceci dura jusqu'à la conquête de Qoraïtha et de en-Nadîr. Le Prophète rendit alors aux propriétaires la disposition de leurs palmeraies. »

CHAPITRE XIII. — La bénédiction s'attache au bien de celui qui a fait campagne avec le Prophète ou les chefs légitimes, durant sa vie comme après sa mort.

1. *'Abdallah-ben-ez-Zobaïr* a dit : « Au matin de la bataille du Chameau, Ez-Zobaïr m'appela; je me levai et me rendis auprès de lui : « Mon cher fils, me dit-il, tout homme tué aujourd'hui sera « ou oppresseur ou opprimé; et moi, je crois qu'aujourd'hui je serai « sûrement tué en opprimé. Ce qui me cause le plus grand souci, « ce sont mes dettes. Penses-tu qu'elles n'engloutiront pas tout « notre bien? Mon cher fils, vends notre bien et paye mes dettes. » Puis il disposa en legs du tiers de son bien et du tiers de ce tiers en faveur des fils d''Abdallah-ben-ez-Zobaïr : « Divise en trois par- « ties ce qui restera de mon bien après le payement de mes dettes, « et donne le tiers d'une part à tes enfants. »

Hichâm (l'un des râwi) dit : « Certains des enfants d''Abdallah-ben-ez-Zobaïr, Khobaïb et 'Abbâd, étaient du même âge que certains des enfants d'Ez-Zobaïr. Ce dernier avait alors neuf fils et neuf filles. »

'Abdallah-ben-ez-Zobaïr continue : « Mon père continua de me faire des recommandations relativement à ses dettes et me dit : « Mon cher fils, si quelque chose dans cette œuvre vient à sur- « passer tes forces, implore l'aide de mon protecteur! » Or, j'en jure par Dieu! ne sachant trop ce qu'il voulait dire, je lui demandai : «Mon cher père, quel est donc ton protecteur? — C'est «Dieu,» me répondit-il. Et, par Dieu! quand j'éprouvai quelque difficulté dans la liquidation de ses dettes, je ne manquai de dire : «Ô protecteur d'Ez-Zobaïr! libère-le de ses dettes,» et Dieu le libéra.

«Ez-Zobaïr fut tué et ne laissa pas un dirhem, pas un dînâr, rien que des biens-fonds, el-Ghâba, onze maisons à Médine, deux maisons à el-Baṣra, une maison à el-Koûfa et une autre au Caire. L'unique origine des dettes d'Ez-Zobaïr était que, lorsqu'on venait pour lui confier un dépôt, il répondait : «Je ne l'accepte qu'à titre «de prêt, car je craindrais qu'il ne vînt à périr.» Jamais il n'avait exercé de commandement, ni rempli de charge de collecteur d'impôt foncier, ni occupé quelque autre poste [lucratif]; il avait simplement pris part aux expéditions du Prophète, d'Abou-Bakr, d'ʿOmar et d'ʿOtsmân.

«Ayant fait le compte de ses dettes, je trouvai qu'il s'élevait à deux millions deux cent mille [pièces]. Or Ḥakîm-ben-Ḥizâm, m'ayant rencontré, me dit : «Fils de mon frère, combien mon «frère a-t-il laissé de dettes?» Je lui cachai la vérité et lui dis : «Cent mille pièces. — Je ne pense pas, répondit Ḥakîm, que vos «biens soient suffisants pour payer cette somme. — Et que «dirais-tu, repris-je, si c'était deux millions deux cent mille? — «Je ne pense pas qu'il vous soit possible d'y atteindre, répondit «Ḥakîm; mais, si vous voyez en quoi que ce soit l'œuvre au-dessus «de vos forces, faites-moi appel.»

Ez-Zobaïr avait acheté el-Ghâba pour cent soixante-dix mille. A l'estimation qu'en fit faire ʿAbdallah, son fils, le bien monta à un million six cent mille. Alors il alla dire : «Que celui qui a quelque créance contre Ez-Zobaïr vienne nous trouver à el-Ghâba.» Or ʿAbdallah-ben-Djaʿfar, qui avait une créance de quatre cent mille, vint le trouver et lui dit : «Si vous le désirez, j'abandonne ma créance. — Non, lui répondit ʿAbdallah-ben-ez-Zobaïr. — Avez-vous des créances pour le payement desquelles vous demandiez un délai? Vous pouvez, si vous le désirez, mettre la mienne de leur nombre. — Non, lui répondit ʿAbdallah. — Donnez-moi donc un morceau de terre, reprit Ben-Djaʿfar. — Tu auras depuis ici jusque là, lui répondit ʿAbdallah-ben-ez-Zobaïr. » ʿAbdallah vendit donc une partie des biens, paya complètement les dettes de son père, et il lui resta encore quatre lots et demi. Il s'en alla chez Moʿâwiya, qui avait alors auprès de lui ʿAmr-ben-ʿOtsmân, El-Mondzir-ben-ez-Zobaïr et Ibn-Zaʿma. « A combien a été estimé el-Ghâba, lui demanda Moʿâwiya? — A cent mille chaque lot, répondit-il. — Et combien reste-t-il de lots? — Quatre et demi. » Alors El-Mondzir-ben-ez-Zobaïr dit : « Je prends un lot pour cent mille. — Et moi, un autre pour cent mille, dit à son tour ʿAmr-ben-ʿOtsmân. — Et moi un autre pour cent mille, dit aussi Ibn-ez-Zamʿa. — Combien reste-t-il maintenant, demanda Moʿâwiya? — Un lot et demi. — Je le prends pour cent cinquante mille, dit Moʿâwiya. » Et, d'autre part, ʿAbdallah-ben-Djaʿfar vendit à Moʿâwiya pour six cent mille la part d'el-Ghâba qu'il avait prise.

Lorsque ʿAbdallah eut achevé de payer les dettes de son père, les fils d'Ez-Zobaïr lui dirent : « Partage entre nous notre héritage. — Non, répondit-il, par Dieu! je ne ferai aucun partage avant d'avoir fait crier au pèlerinage de quatre années : « Y a-t-il quel-« qu'un qui ait une créance contre Ez-Zobaïr? il n'a qu'à venir me « trouver; je le payerai. » Et il fit ce qu'il disait; puis, lorsque les quatre années furent passées, il partagea entre les enfants d'Ez-Zobaïr. Celui-ci avait quatre femmes. Or, après prélèvement du tiers (légué), chacune obtint un million deux cent mille, et le total de la fortune se trouva être cinquante millions deux cent mille.

CHAPITRE XIV. — Celui que l'imâm a dépêché comme messager pour quelque cause, celui auquel il a ordonné de rester (loin du combat), ont droit à une part du butin.

1. *Ibn-ʿOmar* a dit : « ʿOtsmân fut absent de la bataille de Badr

simplement parce que la fille de l'Envoyé de Dieu son épouse était malade. Le Prophète lui dit : « Tu auras droit à la récompense « céleste d'un combattant de Badr et à sa part du butin. »

CHAPITRE XV. — Diverses choses montrent que le quint est affecté à parer aux besoins imprévus des musulmans : d'abord que le Prophète, quand les Hawâzin vinrent l'implorer au nom de l'allaitement qu'il avait reçu parmi eux, demanda l'autorisation aux musulmans; puis encore les promesses faites à certains par le Prophète de leur donner, sur le quint, des biens pris sans combat et des gratifications hors part; enfin les donations faites par lui aux Anṣâr et la donation de dattes de Khaïbar faite à Djâbir-ben-ʿAbdallah.

1. *Merwân-ben-el-Ḥakam* et *Miswar-ben-Makhrama* ont raconté ce qui suit : « La députation de Hawâzin vint trouver l'Envoyé de Dieu; ils firent profession d'islamisme et demandèrent qu'on leur rendît leurs troupeaux et leurs prisonniers. L'Envoyé de Dieu leur répondit : « Le langage que je préfère, c'est celui de la plus grande « sincérité : choisissez l'une des deux choses : vos prisonniers ou vos « troupeaux. J'avais, au reste, attendu [jusqu'à votre arrivée]. » Et, de fait, le Prophète avait attendu les Ḥawâzin plus de dix nuits après son retour d'eṭ-Ṭâïf. Lorsque les députés virent clairement que l'Envoyé de Dieu ne leur rendrait qu'une des deux choses, ils dirent : « Nous choisissons donc nos prisonniers. » Alors l'Envoyé de Dieu se leva au milieu des musulmans, loua le Seigneur dans les termes dont il est digne, et dit : « Et maintenant, vos frères « que voici sont venus vers nous, pleins de repentir. Et moi j'ai « jugé bon de leur rendre leurs prisonniers. Que ceux qui, de bon « cœur, consentiront à cet abandon le fassent donc; mais ceux qui « voudront garder leur part de captifs jusqu'à ce que nous la leur « rendions sur le premier bien que Dieu nous fera conquérir pour- « ront la garder. » Alors les musulmans s'écrièrent : « Nous leur « faisons abandon de grand cœur, Envoyé de Dieu. » L'Envoyé de Dieu reprit : « Je ne connais guère ceux d'entre vous qui consentent « et ceux qui ne consentent pas; allez-vous-en, vos chefs viendront

« m'exposer ce que vous aurez décidé. » Les musulmans s'en allèrent; leurs chefs eurent avec eux des entretiens, puis revinrent vers le Prophète et lui apprirent qu'on consentait de bon cœur à l'abandon, et qu'on donnait toute autorisation à cet effet. »

« Voilà, dit Ibn-Chihâb (un des râwi), ce qui nous est parvenu au sujet des captifs des Hawâzin. »

2. *Zahdam* a dit : « Nous étions chez Abou-Moûsâ lorsqu'on apporta une poule. Il y avait là un homme des Banoû-Taïm-Allah, rouge de teint comme un *client* [1]. Abou-Moûsâ l'ayant invité à manger, l'homme répondit : « J'ai vu cet animal avaler hier une chose qui m'a « dégoûté; et j'ai juré que je ne mangerai pas [de sa chair]. — « Allons, viens, lui répartit Abou-Moûsâ; je vais vous rapporter « une tradition à ce sujet. Je vins trouver le Prophète à la tête « d'un groupe d'Achʿarites, pour lui demander de nous procurer « des montures. « Par Dieu! dit-il, je ne vous procurerai pas de « montures; je n'ai pas de quoi vous en procurer. » Puis, un lot « de chameaux capturés lui ayant été amené, il s'informa de nous : « Où sont les Achʿarites? » demanda-t-il; et il ordonna de nous « donner cinq lots [2] de chameaux aux bosses luisantes de graisse. « En partant, nous dîmes : « Qu'avons-nous fait, il n'y aura pas « pour nous de bénédiction! » Nous revînmes vers le Prophète, et lui dîmes : « Nous t'avons demandé de nous procurer des montures, « et tu as juré que tu ne nous en procurerais point. As-tu donc ou- « blié ton serment? — Ce n'est pas moi qui vous en ai procuré, « mais bien Dieu, répondit-il; mais, par Dieu! quant à moi, s'il « plaît à Dieu, lorsque ayant juré une chose j'en croirai une autre « meilleure, ce sera toujours cette autre que je ferai; je me libé- « rerai de mon serment [par une expiation]. »

3. D'après *Ibn-ʿOmar* : que l'Envoyé de Dieu envoya un détachement où se trouvait ʿAbdallah-ben-ʿOmar, dans la direction du Nedjd. Cette troupe ayant capturé de nombreux chameaux, la

(1) Cf. Goldziher, *Muhammedanische Studien*, I, 269 (*Excurs* V).

(2) ذود désigne un groupe de trois à dix chameaux.

part de chaque homme fut de onze ou douze chameaux; et, à titre de gratification hors part, chacun reçut encore un chameau.

4. D'après *Ibn-'Omar* : que l'Envoyé de Dieu donnait des gratifications particulières à certains détachements, envoyés par lui, en dehors du partage général auquel était appelée toute l'armée.

5. *Abou-Moûsâ* a dit : «La nouvelle de la sortie du Prophète parvint tandis que nous étions dans le Yémen. Nous partîmes donc vers lui en *mohâdjir*, moi et deux de mes frères plus âgés que moi, Abou-Borda et Abou-Rohm, à la tête de cinquante et quelques hommes de la tribu — ou de cinquante-trois, ou de cinquante-deux. — Nous nous embarquâmes sur un navire, qui nous jeta chez les Abyssins, sujets du Négus. Nous rencontrâmes chez ce prince Dja'far-ben-Abou-Ṭâlib et ses compagnons; il nous dit : «L'Envoyé de Dieu nous a envoyés ici et nous a or-«donné d'y rester. Restez-donc, vous aussi, avec nous.» Nous restâmes avec lui, jusqu'au moment où tous ensemble nous partîmes vers le Prophète. Nous rencontrâmes ce dernier au moment où il venait de conquérir Khaïbar. Il nous assigna des parts de butin — ou nous donna du butin. — Il n'appela au partage du butin de Khaïbar aucun individu n'ayant assisté à la prise de la ville; ceux-là seuls qui avaient coopéré avec lui à la conquête obtinrent des biens conquis, sauf les gens de notre bateau, Abou-Dja'far et ses compagnons, qu'il admit au partage avec les combattants.»

6. *Djâbir* a dit : «L'Envoyé de Dieu me dit : «Si l'argent du «Baḥraïn m'arrive, je te donnerai ceci, et ceci, et ceci.» Mais l'Envoyé de Dieu mourut avant que l'argent n'arrivât. Lorsqu'il fut arrivé, Abou-Bakr fit crier publiquement : «Que celui qui a quelque «créance sur l'Envoyé de Dieu, ou quelque promesse de lui, «vienne me trouver!» J'allai donc le trouver, et lui dis : «L'En-«voyé de Dieu m'a promis ceci et ceci.» Alors il me tendit trois poignées d'argent.»

Sofyân (l'un des râwi) faisait (à ce passage du ḥadîts) le geste de puiser avec les deux mains réunies, et disait : « C'est ainsi que fit devant nous Ibn-el-Monkadir (un autre râwi). »

Dans une autre version de Sofyân, [Djâbir dit] : « Je vins trouver Abou-Bakr et lui fis ma demande; il ne me donna rien; une deuxième fois je vins la lui réitérer, et il ne me donna rien. Alors, étant venu une troisième fois, je lui dis : « Je t'ai demandé une fois, « et tu ne m'as rien donné, puis une deuxième, puis une troisième, « et tu ne m'as pas donné davantage. Eh bien! donne-moi, ou tu te « montreras avare à mon détriment. — Tu dis, repartit Abou-Bakr : « Tu te montreras avare à mon détriment », sache donc que, « chaque fois que je t'ai refusé, j'avais l'intention de te donner! »

Avec une variante d'isnâd : « Abou-Bakr me tendit alors une poignée d'argent, et me dit : « Compte ce qu'il y a là. » Je trouvai qu'il y avait cinq cents pièces. « Prends-en donc deux fois autant « encore, » dit le calife. »

El-Monkadir a dit : « Et quelle maladie est-elle plus dangereuse que l'avarice ? »

7. *Djâbir-ben-ʿAbdallah* a dit : « Tandis que le Prophète partageait le butin à el-Djiʿrâna, un homme lui dit : « Montre-toi juste. « — Tu serais bien misérable si je n'agissais pas avec justice, » répondit le Prophète. »

CHAPITRE XVI. — Grâce faite par le Prophète à des prisonniers, sans qu'il eût prélevé le quint.

1. D'après *Djobaïr :* « L'Envoyé de Dieu dit, en parlant des prisonniers de Badr : « Si El-Moṭʿim-ben-ʿOdaïy était encore vivant et « venait m'intercéder pour ces individus puants, je les relâcherais « pour l'amour de lui. »

CHAPITRE XVII. — Le quint appartient à l'imâm, et il peut en faire des dons à certains de ses proches à l'exclusion des autres. — *C'est ce que montre le partage fait par le Prophète du quint de Khaïbar entre les Banoû-'l-Moṭṭalib et les Banou-Hâchim. — ʿOmar-ben-ʿAbd-el-ʿAzîz a dit : « Il ne fit pas un partage général [entre tous les Qoraïchites] ; il n'y appela pas parti-*

culièrement ses très proches à l'exclusion de ceux qui avaient de plus grands besoins, et qui étaient d'un degré plus éloigné; il prit en considération le besoin dont ils se plaignirent à lui, et le mal qu'il leur avait vu faire, à ses côtés, par leurs compatriotes et les ḥalîf de ces compatriotes.»

1. *Djobaïr-ben-Moṭ'im* a dit : «Nous nous rendîmes, 'Otsmân-ben-'Affân et moi, auprès de l'Envoyé de Dieu et nous lui dîmes : «Envoyé de Dieu, tu as donné aux Banoû-'l-Moṭṭalib, et nous, tu «nous a laissés de côté; cependant nous sommes, eux et nous, «au même degré de généalogie.» L'Envoyé de Dieu répondit : «C'est que les Banoû-'l-Moṭṭalib et les Banoû-Hâchim sont une «seule et même chose.»

Avec un autre isnâd, ce supplément : «Et le Prophète ne donna rien aux Banoû-'Abd-Chams ni aux Banoû-Naoufal.»

. Ibn-Isḥâq a dit : «'Abd-Chams, Hâchim et El-Moṭṭalib étaient frères, fils d'une même mère, qui était 'Âtika, fille de Morra, tandis que Naoufal était leur frère consanguin.»

CHAPITRE XVIII. — De celui qui ne soumet pas au quint les dépouilles prises sur le corps même de l'ennemi tué; *celui qui l'a tué prend ces dépouilles sans qu'il soit question du quint. — L'imâm est juge en la matière.*

1. *'Abd-er-Raḥmân-ben-'Aouf* a dit : «Étant dans le rang le jour de Badr, je regardai à ma droite et à ma gauche. Je m'aperçus que j'avais à mes côtés deux Anṣâr, deux garçons encore tout jeunes. Je souhaitai de me trouver entre des voisins plus solides au combat; mais l'un d'eux, en me faisant signe de l'œil, me dit : «Mon oncle, «est-ce que tu connais Abou-Djahl? — Oui, fils de mon frère, «lui répondis-je, et que lui veux-tu? — On m'a dit, reprit-il, «qu'il injuriait l'Envoyé de Dieu; par Celui dans la main duquel «je suis, si je le vois, je ne quitterai pas ses pas jusqu'à ce que, «de moi ou de lui, meure celui dont le trépas est le plus prochain.» Je m'étonnai fort de ce langage, lorsque mon autre voisin me fit signe de l'œil et me tint les mêmes propos. Je ne tardai pas à apercevoir Abou-Djahl qui tournoyait dans la mêlée. «Eh bien! dis-je

«aux jeunes hommes, voilà votre homme, celui que vous m'avez «demandé.» Ils volèrent vers lui, le sabre à la main, et le frappèrent à mort. Puis ils se rendirent auprès du Prophète et l'informèrent de leur exploit. «Lequel de vous l'a tué? leur demanda-t-il. «— C'est moi, répondirent-ils tous deux. — Avez-vous essuyé vos «sabres?» reprit-il. Ils dirent que non. Alors il regarda leurs sabres, et leur dit : «Vous l'avez tué tous les deux; ses dépouilles appar-«tiennent à Moʿâdz-ben-ʿAmr-ben-Djamoûḥ»; c'était le nom de l'un d'eux, et l'autre s'appelait Moʿâdz-ben-ʿAfrà.»

2. *Abou-Qatâda* a dit : «Nous sortîmes avec le Prophète, l'année de Ḥonaïn. On en vint aux mains avec l'ennemi, et un certain désarroi se manifesta parmi les musulmans. J'aperçus alors un polythéiste sur le point d'accabler un musulman; je me détournai vers lui et, m'approchant par derrière, lui déchargeai un coup de sabre sur l'artère de l'épaule. Il me fit face et me pressa si fort, que je sentis passer le vent de la mort. Puis il tomba sans vie, et me lâcha. Je rencontrai ʿOmar-ben-el-Khaṭṭâb et lui dis : «Qu'ont «donc les musulmans? — C'est l'ordre de Dieu!» me répondit-il. Puis les croyants revinrent à la charge, et le Prophète s'étant assis demanda : «Celui qui a tué un ennemi et peut le prouver aura «les dépouilles du mort.» Alors je me levai et dis : «Qui m'appor-«tera son témoignage?» et je me rassis. Une deuxième fois, le Prophète dit : «Celui qui a tué un ennemi et peut le prouver aura les «dépouilles de son adversaire.» Je me levai et dis : «Qui m'appor-«tera son témoignage?» Une troisième fois, le Prophète répéta ce qu'il avait dit et, comme je me levais, il me dit : «Qu'as-tu donc? «Abou-Qatâda.» Alors je lui racontai ce qui m'était arrivé. A ce moment un homme dit : «Il dit la vérité, Envoyé de Dieu; les dé-«pouilles de l'ennemi qu'il a tué, c'est moi qui les ai. Fais qu'il se «tienne pour satisfait et me laisse tranquille!» Alors Abou-Bakr le Véridique s'écria : «Non, par Dieu! l'Envoyé de Dieu n'ira pas, «de propos délibéré, faire tort à un des lions de Dieu qui combat «pour Dieu et son Envoyé, et te donner les dépouilles par lui

«conquises! — Abou-Bakr a bien dit,» reprit l'Envoyé de Dieu, et il me donna les dépouilles du mort. Je vendis sa cuirasse et achetai avec le prix un jardin chez les Banou-Salima; et ce fut le premier bien que j'acquis dans l'islâm.»

CHAPITRE XIX. — De ce que le Prophète donnait à ceux dont les coeurs devaient être gagnés et à d'autres, du quint et des biens de même origine. — *C'est ce qu'a rapporté de lui ʿAbdallah-ben-Zaïd.*

1. *Ḥakîmben-Ḥizâm* a dit : «Je demandai à l'Envoyé de Dieu, et il me donna; je lui demandai une seconde fois, et il me donna encore, puis il me dit : «Ô Ḥakîm! ce bien est chose verte et douce. «Celui qui le prend sans avidité sera béni dans ce qu'il aura reçu; «mais il n'y aura pas de bénédiction pour l'homme qui le prend «par avidité; il est comme celui qui mange sans se rassasier. La «main la plus haute vaut mieux que la main la plus basse [1]. — «Ô Envoyé de Dieu, répondis-je, par Celui qui t'a envoyé porter «la vérité, je ne me ferai rien donner par qui que ce soit après toi, «jusqu'au jour où je quitterai le monde.»

Dans la suite, il arriva qu'Abou-Bakr fit venir Ḥakîm pour lui donner quelque chose; celui-ci refusa d'accepter quoi que ce fût. Plus tard, ʿOmar fit aussi venir Ḥakîm pour lui donner et celui-ci refusa d'accepter. Alors ʿOmar dit : «Ô communauté des musulmans! «voici Ḥakîm à qui j'ai offert la part de butin que Dieu lui attribuait, et qui a refusé de la prendre.» Ḥakîm, en effet, ne se fit rien donner par qui que ce fût après le Prophète, jusqu'à ce qu'il mourût.

2. D'après *Nâfiʿ*, ʿOmar-ben-el-Khaṭṭâb dit à l'Envoyé de Dieu : «Envoyé de Dieu, j'avais, au temps de la Barbarie, fait vœu de faire une retraite spirituelle d'un jour.» Alors l'Envoyé de Dieu lui ordonna d'accomplir son vœu. — Or ʿOmar avait obtenu deux jeunes filles parmi les captifs faits à Ḥonaïn, et les avait enfermées

[1] La main la plus *haute*, c'est-à-dire celle qui donne; la main la plus *basse*, celle qui reçoit.

dans une maison de la Mecque. Puis le Prophète ayant accordé la liberté aux captifs de Ḥonaïn, ceux-ci se mirent à courir dans les rues. ʿOmar s'informa du bruit auprès de son fils : «Regarde donc, ʿAbdallah, ce qu'il y a, lui dit-il. — C'est, lui répondit ʿAbdallah, que l'Envoyé de Dieu a accordé la liberté aux captifs. — Va-t'en donc, repartit ʿOmar, relâcher les deux jeunes filles.»

Nâfiʿ ajoute : «Le Prophète ne fit pas la visite pieuse en partant d'el-Djiʿrâna; s'il l'avait faite, la chose n'aurait pas été cachée à ʿAbdallah-ben-ʿOmar.»

Avec un *supplément* : Ibn-ʿOmar dit : «ʿOmar avait obtenu deux jeunes filles sur le quint.»

Ce ḥadîts a été rapporté, d'Ibn-ʿOmar, par une autre voie, à propos du vœu qui y est mentionné, et il n'y est pas dit que la retraite spirituelle d'ʿOmar était «d'un jour».

3. *ʿAmr-ben-Taghlib* a enseigné : «L'Envoyé de Dieu donna à certains et ne donna pas à d'autres, et il sembla que ces derniers s'en plaignaient; alors il dit : «Je donne à certains dont je crains la «faiblesse et l'inquiétude, tandis qu'il en est d'autres que je laisse «en confiance, au bien, à la satisfaction désintéressée que Dieu a «placée dans leurs cœurs. Parmi ces derniers se trouve ʿAmr-ben-«Taghlib.» Par Dieu! dit ʿAmr, je n'aurai pas voulu qu'il y eût pour moi des chamelles brunes à la place de ces paroles de l'Envoyé de Dieu.»

Avec un autre *isnâd*, ce *supplément* : «L'Envoyé de Dieu ayant reçu des troupeaux ou des captifs, les partagea, etc.» (conformément à ce qui vient d'être mentionné).

4. *Anas* a dit : «Le Prophète dit : «Je donne aux Qoraïchites «pour gagner leurs cœurs; car ils sont encore tout proches de l'âge «de la Barbarie.»

5. *Anas-ben-Mâlik* a raconté ce qui suit : «Lorsque Dieu eut donné à son Prophète comme bien de conquête les troupeaux des Hawâzin qu'il lui fit prendre, celui-ci donna jusqu'à cent chameaux à certains Qoraïchites. Alors il y eut des gens parmi les Anṣâr à

dire : «Que Dieu pardonne à son Envoyé ! Le voilà qui fait des «dons aux Qoraïchites et nous laisse de côté, nous dont les sabres «dégouttent encore de leur sang!» Leurs propos ayant été rapportés à l'Envoyé de Dieu, il envoya chercher les Anṣâr et les réunit dans une tente de cuir; il n'appela personne autre avec eux, puis, lorsqu'ils furent rassemblés, il vint vers eux et leur dit : «Qu'est-ce que «c'est que ces propos qui me sont parvenus de vous?» Les plus sensés des Anṣâr lui répondirent : «Les gens raisonnables d'entre «nous n'ont parlé de rien; quant à certaines jeunes têtes, elles ont «dit : «Que Dieu pardonne à son Envoyé ! le voilà qui fait des dons «aux Qoraïchites et nous laisse de côté, nous dont les sabres dé-«gouttent encore de leur sang !» L'Envoyé de Dieu dit alors : «Je «donne à des gens qui sont encore tout proches de la Barbarie. «Cela ne vous suffit donc pas que, tandis que ces gens emporteront «les biens donnés, vous, vous rameniez vers vos demeures l'En-«voyé de Dieu? Par Dieu! ce que vous remporterez vaut mieux «que ce que, eux, remporteront.» Les Anṣâr répondirent : «Bien «sûr, Envoyé de Dieu, nous sommes satisfaits.» L'Envoyé de Dieu reprit : «Certes vous verrez après moi des accaparements pénibles, «supportez-les, jusqu'au jour où vous rencontrerez Dieu et son «Envoyé au bord de l'abreuvoir.»

Anas ajoute : «Mais nous ne supportâmes pas.»

6. *Djobaïr-ben-Moṭ'im* a raconté ce qui suit : Il revenait de Ḥonaïn avec le Prophète, accompagné des musulmans. Or les Arabes nomades s'attachèrent à ce dernier, pour lui demander, si étroitement qu'ils le pressèrent contre un acacia épineux. Les épines de l'arbre ayant accroché son manteau, l'Envoyé de Dieu s'arrêta et dit : «Rendez-moi mon manteau ! Certes si j'avais un nombre de chameaux égal à celui de ces arbres, je partagerais ce bien entre vous; vous ne me trouverez jamais ni avare, ni menteur, ni poltron.»

7. *Anas-ben-Mâlik* a dit : «Je marchais en compagnie du Prophète. Il était vêtu d'un manteau nedjrânite, au bord épais. Un Arabe

nomade l'ayant approché le tira si fortement, que je pus voir, sous la violence de la pression, le bord du manteau imprimer sa marque en haut de l'épaule du Prophète : «Ordonne qu'on me «donne quelque chose du bien de Dieu dont tu disposes, lui dit «l'Arabe.» Le Prophète, se tournant vers lui, se mit à rire; puis il ordonna qu'on lui donnât quelque chose.»

8. *ʿAbdallah-ben-Masʿoûd* a dit : «Après la journée de Ḥonaïn, le Prophète favorisa certains individus dans le partage du butin; c'est ainsi qu'il donna à El-Aqraʿ-ben-Ḥâbis cent chameaux, à ʿOyaïna de même; il donna aussi à certains chefs arabes et les favorisa dans le partage de ce jour-là. Un homme dit alors : «Par «Dieu! voilà un partage injuste et qui n'est pas fait en vue de «Dieu.» Je me dis alors : «Par Dieu! je vais avertir le Prophète «de ce propos.» J'allai donc trouver Mahomet et lui rapportai ce qu'avait dit l'homme : «Qui donc, s'écria-t-il, serait juste, lorsque «Dieu et son Envoyé ne sont pas justes! Que Dieu fasse miséricorde «à Moïse, qui, éprouvant un mal plus grand que celui qui m'atteint, «a montré de la patience!»

9. *Asmâ*, fille d'Abou-Bakr, a dit : «Je transportais sur ma tête des noyaux de dattes de la terre dont le Prophète avait gratifié Ez-Zobaïr; cette terre était située à deux tiers de parasange de ma demeure.»

ʿOrwa-ben-ez-Zobaïr (l'un des râwi) dit : «Le Prophète avait gratifié Ez-Zobaïr d'une terre prise sur les biens des Banoû-'n-Naḍîr.»

10. D'après *Ibn-ʿOmar*, ʿOmar-ben-el-Khaṭṭâb chassa les Chrétiens et les Juifs du Ḥidjâz. Lorsqu'il avait conquis Khaïbar, le Prophète avait voulu en expulser les Juifs; la terre de Khaïbar, à ce moment, appartenait aux Juifs, à l'Envoyé de Dieu et aux musulmans. Puis les Juifs lui demandèrent de les laisser dans leurs terres; ils se chargeaient de la culture, à condition d'obtenir la moitié des fruits. L'Envoyé de Dieu leur répondit : «Nous vous maintenons à cette condition, et pour le temps que nous voudrons bien.» Ils demeu-

rèrent donc jusqu'au califat d''Omar; celui-ci les chassa, et ils se retirèrent à Taïmâ et à Arîḥâ (Jéricho).

CHAPITRE XX. — Des aliments trouvés en pays ennemi.

1. *'Abdallah-ben-Moghaffal* a dit : «Nous assiégions le château de Khaïbar; un homme jeta une outre contenant de la graisse. Je me précipitai pour la prendre; mais, m'étant détourné, j'aperçus le le Prophète, et j'eus honte de lui.»

2. *Ibn-'Omar* a dit : «Lorsque nous trouvions dans nos expéditions du miel et du raisin, nous les mangions et ne les emportions pas.»

3. *Ibn-Abou-Aoufâ* a dit : «Pendant les nuits de l'expédition de Khaïbar, nous souffrîmes de la faim. Or, le matin de la bataille, ayant capturé des ânes domestiques, nous les égorgeâmes. Les marmites bouillaient, lorsque le héraut de l'Envoyé de Dieu vint crier : «Renversez les marmites! et ne mangez pas de la chair «d'âne.»

'Abdallah-ben-Abou-Aoufâ ajoute : «Nous dîmes : « Le Prophète «prononça cette interdiction parce que les ânes n'avaient pas été «soumis au prélèvement du quint». Mais d'autres dirent : «L'inter«diction était absolue.» — «J'interrogeai, dit Ech-Chaïbâni (l'un «des râwi), Sa'îd-ben-Djobaïr, et il me dit : «Le Prophète pro«nonça une interdiction absolue.»

AU NOM DE DIEU, LE CLÉMENT, LE MISÉRICORDIEUX.

TITRE LVIII.

LA CAPITATION.

CHAPITRE I. — DE LA CAPITATION IMPOSÉE AUX « GENS DE PROTECTION »; DES SUSPENSIONS D'HOSTILITÉS À L'ÉGARD DES ENNEMIS. — *De cette parole du Coran : « Et parmi ceux qui ont reçu les Écritures, combattez ceux qui ne croient ni en Dieu, ni au jour dernier, qui ne regardent pas comme défendu ce que Dieu et son Envoyé ont déclaré défendu, qui ne professent pas la religion de vérité; combattez-les jusqu'à ce qu'ils payent la capitation, de force, dans l'humiliation »* (sourate IX, verset 25). — صاغرون *dans ce verset est synonyme de* أذلّاء *« humiliés »*. — DE CE QUI EST RELATIF AU PRÉLÈVEMENT DE LA CAPITATION SUR LES JUIFS, LES CHRÉTIENS, LES ZOROASTRIENS ET LES NON ARABES. — *Ibn-ʿOyaïna a rapporté d'Ibn Abou-Nadjîḥ : « Je dis à Modjâhid : « Pourquoi donc « les infidèles de Syrie sont-ils soumis à une capitation de quatre dînârs, alors « que ceux du Yémen ne payent qu'un dînâr ? — C'est qu'on a tenu compte du « degré de richesse dans la fixation de la capitation », me répondit-il. »*

1. *ʿAmr (-ben-Dînâr)* a dit : « J'étais assis avec Djâbir-ben-Zaïd et ʿAmr-ben-Aous; Badjâla leur dit, en l'année soixante-dix, lorsque Moṣʿab-ben-ez-Zobaïr conduisit au pèlerinage les Basriotes, et cela près des degrés qui conduisent à Zemzem : « J'étais secrétaire de « El-Djaz'-ben-Moʿâwiya, l'oncle d'El-Aḥnaf; nous reçûmes une « lettre d'ʿOmar-ben-el-Khaṭṭâb, l'année qui précéda celle de sa « mort; il y disait : « Séparez chez les Zoroastriens les époux ayant « entre eux un degré de parenté prohibé ». ʿOmar n'avait pas pré- « levé sur les Zoroastriens la capitation, jusqu'au jour où ʿAbder- « Raḥmân-ben-ʿAouf témoigna avoir vu le Prophète la prélever sur « les Zoroastriens de Hadjar. »

2. *ʿAmr-ben-ʿAouf-el-Anṣâri,* ḥalîf des Banoû-ʿÂmir-ben-Lo'aïy, qui assista à la bataille de Badr, a raconté : « L'Envoyé de Dieu

avait chargé Abou-ʿObaïda-el-Djarrâḥ d'aller chercher la capitation du Baḥraïn; ayant accordé la paix aux habitants de ce pays, il leur avait donné pour chef El-ʿAlâ-ben-el-Ḥaḍrami. Or la nouvelle qu'Abou-ʿObaïda venait d'arriver du Baḥraïn avec de l'argent se répandit parmi les Anṣâr; et ils s'en vinrent faire avec le Prophète la prière de l'aurore. Comme il s'en allait, la prière achevée, ils l'abordèrent. Lui, souriant à leur vue, leur dit : «Vous avez, j'imagine, eu vent qu'Abou-ʿObaïda avait apporté quelque chose? — «Oui, Envoyé de Dieu, répondirent-ils. — Recevez donc, pleins «d'espérance, reprit-il, l'annonce d'une joie pour vous; ce n'est «pas, par Dieu! la pauvreté que je crains pour vous; c'est bien «plutôt que les biens de ce bas monde ne vous soient largement «offerts comme ils l'ont été à vos devanciers, et que, dans votre «émulation à les acquérir, vous ne trouviez, comme ces devanciers, «votre perte.»

3. *Djobaïr-ben-Ḥayya* a dit : «ʿOmar avait envoyé des armées musulmanes vers toutes les grandes villes, pour combattre les polythéistes. El-Hormozân s'étant converti à l'islâm, ʿOmar lui dit : «Je veux te consulter sur nos présentes expéditions. — Volon- «tiers, répondit El-Hormozân; les empires que tu attaques et leurs «habitants sont comme un oiseau avec ses ailes, ses pieds et sa tête. «Si l'une de ses ailes est cassée, sa tête lui reste, et ses pieds pour «supporter l'autre aile; si cette autre aile est atteinte, il peut «encore se mouvoir avec ses jambes et sa tête intacte. Mais si sa «tête est broyée, c'en est fait de ses pieds, de ses ailes, en même «temps que de sa tête. Or la tête, c'est Cosroès; l'une des ailes, «c'est César, et l'autre aile, c'est le Farsistan. Donne donc l'ordre «aux musulmans d'attaquer Cosroès.»

Djobaïr continue : «ʿOmar nous invita à nous mettre en campagne, et plaça à notre tête En-Noʿmân-ben-Moqarrin; arrivés en pays ennemi, nous vîmes s'avancer contre nous le préfet de Cosroès avec une armée de quarante mille hommes. Alors un interprète parut et nous cria : «Que l'un d'entre vous vienne me parler! —

«Demande ce que tu voudras, lui répondit El-Moghîra. — Qu'êtes-«vous? reprit l'interprète. — Nous sommes des Arabes, repartit «El-Moghîra; nous étions dans une détresse affreuse, dans une in-«fortune affreuse, suçant des bouts de cuir et des noyaux de dattes «pour tromper notre faim, nous revêtant de poils et de peaux, ado-«rant les arbres et les pierres; et, là-dessus, le Maître des cieux, le «Maître des terres — que son nom soit glorifié et sa puissance «magnifiée! — nous a envoyé un prophète de notre peuple, dont «nous connaissions le père et la mère; et notre prophète, Envoyé de «notre Seigneur, nous a ordonné de vous combattre jusqu'à ce que «vous adoriez Dieu seul, ou que vous payiez la capitation. Et notre «prophète, par la mission divine qu'il a reçue de notre Seigneur, «nous a informés que ceux d'entre nous qui mourraient iraient au «paradis de délices, si beau que jamais l'on n'a rien vu de pareil, «et que les survivants d'entre nous deviendraient vos maîtres.»

«En-Noʿmân dit (à El-Moghîra) : «Peut-être que Dieu t'a placé, «avec le Prophète, dans de semblables situations, et t'en a fait «sortir sans repentir ni confusion; mais, moi aussi, j'ai assisté «à des combats avec l'Envoyé de Dieu; et je l'ai vu, lorsqu'il «n'avait pas combattu au début de la journée, retarder l'engage-«ment jusqu'au moment des deux prières de l'après-midi, lorsque «la brise s'était levée.»

CHAPITRE II. — Lorsque l'imâm accorde une suspension d'hostilités au prince d'une ville, cette mesure s'étend-elle aux autres habitants?

1. *Abou-Homaid-es-Sâʿidi* a dit : «Nous fîmes avec le Prophète l'expédition de Taboûk; le prince d'Aïla envoya au Prophète une mule blanche; et celui-ci expédia au prince, dans leur pays, un manteau avec une lettre.»

CHAPITRE III. — Recommandations relatives à ceux qui ont été l'objet du pacte de l'Envoyé de Dieu; ذمّة *signifie* «*pacte* [*de protection*]» *et* إلّ «*parenté*» (sourate IX, verset 8).

1. *Djowaïriya-ben-Qodâma-et-Tamîmi* a dit : «Nous dînes à ʿOmar-

ben-el-Khaṭṭâb : «Fais-nous des recommandations. — Je vous re-«commande, répondit-il, les gens placés sous le pacte de Dieu; «car le pacte de votre Prophète les couvre; et ils fournissent à la «subsistance de vos familles.»

CHAPITRE IV. — Assignations de parts, faites par le Prophète, sur l'argent du Baḥraïn; promesses faites par lui sur cet argent et sur celui de la capitation; de ceux entre qui l'on partage le butin et le produit de la capitation.

1. *Anas* a dit : «Le Prophète appela les Anṣâr pour leur assigner des parts sur l'argent du Baḥraïn. «Non! par Dieu, lui répon-«dirent-ils, nous n'accepterons rien, à moins que tu n'assignes la «même part à nos frères de Qoraïch. — Cela leur sera donc acquis, «reprit le Prophète, aussi longtemps que Dieu le voudra.» Les Anṣâr continuèrent à lui parler de ces partages; alors il leur dit : «Après «moi, vous verrez des accaparements égoïstes; prenez patience jus-«qu'au moment où vous me rencontrerez à nouveau.»

2. *Djâbir-ben-ʿAbdallah* a dit : «L'Envoyé de Dieu m'avait dit : «Si l'argent du Baḥraïn arrive, je te donnerai tant, et tant, et tant»; or, l'argent du Baḥraïn étant arrivé après la mort du Prophète, Abou-Bakr proclama que quiconque avait quelque promesse de l'Envoyé de Dieu devait venir le trouver. «L'Envoyé de Dieu «m'avait promis, si l'argent du Baḥraïn arrivait, vins-je dire au «calife, de me donner tant, et tant, et tant. — Prends donc une «poignée,» me répondit Abou-Bakr; et, quand je l'eus fait, il ajouta : «Compte-la!» Je comptai et trouvai cinq cents pièces; le calife m'en donna alors quinze cents.»

3. D'après *Anas*, on apporta au Prophète de l'argent du Baḥraïn : «Qu'on le dépose dans la mosquée», dit-il; c'était la somme la plus considérable qu'on lui eût jusqu'alors apportée. El-ʿAbbâs vint et dit : «Envoyé de Dieu, donne-moi de l'argent, car j'ai eu à payer ma rançon et celle de ʿAqîl. — Prends-en,» lui répondit le Prophète. El-ʿAbbâs en prit à poignées, le mit dans

son manteau; puis, quand il voulut le soulever, il ne le put pas. « Ordonne à quelqu'un de me le soulever! s'écria-t-il. — Non, répliqua le Prophète. — Alors, reprit El-ʿAbbâs, soulève-le-moi toi-même! — Non, dit le Prophète ». ʿAbbâs, là-dessus, rejeta une partie de l'argent, puis voulut soulever le reste, mais ne le put pas. « Ordonne à quelqu'un de me le soulever! dit-il une seconde fois. — Non. — Alors soulève-le-moi toi-même! — Non. » El-ʿAbbâs, là-dessus, rejeta encore une partie de l'argent; puis, ayant chargé le reste sur son épaule, il s'éloigna. L'Envoyé de Dieu ne cessa de le suivre du regard jusqu'à ce qu'il disparût, tant il était surpris de cette avidité. Quand le Prophète quitta la place, il n'y avait plus là un seul dirhem. »

CHAPITRE V. — Péché commis par celui qui tue sans motif un « tributaire ».

1. D'après *ʿAbdallah-ben-ʿAmr*, le Prophète a dit : « Quiconque aura tué un « tributaire » ne sentira pas l'odeur du paradis; et pourtant cette odeur se fait sentir à la distance de quarante années de marche. »

CHAPITRE VI. — Expulsion des Juifs d'Arabie. — *ʿOmar a rapporté le propos suivant du Prophète : « Je vous y maintiens aussi longtemps que Dieu vous y maintiendra. »*

1. *Abou-Horaïra* a dit : « Nous étions dans la mosquée, lorsque le Prophète sortit et nous dit : « Allez trouver les Juifs ». Nous partîmes donc avec lui jusqu'à leur école : « Embrassez l'islâm, vous « trouverez le salut, leur dit-il; sachez que la terre appartient à « Dieu et à son Envoyé, et que je veux vous bannir de ce pays-ci. « Aussi bien, que ceux d'entre vous qui trouveront à vendre leurs « biens le fassent; et sachez que la terre appartient à Dieu et à son « Envoyé. »

2. *Saʿîd-ben-Djobaïr* a rapporté : « Ibn-ʿAbbâs dit : « Le jeudi, ah! « ce qu'est le jeudi! » et il se mit à pleurer si fort, que ses larmes mouillèrent les pierres du sol. « Je lui demandai, dit Saʿîd : « Qu'est-

«ce donc que le jeudi, ô Ibn-ʿAbbâs? — C'est le jour, me répon-«dit-il, où s'aggrava le mal dont souffrait l'Envoyé de Dieu; il dit «alors : «Apportez-moi un os de l'omoplate, que je vous mette par «écrit ce qui vous préservera de l'erreur dans l'avenir.» Alors une discussion s'engagea entre les assistants; et la discussion auprès d'un prophète n'est pas chose convenable. «Qu'a-t-il donc, de-«manda-t-on, est-ce l'effet du délire? Pressez-le de questions!» Mais lui reprit : «Laissez-moi; ce qui m'occupe en ce moment vaut «mieux que ce à quoi vous m'invitez!» Puis il ordonna trois choses aux musulmans : «Expulsez, dit-il, les polythéistes de l'Arabie; «faites aux ambassades des présents analogues à ceux que je leur «ai faits moi-même.» Quant à la troisième recommandation, ou bien il ne la fit pas, ou bien il la fit, mais son objet m'est sorti de la mémoire.»

Cette dernière phrase serait d'un râwi postérieur (non d'Ibn-ʿAbbâs, ou de Saʿîd-ben-Djobaïr).

CHAPITRE VII. — Lorsque les polythéistes ont trahi les musulmans, peut-on leur pardonner?

1. *Abou-Horaïra* a dit : «Après la conquête de Khaïbar, on apporta en présent au Prophète une brebis; mais dans sa chair on avait mis du poison. «Rassemblez et amenez-moi, dit le Prophète, tous les «Juifs qui sont ici.» Lorsqu'ils furent réunis, il leur dit : «Je vais «vous poser une question; m'y répondrez-vous sincèrement? — «Oui, dirent-ils. — Quel est votre père? — C'est un tel. — Vous «en avez menti, repartit le Prophète; votre père, c'est tel autre. «— C'est vrai. — Me répondrez-vous sincèrement si je vous pose «une autre question? —Oui, certes, ô Aboû-'l-Qâsim; et, au reste, «si nous mentons, tu discerneras notre mensonge comme tu l'as «fait pour le nom de notre père. — Quels sont ceux qui iront en «enfer? demanda le Prophète. — Nous y demeurerons quelque «temps, répondirent-ils; puis vous autres viendrez nous y rem-«placer. — Assez là-dessus! Par Dieu! nous ne vous y remplace-

«rons jamais.» Et il ajouta : «Me répondrez-vous sincèrement si «je vous pose une autre question? — Oui, Aboû-'l-Qâsim. — Eh «bien! avez-vous empoisonné la chair de cette brebis? — Oui, «répondirent-ils. — Et qu'est-ce qui vous y a poussés? — Nous «avons pensé, répondirent-ils, que si tu étais un imposteur nous «en aurions fini avec toi; et que si tu étais un prophète, le poison «ne saurait te faire de mal.»

CHAPITRE VIII. — L'IMÂM PRONONCE DES MALÉDICTIONS CONTRE CEUX QUI ONT TRAHI UN ENGAGEMENT.

1. *ʿÂṣim* a dit : «J'interrogeai Anas au sujet du *qonoût*... «Il se «fait avant l'inclination, me répondit-il. — Pourtant, lui repartis-je, «un tel prétend que tu lui as dit : après l'inclination. — Il a menti», répliqua Anas; et il nous raconta alors que le Prophète fit le *qonoût* pendant un mois après l'inclination, en prononçant des malédictions contre les tribus des Benou-Solaïm. «Le Prophète, me dit Anas, «avait envoyé quarante — ou peut-être soixante-dix — des *Lec-«teurs* vers certains des polythéistes. Ceux-ci, bien qu'ils eussent «conclu un engagement avec le Prophète, attaquèrent les *Lecteurs* «et les tuèrent. Jamais je ne vis le Prophète aussi affligé qu'à cette «occasion.»

CHAPITRE IX. — DE LA SÉCURITÉ GARANTIE PAR LES FEMMES. DE LA SAUVEGARDE ACCORDÉE PAR ELLES.

1. *Omm-Hâni*, fille d'Aboû-Ṭâlib, a dit : «Je me rendis auprès du Prophète l'année de la prise de la Mecque; et je le trouvai en train de se laver, tandis que sa fille Fâṭima le dérobait aux regards. Je le saluai, et il demanda : «Qui est-ce? — Moi, Omm-Hâni, fille «d'Abou-Ṭâlib, lui répondis-je. — Sois la bienvenue, Omm-«Hâni», reprit-il. Lorsqu'il eut achevé sa lotion, il se leva, fit une prière de huit rakʿa, enveloppé dans un simple voile. La prière terminée, je lui dis : «O Envoyé de Dieu! le fils de ma mère, mon «frère ʿAlî, prétend qu'il va tuer un homme que j'ai pris sous

« ma sauvegarde, et cet homme, c'est un tel, fils de Hobaïra. — « O Omm-Hâni! me répondit l'Envoyé de Dieu, notre sauvegarde « est acquise à ceux à qui tu l'as donnée. » Ceci, ajouta Omm-Hâni, se passait dans la matinée. »

CHAPITRE X. — Solidarité de la communauté musulmane dans la protection et la sauvegarde accordée par le plus infime de ses membres.

1. *Yazîd-ben-Charîk* a dit : « ʿAlî nous dit dans son prêche : « Nous « autres n'avons aucun texte que nous récitions en dehors du livre « de Dieu, et de ce qui se trouve consigné sur ce feuillet. Il contient « des prescriptions relatives aux blessures, et à l'âge des chameaux « de composition pécuniaire; il établit le caractère sacré du terri- « toire de Médine entre ʿAïr et tel endroit. Celui qui y commettra « quelque infraction ou donnera asile à celui qui en aura commis « une aura contre lui tout à la fois la malédiction de Dieu, celle « des anges et celle des hommes; et on n'acceptera de ce coupable « ni repentir, ni expiation. Celui qui se choisira d'autres patrons « que ses patrons aura contre lui la même malédiction. Les musul- « mans sont solidaires en matière de protection; et celui qui n'ob- « servera pas l'engagement [de protection] d'un musulman aura « contre lui la même malédiction. »

CHAPITRE XI. — Du cas où les ennemis vaincus disent : « Nous nous faisons Sabiens », et n'ont pas su dire correctement : « Nous nous faisons musulmans ». — *Ibn-ʿOmar a dit : « Khâlid se mit à massacrer; et le Prophète dit : « Je me déclare irresponsable devant toi (ô mon Dieu!) de ce qu'a fait Khâlid. »*[1] *— ʿOmar a dit : « Lorsqu'il lui crie : «* Matras[2] ! *» il lui assure la sauvegarde; certes Dieu sait toutes les langues; » et il dit (à El-Hormozân) : « Parle, ne crains rien. »*

CHAPITRE XII. — Suspension d'hostilités et arrangements conclus avec les polythéistes moyennant le payement d'argent ou d'autre chose. — Du péché commis par ceux qui ne remplissent pas leurs engagements. — *De ces*

(1) Cf. Wellhausen, *Reste*, p. 237. — (2) Persan مترس « Ne crains pas ! »

mots du Coran : « Et s'ils inclinent vers la paix, inclines-y aussi » (sourate VIII, verset 63).

1. *Sahl-ben-Abou-Ḥatsma* a dit : « ʿAbdallah-ben-Sahl et Moḥaïyiṣa-ben-Masʿoûd-ben-Zaïd étaient partis pour Khaïbar, dont les habitants étaient alors en paix avec les musulmans. Ils se séparèrent; et, lorsque Moḥaïyiṣa revint vers son compagnon, il le trouva assassiné, se débattant dans un flot de sang. Il l'enterra et reprit le chemin de Médine. Alors ʿAbd-er-Raḥmân-ben-Sahl, en compagnie des deux frères, Moḥaïyiṣa-ben-Masʿoûd et Ḥowaïyiṣa-ben-Masʿoûd, s'en alla trouver le Prophète. Il voulut parler, mais le Prophète lui dit : « Laisse le plus âgé, laisse le plus âgé ! » et, comme lui était le plus jeune des trois, il se tut; et ce furent les deux autres qui racontèrent l'aventure. « Pouvez-vous, leur dit le Prophète, jurer « pour établir vos droits contre le meurtrier? — ou vos droits au « prix du sang de votre compagnon? — Comment jurerions-nous, « répondirent-ils, alors que nous n'avons assisté à rien, que nous « n'avons rien vu? — Alors ce seront les Juifs qui, par un ser- « ment de cinquante d'entre eux, devront se libérer envers vous de « votre accusation. — Comment, répondirent-ils, pourrions-nous « accepter le serment des infidèles? » Et ce fut le Prophète qui acquitta à ses frais le prix du sang pour le meurtre. »

CHAPITRE XIII. — Mérite qu'il y a à tenir ses engagements.

1. *Abou-Sofyân-ben-Ḥarb* a raconté qu'Héraclius l'envoya chercher, alors qu'il se trouvait en Syrie à la tête d'une caravane de marchands qoraïchites. C'était pendant la trêve conclue entre l'Envoyé de Dieu et Abou-Sofyân au nom des infidèles de Qoraïch. »

CHAPITRE XIV. — Pardonne-t-on à un « tributaire » qui s'est rendu coupable de sorcellerie? — *On demanda à Ibn-Chihâb si l'on devait mettre à mort celui des tributaires qui se serait rendu coupable de sorcellerie; il répondit : « Il nous est parvenu que l'Envoyé de Dieu fut victime d'un acte de*

sorcellerie, et ne fit pas mettre à mort l'auteur du forfait, qui appartenait aux gens de l'Écriture. »

1. D'après *'Aïcha*, le Prophète fut victime de sortilèges, si bien qu'il s'imaginait faire des choses qu'en réalité il ne faisait pas.

CHAPITRE XV. — Qu'il faut se tenir sur ses gardes de la trahison. — *De ces mots du Coran : « Et s'ils veulent te trahir, Dieu te suffira, etc.* » (sourate VIII, verset 64).

1. *'Aouf-ben-Mâlik* a dit : « Je me rendis auprès du Prophète pendant l'expédition de Taboûk, et je le trouvai sous une tente de peau. « Compte bien sept signes, me dit-il, qui apparaîtront avant l'heure « du jugement; d'abord ma mort, puis la conquête de Jérusalem; « après, une épidémie qui vous frappera comme la clavelée frappe « les brebis; puis une surabondance des richesses telle qu'un don de « cent dînârs laissera celui qui l'aura reçu plein de dégoût; puis « une sédition qui entrera dans les tentes de tous les Arabes; « puis enfin, après une trêve conclue avec eux, une trahison des « Benoû-'l-Aṣfar, qui s'avanceront vers vous en quatre-vingts cohortes « de chacune douze mille hommes, rangées sous quatre-vingts « étendards. »

CHAPITRE XVI. — Comment l'on rejette le pacte de protection conclu avec des infidèles. — *De ces mots du Coran : « Et si tu crains quelque trahison de la part de gens, rejette-leur (leur pacte) en toute égalité, etc.* » (sourate VIII, verset 60).

1. *Abou-Horaïra* a dit : « Abou-Bakr m'envoya à Minâ, le jour des sacrifices, à la tête d'un groupe de fidèles, annoncer qu'après cette année-là aucun polythéiste ne ferait le pèlerinage et qu'il ne fallait pas processionner tout nu. Le jour du grand pèlerinage, c'est le jour des sacrifices, et cette expression offre la contre-partie de l'expression populaire « petit pèlerinage »; c'est là son origine. Cette année-là, Abou-Bakr rejeta, à l'encontre des infidèles, le pacte conclu avec eux; et, l'année du pèlerinage d'adieu qu'accomplit le Prophète, aucun polythéiste ne prit part à la solennité. »

CHAPITRE XVII. — Du péché commis par celui qui trahit ses engagements. — *De ces mots du Coran : « Ceux avec lesquels tu as conclu des engagements, puis qui à tout moment manquent à leur parole, sans craindre Dieu »* (sourate VIII, verset 58).

1. *ʿAbdallah-ben-ʿAmr* a dit : « L'Envoyé de Dieu a dit : « Quatre « choses, lorsqu'elles se rencontrent chez un individu, en font un « parfait hypocrite : « Mentir quand il parle; manquer à sa pro- « messe; trahir les engagements pris; être de mauvaise foi lors- « qu'il discute. » Celui chez qui se trouve une seule de ces quatre « choses sera atteint de quelque hypocrisie jusqu'au moment où il « s'en sera débarrassé. »

2. *ʿAlî* a dit : « Nous n'avons rien consigné par écrit du Prophète; nous n'avons que le Coran et les enseignements contenus dans ce feuillet; il contient la déclaration par le Prophète du caractère sacré du territoire de Médine depuis el-ʿAïr jusqu'à tel point. Celui qui, dans ces limites, commettra quelque infraction ou donnera asile à celui qui en aura commis une, aura contre lui tout à la fois la malédiction de Dieu, celle des anges et celle des hommes; et on n'acceptera de ce coupable ni repentir, ni expiation. Les musulmans sont solidaires pour ce qui concerne la protection; le plus infime d'entre eux peut l'accorder; et celui qui n'observe pas l'engagement (de protection) d'un musulman aura contre lui tout à la fois la malédiction de Dieu, celle des anges et celle des hommes; et l'on n'acceptera de ce coupable ni repentir ni expiation. Enfin celui qui se choisira des patrons sans l'autorisation de ses vrais patrons aura contre lui tout à la fois la malédiction de Dieu, celle des anges et celle des hommes, et l'on n'acceptera de lui ni repentir, ni expiation. »

3. *Abou-Horaïra* dit : « Que ferez-vous lorsque vous ne verrez rentrer ni un dînâr, ni un dirhem de l'impôt ? — Comment, lui demanda-t-on, penses-tu que cette éventualité puisse se réaliser, Abou-Horaïra ? — Par Celui qui me tient dans sa main, répliqua-t-il, c'est en conformité d'un enseignement de celui qui dit la vérité

IMPRIMERIE NATIONALE.

et à qui elle fut dite! — Et de quoi cela proviendra-t-il? continuèrent ses interlocuteurs. — On foulera aux pieds la protection accordée par Dieu et par son Envoyé, répondit-il; et alors Dieu endurcira les cœurs des tributaires qui refuseront de payer l'impôt sur leurs biens.»

CHAPITRE XVIII.

1. *El-A'mach* a dit : «Je demandai à Abou-Waïl s'il avait assisté à la bataille de Ṣiffîn : «Oui, me répondit-il; et j'ai entendu Sahl-«ben-Ḥonaïf dire : «Défiez-vous de vos opinions personnelles; je «me souviens que moi-même, au jour du malheur d'Abou-Djandal, «si j'avais pu révoquer l'ordre du Prophète, je l'aurais bel et bien «fait. Il n'est nulle affaire, si effrayante qu'elle nous ait paru, où de «suspendre nos sabres à nos épaules[1] ne nous ait facilité une issue «rassurante; mais, pour la présente affaire, c'est autre chose.»

2. *Abou-Waïl* a raconté : «Nous étions à Ṣiffîn; Sahl-ben-Ḥonaïf se leva et dit : «Ô musulmans! défiez-vous de vous-mêmes; «nous autres, nous étions auprès du Prophète à el-Ḥodaïbîya, et, si «nous avions vu le moyen de combattre, certes nous aurions com-«battu! 'Omar-ben-el-Khaṭṭâb s'en vint vers le Prophète et lui dit : «Envoyé de Dieu, ne sommes-nous pas, nous, dans la vérité, et «eux dans l'erreur? — Sans doute, répondit le Prophète. — Et «nos morts ne vont-ils pas en paradis, et les leurs en enfer? — «Sans doute. — Et pourquoi donc accepterions-nous une infério-«rité dans notre religion? Reviendrons-nous sans qu'encore Dieu «ait tranché entre eux et nous? — Ô Ibn-el-Khaṭṭâb, lui répondit «l'Envoyé de Dieu, je suis l'Envoyé de Dieu; et le Seigneur ne me «mènera jamais à la perdition.» Là-dessus, 'Omar s'en alla vers «Abou-Bakr, auquel il tint les mêmes propos. «C'est lui, l'Envoyé «de Dieu; et le Seigneur ne le mènera jamais à la perdition.» C'est «alors que fut révélée la sourate «la Victoire»; l'Envoyé de Dieu la

[1] وضعنا اسيافنا على عواتقنا, cf. Schwarzlose, *Waffen d. Arab.*, p. 54-55.

«récita entièrement à ʿOmar. «Est-ce donc là une victoire?» lui «demanda alors ʿOmar; et l'Envoyé de Dieu répondit : «Oui».

3. *Asmâ*, fille d'Abou-Bakr, a dit : «Ma mère vint me voir, en compagnie de son père, au moment de la trêve conclue entre Qoraïch et le Prophète; comme elle était polythéiste, j'allai consulter le Prophète : «Envoyé de Dieu, lui dis-je, ma mère est venue me «voir en solliciteuse; dois-je observer à son égard les devoirs de la «parenté? — Oui, observe-les envers elle», me répondit le Prophète.»

CHAPITRE XIX. — De la paix conclue pour trois jours, ou pour une période déterminée.

1. *El-Barâ* a raconté que, lorsque le Prophète voulut faire la visite pieuse, il envoya demander aux Mecquois la permission d'entrer dans leur ville. Alors ils lui imposèrent comme conditions de ne demeurer que trois nuits à la Mecque, d'y entrer seulement avec les armes au fourreau, enfin de ne point faire parmi eux de propagande. ʿAlî-ben-Abou-Ṭâlib se mit donc à consigner par écrit les conditions de l'arrangement; et il écrivit : «Voici à quoi souscrit Mahomet, Envoyé de Dieu.» Là-dessus, les Mecquois de dire : «Si nous savions que tu es bien l'Envoyé de Dieu, nous ne t'empêcherions pas d'entrer, et nous te prêterions serment; écris donc : «Voici à quoi souscrit Mahomet, fils d'ʿAbdallah.» — Je suis bien Mahomet, fils d'ʿAbdallah, répondit le Prophète, et aussi je suis Mahomet, l'Envoyé de Dieu.» Le Prophète ne savait pas écrire; il dit donc à ʿAlî : «Efface *Envoyé de Dieu*. — Par Dieu! répondit ʿAlî, je ne l'effacerai jamais. — Fais voir l'écrit, alors», répliqua le Prophète. ʿAlî lui ayant fait voir l'écrit, il effaça de sa propre main les mots contestés. Il entra à la Mecque; et, les trois jours passés, les Qoraïchites vinrent trouver ʿAlî et lui dirent : «Ordonne donc à ton compagnon de s'en aller maintenant.» ʿAlî ayant rapporté ce propos au Prophète, celui-ci répondit «oui» et quitta la Mecque.

CHAPITRE XX. — De la suspension des hostilités sans détermination de temps; *et de cette parole du Prophète : « Je vous y maintiens aussi longtemps que Dieu vous y maintiendra. »*

Sans *ḥadîts.*

CHAPITRE XXI. — Les cadavres des polythéistes sont jetés dans un puits; on ne les rend pas (à leurs proches) moyennant un prix.

1. *ʿAbdallah*(-ben-Masʿoûd) a dit : « L'Envoyé de Dieu étant prosterné, un groupe de polythéistes qoraïchites l'entoura. L'un d'eux, ʿOqba-ben-Abou-Moʿaïṭ, ayant apporté le placenta d'une bête abattue, le jeta sur le dos du Prophète. Celui-ci ne releva pas la tête jusqu'au moment où Fâṭima survint. Elle rejeta l'ordure loin du dos de son père et maudit l'auteur du forfait. « Ô mon Dieu ! « dit alors le Prophète, à toi de tirer vengeance des Qoraïchites; « ô mon Dieu ! charge-toi d'Abou-Djahl-ben-Hichâm, d'ʿOtba-ben-« Rabîʿa, de Chaïba-ben-Rabîʿa, de ʿOqba-ben-ʿAbou-Moʿaïṭ, « d'Omaïya-ben-Khalaf (ou d'Obaïy-ben-Khalaf).

« Et certes, ajouta ʿAbdallah, je les ai tous vus tués, le jour de Badr; et ils furent jetés dans le puits, à l'exception d'Omaïya (ou d'Obaïy); c'était un homme d'une forte corpulence, et, lorsqu'on le traîna, ses articulations se rompirent avant qu'il fût jeté dans le puits. »

CHAPITRE XXII. — Péché commis par celui qui trahit l'engagement pris, aussi bien envers un homme de bien qu'envers un malfaiteur.

1. D'après *ʿAbdallah* et d'après *Anas*, le Prophète a dit : « Tout traître, au jour de la Résurrection, se présentera avec un drapeau arboré (suivant un des râwi; et « qui le fera reconnaître », suivant l'autre). »

2. *Ibn-ʿOmar* a dit : « J'ai entendu dire au Prophète : « Tout « traître aura un drapeau, arboré à cause de sa traîtrise. »

3. *Ibn-ʿAbbâs* a dit : « L'Envoyé de Dieu dit, le jour de la prise de la Mecque : « Il n'y a plus d'Émigration; mais il reste la guerre

« sainte et les bonnes intentions; aussi bien, lorsque vous serez « invités à vous mettre en campagne, mettez-vous-y. »

4. *Ibn-'Abbâs* a dit : « L'Envoyé de Dieu a dit, le jour de la prise de la Mecque : « Cette ville, Dieu l'a rendue sacrée au jour où il a « créé les cieux et la terre; et elle est sacrée de par cet acte de la « majesté divine. Combattre sur son territoire n'a été permis à per- « sonne avant moi, et ne m'a été permis à moi qu'une seule heure « dans un seul jour; ce pays restera sacré jusqu'au jour de la « Résurrection, par le commandement de Dieu. On ne coupera « pas ses épines; on ne fera pas fuir son gibier; on n'y ramassera pas « les objets trouvés, sauf pour les faire reconnaître à leurs pro- « priétaires; et l'on ne fauchera pas son fourrage. — Ô Envoyé de « Dieu, dit alors El-'Abbâs, excepté l'idzkhir pour nos forges et « pour nos maisons? — Excepté l'idzkhir, reprit le Prophète. »

AU NOM DE DIEU, LE CLÉMENT, LE MISERICORDIEUX.

TITRE LIX.

DU COMMENCEMENT DE LA CRÉATION.

CHAPITRE PREMIER. — *De cette parole du Coran : « C'est lui qui a créé pour la première fois, et créera une deuxième fois; et cela est pour lui plus facile »* (sourate XXX, verset 26). — *Er-Rabi'-ben-Khotsaïm et El-Ḥasan-el-Baṣri ont dit :* اهون *« plus facile » est l'équivalent de* هيّن *« facile »; car tout est également facile à Dieu. » On dit : «* هيّن *et* هيْن *, comme* ليّن *et* ليْن, ميّت *et* ميْت, ضيّق *et* ضيْق *. » — « Est-ce donc que nous sommes fatigués. . . ? »* (sourate L, verset 14); أفعيينا *signifie « Est-ce qu'une fatigue nous a été causée par . . . ? »* (افاعيانا). — *« Lorsqu'il vous a produits »* (حين انشأكم = اذ انشأكم, sourate LIII, verset 33) *« et produit l'œuvre de votre création ».* — لغوب (sourate L, verset 37) *est le synonyme de* نَصَب *« fatigue ».* — اطوارًا (sourate LXXI, verset 18) *« en plusieurs phases », c'est-à-dire avec telle forme à telle phase, avec telle autre forme à telle autre phase; on dit :* عدا طورَه *« un tel a dépassé le cercle », c'est-à-dire « a dépassé les limites de son pouvoir ».*

1. *'Imrân-ben-Ḥosaïn* a dit : « Un groupe de Banoû-Tamîm étant venu trouver le Prophète, il leur dit : « Ô Banoû-Tamîm! recevez « la bonne nouvelle! — Tu nous a donné la bonne nouvelle, ré- « pondirent-ils; maintenant fais-nous des présents! » A ces mots, le visage du Prophète s'altéra; des gens du Yémen étant survenus, il leur dit : « Ô Yéménites! acceptez la bonne nouvelle, puisque « les Banoû-Tamîm ne l'ont pas acceptée. — Nous l'acceptons », répondirent-ils. Alors le Prophète se mit à raconter le commencement de la création, ce qu'est le trône de Dieu. Un homme, à ce moment, vint me dire : « 'Imrân, ta chamelle s'est échappée »; ah! combien j'aurais désiré rester encore (à écouter)! »

2. *ʿImrân-ben-Ḥoṣaïn* a dit : « J'entrai chez le Prophète, après avoir attaché ma chamelle à la porte. Des Tamîmites survenant alors, le Prophète leur dit : « Acceptez la bonne nouvelle, ô Banoû-Tamîm ! » Ils répondirent : « Tu nous a donné la bonne nouvelle, maintenant « fais-nous des présents », et cela à deux reprises. Puis des Yéménites étant arrivés chez lui, il leur dit : « Acceptez la bonne nou- « velle, ô gens du Yémen ! puisque les Banoû-Tamîm ne l'ont pas « acceptée. — Nous l'acceptons, Envoyé de Dieu, répondirent-ils; « nous sommes venus vers toi, ajoutèrent-ils, pour te poser des ques- « tions sur ce monde. — Dieu seul exista d'abord, rien en dehors de « lui; puis son trône flottait sur l'eau; et ensuite, Dieu écrivit sur la « tablette toutes les choses; et créa les cieux et la terre ». Or, à ce moment, quelqu'un cria : « Voilà ta chamelle partie, Ibn-Ḥoṣaïn ! » Alors je me mis à sa poursuite, et m'aperçus que le mirage la dérobait à mes yeux. Par Dieu ! j'aurais mieux aimé la laisser aller (et demeurer à écouter le Prophète). »

Târiq-ben-Chihâb a dit : « J'ai entendu ʿOmar dire : « Le Pro- « phète se mit debout un certain temps parmi nous, et nous en- « tretint du commencement de la création; et il continua à nous « instruire de ce qui arrivera jusqu'au moment où les élus iront « occuper leurs places en paradis et les damnés leurs places en « enfer. — Cet enseignement, il y en a qui l'ont conservé et d'autres « qui l'ont oublié. »

3. *Abou-Horaïra* a rapporté : « L'Envoyé de Dieu a dit : « Je crois « bien que Dieu dit : « L'homme me fait injure, et il ne le doit « pas; l'homme m'accuse de mensonge, et il ne le doit pas. Il me « fait injure en me donnant un fils; il m'accuse de mensonge en di- « sant : « Il ne me ramènera pas à la vie, comme il m'y a produit. »

4. *Abou-Horaïra* a dit : « L'Envoyé de Dieu a dit : « Lorsque « Dieu eut terminé l'œuvre de la création, il écrivit sur son livre, « qui se trouve devers lui, au-dessus du trône : « Certes, ma miséri- « corde l'emporte sur ma colère ! »

CHAPITRE II. — DE CE QUI EST RELATIF AUX SEPT TERRES; *et de ces mots du Coran : « C'est Dieu qui a créé sept cieux, et des terres en nombre égal; entre les cieux et les terres descendent ses ordres, afin que vous sachiez qu'il est tout-puissant, et que sa science embrasse tout »* (sourate LXV, verset 12). — « *La voûte élevée* » (السقف المرفوع, sourate LII, verset 5) *désigne* « *le ciel* ». — « *Son sommet* » (سمكها, sourate LXXIX, verset 28) *désigne son* « *édifice* ». — « *Les stries* » *du ciel* (الحُبُك, sourate LI, verset 7) *dépeignent* « *l'harmonie et la beauté de ses proportions* ». — « *Et prêtera l'oreille* » (واذنت), *c'est-à-dire* « *que la terre entendra et obéira* »; — « *et rejettera* » (القت), *c'est-à-dire* « *laissera sortir les morts qui sont dans son sein* », *et* « *se videra* » (تخلّت), *c'est-à-* « *dire de leurs corps* » (sourate LXXXIV, versets 2 et 4). — « *L'a étendue* » طحاها, *synonyme de* دحاها (sourate XCI, verset 6). — الساهرة (sour. LXXIX, vers. 14) *désigne* « *la surface de la terre où les animaux dorment et veillent* » (سهر).

1. *Abou-Salama-ben-ʿAbd-er-Raḥmân* a raconté qu'ayant un procès au sujet d'un terrain, il entra chez ʿAïcha et lui conta son affaire : « Abandonne ce terrain, lui dit-elle, car l'Envoyé de Dieu a dit : « Quiconque commettra une injustice pour la valeur d'un « empan sera étranglé par un collier de sept terres. »

2. *ʿAbdallah-ben-ʿOmar* a dit : « Le Prophète a dit : « Quiconque « se sera emparé sans droit d'une parcelle de terrain sera englouti « jusque dans sept terres, au jour de la Résurrection. »

3. D'après *Abou-Bakr*, le Prophète a dit : « Dieu a ramené la révolution du temps à l'ordre qu'il lui assigna au jour de la création des cieux et de la terre : l'année a douze mois, dont quatre sont sacrés; trois d'entre eux se suivent, Dzou'l-Qaʿda, Dzou'l-Ḥidjja et el-Moḥarrem; le quatrième, Redjeb, cher à la tribu de Moḍar, a sa place entre Djoumâdâ et Chaʿbân [1]. »

4. *Saʿîd-ben-Zaid-ben-ʿAmr-ben-Nofaïl* a rapporté qu'il eut un procès avec Arwa devant Merwân. Elle prétendit qu'il lui avait fait tort dans son droit. « Moi, je lui ai fait tort dans son droit! s'écria-t-il. Je témoigne que j'ai entendu dire à l'Envoyé de Dieu : « Quiconque prendra injustement la largeur d'un empan de terre

[1] Cf. WELLHAUSEN, *Reste arabischen Heidentums*, p. 97 et suiv.

«sera étranglé, au jour de la Résurrection, par un collier de sept «terres.»

In fine, cette addition : «Sa'îd a dit : «J'entrai chez le Prophète...»

CHAPITRE III. — De ce qui est relatif aux étoiles. — *Qatâda a dit, à propos de ces mots du Coran : «Et nous avons orné avec des lampes le ciel inférieur, etc.»* (sourate LXVII, verset 5) *: «Dieu a créé ces étoiles à trois fins : pour être l'ornement du ciel, pour lapider les démons, pour guider la marche; et quiconque cherche d'autres explications se trompe, perd sa part de récompense et s'occupe d'une chose qu'il ignore entièrement.» — Ibn-ʿAbbâs a dit :* هشيما (sourate XVIII, verset 43) *est synonyme de* متغيّرا *«corrompues».* — أبّ (sourate LXXX, verset 31) *signifie «les herbes que broutent les troupeaux.»* — الأنام (sourate LV, verset 9) *signifie «les créatures»* الخلق. — *Le sens de* برزخ (sourate LV, verset 20) *est «barrière»,* حاجب. » — *Modjâhid a dit :* الفافا (sourate LXXVIII, verset 16) *signifie «touffus»* ملتفّة; — غُلْب (sourate LXXX, verset 30) *est aussi synonyme de* ملتفّة *«touffus».* — فراشا (sourate II, verset 20) *signifie «couche»* مهاد, *comme aussi* مستقرّ *de la* sourate II, verset 34. — *Enfin* نكدًا (sourate VII, verset 56) *signifie «peu»* قليلا.

CHAPITRE IV. — Aspect du soleil et de la lune *«soumis à un mouvement régulier»* (بحُسبان, sourate LV, verset 4); *Modjâhid a dit : «comme le mouvement régulier du moulin»; suivant d'autres, «soumis à une loi mathématique qui leur impose des mansions inéluctables»;* حُسْبان *est le pluriel de* حِساب *«calcul», suivant le même paradigme que* شُهبان, *plur. de* شِهاب *«flamme»;* — ضُحاها (sourate XCI, verset 1) *signifie «la lumière du soleil»;* — *«qu'elle atteigne la lune»* (أن تُدْرِك, sourate XXXVI, verset 40), *c'est-à-dire «la lumière du soleil ne doit pas effacer la lumière de la lune, et vice*-versa; *cela ne convient pas» — «et il ne faut pas que la nuit devance le jour dans sa course»* (سابِق النهار id.); *«ils se poursuivent d'un vol rapide»* (يتطالبان حثيثين; sourate VII, verset 52, يَطْلُبُه حثيثا); — *«nous en arrachons»* (نسْلخ, sourate XXXVI, verset 37), *c'est-à-dire «nous faisons sortir le jour de la nuit et réciproquement, en dirigeant leur cours»; — «et le ciel disjoint»* (واهية, sourate LXIX, verset 16), *c'est-à-dire «disjoint par la fente qui s'y est produite*»; — «*les parois de la voûte céleste*» (ارجاءها, sourate LXIX, verset 17); «*ce sont les parties qui ne se sont pas fendues; sur les deux bords de la fente, se tient la troupe des anges*»; *on emploie de même le mot* ارجاء *pour désigner* «*les parois du puits*» (ارجاء البئر); — أُغطش (sourate LXXIX, verset 29) *est* «*assombrir*» (أظلم *sens actif*) *et* جنّ (sourate VI, verset 76) *est* «*envelopper de son obscurité*» (أظلم *sens neutre*). — *El-Ḥasan (el-Basri) a dit:* كُوِّرَتْ (sourate LXXXI, verset 1) *au passé a le sens du futur* تُكَوَّر «*le soleil sera roulé de telle sorte que son éclat disparaîtra*»; — «*par la nuit et par ce qu'elle réunit*» (والليلِ وَمَا وَسَقَ, sourate LXXXIV, verset 17), *il faut entendre* «*les bêtes qu'elle assemble à son ombre*» (وسق = جمع); اتّسق *au verset suivant* (sourate LXXXIV, verset 18) *a le sens de* «*prendre un harmonieux développement*» (استوى); — *le mot* بروج «*tours*» (sourate XXV, verset 62) *désigne* «*les mansions du soleil et de la lune*»; — *le mot* الحَرور (sourate XXXV, verset 20) *désigne* «*la chaleur brûlante du jour, apparue avec le soleil*»; *mais Ibn-ʿAbbas a dit:* حرور *est le vent brûlant de la nuit; tandis que le vent brûlant du jour est* سموم»; — يُولج (sourate XXII, verset 60) *signifie* «*il enroule*» (يُكَوِّر); *et* وليجة (sourate IX, verset 16) *désigne* «*toute chose qu'on fait entrer dans une autre chose.*»

1. *Abou-Dzarr* a dit : «Le Prophète me dit : «Sais-tu où va le «soleil après s'être couché? — Dieu et son Envoyé sont ceux qui «le savent le mieux, répondis-je. — Eh bien! reprit-il, il s'en va se «prosterner sous le trône divin; puis il demande la permission, et «elle lui est accordée. Mais les temps approchent où le soleil, se «voulant prosterner, il éprouvera un refus; où, demandant la per«mission, il se la verra refuser; et on lui dira : «Retourne d'où tu «viens!» et il se lèvera du côté de l'Occident. — C'est à cela que «fait allusion ce verset du Coran : «Et le soleil court jusqu'à l'arrêt «qui lui est fixé; cela est le décret de Dieu puissant et savant (sourate XXXVI, verset 38).»

2. D'après *Abou-Horaïra*, le Prophète a dit : «Le soleil et la lune seront roulés au jour de la Résurrection.»

3. D'après *ʿAbdallah-ben-ʿOmar*, le Prophète a dit : «Les éclipses du soleil et de la lune n'arrivent pas pour marquer la mort ou la naissance de quelque humain. Mais ce sont des signes parmi les signes de Dieu; aussi donc, lorsque vous les apercevrez, faites la prière.»

4. *ʿAbdallah-ben-ʿAbbâs* a dit : «Le Prophète a dit : «Le soleil et «la lune sont des signes parmi les signes de Dieu, et ce n'est pas «pour marquer la mort ou la naissance d'un humain qu'ils su- «bissent des éclipses. Aussi bien, lorsque vous en verrez une, men- «tionnez le nom de Dieu.»

5. *ʿAïcha* a dit : «L'Envoyé de Dieu, le jour de l'éclipse de soleil, se mit debout, prononça le *tekbîr*, récita un long passage du Coran, s'inclina longuement, puis releva la tête et dit : «Dieu «entende celui qui le loue.» Puis il se remit debout de suite, récita de nouveau un long passage du Coran — moins long que le premier, — s'inclina longuement — moins longuement que la première fois, — puis se prosterna longuement. Enfin, dans une dernière rakʿa, il accomplit les mêmes rites, et prononça la salutation finale lorsque le soleil resplendissait de nouveau. Alors il prêcha aux fidèles et leur dit : «Les éclipses du soleil et de la lune sont des «signes d'entre les signes de Dieu, et ce n'est pour marquer la «mort ou la naissance de quelque humain qu'ils interviennent; «aussi, quand vous en serez témoins, cherchez un refuge dans la «prière.»

6. D'après *Abou-Masʿoûd*, le Prophète dit : «Les éclipses du soleil et de la lune n'interviennent pas pour marquer la naissance ou la mort de quelque humain; mais ce sont des signes parmi les signes de Dieu; aussi donc, lorsque vous en serez témoins, faites la prière.»

CHAPITRE V. — *De ce qui est rapporté relativement à ces mots du Coran : «Et c'est lui qui envoie les vents épandeurs de pluie, en précurseurs de sa miséricorde* » (sourate VII, verset 55); — قاصفا (sourate XVII, verset 71) *signifie « qui brise toute chose »*; — لواقح (sourate XV, verset 22) *est synonyme de* ملاقح, *plur. de* ملقحة *« fécondant »*. — إعصار (sourate II, verset 268) *désigne « un vent violent qui souffle de la terre vers le ciel, en s'élevant comme une colonne de feu. »* — صِرّ (sourate III, verset 113) *désigne « un vent glacial »*; — نُشُرا (sourate VII. verset 55) *veut dire « séparés »*.

1. D'après *Ibn-ʿAbbâs*, le Prophète a dit : « J'ai été aidé par le vent d'est; et les ʿAdites ont dû leur perte au vent d'ouest. »

2. D'après *ʿAïcha*, l'Envoyé de Dieu, lorsqu'il apercevait au ciel un nuage prometteur de pluie, avançait et reculait, entrait et sortait, le visage altéré. Puis, lorsque la pluie se mettait à tomber, son inquiétude se dissipait. « Je lui fis part de ce fait, ajoute ʿAïcha; et il me répondit : « C'est que je ne sais point s'il n'en sera pas de « nous comme de ces gens qui, lorsqu'ils virent le nuage étalé « s'avançant vers leurs vallées, dirent : « Ce nuage nous donnera de « la pluie, etc. » (sourate XLVI, verset 23).

CHAPITRE VI. — De ce qui est relatif aux anges. *Anas a dit : « ʿAbdallah-ben-Salâm dit au Prophète : « Gabriel est, parmi les anges, l'ennemi des Juifs. » — Ibn-ʿAbbâs a dit : « Nous sommes ceux qui se mettent en rangs »* (sourate XXXVII, verset 165), *c'est-à-dire « les anges »*.

1. *Mâlik-ben-Saʿṣaʿa* a dit: « Le Prophète a dit : « Je me trouvais « auprès de la Kaʿba dans un état intermédiaire entre la veille et « le sommeil, lorsqu'on cria : « L'homme qui se trouve entre les « deux autres! » On apporta alors vers moi un bassin d'or rempli « de sagesse et de foi; on me fendit le corps du sternum au bas-« ventre; puis on me lava la poitrine avec de l'eau de Zemzem, et « on la remplit ensuite de sagesse et de foi. Une monture blanche « me fut amenée, plus petite que le mulet, plus grande que l'âne : « c'était Borâq; et alors je partis avec Gabriel jusqu'au ciel le plus « près. « Qui est là? demanda-t-on. — Gabriel, répondit mon « guide. — Et qui t'accompagne? — Mahomet. — A-t-il donc été « mandé? — Oui. — Qu'il soit donc le bienvenu! Son arrivée ici

« est heureuse. » Je fus conduit alors vers Adam, et je le saluai. « Sois le bienvenu, me répondit-il, comme mon fils et comme « prophète. » Après quoi nous montâmes au deuxième ciel. « Qui « est là? demanda-t-on. — Gabriel, répondit mon guide. — Et « qui t'accompagne? — Mahomet. — A-t-il donc été mandé? — « Oui. — Qu'il soit donc le bienvenu! Son arrivée ici est heureuse. » « Puis je fus conduit vers Jésus et Jean, qui me dirent : « Sois le « bienvenu comme frère et comme prophète. » Après quoi nous « montâmes au troisième ciel. « Qui est là? demanda-t-on. — Ga- « briel, répondit mon guide. — Et qui t'accompagne? — Maho- « met. — A-t-il donc été mandé? — Oui. — Qu'il soit donc le « bienvenu! son arrivée ici est heureuse »; et je m'en allai alors « vers Joseph, que je saluai : « Sois le bienvenu, me dit-il, comme « frère et comme prophète! » Nous montâmes alors au quatrième « ciel : « Qui est là? demanda-t-on. — Gabriel, répondit mon « guide. — Et qui t'accompagne? — Mahomet. — A-t-il donc été « mandé? — Oui. — Qu'il soit donc le bienvenu! son arrivée ici « est heureuse »; et je m'en allai alors vers Idrîs, que je saluai. « Sois « le bienvenu, me dit-il, comme frère et comme prophète. » Puis « nous montâmes au cinquième ciel. « Qui est là? demanda-t-on. « — Gabriel, répondit mon guide. — Et qui t'accompagne? — « Mahomet. — A-t-il donc été mandé? — Oui. — Qu'il soit donc « le bienvenu! son arrivée ici est heureuse »; et nous nous ren- « dîmes vers Aaron, que je saluai. « Sois le bienvenu, me répon- « dit-il, comme frère et comme prophète! » Puis nous montâmes au « sixième ciel : « Qui est là? demanda-t-on. — Gabriel, répondit « mon guide. — Et qui t'accompagne? — Mahomet. — Et il a été « mandé? Qu'il soit donc le bienvenu! son arrivée ici est heureuse »; « et je me rendis vers Moïse, que je saluai : « Sois le bienvenu, me « répondit-il, comme frère et comme prophète », et, lorsque j'eus « passé devant lui, il se mit à pleurer. « Qu'est-ce qui te fait pleurer? « lui demanda-t-on. — O Seigneur, répondit-il, ce jeune homme « a été envoyé aux hommes après moi; et pourtant il y aura plus

« de gens de son peuple que de gens du mien à entrer en paradis. »
« Puis nous montâmes au septième ciel : « Qui est là ? demanda-« t-on. — Gabriel. — Et qui t'accompagne ? — Mahomet. — A-t-il « donc été mandé ? — Oui. — Qu'il soit donc le bienvenu ! son « arrivée ici est heureuse. » Et je me rendis vers Abraham, que je « saluai. « Sois le bienvenu, me répondit-il, comme fils et comme « prophète. » Et alors me fut montrée la « maison fréquentée » ; j'in-« terrogeai sur elle Gabriel, qui me dit : « C'est la maison fréquentée ; « chaque jour, soixante-dix mille anges y font la prière ; et, après « en être sortis, ils n'y reviennent plus ; c'est la dernière fois qu'il « leur est donné d'y entrer. » Et me fut montré le lotus de la limite ; « ses fruits sont comme des cruches de Hadjar, ses feuilles comme « des oreilles d'éléphants ; et à son pied coulent quatre fleuves, deux « au grand jour, et deux à l'intérieur du sol. J'interrogeai Gabriel, « qui me dit : « Les deux qui coulent à l'intérieur du sol ont leur « cours dans le paradis ; et, quant à ceux qui coulent au grand jour, « ce sont le Nil et l'Euphrate. » Ensuite il me fut prescrit cinquante « prières. Je m'en retournai ; mais Moïse, lorsque j'arrivai à lui, « me demanda : « Qu'as-tu fait ? — Il m'a été prescrit, lui dis-je, « cinquante prières. — Je connais mieux que toi les hommes ; je « me suis employé avec la dernière énergie au gouvernement des « Banoû-Israël ; or cette prescription est au-dessus des forces de ton « peuple ; retourne vers ton Seigneur et demande-lui (une dimi-« nution). » Je retournai, et je demandai ; et Dieu me prescrivit « quarante prières. Une deuxième fois, Moïse me tint les mêmes « propos, et les prières furent réduites à trente ; puis une troisième, « et elles furent réduites à vingt ; puis une quatrième, et elles furent « réduites à dix. Je retournai vers Moïse, qui me tint encore les « mêmes propos ; et les prières furent réduites à cinq. Je retournai « vers Moïse : « Qu'as-tu obtenu ? me demanda-t-il. — Dieu a réduit « à cinq prières », répondis-je ; et là-dessus Moïse me tint les mêmes « propos. « J'ai acquiescé (à la prescription) », lui répondis-je. Et « alors on entendit crier : « J'ai prescrit irrévocablement ; j'ai allégé

« la tâche de mes serviteurs; et je considère pour la rétribution « une bonne action comme dix bonnes actions. »

In fine, indication que la mention de la « maison fréquentée », dans ce ḥadîts, est une interpolation, prise à un autre ḥadîts avec un autre *isnâd* [1].

2. *ʿAbdallah(-ben-Masʿoûd)* a dit : « L'Envoyé de Dieu, celui qui a dit et entendu la vérité, a dit : « Le corps de tout homme demeure d'abord quarante jours à s'agglomérer dans le ventre « de sa mère. Puis, pendant un temps d'égale durée, il est caillot de « sang. Puis, pendant quarante autres jours, il devient morceau « de chair. Alors Dieu envoie un ange avec l'ordre d'écrire quatre « mots relatifs à la conduite de l'homme, à sa part de biens, au « terme de sa vie, à sa destinée heureuse ou malheureuse. Puis « l'esprit est insufflé dans cette chair. Aussi bien, continua le Pro- « phète, il arrive que l'homme ait la conduite des élus jusqu'au « moment où l'espace d'une seule coudée le sépare du paradis. « Mais alors la chose écrite intervient, et il se conduit comme un « damné. Il arrive, par contre, que l'homme ait la conduite des « damnés jusqu'au moment où l'espace d'une seule coudée le sépare « de l'enfer. Mais alors la chose écrite intervient, et il se conduit « comme un élu. »

3. D'après *Abou-Horaïra*, le Prophète a dit : « Lorsque Dieu aime un de ses serviteurs, il crie à Gabriel : « Dieu aime un tel; « aime-le aussi », et Gabriel aime cet homme. Puis Gabriel crie aux habitants du ciel : « Dieu aime un tel; aimez-le aussi », et les habitants du ciel aiment cet homme; et, en outre, la conduite de cet élu est rendue agréable aux habitants de la terre. »

4. D'après *ʿAïcha*, l'épouse du Prophète, l'Envoyé de Dieu a dit : « Les anges descendent dans un nuage — عنان synonyme de سحاب, dit un râwi — en s'entretenant des décisions prises au ciel. Alors les diables cherchent en écoutant à ravir ces secrets, et, lors-

[1] Exemple caractéristique de ادراج pouvant illustrer *Taqrîb d'En-Nawawi*, traduit par W. Marçais, p. 71.

qu'ils les ont entendus, ils les dévoilent aux devins. Puis ceux-ci, de leur propre invention, forgent cent mensonges avec les propos surpris. »

5. *Abou-Horaïra* a dit : « l'Envoyé de Dieu a dit : « Lorsque vient « le jour du vendredi, les anges se tiennent à chacune des portes « de la mosquée, et inscrivent les fidèles dans l'ordre où ils arrivent. « Puis, lorsque l'imâm s'assied, ils ferment leurs registres, et « viennent écouter la mention de Dieu. »

6. *Sa'îd-ben-el-Mosayyib* a dit : « 'Omar vint à passer dans la mosquée, tandis que Ḥassân(-ben-Tsâbit) récitait des vers. Ḥassân dit à 'Omar : « Je récitais des vers dans la mosquée en présence « de quelqu'un qui valait mieux que toi. » Puis il se tourna vers Abou-Horaïra, et lui dit : « Au nom de Dieu, je t'adjure de déclarer « si tu as entendu le Prophète me dire : « Réponds pour l'Envoyé « de Dieu. Ô mon Dieu, aide-le (dans cette tâche) du secours de « l'esprit de sainteté ! — C'est vrai », répondit Abou-Horaïra. »

7. *El-Barâ* a dit : « Le Prophète dit à Ḥassân : « Fais contre eux « des poèmes satiriques (أُهْجُهم ou هاجِهم), et que Gabriel soit avec « toi[1]. »

8. *Anas-ben-Mâlik* a dit : « Il me semble voir encore la poussière s'élevant dans la rue des Benou-Ghanm. »

Un râwi fait cette amplification : « C'était le cortège de l'ange Gabriel. »

9. D'après *'Aïcha*, El-Ḥârits-ben-Hichâm demanda au Prophète : « Comment te vient la Révélation ? — C'est toujours l'ange qui vient vers moi, répondit le Prophète ; à certains moments, elle vient semblable au tintement d'une cloche ; puis, lorsqu'elle cesse, j'ai saisi ce que m'a dit le messager ; c'est la forme la plus pénible pour moi. Parfois l'ange se montre à moi sous une forme humaine. Il me parle, et je retiens ce qu'il me dit. »

10. *Abou-Horaïra* a dit : « J'entendis le Prophète dire : « A qui-

[1] Comp. Goldziher, *Abhandlungen zur arabischen Philologie*, I, 4.

«conque aura dépensé dans la voie de Dieu une paire de quelque «chose, les gardiens des portes du paradis crieront : «Eh! un tel! «viens donc par ici!» Abou-Bakr dit alors : «Ceux-là, il n'y a pas «pour eux d'inconvénient[1]. — J'espère pour toi, reprit le Pro-«phète, que tu seras du nombre de ces élus.»

11. D'après *ʿAïcha*, le Prophète lui dit : «Ô ʿAïcha! voici Gabriel qui te salue. — Et, répondit-elle, que sur lui soient le salut, la miséricorde et les bénédictions divines; toi tu vois ce que moi je ne vois pas», et par là elle entendait parler du Prophète.

12. *Ibn-ʿAbbâs* a dit : «L'Envoyé de Dieu dit à Gabriel : «Que «ne viens-tu nous rendre visite plus que tu ne le fais?» et c'est alors que fut révélé : «Nous ne descendons que par l'ordre de ton «Seigneur : à lui appartient ce qui est devant nous et ce qui est «derrière nous, etc.» (sourate XIX, verset 65).

13. D'après *Ibn-ʿAbbâs*, l'Envoyé de Dieu a dit : «Gabriel me fit réciter le Coran d'une seule façon; mais je ne cessai de lui en demander davantage; et il en arriva à me le faire réciter de sept façons différentes.»

14. *Ibn-ʿAbbâs* a dit : «L'Envoyé de Dieu était le plus généreux des hommes; et sa générosité se manifestait avec le plus d'éclat en Ramaḍân, lorsqu'il se rencontrait avec Gabriel. Gabriel venait à lui chaque nuit de Ramaḍân, et lui enseignait le Coran. Certes l'Envoyé de Dieu, lorsqu'il se rencontrait avec Gabriel, était plus abondant en bien que le vent envoyé par Dieu.»

In fine, indication d'une *confirmation* par un *isnâd* différent : Fâṭima et Abou-Horaïra ont raconté du Prophète que Gabriel lui faisait réciter le Coran[2].

15. D'après *Ibn-Chihâb*, ʿOmar-ben-ʿAbd-el-ʿAzîz ayant retardé quelque peu la prière de l'ʿaṣr, ʿOrwa lui dit : «Certes, Gabriel est descendu du ciel, et a fait la prière devant l'Envoyé de Dieu. —

[1] «A entrer par n'importe laquelle des portes du Paradis». Telle est l'explication des commentateurs.

[2] يُعَارِضُهُ. Cf., sur le procédé d'enseignement appelé عَرْض, *Taqrîb d'En-Nawawi*, p. 105.

Sache bien ce que tu dis, ô ʿOrwa, lui répondit ʿOmar. — J'ai entendu, reprit ʿOrwa, raconter à Bachîr-ben-Abou-Masʿoûd qu'il avait entendu son père Abou-Masʿoûd dire : «J'ai entendu l'Envoyé «de Dieu dire : «Gabriel descendit, et se mit devant moi pour diriger «la prière; je priai avec lui; puis encore; puis encore; puis encore; «puis encore; et il compta sur ses doigts cinq prières.»

16. *Abou-Dzarr* a dit : «Le Prophète a dit : «Gabriel m'a dit : «Quiconque de ton peuple mourra sans avoir donné à Dieu d'as- «socié entrera en paradis — ou n'entrera pas en enfer.»

Abou-Dzarr ajoute : «Même ceux qui auront commis l'adultère ou volé? lui demandai-je. — Même ceux-là», me répondit-il

17. *Abou-Horaïra* a dit : «Le Prophète a dit : «Les anges des- «cendent à tour de rôle, les uns la nuit, les autres le jour; mais «tous se rassemblent à la prière de l'aube et à celle de l'ʿaṣr. Puis «ceux qui ont passé la nuit parmi vous remontent vers le Seigneur, «et il leur demande, quoiqu'il en soit le mieux informé : «Com- «ment avez-vous laissé mes serviteurs?» Et ils lui répondent : «Nous «les avons quittés en prière, et, en venant vers eux, nous les avions «trouvés en prière.»

CHAPITRE VII. — Lorsque l'un de vous dira *Amen* au moment même où les anges dans le ciel diront *Amen*, tous ses péchés antérieurs lui seront pardonnés.

1. *ʿAïcha* a dit : «J'avais bourré pour le Prophète un coussin, orné de dessins, semblable à une *nomroqa*[1]. Or, étant survenu, il s'arrêta entre les deux portes, et son visage s'altéra. «Qu'avons-nous «donc fait, Envoyé de Dieu? lui demandai-je. — Que signifie ce «coussin? me répondit-il. — C'est un coussin que je t'ai préparé «pour que tu t'étendes dessus, lui dis-je. — Ne sais-tu donc pas, «reprit-il, que les anges n'entrent pas dans une maison qui con- «tient une représentation figurée. Ne sais-tu pas qu'au jour du

[1] Sorte de petit coussin, et même essentiellement coussin qu'on met sur la selle du chameau.

«Jugement les auteurs de représentations figurées seront châtiés? «Dieu leur dira : «Donnez donc la vie à ce que vous avez «créé!»

2. *Abou-Ṭalḥa* a dit : «J'ai entendu dire à l'Envoyé de Dieu : «Les anges n'entrent pas dans une maison qui contient un chien «ou une représentation figurée.»

3. *Bosr-ben-Sa'id* a raconté qu'en compagnie d'Obaïd-Allah-el-Khaoulâni, le pupille de Maïmoûna, épouse du Prophète, il entendit dire à Zaïd-ben-Khâlid-el-Djohani : «Abou-Ṭalḥa a raconté que le Prophète dit : «Les anges n'entrent point dans la maison «qui contient une représentation figurée.»

Bosr ajoute : «Zaïd-ben-Khâlid étant tombé malade, nous l'allâmes visiter; et voilà que nous vîmes dans sa maison un rideau orné de dessins. «Ne nous a-t-il pas rapporté, dis-je à 'Obaïd-Allah, «un ḥadîts au sujet des représentations figurées? — Oui, certes, «me répondit 'Obaïd-Allah; mais il a dit : «à l'exception des traits «qui décorent les étoffes d'habillement»; ne l'as-tu pas entendu? «— Non, répondis-je. — Il l'a pourtant bien dit», repartit 'Obaïd-Allah.»

4. *'Abdallah-ben-'Omar* a dit : «Gabriel avait promis au Prophète de descendre vers lui; puis il lui dit : «Nous autres anges, nous «n'entrons pas dans la maison qui contient une représentation «figurée ou un chien.»

5. D'après *Abou-Horaïra*, l'Envoyé de Dieu a dit : «Lorsque l'imâm a dit : «Dieu entende ceux qui le louent!» dites, vous : «Ô Seigneur! à toi la louange!» car celui qui prononce ces mots au moment où les anges aussi les prononcent se verra pardonner toutes ses fautes passées.»

6. D'après *Abou-Horaïra*, le Prophète a dit : «Chacun de vous est en prière tout le temps que la prière le retient; et aussi longtemps qu'il n'a pas quitté le lieu de sa prière, ou que quelque impureté accidentelle ne l'a pas souillé, les anges répètent : «Ô mon Dieu! pardonne-lui, et fais-lui miséricorde.»

7. *A'la-ben-Omaïya* a dit : « J'ai entendu le Prophète réciter en chaire : « Et ils crient : *Ô Mâlik!* (sourate XLIII, verset 77). »

Sofyân (un des râwi) dit : « Et dans la récitation d' 'Abdallah (-ben-Mas'oûd), c'est : « Et ils crient : *Ô Mâli*[1]! »

8. *'Aïcha*, épouse du Prophète, a raconté qu'elle lui dit : « Y eut-il jamais pour toi journée plus pénible que celle de la bataille d'Oḥod. — Certes, répondit-il, j'ai eu bien à souffrir de tes compatriotes, mais ce qui me fut le plus pénible de leur part, ce fut l'affaire d'el-'Aqaba, lorsque, à l'exposé de mes demandes, Ibn-'Abd-Yâlîl-ben-'Abd-Kolâl répondit par un complet refus. Je m'en retournai ne sachant trop où diriger mes pas, et ne recouvrai mes esprits qu'arrivé à Qarn-et-Tsa'âlib; et alors, levant la tête, voilà que je vis un nuage qui me couvrait de son ombre, et, l'ayant considéré, voilà que dedans j'aperçus Gabriel; et il m'appela et me dit : « Dieu a bien entendu les propos de tes compatriotes, et les « réponses qu'ils t'ont faites; et il a envoyé vers toi l'ange des mon- « tagnes pour que tu lui donnes, au sujet de ces infidèles, tel ordre « qu'il te plaira. » Et l'ange des montagnes, m'ayant appelé, me salua, me répéta ce qu'avait dit Gabriel et ajouta : « Que veux-tu? « désires-tu que je fasse se replier sur eux les deux *rocailleuses*[2]? « — Non, répondis-je, car des flancs de ces impies, j'espère que « Dieu fera sortir des fidèles qui l'adoreront seul, sans lui donner « d'associés. »

9. *Abou-Isḥaq-ech-Chaïbâni* a dit : « J'interrogeai Zirr-ben-Ḥobaïch au sujet de ces mots du Coran : « Et il fut à la distance « de deux branches d'arc, ou plus près, et il révéla au serviteur de « Dieu ce qu'il lui révéla » (sourate LXII, versets 9-10). Il me répondit : « Ibn Mas'oûd a raconté que l'Envoyé de Dieu vit Gabriel, « et que l'ange avait six cents ailes. »

10. *'Abdallah(-ben-Mas'oûd)* a dit : « Il a vu le plus considérable

(1) Abréviation du mot *Mâlik*, nom du gardien de l'Enfer.

(2) الأخشبان, nom sous lequel on désigne à la fois les deux montagnes qui dominent la Mecque, à savoir les monts Abou-Qobaïs et El-Aḥmar.

des signes de son Seigneur» (sourate LIII, verset 18) signifie que l'Envoyé de Dieu vit une draperie verte qui masquait l'horizon du ciel.»

11. *'Aïcha* a dit : «Celui qui prétend que Mahomet a vu son Seigneur dit une énormité; mais il a vu Gabriel sous son aspect et sa forme propres; et il bouchait l'intervalle de l'horizon.»

12. *Masroûq* a dit : «Je demandai à 'Aïcha : «A quoi font «allusion ces mots du Coran : «Puis il s'approcha, et se laissa des-«cendre; et il fut à la distance de deux branches d'arc ou plus près?» Elle répondit : «C'est de Gabriel qu'il est question; il venait «vers le Prophète sous une forme humaine; mais, cette fois-là, il «lui vint sous sa forme propre, et masqua tout l'horizon.»

13. *Samora* a dit : «Le Prophète a dit : «J'ai vu, la nuit, deux «hommes venir vers moi; ils m'ont dit : «Celui qui entretient le «feu, c'est Mâlik, le gardien de l'Enfer; moi, je suis Gabriel; et «celui-ci, c'est Michel.»

14. *Abou-Horaïra* a dit : «L'Envoyé de Dieu a dit : «Lorsque «l'homme invite sa femme à venir au lit, et qu'ayant essuyé un «refus il passe la nuit irrité, les anges jusqu'au matin ne cessent «de maudire la femme.»

In fine, indication d'une *confirmation*.

15. *Djâbir-ben-'Abdallah* a dit : «Le Prophète a dit : «Puis la Ré-«vélation cessa de me venir pendant un certain temps; et, pendant «que je marchais, j'entendis une voix venant du ciel; je levai mon «regard vers le ciel; et voilà que j'aperçus l'ange qui était venu «vers moi à Ḥirâ; il était assis sur un trône, entre le ciel et «la terre; et je fus si effrayé à cette vue, que j'en tombai à terre. «Revenu auprès des miens, je leur dis : «Enveloppez-moi, enve-«loppez-moi»; et c'est alors que Dieu révéla : «Ô toi qui t'enve-loppes...» jusqu'à ces mots «et l'abomination, fuis-la» (sourate LXXIV, verset 1-5).»

Abou-Salama (un des râwi) a dit : l'«abomination» (الرُّجْز) signifie «les idoles».

16. *Ibn-ʿAbbâs*, le cousin du Prophète, a raconté : «Le Prophète a dit : «La nuit où l'on me fit faire le voyage, je vis Moïse : c'était «un homme brun, de haute taille, crépu; on aurait dit d'un Chanouïte; je vis Jésus; c'était un homme de taille et de complexion «moyennes, d'une couleur entre le rouge et le blanc, et aux cheveux «lisses; et je vis aussi Mâlik, le gardien de l'Enfer, et l'Antéchrist.»

«Voilà, ajoute Ibn-ʿAbbâs, ce que Dieu fit voir à son envoyé, parmi bien d'autres signes encore; n'ayez donc aucun doute au sujet de la rencontre du Prophète avec Moïse.»

Anas et Abou-Bakr ont dit, d'après le Prophète : «Les anges garderont Médine contre l'Antéchrist.»

CHAPITRE VIII. — De ce qui a été rapporté relativement à l'aspect du paradis; que le paradis est chose dès maintenant créée. — *Abou-'l-ʿÂliya a dit :* مُطَهَّرَة (sourate II, verset 23) *signifie «affranchies de l'impureté des menstrues, de l'urine, de la salivation»*; — كُلَّمَا رُزِقُوا (id.) *signifie «lorsqu'on leur donnera une chose, puis une autre».* — قالوا هذا الذى رُزِقنا من قَبْلُ وأُتوا به متشابها (id.) *«ils diront : C'est bien là ce qui nous a été donné jadis, alors qu'on ne leur aura donné qu'une chose ressemblante»*; متشابها *désigne des choses d'apparence uniforme, mais de goût différent.* — قُطوفها دانية (sourate LXIX, verset 23) *signifie «qu'on pourra cueillir à son gré»*; دانية *y est synonyme de* قريبة *«toute proche».* — ارائك (sourate XXXVI, verset 56) *signifie «lits d'apparat»* سُرُر. — *El-Ḥasan a dit : «Le mot* نضرة (sourate LXXVI, verset 11) *désigne «l'éclat du visage»; et le mot* سرور (id.) *«la joie du cœur».* — *El-Modjâhid a dit :* سلسبيل (sourate LXXVI, verset 18) *signifie «courant impétueusement»*; غَوْلٌ (sourate XXXVII, verset 46) *signifie «douleur de ventre»*; et ولا... يُنْزَفون (id.) *«ils garderont leur raison».* — *Ibn-ʿAbbâs a expliqué* دِهاقا (sourate LXXVIII, verset 34) *par* ممتلئا *«remplir»*; et كواعب (sourate LXXVIII, verset 33) *par* نواهد *«aux seins arrondis».* — الرحيق (sour. LXXXIII, vers. 25) *veut dire «le vin»; et quant au* تسنيم (id., vers. 27), *c'est un liquide qui couronne*[1] *la boisson des élus.* — ختامه مِسك (sour. LXXXII,

[1] يعلو; il s'agit d'expliquer le mot énigmatique de تسنيم, qui signifie proprement «action de remplir un vase jusqu'aux bords».

verset 26) «*dont le cachet (d'ordinaire fait d'argile) sera de musc*[1]». — نضّاختان (sourate LV, verset 66) «*deux sources bouillonnantes*», *synonyme de* فيّاضتان. — موضونة (sourate LVI, verset 15), *signifierait «tressées»* منسوجة; *à la même racine se rattache le nom de* وضين *qui désigne la «sangle tressée de la chamelle»*. — كوب «*coupe*» (sourate LVI, verset 16) *est un pot sans oreilles et sans anses; tandis que le mot* ابريق (*du même verset*) *désigne des pots munis d'oreilles et d'anses*. — عُرُبًا (*avec une voyelle de la* 2ᵉ *radicale*) [sourate LVI, verset 36], *est le pluriel de* عروب «*aimable*», *suivant le même paradigme que* صُبُر, *plur. de* صبور; *les Mecquois emploient dans cette acception le mot* عَرِبَة, *les Médinois le mot* غَنِجَة, *et les gens de l'ʿIrâq* شَكِلَة. — *Modjâhid a dit :* رَوح (sourate LVI, verset 88) *désigne «un paradis où la vie sera facile»*; ريحان (id.) *est «subsistance abondante»*. — طلح منضود (sourate LVI, verset 28) *désigne le «bananier», et* سدر مخضود (sourate LVI, verset 27) *veut dire, suivant les uns, «lotus chargés de fruits», suivant les autres, «sans épines»*; — عُرُب (sourate LVI, verset 36) *signifie «des femmes qui s'efforcent d'être aimées de leurs époux»*. — *On donne encore les interprétations suivantes :* مسكوب (sourate LVI, verset 30) *signifie «eau courante», et* فرش مرفوعة (sourate LVI, verset 33) «*des tapis s'élevant les uns au-dessus des autres*»; — لغو (sourate LVI, verset 24) *signifie «de vains propos», et* تاثيم (id.) «*des mensonges*»; — أفنان (sourate LV, verset 48) *signifie «des branches»*; — وجَنَى الجنّتين دانٍ (sourate LV, verset 54) *signifie «et les fruits à cueillir (dans les deux jardins) seront tout proches* (جَنَى = ما يُجْتَنَى); — مدهامّتان (sourate LVI, verset 64), *signifie «d'une verdure noire due à l'abondance de l'irrigation»*.

1. *ʿAbdallah-ben-ʿOmar* a dit : «L'Envoyé de Dieu a dit : «Lorsque «l'un de vous est mort, sa place dans la vie future est offerte à sa «vue, matin et soir : s'il est du nombre des élus, sa place au para-«dis; s'il est du nombre des damnés, sa place en enfer.»

2. D'après *ʿImrân-ben-Ḥoṣaïn*, le Prophète a dit : «J'ai pu considérer le paradis, et voir que la majeure partie de ses habitants, ce sont les pauvres; j'ai pu considérer l'enfer, et voir que la majeure partie de ses habitants, ce sont les femmes.»

[1] Comp. JACOB, *Altarabisches Beduinenleben*, 101, 250.

3. *Abou-Horaïra* a dit : « Nous étions avec l'Envoyé de Dieu lorsqu'il nous dit : « Pendant mon sommeil, je me suis vu en pa- « radis; une femme faisant ses ablutions, auprès d'un château, s'est « offerte à mes yeux. J'ai demandé à qui était ce château; et l'on « m'a répondu : « A 'Omar-ben-el-Khaṭṭâb ». Et alors, me souvenant « de la jalousie d''Omar, j'ai tourné le dos, et suis revenu sur mes « pas. » A ces mots, 'Omar se mit à pleurer, et dit : « Est-ce que de « toi, Envoyé de Dieu, je suis jaloux? »

4. D'après *'Abdallâh-ben-Qaïs*, le Prophète a dit : « Le « pavil- « lon » est formé d'une perle creuse, haute de trente milles, dans le ciel; et le croyant a, dans chacun des coins de son pavillon, des femmes à lui que nul autre ne voit. »

In fine, indication d'un autre *isnâd* avec la variante « haute de soixante milles. »

5. *Abou-Horaïra* a dit : « L'Envoyé de Dieu a dit : « Dieu a dit : « J'ai préparé à mes serviteurs vertueux ce qu'œil n'a vu, oreille n'a « entendu, esprit humain imaginé. »

« Récitez-donc, si vous le voulez, ajouta Abou-Horaïra : « Aucune « âme ne sait quelles délices lui sont réservées » (sourate XXXII, verset 17). »

6. *Abou-Horaïra* a dit : « L'Envoyé de Dieu a dit : « La première « troupe qui entrera en paradis aura l'éclat de la lune, la nuit où « elle est pleine; ils ne connaîtront pas en paradis les sécrétions buc- « cales et nasales, ne rendront pas d'excréments; leurs vases à boire « seront d'or; et leurs peignes, d'or et d'argent; l'aloès brûlera dans « leurs cassolettes; et leur sueur sera de musc; chacun d'eux possé- « dera deux épouses, si belles qu'à travers la chair de leurs jambes « on apercevra la moëlle de leurs os. Les élus vivront sans connaître « entre eux ni discorde, ni haine; leurs cœurs seront comme un seul « cœur; et ils loueront Dieu matin et soir. »

7. D'après *Abou-Horaïra*, l'Envoyé de Dieu a dit : « La première troupe qui entrera au paradis aura l'éclat de la lune, la nuit où elle est pleine; et ceux qui les suivront brilleront comme la plus lumi-

neuse des étoiles. Leurs cœurs seront comme un seul cœur; ils ne connaîtront entre eux ni discorde, ni haine. Chaque homme parmi eux possédera deux épouses, si belles qu'à travers la chair de leurs jambes on apercevra la moëlle de leurs os. Ils loueront Dieu matin et soir; ne connaîtront ni maladie, ni sécrétions buccales et nasales. Leurs vases à boire seront d'or et d'argent; leurs peignes seront d'or; et l'aloès brûlera dans leurs cassolettes. »

Abou'l-Yamân (un des râwi) ajoute : « الأَلُوَّة c'est-à-dire العُود « l'aloès »; et « leur sueur aura l'odeur du musc ». — Modjâhid a ajouté : « Le mot إِبكار « matin » désigne le « point du jour »; et le mot عشيّ « soir » le moment où le soleil décline et où vous voyez qu'il va disparaître[1]. »

8. D'après *Sahl-ben-Sa'd*, le Prophète a dit : « De mon peuple, entreront en paradis soixante-dix mille (ou sept cent mille) élus, dont le premier ne franchira pas le seuil sans que le dernier aussi le franchisse; et leurs visages auront l'aspect de la lune la nuit où elle est pleine. »

9. *Anas* a dit : « On fit cadeau au Prophète d'une robe de brocart; or il avait interdit l'usage de la soie; et, comme les musulmans admiraient la robe, il dit : « Certes les mouchoirs de Sa'd-« ben-Mo'âdz en paradis sont plus beaux que cet habit. »

10. *El-Barâ-ben-'Âzib* a dit : « On apporta à l'Envoyé de Dieu un habit de soie; comme les musulmans commençaient à s'émerveiller de sa beauté et de sa souplesse, l'Envoyé de Dieu leur dit : « Certes les mouchoirs de Sa'd-ben-Mo'âdz en paradis sont plus « beaux que cet habit. »

11. *Sahl-ben-Sa'd-es-Sâ'idi* a dit : « L'Envoyé de Dieu a dit : « La « place occupée par un fouet en paradis vaut mieux que ce bas « monde et tout ce qu'il renferme. »

12. *Anas-ben-Mâlik* a raconté : « Le Prophète a dit : « Il y a dans

[1] Dans une autre leçon, « le moment où le soleil décline jusqu'à l'instant, je crois, où il disparaît ».

« le paradis un arbre; un cavalier marcherait cent ans sans sortir « de son ombre. »

13. D'après *Abou-Horaïra*, le Prophète a dit : « Il y a dans le paradis un arbre à l'ombre duquel un cavalier pourrait cheminer cent années; récitez donc si vous voulez : « Et des ombrages largement étendus. . . » (sourate LVI, verset 29); certes l'espace en paradis qu'occuperait une branche de l'un de vos arcs vaut mieux que tout ce sur quoi le soleil se lève ou se couche. »

14. D'après *Abou-Horaira*, le Prophète a dit : « La première troupe qui entrera en paradis aura l'aspect de la lune la nuit où elle est pleine; et ceux qui entreront à leur suite auront la splendeur de la plus belle des brillantes étoiles du ciel; leurs cœurs seront comme un seul cœur; ils ne connaîtront entre eux ni haine ni envie; chacun d'eux possédera comme épouses deux houris aux yeux de gazelles, si belles qu'à travers la chair de leurs jambes, à travers leurs os, on apercevra la moelle de ces os. »

15. *El-Barâ-ben-ʿAzib* a dit : « Lorsque mourut Ibrâhîm, le Prophète dit : « Certes il trouvera une nourrice dans le Paradis. »

16. D'après *Abou-Saʿîd-el-Khodri*, le Prophète a dit : « Les gens du Paradis peuvent apercevoir les habitants des pavillons qui sont au-dessus d'eux, comme l'étoile brillante qui continue de luire aux horizons de l'orient et de l'occident, tant est grande la distance qui les en sépare. — Ce sont les demeures des prophètes, Envoyé de Dieu, lui dit-on, et nul autre qu'eux n'y peut parvenir. — Si vraiment[1], répondit-il, des hommes qui ont cru en Dieu et ajouté foi à la parole de ses Envoyés. »

CHAPITRE IX. — De l'aspect des portes du Paradis. — *Le Prophète a dit : « A celui qui aura dépensé une paire de quelque chose . . . on criera de la porte du paradis. . . »; il y a des hadîts à ce sujet rapportés du Prophète par ʿObâda-ben-eṣ-Ṣâmit.*

1. D'après *Sahl-ben-Saʿd*, le Prophète a dit : « Il y a au Paradis

[1] بَلَى pour بَلْ d'après les commentateurs; بل figure, au reste, dans une variante.

huit portes; et parmi elles il y en a une nommée er-Rayyân, par laquelle ceux qui ont jeûné entreront seuls.»

CHAPITRE X. — Aspect de l'Enfer; qu'il est déjà créé. — غَسَّاق (sourate LXXVIII, verset 25); *le verbe* غسق *s'emploie en parlant d'un œil, d'une blessure qui «suppurent»; mais il paraîtrait que* غَسَّاق *et* غَسَق *(obscurité froide) ont le même sens.* — غِسْلِين (sourate LXIX, verset 36); *c'est ce qui coule d'une chose qu'on a lavée (forme* فعلين *de la racine* غسل*); aussi d'une blessure, de l'écorchure d'une bête de somme.* — *ʿIqrima a dit :* حَصَبُ (sourate XXI, verset 98) *veut dire «bois à brûler»; c'est un mot éthiopien.» D'autres ont dit :* حاصب (sourate XVII, verset 70; sourate XXIX, verset 39, etc.) *veut dire «vent violent»;* حاصب *est aussi «ce que jette le vent»; et c'est par là qu'il faut expliquer le* حصب جهنم *de la sourate XXI, verset 98; c'est ce qui est jeté dans la géhenne : les damnés seront «le* حصب *du feu»; on dit encore* حصب *dans le sens de* ذهب *«aller»,* حصب في الارض *«il s'en est allé par la terre»; le mot* حَصَب *est dérivé de* حصباء *«petits cailloux».* — صديد (sourate XIV, verset 19) *désigne du sang mêlé de pus.* — خَبَت (sourate XVII, verset 99) *signifie* طفئت *«elle s'est éteinte».* — تُورُون (sourate LVI, verset 70) *est synonyme de* تستخرجون *«vous faites sortir»;* أُورِى *est employé pour* اوقد *«allumer».* — لِلْمُقْوِين (sourate LVI, verset 72) *signifie «pour les voyageurs»* للمسافرين; قِيّ *étant synonyme de* قفْر *«désert».* — صراط الجحيم (sourate LVI, verset 23) *est, d'après Ibn ʿAbbâs, «l'exact milieu, le centre de la géhenne».* — لَشَوْبًا من حميم (sourate LVI, verset 65) *«un brouet d'eau bouillante», c'est-à-dire que leur nourriture sera délayée et battue dans de l'eau bouillante.* — زفير وشهيق (sourate XI, verset 108) *désignent l'un «un cri fort», l'autre «un cri faible».* — وِرْدًا (sourate XIX, verset 89) *signifie «altérés»* عِطَاشًا. — غَيّ (sourate XIX, verset 60) *«perte»* (خسران)*. — Modjâhid a dit :* يُسْجَرون (sourate XL, verset 73) *«ils seront allumés», c'est-à-dire que le brasier sera entretenu avec leurs corps.* — نُحاس (sourate LV, verset 35) *est du cuivre jaune* (صُفْر) *qui sera versé sur la tête des damnés. — On dit encore :* ذوقوا (sourate XXII, verset 22) *«goûtez» a le sens de «ressentez et éprouvez»; il n'est pas question de «goûter avec la bouche».* — من مارج من النار (sourate LV, verset 14) *signifie «de feu entièrement pur»; on dit* مَرَجَ الامير رعيّته *«le prince a laissé ses sujets se nuire réciproquement».* —

مَرِجٍ (sourate L, verset 5) *signifie «inextricable»* (مُلْتَبِس); *on dit* مرج امر الناس *«l'affaire des gens s'est embrouillée»; — par contre* مَرَجَ البَحْرَيْن *«il a lâché les deux mers» comme l'on dit* مَرَجْتَ دابتك *«tu as lâché ta bête de somme».*

1. *Abou-Dzarr* a dit : «Le Prophète étant en voyage dit [au muezzin] : «Attends la fraîcheur»; puis il lui dit une seconde fois : «Attends la fraîcheur», [et cela dura] jusqu'à ce que l'ombre s'al-«longea, — c'est-à-dire «au pied des collines». — Alors le Prophète dit : «Attendez la fraîcheur pour faire la prière, car la chaleur «excessive est une émanation de la géhenne.»

2. *Abou-Sa'îd-el-Khodri* a dit : «Attendez la fraîcheur pour faire la prière; car la chaleur excessive est une émanation de la géhenne.»

3. *Abou-Horaïra* a dit : «L'Envoyé de Dieu a dit : «L'Enfer s'étant «plaint au Seigneur en disant : «Seigneur, je me dévore moi-même», «le Seigneur lui a permis de respirer deux fois : une en hiver, «l'autre en été; c'est à l'un de ces moments que vous éprouvez la plus «grande chaleur, et à l'autre que vous éprouvez le plus grand froid.»

4. *Abou-Djamra-eḍ-Ḍoba'i* a dit : «Je tenais compagnie à Ibn-'Abbâs à la Mecque; me voyant pris par la fièvre, il me dit : «Calme «l'ardeur de ce mal avec de l'eau de Zemzem, car le Prophète a dit : «La fièvre provient d'une émanation de l'Enfer; calmez-en l'ardeur «avec de l'eau — ou avec de l'eau de Zemzem — (Hammâm, un «des râwi, a des doutes sur ce point).»

5. *Râfi'-ben-Khadîdj* a dit : «J'ai entendu le Prophète dire : «La «fièvre est un effet du bouillonnement de l'enfer; calmez-en donc «l'ardeur, lorsqu'elle vous dévore, avec de l'eau.»

6. D'après *'Aïcha*, le Prophète a dit : «La fièvre provient d'une émanation de l'Enfer; calmez-en l'ardeur avec de l'eau.»

7. D'après *Ibn-'Omar*, le Prophète a dit : «La fièvre provient d'une émanation de la géhenne; calmez-en l'ardeur avec de l'eau.»

8. D'après *Abou-Horaïra*, l'Envoyé de Dieu a dit : «Votre feu (terrestre) n'est que la soixante-dixième partie du feu de l'Enfer.»

— On lui dit alors : « Envoyé de Dieu, ce feu terrestre eut pourtant « certes été bien suffisant! » — Il repartit : « Le feu de l'Enfer a de plus que le feu terrestre, soixante-neuf parties, dont chacune a l'ardeur du feu terrestre. »

9. *Ya'-lâ-ben-Omayya* a raconté qu'il entendit le Prophète réciter en chaire : « Et ils ont crié : « Ô Mâlik ! »

10. On dit à *Osâma* : « Tu pourrais bien aller chez un tel[1] et lui parler. — Vous vous imaginez sans doute, répondit-il, que ce que je lui dirai, vous l'entendrez! Eh bien, je lui parlerai en secret, de façon à ne pas être le premier à ouvrir une porte [à la sédition]; mais je ne dirai pas à un homme, du fait qu'il est mon chef, qu'il est le meilleur des humains, après avoir entendu de l'Envoyé de Dieu ce que j'en ai entendu! — Qu'est-ce donc, lui demanda-t-on? — Je lui ai entendu dire, reprit-il, qu'au jour du jugement on amènera un homme; on le jettera au feu de l'Enfer, et, tandis que ses entrailles s'écouleront de son ventre au brasier, il tournera comme l'âne à la meule; alors les damnés, rassemblés autour de lui, l'interrogeront : « O toi, que t'arrive-t-il donc? n'est-il « pas vrai que tu ordonnais les choses louables, et que tu défen- « dais les choses blâmables? » — Et il répondra « : Oui, je vous or- « donnais les choses louables, mais sans les faire moi-même; oui, je « vous défendais les choses blâmables, mais en les faisant moi-même. »

In fine, indication d'un autre *isnâd*.

CHAPITRE XI. — Portrait de Satan et de ses troupes. — *Modjâhid a dit :* يُقْذَفُونَ (sourate xxxvii, verset 8) *est synonyme de* يُرْمَوْنَ « *ils seront rejetés* »; — دُحُورًا (sourate xxxvii, verset 9) *est synonyme de* مَطْرُودِين « *étant chassés* »; — وَاصِبٌ (id.) *est synonyme de* دائم « *durable* ». — *Ibn-'Abbâs a dit :* مَدْحُورًا (sourate vii, verset 17) *est synonyme de* مَطْرُودا « *chassé* »; — *on dit d'autre part que* مَرِيد (sourate iv, verset 117) *est synonyme de* مُتَمَرِّد « *rebelle* », *que* بتّك *dans* فَلَيُبَتِّكُنَّ (sourate iv, verset 118) *est synonyme de* قطّع « *couper* »; واستفزز (sourate xvii, verset 66) *est synonyme de* استخِفّ

[1] Le calife 'Otsmân, suivant les commentateurs.

« cherche à ébranler »; بخيلك (id.) *signifie « avec tes cavaliers »* (فُرسَان), *tandis que dans le même verset* رَجْل *est synonyme de* رجّالة *« fantassins », nom d'unité,* رَاجِل; *de même que* صَحْب *et* تَجْر *sont des collectifs de* صاحِب *« ami » et* تاجِر *« commerçant »*; — لأحتنكَنّ (sourate XVII, verset 64) *est synonyme de* لاستأصلنّ *« j'aurais extirpé »*; — قَرِين *« compagnon inséparable »* (sourate XLIII, verset 35) *signifie « diable*[1] *»*.

1. *ʿAïcha* a dit[2] : « Le Prophète ayant été ensorcelé fut en proie à de telles hallucinations qu'il s'imaginait faire ce qu'il ne faisait nullement[3]. Un certain jour, après avoir imploré et imploré encore, il me dit : « Sais-tu que Dieu m'exauçant m'a fait connaître « le moyen de ma guérison? Deux hommes sont venus vers moi; le « premier s'est assis à ma tête, et le second à mes pieds; puis l'un « des deux dit à l'autre : « De quoi donc souffre cet homme? — Il « est ensorcelé. — Qui l'a ensorcelé? — C'est Lobaïd-ben-el-Aʿṣam. « — Et par quoi? — Avec un peigne, de la bourre de laine, et une « gaine de spathe de palmier mâle. — Et où cela se trouve-t-il? « — Dans le puits de Dzarwân. » Le Prophète s'en alla au puits; puis, à son retour, il dit à ʿAïcha : « Les palmiers qui se trouvent là-bas ressemblent à des têtes de diables. »

ʿAïcha ajoute : « Je lui demandai s'il avait tiré du puits [les maléfices qu'il contenait]. — Non, me répondit-il; quant à moi, « Dieu m'a guéri, et, par ailleurs, j'ai craint que de les ramener au « jour, n'engendrât du mal pour les autres hommes. » — Dans la suite, le puits fut comblé. »

2. D'après *Abou-Horaïra*, l'Envoyé de Dieu a dit : « Lorsque l'un de vous dort, le diable lui fait trois nœuds sur la nuque, et frappe en les faisant la place de chacun d'eux, en disant : « Qu'une « nuit longue soit sur toi! allons dors! » Quand le fidèle se réveil-

[1] Cf. Goldziher, *Abhandlungen zur arabischen Philologie*, I, p. 5.

[2] Dans l'*isnâd*, il y a un exemple de transmission du ḥadîts « par écrit ». On y lit : قال الليث كتب الى هشام انه سمعه ووعاه عن ابيه عن عائشة

[3] Façon euphémistique de désigner l'acte sexuel.

lera et qu'il mentionnera Dieu, un des nœuds s'en ira; s'il fait ses ablutions, un autre nœud se détachera; s'il prie, tous les nœuds se déferont; et, le matin, il se trouvera tout dispos, l'âme calme; sinon il aura, le matin, l'esprit maussade et abattu. »

3. *ʿAbdallah*(-ben-Masʿoûd) a dit : « On parlait devant le Prophète d'un homme qui avait dormi toute la nuit, jusqu'au matin. Le Prophète dit alors : « Cet homme-là, le diable lui a uriné dans « les oreilles — ou dans l'oreille. »

4. D'après *Ibn-ʿAbbâs*, le Prophète a dit : « Si chacun de vous lorsqu'il a commerce avec sa femme, disait : « Au nom de Dieu! ô « mon Dieu! éloigne de nous le diable et éloigne-le de ce dont nous « serons gratifiés », et que Dieu leur accordât un enfant (de cette copulation), le diable ne pourrait nuire à cet enfant. »

5. *Ibn-ʿOmar* a dit : « L'Envoyé de Dieu a dit : « Lorsque le « sommet du disque du soleil apparaît, ne faites pas la prière jus- « qu'à ce que l'astre soit entièrement monté; lorsque le sommet « du disque disparaît, ne faites pas la prière jusqu'à ce que l'astre « soit complètement disparu. Ne choisissez pas pour faire votre « prière l'instant précis où apparaît le soleil, ni celui où il dispa- « raît : car le soleil monte au ciel entre les deux cornes d'un démon « — ou du démon, un des râwi ne sait pas au juste[1]. »

6. *Abou-Horaïra* a dit : « Le Prophète a dit : « Si, pendant que « vous priez, quelque être veut passer devant vous, empêchez-le; « s'il s'obstine, empêchez-le encore; et si le passant refuse (d'obéir), « employez même la violence; car ce passant n'est qu'un démon. »

7. *Abou-Horaïra* a dit : « Le Prophète avait confié à ma garde le produit de l'aumône du Ramaḍân. Un individu vint qui se mit à prendre à poignée des denrées (que je surveillais). Je le surpris et lui dis : « Je vais t'emmener à l'Envoyé de Dieu. . . », et Abou-Horaïra continua le récit du ḥadîts bien connu, puis ajouta : « L'homme me dit : « Lorsque tu gagneras ton lit, récite le verset du Trône,

[1] Cf. Goldziher, *Abhandlungen zur arabischen Philologie*, I, 113 et suiv.

« et jusqu'au matin tu auras sans cesse auprès de toi un gardien « envoyé par Dieu, et aucun démon ne t'approchera. » — L'Envoyé de Dieu (entendant mon récit) dit : « Il t'a dit la vérité, tout im-« posteur qu'il est; car c'est un démon. »

8. *Abou-Horaïra* a dit : « L'Envoyé de Dieu a dit : « Le Diable vient « vers l'un de vous, le questionne : « Qui a créé telle chose? Qui a « créé telle autre? » et il en arrive à demander : « Qui a créé ton « Seigneur? » Lorsqu'il en arrive à cette question, que le croyant « cherche un refuge auprès de Dieu, et cesse d'en écouter davantage! »

9. *Abou-Horaïra* a dit : « L'Envoyé de Dieu a dit : « Quand le « Ramadân commence, les portes du Ciel s'ouvrent, les portes de « l'Enfer se ferment, et les démons sont enchaînés. »

10. *Obaïy-ben-Ka'b* a raconté qu'il entendit dire à l'Envoyé de Dieu : « Moïse dit à son serviteur : « Apporte-nous notre déjeûner! « — Ne sais-tu pas, lui répondit son serviteur, que lorsque nous « sommes arrêtés auprès du rocher, j'ai oublié le poisson; et « ce n'est que le diable qui me l'a fait oublier. » Et Moïse n'éprouva pas de fatigue avant d'avoir dépassé l'endroit que Dieu leur avait assigné. »

11. *'Abdallah-ben-'Omar* a dit : « J'ai vu l'Envoyé de Dieu montrer l'Orient en disant : « Voyez, c'est là, c'est là qu'est la sédition, « là où monte au ciel la corne du diable. »

12. D'après *Djâbir*, le Prophète a dit : « Lorsque la nuit s'obscurcit — ou lorsque l'obscurité de la nuit est venue, — retenez vos jeunes enfants, car c'est l'heure où les démons se répandent. Puis lorsque quelque temps de la nuit est passé, vous pouvez relâcher vos enfants; ferme ta porte, ô croyant! en mentionnant le nom de Dieu; éteins ta lampe en mentionnant le nom de Dieu; serre la bouche de ton outre en mentionnant le nom de Dieu; et couvre ton vase en mentionnant le nom de Dieu, ou, tout au moins, pose sur son ouverture quelque chose en travers.

13. *Ṣafîya, fille de Ḥoyaïy*, a dit : « Je rendis visite une nuit au Prophète, pendant qu'il était en retraite spirituelle dans la mosquée.

Après m'être entretenue avec lui, je me levai pour me retirer; le Prophète se leva également pour me reconduire — Ṣafîya habitait dans la maison d'Osâma-ben-Zaïd. — Deux hommes des Anṣâr vinrent à passer, qui, apercevant le Prophète, pressèrent le pas. Le Prophète leur dit alors : «Ne vous hâtez pas! C'est Ṣafîya-«bent-Ḥoyaïy. — Ô Envoyé de Dieu! s'écrièrent-ils, à Dieu ne «plaise [que nous ayons aucune mauvaise pensée]! — Certes, dit «le Prophète, le diable s'infiltre chez l'homme comme s'y infiltre «le sang; et j'ai craint qu'il ne jetât dans vos cœurs quelque mau-«vaise pensée — ou quelque chose.»

14. *Solaïman-ben-Ṣord* a dit : «J'étais assis avec le Prophète, lorsque nous entendîmes deux hommes s'invectiver; l'un d'eux avait le visage tout rouge, les veines du cou gonflées. Le Prophète dit : «Certes, je sais moi une parole qui, prononcée par lui, dissiperait «le trouble qu'il éprouve; il n'aurait qu'à dire : «Je me réfugie «auprès de Dieu contre Satan», il dissiperait le trouble qu'il éprouve.» On dit alors à l'homme : «Le Prophète a dit que tu devais prononcer : «Je me réfugie auprès de Dieu contre Satan.» — Suis-je suis donc possédé des djinns [pour le prononcer]?» répliqua l'homme.»

15. *Ibn-ʿAbbâs* a dit : «Le Prophète a dit : «Si l'un de vous, «lorsqu'il a des rapports avec sa femme, disait : «O mon Dieu! «écarte de moi le diable, et écarte-le de ce dont tu nous gratifies», «et qu'un enfant vînt à naître de ces rapports, le diable ne nuirait «jamais à cet enfant, n'aurait sur lui aucun pouvoir.»

In fine, indication d'un autre *isnâd*.

16. D'après *Abou-Horaïra*, une fois le Prophète, après avoir accompli une prière, dit : «Le diable s'est présenté à moi, a fait tous ses efforts pour m'interrompre dans ma prière; mais Dieu l'a mis en mon pouvoir...», et il mentionna la suite du ḥadîts[1].

17. *Abou-Horaïra* a dit : «Le Prophète a dit : «Lorsqu'on appelle

[1] Cf. *zupra*, I, p. 167, 168.

« à la prière, le diable tourne le dos en lâchant des pets; puis, « l'appel terminé, il revient; mais s'en retourne encore quand le « second appel se fait entendre. Lorsqu'il est achevé, il s'avance à « nouveau pour jeter le trouble dans l'âme du fidèle, en disant : « Souviens-toi de telle et telle chose »; en sorte que celui-ci ne sait « plus s'il a accompli trois ou bien quatre rak'a de sa prière; que « le fidèle fasse alors les deux prosternations de la distraction[1]. »

18. *Abou-Horaïra* a dit : « Le Prophète a dit : « Le Diable frappe « de son doigt dans les flancs tous les fils d'Adam, au moment où « ils naissent; il n'y a eu d'exception que pour Jésus, fils de Marie; « le diable vint pour le frapper, mais ne frappa que le placenta. »

19. *'Alqama* a dit : « J'arrivai en Syrie; on me répondit : « Il y « a Abou-d-Dardâ[2] ». Il [vint] et me dit : « Avez-vous parmi vous[3] « celui que Dieu, par la bouche de son Prophète, a préservé des « embûches du démon ? »

Avec un autre *isnâd* : « En disant celui que Dieu, par la bouche de son Prophète, a préservé des embûches du démon, il voulait parler de 'Ammâr. »

20. D'après *'Aïcha*, le Prophète a dit : « Les anges s'entretiennent dans les nuées — العنان synonyme de الغمام — de ce qui doit être exécuté sur terre; les diables entendent leur conversation et vont la verser dans l'oreille du magicien, comme l'on verse dans une fiole; et, en outre, ils y ajoutent cent mensonges. »

21. D'après *Abou-Horaïra*, le Prophète a dit : « Le bâillement vient du Diable; lorsque l'un de vous a envie de bâiller, qu'il y résiste donc de toutes ses forces; car quand l'homme dit « ha[4] ! » il fait rire le diable. »

22. *'Aïcha* a dit : « Au jour d'Ohod, les polythéistes étaient en déroute, lorsque Iblîs se mit à crier : « Ô serviteurs de Dieu ! à vos

[1] Cf. *supra*, Chapitre I, pages 397 et 398.

[2] Dans une autre rédaction, 'Alqama aurait demandé : « Qui est ici ? » من هٰهنا

[3] C'est-à-dire « dans l' 'Irâq où toi 'Alqama tu résides » ('Alqama était fixé à Koufa).

[4] En bâillant.

« lignes d'arrière! » alors les lignes d'avant se retournèrent vers celles d'arrière, et une mêlée s'engagea entre les deux. Ḥodzaïfa aperçut tout à coup au milieu son père, El-Yamân : « Serviteurs de « Dieu! c'est mon père, mon père! » mais il ne put empêcher qu'on tuât le vieillard. Alors il dit : « Que Dieu vous le pardonne! »

'Orwa a dit : « Ḥodzaïfa ne cessa pas, jusqu'à sa mort, de conserver de bons sentiments[1] pour les auteurs du meurtre. »

23. *'Aïcha* a dit : « Comme j'interrogeais le Prophète au sujet de celui qui se retourne pendant la prière, il me répondit : « C'est « un larcin fait par Satan sur la prière du fidèle. »

24. D'après *Abou-Qatâda* (avec deux *isnâd* différents), le Prophète a dit : « Le songe pieux vient de Dieu; mais le rêve (حُلْم) vient du diable; aussi bien, lorsque l'un de vous sera en proie à quelque rêve effrayant, qu'il crache à sa gauche et cherche auprès de Dieu un refuge contre l'horreur de sa vision; et, de la sorte, elle ne lui causera pas de mal. »

25. D'après *Abou-Horaïra*, l'Envoyé de Dieu a dit : « Quiconque répète cent fois en un jour : « Il n'y a de Dieu que Dieu seul; il « n'a pas d'associé; à lui l'empire et à lui la louange, car il a pou- « voir sur toute chose », obtient une récompense équivalente à celle attribuée à l'affranchissement de dix esclaves; on lui inscrit à son compte cent bonnes actions, et on en efface cent mauvaises. Enfin ces paroles sont pour lui une défense contre le diable, jusqu'à la fin de la journée. Et personne n'a fait chose plus méritoire que ce croyant, hormis celui qui a dit plus encore que cette invocation. »

26. *Sa'd-ben-Abou-Waqqâṣ* a dit : « 'Omar demanda un jour la permission d'entrer au Prophète, alors que ce dernier avait auprès de lui des femmes qoraïchites qui, avec des éclats de voix, l'entretenaient d'une augmentation de leurs parts dans les dons. Lorsque 'Omar demanda la permission d'entrer, elles se levèrent et s'em-

[1] بقيّة خير; suivant certains commentateurs, « un reste de tristesse » (خير par euphémisme pour حزن); en fait, il serait peut-être meilleur de lire حيْر « abattement », quoique aucun commentateur ne l'indique.

pressèrent de se dérober aux regards. ʿOmar, ayant reçu la permission d'entrer, trouva l'Envoyé de Dieu qui riait, et lui dit : «Que «Dieu fasse épanouir le rire sur tes dents, Envoyé de Dieu!» Le Prophète lui répondit : «C'est que j'ai été amusé de voir ces «femmes, qui étaient avec moi, s'empresser au son de ta voix de «se dérober aux regards. — Et pourtant toi, Envoyé de Dieu, ré«pondit ʿOmar, tu es plus digne [que moi] de leur en imposer»; et (s'adressant aux femmes) il ajouta : «Ennemies de vos âmes, «vous vous en laissez imposer par moi, et non par l'Envoyé de «Dieu! — Oui, répondirent-elles, toi tu es plus roide et plus rude «que l'Envoyé de Dieu! — Par Celui qui me tient dans sa main, «dit alors le Prophète, le diable ne t'a jamais rencontré sur une «route sans prendre aussitôt une autre route que la tienne.»

27. D'après *Abou-Horaïra*, le Prophète a dit : «Lorsque, j'imagine, l'un de vous s'éveillera de son sommeil et fera l'ablution, qu'il aspire et rejette trois fois de l'eau par les narines; car le diable passe la nuit sur le cartilage supérieur du nez.»

CHAPITRE XII. — De ce qui est relatif aux djinns; qu'ils sont récompensés et punis *à cause de ces mots du Coran : «Ô troupe des djinns et des hommes! n'avez-vous pas vu venir à vous des Envoyés choisis parmi vous qui vous communiquaient nos signes...» jusqu'à ces mots : «...de ce qu'ils font»* (sourate VI, verset 130-132). — بخسا (sourate LXXII, verset 13) *est synonyme de* نقصا *«diminution». — Modjâhid a dit : «Ils ont institué entre Dieu et les djinns une parenté»* (sourate XXXVII, verset 158), *c'est-à-dire : «Les infidèles de Qoraïch prétendaient que les anges étaient les filles de Dieu, et avaient pour mères les filles des princes des djinns.» — Les djinns savent bien qu'on les fera comparaître»* (id.), *c'est-à-dire : «qu'on les fera comparaître pour la reddition des comptes»; — «une troupe qu'on fait comparaître»* (sourate XXXVII, verset 75); *c'est-à-dire : «qu'on fera comparaître pour la reddition des comptes».*

1. *ʿAbdallâh-ben-ʿAbd-er-Raḥman-ben-Abou-Ṣaʿṣaʿa* rapporte que Abou-Saʿîd-el-Khodri lui dit un jour : «Je vois que tu aimes la vie pastorale et le désert. Quand tu seras au milieu de tes troupeaux ou dans le désert, et que tu feras l'appel à la prière, élève la voix

en le prononçant, car, aussi loin que porte la voix de celui qui appelle à la prière, quiconque l'entendra, génie, homme ou objet, ne manquera pas de venir témoigner en sa faveur au jour de la Résurrection. »

Abou-Saʿîd ajouta : « Voilà ce que j'ai entendu de la bouche du Prophète. »

CHAPITRE XIII. — *De cette parole de Dieu : « Et lorsque nous avons dirigé vers toi une troupe de djinns » jusqu'à ces mots : « ceux-là sont dans une erreur éclatante »* (sourate XLVI, verset 28-31); صَرَفْنَا *y est synonyme de* وَجَّهْنَا *« nous avons dirigé »; tandis que* مَصْرِفًا (sourate XVIII, verset 51) *est synonyme de* مَعْدِلًا *« détour ».*

CHAPITRE XIV. — *De cette parole du Coran : « Et il a disséminé sur la terre des bêtes de toute espèce. » — Ibn-ʿAbbâs a dit : « Le tsoʿbân* (ثُعبان, sourate VII, verset 104) *est le serpent mâle. » — On dit que les serpents sont de plusieurs espèces : il y a les serpents blancs* [1], *les vipères, les serpents noirs. — « . . . Que Dieu ne tienne par le toupet de sa chevelure »* (sourate XI, verset 59), *c'est-à-dire « en son pouvoir et sous son autorité ». — On dit encore :* صافّات (sourate LXVII, verset 19) *signifie : « (les oiseaux) qui étendent leurs ailes »;* يقبِضْن (id.) *« et qui les ramènent pour frapper l'air ».*

1. D'après *Ibn-ʿOmar :* qu'il entendit le Prophète prêchant en chaire dire aux fidèles : « Tuez les serpents; tuez celui qui a deux raies et celui qui n'a pas de queue; car ces deux-là font perdre la vue et avorter la femme enceinte. »

« Or, dit ʿAbdallah-ben-ʿOmar, tandis que je poursuivais un serpent pour le tuer, Abou-Lobâba me cria : « Ne le tue pas! — « L'Envoyé de Dieu, lui répondis-je, a ordonné de tuer les serpents. « — Oui, mais dans la suite, me repartit Abou-Lobâba, il a défendu « de tuer les serpents des maisons, — ce sont, dit un râwi, les « familiers [2]. »

(1) الجان cf. WELLHAUSEN, *Reste*, p. 152-153.

(2) العوامر comp. WELLHAUSEN, *id.*, p. 151, n. 3; SCHWALLY, ap. *Orient. Studien Th. Nöldeke*, I, 424 *in princ.*; *essikin* ap. GOLDZIHER, *Abhandl. z. arab. Philol.* I, p. 198, n. 2.

In fine, indication, avec deux isnâd différents de deux variantes : «Alors Abou-Lobâba *ou* Zaïd-ben-el-Khaṭṭâb m'ayant aperçu. . . »; «alors Abou-Lobâba *et* Zaïd-ben-el-Khaṭṭâb m'ayant aperçu. . . ».

CHAPITRE XV. — La meilleure fortune pour le musulman, c'est la possession d'un troupeau de moutons qu'il mène paître sur les cimes des montagnes.

1. *Abou-Sa'îd-el-Khodri* a dit : «L'Envoyé de Dieu a dit : «Il est «proche le temps où la meilleure fortune pour l'homme sera la possession d'un troupeau de moutons, qu'il mène paître sur les cimes «des montagnes, dans les lieux arrosés par la pluie; il fuira ainsi «avec sa religion loin des troubles.»

2. D'après *Abou-Horaïra*, l'Envoyé de Dieu a dit : «La tête de l'infidélité se trouve vers l'Orient; l'orgueil, la présomption se rencontrent chez les possesseurs de chevaux et de chameaux, à la voix rude, qui habitent les tentes de poil; la paix existe chez les possesseurs de moutons.»

3. *'Oqba-ben-'Amr-Abou-Mas'oûd* a dit : «Le Prophète, montrant de la main la direction du Yémen, dit : «La foi appartient au «Yémen, qui est là-bas! Mais la dureté, la grossièreté des cœurs «se trouvent chez les gens à la voix rude qui se tiennent toujours «derrière leurs chameaux, qui habitent là où montent au ciel les «cornes du diable, dans Rabî'a et dans Moḍar.»

4. D'après *Abou-Horaïra*, le Prophète a dit: «Lorsque vous entendez le chant du coq, demandez une grâce à Dieu; car le coq a vu un ange; mais lorsque vous entendez le cri de l'âne, réfugiez-vous auprès de Dieu contre le diable; car l'âne a vu un démon[1].»

5. *Djâbir-ben-'Abdallah* a dit : «Lorsque vient l'obscurité de la nuit — ou lorsque le soir arrive — retenez vos jeunes enfants: car c'est alors que le diable se met à rôder; puis, lorsque quelque temps de la nuit est passé, vous pouvez relâcher vos enfants.

[1] Cf. Wellhausen, *Reste*, p. 151.

Fermez vos portes, en mentionnant le nom de Dieu : le diable n'ouvre pas une porte fermée. »

In fine indication d'un autre isnâd pour un récit analogue avec une variante (sans les mots : «en mentionnant le nom de Dieu»).

6. D'après *Abou-Horaïra*, l'Envoyé de Dieu a dit : «Un groupe des Banoû-Israël a disparu, sans que l'on sache ce qu'il est devenu; pour moi, j'estime qu'ils ne sauraient être autre chose que les souris; lorsqu'on met à sa portée du lait de chamelle, la souris n'y touche pas, tandis qu'elle boit fort bien du lait de brebis.»

«Je rapportai ce ḥadîts, dit Abou-Horaïra, à Ka'b(-el-Aḥbâr); il me dit : «C'est toi qui as entendu le Prophète le dire? — Oui, «répondis-je. — Plusieurs fois, reprit-il? — Est-ce que je lis la «Taoûrâ, moi?» lui repartis-je.»

7. D'après *'Aïcha*, le Prophète désigna le lézard gecko sous le nom de «petit malfaisant»; «mais je ne l'ai pas entendu donner l'ordre de tuer cet animal. Cependant Sa'd-ben-Abou-Waqqâṣ a prétendu que le Prophète avait ordonné de le tuer.»

8. *Omm-Choraïk* a rapporté que le Prophète lui avait ordonné de tuer les lézards gecko.

9. *'Aïcha* a dit : «Le Prophète a dit : «Tuez le reptile qui a deux «raies, car il affaiblit la vue, et cause l'avortement.»

In fine, indication d'une *confirmation*.

10. *'Aïcha* a dit : «Le Prophète nous ordonna de tuer le reptile sans queue, car il fait disparaître la vue et cause l'avortement.»

11. D'après *Ibn-Abou-Molaïka* : «Ibn-'Omar avait l'habitude de tuer les serpents; puis il cessa de le faire, et dit : «Un jour, le «Prophète, en démolissant un mur de sa demeure, trouva une peau «de serpent : «Cherchez où est l'animal», dit-il, et lorsqu'on l'eut «aperçu, le Prophète dit : «Tuez-le». Et c'est pour cela, ajouta «Ibn-'Omar, que moi aussi je tuais les serpents. Mais, depuis, Abou-«Lobâba m'ayant rencontré m'a rapporté du Prophète le propos

«suivant : «Ne tuez pas les petits serpents, sauf ceux à deux raies «et sans queue; car ceux-là amènent l'avortement et font perdre «la vue; tuez-les donc.»

12. D'après *Ibn-ʿOmar :* qu'il tuait les serpents, mais Abou-obâba lui ayant appris l'interdiction de tuer les petits reptiles des habitations prononcée par le Prophète, il s'abstint dans la suite de les tuer.

CHAPITRE XVI. — Lorsqu'une mouche tombe dans votre boisson, plongez-y-la; car une de ses ailes est principe de maladie, et l'autre principe de guérison. Il y a cinq animaux tous nuisibles que peut tuer celui qui est en état d'iḥrâm.

1. D'après *ʿAïcha,* le Prophète a dit : «Il y a cinq animaux tous nuisibles que peut tuer celui qui est en état d'iḥrâm : la souris, le scorpion, l'épervier, le corbeau et le chien hargneux.»

2. D'après *ʿAbdallah-ben-ʿOmar,* l'Envoyé de Dieu a dit : «Il y a cinq animaux que celui qui est en iḥrâm peut tuer sans commettre de faute : le scorpion, la souris, le chien hargneux, le corbeau et l'épervier.»

3. *Djâbir-ben-ʿAbdallah* a rapporté comme *remontant* au Prophète : «Couvrez les vases, l'ouverture des outres, fermez les portes, et faites rentrer vos enfants quand vient la nuit : car les Djinns se répandent alors partout pour ravir; éteignez les lampes au moment d'aller dormir, car il se pourrait parfois que la petite malfaisante[1] vînt en tirer la mèche et brûler les maîtres du logis.»

Dans une variante avec un autre isnâd : «car le diable» au lieu de «les Djinns».

4. *ʿAbdallah(-ben-Masʿoûd)* a dit : «Pendant que nous étions avec l'Envoyé de Dieu dans une grotte, il eut la révélation de la sourate *El-Morsalât* (LXXVII). Nous la recueillions de sa bouche, lorsqu'un serpent sortit d'un trou. Nous nous précipitâmes à l'envi pour le tuer, mais plus rapide que nous, il nous échappa et

[1] C'est-à-dire la souris; comp. Wellhausen, *Reste*, p. 158, n. 4.

rentra dans son trou. Alors l'Envoyé de Dieu nous dit : «Il a été «préservé du mal que vous vouliez lui faire, comme vous avez été «préservés de celui qu'il voulait vous faire.»

Indication d'un autre isnâd, avec ce *supplément :* «nous la recueillions *toute fraîche* de sa bouche»; *confirmation* de cette variante.

In fine, indication d'un autre isnâd.

5. D'après *Ibn-ʿOmar*, l'Envoyé de Dieu a dit : «Une femme est entrée en enfer à cause d'une chatte qu'elle avait attachée sans lui donner à manger, et sans la laisser se nourrir des bestioles de la terre.»

Indication d'un nouvel isnâd.

6. D'après *Abou-Horaïra*, l'Envoyé de Dieu a dit : «Un prophète ayant campé sous un arbre fut piqué par une fourmi. Il fit aussitôt retirer son bagage de dessous l'arbre, puis donna l'ordre de mettre le feu à la demeure des fourmis. Dieu lui révéla alors : «Pourquoi «n'as-tu pas brûlé qu'une seule fourmi?»

CHAPITRE XVII. — Lorsqu'une mouche tombe dans votre boisson, plongez-y-la; car une de ses ailes est principe de maladie, et l'autre principe de guérison.

1. *Abou-Horaïra* a dit : «Le Prophète a dit : «Lorsqu'une «mouche tombe dans votre boisson, plongez-y-la; puis retirez-l'en; «car une de ses ailes est principe de maladie, et l'autre principe de «guérison.»

2. D'après *Abou-Horaïra*, l'Envoyé de Dieu a dit : «Il a été pardonné à une prostituée dans les circonstances suivantes : passant auprès d'un chien qui, tout haletant à la bouche d'un puits, était quasi mort de soif, elle se déchaussa, attacha son soulier avec son voile, et avec puisa de l'eau pour le chien; pour cela il lui fut pardonné.»

3. D'après *Abou-Ṭalḥa*, le Prophète a dit : «Les anges n'entrent pas dans une maison où se trouve un chien ou une image.»

4. D'après *'Abdallâh-ben-'Omar*, l'Envoyé de Dieu ordonna de tuer les chiens.

5. *Abou-Horaïra* a raconté : « L'Envoyé de Dieu a dit : « Tout « chien, à moins qu'il ne soit chien de laboureur ou chien de berger, « fait diminuer quotidiennement d'un qîrâṭ les mérites de celui qui « le possède. »

6. *Sofyân-ben-Abou-Zohaïr-ech-Channi* a dit qu'il entendit dire à l'Envoyé de Dieu : « Quiconque possède un chien dans un autre but que la garde de ses champs ou de ses troupeaux[1] a ses mérites journellement diminués d'un qîrâṭ. »

Es-Sâïb (un des râwi) dit à Sofyân : « C'est toi qui as entendu cette parole de l'Envoyé de Dieu ? — Oui, par le maître de cette *qibla* », lui répondit Sofyân.

[1] Mot à mot : « semence ou mamelle » avec l'allitération bien connue زرعا ولا ضرعا.

AU NOM DE DIEU, LE CLÉMENT, LE MISÉRICORDIEUX.

TITRE LX.

DES PROPHÈTES [1].

CHAPITRE PREMIER. — DE LA CRÉATION D'ADAM ET DE SA POSTÉRITÉ. *Le mot* صلصال (sourate LV, verset 13) *signifie «de l'argile mélangée à du sable» et qui est sonore* (صلصل) *comme l'est la poterie (quand on la frappe). — On lit aussi* مُنْتِن *(au lieu de* طين *«argile»). —* صلصل *est synonyme de* صلّ, *de même que l'on emploie l'expression* صرّ الباب *ou* صرصر *pour signifier que la porte grince quand on la ferme et que l'on fait usage de* كبكب *au lieu de* كبّ [2]. *— Les mots* فمرّت به (sourate VII, verset 189) *signifient qu'elle* [3] *parcourut les étapes de la grossesse jusqu'à la délivrance. — L'expression* أن لا تسجد (sourate VII, verset 11) *équivaut à* أن تسجد. *— De ces mots du Coran : «(Souviens-toi) lorsque ton Seigneur dit aux anges : «Certes je vais «placer sur la terre un vicaire»* [4] (sourate II, verset 28). *— Ibn-ʿAbbâs explique les mots* لَمَّا عليها حافظٌ (sourate LXXXVI, verset 4) *par* إلّا عليها حافظٌ. *—* فى كَبَد (sourate XC, verset 4) *signifie (au dire d'Ibn-ʿAbbâs)* فى شدّة خَلْق. *—* وريشًا (sourate VII, verset 25) *veut dire (d'après Ibn-ʿAbbâs) «et la fortune». Suivant une autre opinion, les mots* رياش *et* ريش *sont synonymes et désignent les vêtements extérieurs. —* مَا تُمْنُون (sourate LVI, verset 58)

[1] Ce titre ne figure pas dans toutes les éditions. Dans certaines, on ajoute que les prophètes sont au nombre de 124,000 dont 313 seulement ont été des envoyés de Dieu. Enfin d'autres prennent le titre indiqué au chapitre premier «De la création d'Adam et de sa postérité», parce qu'ils n'en font pas une rubrique.

[2] Tout ce passage n'a d'autre objet que de fournir quelques exemples de racines sourdes qui sont devenues quadrilittères tout en conservant le même sens, par la simple répétition des deux premières lettres radicales.

[3] Il s'agit d'Ève.

[4] Le vicaire dont il est question ici est Adam. Mais on interprète aussi ce passage en disant que Dieu placera successivement sur la terre des êtres qui s'y succéderont. Les génies occupaient la terre avant les enfants d'Adam, autrement dit, les hommes.

s'applique au sperme (qui est éjaculé) dans l'utérus des femmes. — Modjâhid explique les mots انّه على رجعه لَقادرٌ (sourate LXXXVI, verset 8) *par «Dieu a le pouvoir de faire revenir le sperme dans la verge». — Tout ce que Dieu a créé a un* شفع[1] *«un correspondant»; ainsi le ciel est un correspondant (de la terre). La chose impaire* وتر *c'est Dieu. — Ces mots* فى احسن تقويم (sourate XCV, verset 4) *signifient : «avec la plus belle structure». — Les mots* اسفل سافلين الّا من آمن (sourate XCV, versets 5 *et* 6) *veulent dire : «les plus inférieurs des infimes*[2]*, sauf ceux qui auront cru». —* خُسْر (sourate CIII, verset 2) *est synonyme d'«erreur». On a fait ensuite une restriction en disant : «sauf ceux qui ont cru». —* لازِب (sourate XXXVII, verset 11) *est synonyme de* لازِم. — ننشئكم (sour. LVI, vers. 61), *c'est-à-dire : «(Nous vous créerons) sous telle forme que nous voudrons.» —* نسبّح بحمدك (sourate II, verset 28) *signifie : «Nous proclamerons ta perfection». — Abou-el-ʿAliya, à propos de ces mots du Coran :* فتلقّى آدم من ربّه كلمات (sourate II, verset 35), *dit que les paroles dont il s'agit sont :* ربنا ظلمنا انفسنا *et que* فازلّهما (sourate II, verset 34) *est synonyme de* فاستزلّهما. — *Le verbe* يتسنّه (sourate II, verset 261) *a le sens de «être altéré, changé». —* آسِن (sourate XLVII, verset 16) *signifie «altéré». — Le mot* مسنون *dans ces passages :* حمأ مسنون (sourate XV, versets 26, 28 et 33) *a le sens de «altéré», et* حمأ, *plur. de* حمأة, *signifie de l'argile altérée (par un contact avec l'eau : c'est le limon). —* يخصفان (sour. VII, verset 21, et sour. XX, verset 119) *signifie qu'Adam et Ève «pressaient des pièces» formées de feuilles du Paradis, les assemblaient et les ajustaient les unes sur les autres afin de cacher leur nudité.* سوآتهما *est une métonymie pour* فرجهما. — ومتاع الى حين (sourate II, verset 34) *veut dire ici «jusqu'au jour de la Résurrection». Le mot* حين *chez les Arabes se dit du temps, quelle qu'en soit la durée. —* قبيله (sourate VII, verset 26) *équivaut à* جيله *«celui qui était de la même tribu que lui».*

1. D'après *Abou-Horaïra*, le Prophète a dit : «Dieu a créé Adam

[1] Ce mot signifie d'ordinaire «pair», opposé à «impair». Ici il veut plutôt dire une chose qui est en regard d'une autre ou qui a besoin d'elle pour remplir son rôle; tel le ciel par rapport à la terre. On explique encore le mot شفع par le «jour égorgement des victimes» et وتر par le «jour de ʿArafa», au cours des cérémonies du pèlerinage.

[2] Les uns pensent que, par ces mots, on a voulu désigner le fin fond des enfers; d'autres estiment qu'il s'agit tout simplement de la décrépitude provenant de la vieillesse.

avec une taille élevée de soixante coudées, puis il a dit : « Va sa-« luer les anges que voici; écoute la formule dont ils se serviront, car « elle sera la tienne et celle de la postérité. » Adam dit : « Le salut « soit sur vous! — Le salut soit sur toi, répondirent-ils, ainsi que « la miséricorde de Dieu! » Les anges ajoutèrent pour lui ces mots : « ainsi que la miséricorde de Dieu ». Quiconque entrera dans le Paradis y entrera avec la forme qu'avait Adam, bien que jusqu'ici la stature des hommes n'ait cessé d'aller en diminuant. »

2. Selon *Abou-Horaïra*, l'Envoyé de Dieu a dit : « Le premier groupe qui entrera dans le Paradis aura la beauté de la lune, la nuit de sa plénitude; ceux qui y entreront ensuite seront plus brillants que les planètes dans le Ciel. Ils n'urineront pas, ils n'auront pas de défécations, ils ne cracheront pas, ils ne se moucheront pas. Leurs peignes seront en or, leur transpiration sentira le musc; leurs brûle-parfums seront alimentés de *ouloua* ou *alondjoudj*, c'est-à-dire le bois d'aloès. Ils auront des femmes aux yeux noirs (houris). Ils auront tous la même apparence, étant pareils à leur ancêtre Adam, avec soixante coudées de taille. »

3. D'après *Omm-Salama*, Omm-Solaïm a dit : « Ô Envoyé de Dieu! Dieu ne trouve rien d'indécent quand il s'agit de la vérité. La femme qui a eu une pollution nocturne doit-elle pratiquer la lotion? — Oui, répondit le Prophète, lorsqu'elle a vu du sperme. » A ces mots, Omm-Salama se mit à rire et s'écria : « (Comment?) « la femme a des pollutions nocturnes? — Et alors (s'il n'en « était pas ainsi), répliqua l'Envoyé de Dieu, comment l'enfant lui « ressemblerait-il? »

4. On rapporte que *Anas* a dit : « Quand ʿAbdallah-ben-Selâm apprit l'arrivée à Médine de l'Envoyé de Dieu, il alla le trouver et lui dit : « Je vais te poser trois questions qu'un prophète seul sait « résoudre : 1° Quels seront les prodromes de l'Heure (dernière)? « 2° Quel sera le premier mets que les bienheureux mangeront « dans le Paradis? 3° D'où vient que l'enfant ressemble à son père « et tient aussi de ses oncles maternels? — Gabriel, répondit

«l'Envoyé de Dieu, m'a renseigné autrefois sur tout cela.» Alors, ajouta Anas, ʿAbdallah s'écria : «Mais cet ange-là est l'ennemi des «Juifs.» Ensuite l'Envoyé de Dieu s'exprima en ces termes : «Les «prodromes de l'Heure consisteront en un feu qui fera que les «hommes de l'orient à l'occident se grouperont ensemble. Le pre-«mier mets que les bienheureux mangeront dans le Paradis sera une «excroissance de foie de poisson. Pour ce qui est de la ressemblance «de l'enfant, si l'homme qui coïte avec la femme éjacule avant-«elle, l'enfant ressemblera au père; si la femme éjacule la pre-«mière, c'est à elle que l'enfant ressemblera.» Alors ʿAbdallah s'écria : «Je témoigne que tu es l'Envoyé de Dieu»; puis il ajouta : «Ô Envoyé de Dieu! les Juifs sont des êtres menteurs. S'ils ap-«prennent ma conversion à l'islamisme avant que tu ne les aies «interrogés à mon sujet, ils me calomnieront auprès de toi.» Les Juifs étant venus ensuite trouver le Prophète, et ʿAbdallah-ben-Selâm étant entré dans l'appartement de l'Envoyé de Dieu, celui-ci s'exprima en ces termes : «Quel homme est-ce donc que celui des «vôtres qui a nom ʿAbdallah-ben-Selâm ? — C'est, répondirent «les Juifs, le plus savant d'entre nous et le fils de celui d'entre «nous qui était le plus savant; il est aussi le meilleur[1] d'entre «nous et le fils de celui qui était le meilleur d'entre nous. — Eh «bien! reprit l'Envoyé de Dieu, que penseriez-vous si ʿAbdallah-«ben-Selâm embrassait l'islamisme? — Dieu le préserve de «cela!» s'écrièrent-ils. A ce moment, ʿAbdallah, sortant de l'appar-tement, s'avança vers eux et dit : «Je témoigne qu'il n'y a d'autre «divinité que Dieu, je témoigne que Mahomet est l'Envoyé de «Dieu. — (Cet homme,) s'exclamèrent les Juifs, est le plus mauvais «d'entre nous et le fils du plus mauvais d'entre nous.» Puis ils se précipitèrent sur lui.»

5. D'après *Abou-Horaïra*, le Prophète a dit quelque chose comme ceci, c'est-à-dire : «N'étaient les Benoû-Israël, la viande n'aurait

[1] Au lieu de اخير, on lit aussi اخبر, et alors le sens serait : «le *mieux informé* d'entre nous et le fils du *mieux informé* d'entre nous».

jamais eu de mauvaise odeur; n'était Eve, aucune femme n'aurait trompé son mari. »

6. On rapporte les paroles suivantes de *Abou-Horaira* : « L'Envoyé de Dieu a dit : « Soyez bienveillants à l'égard des femmes, car « la femme a été créée d'une côte. Or ce qui est le plus recourbé « dans la côte c'est sa partie supérieure. Si vous essayez de la « redresser, vous la brisez, et si vous la laissez en paix, elle res- « tera toujours recourbée. Soyez donc bienveillants à l'égard des « femmes. »

7. *ʿAbdallah* rapporte que l'Envoyé de Dieu, qui est le véridique qu'on doit croire, a dit : « La création de chacun de vous s'opère dans le ventre de sa mère pendant quarante jours; la matière se transforme en sang coagulé pendant un temps égal; puis, pendant un temps encore égal, elle devient un morceau de chair. Après cela, Dieu lui envoie un ange avec quatre mots. L'ange inscrit les œuvres (du futur être), la date de sa mort, sa fortune; il inscrit s'il doit être méchant ou bon[1], puis il lui insuffle l'âme. Tantôt l'être pratiquera les œuvres des gens de l'Enfer jusqu'à ce qu'il n'en soit plus éloigné que de quelques coudées, mais alors, le livret (de l'ange) prenant le dessus sur lui, il pratiquera les œuvres des gens du Paradis, et il entrera dans le Paradis. Tantôt l'être pratiquera les œuvres des gens du Paradis jusqu'au moment où il ne sera plus éloigné que de quelques coudées du Paradis, mais alors, le livret prenant le dessus sur lui, il pratiquera les œuvres des gens de l'Enfer, et il entrera en Enfer. »

8. D'après *Anas-ben-Mâlik*, le Prophète a dit : « Dieu a confié le soin des utérus à un ange. Cet ange s'écrie : « Seigneur, sera-ce une « goutte (de sperme)? Seigneur, sera-ce du sang coagulé? Seigneur, « sera-ce un morceau de chair? » Lorsque Dieu veut qu'un être soit créé, l'ange dit : « Seigneur, un mâle ou une femelle? Seigneur, sera-t-il méchant ou bon? Quelle sera sa fortune? Quel sera le

[1] Ou, comme dit le texte : « malheureux et heureux (dans l'autre monde) », ce qui n'en est que la conséquence.

«terme de sa vie?» L'ange écrit alors les réponses dans le ventre de la mère.»

9. *Anas* attribue au Prophète ces mots : «Certes (au jour de la Résurrection), Dieu dira à celui des réprouvés qui subira le supplice le plus léger [1] : «Si tu possédais tout ce qui est sur la terre le «donnerais-tu pour te racheter (de l'Enfer)? — Oui, répondra-«t-il. — Pourtant, pendant que tu étais dans les reins d'Adam, je «t'avais demandé quelque chose de plus aisé que cela, (puisque «je demandais) que tu ne m'associes aucune autre divinité. Tu as «refusé toute autre chose que le polythéisme.

10. D'après *'Abdallah*, l'Envoyé de Dieu a dit : «Aucun être humain n'est tué injustement sans que la responsabilité de son sang ne rejaillisse sur le premier fils d'Adam (Caïn), puisque c'est lui qui, le premier, a pratiqué le meurtre.»

CHAPITRE II. — Les âmes sont (comme) des troupes enrégimentées.

1. D'après *'Amra*, 'Aïcha a dit : «J'ai entendu le Prophète prononcer ces mots : «Les âmes sont (comme) des troupes enrégi-«mentées; celles qui ont la même nature s'accordent entre elles; «celles qui diffèrent de nature sont en désaccord entre elles.»

Ce ḥadîts a été rapporté par Yaḥya-ben-Ayyoub d'après Yaḥya-ben-Sa'îd.

CHAPITRE III. — *De ces mots du Coran : «Nous avons envoyé Noé vers son peuple»* (sourate XXIX, verset 13). — *Ibn-'Abbâs explique ces mots :* بادى الراى (sourate XI, verset 29) *par «sans reflexion» (à première vue); il explique* اقلعى (sourate XI, verset 46) *par «retiens»;* وفار التنّور (sourate XI, verset 42, et sourate XXIII, verset 27) *par «l'eau y bouillonna». Quant au mot* تنّور *d'après 'Ikrima, il signifie «la surface de la terre». Suivant Modjâhid,* الجودىّ (sourate XI, verset 46) *est une montagne de la Mésopotamie. Le mot* دأب (sourate XL, verset 32) *est un synonyme de* حال

[1] Ce serait, dit-on, Abou-Ṭâleb.

«état, situation». Le mot نبا (sourate x, verset 72) *signifie «histoire»;* ان كان كبر عليكم *«si cela vous est pénible»;* مقامى *«mon séjour»;* تذكيرى بايات الله *«le rappel que je vous fais des signes de Dieu»* (sourate x, verset 73); المسلمين *a le sens de «soumis, obéissants».*

CHAPITRE III BIS [1]. — *De ces mots du Coran : «Nous avons envoyé Noé vers son peuple; avertis ton peuple (lui dîmes-nous), avant qu'un châtiment douloureux ne l'atteigne»* (sourate LXXI, verset 1).

1. *Ibn-ʿOmar* a dit : «L'Envoyé de Dieu se leva au milieu des fidèles; il loua Dieu autant qu'il en est digne, puis il parla de l'Antéchrist en ces termes : «Certes je vous signale le danger de «la venue de l'Antéchrist. Aucun prophète n'a omis de la signaler «à son peuple et Noé l'a fait également à l'égard du sien. Mais, moi, «je vais vous dire à son sujet une chose qu'aucun prophète n'a an-«noncée à son peuple. Sachez donc que l'Antéchrist est borgne et «que Dieu, lui, n'est pas borgne.»

2. *Abou-Salama* a entendu de Abou-Horaïra ces mots : «L'Envoyé de Dieu a dit : «Ne vous ai-je pas annoncé au sujet de l'An-«téchrist un fait qu'aucun prophète n'avait signalé à son peuple? «Il est borgne et il apportera avec lui une image représentant le «Paradis et une autre représentant l'Enfer. Et celle qu'il vous dira «être le Paradis sera l'Enfer. Je vous signale ce danger comme Noé «l'avait signalé à son peuple.»

3. D'après *Abou-Saʿîd,* l'Envoyé de Dieu a dit : «(Au jour de la Résurrection) Noé et son peuple comparaîtront. «As-tu rempli «ta mission, demandera Dieu à Noé? — Oui, Seigneur, répon-«dra celui-ci.» S'adressant alors au peuple de Noé, Dieu lui dira : «Vous a-t-il fait parvenir (ma révélation)? — Non, répondront «ces gens, aucun prophète n'est venu vers nous. — Qui donc va «témoigner en ta faveur? dira Dieu à Noé. — Mahomet et son «peuple témoigneront en ma faveur, répliquera Noé.» Alors nous témoignerons qu'il a rempli sa mission.»

[1] L'édition de Krehl donne cette rubrique à la suite de celle du chapitre III, tandis que Qastallâni en fait l'objet d'un chapitre spécial.

IMPRIMERIE NATIONALE.

C'est à cela que fait allusion ce passage du Coran : « C'est ainsi que nous avons fait de vous une nation équitable afin que vous serviez de témoins contre les gens..... » (sourate II, verset 137). Le mot وسطا, dans ce verset, a le sens de « équitable ».

4. Selon *Abou-Zer'a*, Abou-Horaïra a dit : « Nous étions invités à un repas avec le Prophète. On lui offrit l'épaule qui était son morceau de prédilection. Il mordit dedans et dit : « Je serai le « maître du peuple au jour de la Résurrection. Savez-vous comment « Dieu réunira les premiers et les derniers sur un seul tertre en « sorte que l'on pourra tous les voir et entendre leurs appels? Comme « le soleil s'approchera d'eux, certains diront aux autres : « Ne voyez-« vous pas dans quelle situation nous nous trouvons et à quoi nous « en sommes réduits? Voyez-vous à qui vous adresser pour qu'il in-« tercède en votre faveur auprès du Seigneur? — Adressez-« vous, diront certains d'entre eux, à votre père Adam. »

« Ils se rendront alors auprès d'Adam et diront : « Ô Adam, tu « es le père du genre humain; Dieu t'a créé de sa main; il a insufflé « en toi son esprit; il a ordonné aux anges de se prosterner devant « toi; il t'a fait habiter le Paradis; n'intercéderas-tu pas auprès du « Seigneur en notre faveur? Ne vois-tu pas dans quelle situation « nous nous trouvons et à quoi nous en sommes réduits? — Le Sei-« gneur, répondra-t-il, est enflammé d'une colère telle qu'il n'en a « jamais eue de pareille auparavant et qu'il n'en aura jamais de sem-« blable plus tard. Il m'avait interdit l'arbre et je lui ai désobéi. « C'est moi qui aurais besoin d'intercession. Allez trouver un autre « que moi, adressez-vous à Noé. »

« Ils se rendront alors auprès de Noé et lui diront : « Ô Noé, tu as été « le premier des Envoyés vers les peuples de la terre; Dieu en par-« lant de toi (dans le Coran) t'a nommé « un adorateur reconnais-« sant »; tu vois dans quelle situation nous nous trouvons et à quoi « nous en sommes réduits, n'intercéderas-tu pas auprès du Seigneur « en notre faveur? — Dieu, répondra Noé, est enflammé aujour-« d'hui d'une colère telle qu'il n'en a jamais eue de pareille aupara-

«vant et qu'il n'en aura jamais de semblable plus tard; c'est moi, «moi qui aurais besoin d'intercession. Allez trouver le Prophète, «que Dieu répande sur lui ses bénédictions et lui accorde le sa-«lut!» Alors il viendront vers moi. Je m'agenouillerai sous le trône de Dieu et une voix dira : «Ô Mohammed, lève la tête; intercède, «tu seras exaucé; demande et tu obtiendras.»

«Et ajoute le *râwi*, Mohammed-ben-ʿObaïd, je n'ai pas retenu le reste de ce ḥadits dans ma mémoire.»

5. On rapporte d'après *ʿAbdallah* le ḥadits suivant : «L'Envoyé de Dieu récita ces mots : فَهَلْ مِنْ مُدَّكِرٍ, en les prononçant suivant la prononciation courante[1].»

CHAPITRE IV. — *De ces mots du Coran : «Et certes Ilyâs fut du nombre des Envoyés. – Souvenez-vous lorsqu'il dit à son peuple : «Ne craignez-vous donc «rien? – Invoquerez-vous Baal, abandonnant ainsi le meilleur des créateurs, «Dieu, votre Seigneur, le Seigneur de vos pères, de vos ancêtres?» – Comme ils l'ont traité d'imposteur, on les fera comparaître (pour les châtier), et seuls, les adorateurs de Dieu échapperont au châtiment. – Nous lui avons laissé (un glorieux renom) parmi les (peuples) modernes.* (C'est Ibn-ʿAbbâs qui ajoute ces mots : «glorieux renom»). – *Salut sur la famille de Yâsîn. – C'est ainsi que nous récompensons ceux qui font le bien. – Certes il fut un de nos adorateurs croyants»* (sourate XXXVII, versets 123, 124, 125, 126, 127, 128, 129, 130 et 131).

On rapporte d'après Ibn-Masʿoud et Ibn-ʿAbbâs que Ilyâs serait le même personnage que Idrîs.

CHAPITRE V. — MENTION D'IDRÎS, QUE SUR LUI SOIT LE SALUT! – *Il était le bisaïeul de Noé ou, suivant d'autres, le grand-père de Noé*[2]. – *De ces mots du Coran : «Et nous l'avons élevé à une situation éminente»* (sourate XIX, verset 58).

1. *Anas* rapporte que Abou-Dzarr raconte que l'Envoyé de Dieu a dit : «Pendant que j'étais à La Mecque, le plafond de mon appar-

[1] C'est-à-dire en n'adoptant pas la lecture qu'exigerait l'étymologie : مُذْتَكِر et en prononçant deux د.

[2] Le mot arabe جَدّ désigne à la fois le grand-père et les ascendants d'une manière générale; c'est ce qui explique qu'il y ait pu avoir confusion entre le grand-père et le bisaïeul.

tement s'entrouvrit; Gabriel descendit par cette ouverture, il m'ouvrit la poitrine, la lava avec de l'eau de Zemzem, puis, apportant un vase d'or rempli de sagesse et de foi, il en versa le contenu dans ma poitrine qu'il referma après cela. Ensuite il me prit par la main et s'éleva avec moi vers le ciel. Arrivé au ciel le plus rapproché, Gabriel dit au gardien du ciel : « Ouvre. — Qui est là? demanda le gardien. — C'est moi, Gabriel, répondit l'ange. — « Quelqu'un est-il avec toi? interrogea le gardien. — Mohammed « est avec moi. — A-t-il été mandé? — Oui, ouvre. » Quand nous nous fûmes élevés dans le ciel, nous vîmes tout à coup un homme ayant à sa droite des ombres et à sa gauche des ombres. Chaque fois qu'il regardait à sa droite, il riait; chaque fois, au contraire, qu'il regardait vers la gauche, il pleurait. « Qu'il soit le bienvenu, le prophète vertueux et le fils vertueux! s'écria l'homme. — « Qui est-ce, ô Gabriel? demandai-je. — Cet homme, répondit-il, « c'est Adam, et ces ombres qui sont à sa droite et à sa gauche, ce « sont les âmes de ses descendants. Les gens qui sont à sa droite, « ce sont les gens du Paradis; les ombres qui sont à sa gauche, ce « sont les gens de l'Enfer. Aussi, quand il regarde à sa droite, il « rit, et quand il regarde à gauche, il pleure. » Ensuite Gabriel m'enleva encore et nous arrivâmes au deuxième ciel. Il dit au gardien : « Ouvre. » Le gardien répondit comme avait répondu le premier et il ouvrit. »

« Abou-Dzarr, ajoute Anas, a dit : « Le Prophète trouva dans les « cieux Idrîs, Moïse, Jésus et Abraham », mais il ne m'a pas fixé quelles étaient leurs demeures respectives. Toutefois il a indiqué qu'il avait trouvé Adam dans le ciel le plus rapproché et Abraham dans le sixième. »

Anas poursuit son récit en ces termes : « Quand Gabriel passa auprès d'Idrîs, celui-ci dit : « Qu'il soit le bienvenu, le prophète « vertueux et le frère vertueux! — Qui est-ce? demanda Mahomet. « — C'est Idrîs, répondit l'ange. » — « Puis, dit le Prophète, je passai auprès de Moïse qui dit : « Qu'il soit le bienvenu, le prophète «et le frère vertueux!» — «Qui est-ce? demandai-je. — C'est «Moïse, répondit l'ange.» Ensuite je passai auprès de Jésus qui dit : «Qu'il soit le bienvenu, le prophète vertueux et le frère ver-«tueux!» — «Qui est-ce? demandai-je. — Jésus, me fut-il «répondu.» Ensuite je passai auprès d'Abraham qui dit: «Qu'il soit «le bienvenu, le prophète vertueux et le frère vertueux!» — «Qui «est-ce? demandai-je. — C'est Abraham, reprit l'ange.»

D'après Ibn-Ḥazm, Ibn-ʿAbbâs et Abou-Ḥabba-el-Anṣâri ajoutent: «Le Prophète dit : «Puis Gabriel m'enleva encore et je dominai un «tertre où j'entendis le grincement des plumes.» Puis, selon Ibn-Ḥazm et Anas-ben-Mâlik, le Prophète dit : «Dieu me prescrivit cinquante prières. Comme je m'en retournais avec cette prescription, je passai auprès de Moïse qui me dit : «Qu'a prescrit Dieu à ton peuple? «— Il lui a prescrit cinquante prières, répondis-je. — Sollicite le «Seigneur pour qu'il revienne là-dessus, dit Moïse, car ton peuple «ne sera pas capable de cela.» Je retournai auprès du Seigneur, je le sollicitai et il réduisit le chiffre de moitié. Quand je repassai auprès de Moïse, il me redit de solliciter le Seigneur qui, sur ma demande, réduisit encore le chiffre de moitié. Lorsque je revins auprès de Moïse et que je lui eus raconté la chose, il m'engagea à solliciter de nouveau le Seigneur, répétant que mon peuple ne serait jamais capable de cela. Je revins vers le Seigneur et lui exposai ma requête : «Ce sera «cinq, me répondit-il, et ces prières en vaudront cinquante. Aucun «changement ne sera apporté par moi à ces paroles.» Quand, de retour auprès de Moïse, celui-ci m'engagea à renouveler ma requête, je répondis : «J'ai honte du Seigneur maintenant.» Gabriel m'emmena ensuite jusqu'au lotus du terme; il était recouvert de couleurs dont j'ignore la nature. Enfin on me fit entrer dans le Paradis où il y avait des coupoles faites de perles et où le sol était du musc.»

CHAPITRE VI. — *De ces mots du Coran : «Et (nous envoyâmes) vers ʿÂd leur compatriote Houd qui leur dit : «Adorez Dieu...»* (sourate XI, verset 52). — *De ces paroles de Dieu : «Rappelle-toi lorsqu'il (Houd) menaça son peuple à El-Aḥqâf...», jusqu'à : «C'est ainsi que nous rétribuons les méchants»* (sourate XLVI, versets 20, 21, 22, 23 et 24). — *De ce qui a été rapporté à ce sujet par ʿAṭâ et Solaïman d'après ʿAïcha qui le tenait du Prophète.* — *Au sujet de ces mots du Coran : « Quant aux ʿAdites, ils furent anéantis par un vent au bruit strident*[1] *et d'une violence extrême »* (sourate LXIX, verset 6). *Ibn-ʿOyayna a dit : « Le vent s'échappa en dépit des gardiens*[2]. — *Dieu força ce vent (à sévir) contre les ʿAdites pendant sept nuits et huit jours consécutifs. . .* (حسوم *est synonyme de* متتابعة *« consécutifs »*). — *Et tu aurais pu voir alors ces gens jonchant le sol, tels des troncs de palmiers dont l'intérieur a été rongé.* — *As-tu vu qu'il soit resté un seul d'entre eux ? »* (sourate LXIX, versets 7 et 8).

1. D'après *Ibn-ʿAbbâs*, le Prophète a dit : « Le vent d'Est m'a assuré la victoire[3] et les ʿAdites ont été anéantis par le vent d'Ouest. »

Au dire d'Abou-Saʿîd, ʿAli, ayant envoyé de la poudre d'or au Prophète, celui-ci la partagea entre les quatre personnes suivantes : El-Aqraʿ-ben-Ḥâbis-El-Ḥandzali-El-Modjâchiʿi, ʿOyayna-ben-Bedr-El-Fazâri[4], Zeïd-Eṭ-Ṭâïi, un homme des Benou-Nahbân, ʿAlqama-ben-ʿOlâtsa-El-ʿÂmiri et un homme des Benou-Kilâb[5]. Ce partage mit en colère les Qoraïch et les Anṣâr qui s'écrièrent : « Il donne aux chefs des gens du Nedjd et nous il nous laisse de côté. — Mais c'est uniquement pour me les concilier que j'agis ainsi, répondit le Prophète. » Alors s'avança un homme aux yeux enfoncés, aux pommettes saillantes, au front proéminent, la barbe longue et les cheveux rasés : « Crains Dieu, ô Mahomet, s'écria-t-il. — Et qui donc obéirait à Dieu si je lui étais rebelle? répliqua le Prophète; Dieu aurait donc confiance en moi quand il s'agit des hommes de toute la terre et vous, vous n'auriez pas confiance en moi ? » Un homme, je crois que c'est Khâlid-ben-El-Oualîd, demanda au Prophète l'autorisation de tuer cet homme, mais le Prophète refusa; puis, quand l'homme fut parti, il dit : « Certes, de la des-

[1] Ou : « glacial ».

[2] Il s'agit des anges chargés de régler sur l'ordre de Dieu la force du vent.

[3] Lors du siège de Médine, en aveuglant les ennemis par des flots de poussière.

[4] L'édition de Krehl donne l'orthographe Qarâri qui s'explique par une répartition différente des points diacritiques.

[5] Cela fait en réalité six personnes dont *quatre* seulement sont dénommées, les deux autres étant simplement indiquées.

cendance — ou, suivant une variante — de la postérité de cet homme, naîtra un peuple de gens qui réciteront le Coran du bout des lèvres seulement; ils s'échapperont hors de la religion comme s'échappe la flèche quand on la décoche; ils tueront les peuples de l'islâm et laisseront en paix les peuples adorant les idoles. Si moi je devais vivre à leur époque, je les ferais tous périr comme ont péri les ʿAdites. »

2. *El-Asouad* dit avoir entendu ʿAbdallah prononcer ces mots : « J'ai entendu le Prophète réciter ceci : « En est-il qui se sou« viendront[1] ? »

CHAPITRE VII. — DE L'HISTOIRE DE GOG ET DE MAGOG. — *De ces mots du Coran : « . . . Ô Dzoul-'l-Qarnaïn, certes Gog et Magog commettent le désordre sur la terre. . . »* (sourate XVIII, verset 93). — *De ces mots du Coran : « Ils t'interrogeront au sujet de Dzou-'l-Qarnaïn. Réponds : « Je vais vous dire « quelques mots à son sujet. » — Certes nous l'avons fait roi de la terre et nous lui avons donné pour toute chose le moyen de réussir et il a suivi sa route »* (sourate XVIII, versets 82 et 83), (سببًا *est synonyme de* طريقًا). . . *jusqu'à ces mots : « Donnez-moi des morceaux de fer (*زبر*, pluriel de* زبرة*, signifie : « morceau ») autant qu'il en faudra pour combler l'intervalle des deux montagnes ». (D'après Ibn-ʿAbbâs,* صدف *est synonyme de* جبل *« montagne »;* سدّ *a également le même sens, au verset 92, et* خرجا*, au verset 93, est synonyme de* اجر *(« salaire »). Puis il dit (aux ouvriers) : « Soufflez (le feu) jusqu'à ce que la matière (devienne comme) du feu. » Ensuite il ajouta: « Donnez-moi du qiṭr (*قطر*) que je le verse dessus. » (Le mot* قطر *signifie « du plomb »; suivant certains cependant il désigne « le fer » et suivant d'autres « le cuivre »; pour Ibn-ʿAbbâs c'est du cuivre.) — Ils ne purent le franchir (ce rempart), et ils ne purent le percer. (*ظهر *est synonyme de* علا*;* اسطاعوا *est pour* استطاعوا*.) — « Ceci, dit-il, est une (manifestation de la) miséricorde du Seigneur. » — Quand viendra le jour promis par le Seigneur, celui-ci fera (de cette barrière) un tertre. (*جعله دكّاء *signifie « coller par terre »; — une chamelle* دكّاء *est celle qui n'a pas de bosse;* دكداك *a le même sens en parlant d'une terre rapportée devenue dure et tassée.) La promesse du Seigneur se vérifie toujours. — Ce jour-là nous les laisserons se bousculer les uns les autres. . . »* (sourate XVIII, versets 95, 96, 97, 98 et 99). — *« Jusqu'à ce qu'un passage soit ouvert à Gog et à Magog*

[1] C'est-à-dire en prononçant مدّكر dans ce passage du Coran.

et alors de chaque éminence (du sol) ils surgiront » (sourate XXI, verset 96). — *Qatâda dit que* حدب « *éminence* » *est synonyme de* اكمة. — *Un homme dit au Prophète : « J'ai vu la barrière, elle ressemblait à un manteau rayé (alternativement de rouge et de noir).* » *Le Prophète répondit : « Tu l'as vue.* »

1. *Zeïneb-bent-Djaḥch* rapporte que le Prophète entra chez elle tout effrayé en disant : « Il n'y a d'autre divinité que Dieu; malheur aux Arabes qui sont sous le coup d'un danger prochain. Aujourd'hui il s'est produit dans le mur de Gog et de Magog une fissure de cette grandeur. » Et, ce disant, il fit un cercle avec le pouce et le doigt qui suit (l'index). — « Ô Envoyé de Dieu, s'écria alors Zeïneb, fille de Djaḥch, allons-nous donc périr, alors qu'il y a parmi nous des gens vertueux? — Oui, répondit-il, si les turpitudes deviennent nombreuses. »

2. Selon *Abou-Horaïra*, le Prophète a dit : « Dieu a ouvert le mur de Gog et de Magog de cette quantité. » Puis il compta avec sa main quatre-vingt-dix.

3. D'après *Abou-Sa'îd-El-Khodri*, le Prophète a dit : « Dieu, — qu'il soit exalté! — appellera Adam. « Me voici, répondra celui-ci, « favorise-moi, car le bien est entre tes mains. — Fais sortir ceux « qui sont destinés à l'Enfer, lui dira Dieu. — A combien s'élève le « lot de l'Enfer? répondra Adam. — A neuf cent quatre-vingt-dix-« neuf sur mille, répliquera Dieu. » Alors les enfants prendront des cheveux blancs, les femelles pleines mettront bas et tu verras les hommes semblables à des gens ivres, bien qu'ils ne soient point ivres en réalité. Mais le châtiment de Dieu est terrible. » Alors les Compagnons dirent : « Ô Envoyé de Dieu, qui, d'entre nous, sera l'unique (le millième)? — Ce sera un homme d'entre vous et les neuf cent quatre-vingt-dix-neuf autres[1] seront des gens de Gog et de Magog », répondit le Prophète qui ajouta : « Par celui qui tient mon âme entre ses mains, j'espère que vous formerez le quart des bienheureux dans le Paradis. » Nous nous écriâmes alors : « Dieu est grand. — J'espère, reprit-il, que vous formerez le tiers des bien-

[1] Le texte dit : « mille » sans ajouter « autres ».

heureux dans le Paradis. — Dieu est grand, dîmes-nous encore. — J'espère que vous formerez la moitié des bienheureux du Paradis.» Et pour la troisième nous proclamâmes que Dieu est grand. «(Au jour de la Résurrection), vous ne serez au milieu de la foule que comme un poil noir sur la peau d'un taureau blanc — ou suivant une variante — comme un poil blanc sur la peau d'un taureau noir.»

CHAPITRE VIII. — *De ces mots du Coran : « . . . Dieu a pris Abraham comme ami»* (sourate IV, verset 124). — *De ces mots du Coran : « Certes Abraham était un peuple*[1] *soumis à Dieu. . . »* (sourate XVI, verset 121.) — *De ces mots du Coran : « . . . Certes Abraham était compatissant, bienveillant»* (sourate IX, verset 115). (أوّاه, *dit Abou-Maïsara, signifie «compatissant» en langue abyssine.*)

1. D'après *Ibn-ʿAbbâs*, le Prophète a dit : «Vous serez ressuscités les pieds nus, sans vêtement et non circoncis.» Ensuite il récita ce passage du Coran : « . . . Ainsi que nous vous avons créés une première fois, nous vous ressusciterons. C'est un engagement que nous avons pris et certes nous l'exécuterons» (sourate XXI, verset 104). «Le premier (des prophètes) qui, au jour de la Résurrection, sera revêtu d'un costume, ce sera Abraham. Quelques-uns de mes Compagnons[2] seront envoyés du côté de la gauche. «Ce sont mes «Compagnons, mes Compagnons, m'écrierai-je.» On me répondra : «Certes ils n'ont cessé de retourner en arrière depuis que tu les as «quittés.» Alors je dirai comme l'Adorateur vertueux (Jésus) : « . . . J'ai été leur surveillant[3] tant que je suis demeuré parmi «eux . . . . . le sage» (sourate V, verset 117 et 118).

2. D'après *Abou-Horaïra*, le Prophète a dit : «Au jour de la Résurrection, Abraham rencontrera son père, Âzar, dont le visage sera couvert de suie et de poussière. «Ne t'avais-je pas dit : «Ne me

[1] Abraham personnifiait son peuple; de là cette expression un peu singulière en apparence.

[2] Ou simplement disciples, adeptes.

[3] C'est-à-dire : je pouvais les surveiller et les empêcher de mal faire.

« désobéis pas. — Maintenant, répondra le père, je ne te désobéirai « pas. » Alors Abraham s'écriera : « Seigneur, tu m'as promis de ne « pas me faire affront au jour de la Résurrection. Quelle honte pour- « rait être plus grande pour moi que de voir mon père le plus éloigné « (de Dieu)? — J'ai, répondra Dieu, décidé que le Paradis serait « interdit aux infidèles. » Alors quelqu'un dira : « Ô Abraham, « qu'as-tu donc à tes pieds? » Et Abraham verra une hyène toute maculée [1] de sang; on prendra cet animal par les pattes et on le jettera dans l'enfer. »

3. *Koraïb*, affranchi d'Ibn-'Abbâs, rapporte que Ibn-'Abbâs a dit : « Le Prophète entra dans le Temple. Il y trouva l'effigie d'Abraham et celle de Marie. « N'ont-ils donc pas entendu dire que « les anges n'entrent point dans un temple où il y a des statues, « s'écria le Prophète. Cet Abraham est une statue, comment pour- « rait-il augurer? »

4. D'après *Ibn-'Abbâs*, lorsque le Prophète vit les statues dans le Temple, il n'y entra pas avant qu'on n'eût exécuté l'ordre qu'il avait donné de les enlever. En voyant la statue d'Abraham et celle d'Ismaël, ayant entre leurs mains les flèches augurales, il s'écria : « Dieu les maudisse! Par Dieu, ces deux statues n'ont jamais rien décidé par leurs flèches augurales. »

5. Suivant *Abou-Horaïra*, quelqu'un dit : « Ô Envoyé de Dieu, quel est l'homme le plus généreux? — C'est, répondit-il, celui qui est le plus pieux. — Ce n'est pas cela que nous demandons, lui répliqua-t-on. — C'est, reprit-il, Joseph, fils d'un prophète de Dieu, fils lui-même d'un prophète de Dieu, fils de l'Ami de Dieu. — Ce n'est pas cela que nous demandons, ajouta-t-on. — C'est donc, reprit Mahomet, sur les hommes de valeur des Arabes que vous m'interrogez. Ceux qui ont été les meilleurs d'entre

[1] D'après la légende, le père d'Adam sera métamorphosé en hyène, parce que cet animal, étant considéré par les Arabes comme le type de la bêtise, symbolise celui qui ne fait attention à rien de ce qui peut lui nuire.

eux dans les temps antéislamiques sont également les meilleurs d'entre eux dans l'islâm lorsqu'ils sont instruits[1]. »

In fine, indication de divers *râwi*.

6. Au dire de *Samora*, l'Envoyé de Dieu a dit : « Pendant la nuit deux personnes[2] vinrent (en songe) me trouver et m'emmenèrent vers un homme dont la stature était telle que j'apercevais à peine sa tête tant elle était haute. Cet homme c'était Abraham. »

7. *Modjâhid* rapporte qu'il a entendu Ibn-ʿAbbâs, à qui on disait que l'Antéchrist portait écrit entre les deux yeux le mot *Kâfir* (كافر) ou les lettres *k f r*(ر ف ك), répondre : « Jamais je n'ai entendu le Prophète dire pareille chose, mais il a dit : « Quant à Abraham, regardez-(moi), moi, votre compagnon, (je lui ressemble). Moïse avait « les cheveux frisés; il était brun et était monté sur un chameau « roux ayant une bride en fibres de palmier. Il me semble encore le « voir descendre dans la vallée. »

8. *El-Aʿradj* rapporte que Abou-Horaïra a dit : « L'Envoyé de Dieu a dit que Abraham avait été circoncis à l'âge de quatre-vingts ans à Qaddoum[3]. »

Confirmation du hadits par différents *isnâd*, avec la variante بالقدوم « avec une hache » au lieu de « à Qaddoum. »

9. Au rapport de *Abou-Horaïra*, d'après deux *isnâd* différents, l'Envoyé de Dieu a dit : « Abraham n'a jamais menti, sauf trois fois; deux fois à cause de Dieu, (la première) quand il dit : « Je suis « malade[4] »; (la seconde) lorsqu'il dit : « Pas du tout, c'est leur chef

[1] Dans la religion. C'est-à-dire que les qualités qui conféraient la supériorité avant l'islamisme la confèrent aussi aux musulmans qui peuvent en outre l'acquérir au moyen de la connaissance de la religion. Et, comme le dit le commentaire, l'humble musulman, qui est instruit dans sa religion, est supérieur au noble musulman qui est dans l'ignorance des choses religieuses.

[2] C'était les deux anges Gabriel et Michel.

[3] Suivant qu'on adopte la lecture *qadoum* ou *qaddoum*, le sens est « avec une hache » ou « dans une localité appelée Qaddoum », bourg de Syrie. Le premier sens est adopté par le commentateur Qastallâni; il s'accorde avec l'opinion que Abraham était un géant.

[4] Invité à prendre part à une céré-

«que voici qui l'a fait[1].» Enfin, un jour, pendant qu'il était avec Sarah et qu'il passait près d'un certain tyran à qui on avait dit : «Il «y a ici un homme avec une femme qui est la plus belle du monde», le tyran lui ayant dépêché quelqu'un qui lui demanda en parlant de Sarah : «Qui est cette femme», il répondit : «C'est ma sœur.» Retournant ensuite vers sa femme, Abraham lui dit : «Ô Sarah, il «n'y a sur la surface de la terre d'autres croyants que moi et toi. «Et comme ce tyran me demandait qui tu étais, je lui ai dit que «tu étais ma sœur. Ne me démens pas.» Le tyran envoya chercher Sarah. Quand elle fut entrée chez lui, il allait la saisir de ses mains quand il fut pris (d'une syncope). «Invoque Dieu pour moi s'écria-«t-il aussitôt, et je ne te ferai aucun mal.» Elle invoqua Dieu et il reprit ses sens. Il voulut alors la saisir une seconde fois; il fut pris de nouveau d'une syncope pareille à la première mais plus violente encore. «Invoque Dieu pour moi, reprit-il, et je ne te ferai «aucun mal.» Elle invoqua Dieu et il reprit ses sens; puis, mandant un de ses chambellans, il lui dit : «Ce n'est pas un être humain que «vous m'avez amené, mais un démon.» Il lui donna Agar comme esclave. Sarah revint vers Abraham qui était en train de prier et qui lui fit un signe de la main pour demander ce qui lui était arrivé. «Dieu, répondit-elle, a refoulé la perfidie de l'impie et du for-«nicateur dans sa gorge et le tyran a donné Agar comme esclave.»

«Cette Agar, ajouta Abou-Horaïra, c'est votre mère (ancêtre), ô fils de Mâ-es-semâ[2].»

10. D'après *Omm-Cherik*, l'Envoyé de Dieu avait donné l'ordre de tuer les lézards parce que, disait-il, ils avaient soufflé le feu contre Abraham[3].

monie religieuse des idolâtres, ses compatriotes, Abraham s'excusa en disant qu'il était malade, afin de profiter de ce moment pour détruire leurs idoles.

[1] Abraham avait détruit toutes les idoles sauf la principale qu'il accusa d'avoir brisé les autres.

[2] Ce nom qui signifie «eau du ciel» aurait été, dit-on, donné à Ismaël, fils d'Agar, parce qu'il aurait été élevé avec l'eau de Zemzem qui a une origine céleste.

[3] Abraham ayant été jeté dans un brasier, tous les animaux de la création

11. *ʿAlqama* rapporte que ʿAbdallah a dit : « Quand fut révélé ce verset : « Certes ceux qui croient et qui n'auront pas habillé leur « foi d'injustice... » (sourate vi, verset 82), nous dîmes : « Ô En- « voyé de Dieu, qui de nous n'est point injuste envers lui-même? « — Ce n'est pas dans le sens que vous dites : « Qui n'auront pas « habillé leur foi d'injustice », signifie devenir des polythéistes. N'avez- « vous donc pas entendu les paroles de Loqmân à son fils : « Ô mon « cher enfant, n'associe personne à Dieu, car le polythéisme est « une injustice grave » (sourate xxxi, verset 12).

CHAPITRE IX. — *Le mot* يزفون (sourate xxxvii, verset 92) *indique la précipitation dans la marche.*

1. *Abou-Zerʿa* rapporte que Abou-Horaïra a dit : « Un jour, le Prophète, à qui on venait de donner de la viande, dit : « Certes « Dieu, au jour de la Résurrection, réunira les premiers et les der- « niers (hommes) sur un tertre unique d'où on entendra leurs appels « et où l'œil pourra tous les apercevoir, et le soleil s'approchera « d'eux. » Puis, après avoir parlé de l'intercession, il ajouta : « Ils « iront trouver Abraham et diront : « Tu es le Prophète de Dieu et « son ami sur la terre, intercède en notre faveur auprès du Sei- « gneur. » Alors, se souvenant de ses mensonges : « C'est moi [1], « moi, répondra-t-il, qui aurais besoin d'intercession. Allez trouver « Moïse. »

Ce ḥadits est confirmé par Anas.

2. D'après *Ibn-ʿAbbâs*, le Prophète a dit : « Dieu fera miséricorde à la mère d'Ismaʿîl; si elle ne s'était pas hâtée, Zemzem eût été une source d'eau courante [2]. »

Suivant un autre râwi, Ibn-ʿAbbâs aurait dit : « Abraham se rendit (à La Mecque) avec Ismaʿîl et la mère de ce dernier, qui le

cherchèrent à éteindre le feu; il n'y eut que les lézards qui, au contraire, l'attisèrent de leur souffle.

(1) L'édition de Krehl répète trois fois le mot نفسي, traduit ici par « moi ».

(2) Mot-à-mot « visible ».

nourrissait encore; elle avait avec elle une outre sèche»; mais il ne fournit pas un isnâd complet[1].

3. On rapporte, avec quelques variantes, d'après *Saʿîd-ben-Djobaïr,* que Ibn-ʿAbbâs a dit : «La première fois que les femmes se servirent d'une ceinture, ce fut quand la mère d'Ismaʿîl en fit usage pour dissimuler la trace (de sa fuite) à Sarah. Ensuite Abraham emmena Agar avec son fils Ismaʿîl, à qui elle donnait le sein, et les laissa près de l'emplacement du Temple, à côté d'un grand arbre, au-dessus de Zemzem, à la partie la plus élevée de la mosquée (actuelle). A cette époque, il n'y avait personne à La Mecque et on n'y trouvait pas d'eau. Abraham abandonna là Agar et son fils, en leur laissant une sacoche pleine de dattes et une outre remplie d'eau; puis il se mit en marche pour s'éloigner. La mère d'Ismaʿîl le suivit en lui disant : «Abraham, où vas-tu? Tu nous abandonnes «donc dans cette vallée où il n'y a ni être humain ni rien.» Elle avait répété ces mots à plusieurs reprises sans que Abraham se retournât, quand elle finit par lui dire : «Est-ce Dieu qui t'a ordonné «d'agir ainsi? — Oui, répondit-il. — Alors, il ne nous laissera «pas périr, s'écria-t-elle.»

«Abraham continua sa marche jusqu'au moment où il fut arrivé à un col d'où Agar et son fils ne pouvaient plus le voir. Alors, tournant son visage du côté du Temple, il éleva les mains et fit une invocation en ces termes : «Seigneur, je viens d'installer une «partie de ma descendance dans une vallée qui ne produit point de «grains, auprès de ton temple sacré..... ils en seront reconnais-«sants» (sourate XIV, verset 40).

«La mère d'Ismaʿîl se mit ensuite à allaiter son fils. Elle but de l'eau (qui lui avait été laissée) jusqu'à ce que le contenu de l'outre fut épuisé. Alors elle eut soif et son fils eut soif aussi. Elle vit bientôt celui-ci se tordre — ou suivant une variante — se rouler. Ne pouvant pas supporter un tel spectacle, elle partit, et, comme

[1] Certaines éditions ajoutent : «Ensuite Abraham l'emmena ainsi que son fils Ismaʿîl.»

elle trouva que Ṣafa était la montagne la plus rapprochée d'elle, elle y monta et, dominant la vallée, elle chercha des yeux si elle n'y voyait personne. Et elle ne vit personne. Alors elle descendit des hauteurs de Ṣafa; puis, arrivée dans la vallée, elle retroussa les pans de sa tunique et courut comme un homme éperdu. Elle traversa la vallée, gagna El-Merwa, monta à son sommet et regarda de nouveau si elle ne voyait personne. Et elle ne vit personne. Sept fois elle répéta ce manège. » — Ibn-ʿAbbâs ajoute que le Prophète a dit : « C'est (en souvenir) de cela que les fidèles font la course entre les deux montagnes (Ṣafa et El-Merwa) pendant le pèlerinage. »

« Arrivée au sommet de El-Merwa, Agar entendit une voix. « Chut! » dit-elle, en s'adressant à elle-même. Elle prêta l'oreille et entendit de nouveau. Alors elle dit : « Tu t'es fait entendre. Si tu « as par devers toi un moyen de secours, (secoure-moi). » Alors apparut un ange à l'endroit où se trouve le puits de Zemzem. Il frappa le sol de son talon — ou suivant une variante — de son aile et bientôt l'eau se montra. Agar se mit à faire un bassin, semblant dire de sa main : « Ainsi »; puis elle se mit à puiser de l'eau dans son outre et l'eau (de la source) bouillonnait de nouveau chaque fois qu'elle venait d'en prendre. » — Ibn-ʿAbbâs ajoute que le Prophète a dit : « Dieu fera miséricorde à la mère de Ismaʿîl, car, si elle avait laissé Zemzem — ou suivant une variante — si elle n'avait pas puisé d'eau, Zemzem serait devenue une source d'eau courante. »

« Agar but et allaita son enfant. « Ne redoutez aucun danger, dit « alors l'ange, car ici s'élèvera le temple de Dieu et ce temple sera « bâti par cet enfant et son père. Et Dieu ne laisse point périr les « siens. » Le Temple formait, au-dessus du sol, une éminence pareille à un monticule. Quand les eaux envahissaient la vallée, elles passaient à droite et à gauche. Agar resta ainsi jusqu'au jour où vint à passer une troupe de Djorhom — ou suivant une variante — des gens d'une famille des Djorhom, arrivant par la route de

Kedà. Ils campèrent dans la partie basse de La Mecque et virent un oiseau qui planait. « Cet oiseau, dirent-ils, tournoie autour d'une « source d'eau. Or, depuis le temps que nous fréquentons cette vallée, « il n'y a jamais eu d'eau. Envoyez donc un éclaireur — ou suivant « une variante — deux éclaireurs. » — Le, ou les éclaireurs, ayant découvert de l'eau, revinrent, annoncèrent qu'il y avait de l'eau et tous les Djorhom se rendirent à cet endroit. Comme la mère d'Isma'îl était auprès de l'eau, les Djorhom lui dirent : « Nous au- « torises-tu à camper ici auprès de toi? — Oui, répondit-elle, mais « vous n'aurez aucun droit de propriété sur cette eau. — C'est en- « tendu, répliquèrent-ils. »

Ibn-'Abbâs ajoute que le Prophète continua en ces termes : « Cette demande des Djorhom fit plaisir à Agar, qui aimait la société. Les Djorhom campèrent donc auprès d'elle et envoyèrent dire à leurs contribules de venir s'installer avec eux. Bientôt un certain nombre de familles furent établies en cet endroit. L'enfant grandit, apprit la langue arabe des Djorhom et, en grandissant, il s'acquit leurs sympathies et leur admiration. Aussi, quand il eut atteint (l'âge de la puberté), il lui firent épouser une femme choisie parmi eux. Puis, la mère d'Isma'îl étant morte, Abraham arriva (à La Mecque), après que Isma'îl avait été marié; il venait s'informer du sort de ceux qu'il avait abandonnés. Ne trouvant pas Isma'îl, Abraham demanda de ses nouvelles à sa femme. « Mon « mari, répondit celle-ci, est sorti pour aller se procurer notre sub- « sistance. — Et quelle est votre existence et votre situation? de- « manda Abraham. — Nous sommes, reprit-elle, dans la détresse, « dans l'angoisse et dans la peine. » Elle exhala ses plaintes à Abraham, qui lui dit : « Quand ton mari reviendra, salue-le et dis-lui « qu'il change le seuil de sa porte. » A son retour, Isma'îl, qui semblait avoir eu vent de quelque chose, dit à sa femme : « Est-il venu « quelqu'un? — Oui, répondit-elle, un vieillard de telle et telle « façon; il m'a demandé de tes nouvelles; je lui en ai donné. Puis, « comme il s'informait de notre existence, je lui ai annoncé que

« nous étions dans la misère et la peine. — T'a-t-il fait quelque « recommandation? ajouta Isma'îl. — Oui, répliqua-t-elle; il m'a « chargé de te saluer et de te dire : « Change le seuil de ta porte. » — « Cet homme, s'écria Isma'îl, c'est mon père, et il m'enjoint de me « séparer de toi. Retourne donc dans ta famille. » Et il répudia sa femme et épousa une autre femme des Djorhom.

« Abraham s'éloigna et demeura absent le temps que Dieu voulut, puis il revint et, ne trouvant pas Isma'îl, il entra chez sa femme et lui demanda des nouvelles de son mari. « Il est parti pour aller « chercher notre subsistance, répondit-elle. — Et comment êtes- « vous, dit Abraham, s'informant ainsi de leur existence et de leur « situation. — Nous sommes heureux et dans l'aisance », répliqua- « t-elle. » Et elle rendit grâces à Dieu. « Que mangez-vous? reprit « Abraham. — De la viande, dit-elle. — Et que buvez-vous? ajouta « Abraham. — De l'eau! » répondit-elle. Alors Abraham s'écria : « Dieu bénisse pour vous la viande et l'eau! » A cette époque, ajouta le Prophète, ils n'avaient point de grains à La Mecque; sinon il eût demandé à Dieu de les bénir pour eux. La viande et l'eau n'auraient pu seules suffire[1] à personne autre part qu'à La Mecque; ailleurs, ils n'auraient pu s'en contenter.

« Quand ton mari sera de retour, ajouta Abraham, salue-le et « enjoins-lui de maintenir le seuil de sa porte. » Isma'îl étant rentré dit : « Est-il venu quelqu'un? — Oui, répondit sa femme, il est « venu un vieillard de belle apparence — et elle en fit l'éloge, — « qui m'a demandé de tes nouvelles; je lui en ai donné. Puis, comme « il s'informait de notre façon de vivre, je lui ai dit que nous étions « heureux. — T'a-t-il fait quelque recommandation? ajouta Isma'îl. « — Oui, répliqua-t-elle, il m'a chargé de te saluer et il t'enjoint de « conserver le seuil de ta porte. — C'est mon père, s'écria Isma'îl, « et toi tu es le seuil; il m'enjoint de te garder. »

« Abraham s'éloigna et demeura absent le temps que Dieu voulut,

[1] C'est-à-dire que la viande et l'eau ne sauraient à elles seules fournir une alimentation saine et suffisante sans le climat privilégié de La Mecque.

IMPRIMERIE NATIONALE.

puis il revint et trouva Isma'îl occupé à se tailler des flèches à l'ombre d'un grand arbre, près de Zemzem. En apercevant son père, Isma'îl se leva pour le recevoir et tous deux se comportèrent comme un père avec son fils et un fils avec son père. « Ô Isma'îl, « dit ensuite Abraham, Dieu m'a donné un ordre à exécuter. — « Exécute ce que le Seigneur t'a ordonné, répondit Isma'îl. — Tu « dois m'aider (dans cette tâche), reprit Abraham. — Je t'aiderai, « répliqua Isma'îl. — Dieu, ajouta Abraham, m'a enjoint de bâtir un « temple ici. » Et, ce disant, il désigna un tertre qui dominait les alentours. Alors ils élevèrent tous deux les assises de ce temple, Isma'îl apportant les pierres et Abraham maçonnant. Quand la construction atteignit une certaine hauteur, Isma'îl apporta cette pierre [1] à son père qui monta dessus pour maçonner, pendant qu'il lui apportait des pierres. Tous deux disaient alors : « Seigneur, « accepte notre œuvre, car tu es celui qui entend tout et qui sait « tout. » Ensuite ils continuèrent à bâtir tous les deux, se portant successivement tout autour du temple et disant : « Seigneur, « accepte notre œuvre, car tu es celui qui entend tout et qui sait « tout. »

4. D'après *Sa'îd-ben-Djobaïr*, Ibn-'Abbâs a dit : « Après ce qui s'était passé entre lui et sa femme, Abraham emmena Isma'îl et la mère d'Isma'îl (à La Mecque), emportant avec eux une outre pleine d'eau. La mère d'Isma'îl se mit à boire de l'eau de cette outre afin d'avoir plus de lait à donner à son enfant. Arrivé à La Mecque, Abraham laissa Agar et son fils sous un grand arbre, puis il retourna chez sa femme. La mère d'Isma'îl le suivit jusqu'à Kedâ en lui criant par derrière : « Ô Abraham, à qui nous abandonnes-tu ? « — A Dieu, répondit-il. — J'accepte (la protection de) Dieu », s'écria Agar, qui revint alors sur ses pas. Elle but de l'eau de l'outre et eut du lait en abondance pour son enfant jusqu'au moment où l'eau fut épuisée. « Si, dit-elle alors, j'allais à la découverte,

[1] C'est la pierre qu'on appelle la « station d'Abraham » ou Maqâm.

« peut-être trouverais-je quelqu'un. » Elle alla monter sur le Ṣafa, elle regarda et regarda encore si elle voyait quelqu'un, mais elle ne vit personne. Gagnant ensuite la vallée, elle la franchit rapidement et atteignit El-Merwa.

« Elle recommença ce manège plusieurs fois, puis elle dit : « Si « j'allais voir ce qu'il fait », — elle entendait parler ainsi de l'enfant. — Elle y alla et elle le trouva dans un état tel qu'il semblait sur le point de rendre le dernier soupir. A cette vue, n'y tenant plus, elle dit : « Si j'allais à la découverte, peut-être trouverais-je « quelqu'un. » Elle alla monter sur le Ṣafa, elle regarda et regarda encore, mais elle ne vit personne; elle agit ainsi jusqu'à ce qu'elle eût accompli sept fois ce manège. Alors elle dit : « Si j'allais voir ce « qu'il fait. » Et tout à coup une voix lui cria : « Appelle au secours, « si tu as de bonnes œuvres par devers toi. » Aussitôt apparut Gabriel et, continue le narrateur, il fit ainsi avec son talon : il enfonça son talon dans le sol, et l'eau se mit à sourdre. Toute stupéfaite, Agar se mit à creuser[1]. « Si, disait Abou-'l-Qâsim (Mahomet), elle avait laissé la source, l'eau se serait répandue au « dehors. »

« Agar se mit à boire de l'eau et eut du lait en abondance pour son enfant. Des gens de Djorhom, étant venus à passer dans le fond de la vallée, aperçurent tout à coup un oiseau. Ils ne pouvaient en croire leurs yeux et ils dirent : « Cet oiseau ne peut être qu'au-dessus de l'eau. » Et ils envoyèrent un messager qui, après être allé à la découverte et avoir trouvé l'eau, revint vers eux et leur annonça la nouvelle. Les Djorhom allèrent vers Agar et lui dirent : « Ô mère d'Isma'îl, nous autorises-tu à être avec toi — ou suivant « une variante — à demeurer avec toi ? » Quand le fils d'Agar eut atteint l'âge de la puberté, il épousa une femme des Djorhom. Plus tard, il vint à l'esprit d'Abraham (d'aller les voir). Il dit à sa femme : « Je vais voir ce que sont devenus mes abandonnés. » Arrivé là, il

[1] Ou : « à puiser de l'eau avec sa main », en lisant تحفن au lieu de تحفر

salua et dit (à la femme) : « Où est Isma'îl ? — Il est allé à la chasse, « répondit la femme. — Quand il rentrera, reprit Abraham, dis-lui : « Change le seuil de ta porte. » Quand Isma'îl rentra, sa femme lui répéta ces paroles : « C'est de toi qu'il s'agit, s'écria-t-il, retourne « dans ta famille. » Ensuite il vint à l'esprit d'Abraham (d'aller les voir). Il dit à sa femme : « Je vais voir ce que sont devenus mes « abandonnés. » Aussitôt arrivé, il dit : « Où est Isma'îl ? — Il est « allé à la chasse, répondit la femme. Ne veux-tu pas descendre « chez nous, manger et boire ? — Que mangez-vous et que buvez- « vous ? demanda-t-il. — Notre nourriture, reprit-elle, c'est de la « viande ; notre boisson, c'est de l'eau. — Mon Dieu, s'écria « Abraham, bénis pour eux leurs mets et leur boisson. » Et, ajoute le râwi, Abou-'l-Qâsim a dit : « La bénédiction (des aliments et de « l'eau de La Mecque) est due à l'invocation d'Abraham. » Ensuite il vint à l'esprit d'Abraham (d'aller vers eux). Il dit à sa femme : « Je vais voir ce que sont devenus mes abandonnés. » Arrivé (à La Mecque), il rencontra, derrière Zemzem, Isma'îl qui arrangeait ses flèches. « Ô Isma'îl, lui dit-il, Dieu m'a ordonné de lui bâtir un « temple. — Obéis au Seigneur, répondit Isma'îl. — Il m'a aussi « donné l'ordre de me faire aider par toi. — Alors je le ferai », dit Isma'îl, qui se servit peut-être d'autres mots. Ils se mirent tous deux à l'ouvrage ; Abraham maçonnait et Isma'îl lui passait les pierres, et tous deux disaient : « Seigneur, accepte notre œuvre, « car tu es celui qui entend tout et qui sait tout. » Comme la construction s'élevait et que le vieillard avait de la peine à soulever les pierres, il se plaça sur la pierre du Maqâm ; Isma'îl lui tendait les pierres, et tous deux disaient : « Seigneur, accepte notre œuvre, « car tu es celui qui entend tout et qui sait tout. »

CHAPITRE X.

1. On rapporte d'*Abou-Dzarr* les paroles suivantes : « Je dis : « Ô Envoyé de Dieu, quelle est la mosquée qui fut établie la pre- « mière sur la terre ? — La mosquée sacrée, me répondit-il. — Et

« ensuite laquelle? repris-je. — La mosquée la plus éloignée [1], « répliqua-t-il. — Et quel intervalle s'écoula entre les deux? ajou- « tai-je. — Quarante ans », me dit-il. Puis (il ajouta) : « Partout où « t'atteindra dorénavant (l'heure de) la prière, accomplis-la, car à « cela il y a du mérite. »

2. D'après *Anas-ben-Mâlik*, l'Envoyé de Dieu, apercevant Oḥod, dit : « Voici une montagne qui nous aime et que nous aimons. Ô mon Dieu! Abraham a rendu La Mecque sacrée et, moi, j'ai rendu sacré l'espace qui se trouve entre les deux *laba* [2] (Médine). »

Indication d'un autre *isnâd.*

3. *ʿAbdallah-ben-ʿOmar* rapporte, d'après ʿAïcha, que l'Envoyé de Dieu a dit (à cette dernière) : « N'as-tu pas vu que tes concitoyens, en bâtissant la Kaʿba, n'ont pas suivi exactement les fondations construites par Abraham? — Ô Envoyé de Dieu, répondit-elle, ne vas-tu pas replacer le temple sur les fondations d'Abraham? — (Je l'aurais fait), si tes concitoyens n'étaient pas sortis si récemment de l'infidélité. »

ʿAbdallah-ben-ʿOmar ajoute : « Puisque ʿAïcha a entendu dire cela à l'Envoyé de Dieu, je crois que l'Envoyé de Dieu a cessé de toucher les deux piliers qui avoisinent le sanctuaire de la Kaʿba uniquement parce que le temple n'avait pas été reconstruit entièrement sur les fondations d'Abraham. »

Ismaʿîl rapportant ce ḥadits donne une variante d'*isnâd.*

4. *Abou-Ḥamîd-Es-Saʿidi* raconte que les Compagnons dirent : « Ô Envoyé de Dieu, comment devons-nous prier sur toi? — Dites, répondit l'Envoyé de Dieu : « Ô mon Dieu, répands tes bénédictions sur Mahomet, sur ses femmes et sur sa postérité, comme tu as répandu tes bénédictions sur la famille d'Abraham. Bénis Mahomet, ses femmes et sa postérité, comme tu as béni la famille d'Abraham. Tu es glorieux et illustre. »

[1] Le temple de Jérusalem est appelé ainsi.

[2] Synonyme de حرة, terre couverte de pierres noires d'origine volcanique.

5. *ʿAbderraḥman-ben-Abou-Leïla* rapporte que, ayant rencontré Kaʿb-ben-ʿOdjra, celui-ci lui dit : « Veux-tu que je t'offre[1] un récit que j'ai entendu de la bouche du Prophète? — Certes oui, répondit ʿAbderraḥman, offre-le moi. — Nous interrogeâmes, reprit-il, l'Envoyé de Dieu en lui disant : « Comment doit-on prier pour « vous, ô gens de la famille (du Prophète)? car Dieu nous a précé-« demment enseigné comment nous devions saluer le Prophète. — « Dites, répondit Mahomet : « Ô mon Dieu, répands tes bénédictions « sur Mahomet et sur sa famille, comme tu as répandu tes bénédic-« tions sur Abraham et sur la famille d'Abraham. Tu es glorieux « et illustre. Ô mon Dieu, bénis Mahomet et la famille de Maho-« met, comme tu as béni Abraham et la famille d'Abraham. Tu es « glorieux et illustre. »

6. *Saʿîd-ben-Djobaïr* rapporte que Ibn-ʿAbbâs a dit : « Le Prophète demandait au ciel de préserver El-Ḥasan et El-Ḥosaïn en leur disant qu'il se servait de la même formule que leur ancêtre (Abraham) quand il adressait la même prière en faveur de Ismaʿîl et de Isḥaq, (et cette formule était) : « Je demande assistance aux paroles « parfaites de Dieu contre tout démon et être venimeux et contre « tout œil néfaste. »

CHAPITRE XI. — *De ces mots du Coran : « Parle-leur des hôtes d'Abraham — lorsqu'ils entrèrent chez lui. . . »* (sourate XV, versets 51, 52) [لا توجل *signifie : « ne crains pas »*]. — *« Souviens-toi lorsque Abraham dit : « Seigneur, « montre-moi comment tu fais revivre les morts . . . . mais c'est pour que « mon cœur soit (complètement) rassuré . . . . . . »* (sourate II, verset 262).

1. D'après *Abou-Horaïra*, l'Envoyé de Dieu a dit : « Nous avons plus de raison qu'Abraham de douter comme il l'a fait en disant : « Seigneur, montre-moi comment tu fais revivre les morts. — Ne « crois-tu donc pas? lui demanda Dieu. — Certes oui, répondit-il, « mais c'est pour que mon cœur soit (complètement) rassuré (sou-« rate II, verset 262). Dieu fera miséricorde à Loth parce que

[1] Le verbe employé signifie « offrir un cadeau ».

«(dans l'adversité) il a cherché un refuge auprès d'un appui solide «(Dieu). Et si j'étais resté en prison aussi longtemps qu'y resta «Joseph, j'aurais accepté (en toute hâte) la mise en liberté [1]. »

CHAPITRE XII. — *De ces mots du Coran : «Et, dans le Livre, mentionne Isma'îl, car il a été fidèle à ses engagements. . . .»* (sourate XIX, verset 55).

1. D'après *Yezîd-ben-Abou-'Obaïd*, Salama-ben-El-Akwa' a dit : «Comme le Prophète passait auprès d'un groupe de gens des Aslam, qui concouraient au tir de l'arc, il dit : «Tirez, enfants d'Isma'îl, «car votre ancêtre était un bon tireur. Moi je me mets avec les [2] fils «d'un tel.» Un des deux groupes de tireurs cessa alors de vouloir tirer. «Pourquoi ne tirez-vous plus? demanda l'Envoyé de Dieu. «— Ô Envoyé de Dieu, répondirent-ils, comment tirerions-nous «quand tu es avec nos concurrents? — Tirez, répondit l'Envoyé «de Dieu, car je suis avec vous tous.»

CHAPITRE XIII. — HISTOIRE D'ISHAQ, FILS D'ABRAHAM. — *Récits à ce sujet de Ibn-'Omar et de Abou-Horaïra* [3], *d'après le Prophète.*

CHAPITRE XIV. — *De ces mots du Coran : «Étiez-vous donc présents lorsque, sentant la mort venir, Jacob dit à ses fils. . .»* (sourate II, verset 127).

1. «Comme, dit *Abou-Horaïra*, on demandait au Prophète quel était l'homme le plus généreux, il répondit : «L'homme le plus «généreux est celui qui est le plus pieux. — Ce n'est pas cela «que nous demandons, lui objecta-t-on. — Le plus généreux des «hommes, reprit-il alors, c'est Joseph, fils d'un prophète de Dieu, «fils lui-même d'un prophète de Dieu, fils aussi d'un prophète

[1] Suivant le commentateur, lorsqu'on vint annoncer à Joseph qu'il avait été reconnu innocent, au lieu de sortir immédiatement de prison, il demanda auparavant qu'on allât s'informer des raisons qui avaient amené les femmes de l'entourage de la femme de Putiphar à se couper les doigts. Voir ce récit dans le Coran, sourate XII, verset 31.

[2] Ou, suivant une variante : «le fils d'un tel.»

[3] Les deux ḥadits annoncés se trouvent : le premier dans l'histoire de Joseph ; le second dans le chapitre suivant.

« de Dieu, fils de l'Ami de Dieu. — Ce n'est pas cela que nous « demandons, ajouta-t-on. — C'est donc, reprit Mahomet, sur les « hommes de valeur, ancêtres[1] des Arabes, que vous m'interrogez. « Ceux qui ont été les meilleurs d'entre eux dans les temps antéisla- « miques, sont également les meilleurs d'entre eux dans l'islâm, « lorsqu'ils sont instruits. »

CHAPITRE XV. — *De ces mots du Coran : « Et Loth quand il dit à son peuple : « Allez-vous commettre une turpitude alors que vous en avez conscience. — « Pour que vous accomplissiez avec des hommes vos désirs érotiques au lieu de « les satisfaire avec des femmes, il faut que vous soyez inconscients. » – Et le peuple ne trouva à faire d'autre réponse que de dire : « Chassez de votre vil- « lage la famille de Loth, car ce sont gens qui simulent la vertu. » – Nous sauvâmes Loth et sa famille; seule sa femme, d'après notre arrêt, fut du nombre de ceux qui restèrent en arrière. – Alors nous fîmes tomber sur eux une pluie (de pierres). Ah! qu'elle fut terrible la pluie (qui frappa) ceux qu'on avait avertis en vain »* (sourate XXVII, versets 55, 56, 57, 58 et 59).

1. D'après *Abou-Horaïra*, le Prophète a dit : « Dieu pardonnera à Loth, parce qu'il a cherché un refuge auprès d'un appui solide (Dieu). »

CHAPITRE XVI. — *De ces mots du Coran : « Lorsque les envoyés arrivèrent dans la famille de Loth, celui-ci (leur) dit : « Vous êtes des gens inconnus (pour « moi) »* (sourate XV, versets 61 et 62). – *Dans la sourate LI, verset 39,* بِرُكْنِهِ *signifie « avec ceux qui étaient avec lui » parce qu'ils étaient sa force « son appui ». Dans la sourate XI, verset 115,* لَا تَرْكَنُوا *signifie « ne penchez pas ».* نَكِرَ *,* أَنْكَرَ *et* اسْتَنْكَرَ *ont la même signification. Dans la sourate XI, verset 80,* يُهْرَعُونَ *veut dire « se précipiter, se hâter ». Dans la sourate XV, verset 66,* دَابِرَ *signifie « dernier ». Dans la sourate XXXVI, verset 28,* صَيْحَةً *signifie « péril »*[2]. *Dans la sourate XV, verset 75,* مُتَوَسِّمِينَ *est expliqué par « regardant », et dans le verset suivant,* لَبِسَبِيلٍ *équivaut à* لَبِطَرِيقٍ.

1. *'Abdallah* rapporte que le Prophète récita ces mots : « En est-il qui se souviennent? »

[1] Mot à mot : « les mines des Arabes ». — [2] Tel n'est pas l'avis de Qasṭallâni.

CHAPITRE XVII. — *De ces mots du Coran : « Nous envoyâmes vers Tsamoud leur concitoyen Ṣâliḥ »* (sourate VII, verset 71). — *« Les habitants de Ḥidjr ont traité d'imposteurs les envoyés »* (sourate XV, verset 80). *Le mot Ḥidjr est le nom de la localité habitée par les Tsamoudites. Il signifie encore « interdit, sacré », dans l'expression* حرث حجر ; *« toute construction qui recouvre le sol » ; « le mur qui entoure la maison et qui se nomme* حَطِيم *» ; « les juments » ; « l'intelligence appelée aussi* حِجًى *». Quant à Ḥadjr-El-Yemâma, c'est un campement de Tsamoudites.*

1. D'après *ʿOrwa-ben-Ez-Zobaïr*, ʿAbdallah-ben-Zemaʿa a dit : « J'ai entendu le Prophète (au cours d'un sermon) parler de celui qui coupa les jarrets de la chamelle (de Ṣâliḥ), et dire : « Celui qui « consentit à commettre cet acte était un homme doué d'une « grande autorité et de force à se défendre, comme l'était Abou- « Zemaʿa. »

2. Selon *Ibn-ʿOmar*, l'Envoyé de Dieu, quand il campa à El-Ḥidjr, lors de l'expédition de Tabouk, défendit à ses Compagnons de boire l'eau du puits de cette localité et d'en faire usage. Comme ils répondaient qu'ils en avaient déjà fait provision et qu'ils en avaient fait usage pour pétrir, il leur ordonna de jeter ce qu'ils avaient pétri et de répandre toute leur eau.

In fine, indication de variantes sans importance.

3. ʿAbdallah-ben-ʿOmar a raconté à *Nâfiʿ* que les Compagnons du Prophète campèrent avec celui-ci à El-Ḥidjr dans le pays de Tsamoud. Comme ils avaient pris de l'eau dans le puits de cette localité et qu'ils en avaient fait usage pour pétrir, l'Envoyé de Dieu leur enjoignit de répandre toute l'eau qu'ils avaient puisée là, de donner à manger aux chameaux tout ce qui avait été pétri et d'aller chercher leur eau au puits où s'abreuvait la chamelle.

Confirmation du ḥadits avec un autre *isnâd*.

4. *ʿAbdallah-ben-ʿOmar* rapporte que le Prophète, passant à El-Ḥidjr, dit : « N'entrez point dans les demeures de ceux qui ont été victimes d'eux-mêmes, sinon en versant des larmes, (de crainte)

qu'il ne vous arrive ce qui leur est arrivé.» Ensuite il se voila de son manteau tout en restant en selle.

5. *Sâlim* rapporte d'Ibn-ʿOmar le propos suivant : «L'Envoyé de Dieu a dit : «N'entrez point dans les demeures de ceux qui ont «été victimes d'eux-mêmes, sinon en versant des larmes, car il «pourrait vous arriver le pareil de ce qui leur est arrivé.»

CHAPITRE XVIII. — *De ces paroles du Coran : «Étiez-vous donc présents lorsque, sentant la mort venir, . . .»* (sourate II, verset 127).

1. D'après *Ibn-ʿOmar*, le Prophète a dit : «Le généreux, fils de généreux, fils de généreux, fils de généreux, c'est Joseph, fils de Jacob, fils d'Isaac, fils d'Abraham. Sur eux soit le salut!»

CHAPITRE XIX. — *De ces mots du Coran : «Il y a eu dans (l'aventure de) Joseph et de ses frères des indices pour ceux qui questionnent»* (sourate XII, verset 7).

1. *Kîsân-El-Maqbari* rapporte, d'après Abou-Horaïra, que l'on posa à l'Envoyé de Dieu la question suivante : «Quel est l'homme le plus généreux? — Le plus pieux envers Dieu, répondit-il. — Ce n'est pas cela que nous demandons, lui objecta-t-on. — Le plus généreux des hommes, reprit-il alors, c'est Joseph, fils d'un prophète de Dieu, fils lui-même d'un prophète de Dieu, fils aussi d'un prophète de Dieu, fils de l'Ami de Dieu. — Ce n'est pas cela que nous vous demandons, ajouta-t-on. — C'est donc sur les hommes de valeur, ancêtres des Arabes, que vous m'interrogez. Ceux qui ont été les meilleurs d'entre eux dans les temps antéislamiques sont également les meilleurs d'entre eux dans l'islâm, lorsqu'ils sont instruits.»

In fine, indication d'un autre *isnâd.*

2. *ʿOrwa-ben-Ez-Zobaïr* rapporte, d'après ʿAïcha, que le Prophète, s'adressant à cette dernière, lui dit : «Ordonne à Abou-Bakr de présider la prière des fidèles. — C'est un homme au cœur sensible, répondit-elle; dès qu'il occupera ta place, il sera très ému.»

Le Prophète renouvela son ordre et ʿAïcha y fit la même objection. Enfin, dit Choʿba, un des râwi, à la troisième — ou suivant une variante — à la quatrième fois, le Prophète s'écria : «Vous êtes, vous autres, comme les compagnes[1] de Joseph. Donnez l'ordre à Abou-Bakr.»

3. *Abou-Mousa,* d'après Qaïs-El-ʿAchʿari, rapporte que le Prophète, étant tombé malade, dit : «Ordonnez à Abou-Bakr de présider la prière des fidèles.» (ʿAïcha) ayant répondu que Abou-Bakr était un homme (sensible), le Prophète répéta ses paroles et ʿAïcha fit la même réplique. Alors le Prophète s'écria : «Donnez-lui l'ordre. Vous êtes, vous autres, comme les compagnes de Joseph.» Abou-Bakr présida la prière du vivant de l'Envoyé de Dieu.

Hosaïn rapporte, d'après Zâïda, que Abou-Bakr était un homme sensible.

4. *El-Aʿredj* rapporte, de Abou-Horaïra, le propos suivant : «L'Envoyé de Dieu dit : «Ô mon Dieu! sauve ʿAyyâch-ben-Abou-«Rebîʿa; ô mon Dieu! sauve Salama-ben-Hichâm; ô mon Dieu! «sauve El-Oualîd-ben-El-Oualîd; ô mon Dieu! sauve les humbles «d'entre les Croyants; ô mon Dieu! fais durement peser ta colère «contre Moḍar; ô mon Dieu! que cette colère dure des années aussi «nombreuses que celles de Joseph[2]!»

5. *Saʿîd-ben-El-Mosayyab* et *Abou-ʿObaid* racontent que Abou-Horaïra s'est exprimé ainsi : «L'Envoyé de Dieu a dit : «Dieu fera «miséricorde à Loth, parce que (dans l'adversité) il a cherché un «refuge auprès d'un appui solide (Dieu). Et si j'étais resté en pri-«son aussi longtemps qu'y resta Joseph, et qu'on fût venu m'annon-«cer ma libération, je l'aurais acceptée (immédiatement).»

6. *Masrouq* a dit : «Comme j'interrogeais Omm-Roumân, la mère de ʿAïcha, au sujet des propos tenus sur sa fille, elle me répondit : «Tandis que, ʿAïcha et moi, nous étions assises, nous vîmes

[1] Plus exactement «les compagnes de la femme de Putiphar auxquelles on fit admirer la beauté de Joseph».

[2] C'est-à-dire «les années pendant lesquelles dura la disette au temps de Joseph».

« tout à coup entrer chez nous une femme des Anṣâr qui disait : « Dieu agisse contre un tel, qu'il agisse contre lui! — Pourquoi « cela, demanda Omm-Roumân? — L'histoire de l'aventure s'est « répandue, ajouta la femme. — Quelle aventure, demanda ʿAïcha? » « La femme la lui raconta alors. « ʿAbou-Bakr et l'Envoyé de Dieu « en ont-ils entendu parler? reprit ʿAïcha. — Oui, répliqua Omm-« Roumân. » A ces mots ʿAïcha s'évanouit et, quand elle revint à « elle, elle fut saisie de fièvre avec frisson. « Qu'a-t-elle, demanda « le Prophète qui survint à ce moment? — Elle a été prise de fièvre, « répondit Omm-Roumân, à cause (du récit) de l'aventure que l'on « colporte sur ton compte. » Se levant sur son séant, ʿAïcha dit alors : « Par Dieu, si je jure, vous ne me croirez pas, et si je donne une « justification, vous ne l'accepterez pas. Ma situation vis-à-vis de « vous est la même que celle de Jacob vis-à-vis de ses enfants. Dieu « seul peut me venir en aide contre vos accusations. » Le Prophète « s'en alla et reçut la révélation que l'on sait; il informa ʿAïcha qui « s'écria : « Je loue Dieu et ne loue personne autre. »

7. *Orwa* raconta, qu'ayant interrogé ʿAïcha sur ce qu'elle pensait de ces mots du Coran : « Jusqu'au moment où les prophètes désespérèrent et où ils supposèrent qu'ils étaient traités d'imposteurs. — ou qu'on leur avait menti » (sourate xii, verset 110). — Pas du tout, répondit-elle, c'est leur peuple qui les avait traités d'imposteurs. — Mais alors, repris-je, puisque, par Dieu, ils étaient certains que leur peuple les avait traités d'imposteurs, sur quoi se portait leur supposition? — Mon cher ʿOrwa, répliqua-t-elle, ils étaient bien certains du sentiment de leur peuple. Peut-être, ajoutai-je, faut-il lire : « Qu'on leur avait menti ». — A Dieu ne plaise, s'écria-t-elle, jamais les prophètes n'ont pu émettre une telle supposition à l'égard du Seigneur. Dans ce verset, (ceux qui faisaient la supposition) c'étaient les disciples des prophètes qui, après avoir cru au Seigneur et avoir ajouté foi aux prophètes, trouvaient que leurs épreuves duraient longtemps et que le succès tardait à venir. Alors les Prophètes désespérèrent de ceux de leur peuple qui les

traitaient d'imposteurs et ils supposèrent que leurs disciples les traiteraient aussi d'imposteurs, quand Dieu est enfin venu à leur secours.»

El-Bokhâri explique le sens de استيأس, et dit que le verbe primitif, précédé d'une négation, a le sens d'«espérer».

8. D'après *Ibn-ʿOmar*, le Prophète a dit : «Le généreux, fils de généreux, fils de généreux, fils de généreux, c'est Joseph, fils de Jacob, fils d'Isaac, fils d'Abraham. Sur eux soit le salut!»

CHAPITRE XX. — *De ces mots du Coran : «Et Job, souviens-toi qu'il s'adressa au Seigneur en ces termes : «Le mal m'a frappé, mais tu es le plus clément «des cléments...»* (sourate XXI, verset 83). *Dans la sourate XXXVIII, verset 41,* ركض *signifie «frapper du pied». Dans la sourate XXI, verset 12, ce verbe signifie aussi «courir».*

1. *Abou-Horaïra* rapporte que le Prophète a dit : «Tandis que Job, le corps nu, se lavait, une troupe de sauterelles d'or s'abattit sur lui. Comme il les ramassait pour les jeter dans ses vêtements, le Seigneur lui cria : «Hé! Job, ne t'ai-je donc pas rendu assez «riche sans ce que tu vois là? — Certes oui, Seigneur, répondit «Job, mais je ne serai jamais assez riche pour me passer de ta «bénédiction.»

CHAPITRE XXI. — *De ces mots du Coran : «Et mentionne dans le Livre, Moïse, car il fut d'une piété pure. Il fut Envoyé et Prophète. – Aussi nous l'interpellâmes du côté droit du Sinaï, et nous le fîmes approcher de nous pour l'entretenir en particulier. – Et nous lui avons donné, en signe de notre clémence, son frère Aaron qui était prophète»* (sourate XIX, versets 52, 53 et 54). *– Le mot* نجى *s'emploie pour le singulier, le duel et le pluriel; quand on le considère comme un singulier, on lui donne le pluriel* أنجية. *Dans la sourate VII, verset 114, le mot* تلقف *est synonyme de* تلقم[1].

1. D'après *ʿOrwa*, ʿAïcha a dit : «Le Prophète revint auprès de Khadîdja, le cœur tout palpitant. Elle l'emmena chez Waraqa-ben-

[1] Dans Qastallâni aucun ḥadits ne figure sous cette rubrique, qui est suivie immédiatement du chapitre XXIII de l'édition de Krehl.

Naufal. Cet homme avait embrassé le christianisme et récitait l'Évangile en arabe. «Et que vois-tu? demanda Waraqa.» Puis le Prophète lui ayant raconté ce qu'il voyait, il s'écria : «C'est le «*nâmous* (confident) que Dieu a envoyé autrefois à Moïse. Si je suis «encore vivant ton jour venu, je t'aiderai de toutes mes forces. Le «*nâmous* est celui à qui l'on confie des choses intimes que l'on cache «à tous les autres.»

CHAPITRE XXII. — *De ces mots du Coran : «Est-elle parvenue jusqu'à toi l'aventure de Moïse, quand il vit un feu. . . .» jusqu'à : «dans la vallée bénie de Towa»* (sourate xx, versets 8, 9, 10, 11 et 12). — آنسْتُ *signifie «j'aperçois»; (dans le verset 9, «j'aperçois un feu, — peut-être vous en rapporterai-je un tison). — Ibn-ʿAbbâs dit que* المقدّس *signifie ici «béni», que Towa est le nom de la vallée. — Dans la sourate* xx, *verset 22,* سيرتها = جالتها ; *verset 56,* النهى = التقى; *verset 90,* بملْكنا = بأمرنا; *verset 83,* شقى = هوى. *Dans la sourate* xxviii, *verset 9,* فارغًا *signifie «vide de tout, excepté de la mention de Moïse»; verset 34,* ردا كى يصدقنى *«un aide» afin qu'on crût en moi. On dit que le mot* ردأً *signifie «qui vient au secours» ou «qui aide»; verset 18, on lit :* يَبْطِش *ou* يَبْطُش; *verset 19,* يأتمرون = يتشاورون; *verset 29, le mot* جذوة *signifie ici «un gros morceau de bois qui ne donne pas de flammes»; verset 35,* سَنَشُدّ = سنُعِينك *nous t'aiderons pour lui, «chaque fois que tu voudras faire œuvre pénible, tu le prendras comme aide». — Un autre que Ibn-ʿAbbâs, au sujet du verset 28 de la sourate* xx, *a dit : «Toutes les fois que quelqu'un ne peut pas prononcer une lettre ou qu'il a un bégaiement ou un défaut de langue, on dit qu'il a une* عُقْدَة.» *— Sourate* xx, *verset 32,* أزرى = ظهري; *verset 64,* فيسحتكم = فيهلككم; *verset 66,* المثْلَى *est le féminin de* الامثل; *on entend la religion par ces mots :* بطريقتكم المثلى *«par la voie la meilleure». On dit* خذ المثلى *et* خذ الامثل *«prends le meilleur»; verset 67,* ثمّ ائتوا صفًّا; *on dit : «Es-tu allé aujourd'hui au* صفّ», *c'est-à-dire à l'endroit où se fait la prière; verset 70,* فاوجس *signifie «concevoir» et, dans le mot* خيفة, *le* ي *remplace un* و *radical à cause du kesra qui le précède; verset 74,* فى جذوع = على جذوع; *verset 96,* خطبك = بالك; *verset 96,* مِسَاس *est le nom d'action de* مسّ; *97,* لَنَنْسِفَنَّه = لنذرينّه *«disperser les cendres»; verset 117,* الضحاء *a le sens de «chaleur»; sourate* xxviii, *verset 10,*

قصيّة a le sens de « suis sa trace »; cependant ce mot est pris parfois dans le sens de « raconter les péripéties »; عن جُنُب = عن بُعْد; on emploie dans le même sens عن جنابة et عن اجتناب; sourate xx, verset 42, Modjâhid explique على قَدَر par موعد « rendez-vous »; verset 44, لاتَنِيَا = لاتضعفا; verset 79, يَابِسًا = يبسًا; sourate xx, verset 90, من زينة القوم c'est-à-dire des bijoux qu'ils avaient empruntés à la famille de Pharaon; فقذفْتُها est pour فقذفْتُ بها avec le sens de « jeter »; القى = صنع; فَنَسِيَ signifie « il a oublié leur Moïse », c'est-à-dire celui du Samaritain et de ses acolytes qui disaient : « Moïse a commis une faute à l'égard du Seigneur en ne lui parlant pas du Veau (d'or). »

1. D'après *Mâlik-ben-Saʿṣaʿa*, le Prophète, leur racontant la nuit de son ascension, dit : « Ensuite nous arrivâmes au cinquième ciel. Là se trouvait Aaron. L'ange dit : « C'est Aaron », et il le salua. Je le saluai à mon tour, et il me rendit le salut, puis il ajouta : « Qu'il « soit le bienvenu, le frère vertueux, le prophète vertueux. »

Confirmation du ḥadits d'après un autre *isnâd.*

CHAPITRE XXIII.[1] — *De ces mots du Coran : « Un homme croyant de la famille de Pharaon, mais qui cachait sa foi, dit. . . . . celui qui est un pervers, menteur »* (sourate xl, verset 29).

CHAPITRE XXIV. — *De ces mots du Coran : «[2] . . et Dieu adressa en réalité la parole à Moïse »* (sourate iv, verset 162).

1. *Saʿîd-ben-El-Mosayyib* rapporte les paroles suivantes de Abou-Horaïra : « L'Envoyé de Dieu a dit : « La nuit où on m'enleva au « ciel, je vis Moïse. C'était un homme maigre, aux cheveux lisses, « et (à sa taille) on eût dit un homme des Chenoua. Je vis ensuite « Jésus. C'était un homme trapu, rouge comme un homme qui sort « du bain. Des descendants d'Abraham, c'est moi qui lui ressemble le « plus. Ensuite on m'apporta deux vases : l'un qui contenait du lait,

[1] Ce chapitre ne figure pas à cette place dans toutes les copies. Qasṭallâni se contente de dire qu'il a déjà été formulé précédemment. Cf. chap. XXXII.

[2] L'édition de Krehl ajoute : « L'histoire de Moïse t'est-elle parvenue? » Ce serait le verset 8 de la sourate xx à ajouter au fragment du verset suivant.

« l'autre du vin. « Bois celui des deux que tu voudras, me dit « Gabriel. » Je pris le lait et le bus. « Tu as pris la (vraie) religion, ajouta-t-il; si tu avais pris le vin, ton peuple aurait été dans « l'erreur. »

2. *Ibn-ʿAbbâs* rapporte que le Prophète a dit : « Il ne convient pas qu'un homme (quelconque) dise : « Je vaux mieux que Younos-« ben-Mata », en indiquant le nom du père de Younos. » Parlant de la nuit où il fut enlevé au ciel, le Prophète ajouta : « Moïse était « roux et de haute taille; on eût dit un homme des Chenoua. Jésus « avait les cheveux frisés et il était trapu. » Il mentionna encore l'ange qui garde l'Enfer et il parla de l'Antéchrist.

3. D'après *Ibn-ʿAbbâs,* quand le Prophète arriva à Médine il trouva les Juifs qui jeûnaient un jour, c'est-à-dire le jour de ʿAchourâ. « C'est un grand jour que celui-ci, lui dirent-ils, c'est le jour où Dieu sauva Moïse et fit périr les gens de Pharaon dans les flots. Alors Moïse jeûna ce jour-là pour remercier Dieu. — Moi, s'écria le Prophète, je suis plus près de Moïse qu'eux[1]. » Il jeûna donc et ordonna aux fidèles de jeûner ce jour-là.

CHAPITRE XXV. — *De ces mots du Coran : « Nous assignâmes à Moïse un rendez-vous de trente nuits*[2] *auxquelles nous ajoutâmes un complément de dix (nuits) en sorte que la durée complète fixée par le Seigneur fut de quarante nuits. Moïse dit à son frère Aaron : « Remplace-moi auprès de mon peuple. « Sois juste et ne t'engage pas dans la voie des perturbateurs. » — Lorsque Moïse fut venu au temps que nous avions marqué et que le Seigneur lui eut parlé, il s'écria : « Seigneur, montre-toi à moi que je te voie. — Tu ne me verras pas, « répondit Dieu... » et moi je suis le premier des croyants »* (sourate VII, versets 138, 139 et 140). — *Verset 139, à propos de* دكّا*, on dit que* دكّه = زلزله*; sourate LXIX, verset 14, il y a* دَكَّتَا *au duel, au lieu du pluriel féminin, parce que* جبال *a été considéré comme un singulier. De même le duel*

[1] C'est-à-dire : que les Juifs.

[2] Les trente nuits seraient celles de dzou-'l-qaʿda et les dix nuits suivantes mèneraient au 10 du mois de dzou'l-hiddja date de la fête des sacrifices, qui serait ainsi l'anniversaire de la fin de l'entrevue de Moïse avec Dieu. Dans le calcul du temps, *nuit* équivaut à *jour.*

féminin a été employé au lieu du pluriel, dans ce passage : أَنَّ السموات والارض كانتا رتقا (sourate XXI, verset 31); *on n'a pas dit* كُنَّ, *mais* كانتا. – *Ibn-ʿAbbâs a dit :* انبجست = انفجرت (sourate VII, verset 160) *et* نتقنا = رفعنا (sourate VII, verset 170).

1. D'après *Abou-Saʿîd-El-Khodry*, le Prophète a dit : « Au jour de la Résurrection, (tous) les hommes s'évanouiront. Moi, je serai le premier à revenir de mon évanouissement, et alors je verrai Moïse cramponné à l'un des pieds du trône. Je ne sais s'il sera revenu à lui avant moi, ou s'il aura été épargné à cause de son évanouissement sur le Sinaï. »

2. *Hammâm* rapporte le propos suivant d'Abou-Horaïra : « N'étaient les Benou-Israël, la viande ne se serait jamais corrompue; n'était Ève, jamais à aucune époque une femme n'aurait trompé son mari. »

CHAPITRE XXVI[1]. — *Sourate VII, verset 130,* طوفان, *qui s'emploie en parlant d'un torrent (inondation), se dit également en parlant de morts nombreuses (épidémie);* القُمَّل *désigne le* حنان *qui ressemble à de petites teignes;* حقيق = حقّ; *sourate VII, verset 148,* سُقِطَ في ايديهم *signifie « ils se repentirent »; on dit de toute personne qui se repent :* سُقِطَ في يده.

CHAPITRE XXVII. — Histoire de El-Khaḍir avec Moïse.

1. *ʿObaïd-Allah-ben-ʿAbdallah* raconte que Ibn-Abbâs eut une discussion avec El-Ḥorr-ben-Qaïs-El-Fazâri au sujet du compagnon de Moïse. Ibn-ʿAbbâs soutenait que c'était Khaḍir et, comme à ce moment Obayy-ben-Kaʿb vint à passer près d'eux, il l'appela et lui dit : « Je suis en discussion avec mon ami que voici au sujet du compagnon de Moïse, de celui qu'il avait demandé (à Dieu) de lui faire savoir où il pourrait le rencontrer. As-tu entendu l'Envoyé de Dieu mentionner quelque chose à son sujet? — Oui, répondit Obayy, j'ai entendu l'Envoyé de Dieu s'exprimer ainsi : « Pendant

[1] Qasṭallâni ne fait pas un chapitre spécial de tout ce paragraphe, non plus que de toute l'histoire relative à Moïse qui vient ensuite.

IMPRIMERIE NATIONALE.

« que Moïse était dans un groupe de Benou-Israël, un homme « vint : « Connais-tu, demanda-t-il à Moïse, quelqu'un de plus savant « que toi ? — Non, répondit Moïse. » Alors Dieu révéla ces mots à « Moïse : « Certes oui, c'est notre serviteur Khaḍir. » Moïse demanda « au Seigneur la route (qu'il devait suivre) pour le trouver. On lui « donna le poisson comme signe de reconnaissance et on lui dit : « Aussitôt que le poisson aura disparu, retourne sur tes pas, tu « rencontreras Khaḍir. » Moïse suivit le poisson dans la mer. Le « jeune serviteur vint dire à Moïse : « Il me semble que, lorsque nous « nous sommes réfugiés sous le rocher, j'ai oublié le poisson, et il « n'y a que le démon qui ait pu me faire négliger d'y songer. — « C'est là ce que nous désirions, répondit Moïse. » Ils revinrent tous « deux sur leurs pas et trouvèrent Khaḍir. Ensuite il se passa à « leur sujet ce que Dieu a raconté dans son Livre. »

2. *Saʿîd-ben-Djobaïr* rapporte qu'il dit à Ibn-ʿAbbâs que Nauf-El-Bikâli prétendait que Moïse, le compagnon de El-Khaḍir, n'était pas le Moïse des Benou-Israël, mais un autre Moïse. « Cet ennemi de Dieu en a menti, s'écria Ibn-ʿAbbâs, car Obayy-ben-Kaʿb nous a rapporté, d'après le Prophète, que Moïse, à qui, pendant un sermon aux Benou-Israël, on demandait quel était l'homme le plus savant, répondit que c'était lui. Dieu le blâma à ce sujet de n'avoir pas reporté toute science au Seigneur et lui dit : « Certes, au con- « fluent des deux mers j'ai un serviteur qui est plus savant que toi. « — Seigneur, s'écria Moïse, et qui me le fera rencontrer ? — ou suivant une variante de Ṣofyân : « Seigneur, et comment le ren- « contrerai-je. — Prends un poisson, répondit Dieu, mets-le dans « un panier ; là où tu perdras le poisson, là sera cet homme. » — (Indication de la variante ثَمَّة au lieu de ثَمَّ).

« Moïse prit un poisson, le mit dans un panier et partit avec son jeune serviteur Youchaʿ-ben-Noun. Arrivés au rocher, ils se couchèrent et Moïse s'endormit. Le poisson s'agita à ce moment, sortit du panier, tomba dans la mer et poursuivit sa route dans les flots. Dieu retint la course des eaux qui formèrent une sorte de tunnel (et le narrateur, ce disant, en indiqua la forme). Moïse et son serviteur poursuivirent leur route toute la nuit et tout le jour. Le lendemain Moïse dit à son serviteur : «Apporte notre déjeuner, « car nous avons éprouvé dans ce voyage une grande fatigue.» Or Moïse n'avait éprouvé de fatigue qu'après avoir dépassé le point que Dieu avait assigné. «Il me semble, répondit le serviteur, que, «lorsque nous nous sommes reposés sous le rocher, j'ai oublié le «poisson. Il n'y a que le démon qui ait pu me faire négliger d'y son- «ger. Il est étonnant qu'il ait poursuivit sa route dans les flots.» Sous la mer était un chemin; aussi grand fut l'étonnement de Moïse et de son serviteur. — Moïse dit alors à son serviteur : «C'était cela ce que nous désirions.»

«Ils revinrent alors sur leurs pas en reprenant exactement le chemin qu'ils avaient suivi et, parvenus au rocher, ils trouvèrent un homme enveloppé entièrement dans son manteau. Moïse salua cet homme qui lui rendit le salut et lui dit : «Comment est le «salut dans ton pays[1]? (Qui es-tu?) — Je suis Moïse. — Moïse «des Benou-Israël? — Oui, je suis venu vers toi afin que tu m'en- «seignes la vérité que tu sais. — O Moïse, reprit Khaḍir, j'ai une «science qui me vient de Dieu; il m'a enseigné des choses que tu «ne sais pas. Toi tu as une science qui te vient de Dieu; il t'a enseigné des choses que je ne sais pas. — Puis-je t'accompagner? «demanda Moïse. — Jamais, répondit El-Khaḍir, tu ne seras «capable d'avoir de la patience avec moi. D'ailleurs comment «pourrais-tu avoir de la patience pour des choses que tu ne con- «nais pas...»

«Enfin quand Moïse eut dit qu'il ne désobéirait pas, ils se mirent en marche tous les deux sur le bord de la mer. Comme un navire venait à passer près d'eux, ils demandèrent aux marins de les transporter. Ceux-ci, ayant reconnu El-Khaḍir, le prirent à

[1] On explique ces mots par : «Y a-t-il la formule du salut dans ton pays?» Cette formule permettait de reconnaître la religion de celui qui la prononçait. Mais la variante : «Qui es-tu?» indiquée dans le commentaire paraît plus vraisemblable.

bord avec son compagnon sans demander de rétribution. Aussitôt qu'ils furent embarqués, un moineau vint se poser sur le bord du navire et, de son bec, prit une ou deux gouttes d'eau dans la mer. « Ô Moïse, dit alors El-Khaḍir, ni ma science ni la tienne n'ont « diminué la science de Dieu, sinon dans la proportion que le bec « de cet oiseau a diminué le volume de la mer. » Tout à coup El-Khaḍir prit une hache et arracha une planche du navire. Moïse n'avait pas eu le temps de revenir de sa surprise que la hache d'El-Khaḍir avait enlevé la planche. « Que fais-tu là ? s'écria Moïse. Voilà « des gens qui nous ont embarqués sans rétribution et, de propos « délibéré, tu éventres leur navire pour noyer les gens qu'il porte. « Tu commets une chose (grave). — Ne t'avais-je pas dit, répliqua « El-Khaḍir, que tu serais incapable d'avoir de la patience avec « moi ? — Ne m'en veuille pas, reprit Moïse, d'avoir oublié (ta « recommandation) et ne te montre pas dur envers moi à cause de « cela. » Ce fut le premier oubli commis par Moïse.

« Quand ils eurent quitté la mer, ils passèrent près d'un garçon qui jouait avec d'autres enfants. El-Khaḍir saisit la tête de ce jeune garçon et l'arracha de sa main (et Sofyân, en disant cela, fit avec ses doigts le geste de quelqu'un qui cueille quelque chose). « Est-ce « que, s'écria Moïse, tu tues un être innocent sans qu'il ait commis « de meurtre ? Tu fais là une chose répréhensible. — Ne t'avais-je « pas dit, ajouta El-Khaḍir, que tu serais incapable d'avoir de la « patience avec moi ? — Si, après cela, répliqua Moïse, je te « demande des explications sur quelque chose, ne me garde plus « avec toi, car tu auras acquis une excuse vis-à-vis de moi. » Poursuivant leur route, ils arrivèrent chez les habitants d'un bourg. Les habitants auxquels ils demandèrent à manger refusèrent de leur donner l'hospitalité. Dans ce bourg il y avait un mur qui penchait et menaçait ruine. El-Khaḍir, de la main, fit le geste (et le râwi Sofyân le reproduisit) de quelqu'un qui frotte en allant vers le haut (un des râwi dit qu'il n'a entendu qu'une seule fois Sofyân employer le mot « penchant »). « Comment, s'écria Moïse,

« voilà des gens chez qui nous nous sommes présentés, qui nous ont « refusé à manger et ne nous ont point accordé l'hospitalité, et « tu vas droit à leur mur (pour le redresser). Si tu avais voulu tu « aurais, pour cela, exigé d'eux un salaire ? »

« Maintenant que nous allons nous séparer, dit El-Khaḍir, je « vais te donner l'explication des choses qui ont mis ta patience à « l'épreuve. »

« Nous aurions aimé, dit le Prophète, que Moïse eût eu plus de patience, mais c'est ainsi que Dieu nous a conté cette aventure. » D'après Sofyân, le Prophète se serait exprimé ainsi : « Dieu fera miséricorde à Moïse. S'il avait eu de la patience, Dieu nous l'aurait conté dans cette aventure. »

Ibn-ʿAbbâs récitait ainsi ce passage du Coran : « . . . *devant* (au lieu de derrière) eux était un roi qui s'emparait par la violence de chaque navire *pieux*. Et quant au jeune garçon, *c'était un infidèle* dont la mère et le père étaient tous deux croyants. . . » (sourate xviii, versets 78 et 69). Sofyân ajoute : « Je lui ai entendu réciter ce passage deux fois et je l'ai retenu tel quel. » Et comme on lui demandait s'il l'avait su par cœur avant de l'avoir entendu de la bouche de ʿAmr, ou s'il l'avait appris d'un tiers, il répondit : « Et de qui donc l'aurais-je appris ? Un autre que moi l'a rapporté d'après ʿAmr, et moi je l'ai entendu dire deux ou trois fois et je l'ai retenu par cœur. »

3. Selon *Abou-Horaïra*, le Prophète a dit : « El-Khaḍir a été nommé ainsi parce que s'étant assis sur une terre blanche[1] celle-ci se mit tout à coup à s'agiter derrière lui, après avoir pris la couleur verte. »

In fine, indication d'un autre *isnâd*.

CHAPITRE XXVIII.

1. *Hammâm-ben-Monabbih* a entendu Abou-Horaïra s'exprimer ainsi : « L'Envoyé de Dieu a prononcé les paroles suivantes : « On

[1] C'est-à-dire une terre nue, non couverte de plantes.

«avait dit aux Benou-Israël : «Entrez par la porte et dites : «Rémission.» Au lieu de cela, ils entrèrent en se traînant sur «leurs fesses et en disant : «Un grain dans un cheveu[1].»

2. D'après *Abou-Horaïra,* l'Envoyé de Dieu a dit que Moïse était un homme pudibond et qui aimait à se calfeutrer. Par pudeur il ne laissait voir absolument rien de sa peau. Certains Benou-Israël l'attaquèrent à ce propos en disant : «Il ne se calfeutre ainsi que parce qu'il a quelque maladie de la peau, soit la lèpre, soit un varicocèle, soit quelque autre défaut.» Dieu voulut justifier Moïse de la calomnie répandue contre lui. Un jour que Moïse était seul, il déposa ses vêtements sur un rocher, puis il se lava. Quand il eut achevé et qu'il s'avança vers ses vêtements pour les prendre, le rocher se mit à courir en emportant les vêtements. Prenant son bâton, Moïse se mit à la poursuite du rocher en criant : «Mes vêtements, ô rocher, mes vêtements, ô rocher!» Et, tout en courant il arriva vers l'assemblée des Benou-Israël qui le virent alors tout nu et le plus beau des êtres créés par Dieu. C'est ainsi que Dieu le justifia de la calomnie répandue contre lui. Puis le rocher s'arrêta; Moïse prit ses hardes, s'en revêtit et se mit à frapper le rocher avec son bâton. Par Dieu, à la suite de ce coup, le rocher gémit trois, quatre ou cinq fois. C'est à cela que font allusion ces paroles du Coran : «Ô vous qui croyez, ne soyez pas comme ceux qui calomnièrent Moïse. Dieu le justifia des propos tenus sur son compte et Moïse fut un personnage auprès de Dieu» (sourate XXXIII, verset 69).

3. *Abou-Waïl* a entendu ʿAbdallah(-ben-Masʿoud) dire : «Le Prophète ayant opéré un partage (le jour de Ḥonaïn), un homme s'écria : «Voilà un partage qui certes n'a pas été fait en vue de la «face de Dieu.» Je me rendis aussitôt auprès du Prophète et lui rapportai ce propos. Le Prophète éprouva une colère telle que je la vis paraître sur son visage, puis il dit : «Dieu fera miséricorde

[1] Ces mots, employés par dérision, ne signifient rien de précis.

« à Moïse qui a été plus violemment calomnié que cela et qui s'est « résigné. »

CHAPITRE XXIX. — *De ces paroles du Coran : « . . . qui rendaient un culte à leurs idoles . . . »* (sourate VII, verset 134). — *Au verset 135*, متبّر *signifie « perte ». — Sourate XVII, verset 7*, وليتبّروا *signifie « et afin de détruire » ce dont ils s'étaient emparés;* علوا = غلبوا.

1. *Djâbir-ben-ʿAbdallah* a dit : « Nous étions avec l'Envoyé de Dieu en train de cueillir des fruits d'arak, et l'Envoyé de Dieu nous disait : « Choisissez les plus noirs, ce sont les meilleurs. » Quand on lui demanda : « As-tu jamais gardé les moutons? — Il n'y a pas « un seul prophète, répondit-il, qui n'en ait gardé. »

CHAPITRE XXX. — *De ces mots du Coran : « Souviens-toi lorsque Moïse dit à son peuple : « Dieu vous ordonne d'égorger une vache . . . »* (sourate II, verset 63). — *Abou-'l-ʿAliya explique, sourate II, verset 63*, عوان *par « à mi-chemin de la jeunesse et de la décrépitude »; verset 64*, فاقع *par « pur »; verset 66*, لا ذلول *par « qui n'a pas été avilie par le travail »;* تثير الارض *c'est-à-dire qu'elle n'a pas été avilie par le travail de la terre et qu'elle n'a pas été employée aux labours;* مسلّمة *« exempte » de tout défaut;* لا شية *« pas de blanc »; verset 64*, صفراء, *suivant Abou-ʿObaïda, peut si l'on veut se traduire par « noire »; c'est ainsi qu'on dit* جمالات صفر *« des chameaux noirs »; verset 67*, فادّارأتم *a le sens de « être en discussion sur quelque chose ».*

CHAPITRE XXXI. — De la mort de Moïse et de sa mention ensuite.

1. *ʿAbdallah* rapporte que Abou-Horaïra a dit : « Lorsque, envoyé par Dieu, l'Ange de la mort vint trouver Moïse, celui-ci frappa d'un coup de poing l'Ange qui revint vers le Seigneur et lui dit : « Tu m'as envoyé vers un de tes adorateurs qui ne veut pas mou- « rir? — Retourne vers lui, répondit Dieu, dis-lui de poser sa « main sur le dos d'un taureau et il vivra autant d'années que « sa main couvrira de poils. — Et, Seigneur, s'écria Moïse, après « cela? — Après cela, il faudra mourir, répliqua Dieu. — Eh bien! « que ce soit tout de suite, reprit Moïse. »

« Moïse, ajouta Abou-Horaïra, demanda alors à Dieu de le rapprocher de la Terre-Sainte à la distance d'un jet de pierre. » Puis poursuivant son récit, Abou-Horaïra dit que l'Envoyé de Dieu s'était exprimé ainsi : « Si j'étais en cet endroit-là je vous montre-« rais son tombeau. Il est sur le bord de la route au-dessous de la « Dune rouge (1)

In fine, indication d'un autre *isnâd*.

2. *Sa'îd-ben-El-Mosayyab* rapporte que Abou-Horaïra a dit : « Un homme d'entre les musulmans s'était disputé avec un homme d'entre les juifs. Au cours de la querelle, le musulman ayant juré en disant : « Par Celui qui a choisi Mahomet parmi tous les autres « hommes », le juif s'écria : « Par celui qui a choisi Moïse parmi « tous les autres hommes. » Alors le musulman, levant la main, souffleta le juif. Le juif alla aussitôt trouver le Prophète et lui raconta ce qui s'etait passé entre lui et le musulman. « Ne me don-« nez pas la supériorité sur Moïse, dit Mahomet. Au jour de la Ré-« surrection, tous les hommes s'évanouiront et moi je serai le pre-« mier à reprendre mes sens. A ce moment Moïse sera en train de « saisir un des coins du trône; j'ignore s'il se sera évanoui et s'il « aura repris ses sens avant moi, ou s'il aura été du nombre de ceux « pour lesquels Dieu aura fait une exception. »

3. D'après *Abou-Horaïra*, l'Envoyé de Dieu a dit : « Adam et Moïse discutaient entre eux : « Toi Adam, dit Moïse, tu es celui « que ses fautes ont fait chasser du Paradis, — Moïse, répliqua « Adam, toi que Dieu a choisi pour transmettre ses messages et à « qui il a adressé la parole, tu viens me blâmer en raison d'un évé-« nement pour lequel j'étais prédestiné avant même d'être créé. » Adam, ajouta l'Envoyé de Dieu, réfuta ainsi Moïse par deux fois. »

4. *Sa'îd-ben-Djobaïr* rapporte que Ibn-'Abbâs a dit : « Un jour le Prophète sortit (de son appartement) vers nous et dit : « Comme

(1) Ou : El-Katsîb-el-aḥmar, si c'est un nom propre. Cet endroit, dit Qasṭallâni, se trouve près de Jéricho.

« on me montrait les peuples, je vis une immense masse noire qui « fermait l'horizon et l'on me dit : « Ceci c'est Moïse à la tête de « son peuple. »

CHAPITRE XXXII. — *De ces mots du Coran : « Dieu a donné en exemple à ceux qui ont cru la femme de Pharaon. . . et elle fut du nombre des êtres pieux »* (sourate LXVI, verset 11 et 12).

1. D'après *Abou-Mousa*, l'Envoyé de Dieu a dit : « Un grand nombre d'hommes ont été parfaits, mais parmi les femmes il n'y a eu de parfaite que Asiya, la femme de Pharaon, et Marie, fille d'ʿImrân. Quant à la supériorité de ʿAïcha sur les femmes actuelles, elle est comme celle du *tserîd*[1] sur tous les autres mets. »

CHAPITRE XXXIII. — *De ces mots du Coran : « Certes Qâroun était du peuple de Moïse. . . »* (sourate XXVIII, verset 76). — *Dans ce verset,* لتنوء *signifie « être lourd ». — Ibn-ʿAbbâs explique que* اولى القوّة *« un homme fort » n'aurait pu les porter (les clés), et que* العصبة *indique une troupe d'hommes;* الفرحين = المرحين *« les satisfaits ». — Dans le verset 82,* ويكأنّ الله *équivaut à : « Ne vois-tu pas que Dieu » accroît la richesse de qui il veut; et* يقدر *signifie « il l'augmente ou la diminue ».*

CHAPITRE XXXIV. — *De ces mots du Coran : « Et vers Madian et leur frère Choʿaïb. . .* (sourate XI, verset 85); *c'est-à-dire les gens de Madian, car Madian est un nom de localité. — De même on trouve* اسال القرية *pour* اسال اهل القرية *et* اسال العير *pour* اسال اهل العير. — *Au verset 94,* وراءكم ظِهْرِيًّا *c'est-à-dire : « ils ne se sont pas retournés vers vous ». A quelqu'un qui repousse une chose que vous lui demandez, vous dites :* ظَهَرْتَ حاجتى *ou* جعلتَنى ظِهْرِيًّا. *El-Bokhâri a dit :* الظهرىّ *c'est prendre un animal ou un vase afin d'en tirer avantage*[2]; *verset 95,* مَكَانتكم = مَكَانكم; *verset 98,* يغنوا *signifie « vivre ». — Sourate V, verset 72,* تأس *signifie « t'attrister ». — Sourate VII, verset 91,* آسى *veut dire « je serais peiné ». — El-Ḥasan a dit que c'était*

[1] C'est le nom du mets préféré des Arabes.

[2] Ou : de le tenir en réserve pour s'en servir au besoin si un autre fait défaut. Le mot وعاء « vase » peut être pris ici dans le sens de carquois.

ironiquement que sont pris ces mots : « Certes tu es un homme bienveillant et droit » (sourate XI, verset 89). *Modjâhid a dit :* ليكة *est pour* الايكة ; يوم الظلّة *c'est-à-dire « le jour où le châtiment les couvrira de son ombre ».*

CHAPITRE XXXV. — *De ces mots du Coran : « Et certes Jonas fut un de nos envoyés... il était coupable »* (sourate XXXVII, versets 139, 140, 141 et 142). — *Modjâhid explique* مليم *par* مذنب ; *verset 140,* المشحون *signifie « chargé »; verset 143, « s'il n'avait pas été de ceux qui louent le Seigneur », (il serait resté dans le ventre du poisson); verset 145, mais nous rejetâmes sur* العراء *« la surface de la terre tout malade »; verset 146, et nous fîmes pousser pour lui une plante de yaqtîn, plante sans racine, ou cucurbitacée quelconque; verset 147, et nous l'envoyâmes vers (un peuple de) cent mille (hommes) ou davantage; verset 148, ils (le) crurent et nous leur accordâmes la jouissance (de ce monde) pendant un temps; sourate LXVIII, verset 48. ... Et ne sois pas comme l'homme au poisson qui appelait Dieu alors qu'il était plein d'angoisse,* مكظوم = كظيم *et signifie « angoissé ».*

1. D'après *ʿAbdallah*, le Prophète a dit : « Qu'aucun de vous ne dise : « Je vaux mieux que Jonas » — ou suivant une variante — Jonas, fils de Matta. »

2. D'après *Ibn-ʿAbbâs*, le Prophète a dit : « Il ne convient pas à un fidèle de dire : « Je vaux mieux que Jonas, fils de Matta. » Il fixait ainsi le nom du père de Jonas [1].

3. Selon *El-ʿAredj*, Abou-Horaïra a dit : « Comme un juif étalait sa marchandise (devant les clients), on lui en offrit un prix qu'il trouva dérisoire : « Non, s'écria-t-il, j'en jure par Celui qui a choisi Moïse « parmi tous les êtres humains. » Un homme des Anṣâr, ayant entendu ces paroles, se leva, souffleta le juif et dit : « Comment! tu « dis : « J'en jure par Celui qui a choisi Moïse parmi tous les êtres « humains », alors que le Prophète est au milieu de nous! » Le juif se rendit alors auprès du Prophète et lui dit : « Ô Abou-'l-Qâsim, « je suis ici sous la foi des traités, pourquoi donc un tel m'a-t-il « frappé au visage? — Pourquoi l'as-tu frappé au visage? » demanda le Prophète (au coupable). Le coupable ayant raconté l'aventure,

[1] C'était pour réfuter l'opinion de ceux qui disaient que Matta était le nom de la mère de Jonas.

le Prophète entra dans une telle colère qu'elle parut sur son visage. Puis il dit : «Ne vous prononcez point sur le mérite relatif des pro-«phètes de Dieu. Le jour où on soufflera dans la trompette, à l'ex-«ception de Dieu, tous ceux qui sont dans les cieux et sur la terre «mourront. On soufflera une seconde fois dans la trompette, et je «serai le premier à ressusciter. A ce moment, Moïse sera cram-«ponné au Trône. Je ne sais s'il lui aura été tenu compte de son «évanouissement le jour du Sinaï ou s'il aura été ressuscité avant «moi. Quant à moi, je ne dirai jamais que quelqu'un vaut mieux «que Jonas, fils de Matta[1].»

4. D'après *Abou-Horaïra*, le Prophète a dit : «Il ne convient pas à un fidèle de dire : «Je vaux mieux que Jonas, fils de Matta.»

CHAPITRE XXXVI. — (*Coran*) : «*Interroge-les au sujet du bourg sis au bord de la mer, où l'on transgressait alors le sabbat chaque fois que les poissons venaient ce jour-là élever leurs têtes hors de l'eau..... soyez changés en singes méprisés...*» (sourate VII, versets 163, 164, 165 et 166). — *Verset 163*, يعدون = يتعدّون = يتجاوزون ; شرّع = شوارع.

CHAPITRE XXXVII. — *De ces mots du Coran* : «...*Et nous avons donné un livre à David*» (sourate IV, verset 161). — زبور *fait au pluriel* زبر, *qui signifie* «*livre*» ; زبر = كتب. — «*Nous avons accordé à David une faveur venant de nous. Ô montagnes, proclamez la louange de Dieu avec lui et vous aussi, oiseaux ! Pour lui nous avons amolli le fer en lui disant : «Fabrique des cottes «de mailles. Proportionne les maillons. Faites-le bien, car j'observe tout ce «que vous faites*» (sourate XXXIV, verset 10). — أوّبي = سبّحي ; السرد *signifie* «*les clous et les mailles*». *Les clous qui s'entrelacent ne doivent pas être trop gros, sinon la maille se romprait.* — *Sourate II, verset 251*, أفرغ *signifie* «*fais descendre*» ; *verset 248*, بسطة *signifie* «*supériorité et mérite*».

1. *Abou-Horaïra* rapporte que le Prophète a dit : «La Récitation[2] avait été facilitée à David. Ainsi il donnait l'ordre de seller sa monture et, avant qu'elle ne fût sellée, il avait terminé la

[1] Ce hadits ne figure pas dans l'édition de Krehl.

[2] Le mot employé ici est القرآن (le Coran) : mais, au dire du commentaire, tout livre révélé par Dieu peut porter ce nom.

Récitation (des psaumes). Il ne mangeait que ce qui provenait du produit du travail de ses mains. »

In fine, indication d'un autre *isnâd.*

2. *Abou-Salama-ben-ʿAbderraḥman* rapporte le propos suivant de ʿAbdallah-ben-ʿAmr : « L'Envoyé de Dieu, ayant été informé que je disais : « Par Dieu, je veux absolument jeûner le jour et passer « toute la nuit en prière tant que je vivrai », s'adressa à moi en ces termes : « C'est toi qui dis : « Par Dieu, je veux absolument jeûner « le jour et passer toute la nuit en prières tant que je vivrai. » — « C'est ce que j'ai dit en effet, répliquai-je. — Certes, reprit-il, tu « seras incapable de faire cela. Jeûne, romps le jeûne, prie la nuit « et dors ensuite. Jeûne trois jours par mois; les bonnes actions te « seront comptées au décuple et cela te vaudra le jeûne perpétuel. « — Certes, répliquai-je, ô Envoyé de Dieu, je puis faire mieux que « cela. — Jeûne un jour et romps le jeûne pendant deux jours, « riposta-t-il. — Je puis faire mieux que cela, répétai-je. — Alors « jeûne un jour sur deux; c'est ainsi que jeûnait David et c'est le « jeûne le mieux équilibré, ajouta le Prophète. — Ô Envoyé de « Dieu, m'écriai-je, je puis faire mieux que cela. — Il n'y a pas « mieux que cela », observa le Prophète. »

3. *Ibn-ʿAbbâs* rapporte que ʿAbdallah-ben-ʿAmr-ben-El-ʿÂṣ fit ce récit : « L'Envoyé de Dieu me dit : « Ne vient-on pas de m'annoncer « que tu passes (toute) la nuit en prières et que tu jeûnes le jour? « — Oui (c'est vrai), répondis-je. — Si tu continues ainsi, répliqua « le Prophète, tu vas perdre la vue et épuiser tes forces. Jeûne « donc trois jours par mois, ce qui équivaudra à un jeûne perpé- « tuel — ou suivant une variante — ce sera comme un jeûne « perpétuel. — Mais, repris-je, je m'en trouve [la force]. (C'est Misʿar « qui ajoute ce mot.) — Alors, ajouta le Prophète, jeûne, comme « le faisait David, de deux jours l'un, et David ne fuyait pas quand « il rencontrait l'ennemi [1]. »

[1] C'est-à-dire que, malgré son jeûne, il conservait la plénitude de ses forces pour résister à l'ennemi et le combattre.

CHAPITRE XXXVIII. — La prière la plus agréable à Dieu est celle que faisait David; le jeûne le plus agréable à Dieu est celui que pratiquait David. Il dormait la moitié de la nuit, priait pendant le tiers de la nuit et dormait (ensuite) pendant le dernier sixième de la nuit. Il jeûnait de deux jours l'un. . . . — *ʿAli a dit ces paroles de ʿAïcha : « L'aube n'a jamais trouvé le Prophète chez moi autrement qu'endormi. »*

1. Suivant *ʿAbdallah-ben-ʿAmr*, l'Envoyé de Dieu lui a dit : « Le jeûne le plus agréable à Dieu est celui que pratiquait David; il jeûnait de deux jours l'un. La prière la plus agréable à Dieu est celle que faisait David; il dormait la moitié de la nuit, priait le tiers de la nuit et dormait (ensuite) pendant le dernier sixième de la nuit. »

CHAPITRE XXXIX. — *(Coran) : « . . . . et souviens-toi de notre serviteur David, l'homme puissant, il revenait souvent (à Dieu) . . . . . à trancher une discussion »* (sourate XXXVIII, versets 16, 17, 18 et 19). — *Modjâhid explique* فصل الخطاب *par « comprendre la décision à rendre ». — (Coran) : « Est-elle parvenue jusqu'à toi l'histoire du procès . . . . . ne sois pas partial, dirige-nous dans la bonne voie »* (versets 20 et 21). — تُشْطِط = تُسْرِف. — *« Celui-ci est mon frère; il a quatre-vingt-dix-neuf* brebis *et moi je n'en ai qu'une. Alors il dit: « Confie-la moi. » Il a eu le dessus sur moi dans la discussion. — (David) dit: « Il a commis une injustice à ton égard en réclamant ta brebis pour la joindre « aux siennes. Il y a ainsi un grand nombre de gens qui se réunissent pour se « duper les uns les autres . . . nous avons voulu seulement t'éprouver. » Alors il demanda pardon à Dieu, il tomba à genoux et se repentit »* (versets 22 et 23). — *Dans ces versets,* نعجة *« brebis » signifie « une femme »; on emploie dans le même sens* شاة; كفل *signifie « réunir à soi », comme dans* وكفلها زكريا; عزّني = غلبني *« l'emporter dans la discussion »; on se sert dans le même sens de* جعله عزيزا *et de* أعزّ *(IVe forme);* الخطاب *a ici le sens de « discussion, conférence »,* محاورة; الخلطاء *est synonyme de* الشركاء *« les associés »;* فتنّاه *signifie « mettre à l'épreuve ». ʿOmar le lisait (à la IIe forme)* فتّنّاه.

1. *El-ʿAwwâm* rapporte que Modjâhid a dit : « Comme je demandais à Ibn-ʿAbbâs si je devais me prosterner durant (la sourate) Ṣâd, il récita ces mots du Coran : « . . . et de sa postérité, David « et Salomon . . . . . et suis la même bonne direction qu'eux . . . . . »

(sourate VI, versets 84, 85, 86, 87, 88, 89 et 90), et il ajouta : « Votre Prophète est un de ceux dont on vous a ordonné de suivre « l'exemple. »

2. *'Ikrima* rapporte que Ibn-'Abbâs a dit : « (La prosternation durant la sourate) Ṣâd n'est pas une des prosternations obligatoires; cependant j'ai vu le Prophète se prosterner lors de sa récitation. »

CHAPITRE XL. — *De ces mots du Coran : « Et à David nous avons donné Salomon. Quel admirable serviteur (Salomon); il revenait souvent à Dieu »* (sourate XXXVIII, verset 29). — أوّاب = الراجع المنيب *« qui vient à résipiscence ».* — *« . . . Et donne-moi un pouvoir tel qu'il ne puisse convenir à nul autre après moi. . . »* (verset 38). — *« Et ils ont suivi ce que les démons leur lisaient sur le pouvoir de Salomon. . . . . »* (sourate II, verset 96). — *« Nous soumîmes à Salomon les vents qui, dans leur matinée, font un trajet d'un mois et en font autant dans la soirée; nous fîmes couler pour lui la source de bronze. Parmi les génies, il en est qui, sur l'ordre de Dieu, travaillaient en sa présence, tandis que d'autres s'éloignaient de lui en dépit de notre ordre. A ceux-ci nous ferons goûter le châtiment du feu ardent de l'Enfer. — Ils exécutaient pour lui tous les édifices qu'il désirait, ainsi que des statues, des vasques telles que des abreuvoirs et des chaudrons solides. Ô gens de David, pratiquez la reconnaissance. Les hommes reconnaissants sont si peu nombreux parmi mes serviteurs! — Quand nous eûmes décidé la mort (de Salomon), ce fut un animal de la terre qui la leur annonça en rongeant son bâton. Salomon tombant alors, les génies. . . avilissants »* (sourate XXXIV, versets 11, 12 et 13). — اسلنا *signifie « nous fîmes fondre ».* محاريب, *dit Modjâhid, s'applique à des « constructions moindres que des châteaux ».* كالجواب *comme le « bassin où s'abreuvent les chameaux »; c'est « comme une excavation du sol », dit Ibn-'Abbâs.* دابّة الارض *est* الارضة *« le ver »;* منسأته = عصاه *« son bâton ».* — *« . . . . . l'amour des biens plutôt que la mention du Seigneur. . . »* (sourate XXXVIII, verset 31). — من ذكر = عن ذكر. — *« Il se mit à frotter les jarrets et les cous »* (verset 32). — *Par* السوق والاعناق, *il faut entendre les crinières* اعراف *et les tendons* عراقيب *des chevaux. Verset 38,* الاصفاد *équivaut à* الوثاق *« les liens ». Modjâhid dit que* الصافنات (verset 30) *vient de l'expression* صفن الفرس, *qui signifie « cheval qui lève une de ses jambes de façon à reposer sur le bout du sabot »;* الجياد *veut dire « rapides à la course »; verset 33,* جَسَدًا *signifie « un démon »; verset 35,* رخاء = طيبة; حيث أصاب = حيث شآء

«*où il voulait*»; *verset 38*, فامنن *signifie* «*donne*»; بغير حساب «*sans craindre de pécher*».

1. D'après *Abou-Horaïra*, le Prophète a dit : «Un *'ifrît* d'entre les génies m'est apparu soudain la nuit dernière pour interrompre ma prière. Dieu l'ayant mis en ma possession, je pris cet 'ifrît et voulus l'attacher à un des piliers de la mosquée afin que vous puissiez tous le voir. Mais, m'étant souvenu de l'invocation faite par mon frère Salomon en ces termes : «Seigneur, donne-moi un «pouvoir tel qu'il ne puisse convenir à nul autre que moi», je le renvoyai en le chassant.»

'Ifrît est le nom de tout rebelle, homme ou génie. Ce mot est du même type que *zibniya* (زبنية), dont une troupe est dite : زبانية.

2. *Abou-Horaïra* rapporte du Prophète le propos suivant : «Salomon, fils de David, a dit : «(Par Dieu), cette nuit je vais voir «successivement soixante-dix femmes, et chacune de ces femmes «deviendra enceinte d'un cavalier qui combattra dans la voie de «Dieu. — Ajoute, lui dit son interlocuteur : «Si Dieu veut». Salomon n'ayant point ajouté ces mots, aucune femme ne devint enceinte, sauf une qui mit au monde un enfant à qui il manquait la moitié du corps. Si, ajouta le Prophète, Salomon avait prononcé ces mots (si Dieu veut), ils[1] auraient combattu dans la voie de Dieu.»

Cho'aïb et Ibn-Abou-'z-Zinâd remplacent 70 par 90, et ce dernier chiffre est le plus authentique.

3. D'après *Yezîd*, Abou-Dzarr a dit : «Comme je demandais à l'Envoyé de Dieu quel était le premier temple bâti, il me répondit : «Le temple sacré. — Et ensuite? continuai-je. — Ensuite, reprit-«il, ce fut le temple de Jérusalem. — Et quel a été l'intervalle «entre eux? repris-je. — Quarante (ans)», répliqua-t-il. Puis il ajouta : «Partout où t'atteindra l'heure de la prière, accomplis-la, «car la terre (entière) est pour toi un oratoire.»

[1] C'est-à-dire les enfants qui seraient nés.

4. *Abou-Horaïra* a entendu l'Envoyé de Dieu dire : « Ma situation à l'égard des gens est celle d'un homme qui a allumé un feu. Alors les phalènes et autres insectes se sont précipités dans ce feu. » Puis il[1] dit : « Il y avait deux femmes qui, chacune, avaient un fils. Le loup ayant emporté l'un de ces enfants, l'une des mères dit à l'autre : « C'est ton enfant que le loup a emporté. — Non, répliqua l'autre, « c'est le tien. » Comme elles avaient porté leur différend devant David, celui-ci donna gain de cause à la plus âgée (des deux femmes). Les deux mères se rendirent alors auprès de Salomon et lui exposèrent l'affaire. « Qu'on m'apporte un couteau, déclara Salomon, « je vais partager l'enfant entre elles deux. — Ne faites pas cela, au « nom du Ciel, s'écria la plus jeune des femmes, c'est son enfant. » Et Salomon donna gain de cause à la plus jeune. »

Abou-Horaïra ajoute : « C'est ce jour-là pour la première fois que j'ai entendu employer le mot سكّين (couteau). Nous ne nous servions jamais auparavant que du mot مُدْية. »

CHAPITRE XLI. — *De ces mots du Coran : « Nous avons donné à Loqmân la sagesse en lui disant : « Sois reconnaissant envers Dieu . . . . . grave »* (sourate xxxi, versets 11 et 12). — *« Mon cher enfant, n'y aurait-il qu'un grain de moutarde . . . . . orgueilleux »* (versets 15, 16 et 17). — تصعّر *se dit des « contorsions du visage ».*

1. *'Alqama* rapporte que 'Abdallah a dit : « Quand fut révélé ce verset : « Ceux qui ont cru et qui n'ont mêlé à leur foi aucune ini- « quité. . . . . » (sourate vi, verset 82), les Compagnons du Prophète s'écrièrent : « Et qui de nous n'a pas mêlé à sa foi la moindre « iniquité ? » C'est alors que fut révélé ce verset : « . . . . . n'associe « personne à Dieu, car le polythéisme est une grave iniquité » (sourate xxxi, verset 12).

2. *'Alqama* rapporte que 'Abdallah a dit : « Quand fut révélé ce verset : « Ceux qui ont cru et qui n'ont mêlé à leur foi aucune

[1] Le texte n'est pas suffisamment clair pour qu'on sache si c'est Abou-Horaïra ou le Prophète qui est le sujet de ce verbe « dit ».

«iniquité.....» (sourate vi, verset 82), les musulmans en furent peinés et s'écrièrent : «Ô Envoyé de Dieu, qui de nous ne «commettra pas d'iniquité? — Ce n'est pas de cela qu'il s'agit, répli«qua le Prophète, mais seulement du polythéisme. N'avez-vous «pas entendu ce que Loqmân a dit à son fils quand il le sermonna : «....Mon cher enfant, n'associe personne à Dieu, car le poly«théisme est une grave iniquité» (sourate xxxi, verset 12).

CHAPITRE XLII. — (*Coran*) : «*Cite comme exemple les gens du bourg...*» (sourate xxxvi, verset 12). — *Verset 13,* فعززنا = شددنا «*nous fortifiâmes*», *d'après Modjâhid; verset 18,* طائركم = مصائبكم «*vos calamités*», *au dire d'Ibn-ʿAbbâs.*

CHAPITRE XLIII. — *De ces mots du Coran : «Ceci est le récit de la miséricorde du Seigneur envers son serviteur Zacharie. — Souviens-toi lorsqu'il adressa au Seigneur une invocation discrète. — «Seigneur, dit-il, voici que mes «os se sont affaiblis et que ma tête flamboie de canitie....» — Jamais auparavant nous n'avions donné un nom pareil au sien»* (sourate xix, versets 1, 2, 3, 4, 5, 6, 7 et 8). *Ibn-ʿAbbâs explique* سميًّا *par* مثلًا «*pareil*». *Au verset 6,* رضيًّا = مرضيًّا; *verset 9,* عتيًّا = عصيًّا. عتيًّا *vient de* عتا, يعتو. — «*Seigneur, dit-il, comment aurais-je un fils, maintenant que ma femme a été stérile et que je suis arrivé à l'âge de la décrépitude.......trois nuits successives*» (versets 9, 10 et 11). سويًّا (*successives*) *est pris aussi dans le sens de* صحيح «*valide*» (*et se rapporterait alors à Zacharie*). — «*Il sortit du temple vers les fidèles et leur fit signe de prier matin et soir*» (verset 12). فاوحى = فاشار. — «*Ô Yaḥya, prends le Livre fortement..... et au jour où il sera ressuscité*» (versets 13, 14 et 15). حفيًّا = لطيفًا «*bienveillant*»; *au verset 48,* عاقر *se dit également du mâle et de la femelle* (*stérile, impuissant*).

1. *Anas-ben-Mâlik* rapporte, d'après Mâlik-ben-Ṣaʿṣaʿa, que le Prophète leur a raconté la nuit où il avait été enlevé au ciel, disant qu'ensuite il monta jusqu'à ce qu'il atteignit le deuxième ciel. L'ange ayant demandé qu'on lui ouvrît, on lui dit : «Qui est-ce? — Gabriel. — Et qui est avec toi? — Mahomet. — A-t-il été mandé? — Oui.» — «Quand, ajouta le Prophète, je fus parvenu là,

IMPRIMERIE NATIONALE.

je vis Yaḥya et Jésus, qui sont cousins maternels. «Voici Yaḥya «et Jésus», dit Gabriel. Je saluai. Ils me rendirent mon salut et dirent : «Qu'il soit le bienvenu le frère vertueux, le prophète vertueux!»

CHAPITRE XLIV. — *De ces mots du Coran : «Mentionne dans le Livre Marie lorsqu'elle se sépara de sa famille pour aller dans un endroit à l'Est»* (sourate XIX, verset 16). — *«Souviens-toi lorsque les anges dirent à Marie : «Dieu «t'annonce un Verbe»* (sourate III, verset 40). — *«Certes Dieu a choisi Adam, Noé, la famille d'Abraham et celle de ʿImrân de préférence au reste de l'Univers. . . . . il gratifie qui il lui plaît sans compter»* (sourate III, versets 30, 31 et 32). — *Ibn-ʿAbbâs a dit : «Par «famille de ʿImrân», on entend les croyants des familles d'Abraham et de ʿImrân, de Yâsîn et de Mahomet.» Et il ajouta : «Ceux qui sont le plus rapprochés d'Abraham sont ceux qui l'ont suivi, et ce sont les croyants.» En parlant de la famille de Jacob, on se sert du mot* آل, *mais si l'on veut employer le diminutif on revient à la forme primitive* اهل, *et on dit* أُهَيْل.

1. D'après *Saʿîd-ben-El-Mosayyab*, Abou-Horaïra a dit : «J'ai entendu l'Envoyé de Dieu s'exprimer ainsi : «Il ne naît pas un seul «fils d'Adam sans qu'un démon ne le touche au moment de sa «naissance[1]. Celui que le démon touche ainsi pousse un cri. Il n'y «a eu d'exceptions que pour Marie et son fils.»

Abou-Horaïra ajouta : «Et je te demande de la protéger, elle et sa postérité, contre Satan le lapidable.»

CHAPITRE XLV. — (*Coran*) : *«Lorsque les anges dirent : «Ô Marie, Dieu t'a «choisie; il t'a rendue exempte de toute souillure; il t'a choisie de préférence à «toutes les femmes de l'Univers. — Ô Marie, adore le Seigneur, agenouille-toi et «prosterne-toi avec ceux qui se prosternent.» — Tout cela est une des nouvelles mystérieuses que nous te révélons. Tu n'étais pas présent lorsqu'ils jetèrent leurs roseaux afin de savoir qui se chargerait de Marie; tu n'étais pas présent lorsqu'ils se disputaient»* (sourate III, versets 38 et 39). يكفل *signifie «prendre soin»; il est à la première forme. Cette acception n'a aucun rapport avec celle de «garantie de dettes» ou autres choses analogues.*

1. *ʿAbdallah-ben-Djaʿfar* a entendu ʿAli s'exprimer ainsi : «J'ai

[1] C'est la doctrine du péché originel.

entendu le Prophète dire : «La meilleure des femmes (de cette «époque-là) a été Marie, fille de ʿImrân, et la meilleure des femmes «de cette époque-ci, c'est Khadîdja.»

CHAPITRE XLVI. — *De ces mots du Coran : «Lorsque les anges dirent : «Ô «Marie, Dieu t'annonce un Verbe émané de lui; son nom sera le Messie, Jé«sus, fils de Marie..... sois et il sera»* (sourate III, verset 40, 41 et 42). — بشر *à la première et à la deuxième forme a le même sens;* وجيهًا = شريفًا (verset 40). — *Le mot Messie, d'après Ibrâhîm, signifie «très véridique»* صدّيق. — *Modjâhid a dit : «*الكهل = الحلم (verset 41); الاكمه (verset 43) *est celui qui voit le jour et ne voit pas la nuit (héméralope).» Suivant d'autres ce mot signifie «aveugle de naissance».*

1. D'après *Abou-Mousa-El-Achʿari*, le Prophète a dit : «La supériorité de ʿAïcha sur les autres femmes est comme la supériorité du *tserîd* sur tous les autres mets. Il y a eu un grand nombre d'hommes parfaits, mais aucune femme n'a été parfaite à l'exclusion de Marie, fille de ʿImrân et de Asiya, femme de Pharaon.»

2. *Saʿîd-ben-El-Mosayyab* rapporte que Abou-Horaïra a entendu l'Envoyé de Dieu dire : «Les femmes de Qoraïch sont les meilleures des femmes qui montent à chameau; elles sont les plus tendres avec leurs enfants et les plus ménagères des deniers de leurs maris.»

A la suite de ces paroles, Abou-Horaïra ajoutait : «Marie, fille de ʿImrân, ne monta pas une seule fois à chameau.»

Confirmation du ḥadits par un autre *isnâd.*

CHAPITRE XLVII. — *De ces mots du Coran : «Ô gens du Livre, ne dépassez pas la mesure dans votre religion et ne dites sur Dieu que la vérité. Le Messie n'est autre que Jésus, fils de Marie, l'Envoyé de Dieu et son Verbe qu'il a jeté dans (le sein de) Marie et qui est une émanation de lui. Croyez en Dieu et en ses envoyés et ne dites pas : «(Ils sont) trois.» Abstenez-vous d'agir ainsi, cela vaudra mieux pour vous, car il n'y a qu'un seul Dieu. Ce serait une atteinte à sa gloire s'il avait un enfant. A lui appartient tout ce qui est dans les cieux et sur la terre. Dieu suffit à tout diriger»* (sourate IV, verset 169). —

Abou-'Obaïd a dit : « Le « Verbe » de Dieu ce sont ces mots : « Sois, et il a été. » — Suivant un autre auteur, روح منه *(une émanation de lui) signifie que Dieu « l'a fait vivre et lui a donné une âme. — Ne dites pas trois*[1]. »

1. D'après *'Obâda,* le Prophète a dit : « Quiconque témoignera qu'il n'y a pas de divinité sinon Dieu, l'unique, n'ayant pas d'associés; que Mahomet est son adorateur et son envoyé; que Jésus est l'adorateur de Dieu, son envoyé, son verbe jeté dans le sein de Marie et une émanation de Dieu; que le paradis est une vérité et l'enfer une vérité, Dieu le fera entrer dans le paradis, quelles qu'aient été ses œuvres. »

Un râwi ajoute : « Par celle des huit portes du paradis qu'il voudra. »

CHAPITRE XLVIII. — *De ces mots du Coran : « Et mentionne dans le Livre Marie, quand elle s'éloigna de sa famille. . . »* (sourate XIX, verset 16). — نبذ *à la première forme signifie « jeter »* ألقى; اعتزلت شرقيًّا *c'est-à-dire dans la partie qui est à l'Est.* فأجاءها (verset 23) *est la 4e forme de* جاء; *on lit aussi* ألجأها *« il lui imposa »;* تَسَّاقَطْ (verset 25) *est pour* تَسْقُطْ; قصيًّا = قاصيًا (verset 22); فَرِيًّا *a le sens de « grave »* (verset 28). — *Ibn-'Abbâs a dit : «* نسيًا (verset 23) *signifie « n'avoir jamais existé »; d'autres prétendent que* النسى = الحقير *« humble ». — Abou-Waïl a dit « Marie savait que* التقّى *est l'homme sage, quand elle dit : « Si tu es sage »* (verset 18). — *Ouakî', d'après Isrâïl, qui le tenait de Abou-Ishaq, qui le tenait de El-Barâ, a dit que* سَرِيًّا (verset 24) *signifie « un petit ruisseau » en syriaque.*

1. D'après *Abou-Horaïra,* le Prophète a dit : « Trois personnes seulement ont parlé dès le berceau : 1° Jésus. (Pour le deuxième voici ce qu'on raconte) : Un homme des Benou-Israël, nommé Djoraïdj, était un jour en train de prier quand sa mère vint l'appeler. « Répondrai-je ou continuerai-je ma prière? se demanda Djoraïdj. « — Ô mon Dieu, s'écria la mère, fais qu'il n'arrive pas au terme de « sa vie avant que tu ne lui aies montré les visages des prostituées. »

[1] C'est-à-dire qu'il y a trois personnes en Dieu.

Djoraïdj était dans sa tourelle; une femme se présenta à lui et lui parla, puis elle alla trouver un berger à qui elle se livra et en eut un enfant. «Cet enfant, dit-elle, est de Djoraïdj.» On vint alors le trouver, on démolit sa tourelle après l'en avoir fait descendre et on l'injuria. Djoraïdj fit ses ablutions, pria et ensuite il alla trouver l'enfant et lui dit : «Enfant, qui est ton père? — Le berger, «répondit l'enfant. — Nous allons, dirent les gens, te bâtir une «tourelle en or. — Non, répliqua-t-il, en argile seulement.» (Quant au troisième, il est indiqué dans le récit suivant) : Une femme des Benou-Israël était en train de donner le sein à son fils, quand vint à passer un cavalier de belle apparence. «Ô mon Dieu, s'écria la «mère, fais que mon fils soit comme lui!» L'enfant, abandonnant alors le sein de sa mère, se tourna alors vers le cavalier et dit : «Ô «mon Dieu, fais que je ne sois pas comme lui!» Cela dit, il se remit à sucer le sein de sa mère. — Et, ajoute Abou-Horaïra, il me semble encore voir le Prophète sucer son doigt. — Ensuite vint à passer une femme esclave. «Ô mon Dieu, s'écria la mère, fais que «mon fils ne soit pas dans une situation pareille à celle de cette «femme!» Abandonnant de nouveau le sein de sa mère, l'enfant dit : «Ô mon Dieu, fais que je sois dans une situation pareille à «celle de cette femme! — Pourquoi cela? demanda la mère. «— Parce que, répondit l'enfant, ce cavalier est un tyran d'entre «les tyrans, tandis qu'on accuse cette esclave d'avoir volé et forni«qué, ce qu'elle n'a pas fait.»

2. Selon *Abou-Horaïra*, l'Envoyé de Dieu a dit : «La nuit de mon ascension j'ai rencontré Moïse.» Puis il en fit ainsi la description : «Et c'était un homme — ainsi dépeint, je crois, dit un *râwi* — au corps long et grêle et aux cheveux lisses. On eût dit un homme des Chenoua. «Je rencontrai ensuite Jésus, poursuivit le Prophète.» Et il en fit la description disant qu'il était trapu et rouge. On eût dit qu'il sortait du *dîmâs* c'est-à-dire du bain. «Je vis, ajouta-t-il, Abraham, auquel je ressemble le plus de tous ses descendants. On m'apporta deux vases, l'un contenant du lait, l'autre

du vin, et on me dit de choisir celui des deux que je voudrais. Je choisis le lait et le bus. On me dit alors : « Tu as suivi la (bonne) « voie — ou tu as atteint la bonne voie, suivant une variante — « car si tu avais pris le vin, ta nation aurait été dans l'erreur. »

3. D'après *Ibn-ʿOmar*, le Prophète a dit : « J'ai vu Jésus, Moïse et Abraham. Quant à Jésus, il était roux, il avait les cheveux frisés et la poitrine large. Moïse était brun, corpulent et il avait les cheveux lisses. On eût dit un homme des Zoṭṭ. »

4. D'après *Nâfiʿ*, ʿAbdallah a dit : « Le Prophète au milieu de la foule parla du Messie Antéchrist. « Certes, s'écria-t-il, Dieu n'est pas « borgne. Eh bien ! le Messie Antéchrist est borgne de l'œil droit, « cet œil ressemble à un grain de raisin trouble. Durant un songe « je me suis vu une nuit auprès de la Kaʿba. A ce moment un homme « brun, tel que le plus beau brun qu'on puisse voir, faisait la tournée « processionnelle autour du Temple, ses favoris battaient le long « de ses coudes, ses cheveux étaient flottants, il arrosait sa tête « d'eau et il avait les mains posées sur les coudes de deux hommes. « Qui est ce ? demandai-je. — C'est le Messie, fils de Marie, me « répondit-on. » Ensuite je vis un autre homme derrière lui, il avait « les cheveux très frisés; il était borgne de l'œil droit. Je n'ai vu per- « sonne qui ressemblât plus que lui à Ibn-Qaṭan. Il avait les deux « mains posées sur les coudes d'un homme et il faisait la tournée « processionnelle. « Qui est-ce? demandai-je. — Le Messie Anté- « christ, me répondit-on. »

Confirmation du ḥadits par un autre *isnâd.*

5. *Sâlim* rapporte que son père (ʿAbdallah) a dit : « Non, par Dieu, le Prophète n'a pas dit que Jésus était roux, mais voici son récit : « Tandis que j'étais endormi, je me vis faisant la tournée pro- « cessionnelle de la Kaʿba. A ce moment apparut un homme roux « aux cheveux lisses qui marchait en s'appuyant sur deux hommes. « Il arrosait sa tête d'eau — ou suivant une variante — il répan- « dait de l'eau sur sa tête. « Qui est-ce ? demandai-je — Le fils de « Marie », me répondit-on. Je poursuivais mon chemin, lorsque, me

«retournant, je vis un autre homme roux, corpulent, la tête couverte de cheveux frisés et borgne de l'œil droit qui ressemblait à «un grain de raisin trouble. «Qui est-ce? demandai-je de nouveau. — C'est, me répondit-on, l'Antéchrist, et l'homme qui «lui ressemble le plus c'est Ibn-Qaṭan.»

Ez-Zohri ajoute : «C'était (Ibn-Qaṭan), un homme des Khozâʿa qui mourut à l'époque antéislamique.»

6. *Abou-Salama* rapporte que Abou-Horaïra a entendu l'Envoyé de Dieu dire : «Je suis, parmi les hommes, le plus rapproché du fils de Marie. Les prophètes sont des enfants d'un même père et de mères différentes[1]. Entre Jésus et moi il n'y a pas eu de prophète.»

7. D'après *Abou-Horaïra*, l'Envoyé de Dieu a dit : «Parmi les hommes, je suis le plus rapproché de Jésus, fils de Marie, en ce monde et dans l'autre. Les prophètes sont des frères de mères différentes, mais leur religion est unique.»

8[2]. *Hammâm* rapporte, d'après Abou-Horaïra, que le Prophète a dit : «Jésus, fils de Marie, voyant un homme dérober quelque chose, lui dit : «Ne viens-tu pas de voler? — Nullement, répondit «l'homme, j'en jure par Celui qui seul est Dieu. — Je crois en «Dieu, répliqua Jésus, et ne crois point en mes yeux[3].»

9. *Ibn-ʿAbbâs* a entendu ʿOmar, étant en chaire, s'exprimer ainsi : «J'ai entendu le Prophète dire : «Ne m'exaltez pas comme «les Chrétiens exaltaient le fils de Marie. Je ne suis que le servi«teur de Dieu. Dites (en parlant de moi) : «Le serviteur de Dieu, «l'Envoyé de Dieu.»

10. D'après *Abou-Mousa-El-ʿAchʿari*, l'Envoyé de Dieu a dit : «Quand un homme éduque son esclave (femme), qu'il le fasse avec soin; s'il l'instruit, qu'il lui donne une bonne instruction. Si

[1] Le mot, employé dans le texte, signifie, plus exactement, les femmes ou «coépouses d'un même mari polygame».

[2] L'édition de Krehl rattache ce ḥadits au précédent alors que Qasṭallâni en fait un ḥadits spécial.

[3] Ou plutôt : «Mes yeux peuvent me tromper.»

ensuite il l'affranchit et qu'il l'épouse, il aura double récompense. S'il croit en Jésus et qu'ensuite il croie en moi, il aura aussi double récompense. Quant à l'esclave qui craint le Seigneur et obéit à ses maîtres, il aura également double récompense. »

11. Suivant *Ibn-'Abbâs*, l'Envoyé de Dieu a dit : « Vous serez ressuscités sans chaussure, sans vêtement et non circoncis. » Ensuite il récita le verset : « De même que nous vous avons créés une première fois, nous vous ferons ressusciter. C'est une promesse qui nous oblige et nous l'accomplirons » (sourate XXI, verset 104). Celui qui sera le premier revêtu d'un costume, ce sera Abraham. Ensuite on amènera ceux qui ont été mes compagnons, ceux de la droite et ceux de la gauche. Alors je dirai : « Ce sont mes compagnons. » On me répondra qu'ils n'ont pas cessé de revenir sur leurs pas depuis que je les ai quittés. Ainsi que l'a fait Jésus, fils de Marie, je dirai : « Tant que j'ai été au milieu d'eux, j'ai pu être témoin « (de leurs actes), mais depuis que tu m'as fait mourir, c'est toi qui « les as surveillés et toi tu es pour toute chose un témoin. Tu peux les « châtier, puisqu'ils sont tes serviteurs, et tu peux leur pardonner, « puisque tu es le puissant, le sage. »

Qabîṣa dit que « ceux qui n'ont pas cessé de revenir sur leurs pas » dans ce ḥadits s'entend de ceux qui apostasièrent au temps de Abou-Bakr et que Abou-Bakr combattit.

CHAPITRE XLIX. — De la descente (future) de Jésus, fils de Marie, (sur la terre).

1. *Sa'îd-ben-El-Mosayabb* a entendu Abou-Horaïra s'exprimer ainsi : « L'Envoyé de Dieu dit : « J'en jure par celui qui a mon âme « entre ses mains, il arrivera très promptement que le fils de Marie « descendra parmi vous comme un arbitre équitable. Il brisera les « croix; il fera périr les porcs; il supprimera la capitation et il fera « tellement déborder les richesses que personne n'en voudra plus. « Ce sera au point qu'une seule prosternation sera préférée au « monde terrestre et à tout ce qu'il contient. »

Abou-Horaïra ajouta : « Récitez si vous voulez ce verset : « Il n'y « aura personne parmi les gens du Livre qui croira en lui (Jésus) « avant sa mort, et, au jour de la Résurrection, il témoignera contre « eux » (sourate IV, verset 157). »

2. D'après *Abou-Horaïra*, l'Envoyé de Dieu a dit : « Comment ferez-vous, lorsque le fils de Marie descendra parmi vous et que votre imam sera un des vôtres ? »

CHAPITRE L[1]. — DE CE QUI A ÉTÉ MENTIONNÉ AU SUJET DES BENOU-ISRAËL.

1. *Rib'i-ben-Ḥirâch* rapporte que 'Oqba-ben-'Amr dit à Ḥodzaïfa : « Ne voudrais-tu pas nous raconter ce que tu as entendu dire à l'Envoyé de Dieu ? — Je lui ai entendu dire, répondit-il, qu'il y aurait de l'eau et du feu au moment où l'Antéchrist apparaîtrait. Ce que les hommes croiront à la vue être du feu sera de l'eau froide, et ce qu'ils croiront à la vue être de l'eau froide sera du feu brûlant. Que ceux d'entre vous qui atteindront cette époque tombent du côté de ceux qui croient voir du feu, car ce sera une eau douce et froide. »

Ḥodzaïfa ajoute : « J'ai entendu encore le Prophète dire : « Parmi « les générations qui vous ont précédés se trouvait un homme dont « l'ange (de la mort) avait recueilli l'âme. « Qu'as-tu fait de bien ? « demanda-t-on à cet homme. — Je ne sais, répondit-il. — « Cherche bien, ajouta-t-on. — Je ne sais, reprit-il, autre chose « que ceci : Lorsque j'étais sur terre je faisais des affaires avec les « gens et je leur donnais leur dû. Je mettais en demeure de payer « l'homme aisé et faisais remise à l'indigent. » — Dieu fit entrer cet « homme dans le Paradis. »

« J'ai encore, reprit Ḥodzaïfa, entendu le Prophète dire : « Un « homme était à l'article de la mort. Quand il eut perdu tout espoir de « vivre il dit aux siens : « Aussitôt que je serai mort, réunissez un

[1] Qasṭallâni fait précéder ce chapitre de la formule : Au nom de Dieu... qui est en tête des « titres », mais sans employer ni le mot كتاب, ni le mot باب.

«immense tas de bois, allumez-y le feu. Lorsque ma chair aura été «dévorée par le feu, que mes os auront été aussi atteints par le «feu et calcinés, prenez ces os, réduisez-les en poudre, puis attendez un jour de grand vent et répandez la poudre dans la mer.» «On se conforma à ses instructions, mais Dieu réunit ses cendres et «lui dit : «Pourquoi as-tu agi ainsi? — A cause, répondit-il, de «la crainte que j'avais de toi.» Et Dieu lui pardonna.»

ʿOqba-ben-ʿAmr ajouta : «Moi aussi j'ai entendu ces paroles et l'homme était un violateur de sépultures.»

2. *Obaïd-Allah-ben-ʿAbdallah* rapporte que ʿAïcha et Ibn-ʿAbbâs ont dit : «Quand la mort descendit sur l'Envoyé de Dieu, il se mit à étendre un voile sur sa face. Comme il étouffait, il écarta le voile de son visage. Pendant qu'il était ainsi, il dit : «La malédiction de «Dieu soit sur les Juifs et les Chrétiens qui ont pris pour oratoires «les tombeaux de leurs prophètes.» Il mettait par là les siens en garde contre de pareils agissements.»

3. *Forât-El-Fazzâz* a entendu Abou-Ḥâzim dire : «J'ai vécu avec Abou-Horaïra pendant cinq ans. Je lui ai entendu raconter que le Prophète a dit : «Les Benou-Israël étaient gouvernés par les «prophètes. Chaque fois qu'un prophète mourait, un autre pro«phète lui succédait. Il n'y aura pas de prophète après moi, il n'y «aura que des vicaires, et ils seront nombreux. — Et alors, lui «demanda-t-on, que nous ordonnes-tu de faire? — Soyez, répon«dit-il, fidèles au serment prêté au premier, puis au premier. «Donnez-leur à chacun ce à quoi ils ont droit, et Dieu leur deman«dera compte de la garde qu'il leur aura confiée.»

4. *Abou-Saʿîd-El-Khodri* rapporte que le Prophète a dit : «Vous suivrez la voie de ceux qui vous ont précédés empan par empan, coudée par coudée. En sorte que s'ils avaient voulu entrer dans un trou de lézard, vous les auriez suivis. — Ô Envoyé de Dieu, nous écriâmes-nous, tu parles des Juifs et des Chrétiens? — Et alors, répliqua-t-il, de qui donc serait-ce?»

5. *Abou-Qilâba* rapporte que Anas a dit : « Comme on parlait d'employer le feu ou la cloche, qu'on parlait des Chrétiens et des Juifs, Bilâl reçut l'ordre de formuler [1] le premier appel à la prière en nombre pair et le second appel en nombre impair. »

6. *Masrouq* rapporte que ʿAïcha réprouvait que l'homme qui faisait sa prière plaçât sa main sur sa hanche disant que les Juifs pratiquaient cette attitude.

Confirmation du ḥadits par un autre *isnâd*.

7. *Ibn-ʿOmar* rapporte que l'Envoyé de Dieu a dit : « Votre durée comparée à celle des nations qui ont disparu sera celle qui sépare la prière de l'ʿaṣr du coucher du soleil. La parabole suivante indique votre situation respective à l'égard des Juifs et des Chrétiens. Un homme, ayant engagé des ouvriers moyennant salaire, leur dit : « Tous ceux qui travailleront pour moi jusqu'au milieu « du jour auront chacun un qirâṭ. » Ensuite il reprit : « Tous « ceux qui travailleront pour moi depuis le milieu du jour « jusqu'à la prière de l'ʿaṣr auront chacun un qirâṭ. » Et les Chrétiens travaillèrent depuis le milieu du jour jusqu'à la prière de l'ʿaṣr moyennant un qirâṭ chacun. Enfin il ajouta : « Tous ceux qui « travailleront pour moi depuis la prière de l'ʿaṣr jusqu'au coucher « du soleil auront deux qirâṭ chacun. » Eh bien! c'est vous (ô musulmans), qui avez travaillé depuis la prière de l'ʿaṣr jusqu'au coucher du soleil moyennant deux qirâṭ chacun. Vous avez donc reçu un double salaire. Mais les Juifs et les Chrétiens se sont mis en colère et ont dit : « C'est nous qui avons travaillé le plus et qui avons « reçu la plus faible rémunération. » Mais Dieu leur dira : « Avez-« vous été frustrés en quoi que ce soit de votre dû ? — Non, ré-« pondront-ils. — Il s'agit d'une générosité de ma part, répliquera « Dieu, et je la fais à qui je veux. »

8. *Ibn-ʿAbbâs* rapporte qu'il a entendu ʿOmar dire : « Dieu maudisse un tel! Ne sait-il donc pas que le Prophète a dit : « Dieu

[1] Ou plus exactement « de répéter la formule ».

« maudisse les Juifs! On leur avait interdit les graisses; il les ont « fait fondre et les ont vendues. »

Confirmation du ḥadits par un autre *isnâd*.

9. *Abou-Kabcha* rapporte, d'après ʿAbdallah-ben-ʿAmr, que le Prophète a dit : « Transmettez ce que vous avez reçu de moi, ne fût-ce qu'un seul verset (du Coran), et rapportez ce que vous savez des Benou-Israël, car pour vous ce ne sera pas un péché[1]. Quiconque, de propos délibéré, mentira à mon sujet, se préparera une place dans l'enfer. »

10. *Abou-Salama-ben-ʿAbderraḥman* rapporte que Abou-Horaïra a dit : « L'Envoyé de Dieu s'est exprimé ainsi : « Les Juifs et les « Chrétiens ne se teignent pas (la barbe et les cheveux); n'imitez « pas leur exemple. »

11. *El-Ḥasan* a dit : « Djondab-ben-ʿAbdallah nous a rapporté des traditions dans cette mosquée, et depuis nous n'avons rien oublié de ce qu'il a rapporté. Nous ne craignons pas que Djondab nous ait raconté des choses mensongères sur l'Envoyé de Dieu. L'Envoyé de Dieu, ajouta-t-il, a dit : « Il y avait, parmi ceux qui « vous ont précédés, un homme qui avait été blessé. Ne pouvant « supporter sa douleur, il prit un couteau avec lequel il s'am- « puta la main. Le sang alors ne cessant de couler, il mourut. » Dieu dit à ce sujet : « Mon serviteur m'ayant devancé pour l'époque de « sa mort[2], je l'ai privé du paradis. »

CHAPITRE LI. — Histoire du lépreux, du chauve et de l'aveugle chez les Benou-Israël.

1. Suivant deux *isnâd* différents, *ʿAbderraḥman-ben-Abou-ʿAmra* rapporte que Abou-Horaïra lui a raconté avoir entendu l'Envoyé de Dieu faire le récit suivant : « Il y avait parmi les Benou-Israël

(1) Sous-entendu : de ne pas raconter très exactement ces événements bibliques, ce qui, pour le Coran, est obligatoire.

(2) Il semblerait, d'après cela, que cet homme eût pu mourir avant l'époque fixée par Dieu.

trois hommes, un lépreux, un aveugle et chauve que Dieu imagina d'éprouver. Il leur dépêcha un ange qui vint trouver le lépreux et lui dit : « Quelle est la chose qui te serait le plus « agréable? — Un beau teint et une belle peau, lui répondit-il, « car tout le monde me trouve répugnant. » L'ange ayant passé sa main sur cet homme, les taches de lèpre disparurent et firent place à un beau teint et à une belle peau. « Quel est le bien que « tu préfères? ajouta l'ange — Les chameaux, répondit-il — ou « suivant une variante, — les vaches. » (Il y a doute sur le point de savoir si cette question fut posée au lépreux ou au chauve, mais l'un des deux répondit « les chameaux » et l'autre « les vaches ».) On lui donna une chamelle pleine de dix mois et l'ange lui dit : « Dieu « la fasse prospérer pour toi! » S'adressant ensuite au chauve, l'ange lui demanda quelle chose lui serait le plus agréable. « Une « belle chevelure, répondit-il, les gens me trouvant répugnant « (ainsi). » L'ange lui ayant passé la main sur la tête, celle-ci se couvrit d'une belle chevelure. « Et maintenant, ajouta l'ange, quel « est le bien que tu préfères? — Les vaches, reprit-il. » On lui donna une vache pleine, et l'ange dit au chauve : « Dieu la fasse prospé- « rer pour toi! » Allant ensuite vers l'aveugle, l'ange lui demanda quelle chose lui serait le plus agréable? « Ce serait, répondit-il, que Dieu me rendît la vue afin que je pusse voir les hommes. » L'ange lui ayant passé la main sur les yeux, Dieu rendit la vue à l'aveugle. « Et maintenant, ajouta l'ange, quel est le bien que tu « préfères? — Les moutons, reprit-il. » On lui donna une brebis pleine qui allait mettre bas. « Dieu la fera prospérer pour toi, « s'écria l'ange. » Les trois femelles ayant mis bas, le premier eut bientôt une vallée remplie de chameaux, le second une vallée remplie de bœufs et le troisième une vallée remplie de moutons.

« Quelque temps après cela, l'ange, reprenant la même figure et le même extérieur, vint trouver le lépreux et lui dit : « Je suis un « homme malheureux, j'ai perdu en voyage toutes mes ressources « et aujourd'hui il ne me reste qu'à m'adresser à Dieu et à toi. Au

« nom de Celui qui t'a donné un beau teint et une belle peau ainsi « que la la fortune, je te demande de me donner un chameau qui me « permette d'achever mon voyage. — C'est que j'ai de nombreuses « charges, répondit le lépreux. — Mais, répliqua l'ange, il me « semble bien te reconnaître. N'étais-tu pas un lépreux d'aspect re- « poussant et sans ressources, et Dieu ne t'a-t-il pas donné (tout ce « que tu as)? — Moi? riposta le lépreux, mais tout ce bien je l'ai « hérité de mes ancêtres qui se le sont transmis. — Si tu mens « répliqua l'ange, puisse Dieu te faire redevenir comme tu étais! »

S'adressant ensuite au chauve, à qui il se présenta avec le même visage et le même extérieur qu'autrefois, l'ange lui parla dans les mêmes termes qu'au lépreux et en obtint la même réponse. « Si tu « mens, riposta l'ange, puisse Dieu te faire redevenir comme tu « étais! »

Enfin l'ange, reprenant son même visage qu'autrefois, se présenta à l'aveugle et lui dit : « Je suis un malheureux voyageur, j'ai « perdu en voyage toutes mes ressources et aujourd'hui il ne me « reste qu'à m'adresser à Dieu et à toi. Au nom de Celui qui t'a « rendu la vue, je te demande un mouton afin que je puisse achever « mon voyage. — J'étais aveugle, répondit l'homme, et Dieu m'a « rendu la vue; j'étais pauvre et il m'a fait riche. Prends ce que tu « voudras, car, par Dieu, je ne te contesterai pas quoi que ce soit « que tu prendras à cause de Dieu. — Garde ton bien, répliqua « l'ange. C'était seulement pour vous éprouver (tous les trois). Dieu « est satisfait de toi et il maudit tes deux compagnons. »

CHAPITRE LII. — (*Coran*) « *N'as-tu pas pensé que les Compagnons de la Caverne et Er-Raqîm...* » (sourate XVIII, verset, 8). — الكهف *signifie « une ouverture dans une montagne »*; الرقيم *veut dire « l'écrit », et* مرقوم *« tracé » écrit avec des caractères. — Verset 13,* ربطنا على قلوبهم *signifie « nous leur inspirâmes de la résignation »*; شططًا *veut dire « excessif ». — Verset 17,* الوصيد *signifie « le seuil »; le pluriel de ce mot est* وصائد *ou* وُصُد ; *ce mot s'emploie aussi pour désigner « la porte ». —* مؤصدة, *sourate XC, verset 20, et sou-*

rate CIV, verset 8, signifie « fermée ». Fermer une porte se dit آصَدَ *ou* أَوْصَدَ. *— Sourate XVIII, verset 11,* بعثناهم *« nous les ressuscitâmes (ou éveillâmes); verset 18,* أَزْكَى *veut dire « le plus abondant »; verset 10,* فضربنا على آذانهم *« ils dormirent »; verset 21,* رجمًا بالغيب *c'est-à-dire « sans arriver à la certitude ». — Modjâhid dit que (dans le verset 16)* تقرضهم *signifie « il les laissait ».*

CHAPITRE LIII[1]. — HISTOIRE DE LA CAVERNE.

1. D'après *Ibn-ʿOmar*, l'Envoyé de Dieu a dit : « Tandis que trois hommes, d'entre ceux qui vous ont précédés, marchaient, ils furent surpris par la pluie et se réfugièrent dans une caverne. La caverne s'étant refermée sur eux, ils se dirent l'un à l'autre : « Par Dieu, ô camarades, il n'y a que la sincérité qui nous tirera « d'affaire. Que chacun de vous se réclame, par une invocation, « d'une chose qu'il a faite sincèrement. — Mon Dieu, s'écria le pre- « mier, tu sais bien que j'avais un ouvrier qui a fait un travail pour « moi, moyennant un *ferq* de riz; puis il est parti laissant son « salaire. Alors j'ai pris cette mesure de riz, je l'ai ensemencée, et « il en est résulté que j'ai acheté des bœufs avec son produit. « Quand cet homme est venu me réclamer son salaire je lui ai « dit : « Va chercher ce troupeau et emmène-le. — Mais, me ré- « pondit-il, tu ne me dois qu'un ferq de riz. — Va, lui répétai-je, « prends ce troupeau, il provient de ton ferq de riz. » Et l'ouvrier « emmena le troupeau. Puisque tu sais que j'ai agi ainsi par crainte « de toi, pratique-nous une issue. » Et le rocher (qui obstruait la caverne) s'entr'ouvrit.

« Ô mon Dieu, dit le deuxième, tu sais bien que j'avais un père « et une mère, tous deux d'un âge avancé, et que, chaque soir, je « leur apportais du lait de mes brebis. Un soir je fus en retard, et « quand je vins, ils étaient endormis. Même quand ma femme et « mes enfants souffraient de la faim, je ne leur donnais pas (de lait) « à boire avant que mon père et ma mère n'eussent été servis. Il

[1] Qasṭallâni n'emploie pas ici le mot chapitre.

« m'eût été également pénible de réveiller (mes parents) et de leur faire « attendre le moment de prendre leur lait. Aussi je ne cessai d'at- « tendre (leur réveil) jusqu'au moment où l'aube parut. Puisque « tu sais que j'ai agi ainsi par crainte de toi, pratique-nous une « issue. » Et le rocher se fendit au point qu'ils virent le ciel.

« O mon Dieu, s'écria le troisième, tu sais bien que j'avais une « cousine paternelle que j'aimais plus que toute autre personne, et « que je voulus la posséder malgré elle. Elle refusa, à moins que je « ne lui apportasse cent dinars. Je me mis à la recherche de cette « somme et, quand je l'eus, je vins trouver ma cousine et lui remis « l'argent. Elle se livra alors à moi et j'étais déjà entre ses jambes, « quand elle dit : « Crains Dieu et ne brise le cachet qu'en te con- « formant à la loi. » Aussitôt je me levai en lui abandonnant les « cent dinars. Puisque tu sais que j'ai agi par crainte de toi, pra- « tique-nous une issue. » Et Dieu pratiqua pour eux une issue qui leur permit de sortir. »

CHAPITRE LIV.

1. *Abou-Horaïra* a entendu l'Envoyé de Dieu dire : « Une femme qui nourrissait son enfant, était en train de lui donner le sein, quand vint à passer un cavalier : « Ô mon Dieu, s'écria cette « femme, ne fais pas mourir mon fils avant qu'il ne soit pareil à « cet homme. — Ô mon Dieu, dit alors l'enfant, ne me mets pas « dans la situation de cet homme », et, cela dit, il reprit le sein de sa mère. Ensuite vint à passer une femme que l'on traînait et dont on se moquait[1]. « Ô mon Dieu, reprit la mère, ne mets pas « mon fils dans la situation de cette femme. — Ô mon Dieu, répliqua « l'enfant, mets-moi dans la situation de cette femme. Ce cavalier « ajouta l'enfant, est un infidèle tandis que cette femme, quand on « l'accuse d'adultère répond : « Dieu me jugera », et si on l'accuse « de vol : « Dieu me jugera. »

[1] Ou : qu'on malmenait.

2. D'après *Abou-Horaïra*, le Prophète a dit : « Tandis qu'un chien, sur le point de mourir de soif, tournait autour d'un puits, une prostituée d'entre les prostituées des Benou-Israël, qui avait vu l'animal, enleva sa chaussure et lui donna à boire. A cause de cela Dieu a pardonné à cette femme. »

3. *Ḥomaïd-ben-ʿAbderraḥman* rapporte qu'il a entendu Moʿâwiya-ben-Abou-Sofyân, pendant l'année de son pèlerinage, dire en chaire, en prenant une mèche de cheveux des mains d'un garde[1] : « Ô gens de Médine, où sont donc vos savants? J'ai entendu le Prophète interdire une semblable chose et ajouter : « Les Benou-« Israël n'ont été perdus que du jour où leurs femmes ont fait « usage de faux cheveux. »

4. *Abou-Horaïra* rapporte que le Prophète a dit : « Parmi les nations qui vous ont précédés, il y a eu des diseurs de traditions[2], et s'il doit s'en trouver un dans mon peuple ce sera certes ʿOmar-ben-El-Khaṭṭâb. »

5. D'après *Abou-Saʿîd*, le Prophète a dit : « Il y avait chez les Benou-Israël un homme qui en avait tué quatre-vingt-dix-neuf autres. Il partit alors pour s'informer[3] et vint trouver un moine qu'il interrogea en ces termes : « Puis-je espérer mon pardon ? — « Non, répliqua le moine. » Alors le meurtrier tua le moine, puis poursuivant sa recherche, il trouva un homme qui lui dit : « Rends-« toi dans tel bourg. » La mort atteignit le meurtrier qui rendit le dernier soupir la poitrine penchée vers ce bourg. Une discussion s'étant élevée à ce sujet entre les anges de la clémence et ceux de la répression, Dieu manda par la révélation à l'un des bourgs de se rapprocher et à l'autre de s'éloigner, puis il dit aux anges : « Me-« surez la distance qui sépare ces deux bourgs. » Or, le corps s'étant trouvé plus près du dernier, Dieu pardonna au meurtrier[4]. »

[1] Qui faisait la police de la ville.

[2] Il s'agit de gens qui, sans être prophètes, cherchaient à remettre les fidèles dans la bonne voie en leur citant des traditions.

[3] S'il pourrait obtenir son pardon.

[4] L'un des villages représentait la foi, l'autre l'infidélité. Il s'agissait de savoir duquel des deux le meurtrier était le plus près pour savoir s'il s'était repenti;

IMPRIMERIE NATIONALE.

6. *Abou-Horaïra* rapporte que l'Envoyé de Dieu, ayant achevé la prière du matin, se tourna vers les fidèles et dit : « Un homme, qui conduisait une vache, enfourcha tout à coup cet animal et le frappa. « Ce n'est pas pour un tel office, s'écria la vache, que « j'ai été créée ; je n'ai été créée que pour le labourage. » — Grand « Dieu ! s'écrièrent les fidèles, une vache a parlé ! — Je crois le fait, ajouta le Prophète ; Abou-Bakr et 'Omar le croient également ; pourtant aucun d'eux n'était là à ce moment. »

Poursuivant son récit le Prophète dit : « Tandis qu'un homme était au milieu de son troupeau de moutons, un loup bondit sur un mouton et l'emporta. L'homme poursuivit le ravisseur et, au moment où il allait lui reprendre son mouton, le loup lui dit : « Le loup, c'est toi, et je ne fais que reprendre mon bien, car qui « gardera les moutons le jour du *Lion*, ce jour où ils n'auront pas « d'autres bergers que moi ? — Grand Dieu ! s'écrièrent les fidèles, « un loup a parlé ! — Je crois le fait, ajouta le Prophète ; Abou-Bakr et 'Omar le croient également ; pourtant aucun d'eux n'était là à ce moment. »

7. Même récit avec variante dans l'*isnâd*.

8. D'après *Abou Horaïra*, le Prophète a dit : « Un homme avait acheté un immeuble d'un autre homme. L'acheteur de l'immeuble trouva dans son fonds une jarre pleine d'or. Il dit alors (à son vendeur) : « Prends cet or, car je ne t'ai acheté que le sol et n'ai « point acheté d'or de toi. — Moi, répliqua l'ancien propriétaire « du sol, je t'ai vendu le sol et tout ce qu'il contenait. » Ils allèrent trouver un homme qu'ils prirent pour arbitre : « Avez-vous des en- « fants ? demanda l'arbitre. — Moi, dit l'un, j'ai un fils. — Et moi, « dit l'autre, j'ai une fille. — Eh bien ! reprit l'arbitre, mariez le « jeune homme avec la jeune fille ; dépensez (une partie de) cet or « pour les deux époux et faites aumône (du reste). »

la poitrine de l'homme étant dirigée vers la foi, Dieu, dans sa bienveillance, avait fait éloigner le village de l'infidélité. Malgré cela, dit le commentaire, il n'y avait qu'un empan de différence en faveur du meurtrier.

9. *ʿÂmir-ben-Saʿd-ben-Abou-Ouaqqâṣ* a entendu son père demander à Osâma-ben-Zeïd : « Qu'as-tu entendu dire à l'Envoyé de Dieu au sujet de la peste[1] ? — L'Envoyé de Dieu, répondit Osâma, a dit : « La peste est un châtiment que Dieu a envoyé contre un groupe « des Benou-Israël — ou suivant une variante — contre ceux qui « vous ont précédés. — Quand vous entendrez dire qu'elle existe « dans un pays, ne vous y rendez pas. Mais si elle a lieu dans le « pays où vous êtes, ne le quittez pas pour la fuir. »

Abou-'n-Nadr ajoute : « Ne le quittez pas uniquement pour fuir la peste[2]. »

10. *Yaḥya-ben-Yaʿmar* rapporte que ʿAïcha a dit : « Comme j'interrogeais l'Envoyé de Dieu au sujet de la peste, il m'informa que c'était un châtiment que Dieu envoyait contre qui il lui plaisait, mais qu'il en avait fait un moyen de clémence pour les Croyants. Celui qui sera atteint par la peste, alors qu'il est resté dans son pays, résigné et confiant, sachant que Dieu ne frappe que ceux qu'il a prédestinés, aura une récompense égale à celle d'un martyr. »

11. *ʿOrwa* rapporte, d'après ʿAïcha, que les Qoraïchites, attristés de la situation faite à la femme makhzoumienne qui avait volé, se demandèrent qui irait intercéder en sa faveur auprès de l'Envoyé de Dieu. « Personne, se dirent-ils, n'osera tenter cette démarche, sinon Osâma-ben-Zeïd, le chéri de l'Envoyé de Dieu. » Osâma ayant entretenu l'Envoyé de Dieu de cette affaire en reçut cette réponse : « Comment, tu oses intercéder quand il s'agit d'une des pénalités criminelles édictées par Dieu ! » Puis, se levant, le Prophète prononça le discours suivant : « Si ceux qui étaient avant vous ont péri, c'est uniquement parce que si un personnage éminent volait, ils le laissaient tranquille, tandis que si un malheureux volait, on lui appliquait la pénalité édictée par Dieu. J'en jure par les serments

[1] Ou toute autre maladie épidémique quelle qu'elle soit.

[2] Il veut dire qu'on peut quitter son pays quand la peste y existe, si l'on a pour partir une raison autre que la crainte du danger.

les plus solennels, s'il advenait que Fâṭima, la fille de Mahomet, commît un vol, je lui couperais la main.»

12. *En-Nazzâl-ben-Sabra-El-Hilâli* rapporte que Ibn-Mas'oud a dit : «J'avais entendu un homme réciter (un passage du Coran) d'une certaine façon et le Prophète réciter (ce même passage) d'une façon différente. J'allai trouver le Prophète et, quand je l'informai de la chose, je reconnus à son visage qu'il était contrarié. «Chacun de vous, me dit-il, récite bien. Ne soulevez pas de contradictions, car c'est pour avoir soulevé des contradictions que ceux qui vous ont précédés ont péri.»

13. *Chaqîq* rapporte que 'Abdallah (-ben-Mas'oud) a dit : «Il me semble encore voir le Prophète racontant qu'un prophète avait été frappé par son peuple. Comme le sang coulait, ce prophète essuya le sang qui coulait sur son visage et dit : «Ô mon Dieu, pardonne à mon peuple parce qu'il ne sait pas.»

14. *Abou-Sa'îd* rapporte que le Prophète a dit : «Autrefois il y avait un homme à qui Dieu avait donné la richesse. Quand il fut à l'article de la mort, il dit à ses enfants : «Quel père ai-je été pour «vous ? — Tu as été pour nous le meilleur des pères, répondirent-«ils. — Moi, reprit-il, je n'ai jamais fait aucun bien. Quand je «serai mort, brûlez-moi, broyez-moi et, par un jour de tempête, «dispersez mes cendres.» Les enfants s'étant conformés à cette recommandation, Dieu rassembla les cendres de cet homme et lui dit : «Qui t'a poussé à cela ? — La crainte que tu m'inspirais, répli-«qua l'homme.» Dieu l'accueillit avec sa clémence.»

In fine, indication d'un autre *isnâd*.

15. D'après *Rib'iy-ben-Ḥirâch*, 'Oqba dit à Ḥodzaïfa : «Raconte-nous ce que tu as entendu du Prophète. — Je l'ai entendu dire, répondit Ḥodzaïfa, qu'un homme, voyant la mort venir et désespérant de vivre, fit à sa famille les recommandations suivantes : «Quand je serai mort, rassemblez une grande quantité de bois, «mettez-y le feu, puis, quand ma chair aura été consumée et que «mes os auront été atteints par le feu, broyez-les et dispersez mes

« cendres dans la mer par un jour de grande chaleur — ou suivant « une variante — de grand vent. » Dieu rassembla ces cendres et dit à l'homme : « Pourquoi as-tu agi ainsi ? — A cause de la crainte « que tu m'inspirais, répondit l'homme. » Et Dieu lui pardonna. »

« J'ai entendu moi-même ces paroles », ajouta Ḥodzaïfa.

16. *'Abd-el-Mâlik* rapporte la variante : « Dans un jour de grand vent. »

17. *Abou-Horaïra*, l'Envoyé de Dieu a dit : « Il y avait un homme qui faisait des affaires d'argent et qui disait à son commis : « Quand tu iras chez un homme gêné, laisse-le en paix, afin que « Dieu nous laisse en paix nous-mêmes. » Cet homme ayant rencontré Dieu, celui-ci le laissa en paix. »

18. D'après *Abou-Horaïra*, le Prophète a dit : « Il y avait un homme qui avait mené une vie dissipée. A l'article de la mort, il dit à ses enfants : « Quand je serai mort, brûlez-moi, puis broyez- « moi et jetez mes cendres au vent. Par Dieu ! si le Seigneur en avait « la possibilité, il m'infligerait un châtiment tel qu'il n'en a infligé à « personne. » Quand il fut mort on se conforma à sa recommandation. Dieu donna alors l'ordre à la terre de rassembler tout ce qu'elle contenait (du corps) de cet homme. La terre exécuta cet ordre, puis l'homme comparut (devant Dieu) qui lui dit : « Qui t'a poussé « à agir ainsi ? — Seigneur, répondit-il, c'est la crainte que tu « m'inspirais qui m'a poussé. » Dieu lui pardonna. »

Indication de la variante مخافتك au lieu de خشيتك.

19. Selon *'Abdallah-ben-'Omar*, l'Envoyé de Dieu a dit : « Une femme avait martyrisé une chatte en l'enfermant et la laissant mourir de (faim). A cause de cela, cette femme alla en enfer, parce qu'elle ne l'avait ni nourrie, ni fait boire quand elle était enfermée et qu'elle ne l'avait pas laissée (non plus) manger des reptiles de la terre. »

20. *Abou-Mas'oud-'Oqba* rapporte que le Prophète a dit : « Parmi les paroles des prophètes que tout le monde connaît, il y a celle-ci : « Si tu n'as pas de pudeur, fais ce que tu voudras. »

21. D'après *Abou-Mas'oud*, le Prophète a dit : «Parmi les paroles des premiers prophètes que tout le monde connaît, il y a celle-ci : «Si tu n'as pas de pudeur, fais ce que tu voudras.»

22. *Sâlim* raconte que son père, Ibn-'Omar, a rapporté que le Prophète a dit : «Pendant qu'un homme traînait son manteau, plein d'arrogance, la terre s'entr'ouvrit et l'homme s'enfonça dans le sol, (où il restera) jusqu'au jour de la Résurrection.»

Confirmation du ḥadîts d'après un autre *isnâd*.

23. D'après *Abou-Horaïra*, le Prophète a dit : «Nous qui sommes (venus) les derniers, nous serons les premiers au jour de la Résurrection. Tandis que les nations qui ont un livre l'ont eu avant nous, nous, nous avons eu le Coran après eux. Ce jour (le vendredi) est le jour sur lequel ils ont discuté. Les Juifs ont pris le lendemain, les Chrétiens le surlendemain. Tout musulman doit, un jour tous les sept jours, laver sa tête et son corps.»

24. *'Amr-ben-Morra* a entendu Sa'îd-ben-El-Mosayyab dire : «Quand Mo'âwiya-ben-Abou-Sofyân vint pour la dernière fois à Médine il nous fit un sermon. Il sortit une pelote de cheveux et dit : «Je ne croyais pas que personne fît usage de ceci à l'exception «des Juifs, car le Prophète a nommé cela un faux, c'est-à-dire «cette adjonction de cheveux.»

Confirmation du ḥadîts d'après un autre *isnâd*.

AU NOM DE DIEU, LE CLÉMENT, LE MISÉRICORDIEUX.

TITRE LXI.

LES FASTES [1].

CHAPITRE PREMIER. — *De ces mots du Coran : « Ô hommes, c'est nous qui vous avons créés d'un homme et d'une femme. Nous avons fait de vous des races et des tribus afin que vous puissiez vous reconnaître les uns les autres. Mais le plus illustre d'entre vous aux yeux de Dieu est celui qui le craint le plus . . . »* (sourate XLIX, verset 13). — *« . . . Et craignez Dieu au nom duquel vous vous adressez des demandes réciproques et (craignez de rompre avec) vos proches. Certes Dieu veille sur vous »* (sourate IV, verset 1). — *De ce qui est interdit en fait de coutumes*[2] *des polythéistes. —* الشعوب *s'applique à la (communauté de) généalogie la plus ancienne;* القبائل *indique cette communauté à un degré plus rapproché.*

1. D'après *Sa'ïd-ben-Djobaïr,* Ibn-'Abbâs, au sujet de ces mots du Coran : « Nous avons fait de vous des races et des tribus, afin que vous puissiez vous reconnaître les uns les autres », a dit : « الشعوب (les races) désigne les grandes tribus; القبائل, la réunion des fractions de tribus appelées بطن. »

2. Suivant *Abou-Horaïra*, comme on avait dit : « Ô Envoyé de Dieu, quel est de tous les gens le plus illustre? — Celui, répondit-il, qui craint le plus Dieu. — Ce n'est pas ça que nous te demandons, lui répliqua-t-on. — Alors, reprit-il, c'est Joseph, le prophète de Dieu. »

3. *Kolaïb-ben-Wâïl* rapporte que, s'adressant à la belle-sœur du Prophète, Zeïneb-bent-Abou-Salama, il lui dit : « Penses-tu que le

[1] Ce mot est donné ici faute de terme exactement équivalent en français. D'après les lexicographes arabes مناقب signifie : « les choses qui percent », c'est-à-dire : les événements glorieux qui illustrent un personnage, d'où le sens ordinaire de « prodiges » en parlant des miracles d'un saint.

[2] Textuellement : « prétention » ou « revendication ».

Prophète était issu de Moḍar? — Et de qui donc serait-il issu, répondit-elle, sinon de Moḍar par les Benou-'n-Naḍr, fils de Kinâna?»

4. *Kolaïb* rapporte que la belle-sœur du Prophète — il suppose que c'est de Zeïneb qu'il s'agit — lui a raconté ce qui suit : «L'Envoyé de Dieu a prohibé l'usage des gourdes, des jarres, des vases enduits de goudron et de poix.» «Puis comme je lui demandais de m'informer de quelle fraction des Moḍar était le Prophète, elle me répondit : «Et de qui donc serait-il issu, sinon de Moḍar et de la «descendance de En-Naḍr-ben-Kinâna?»

5. D'après *Abou-Horaïra*, l'Envoyé de Dieu a dit : «Vous trouverez les gens (pareils à) des mines. Ceux qui ont été les meilleurs d'entre eux aux temps antéislamiques sont les meilleurs au temps de l'islâm lorsqu'ils sont instruits. Vous trouverez les gens les plus dignes de ce pouvoir (de chef) éprouver pour lui la plus vive répugnance. Vous trouverez que les gens les plus néfastes sont ceux qui ont double visage, allant vers les uns avec un visage et vers les autres avec un visage différent.»

6. Suivant *Abou-Horaïra*, le Prophète a dit : «Pour ce rang[1], les gens sont partisans des Qoraïch; les musulmans d'entre eux sont partisans des Qoraïch musulmans, les polythéistes étant partisans des polythéistes des Qoraïch. Les gens sont (pareils à) des mines. Ceux qui ont été les meilleurs aux temps antéislamiques sont les meilleurs au temps de l'islâm lorsqu'ils sont instruits. Vous trouverez les gens les plus dignes éprouver la plus vive répugnance pour ce rang, tant qu'ils n'y seront pas parvenus.»

CHAPITRE II[2].

1. D'après *Ṭâous*, Ibn-ʿAbbâs fut interrogé sur ce passage du Coran : «...sinon l'affection pour les proches...» (sourate XLII, verset 22). Saʿîd-ben-Djobaïr disait qu'il s'agissait des proches de Mahomet. Ibn-ʿAbbâs lui fit alors observer qu'il n'y avait pas une

[1] Il s'agit du pouvoir souverain ou khalifat.

[2] Dans l'édition de Krehl il n'y a pas ici d'indication de chapitre.

seule des fractions de Qoraïch avec laquelle le Prophète ne fût apparenté. C'est à cause de cela que fut révélé ce passage du Coran dont le sens est : «sinon que vous observiez (les devoirs) d'une parenté qui m'unit à vous».

2. *Abou-Mas'oud* rapporte, en faisant remonter la tradition au Prophète, que celui-ci a dit : «De là viendront les troubles — et, ce disant, il désignait l'Orient — (c'est-à-dire) la perversité et la dureté des cœurs parmi les braillards nomades qui arriveront à la queue de leurs chameaux et de leurs bœufs dans les tribus de Rebî'a et de Moḍar.

3. *Abou-Salama-ben-'Abderraḥman* rapporte que Abou-Horaïra a dit : «J'ai entendu l'Envoyé de Dieu prononcer ces mots : «La «gloriole et la vanité se trouvent chez les braillards qui couchent «sous la tente en poils de chameau; la dignité se rencontre chez «les gens qui ont des moutons. La foi est yéménite; la sagesse est «yéménite».

«Le Yémen, dit El-Bokhâri, a été ainsi nommé parce qu'il se trouve à la droite de la Ka'ba; la Syrie (Ech-Cham), parce qu'elle est à gauche de la Ka'ba; مشأمة = ميسرة; en parlant de la main on se sert de اليسرى ou de الشوى et, s'il s'agit du côté, de الايسر ou الأشأم.

CHAPITRE II *bis*. — Des fastes des Qoraïch.

1. *Ez-Zohri* a dit : «Mohammed-ben-Djobaïr-ben-Moṭ'im raconte que, s'étant rendu auprès de Mo'âwiya et se trouvant chez ce dernier à la tête d'une députation des Qoraïch, 'Abdallah-ben-'Amr-ben-El-'Âṣî[1] raconta qu'il y aurait un jour un souverain originaire de Qaḥṭân. A ces mots, Mo'âwiya, plein de colère, se leva, loua Dieu autant qu'il en est digne et, après les formules d'usage, il s'écria : «On m'apprend qu'il y a parmi vous des hommes qui rapportent «des récits qui ne se trouvent point dans le Livre de Dieu ou qui «n'émanent point de l'Envoyé de Dieu. Ces gens-là sont des ignares.

[1] Qasṭallâni indique l'orthographe de ce mot : العاصى.

« Gardez-vous des chimères qui égarent ceux qui les formulent. J'ai « entendu l'Envoyé de Dieu dire : « Ce pouvoir n'appartiendra « qu'aux Qoraïch. Personne ne cherchera à le leur enlever sans que « Dieu ne jette ce prétendant la face contre terre, et cela tant « que les Qoraïch soutiendront la (vraie) religion. »

2. D'après *Ibn-ʿOmar*, le Prophète a dit : « Ce pouvoir demeurera chez les Qoraïch, tant qu'il restera deux hommes. »

3. *Djobaïr-ben-Moṭʿim* a dit : « J'allais, en compagnie de ʿOtsmân-ben-ʿAffân (trouver le Prophète) à qui ʿOtsmân dit : « Ô Envoyé de « Dieu, tu as donné aux Benou-'l-Moṭṭalib, tandis que nous, tu nous « a laissés de côté. Pourtant, eux et nous, nous n'occupons vis-à-vis « de toi qu'un même rang (généalogique). — Les Benou-Hâchim et « les Benou-'l-Moṭṭalib sont au même rang, répondit le Prophète. »

ʿOrwa-ben-Ez-Zobaïr ajoute que ʿAbdallah-ben-Ez-Zobaïr se rendit avec des gens des Benou-Zohra auprès de ʿAïcha, qui témoigna la plus grande bienveillance à ces derniers à cause de leur parenté avec l'Envoyé de Dieu.

4[1]. *ʿAbderraḥman-ben-Hormoz-El-Aʿredj* rapporte, d'après Abou-Horaïra, que l'Envoyé de Dieu a dit : « Qoraïch, les Anṣâr, Djohaïna, Mozaïna, Aslam, Achdjaʿ et Ghifâr sont mes auxiliaires et ils n'ont d'autres maîtres que Dieu et son Envoyé. »

5. *ʿOrwa-ben-Ez-Zobaïr* a dit : « ʿAbdallah-ben-Ez-Zobaïr était de tous les hommes celui que ʿAïcha aimait le plus après le Prophète et Abou-Bakr, et, de son côté, ʿAbdallah était de tous les hommes celui qui avait la plus grande déférence pour elle. ʿAïcha ne gardait aucun des biens dont Dieu la gratifiait; elle en faisait aumône. Ibn-Ez-Zobaïr ayant dit qu'il convenait de réfréner les libéralités de ʿAïcha, celle-ci avait répondu : « Comment! on m'interdirait mes libéralités! Qu'une expiation me soit imposée si jamais « je lui parle. » Des démarches en faveur de ʿAbdallah furent alors faites auprès d'elle par des Qoraïchites, et spécialement par des

[1] Ce ḥadits porte ici le numéro 2 d'après l'édition de Krehl.

oncles maternels de l'Envoyé de Dieu, mais elle refusa de les écouter. Des Zohrites, oncles maternels du Prophète, ʿAbderraḥman-ben-El-Asouad-ben-ʿAbd-Yaghouts et El-Misouar-ben-Makhrama, dirent alors à ʿAbdallah : « Quand ʿAïcha nous aura donné audience, entre « brusquement sans te faire annoncer. » ʿAbdallah, qui avait agi comme on le lui avait demandé, envoya ensuite dix esclaves[1] à ʿAïcha. Celle-ci les affranchit aussitôt et ne cessa d'affranchir les autres esclaves qu'on lui envoya, jusqu'à ce qu'elle eut atteint le chiffre de quarante, en disant : « J'aurais voulu, quand j'ai juré, « spécifier l'expiation à accomplir, et alors c'est celle-ci[2] que j'aurais « formulée. »

CHAPITRE III. — Le Coran a été révélé dans la langue de Qoraïch.

1. D'après *Anas*, ʿOtsmân manda Zeïd-ben-Tsâbit, ʿAbdallah-ben-Ez-Zobaïr, Saʿïd-ben-El-ʿÂṣ et ʿAbderraḥman-ben-El-Ḥârits-ben-Hichâm (pour mettre par écrit le Coran), et ils le mirent par écrit sur des feuillets. ʿOtsmân dit alors aux trois personnages des Qoraïch[3] : « Si vous êtes en désaccord avec Zeïd-ben-Tsâbit sur l'orthographe du Coran, écrivez celle du dialecte de Qoraïch, car c'est dans cette langue que le Coran a été révélé. » On se conforma à ces instructions.

CHAPITRE IV. — Des gens du Yémen qui sont issus d'Ismaʿîl : en fait partie Aslam-ben-Afṣa-ben-Ḥâritsa-ben-ʿAmr-ben-ʿÂmir de la tribu de Khozâʿa.

1. *Salama* a dit : « L'Envoyé de Dieu se rendit auprès d'un groupe de Aslam qui faisaient un concours de tir sur le marché. « Tirez, fils d'Ismaʿîl, s'écria le Prophète; votre ancêtre était un « tireur (émérite). Quant à moi je me mets du côté des Benou un « Tel », (qui formaient un des deux camps). Aussitôt l'autre camp

[1] Pour qu'elle pût expier son parjure en les affranchissant.

[2] L'affranchissement de 40 esclaves.

[3] Zeïd-ben-Tsâbit n'appartenait pas à la tribu des Qoraïch, tandis que les trois autres secrétaires étaient tous qoraïchites.

cessa de tirer. « Qu'avez-vous? demanda le Prophète. — Comment, « répondirent-ils, pourrions-nous tirer du moment que tu te mets « du côté des Benou un Tel. — Tirez, vous dis-je, reprit le Pro- « phète, car je suis avec vous tous. »

CHAPITRE V.

1. *Abou-Dzarr* a entendu le Prophète dire : « Tout homme qui prétend descendre d'un ancêtre dont il n'est pas issu et qui sait (à quoi s'en tenir à ce sujet), n'est qu'un mécréant. Quant à celui qui prétend appartenir à un peuple avec lequel il n'a aucune parenté, qu'il aille chercher sa place dans l'Enfer. »

2. D'après *Oudtsila-ben-El-Asqa'*, l'Envoyé de Dieu a dit : « Parmi les plus grandes impostures sont : celle que commet l'homme qui prétend descendre d'un ancêtre dont il n'est pas issu; celle que commet celui qui dit que ses yeux lui ont fait voir des choses qu'il n'a pas vues et celle qui consiste à dire d'après l'Envoyé de Dieu des choses qu'il n'a pas dites. »

3. *Abou-Djamra* a entendu Ibn-'Abbâs dire : « Une députation des 'Abd-El-Qaïs vint trouver l'Envoyé de Dieu et lui dit : « Ô « Envoyé de Dieu, cette tribu est issue de Rabî'a; entre nous et toi « se trouvent interposés les polythéistes de Modar, en sorte que nous « ne pouvons parvenir jusqu'à toi que pendant un des mois sacrés. « Si tu nous donnais tes instructions nous pourrions les transmettre « à ceux des nôtres qui sont en arrière de nous. — Je vous ordonne « quatre choses, répondit le Prophète, et vous en interdis quatre « également. La foi en Dieu, l'attestation qu'il n'y a d'autre divi- « nité que Dieu, l'accomplissement de la prière, le payement de la « dîme et l'obligation de remettre à Dieu le cinquième de votre « butin, (voilà ce que je vous ordonne de faire). Je vous interdis « les gourdes, les jarres, les tonnelets [1] de troncs de palmier et les « vases enduits de poix. »

[1] Ailleurs, au lieu de نقير on lit مقير, ce dernier mot signifiant «(vase) enduit de goudron».

4. *Sâlim* rapporte que son père, ʿAbdallah-ben-ʿOmar, a entendu l'Envoyé de Dieu dire pendant qu'il était en chaire : «Hélas! ici il y aura la révolte — et, ce disant, il montrait l'Orient, — c'est par là qu'apparaîtra la corne du Démon.»

CHAPITRE VI. — Où il est fait mention de Âslam, de Ghifâr, de Mozaïna, de Djohaïna et de Achdjaʿ.

1. D'après *Abou-Horaïra*, le Prophète a dit : «Qoraïch, Ansâr, Djohaïna, Mozaïna, Aslam, Ghifâr et Achdjaʿ sont mes auxiliaires. Ils n'ont d'autres maîtres que Dieu et son Envoyé.»

2. *Nâfiʿ* rapporte que ʿAbdallah lui a raconté que l'Envoyé de Dieu a dit en chaire : «Ghifâr, Dieu leur pardonnera[1]; Aslam, Dieu les délivrera de tout danger. Quant aux ʿOṣayya, ils ont été rebelles à Dieu et à son Envoyé.»

3. D'après *Abou-Horaïra*, le Prophète a dit : «Aslam, Dieu les délivrera de tout danger; Ghifâr, Dieu leur pardonnera.»

4. *Abou-Bakr* rapporte que le Prophète a dit : «Pensez-vous que Djohaïna, Mozaïna, Aslam et Ghifâr valaient mieux que les Benou-Temîm, les Benou-Asad, les Benou-ʿAbdallah-ben-Ghaṭafân et les Benou-ʿÂmir-ben-Ṣaʿṣaʿa?» Un homme dit alors : «Ils ont été déçus et ont été frustrés. — Ils valent mieux, reprit le Prophète, que les Benou-Temîm, les Benou-Asad, les Benou-ʿAbdallah-ben-Ghaṭafân et les Benou-ʿÂmir-ben-Ṣaʿṣaʿa.»

5. *Moḥammed-ben-Abou-Yaʿqoub* a entendu ʿAbderraḥman-ben-Abou-Bakr rapporter, d'après son père, que El-Aqraʿ-ben-Ḥâbis a dit au Prophète : «Il n'y a que les détrousseurs de pèlerins qui t'aient suivi parmi les Aslam, les Ghifâr, les Mozaïna — et les Djohaïna, je crois, ajoute le râwi, Ibn-Abou-Yaʿqoub, qui hésite sur ce point. — Dis-moi, répondit le Prophète, si Aslam, Ghifâr, Mozaïna — et il faut ajouter, je crois, Djohaïna — valaient mieux

[1] Ou : «que Dieu leur pardonne». On peut également lire à l'optatif les verbes qui suivent les noms des deux autres tribus et qui forment tous des jeux de mots : Ghifâr ayant la même racine que *ghafar* «pardonner», etc.

que les Benou-Temîm, les Benou-ʿÂmir, les Asad et les Ghaṭafân, ces derniers auraient-ils été déçus et frustrés? — Il est vrai (qu'ils ont été déçus), répliqua El-Aqraʿ. — Par celui qui tient mon âme entre ses mains, s'écria le Prophète, les premiers valent certes mieux que ces derniers.»

6. D'après *Abou-Horaïra*, le Prophète a dit : «Aslam, Ghifâr, quelques-uns des Mozaïna et les Djohaïna — ou suivant une variante — quelques-uns des Mozaïna *ou* des Djohaïna vaudront mieux aux yeux de Dieu — ou suivant une variante — au jour de la Résurrection, que Asad, Temîm, Haouâzin et Ghaṭafân.»

CHAPITRE VII[1]. — Où il est fait mention de Qaḥṭân.

1. *Abou-Horaïra* rapporte que le Prophète a dit : «L'Heure dernière n'aura pas lieu, tant qu'il ne sera pas sorti des Qaḥṭân un homme qui poussera devant lui la foule avec son bâton[2].»

CHAPITRE VIII. — De ce qui a été interdit des coutumes des polythéistes.

1. *ʿAmr-ben-Dînâr* a entendu Djâbir dire : «Nous fîmes une expédition avec le Prophète; il avait autour de lui des Mohâdjir qui formaient un groupe très nombreux. Parmi ces Mohâdjir se trouvait un baladin qui frappa un Anṣâr. Celui-ci entra dans une violente colère. Puis chacun des deux adversaires appela à son aide; l'Anṣâr criant : «A moi les Anṣâr!», le Mohâdjir : «A moi les «Mohâdjir». Le Prophète sortit alors et dit : «Que signifient ces «procédés de polythéistes? Que s'est-il donc passé?» Comme on lui raconta le coup porté par le Mohâdjir à l'Anṣâr il ajouta : «Abandonnez cet usage, c'est une chose odieuse.»

«ʿAbdallah-ben-Obayy-ben-Saloul ayant dit : «Ah! ils appellent «au secours contre nous. Eh bien! quand nous serons de retour à

[1] L'ordre des chapitres suivi dans Qasṭallâni diffère de celui de l'édition de Krehl. Voici l'ordre suivi par Qasṭallâni : chap. XIV, XI, VII, VIII, IX, XII, XIII.

[2] Ce personnage fera son apparition après le Mahdi.

« Médine, le plus noble en chassera le plus manant[1] », ʿOmar s'écria : « Ô Envoyé de Dieu, veux-tu que je tue ce misérable ʿAbdallah ? « — Non, répondit le Prophète; il ne faut pas que les gens puissent « raconter que le Prophète ordonnait de tuer ses compagnons. »

2. Suivant deux *isnâd* différents, *ʿAbdallah-(ben-Masʿoud)* rapporte que le Prophète a dit : « Il n'est pas des nôtres, celui qui frappe les joues, qui déchire les encolures (des vêtements) et qui appelle au secours à la façon des polythéistes. »

CHAPITRE IX. — Histoire des Khozâʿa.

1. D'après *Abou-Horaïra*, l'Envoyé de Dieu a dit : « ʿAmr-ben-Loḥayy-ben-Qamʿa[2]-ben-Khindif est le père des Khozâʿa. »

2. *Ez-Zohri* rapporte qu'il a entendu Saʿîd-ben-El-Mosayyab dire : « البحيرة (*el-baḥîra*) est le nom de la chamelle dont le lait était réservé aux idoles et que nul homme ne devait traire; السائبة (*es-sâïba*) était le nom des chamelles consacrées aux dieux des païens et elles ne devaient plus rien porter. »

D'après Abou-Horaïra, le Prophète a dit : « J'ai vu ʿAmr-ben-Âmir-ben-Loḥayy-El-Khozâʿi traîner ses entrailles en Enfer parce qu'il fut le premier qui consacra des *sâïba*. »

CHAPITRE X[3]. — Histoire de la conversion à l'islamisme de Abou-Dzarr.

CHAPITRE XI. — Histoire de Zemzem.

1. *Abou-Djemra* rapporte ce qui suit : « Ibn-ʿAbbâs nous dit : « Voulez-vous que je vous raconte la conversion à l'islamisme de « Abou-Dzarr ? — Certes oui, répondîmes-nous. — Eh bien !

[1] Ou : « le plus puissant d'entre vous chassera le plus vil. » ʿAbdallah-ben-Obayy-ben-Saloul se considérait comme le plus noble personnage de Médine et regardait le Prophète comme un des moins nobles, sinon le moins noble, des habitants de cette cité.

[2] Ce nom se lit aussi : Qamaʿa, Qimmiʿa.

[3] Qasṭallâni ne donne pas cela comme un chapitre; il se contente de dire que certaines copies placent ce titre en cet endroit, mais qu'en réalité la conversion de Abou-Dzarr fait partie du chap. XI.

« reprit-il, Abou-Dzarr m'a dit : « J'étais un homme de la tribu des « Ghifâr. La nouvelle nous parvint qu'il avait paru à La Mecque « un homme qui prétendait être prophète. Va, dis-je à mon frère, « trouver cet homme, cause avec lui et reviens me donner des « renseignements sur son compte. Mon frère partit, rencontra cet « homme et, quand il fut de retour, je lui demandai ce qu'il en « savait. Par Dieu, me répondit-il, j'ai vu un homme qui ordonne « le bien et défend le mal. — Cela, répliquai-je, ne satisfait pas ma « curiosité. » Et aussitôt, prenant une besace et un bâton, je me « rendis à La Mecque.

« Je ne connaissais pas le Prophète et, comme je redoutais de « prendre des informations, j'allai boire de l'eau de Zemzem et « m'installai dans le Temple. ʿAli, venant à passer près de moi, dit : « Cet homme semble être un étranger. — En effet, lui dis-je. — « Viens dans ma demeure, me répondit-il. » — Je partis avec lui « sans qu'il me demandât aucun renseignement sur mon compte et « sans que je lui en donnasse. Le lendemain matin je me rendis au « Temple pour m'informer du Prophète, mais il n'y eut personne « qui pût me renseigner à son sujet. ʿAli, venant à passer de nouveau « près de moi, dit : « N'est-il pas temps que l'homme sache quel doit « être son gîte dorénavant. — Non, répliquai-je. — Alors viens « avec moi, reprit-il. » Il (m'emmena et) me dit : « Qui es-tu ? Quel « motif t'a conduit dans cette ville ? — Si tu me promets le secret, « je te le dirai, répondis-je. — Ainsi ferai-je, ajouta-t-il. »

« Alors je lui racontai que nous avions appris qu'il y avait dans « cette ville-ci un homme qui prétendait être prophète, que j'avais « envoyé mon frère causer avec lui, mais qu'à son retour mon frère « n'avait pas satisfait ma curiosité; aussi avais-je voulu rencontrer cet « homme. « Eh bien! tu tombes juste, s'écria ʿAli, je vais de ce pas « chez lui; suis-moi donc, entre partout où j'entrerai. Si je vois quel- « qu'un qui me semble dangereux pour toi, je m'arrêterai le long « du mur comme pour rajuster mes chaussures. Dans ce cas, poursuis « (seul) ta route. » ʿAli marcha devant moi; je le suivis et entrai

« avec lui chez le Prophète. « Expose-moi la doctrine de l'islâm, dis-je « au Prophète. » Il me l'exposa et, sur place, je me convertis à l'islamisme. « Ô Abou-Dzarr, me dit-il, garde le secret sur cette affaire « et retourne dans ton pays. Le jour où tu apprendras que notre « doctrine est devenue publique reviens ici. — Par celui qui t'a « envoyé prêcher la Vérité, m'écriai-je, je vais crier bien fort ma « nouvelle croyance en plein public. »

« Je me rendis alors au Temple, où se trouvaient des Qoraïchites, « et dis : « Ô gens de Qoraïch, moi, je déclare qu'il n'y a pas d'autre « divinité que Dieu, et que Mahomet est son serviteur et son Envoyé. « — Qu'on se jette sur cet apostat! s'écrièrent les Qoraïchites. » On « se jeta sur moi, on me frappa pour me tuer, mais El-ʿAbbâs, survenant, se précipita vers moi et, se tournant ensuite vers mes « agresseurs, il leur dit : « Malheureux! vous alliez tuer un homme « des Ghifâr. Or, votre commerce est entre les mains des Ghifâr, car « vos routes passent sur leur territoire. » Aussitôt on s'éloigna de moi.

« Le lendemain matin je revins et répétai ce que j'avais dit la « veille. « Qu'on se jette sur cet apostat! » cria-t-on encore. On me « traita de la même façon qu'on m'avait traité le jour précédent, « et El-ʿAbbâs, survenant, se précipita vers moi et tint le même « langage que la veille. » — Tel fut, ajouta Ibn-ʿAbbâs, le début de « la conversion à l'islamisme de Abou-Dzarr. »

CHAPITRE XII. — Histoire de Zemzem et de l'ignorance des Arabes.

1. *Saʿîd-ben-Djobaïr* rapporte que Ibn-ʿAbbâs a dit : « S'il vous est agréable de connaître l'ignorance des Arabes lisez ce qui suit, le verset cent trente de la sourate Le bétail depuis : « Ils ont été « frustrés ceux qui ont tué leurs enfants stupidement sans rien « savoir. . . » jusqu'à : « ils s'étaient écartés de la bonne voie et ils « n'ont pas été bien dirigés » (sourate vi, verset 141).

CHAPITRE XIII. — Il est permis de faire figurer dans sa généalogie ses ancêtres musulmans et ceux antérieurs à l'islamisme. — *Ibn-ʿOmar et Abou-*

IMPRIMERIE NATIONALE.

Horaïra rapportent que le Prophète a dit : « Le généreux, fils du généreux, fils du généreux, fils du généreux, c'est Joseph, fils de Jacob, fils d'Isaac, fils d'Abraham, l'Ami de Dieu. » — El-Barâ rapporte que le Prophète a dit : « Je suis le descendant d'ʿAbd-El-Moṭṭalib. »

1. *Saʿîd-ben-Djobaïr* rapporte que Ibn-ʿAbbâs a dit : « Lorsque fut révélé ce verset : « Et avertis ta lignée la plus proche » (sourate xxvi, verset 214), le Prophète se mit à appeler : « Ô Benou-« Fihr ! ô Benou-ʿAdiyy ! pour les tribus de Qoraïch. »

El-Bokhâri, avec un autre *isnâd*, rapporte que Ibn-ʿAbbâs a dit : « Lorsque fut révélé ce verset : « Et avertis ta lignée la plus proche » (sourate xxvi, verset 214), le Prophète se mit à les appeler tribu par tribu. »

2. D'après *Abou-Horaïra*, le Prophète dit : « Ô Benou-ʿAbd-Menâf ! rachetez vos âmes de Dieu. Ô Benou-ʿAbd-El-Moṭṭalib ! rachetez vos âmes de Dieu. Ô mère de Ez-Zobaïr-ben-El-ʿAwwâm, tante paternelle de l'Envoyé de Dieu, et toi, ô Fâṭima, fille de Moḥammed, rachetez l'une et l'autre votre âme de Dieu, car je ne puis rien pour vous contre Dieu; mais demandez-moi de mon argent tout ce que vous voudrez. »

CHAPITRE XIV. — Le fils de la sœur et l'affranchi de l'homme d'une tribu font partie de cette tribu.

1. D'après *Qatâda*, Anas a dit : « Le Prophète ayant convoqué les Anṣâr leur dit : « Y a-t-il parmi vous quelqu'un d'étranger à « votre tribu ? — Non, répondirent-ils, excepté le fils d'une de nos « sœurs. — Le fils de la sœur de l'homme d'une tribu fait partie « de cette tribu, déclara l'Envoyé de Dieu. »

CHAPITRE XV. — Histoire des Abyssins, et de ces mots du Prophète : « O Benou-Arfida ».

1. *ʿOrwa* rapporte, d'après ʿAïcha, que Abou-Bakr entra chez elle durant les fêtes de Mina et y trouva deux esclaves qui chantaient en jouant du tambour de basque pendant que le Prophète

était là, la tête enveloppée dans son manteau. Abou-Bakr allait faire taire ces deux femmes quand le Prophète, découvrant son visage, s'écria : « Laisse-les, Abou-Bakr; ces jours-ci sont jours de fêtes, ce sont les fêtes de Mina. »

'Aïcha ajouta : « J'ai vu le Prophète me cacher (derrière son manteau) pendant que je regardais les Abyssins se livrer à leurs joutes dans la mosquée. Et, comme 'Omar voulait les chasser, le Prophète lui dit : « Laisse-les tranquilles, ces Benou-Arfida. » — Arfida (qui est un dérivé) signifie « de la sécurité ».

CHAPITRE XVI. — De celui qui veut qu'on n'insulte pas ses ancêtres.

1. *'Orwa* rapporte que 'Aïcha a dit : « Ḥassân ayant demandé au Prophète l'autorisation de faire des satires contre les polythéistes, Mahomet lui répondit : « Eh bien! comment feras-tu pour nos an-« cêtres? — Je les mettrai à part, reprit Ḥassân, comme on retire « un cheveu de la pâte. »

'Orwa ajoute : « Au moment où je commençai à dire du mal de Ḥassân devant 'Aïcha, celle-ci me dit : « Ne l'insulte pas, car il a « défendu le Prophète [1]. »

CHAPITRE XVII. — De ce qui a été dit au sujet des noms de l'Envoyé de Dieu. — *De ces mots du Coran : « Moḥammed n'est pas le père d'aucun homme parmi vous... »* (sourate xxxiii, verset 40). — *« Moḥammed est l'Envoyé de Dieu; ceux qui sont avec lui sont terribles pour les infidèles... »* (sourate xlviii, verset 29). — *« ... après moi dont le nom sera Aḥmed... »* (sourate lxi, verset 6).

1. D'après *Djobaïr*, l'Envoyé de Dieu a dit : « J'ai cinq noms : Je suis Moḥammed; je suis Aḥmed; je suis El-Mâḥî, celui à l'aide duquel Dieu efface l'infidélité; je suis El-Ḥâchir, celui aux pieds duquel les hommes seront rassemblés (au jour de la Résurrection); je suis El-'Âqib (celui qui est venu après les autres prophètes). »

[1] Qasṭallâni ajoute ici l'explication du mot ينافح, d'après Abou-'l-Haitsem.

2. D'après *Abou-Horaïra*, l'Envoyé de Dieu a dit : « N'êtes-vous pas surpris de voir comment Dieu détourne de moi les injures des Qoraïch et leurs malédictions ? Ils insultent un homme digne de mépris; ils maudissent un homme digne de mépris, or je suis un homme digne d'éloges [1]. »

CHAPITRE XVIII. — Du sceau des prophètes.

1. *Djâbir-ben-ʿAbdallah* rapporte que le Prophète a dit : « Comparée à celle des autres prophètes, ma situation est la suivante : Un homme a bâti une maison, il l'a terminée et embellie, sauf qu'il a laissé vide la place d'une brique. Les gens sont entrés dans cette maison, l'ont admirée, puis ils ont dit : « Ah ! si on n'avait « pas laissé vide la place d'une brique, (elle serait parfaite). »

2. D'après *Abou-Horaïra*, l'Envoyé de Dieu a dit : « Comparée à celle des prophètes qui m'ont précédé, ma situation est pareille à celle d'un homme qui a bâti une maison, l'a embellie et parée, sauf qu'il a laissé vide la place d'une brique dans un angle. Les gens sont venus visiter cette maison; ils l'ont admirée et ont dit : « Pourquoi n'as-tu pas posé cette brique ? » C'est moi qui suis cette brique et je suis le sceau des prophètes. »

CHAPITRE XIX. — De la mort du Prophète.

1. D'après *ʿAïcha*, le Prophète mourut à l'âge de soixante-trois ans.

Confirmation du ḥadits par un autre *isnâd*.

CHAPITRE XX. — Du surnom du Prophète.

1. *Anas* rapporte que le Prophète, se trouvant au marché, un homme cria : « Hé ! Abou-'l-Qâsim. » Le Prophète se retourna et dit : « Appelez-vous de mon nom, mais ne faites pas usage (pour vous) de mon surnom. »

[1] Il y a ici un jeu de mots intraduisible : *Moḥammed* signifiant « digne d'éloges » est opposé à *modzammam*, « digne de mépris ».

2. D'après *Djâbir*, le Prophète a dit : « Appelez-vous de mon nom, mais ne faites pas usage de mon surnom. »

3. *Abou-Horaïra* a dit : « Abou-'l-Qâsim a dit : « Appelez-vous de mon nom, mais ne faites pas usage de mon surnom. »

CHAPITRE XXI.

1. *El-Djoʿaïd-ben-ʿAbderraḥman* a dit : « J'ai vu Es-Sâïb-ben-Yezîd, âgé de quatre-vingt-quatorze ans, (encore) vigoureux et le corps droit. « Je sais, dit-il, que si je possède (toujours) mes « facultés de voir et d'entendre, je ne le dois qu'à l'invocation de « l'Envoyé de Dieu. Ma tante maternelle étant allée le trouver et « lui ayant dit : « Ô Envoyé de Dieu, le fils de ma sœur est malade, « adresse à Dieu une invocation en sa faveur », le Prophète fit cette « invocation. »

CHAPITRE XXII. — Du sceau de la prophétie.

1. *El-Djoʿaïd-ben-ʿAbderraḥman* a entendu Es-Sâïb-ben-Yezîd dire : « Ma tante maternelle me conduisit vers l'Envoyé de Dieu et lui dit : « Ô Envoyé de Dieu, le fils de ma sœur est malade. » Le Prophète me passa la main sur la tête, appela sur moi la bénédiction et fit ses ablutions. Je bus de l'eau de ses ablutions, puis je me levai derrière son dos et aperçus le sceau de la prophétie entre ses deux omoplates. »

Ibn-'Obaïd-Allah dit que حَجَلَة est le singulier de حَجَل, nom des épis du cheval entre les deux yeux. — Ibrâhîm-ben-Hamza dit que le sceau de la prophétie était pareil aux boutons des palanquins de fiancées.

CHAPITRE XXIII. — De la description du Prophète.

1. *ʿOqba-ben-El-Ḥârits* a dit : « Abou-Bakr, après avoir fait la prière de l'ʿaṣr étant sorti, vit en marchant El-Ḥasan qui jouait avec des enfants. Il le prit sur ses épaules et dit : « Je donnerai mon « père pour le racheter, il ressemble au Prophète et ne ressemble « pas à ʿAli. » ʿAli se mit à rire. »

2. *Abou-Djohaïfa* a dit : « J'ai vu le Prophète. El-Ḥasan lui ressemblait. »

3. *Isma'îl-ben-Abou-Khâlid* a entendu Abou-Djoḥaïfa dire : « J'ai vu le Prophète, et El-Ḥasan-ben-'Ali lui ressemblait. — Dépeignez-le moi, dis-je à Abou-Djoḥaïfa. — Il avait le teint blanc, me répondit-il, et quelques cheveux blancs. Il ordonna de nous donner treize chamelles. » Abou-Djoḥaïfa ajouta : « Le Prophète mourut avant que nous eussions pris possession de ces chamelles. »

4. *Ouahb-Abou-Djoḥaïfa-Es-Souâï* a dit : « J'ai vu l'Envoyé de Dieu; j'ai vu du blanc dans les poils de sa barbiche au-dessous de sa lèvre inférieure. »

5. *Ḥarîz-ben-'Otsmân* ayant interrogé 'Abdallah-ben-Bosr, un des compagnons du Prophète, en lui demandant s'il avait vu que le Prophète avait l'aspect d'un vieillard, 'Abdallah lui répondit : « Il avait dans sa barbiche quelques poils blancs. »

6. *Rebî'a-ben-Abou-'Abderraḥman* a entendu Mâlik-ben-Anas dire en faisant la description du Prophète : « C'était un homme trapu, ni grand, ni petit. Il avait le teint blanc rosé et non d'un blanc mat, ni brun. Il avait les cheveux frisés, ni très crépus, ni lisses et tombants. Il reçut la révélation à l'âge de quarante ans. Pendant dix ans il la reçut à La Mecque et pendant dix ans à Médine. Sur la tête et dans toute sa barbe il n'y avait pas vingt poils blancs. »

Rebî'a ajouta : « J'ai vu un de ses poils, il était roux. On me dit que les parfums seuls l'avaient rendu de cette couleur. »

7. *Anas* a dit : « L'Envoyé de Dieu n'était pas d'une taille excessive, ni petit non plus; il n'était ni blanc mat, ni brun; il n'était pas crépu et n'avait pas non plus les cheveux lisses. Dieu l'envoya (comme prophète) au début de sa quarantième année. Il séjourna dix ans à La Mecque et dix ans à Médine. Lorsqu'il rendit son âme à Dieu, il n'avait pas sur la tête et dans toute sa barbe vingt poils blancs. »

8. *Abou-Isḥaq* a entendu El-Barâ dire : « L'Envoyé de Dieu était

le plus beau des hommes, comme visage et comme stature; il n'était pas d'une taille excessive, ni petit non plus.»

9. *Qatâda* a dit : «Je demandai à Anas si le Prophète se teignait. «Non, me répondit-il, (et) il n'avait que quelques poils blancs aux «deux tempes.»

10. *El-Barâ* a dit : «Le Prophète était trapu; il avait les épaules larges; ses cheveux atteignaient le lobe de ses oreilles. Je l'ai vu portant une tunique rouge et jamais je n'ai rien vu d'aussi beau.»

Au lieu de : «le lobe de ses oreilles», un râwi lit : «les deux épaules».

11. D'après *Abou-Isḥaq*, comme on demandait à El-Barâ si le Prophète avait le visage allongé, il répondit : «Non, bien au contraire, il était pareil à la lune.»

12. *El-Ḥakam* a entendu Abou-Djoḥaïfa dire : « L'Envoyé de Dieu, s'étant rendu au milieu du jour dans le lit du torrent, fit ses ablutions, puis il pria deux rekaʿ pour le *dzohor* et deux rekaʿ pour l'*ʿaṣr*, il avait devant lui un épieu; — suivant un autre râwi, Abou-Djohaïfa ajouta : les gens passaient derrière l'épieu. — Alors les fidèles prirent les mains du Prophète et se les passèrent sur le visage. Moi-même j'en fis autant, et quand je mis sa main sur mon visage, je sentis cette main plus froide que la neige et plus parfumée que le musc.»

13. *Ibn-ʿAbbâs* a dit : «Le Prophète était le plus généreux des homme et sa générosité s'exerçait surtout pendant le Ramaḍân lorsque Gabriel venait le visiter car, durant chacune des nuits du Ramaḍân, il venait trouver le Prophète et lui enseigner le Coran. Certes l'Envoyé de Dieu était plus généreux pour faire le bien que les vents envoyés (précurseurs de la pluie vivifiante).»

14. *ʿOrwa* rapporte, d'après ʿAïcha, que l'Envoyé de Dieu entra un jour chez elle tout joyeux, les rides du front pleines d'éclat. «N'as-tu pas entendu, s'écria-t-il, ce que le Modladjite a dit à Zeïd et à Osâma en voyant leurs pieds : «Voilà des pieds qui sont issus «les uns des autres.»

15. *ʿAbdallah-ben-Kaʿb* a dit : «J'ai entendu Kaʿb-ben-Mâlik, lorsqu'il eut manqué d'assister à l'expédition de Tabouk, dire : «J'allai saluer l'Envoyé de Dieu dont le visage rayonnait de joie. «Quand l'Envoyé de Dieu était de belle humeur son visage s'éclairait «au point qu'il ressemblait à un morceau de la lune. Et nous con«naissions tous cette particularité.»

16. *Saʿîd-El-Maqbori* rapporte, d'après Abou-Horaïra, que l'Envoyé de Dieu a dit : «J'ai été chargé de remplir ma mission depuis le meilleur des siècles[1] d'Adam, de siècle en siècle jusqu'au siècle où je suis.»

17. D'après *Ibn-ʿAbbâs*, l'Envoyé de Dieu laissait ses cheveux tomber (sur le front), tandis que les polythéistes les rejetaient de chaque côté de la tête. Les gens du Livre, laissaient tomber leurs cheveux (sur le front). L'Envoyé de Dieu désirait se conformer aux habitudes des gens du Livre en tant qu'il n'avait pas reçu ordre d'agir différemment. Dans la suite, l'Envoyé de Dieu rejeta ses cheveux de chaque côté de la tête.

18. *Masrouq* rapporte que ʿAbdallah-ben-ʿAmr a dit : «Le Prophète n'était pas naturellement porté aux propos grossiers et ne s'en servit jamais. «Les meilleurs d'entre vous, disait-il, sont ceux «qui ont la meilleure nature.»

19. *ʿOrwa-ben-Ez-Zobaïr* rapporte que ʿAïcha a dit : «Quand on donnait à l'Envoyé de Dieu à choisir entre deux choses, il choisissait la plus facile, pourvu qu'il n'en résultât pas quelque péché. Si elle devait entraîner au péché, il était le plus ardent des hommes à s'en éloigner. Jamais l'Envoyé de Dieu ne se vengea d'une injure personnelle. Mais chaque fois que la majesté de Dieu était offensée, il en tirait vengeance au nom de Dieu.»

20. D'après *Tsâbit*, Anas a dit : « Je n'ai jamais touché de soie ou de satin plus doux que la paume de la main du Prophète.

[1] Ce hadits veut dire que la mission qui devait être confiée à Mahomet était déjà prédestinée à l'époque d'Adam, puisque, dès cette époque, son ancêtre a transmis à ses descendants le germe d'où il est né.

Jamais je n'ai respiré un parfum (ريح) — ou suivant une variante — une odeur (عرف) plus suave que le parfum — ou l'odeur — du Prophète.

21. *Abou-Sa'îd-El-Khodri* a dit : « Le Prophète était plus pudibond qu'une (jeune) vierge dans son boudoir. »

22. *Cho'ba* a rapporté le ḥadits précédent en y ajoutant : « Quand une chose déplaisait au Prophète, on le reconnaissait sur son visage. »

23. D'après *Abou-Horaïra,* jamais le Prophète ne critiquait un mets; s'il lui convenait, il en mangeait, sinon il le laissait.

24. *'Abdallah-ben-Mâlik-El-Asadi*, fils de Boḥaïna, a dit : « Quand le Prophète se prosternait, il écartait tellement les bras qu'on voyait ses aisselles — ou suivant une variante — le blanc de ses aisselles. »

25. *Anas* rapportait que l'Envoyé de Dieu n'élevait pas (beaucoup) les bras dans aucune de ses invocations; il ne faisait exception que dans la prière des rogations; alors il levait les bras si haut qu'on voyait le blanc de ses aisselles.

26. *Abou-Djohaïfa* a dit : « Le hasard m'avait conduit auprès du Prophète, alors à El-Abtaḥ, et il était sous une tente dressée pour passer le moment de la grande chaleur. Bilâl sortit pour faire l'appel à la prière, puis il rentra sous la tente et en ressortit avec l'eau qui restait des ablutions de l'Envoyé de Dieu. Les fidèles se précipitèrent sur cette eau pour en prendre. Bilâl entra de nouveau dans la tente et en ressortit avec un épieu. L'Envoyé de Dieu sortit alors de la tente, et il me semble encore voir la blancheur éclatante de ses jambes. Il ficha son épieu en terre, puis il pria deux reka' pour le *dzohor* et deux reka' pour l'*'aṣr*. L'âne et la femme passaient devant lui. »

27. D'après *'Aicha*, quand le Prophète faisait un récit, (il parlait si lentement qu') on aurait pu compter ses paroles.

Suivant un autre *isnâd*, 'Aïcha a dit (à 'Orwa) : « Abou-un Tel ne t'étonne-t-il pas? Il est venu s'asseoir auprès de ma chambre et s'est mis à raconter des récits relatifs à l'Envoyé de Dieu, de façon à ce que je les entendisse. A ce moment je faisais une prière surérogatoire, et il partit avant que je l'eusse terminée. Si j'avais pu le joindre, je lui aurais rappelé que l'Envoyé de Dieu ne débitait pas ses récits comme vous les débitez.»

CHAPITRE XXIV. — *Quand l'œil du Prophète dormait, son cœur ne dormait pas. Cette tradition est rapportée par Saʿîd-ben-Mînâ, d'après Djâbir.*

1. D'après *Saʿîd-El-Maqbori*, Abou-Salama-ben-ʿAbderraḥman ayant interrogé ʿAïcha sur la façon dont l'Envoyé de Dieu faisait la prière pendant le Ramaḍân, ʿAïcha répondit: «Jamais, ni pendant le Ramaḍân, ni à aucun moment, il ne fit plus de onze rekaʿ. Il faisait d'abord quatre rekaʿ, et ne me demande pas si elles étaient bonnes et longues; ensuite il en faisait quatre autres, et ne me demande pas si elles étaient bonnes et longues. Enfin il en faisait encore trois. Et comme je lui disais : «Ô Envoyé de Dieu, dors-tu «avant de faire la rekaʿ impaire», il me répondit : «Mon œil dort, «mais mon cœur ne dort pas.»

2. *Cherîk-ben-ʿAbdallah-ben-Abou-Nemira* a dit : «J'ai entendu Anas-ben-Mâlik nous faisant le récit de la nuit durant laquelle le Prophète fut emporté de la mosquée de la Kaʿba. Trois personnages étaient venus trouver le Prophète avant que sa mission lui eût été révélée. A ce moment le Prophète était endormi dans le temple sacré (entre deux personnes). «Lequel est-ce? demanda le «premier personnage. — Celui du milieu est le meilleur, répondit «le second personnage. — Prenez-donc le meilleur, s'écria le troi«sième personnage.» Ainsi se passa cette première nuit. Le Prophète ne les vit pas avant qu'ils vinssent le trouver une autre nuit, et il les vit avec son cœur, car si les yeux du Prophète dormaient, son cœur ne dormait pas, et il en est ainsi des prophètes dont les yeux dorment, non les cœurs. Cette fois, Gabriel le prit et l'enleva au ciel.»

CHAPITRE XXV. — Des signes de la prophétie relatifs à l'islâm.

1. *Abou-Redjâ* a dit : «ʿImrân-ben-Ḥoṣaïn nous a raconté qu'au cours d'une expédition qu'ils faisaient avec le Prophète, ils accomplirent une marche de nuit et campèrent seulement quand le matin se montra. Le sommeil les ayant gagnés, ils dormirent jusqu'au moment où le soleil était déjà élevé au-dessus de l'horizon. Le premier qui se réveilla fut Abou-Bakr. On n'interrompait jamais le sommeil de l'Envoyé de Dieu, on attendait qu'il s'éveillât de lui-même. ʿOmar s'éveilla le second. Alors Abou-Bakr alla s'asseoir au chevet du Prophète et se mit à faire le tekbîr en élevant la voix jusqu'à ce que le Prophète se réveillât.

«(Après une courte marche), on campa de nouveau et le Prophète présida la prière du matin. Un des hommes resta à l'écart des autres fidèles et ne fit pas la prière avec nous. La prière terminée, le Prophète interpella cet homme en ces termes : «Ô un Tel, quel «motif t'a empêché de faire la prière avec nous? — C'est que, «répondit-il, il m'est survenu une impureté.» Le Prophète lui enjoignit de faire la lustration pulvérale et de faire ensuite la prière. L'Envoyé de Dieu me fit[1] ensuite enfourcher une monture devant lui.

«Nous souffrions vivement de la soif. Pendant que nous étions en marche, nous rencontrâmes tout à coup une femme qui faisait aller ses jambes entre deux outres. «Où y a-t-il de l'eau? lui «demandâmes-nous. — Il n'y a pas d'eau ici, répondit-elle. — «A quelle distance l'eau se trouve-t-elle de ta famille? reprîmes-«nous. — A une journée et une nuit, reprit-elle. — Va trouver «l'Envoyé de Dieu, répliquâmes-nous. — Qu'est-ce que c'est «que l'Envoyé de Dieu? demanda-t-elle.» Nous ne lui laissâmes pas la liberté de s'en aller avant de l'avoir amenée au Prophète à qui elle répéta exactement ce qu'elle nous avait dit, en ajoutant qu'elle était veuve et qu'elle avait des enfants.

(1) Au lieu de جعلنى on lit : اعجلنى «il me pressa» (d'enfourcher).

« Le Prophète ordonna qu'on lui remît les deux outres; il en frotta les orifices, et quarante d'entre nous purent boire et se désaltérer. De plus, nous eûmes de quoi remplir chacun une outre et un gobelet que nous avions avec nous. Cependant nous n'abreuvâmes pas les chameaux, bien que nos outres fussent pleines à crever. Ensuite le Prophète nous dit d'apporter ce que nous avions et on réunit pour cette femme une certaine quantité de pain et de dattes. Quand elle les rapporta aux siens, elle leur dit : « Je viens « de rencontrer le plus grand des magiciens, à moins que ce ne « soit un prophète comme on le prétend. » Grâce à cette femme, Dieu dirigea dans la bonne voie ces gens à la recherche de l'eau, car elle embrassa l'islamisme et eux aussi. »

2. D'après *Qatâda*, Anas a dit : « Alors que le Prophète était à Ez-Zaourâ, on lui apporta un vase. Il mit sa main dans ce vase et aussitôt l'eau se mit à sourdre entre ses doigts, et les fidèles firent leurs ablutions. « Combien étiez-vous? demanda Qatâda à Anas. « — Trois cents, répondit-il, ou environ trois cents. »

3. *Anas-ben-Mâlik* a dit : « J'ai vu l'Envoyé de Dieu au moment de l'heure de la prière de l'ʿaṣr. Les fidèles cherchèrent de l'eau pour les ablutions et n'en trouvèrent point. Alors on apporta à l'Envoyé de Dieu un vase à ablution (plein d'eau). Il mit la main dans ce vase et donna ordre aux fidèles de faire leurs ablutions. Alors je vis l'eau sourdre sous ses doigts et tous les fidèles jusqu'au dernier firent leurs ablutions. »

4. *Anas-ben-Mâlik* a dit : « Le Prophète était parti pour une de ses expéditions, ayant avec lui un certain nombre de ses Compagnons. Pendant qu'ils étaient en marche, l'heure de la prière étant venue, on ne trouva pas d'eau pour faire les ablutions. Un des hommes de la troupe partit à la recherche et revint avec un bol contenant un peu d'eau. Le Prophète prit cette eau, fit ses ablutions, puis, étendant ses quatre doigts sur le bol, il dit aux fidèles : « Faites vos ablutions. » Tous les fidèles firent leurs ablutions aussi

complètes qu'ils le désirèrent, et ils étaient soixante-dix ou un nombre approchant. »

5. *Ḥomaïd* rapporte que Anas a dit : « L'heure de la prière était venue ; les fidèles dont la maison était proche de la mosquée avaient fait leurs ablutions, mais les autres non. On apporta au Prophète un vase en pierre contenant de l'eau. Il voulut y mettre la main, mais le vase étant trop étroit pour qu'il pût l'y étendre, il réunit quatre de ses doigts et les posa sur le vase. Tous les fidèles sans exception purent alors faire leurs ablutions. » — « Et comme, ajoute Ḥomaïd, je demandai à Anas combien ils étaient, il me répondit : « Quatre-vingts hommes. »

6. *Djâbir-ben-ʿAbdallah* a dit : « Le jour de El-Ḥodaïbiya les fidèles souffraient de la soif. Le Prophète qui avait devant lui une petite outre fit ses ablutions. Les fidèles se précipitant vers lui, il leur dit : « Qu'avez-vous ? — Nous n'avons, répondirent-ils, d'autre « eau pour faire nos ablutions et boire que celle qui est devant toi. » Alors le Prophète posa sa main sur l'outre et l'eau se mit à couler entre ses doigts en formant de véritables sources. Alors nous bûmes et nous fîmes nos ablutions. « Combien étiez-vous ? deman- « da-t-on à Djâbir ? — Nous étions quinze cents, répondit-il, mais « nous aurions été cent mille qu'il y en aurait eu assez. »

7. *El-Barâ* a dit : « Le jour de El-Ḥodaïbiya nous étions quatorze cents. El-Ḥodaïbiya est un puits dont nous épuisâmes l'eau si vite qu'il n'en resta bientôt plus la moindre goutte. Le Prophète s'assit à l'orifice du puits ; il se fit apporter de l'eau, se gargarisa et rejeta l'eau dans le puits. Nous n'eûmes pas longtemps à attendre avant de pouvoir puiser de l'eau et nous désaltérer. Nos montures purent boire — ou suivant une variante — boire à deux reprises. »

8. *Anas-ben-Mâlik* rapporte que Abou-Ṭalḥa dit à Omm-Solaïm : « Je viens d'entendre l'Envoyé de Dieu parler d'une voix affaiblie, je vois qu'il souffre de la faim. As-tu quelque chose (à manger) par devers toi ? — Oui, répondit-elle. » Et alors elle sortit quelques pains d'orge ; puis elle détacha sa ceinture, et en employa

une partie pour attacher ces pains ensemble. «Alors, ajouta Anas, elle cacha ces pains sous mon bras et les fixa (à ma tête) à l'aide du reste de sa ceinture, et m'envoya vers l'Envoyé de Dieu. Je partis avec ces pains et trouvai l'Envoyé de Dieu dans la mosquée entouré des fidèles. Comme je restais debout devant l'assistance[1], l'Envoyé de Dieu me demanda si c'était bien Abou-Ṭalḥa qui m'envoyait. «Oui, repris-je. — Pour un repas[2]? ajouta-t-il. — Oui», repris-je. Alors, s'adressant à ceux qui étaient avec lui, l'Envoyé de Dieu dit : «Partons.» Il se mit aussitôt en marche et je le précédai.

«Arrivé chez Abou-Ṭalḥa, je lui fis part de ce qui arrivait. «Ô «Omm-Solaïm, dit Abou-Ṭalḥa, voici l'Envoyé de Dieu qui arrive «avec du monde et nous n'avons pas de quoi leur donner à man-«ger. — Dieu et son Envoyé savent mieux que personne (ce qui «doit arriver).» Abou-Ṭalḥa se porta à la rencontre de l'Envoyé de Dieu. Puis l'Envoyé de Dieu, accompagné de son amphytrion, arriva et dit : «Allons, Omm-Solaïm, apporte-nous ce que tu as.» Elle servit ces mêmes pains (qu'elle avait envoyés), et l'Envoyé de Dieu donna ordre de les émietter. Puis Omm-Solaïm pressa une outre de graisse et assaisonna les miettes.

«Après avoir prononcé sur ce plat les paroles que Dieu voulut lui faire dire, l'Envoyé de Dieu ajouta : «Fais entrer dix de mes «compagnons.» L'invitation fut faite; ces dix personnes mangèrent de façon à être repues et sortirent ensuite. «Fais-en entrer dix «autres», reprit le Prophète. L'invitation fut faite; cette nouvelle série mangea, se rassasia et sortit. «Fais-en entrer encore dix», ajouta le Prophète. L'invitation fut faite; ils mangèrent, se rassasièrent et sortirent. «Fais-en entrer dix nouveaux», dit encore le

[1] Anas, en voyant l'entourage du Prophète, n'osa pas remettre les pains qu'il avait apportés, parce qu'ils n'auraient pu suffire à un si grand nombre de personnes.

[2] Ou : «avec de la nourriture». La phrase est ambiguë, à dessein sans doute, pour permettre de supposer que le Prophète savait que Anas avait apporté des pains en quantité insuffisante.

Prophète. Enfin tout le monde mangea et se rassasia. Il y avait soixante-dix personnes — ou suivant une variante — quatre-vingts. »

9. D'après *'Alqama,* 'Abdallah-(ben-Mas'oud) a dit : « Nous comptons les miracles au nombre des faveurs de Dieu, tandis que vous, vous les considérez comme des menaces. Nous étions en expédition avec l'Envoyé de Dieu, quand l'eau vint à manquer. « Qu'on m'apporte un peu d'eau », s'écria le Prophète. On lui apporta un vase dans lequel il y avait quelques gouttes d'eau. Il introduisit sa main dans ce vase puis il dit : « Venez à la purification bénie, la bénédiction vient de Dieu. » Alors je vis l'eau sourdre entre les doigts de l'Envoyé de Dieu. Nous entendions les mets proclamer les louanges de Dieu pendant qu'on les mangeait. »

10. *'Âmir* rapporte que Djâbir, dont le père était mort en laissant des dettes, lui a fait le récit suivant : « J'allai trouver le Prophète et lui dis : « Mon père a laissé des dettes. Or je n'ai d'autres « ressources que le produit de ses palmiers, et il faudra des années « avant que ce produit suffise à éteindre ces dettes. Viens avec moi « pour que les créanciers ne me fassent pas affront. » Le Prophète marcha d'abord autour d'une des aires où étaient étendues les dattes en faisant une invocation; puis il passa à une autre et enfin il s'assit sur un des tas. « Enlevez ce tas, dit-il aux créanciers. » Il leur paya ainsi intégralement ce qui leur était dû et il resta encore autant de dattes qu'il leur en avait données. »

11. *Abou-'Otsmân* rapporte, d'après 'Abderrahman-ben-Abou-Bakr, que (ceux qu'on appelait) les gens de la Ṣoffa étaient des gens pauvres et que le Prophète dit un jour : « Que celui qui a à manger pour deux en emmène un comme troisième; que celui qui a à manger pour quatre en emmène un comme cinquième ou sixième ou quelque chose d'approchant. » Abou-Bakr en emmena ainsi trois. Le Prophète emmena dix convives alors que Abou-Bakr en prenait trois. « (A la maison) nous étions, dit 'Abderrahman : moi, mon père et ma mère. » — « Je ne sais pas, ajouta le râwi, s'il n'a

pas dit : « Ma femme et mon serviteur qui faisait le service de « notre maison et de celle de Abou-Bakr. »

Abou-Bakr soupa un soir chez le Prophète et, après être resté là jusqu'à la prière de l'*ᶜicha* qu'il fit avec le Prophète, il revint chez lui (avec trois convives). Il y resta jusqu'au moment où l'Envoyé de Dieu eut terminé son repas du soir. Alors (il retourna chez le Prophète) et revint chez lui après qu'il se fut écoulé de la nuit telle partie que Dieu voulut. « Qu'est-ce qui t'a retenu loin de tes hôtes? — ou suivant une variante — de ton hôte, lui demanda sa femme. — Ne leur as-tu donc pas servi le souper? répondit Abou-Bakr. — Ils ont refusé de manger avant que tu ne fusses de retour, reprit-elle. On leur a vainement servi les mets; ils ont résisté. »

« Comme j'allai me cacher, ajoute ᶜAbderrahman, Abou-Bakr me dit : « Scélérat! » Et il me menaça et m'injuria. Puis (s'adressant aux hôtes), il leur dit : « Mangez. Quant à moi je n'en mangerai ja- « mais. » Alors, j'en jure par les serments les plus solennels, nous n'avions pas pris une bouchée de mets, qu'il en sortait de dessous une quantité plus grande et, quand tout le monde fut rassasié, le plat était mieux garni qu'auparavant. Voyant qu'il en restait autant, sinon plus, Abou-Bakr dit à sa femme : « Ô sœur des Benou- « Firâs! (que se passe-t-il donc?) — Je l'ignore, mon cher ami, « répondit-elle, mais il y a maintenant trois fois autant de mets « qu'il y en avait auparavant. »

« Abou-Bakr, goûtant alors de ce mets, dit : « C'est le diable seul « qui m'avait poussé à cela, c'est-à-dire à jurer (que je n'en mangerai « pas). » Après avoir avalé une bouchée, il porta le plat chez le Prophète où il resta jusqu'au matin. A ce moment expirait une trêve que nous avions conclue avec une tribu. Les douze commissaires, que nous avions désignés[1], revinrent (à Médine), chacun d'eux ayant avec lui un certain nombre d'individus dont Dieu sait mieux que personne le chiffre. Quoi qu'il en soit, le Prophète leur envoya

[1] Pour représenter leurs contribules.

de ce mets et ils en mangèrent tous, dit ʿAbderrahman; tel est le sens de ses paroles, sinon le texte.» (Variantes : فعرّفنا , فتفرّقنا , فتعرفنا.)

12. D'après *Tsâbit*, Anas a dit : «Du temps de l'Envoyé de Dieu une famine éprouva la population de Médine. Un vendredi, pendant que le Prophète était en chaire, un homme se leva et dit : «Ô Envoyé de Dieu, les chevaux périssent, les moutons meurent, «invoque Dieu pour qu'il nous envoie de la pluie.» Le Prophète étendit alors ses deux mains et fit une invocation.

«A ce moment, ajoute Anas, le ciel paraissait de cristal; le vent commença bientôt à souffler, produisant des nuages qui s'amoncelèrent et envoyèrent du ciel des cataractes d'eau. Quand nous sortîmes (de la mosquée), nous pataugeâmes dans l'eau pour arriver à nos habitations, et la pluie ne cessa pas de tomber jusqu'au vendredi suivant. Ce jour-là, le même individu se leva — ou un autre — et dit : «Ô Envoyé de Dieu, nos maisons s'effondrent, «invoque Dieu pour qu'il retienne la pluie.» Le Prophète sourit et dit : «Autour de nous, non sur nous.» Et alors je vis les nuages se découvrir au-dessus de Médine et former une sorte d'auréole.»

13. *Nâfiʿ* rapporte que Ibn-ʿOmar a dit : «Le Prophète faisait son sermon appuyé contre un tronc de palmier. Quand il se servit d'une chaire et qu'il abandonna le tronc de palmier, celui-ci gémit. Le Prophète alla alors vers le tronc de palmier et le caressa avec la main.»

In fine, indication de variantes d'*isnâd*.

14. *Djâbir-ben-ʿAbdallah* rapporte que le jour du vendredi, le Prophète se tenait contre un tronc d'arbre ou de palmier — suivant une variante. — Une femme — ou suivant une variante — un homme des Anṣâr lui dit : «Ô Envoyé de Dieu, veux-tu que nous te dressions une chaire? — Si vous le voulez», répondit-il. On lui fabriqua une chaire et, quand vint le vendredi, on le plaça dans cette chaire. Le tronc de palmier se mit alors à pousser des cris d'enfant. Le Prophète, (le sermon terminé), descendit de

IMPRIMERIE NATIONALE.

la chaire, prit dans ses bras le tronc de palmier qui gémissait à la façon d'un enfant qu'on cherche à consoler, et dit : «Il pleurait à cause des prières qu'il entendait auprès de lui.»

15. *Anas-ben-Mâlik* a entendu Djâbir-ben-Abdallah dire : «Le plafond de la mosquée reposait sur des troncs de palmier. Quand le Prophète faisait un prône il se tenait appuyé contre l'un de ces troncs. Quand on lui eut fait une chaire et que le Prophète y prit place, nous entendîmes ce tronc de palmier émettre des sons pareils à ceux d'une chamelle pleine de dix mois. Cela dura jusqu'au moment où le Prophète vint poser sa main sur ce tronc, qui alors se calma.»

16. D'après *Ḥodzaïfa*, ʿOmar-ben-El-Khaṭṭâb dit : «Quel est celui d'entre vous qui a retenu les paroles de l'Envoyé de Dieu au sujet de la querelle? — Moi, répondit Ḥodzaïfa, je les ai retenues telles qu'il les a dites. — Eh bien! répète-les, reprit ʿOmar, car tu en es capable. — L'Envoyé de Dieu, répliqua Ḥodzaïfa, a dit : «La «querelle de l'homme avec sa femme, celle qu'il a à cause de ses «biens ou avec son voisin se rachètent par la prière, l'aumône, l'invi«tation à faire le bien, la défense de faire le mal.» — Ce n'est pas de cette querelle-là que je vous parle, dit ʿOmar, mais de celle qui agitera comme les flots de la mer. — Ô prince des Croyants, répliqua Ḥodzaïfa, tu n'as pas à redouter celle-là, car entre toi et elle il y a une porte fermée. — Cette porte, demanda ʿOmar, sera-t-elle ouverte ou brisée? — Elle ne sera pas ouverte, mais brisée, répondit Ḥodzaïfa. — Alors, reprit ʿOmar, il vaudrait mieux qu'elle ne fût pas fermée. — ʿOmar savait-il quelle était cette porte? demandâmes-nous à Ḥodzaïfa. — Oui, répondit-il, aussi bien qu'après le jour vient la nuit, car le ḥadits que je lui rapportais ne contenait aucune erreur.» Comme nous n'osions interroger Ḥodzaïfa, nous demendâmes à Masrouq de lui poser la question. «Quelle est cette porte? dit Masrouq — ʿOmar, répondit Ḥodzaïfa.»

17. D'après *Abou-Horaira*, le Prophète a dit : «L'Heure dernière n'arrivera pas avant que vous n'ayez livré combat à un peuple

dont les chaussures seront faites de poils[1] et que vous n'ayez combattu les Turcs aux yeux petits, au visage brun, au nez court dont les faces sont semblables à des boucliers recouverts de peau. Vous trouverez alors les meilleurs des gens qui éprouveront la plus vive répugnance pour le pouvoir suprême, jusqu'au moment où ils l'occuperont. Les gens sont comme les mines. Ceux qui ont été les meilleurs d'entre eux avant l'islamisme seront les meilleurs aussi durant l'islamisme. Certes il viendra un temps où de me voir serait plus agréable à l'un de vous que d'avoir famille et richesse. »

18. D'après *Abou-Horaïra*, le Prophète a dit : « L'Heure dernière ne viendra pas avant que vous n'ayez combattu les Khouz et les Kirmân de la Perse. Ils ont le visage brun, le nez aplati, les yeux petits et leurs faces sont semblables à des boucliers couverts de peau. Leurs chaussures sont de poils. »

Confirmation du ḥadits par un autre *isnâd.*

19. *Qaïs* a raconté ceci : « Nous allâmes trouver Abou-Horaïra qui nous dit : « J'ai été le compagnon de l'Envoyé de Dieu durant « trois ans et, toute ma vie, je n'ai pas eu de désir plus vif que « celui d'emmagasiner des ḥadits au cours de mes années. J'ai en- « tendu le Prophète dire, en faisant ce geste de la main : « Avant « l'Heure dernière vous combattrez un peuple dont les chaussures « sont de poils, ce sont eux qui vous attaqueront[2]. »

Sofyân a dit une fois : « Ce seront les gens de El-Bâzar. »

20. *ʿAmr-ben-Taghlib* a dit : « J'ai entendu l'Envoyé de Dieu dire : « Avant l'Heure dernière vous combattrez un peuple dont la « chaussure sera de poils, et vous combattrez un peuple dont les « hommes auront une face pareille à un bouclier couvert de peau. »

21. *ʿAbdallah-ben-ʿOmar* a dit : « J'ai entendu l'Envoyé de Dieu dire : « Les Juifs vous combattront et vous aurez la victoire sur

[1] Ou : « dont les cheveux tomberont jusqu'aux talons ». Mais le premier sens paraît plus satisfaisant.

[2] On lit aussi *el-bâraz* au lieu de *el-bâriz*, et alors ce serait sans doute un nom de peuple.

« eux; puis les pierres vous diront : « Ô Musulman, derrière moi « se trouve un Juif, tue-le. »

22. D'après *Abou-Saʿîd-El-Khodri*, le Prophète a dit : « Il viendra un temps où les gens faisant une expédition on leur demandera s'il y a parmi eux quelqu'un qui a été le compagnon de l'Envoyé de Dieu. Et s'ils répondent : « Oui », ils seront victorieux. Plus tard on leur demandera s'il y a parmi eux quelqu'un qui a été le compagnon d'un des compagnons de l'Envoyé de Dieu. Et s'ils répondent : « Oui », ils seront aussi victorieux. »

23. *Moḥill-ben-Khalîfa* raconte que ʿAdiyy-ben-Ḥâtim a dit : « Pendant que j'étais auprès du Prophète un homme vint le trouver et se plaignit à lui de la disette. Puis un autre vint et se plaignit de l'insécurité des routes. Le Prophète me dit alors : « Ô ʿAdiyy, as-tu « vu El-Ḥîra? — Je n'ai pas vu cette ville, répondis-je, mais j'en ai « entendu parler. — Si tu vis assez longtemps, reprit-il, tu verras « certainement une femme en palanquin voyager (seule) de El-« Ḥîra (à La Mecque) et faire la procession autour de la Kaʿba, sans « avoir à craindre qui que ce soit sauf Dieu. » Alors je me dis en moi-même : Où seront donc alors les coupeurs de route de Ṭayy qui saccagent le pays? « Si tu vis assez longtemps, poursuivit le Pro-« phète, tu t'empareras des trésors de Kosroès. — Kosroès, fils de « Hormoz? demandai-je. — Kosroès, fils de Hormoz, reprit-il; si tu « vis assez longtemps, tu verras l'homme prendre des poignées d'or « et d'argent, chercher à qui les offrir et ne trouver personne qui « veuille les accepter. Le jour de la Résurrection chacun de vous « rencontrera Dieu qui lui dira, sans qu'aucun interprète ne vienne « s'interposer entre eux : « Ne t'avais-je pas dépêché un Envoyé « pour te faire parvenir (mes instructions)? — Certes oui, répon-« dra l'homme. — Ne t'ai-je pas donné des biens et n'ai-je pas été « généreux envers toi? — Certes oui. » L'homme regardera à droite « et ne verra que l'Enfer, puis il regardera à gauche et ne verra que « l'Enfer. »

ʿAdiyy continua en ces termes : « J'ai entendu le Prophète dire :

«Évitez l'Enfer, fût-ce au moyen d'une aumône d'une demi-datte. «Celui qui ne pourra disposer d'une demi-datte, qu'il dise une bonne «parole.» Enfin ʿAdiyy ajouta (plus tard) : «J'ai vu la femme en palanquin voyager de El-Ḥîra (à La Mecque) et faire la procession autour de la Kaʿba sans avoir à craindre qui que ce soit, sauf Dieu. Je fus du nombre de ceux qui s'emparèrent des trésors de Kosroès, fils de Hormoz, et vous, si vous vivez assez longtemps, vous verrez se réaliser ce qu'a dit le Prophète, Abou-'l-Qâsim, au sujet de l'homme qui tirera (de son escarcelle) des poignées (d'or et d'argent).»

24. *Moḥill-ben-Khalîfa* rapporte : «J'ai entendu ʿAdiyy; j'étais auprès du Prophète.»

25. *ʿOqba-ben-Âmir* rapporte qu'un jour le Prophète sortit de chez lui pour faire la prière des morts sur ceux qui avaient succombé à Oḥod. Ensuite il se rendit à la chaire et dit : «Moi, je vous devancerai et serai votre témoin (au jour de la Résurrection). Par Dieu, je vois dès maintenant mon bassin (dans le Paradis). Moi j'ai reçu les clés des trésors de la terre. Par Dieu, moi je ne crains pas qu'après (ma disparition) vous deveniez polythéistes; ce que je redoute seulement, c'est que vous vous querelliez au sujet des biens de ce monde.»

26. D'après *ʿOrwa,* Osâma a dit : « Le Prophète monta sur un des forts (qui dominaient la ville de Médine) et s'écria : «Voyez-vous «ce que je vois? Moi, je vois les troubles passer au travers de vos «demeures comme les infiltrations de la pluie.»

27. Suivant *Zeïneb-bent-Djaḥch*, le Prophète entra chez elle tout effrayé en disant : «Il n'y a d'autre divinité que Dieu. Malheur aux Arabes, car une catastrophe est imminente. Aujourd'hui on a ouvert dans le barrage de Gog et de Magog un trou grand comme ceci. Et il fit un cercle avec son pouce et le doigt suivant. «Ô Envoyé «de Dieu, dit alors Zeïneb, allons-nous donc périr quand il y a «parmi nous des gens vertueux? — Oui, répondit-il, lorsque les «turpitudes auront augmenté.»

Hind-bent-El-Ḥarits rapporte que Omm-Salama a dit : « Le Prophète s'éveilla et s'écria : « Quels trésors vont descendre? Quels « troubles vont descendre? »

27 *bis*[1]. *ʿAbdallah* (-ben-Abou-Ṣaʿṣaʿa) rapporte que Abou-Saʿîd-El-Khodri lui dit : « Je vois que tu aimes les moutons et que tu en possèdes; soigne-les et soigne leurs parcs, car j'ai entendu l'Envoyé de Dieu dire : « Il viendra un temps où les moutons seront le meil- « leur bien du Musulman; il les conduira sur les sommets des mon- « tagnes — ou suivant une variante — sur les ramifications des « montagnes, dans les endroits arrosés par la pluie. Ce sera pour « fuir avec sa religion loin des troubles. »

28. D'après *Abou-Horaïra*, l'Envoyé de Dieu a dit : « Il y aura des troubles. Celui qui restera assis vaudra mieux que celui qui sera debout; celui qui sera debout vaudra mieux que celui qui marchera; celui qui marchera vaudra mieux que celui qui courra. Celui qui voudra les voir sera entraîné par eux. Que celui qui trouvera un asile — ou suivant une variante — un abri, s'y réfugie. »

Ce ḥadits est rapporté avec un autre *isnâd* et l'addition suivante : « Parmi les prières il en est une qu'on ne doit pas omettre sous peine d'être comme celui qui reste seul sans famille et sans ressources. »

29. *Ibn-Masʿoud* rapporte que le Prophète a dit : « Il y aura (après moi) des partialités et autres choses que vous blâmerez. — Et alors, dirent les fidèles, que nous ordonnes-tu de faire? — Vous devrez, répondit-il, vous acquitter de ce qui vous est imposé et demander à Dieu ce qui vous revient. »

30. D'après *Abou-Horaïra*, l'Envoyé de Dieu a dit : « Cette tribu des Qoraïch fera périr les gens. — Que nous ordonnes-tu de faire? demandèrent les fidèles. — Si, répondit-il, les gens se tenaient à l'écart de cette tribu (cela vaudrait mieux). »

In fine, indication d'une variante d'*isnâd*.

31. *ʿAmr-ben-Yaḥya-ben-Saʿîd-El-Omaoui* rapporte que son grand-

[1] Qastallâni fait de ce récit un ḥadits spécial au lieu d'en faire la suite du récit précédent comme l'édition de Krehl.

père a dit : «Comme j'étais avec Merouân et Abou-Horaïra, j'entendis ce dernier s'exprimer en ces termes : « J'ai entendu le Sincère, «le Véridique dire : «La ruine de mon peuple aura lieu par les «jeunes gens de Qoraïch.» — Des jeunes gens! répéta Merouân. «— Si, reprit Abou-Horaïra, tu veux que je te les nomme, ce «sont les Benou un Tel et les Benou un Tel.»

32. *Abou-Idrîs-El-Khaoulâni* rapporte qu'il a entendu Hodzaïfa-ben-El-Yemân dire : «Tout le monde interrogeait l'Envoyé de Dieu sur le bien tandis que moi je l'interrogeai sur le mal dans la crainte d'en être atteint. «Ô Envoyé de Dieu, lui dis-je, nous étions dans «l'ignorance et dans le mal; Dieu nous a envoyé ce bien[1]. Est-ce «que, après ce bien il y aura de nouveau le mal? — Oui, répon-«dit-il. — Et, repris-je, après ce mal le bien reviendra-t-il? — «Oui, ajouta-t-il, mais il ne sera jamais pur. — Qui le troublera? «demandai-je. — Des gens qui dirigeront (les autres) sans mes «principes qui permettent de reconnaître les bons des méchants. «— Et, dis-je, après ce bien y aura-t-il le mal? — Oui, reprit-il; «il y aura des hérauts qui appelleront les gens vers les portes de «l'Enfer. Ceux qui répondront à leur appel, ils les précipiteront «dans l'Enfer. — Ô Envoyé de Dieu, lui dis-je, décris-nous ces «hérauts. — Ils seront de notre race; ils parleront notre langue. «— Que m'ordonnes-tu de faire si j'assiste à cela? — De demeu-«rer fidèle à l'assemblée des musulmans et à leur pontife suprême. «— Et si (alors) les musulmans n'ont plus ni assemblée, ni pon-«tife suprême? — Écarte-toi de tous les partis, quand tu devrais «pour cela t'accrocher avec tes dents à la racine d'un arbre et rester «ainsi jusqu'à ce que la mort t'advienne.»

33. *Qaïs* rapporte que Hodzaïfa a dit : «Mes compagnons cherchaient à savoir ce qui était bien, moi je cherchai à savoir ce qui était mal.»

34. D'après *Abou-Horaïra*, l'Envoyé de Dieu a dit : «L'Heure

[1] C'est-à-dire : «l'islamisme».

suprême n'arrivera pas avant que deux troupes[1] ayant une même prétention ne se soient livré combat.»

35. D'après *Abou-Horaïra*, le Prophète a dit: «L'Heure suprême n'arrivera pas avant que deux groupes n'en viennent aux mains. Il y aura entre eux une terrible bataille. Ils auront tous deux une même prétention. L'Heure n'arrivera pas avant qu'on n'ait vu paraître des antéchrists, imposteurs, au nombre de trente environ, qui prétendront chacun être l'Envoyé de Dieu.»

36. *Abou-Sa'ïd-El-Khodri* a dit: «Tandis que nous étions auprès de l'Envoyé de Dieu, qui faisait un partage, on vit arriver Dzou-'l-Khaouïṣera, qui était un homme des Benou-Temîm. «Ô Envoyé de Dieu, s'écria cet homme, sois équitable. — Mais, malheureux! répondit le Prophète, qui donc serait équitable, si moi je ne le suis pas, car je serais déçu et perdu si je n'avais pas été équitable. — Ô Envoyé de Dieu, s'écria 'Omar, un mot de toi et je lui tranche la tête. — Laisse-le, reprit le Prophète; il a des compagnons avec lesquels vous dédaignerez de prier et de jeûner. Ils récitent le Coran du bout des lèvres; ils sortiront précipitamment de la religion, telle la flèche qui perce de part en part. Si on regarde la pointe de cette flèche, on n'y trouve rien; si on regarde ses ligaments, on n'y trouve rien; si on regarde son bois[2], on n'y trouve rien; si on regarde la barbelure, on n'y trouve rien. C'est que la flèche a devancé les humeurs et le sang[3]. Son signalement[4] est le suivant: un homme noir, ayant l'un des biceps pareils à un sein de femme — ou suivant une variante — à un morceau de viande, et qui ballottera. Au moment de la scission, ces gens-là surgiront de la foule.»

«J'atteste, poursuit Abou-Sa'ïd, que j'ai entendu ce ḥadits de l'Envoyé de Dieu, et j'atteste aussi que 'Ali-ben-Abou-Ṭâlib com-

(1) Ou: «deux individus».

(2) Le mot نضية est expliqué dans le texte par son équivalent قدح.

(3) C'est-à-dire que la rapidité de la flèche est telle que le sang et les humeurs n'ont pas le temps de s'y attacher.

(4) C'est le signalement de Dzou-'l-Khaouïṣera.

battit ces hommes et que j'étais avec lui. 'Ali donna l'ordre de chercher . . . . (noir). On le lui apporta, et je le vis tel que l'avait décrit le Prophète.»

37. D'après *Souaïd-ben-Ghafala*, 'Ali a dit : «Lorsque je vous raconte un hadîts sur l'Envoyé de Dieu, j'aimerais mieux tomber du haut du ciel plutôt que de proférer un mensonge sur son compte; mais si je vous parle de choses entre vous et moi, alors qui dit guerre dit ruse. J'ai entendu l'Envoyé de Dieu dire : «A la «fin des temps viendra un groupe d'hommes d'âge tendre et «faibles d'esprit qui réciteront quelques-unes des meilleures «paroles de l'humanité[1] et qui sortiront précipitamment de l'isla-«misme, telle la flèche qui perce de part en part. Leur foi ne «dépassera pas leurs gosiers. (Ces hommes), partout où vous les «rencontrerez, tuez-les. Leur meurtre vaudra à celui qui les tuera «une récompense au jour de la Résurrection.»

38. *Khabbâb-ben-El-Arat* a dit : «Nous allâmes nous plaindre à l'Envoyé de Dieu pendant qu'il était à l'ombre de la Ka'ba, son manteau lui servant de coussin. «Ô Envoyé de Dieu, dîmes-nous, «ne vas-tu pas demander à Dieu de nous secourir; ne vas-tu pas «adresser des invocations à Dieu en notre faveur? — Parmi ceux «qui vous ont précédés, répondit-il, il y eut des hommes que l'on «plaçait dans une fosse creusée pour eux dans le sol; puis on appor-«tait une scie qu'on mettait sur leur tête et on les sciait en deux. «Cela ne les détournait pas de leur religion. On les peignait avec «des peignes de fer, en les enfonçant dans la chair jusqu'aux os et «aux tendons, et cela ne les détournait pas de leur religion. Par «Dieu, cette œuvre (de l'islamisme) s'accomplira jusqu'au bout et «viendra le jour où le cavalier ira de Ṣanaâ au Ḥadramaout sans «avoir à redouter, sinon Dieu (pour lui) ou le loup pour ses «moutons. Mais vous êtes impatients.»

[1] Il s'agit du Coran. Peut-être conviendrait-il de lire : من قول خير البرية au lieu de من خير قول البرية ; avec cette modification le sens serait : «des paroles de la meilleure des créatures» (surnom donné à Mahomet).

39. D'après *Anas-ben-Mâlik*, le Prophète s'inquiétait de ne pas voir Tsâbit-ben-Qaïs. « Ô Envoyé de Dieu, dit alors un homme, je vais aller savoir de ses nouvelles pour toi. » L'homme alla chez Tsâbit et le trouva assis dans sa maison, la tête baissée. « Qu'as-tu? lui demanda l'homme. — Cela va mal, répondit-il, un homme qui (comme moi) a élevé sa voix au-dessus de celle du Prophète a perdu le fruit de ses œuvres, et sa place est parmi les réprouvés. » L'homme retourna auprès du Prophète et lui fit savoir que Tsâbit avait dit telle et telle chose.

Mousa-ben-Anas ajouta : « L'homme retourna auprès de Tsâbit avec une importante bonne nouvelle, car le Prophète lui avait dit : « Va retrouver Tsâbit; dis-lui : « Tu ne seras pas au nombre des « réprouvés, mais au nombre des bienheureux du Paradis. »

40. *Abou-Isḥaq* a entendu El-Barâ-ben-ʿAzib dire : « Un homme récitait la sourate El-Kahf. Son cheval, qui était dans la maison, ayant pris la fuite, l'homme s'en remit à Dieu du soin de le rattraper. Aussitôt un brouillard ou un nuage le couvrit. L'homme ayant raconté la chose au Prophète, celui-ci dit : Ô un Tel, continue à « réciter, car ce nuage c'est la *sekîna*[1] qui est descendue — ou que « l'on fait descendre — pour le Coran. »

41. *El-Barâ-ben-ʿÂzib* a dit : « Abou-Bakr vint trouver mon père dans sa maison et acheta de lui un bât de chameau; puis il dit à mon père : « Envoie ton fils avec moi pour le porter. » J'emportai le bât avec lui, et mon père vint pour en toucher le prix. « Ô Abou-Bakr, dit mon père, raconte-moi comment vous avez fait « quand vous êtes partis de nuit avec l'Envoyé de Dieu? — Nous « voyageâmes, répondit-il, toute la nuit et une partie de la matinée. « Quand la chaleur du milieu du jour devint intense, que la route « fut déserte, personne n'y passant plus, nous vîmes se dresser un

[1] « La *sekîna*, dit Qasṭallâni, c'est un vent léger ayant une face humaine »; suivant certains auteurs, il aurait deux têtes, ou suivant d'autres, une tête de chat; ses yeux seraient flamboyants. Enfin, d'après Ouahb, ce serait une émanation de Dieu qui prendrait la forme d'un brouillard ou d'un nuage.

« grand rocher qui projetait de l'ombre sur un endroit que le « soleil n'atteignait jamais. Nous nous arrêtâmes là; de mes mains « j'arrangeai une place pour que le Prophète y dormît; puis, après « avoir étendu une fourrure, je dis : « Dors, ô Envoyé de Dieu, « tandis que moi j'écarterai tout ce qui sera autour de toi. » Le Pro- « phète s'endormit et, comme je m'étais éloigné pour écarter ce qui « pouvait être autour de lui, je vis un berger qui, avec son troupeau « de moutons, s'avançait vers le rocher dans un but semblable à « celui qui nous y avait conduits. « A qui appartiens-tu, ô esclave? « lui demandai-je. — A un homme de Médine — ou suivant une « variante — de La Mecque, répondit-il. « As-tu du lait parmi tes « brebis? — Oui. — Veux-tu en traire? — Oui. » Et il prit une « brebis. « Enlève bien, ajoutai-je, la terre, les poils et la poussière « du pis. » En disant cela, El-Barâ frappait une de ses mains contre « l'autre comme pour enlever la poussière. « Le berger tira un peu « de lait dans un bol; mais j'avais avec moi une outre d'eau, que « j'avais apportée pour que le Prophète se désaltérât et fît ses ablu- « tions. Je me rendis donc auprès de lui, bien décidé à ne pas le « réveiller, mais, au moment où j'arrivai, il s'éveilla de lui-même. « Je versai de l'eau sur le lait jusqu'à ce que sa partie inférieure fut « refroidie et dis : Ô Envoyé de Dieu, bois. » Et il but d'une façon « qui me satisfit, puis il me demanda si le moment n'était pas venu « de se remettre en route. Je lui répondis que oui, et nous reprîmes « notre route au moment où le soleil commençait à décliner.

« Sorâqa-ben-Mâlik s'était mis à notre poursuite. « Nous allons « être atteints, ô Envoyé de Dieu, m'écriai-je. — Ne t'inquiète « pas, répondit-il, car Dieu est avec nous. » Puis il fit une invoca- « tion et la jument de Sorâqa s'enfonça dans le sol jusqu'au ventre « — dans un sol dur, ajouta, je crois, un des râwi. « Je vois, dit « Sorâqa, que vous avez invoqué Dieu contre moi. Invoquez-le « maintenant en ma faveur, puisque Dieu vous est favorable, afin « que je renvoie ceux qui vous poursuivent. » Le Prophète fit l'invo- « cation, et Sorâqa, délivré de sa situation critique, se mit à dire à «tous ceux qu'il rencontrait : «Je me charge à votre place de sa «poursuite ici.» Il renvoya ainsi tous ceux qu'il rencontra, en sorte «que, ajouta Abou-Bakr, il nous protégea.»

42. *Ibn-'Abbâs* rapporte que le Prophète entra chez un Arabe pour le visiter. D'ordinaire quand le Prophète allait visiter un malade, il disait en entrant : «Ce ne sera rien, ce sera une purification, s'il plaît à Dieu.» Il dit donc : «Ce ne sera rien, ce sera une purification, s'il plaît à Dieu. — Tu dis, s'écria l'Arabe, que c'est une purification; mais pas du tout, c'est une fièvre brûlante qui mine un vieillard âgé pour lui faire rendre visite au cimetière. — Alors, c'est bien! répliqua le Prophète.»

43. *Anas* a dit : «Un homme chrétien s'était fait musulman. Il récitait les sourates de la Vache, de la Famille d''Imrân et servait de secrétaire au Prophète. Il redevint ensuite chrétien et disait : «Mahomet ne sait rien, sauf ce que je lui écrivais.» Dieu ayant fait mourir cet homme, on l'enterra; mais le lendemain la terre rejeta son corps. «Ceci, dirent ses coreligionnaires, est l'œuvre de «Mahomet et de ses Compagnons qui, pour se venger de ce qu'il «les a quittés, ont déterré le corps de notre ami et l'ont jeté sur le «sol.» Ils lui creusèrent une tombe plus profonde, et la terre rejeta de nouveau le corps. «Ceci, dirent-ils encore, est le fait de Maho- «met et de ses Compagnons qui, pour se venger de ce qu'il les a «quittés, ont déterré le corps de notre ami et le rejettent hors de sa «tombe.» Ils lui creusèrent une tombe aussi profonde qu'ils le purent, et le lendemain le corps était rejeté sur le sol. Ils comprirent enfin que la chose ne provenait pas des hommes et ils abandonnèrent ce cadavre.»

44. D'après *Abou-Horaïra*, l'Envoyé de Dieu a dit : «Lorsque Kosroès sera mort, il n'y aura plus après lui d'autre Kosroès; quand César sera mort, il n'y aura plus après lui d'autre César. Je l'ai juré par Celui qui tient dans ses mains l'âme de Mahomet, les trésors de ces deux princes seront dépensés dans la voie de Dieu.»

45. *Djâbir-ben-Samora* rapporta, en les attribuant au Prophète, les paroles suivantes : « Lorsque Kosroès sera mort, il n'y aura plus après lui d'autre Kosroès; quand César sera mort, il n'y aura plus après lui d'autre César. » Puis, après une autre mention, il ajouta : « Les trésors de ces deux princes seront dépensés dans la voie de Dieu. »

46. *Ibn-ʿAbbâs* a dit : « Mosaïlima, l'imposteur, vint (à Médine) du temps de l'Envoyé de Dieu. Il se mit à dire : « Si Mahomet veut « me prendre comme son successeur, je suivrai ses doctrines. » Il arriva à la tête d'un grand nombre de ses adeptes. L'Envoyé de Dieu alla vers lui, accompagné de Tsâbit-ben-Qaïs-ben-Chemmâs, et il tenait à la main un morceau de branche de palmier. S'arrêtant devant Mosaïlima, qui était entouré de ses compagnons, le Prophète lui dit : « Tu me demanderais ce morceau de branche, que je ne te « le donnerais pas. Tu n'échapperas pas au pouvoir de Dieu. Si tu « te détournes de moi, Dieu te fera périr sûrement. Je suppose que « c'est à toi que se rapporte un de mes songes. »

« Abou-Horaïra m'a raconté que l'Envoyé de Dieu lui avait dit : « Pendant que j'étais endormi, je vis devant moi deux bracelets en « or. Cette affaire de bracelets me préoccupait, quand on me suggéra « dans mon rêve de souffler sur ces ornements. A peine eus-je souf- « flé qu'ils s'évaporèrent. J'interprétais ces deux bracelets comme « représentant deux imposteurs qui paraîtraient après moi. L'un « de ces imposteurs fut El-ʿAnsiyy; l'autre Mosaïlima, l'imposteur, « l'homme du Yemâma. »

47. *Abou-Mousa*, qui le tenait sans doute du Prophète, rapporte que celui-ci a dit : « Je me suis vu en songe émigrer de La Mecque vers un pays où il y avait des palmiers. Je supposai que c'était le Yemâma ou Hadjar; or il se trouva que c'était la ville de Yatsrib. Dans ce même songe, je me vis brandissant un sabre qui fut ébréché par le milieu. C'était l'annonce du désastre des croyants le jour de Oḥod. Je brandis ensuite un autre sabre, et cette fois il resta plus beau qu'auparavant. C'était l'annonce de la conquête (de

La Mecque) que Dieu devait nous assurer et du groupement des croyants. J'ai vu encore dans ce songe des bœufs, et Dieu agit pour le mieux; or ces bœufs, c'étaient les croyants qui furent tués le jour de Oḥod. Puis le bien est venu et Dieu nous a accordé le bien et la récompens ede notre fidélité après la bataille de Bedr. »

48. *Masrouq* rapporte que 'Aïcha a dit : « Fâṭima s'avança en marchant de la même façon que le Prophète. « Sois la bienvenue, « ô ma fille », s'écria le Prophète, qui la fit asseoir à sa droite — ou suivant une variante — à sa gauche. Puis il lui raconta en secret quelque chose qui la fit pleurer. « Qu'as-tu à pleurer ? » lui demandai-je. Ensuite le Prophète raconta de nouveau quelque chose en secret à sa fille, et celle-ci se mit à rire. Jamais, dit 'Aïcha, je n'avais vu comme ce jour-là passer si rapidement de la joie à la tristesse. Je demandai à Fâṭima ce que lui avait dit le Prophète. « Je ne suis pas, répondit-elle, femme à divulguer les secrets « de l'Envoyé de Dieu. » Quand le Prophète fut mort, j'interrogeai de nouveau Fâṭima qui me répondit : « Il me confia d'abord en « secret que Gabriel lui enseignait le Coran une fois chaque année, « et que, cette année-là, il le lui avait enseigné deux fois. « Et, « ajouta-t-il, s'il a agi ainsi, c'est, je suppose, parce que ma mort « est prochaine, et toi tu seras la première de ma famille à me « suivre dans la tombe. » C'est à ce moment que j'ai pleuré. « N'es- « tu pas satisfaite, reprit-il, d'être la reine des femmes du Paradis « — ou suivant une variante — des femmes des croyants ? » Voilà « pourquoi j'ai ri. »

49. *'Aïcha* a dit : « Au cours de la maladie à laquelle il succomba, le Prophète fit appeler sa fille Fâṭima et lui parla en secret. Fâṭima pleura. Une autre fois il la demanda et lui parla encore en secret, et elle se mit à rire. Comme je la questionnai là-dessus, elle me répondit : « La première fois le Prophète m'a dit en secret « qu'il allait succomber à la maladie dont il était atteint, et je pleu- « rai. Ensuite il m'a dit toujours en secret que je serais la première « personne de sa famille à le suivre dans la tombe, et alors j'ai ri. »

50. *Ibn-ʿAbbâs* a dit : «ʿOmar-ben-El-Khaṭṭâb avait une préférence bien marquée pour Ibn-ʿAbbâs. ʿAbderraḥman-ben-ʿAouf lui ayant fait cette observation : «Nous avons des fils qui le valent «bien. — Tu sais bien, répondit ʿOmar, pourquoi je le préfère.»

ʿOmar avait interrogé Ibn-ʿAbbâs au sujet de ce verset : «Lorsque viendra le secours de Dieu et la victoire» (sourate cx, verset 1). — Dieu, répondit Ibn-ʿAbbâs, faisaits avoir à l'Envoyé de Dieu que son terme (fatal) était arrivé. — Je n'en sais pas plus que toi à ce sujet, reprit ʿOmar.»

51. *Ibn-ʿAbbâs* a dit : «Au cours de la maladie à laquelle il succomba, l'Envoyé de Dieu sortit (de son appartement) enveloppé dans une pièce d'étoffe retenue sur sa tête par un bandeau noir. Arrivé sur la chaire, il loua Dieu, lui rendit grâce; puis après cela il dit : «Les gens croîtront en nombre, tandis que les Anṣâr iront «en diminuant, si bien que, par rapport à la masse, ils seront «comme le sel dans un mets. Quiconque, parmi vous, sera investi «de l'autorité, nuira aux uns et sera utile aux autres. Qu'il «accueille avec bienveillance les bonnes actions et qu'il soit indul-«gent pour les mauvaises.» Telle fut la dernière assemblée à laquelle assista le Prophète.»

52. *Abou-Bakr* a dit : «Un certain jour, le Prophète emmena avec lui El-Ḥasan, le fit monter sur la chaire et dit : «Mon (petit-) «fils que voici est un seigneur. Il se peut que Dieu se serve de lui «pour ramener la paix entre deux groupes de musulmans.»

53. D'après *Anas-ben-Mâlik,* le Prophète annonça la mort de Djaʿfar et celle de Zeïd, avant que la nouvelle n'en fût parvenue, et ses yeux se mouillèrent de larmes.

54. D'après *Djâbir,* le Prophète lui dit : «Avez-vous des tapis de haute laine? — Et d'où aurions-nous des tapis de haute laine? répondis-je. — Eh bien! reprit-il, vous aurez des tapis de haute laine. — Comme, ajouta Djâbir, je disais à ma femme : «Éloigne-«toi de moi avec tes tapis de haute laine», elle me répondit : «Le

« Prophète n'a-t-il donc pas dit : « Certes vous aurez des tapis de « haute laine. » Alors je laissai ces tapis. »

55. *ʿAbdallah-ben-Masʿoud* a dit : « Saʿd-ben-Moʿâdz, s'étant mis en route pour faire la visite pieuse, descendit (à La Mecque) chez Omayya-ben-Khalaf-Abou-Ṣafouân, parce que Omayya, quand il allait en Syrie et qu'il passait à Médine, descendait chez lui. Omayya dit à Saʿd : « Attends le milieu du jour ; à ce moment « l'attention des gens sera moins éveillée, et tu iras faire tes tour- « nées processionnelles. » Pendant que Saʿd faisait ses tournées, il rencontra Abou-Djahl qui lui dit : « Quel est cet homme qui fait « des tournées processionnelles autour de la Kaʿba ? — Moi, Saʿd, « répondit Saʿd. — Toi, reprit Abou-Djahl, tu fais tranquillement « tes tournées processionnelles autour de la Kaʿba, alors que (toi « et les tiens) vous avez donné asile à Mahomet et à ses compa- « gnons. — C'est vrai, répliqua Saʿd. »

« Comme ils se querellaient tous deux, Omayya dit à Saʿd : « N'élève pas trop la voix contre Abou-El-Ḥakam[1], car il est le sei- « gneur des gens de la Vallée[2]. — Par Dieu, s'écria Saʿd, si tu « m'empêches de processionner autour du temple, je couperai tes « relations commerciales avec la Syrie. » Omayya continuant à dire à Saʿd de ne pas élever la voix et cherchant à le retenir, Saʿd se mit en colère et s'écria : « Laisse-nous tranquilles. J'ai entendu « Mahomet annoncer qu'il (Abou-Djahl) te tuerait[3]. — Moi ? « demanda Omayya. — Oui, toi-même, répondit Saʿd. — Par « Dieu, s'écria Omayya, Mahomet n'annonce rien qui ne soit « vrai. » Il alla alors rejoindre sa femme et lui dit : « Sais-tu bien « ce que vient de me dire mon frère, le Yatsribien ? — Qu'a-t-il dit ? « demanda la femme. — Il a prétendu avoir entendu Mahomet « assurer qu'il (Abou-Djahl) me tuerait. — Par Dieu, répliqua la « femme, Mahomet n'a jamais menti. »

[1] C'était un des surnoms d'Abou-Djahl.

[2] C'est-à-dire « de La Mecque ».

[3] Il eût été plus exact de dire : « qu'il serait la cause de ta mort », comme il résulte du récit qui suit.

« Lorsque les gens de La Mecque se mirent en marche pour le combat de Bedr, où on les avait appelés au secours, la femme d'Omayya dit à son mari : « Ne te souviens-tu plus de ce que t'a « dit ton frère, le Yatsribien ? » Omayya ne voulait pas partir, mais Abou-Djahl lui dit : « Tu es un des nobles de la Vallée, « voyage (au moins) un jour ou deux avec nous. » Il voyagea deux jours et Dieu le fit périr. »

56. *ʿAbdallah(-ben-ʿOmar)* rapporte que l'Envoyé de Dieu a dit : « J'ai vu (en songe) la foule assemblée sur un tertre. Abou-Bakr se leva et puisa (d'un puits) un seau d'eau — o suivant une variante — deux seaux, et parfois il éprouvait de la peine en le tirant. Dieu lui pardonnera. Ensuite ʿOmar prit la corde du puits et le seau, entre ses mains, devint un baquet[1]. Jamais je n'ai vu un chef agir comme lui vis-à-vis de son peuple, au point que celui-ci put boire une seconde fois.

D'après Abou-Horaïra, cité par Hemmâm, le Prophète aurait dit : « Abou-Bakr puisa deux seaux. »

57. *Abou-ʿOtsmân* a dit : « On m'a raconté que Gabriel vint trouver le Prophète pendant que Omm-Salama se trouvait chez lui. Le Prophète s'était mis à causer avec quelqu'un, puis, quand cet homme se fut levé, il dit à Omm-Salama : « Sais-tu qui c'est ? » ou une phrase ayant ce sens : « C'est Diḥya, répondit-elle. — « J'en jure par les serments les plus solennels, s'écria Omm-Salama, « je fus persuadée que c'était lui, jusqu'au jour ou j'entendis le « Prophète de Dieu déclarer en chaire qu'il s'agissait de Gabriel. » Tel est le sens, sinon les termes des paroles de Abou-ʿOtsmân. Solaïman ayant demandé à Abou-ʿOtsmân de qui il avait entendu ce ḥadits, il répondit : « De Osâma-ben-Zeïd. »

CHAPITRE XXVI[2]. — *De ces mots du Coran : « . . . ils la connaissaient*

[1] Ou mot à mot : « une grande outre ».

[2] Qasṭallâni fait précéder ce chapitre de la mention : « Au nom de Dieu le Clément, le Miséricordieux » comme s'il s'agissait d'un titre spécial.

IMPRIMERIE NATIONALE.

aussi bien qu'ils connaissent leurs enfants. Mais certains d'entre eux cachent la vérité, tout en la connaissant» (sourate II, verset 141).

1. D'après *ʿAbdallah-ben-ʿOmar,* les Juifs vinrent trouver l'Envoyé de Dieu et lui rapportèrent qu'un homme et une femme de leurs coreligionnaires s'étaient rendus coupables d'adultère. «Que trouvez-vous dans le Pentateuque au sujet de la lapidation? demanda aux Juifs l'Envoyé de Dieu. — Nous allons publier leur crime et ils seront ensuite flagellés. — Vous en avez menti, s'écria ʿAbdallah-ben-Salâm, il est mention de la lapidation dans le Pentateuque.» On apporta alors le Pentateuque, on déploya le rouleau et l'un des Juifs, posant sa main sur le verset de la lapidation, lut ce qui précédait et ce qui suivait. «Ôte ta main, lui cria ʿAbdallah-ben-Salâm.» Le Juif ôta sa main qui recouvrait le verset de la lapidation. «Ô Mahomet, dirent les Juifs, ʿAbdallah a dit vrai, le Pentateuque contient le verset de la lapidation.» L'Envoyé de Dieu ordonna de lapider les coupables, ce qui fut fait. ʿAbdallah-ben-ʿOmar a ajouté : «J'ai vu l'homme se pencher sur la femme pour la préserver des pierres.»

CHAPITRE XXVII. — Les polythéistes ayant demandé au Prophète de leur faire voir un miracle, Mahomet leur montra la lune fendue en deux.

1. *ʿAbdallah-ben-Masʿoud* a dit : «Au temps de l'Envoyé de Dieu la lune se fendit en deux morceaux. «Constatez le fait», dit alors le Prophète.»

2. Avec deux *isnâd* différents, *Qatâda* rapporte que Anas leur a raconté que les gens de La Mecque, ayant demandé à l'Envoyé de Dieu de leur faire voir un miracle, Mahomet leur fit voir la lune fendue en deux morceaux.

3. D'après *Ibn-ʿAbbâs,* la lune se fendit en deux au temps du Prophète.

4. *Anas* rapporte que deux hommes d'entre les Compagnons du Prophète avaient quitté le Prophète par une nuit obscure; ils furent précédés par deux sortes de lampes qui éclairaient devant

eux. Quand ils se séparérent, chacune de ces lumières précéda chacun de ces hommes jusqu'à ce qu'il eût rejoint sa famille.

5. *El-Moghîra-ben-Cho'ba* rapporte que le Prophète a dit : «Il y a des gens de mon peuple qui ne cesseront de lutter pour la vérité jusqu'au jour où les atteindra l'ordre de Dieu, et alors ils seront victorieux.»

6. *Mo'âwiya* a entendu le Prophète dire : «Dans mon peuple, il ne cessera d'y avoir un groupe qui maintiendra l'œuvre de Dieu sans redouter ni les injures, ni les résistances. Et ce groupe demeurera ainsi jusqu'au jour où viendra l'ordre de Dieu.»

D'après 'Omaïr, Mâlik-ben-Yokhâmir ayant dit que Mo'âdz a ajouté : «Ce groupe sera en Syrie», Mo'âwiya répondit : «C'est, en effet, ce Mâlik qui prétend avoir entendu Mo'âdz dire : «Ce groupe «sera en Syrie.»

7. La tribu des *Bâriqiyîn* rapporte sur 'Orwa le fait suivant : «Le Prophète donna à 'Orwa un dinâr avec mission de lui acheter un mouton. 'Orwa, moyennant cette somme, acheta deux moutons. Il vendit l'un d'eux pour un dinâr et revint avec un dinâr et un mouton. Le Prophète invoqua Dieu pour qu'il bénît le commerce d''Orwa. Aussi 'Orwa eût-il acheté de la poussière qu'il en aurait tiré un bénéfice.»

«El-Ḥasan-ben-'Omâra, dit Sofyân, nous avait donné ce ḥadits comme l'ayant entendu de Chabîb, qui l'aurait reçu de 'Orwa. J'allai trouver Chabîb qui me répondit qu'il n'avait pas entendu ce ḥadits d''Orwa, mais d'une tribu qui le tenait de lui. Toutefois, poursuivit-il, je l'ai entendu dire qu'il avait entendu le Prophète parler en ces termes : «La fortune est attachée aux crinières des «chevaux jusqu'au jour de la Résurrection.» Puis Chabîb ajouta : «J'ai vu dans la maison de 'Orwa soixante-dix chevaux.» Quant à 'Orwa, continua Sofyân, le mouton qu'il acheta pour le Prophète devait sans doute servir de victime.»

8. *Ibn-'Omar* rapporte que l'Envoyé de Dieu a dit : «Les che-

vaux auront la fortune (attachée) à leurs crinières, jusqu'au jour de la Résurrection.»

9. D'après *Anas*, le Prophète a dit : «Les chevaux auront la fortune attachée à leurs crinières.»

10. Selon *Abou-Horaïra*, le Prophète a dit : «Les chevaux sont à trois personnes (différentes) : à l'une, ils sont une récompense; à la seconde, une protection; à la troisième un fardeau. L'homme pour lequel le cheval est une récompense, est celui qui, ayant affecté ce cheval à la guerre sainte, allonge sa corde dans le pré ou dans le verger. Tout ce que, avec sa longe, l'animal pourra atteindre du pré ou du verger sera compté (pour le maître) comme de bonnes œuvres. Si l'animal rompt sa longe et fait une ou deux gambades, ses crottins eux-mêmes seront comptés comme de bonnes œuvres. Si l'animal passe auprès d'un ruisseau, qu'il y boive même sans que son maître ait voulu l'abreuver, cela encore sera compté comme (un certain nombre) de bonnes actions.

«L'homme qui use de son cheval pour pouvoir se passer du voisin, se protéger et n'avoir pas à demander à autrui, mais qui n'oublie pas les devoirs que Dieu a imposés aux cous et aux dos de ces animaux[1], son cheval sera pour lui une protection. Quant à l'homme qui use de son cheval par gloriole, par vanité ou dans un sentiment d'hostilité à l'égard des musulmans, son cheval sera pour lui un fardeau.»

Comme on interrogeait le Prophète au sujet des ânes, il répondit : «Il ne m'a rien été révélé à cet égard, sauf ce verset général et vague : «Celui qui fera le poids d'un atome de bien, le verra; «celui qui fera le poids d'un atome de mal, le verra également» (sourate XCIX, versets 7 et 8).

11. *Moḥammed(-ben-Sîrîn)* a entendu Anas-ben-Mâlik dire : «L'Envoyé de Dieu était arrivé de grand matin devant Khaïbar. Quand les habitants, qui étaient sortis de la ville avec leurs houes,

[1] En d'autres termes : «l'impôt zekat et l'obligation de la guerre sainte».

aperçurent le camp, ils s'écrièrent : « C'est Mahomet et l'armée », et ils rentrèrent en courant dans leur citadelle. Le Prophète éleva alors ses deux mains et dit : « Dieu est grand! Khaïbar sera « détruit. Quand nous descendons sur le territoire d'un peuple, « malheur au matin de ceux qui ont été avertis. »

12. *El-Maqbori* rapporte que Abou-Horaïra a dit : « Ô Envoyé de Dieu, j'ai entendu un grand nombre de ḥadits de toi et je les oublie. — Étends ton manteau », me répondit-il. Je l'étendis. Il fit le geste de plonger dans ce manteau avec sa main et, cela fait, il me dit : « Rassemble ton manteau. » Je le rassemblai, et depuis je n'ai pas oublié un seul ḥadits. »

AU NOM DE DIEU, LE CLÉMENT, LE MISÉRICORDIEUX.

TITRE LXII.

DES MÉRITES DES COMPAGNONS DU PROPHÈTE.

Tout musulman qui s'est trouvé en compagnie du Prophète ou qui l'a vu a droit au titre de Compagnon.

CHAPITRE PREMIER.

1. D'après *Abou-Saʿîd-El-Khodri*, l'Envoyé de Dieu a dit : «Il viendra une époque où une troupe de gens faisant une expédition on leur dira : «Y a-t-il parmi vous un Compagnon de l'Envoyé de «Dieu?» et s'ils répondent : «Oui», la victoire leur sera assurée. Une seconde époque viendra où une troupe de gens faisant une expédition on leur dira : «Y a-t-il parmi vous quelqu'un qui a été «le compagnon d'un Compagnon de l'Envoyé de Dieu?» et s'ils répondent : «Oui», la victoire leur sera assurée. Une troisième époque viendra où une troupe de gens faisant une expédition on leur dira : «Y a-t-il parmi vous quelqu'un qui a été le compagnon «d'un compagnon d'un Compagnon de l'Envoyé de Dieu?» et s'ils répondent : «Oui», la victoire leur sera assurée.»

2. *ʿImrân-ben-Ḥoṣaïn* rapporte que l'Envoyé de Dieu a dit : «Les meilleurs de ma nation sont ceux de mon siècle. Au-dessous d'eux seront ceux du siècle suivant, et, au-dessous de ces derniers, ceux du siècle qui viendra ensuite.» — «Je ne sais, ajouta ʿImrân, si le Prophète a mentionné après son siècle, deux siècles ou trois.» — «Après vous il y aura un peuple composé de gens qui témoigneront sans qu'on le leur demande; ils seront perfides et indignes de confiance; ils feront des vœux qu'ils n'accompliront pas. Ils seront bouffis de graisse.»

3. D'après *ʿAbdallah(-ben-Masʿoud)*, le Prophète a dit : « Les meilleurs des hommes sont ceux de mon siècle. Au-dessous d'eux seront ceux du siècle suivant, et, au-dessous de ces derniers, ceux du siècle qui viendra ensuite. Après cela viendra un peuple composé d'hommes qui s'empresseront de témoigner avant de prêter serment et de prêter serment avant de témoigner. »

Ibrahîm, un des râwi, ajoute : « On nous frappait, alors que nous étions mineurs, pour nous faire témoigner et pour nous faire jurer. »

CHAPITRE II. — DES FASTES DES MOHÂDJIR ET DE LEUR SUPÉRIORITÉ. — *Au nombre des Mohâdjir était Abou-Bakr-ʿAbdallah-ben-Abou-Qohâfa-Et-Teïmiyy — De ces mots du Coran : « . . . aux pauvres des Mohâdjir . . . »* (sourate LIX, verset 8); *« à moins que vous ne le secouriez; sinon Dieu le secourra . . . Dieu est avec nous . . . »* (sourate IX, verset 40). — *ʿAïcha, Abou-Saʿîd et Ibn-ʿAbbâs ont dit : « Abou-Bakr était avec le Prophète dans la caverne. »*

1. *El-Barâ* a dit : « Abou-Bakr acheta de (mon père) ʿÂzib, un bât de chameau moyennant treize dirhems. Abou-Bakr dit à ʿÂzib : « Ordonne à El-Barâ de porter ce bât chez moi. — Je ne le ferai « pas, répondit ʿÂzib, tant que tu ne nous auras pas raconté comment « vous avez fait, l'Envoyé de Dieu et toi, lorsque vous êtes sortis de « La Mecque et que les polythéistes vous donnèrent la chasse. »

« Alors Abou-Bakr s'exprima ainsi : « Nous quittâmes La Mecque de « nuit et voyageâmes toute la nuit et le jour suivant jusqu'au milieu « de la journée. Au moment où la chaleur fut à son maximum, je jetai « les yeux (autour de nous) pour trouver un endroit ombragé et « nous y réfugier, et j'aperçus un rocher. Je m'y rendis et vis qu'il « projetait encore de l'ombre. J'égalisai l'endroit et y disposai quel- « que chose pour que le Prophète s'y couchât; puis je lui dis : « Étends-toi, ô Prophète de Dieu. » Le Prophète s'étant étendu, « j'allai regarder autour de moi si je voyais quelqu'un de ceux qui « nous pourchassaient. J'aperçus alors un berger qui dirigeait son « troupeau de moutons vers notre rocher, cherchant ce que nous « avions cherché nous-mêmes. Je l'interrogeai et lui demandai à qui

« il appartenait. Il me répondit qu'il était l'esclave d'un homme des « Qoraïch qu'il nomma et que je connaissais. « As-tu des brebis ayant « du lait? lui dis-je. — Oui, répondit-il. — Veux-tu nous traire du « lait? ajoutai-je. — Volontiers », répliqua-t-il. Je lui ordonnai alors « d'entraver une brebis de son troupeau, de bien enlever la poussière « du pis et lui enjoignis également de secouer la poussière de ses « mains. » — Et, ce disant, Abou-Bakr, frotta ses deux mains l'une contre l'autre. — « Le berger se mit à me traire un peu de lait. « J'avais disposé pour l'Envoyé de Dieu une outre d'eau dont l'ori- « fice était recouvert d'un linge. Je versai sur le lait de l'eau pour « en refroidir la partie inférieure et j'allai retrouver le Prophète qui « se réveilla juste au moment où j'arrivai. « Bois, lui dis-je, ô Envoyé « de Dieu. » Il but de façon qui me satisfit, puis je lui dis : « Il est « temps de partir, ô Envoyé de Dieu. — Oui, répondit-il. » Nous « nous remîmes en route. Les Qoraïch nous poursuivaient, mais « aucun d'eux ne nous atteignit, sauf Sorâqa-ben-Mâlik-ben-Djo'chom « monté sur un de ses chevaux. « Voici un de nos poursuivants qui « va nous atteindre, ô Envoyé de Dieu, m'écriai-je. — Ne t'inquiète « pas, répliqua-t-il, Dieu est avec nous. Vous les ramènerez le soir « et les emmènerez paître le matin [1]. »

2. *Anas* rapporte que Abou-Bakr a dit : « Pendant que j'étais avec le Prophète dans la caverne, je lui dis : « Si l'un d'eux avait « l'idée de regarder sous ses pieds, il nous verrait. — Ô Abou-Bakr, « répondit-il, que penses-tu qu'il puisse arriver à deux personnes qui « ont avec elles Dieu comme troisième? »

CHAPITRE III. — *De ces paroles du Prophète : « Fermez les portes, sauf celle de Abou-Bakr », qui ont été rapportées par Ibn-'Abbâs, d'après le Prophète.*

1. *Abou-Sa'îd-El-Khodri* a dit : « Dans un prône qu'il fit aux fidèles, l'Envoyé de Dieu s'exprima en ces termes : « Dieu a donné « à choisir à un homme : ou les biens de ce monde ou ce qui est par

[1] Ces mots font allusion à un passage du Coran (sourate XVI, verset 6).

« devers lui, et cet homme a choisi ce qui était par devers Dieu ». A ces mots, Abou-Bakr s'étant mis à pleurer, nous fûmes surpris de ses larmes à l'occasion de l'annonce que faisait l'Envoyé de Dieu au sujet d'un homme à qui on avait donné à choisir. C'est que l'Envoyé de Dieu était l'homme à qui on avait donné à choisir, et Abou-Bakr nous avait instruit de cela. Le Prophète ajouta : « De tous les « hommes, celui qui a été le plus prodigue envers moi de son amitié « et de sa fortune, c'est Abou-Bakr. Si j'avais à choisir un ami autre « que Dieu, c'est Abou-Bakr que je choisirais pour ami; mais il a « pour lui les sentiments de fraternité et l'affection de l'islâm. Qu'on « ne laisse aucune des portes de (communication avec) la mosquée « sans la boucher, sauf celle de Abou-Bakr. »

CHAPITRE IV. — De la supériorité de Abou-Bakr, (qui vient) après celle du Prophète.

1. *Ibn-ʿOmar* a dit : « Au temps du Prophète nous avions classé, suivant l'ordre de nos préférences, les grands personnages. En première ligne venait Abou-Bakr; en seconde ligne, ʿOmar-ben-El-Khaṭṭâb, et en troisième ligne, ʿOtsman-ben-ʿAffân. »

CHAPITRE V. — *De ces paroles du Prophète : « Si je devais prendre un ami. . . »; c'est Abou-Saʿîd qui les a rapportées.*

1. D'après *Ibn-ʿAbbâs*, le Prophète a dit : « Si j'avais à choisir un ami dans mon peuple, c'est Abou-Bakr que je choisirais; mais il est mon frère en islamisme et mon compagnon. »

2. *Ayyoub* rapporte que le Prophète a dit : « Si j'avais à choisir un ami, c'est Abou-Bakr que je choisirais pour ami; mais les sentiments de fraternité de l'islamisme sont préférables. »

3. Même récit d'*Ayyoub*, avec un autre *isnâd.*

4. *Ayyoub* rapporte que ʿAbdallah-ben-Abou-Molaïka a dit : « Un des habitants de Koufa écrivit à Ibn-Ez-Zobaïr au sujet du grand-père (considéré au point de vue successoral). Ez-Zobaïr répondit : « Ce que l'Envoyé de Dieu a dit : « Si j'avais à choisir un ami dans ce

« peuple, c'est lui que je choisirais », indique qu'il lui donnait la place « du père[1] ». Il s'agissait de Abou-Bakr. »

CHAPITRE V *bis*[2].

1. *Djobaïr* a dit : « Une femme étant venue trouver le Prophète, celui-ci (après lui avoir donné ses instructions) lui enjoignit de revenir plus tard. « Mais, dit-elle, que devrai-je faire, si je viens et « que je ne te trouve pas? » Elle faisait allusion ainsi à sa mort. « Si tu ne me trouves pas, répondit-il, adresse-toi à Abou-Bakr. »

2. *Hemmâm* rapporte qu'il a entendu ʿAmmâr dire : « J'ai vu l'Envoyé de Dieu alors qu'il n'avait encore que cinq adeptes, en dehors de deux femmes et d'Abou-Bakr. »

3. *ʿÂïdz-Allah-Abou-Idrîs* rapporte que Abou-'d-Derdâ a dit : « J'étais assis auprès du Prophète, quand arriva Abou-Bakr qui tenait le pan de son vêtement relevé au point qu'on voyait ses genoux. (En le voyant), le Prophète s'écria : « Votre ami vient d'avoir une « vive querelle. » Abou-Bakr salua et dit : « Ô Envoyé de Dieu, il « vient de se passer quelque chose entre Ibn-El-Khaṭṭâb et moi; j'ai « été vif à son égard, puis j'ai eu du regret et je lui ai demandé de « me pardonner. Il a refusé, et c'est pour cela que je suis venu te « trouver. — Dieu te pardonnera, ô Abou-Bakr », répondit-il à trois reprises différentes.

« ʿOmar, s'étant ensuite repenti, se rendit à la demeure d'Abou-Bakr et demanda si Abou-Bakr était là. « Non », lui répondit-on. Alors il alla trouver le Prophète et le salua. Le visage du Prophète se rembrunit à tel point que Abou-Bakr, tout effrayé, se jeta à genoux et dit : « Ô Envoyé de Dieu, c'est moi qui ai eu doublement « tort. — Dieu m'a envoyé vers vous, s'écria le Prophète, et vous « tous m'avez dit que je mentais, tandis qu'Abou-Bakr a reconnu que « je disais la vérité, et il m'a donné l'appui de sa personne et de ses « biens. Ne laisserez-vous donc pas en repos mon ami. » Et il répéta

[1] Quand, à défaut du père, il y avait un grand-père dans une succession.

[2] L'édition de Krehl n'indique pas ici un chapitre spécial.

ces mots par deux fois. Depuis, personne ne molesta plus Abou-Bakr. »

4. *ʿAmr-ben-El-ʿÂs* rapporte que le Prophète l'ayant mis à la tête des troupes de l'expédition de Dzât-Es-Selâsil, il alla le trouver et lui dit : « Quelle est la personne que tu aimes le plus ? — ʿAïcha, répondit-il. — Et comme homme ? reprit ʿAmr. — Son père. — Et après lui ? — ʿOmar-ben-El-Khaṭṭâb. » Puis il énuméra d'autres personnages.

5. *Abou-Horaïra* a dit : « J'ai entendu l'Envoyé de Dieu s'exprimer en ces termes : « Tandis qu'un berger gardait ses moutons, un loup « se précipita sur le troupeau et enleva un mouton. Comme le ber-« ger se mettait à sa poursuite, le loup se retourna vers lui et lui « dit : Et qui veillera sur les moutons au jour du Lion, le jour où « il n'y aura pas d'autre berger que moi ? »

« Un homme qui conduisait une vache monta sur cet animal. Alors, se tournant vers l'homme, la vache se mit à lui parler en ces termes : « Je n'ai pas été créée pour un tel office, mais j'ai été créée « pour labourer. » — « Ciel ! » s'écria l'auditoire. Alors le Prophète « ajouta : Je crois ce fait ; Abou-Bakr et ʿOmar-ben-El-Khaṭṭâb le « croient également. »

6. *Abou-Horaïra* a dit : « J'ai entendu l'Envoyé de Dieu s'exprimer en ces termes : « Une nuit, je me suis vu sur le bord d'un puits au-« près duquel était un seau. Je pris ce seau et puisai du puits la « quantité d'eau que Dieu voulut. Ibn-Abou-Qoḥâfa prit ensuite le « seau, et puisa un ou deux seaux non sans une certaine défaillance. « Dieu lui pardonnera cette défaillance. Après cela, Ibn-El-Khaṭṭâb « prit le seau qui devint un baquet. Je n'ai jamais vu un homme « aussi vigoureux que ʿOmar pour puiser de l'eau ; aussi tout le « monde put-il se reposer après avoir bu. »

7. D'après *ʿAbdallah-ben-ʿOmar*, l'Envoyé de Dieu a dit : « Celui qui traîne son manteau par ostentation, Dieu ne le regardera pas au jour de la Résurrection. » Abou-Bakr s'écria alors : « Un des pans « de mon manteau tombe toujours, à moins que je ne le remette sans

«cesse en place. — Toi, répondit l'Envoyé de Dieu, tu ne fais pas «cela par ostentation.»

Comme Mousa, un des *râwi,* demandait à Sâlim si ʿAbdallah avait parlé de la traîne du voile, il répondit qu'il n'avait jamais entendu son père parler que du manteau.

8. *Abou-Horaïra* a dit: «J'ai entendu l'Envoyé de Dieu prononcer les paroles suivantes : «Celui qui aura dépensé une paire[1] d'une «chose quelconque dans la voie de Dieu sera appelé en ces termes «par toutes les portes du Paradis: «O adorateur de Dieu, voilà une «bonne action.» Celui qui aura été de ceux qui ont prié sera appelé «par la porte de la prière. Celui qui aura été de ceux qui ont fait «la guerre sainte sera appelé par la porte de la guerre sainte. Celui «qui aura été de ceux qui ont fait l'aumône sera appelé par la «porte de l'aumône. Celui qui aura été de ceux qui ont jeûné sera «appelé par la porte du jeûne, la porte de l'étanchement de la «soif.»

«Abou-Bakr ayant dit : «Y aura-t-il un inconvénient à ne pas «être appelé par toutes ces portes, et y aura-t-il quelqu'un qui sera «appelé par toutes ces portes, ô Envoyé de Dieu? — J'espère, «répondit le Prophète, que toi, ô Abou-Bakr, tu seras au nombre «de ces derniers.»

9. D'après *ʿAïcha,* la femme du Prophète, l'Envoyé de Dieu mourut pendant que Abou-Bakr était à Es-Sonḥ — c'est-à-dire, d'après Ismaʿîl, à El-ʿÂliya. — ʿOmar se leva en disant: «Par Dieu, l'Envoyé de Dieu n'est pas mort.» ʿAïcha a ajouté que ʿOmar s'écria ensuite : «Par Dieu, il ne m'est jamais venu à l'esprit qu'il en pût être autrement. Dieu va donc sûrement le ressusciter. Que l'on coupe les mains et les pieds de ceux qui disent qu'il est mort.» Abou-Bakr vint vers l'Envoyé de Dieu; il lui découvrit le visage et lui donna un baiser, puis il dit : «Ô toi pour qui j'aurais donné

[1] Tel sera celui qui, par exemple, aura donné deux moutons au lieu d'un seul à deux reprises différentes; ou, en d'autres termes, celui qui aura fait à deux reprises différentes la même bonne œuvre ou la même aumône.

comme rançon mon père et ma mère, tu as été bon dans la vie comme tu l'es dans la mort. Par Dieu qui tient mon âme entre ses mains, Dieu ne te fera jamais goûter deux fois la mort[1]. » Sortant ensuite, Abou-Bakr s'adressa à ʿOmar en ces termes : « Calme-toi, ô toi qui jures. » Aussitôt que Abou-Bakr eut prononcé ces mots, ʿOmar se tut[2]. Alors, après avoir loué Dieu et lui avoir rendu grâces, Abou-Bakr dit : « Eh bien! pour ceux qui adoraient Mahomet, Mahomet est mort. Mais pour ceux qui adorent Dieu, Dieu est toujours vivant et ne meurt pas. » Et il ajouta : « Toi tu es mort, et eux mourront aussi. » Il dit encore : « Mahomet n'était qu'un Envoyé, et d'autres envoyés ont disparu avant lui. Est-ce que, parce qu'il est mort ou qu'il aurait été tué, vous reviendriez en arrière ? Celui qui retournera en arrière ne causera pas le moindre dommage à Dieu, et Dieu récompensera ceux qui l'auront loué. » Il a dit encore : « Les gens pleurèrent en sanglotant. »

Il a dit aussi : « Les Anṣâr, s'étant réunis autour de Saʿd-ben-ʿObâda dans la véranda des Benou-Sâʿida, dirent (aux Mohâdjir) : « Nous aurons un chef pris parmi nous, et vous en aurez un pris « parmi vous. » Alors Abou-Bakr-Eṣ-Ṣiddîq, ʿOmar-ben-El-Khaṭṭâb et Abou-ʿObaïda-ben-El-Djerrâḥ allèrent les trouver. Comme ʿOmar avait pris le premier la parole, Abou-Bakr le fit taire. « Par Dieu, « s'écria ʿOmar, je n'ai agi ainsi que parce que j'avais préparé un « discours qui me plaisait et que je craignais que Abou-Bakr ne « vous fît pas part des mêmes idées. » Abou-Bakr, dont l'éloquence était la plus persuasive, prit ensuite la parole et, dans son discours, il se servit de ces termes : « Nous (les Qoraïch), nous serons les « princes; vous, vous serez les ministres. » Alors Ḥobâb-ben-El-Mondzir lui répliqua : « Non, il n'en sera pas ainsi, il y aura un chef « pris parmi nous et un chef pris parmi vous. — Non, reprit Abou-« Bakr, nous serons les princes, et vous, vous serez les ministres, car

[1] Il voulait réfuter l'assertion émise par ʿOmar que Mahomet ressusciterait comme le Christ et mourrait de nouveau.

[2] Littéralement : « il s'assit », Abou-Bakr lui ayant dit d'aller s'asseoir, ajoute le commentateur.

« les Qoraïch occupent la partie la plus centrale de l'Arabie et sont « les plus illustres des Arabes. Prêtez serment de fidélité à ʿOmar-« ben-El-Khaṭṭâb ou à Abou-ʿObaïda-ben-El-Djerrâḥ. — C'est toi à « qui nous prêterons serment de fidélité, s'écria ʿOmar, car tu es « notre maître et le meilleur d'entre nous, en même temps que tu « as été celui que l'Envoyé de Dieu aimait le plus. » Prenant alors Abou-Bakr par la main, ʿOmar lui prêta serment de fidélité, et tous les fidèles en firent autant. Quelqu'un ayant dit à ce moment : « C'est « la mort de Saʿd-ben-ʿObâda que vous venez en quelque sorte de « décider », ʿOmar répliqua : « Que Dieu le fasse périr ! »

D'après Abou-'l-Qâsim-(ben-Mohammed-ben-Abou-Bakr-Eṣ-Ṣiddîq), ʿAïcha a dit : « Le Prophète leva les yeux et dit par trois fois : « Dans le groupe le plus élevé. » Et Abou-'l-Qâsim acheva le récit du ḥadits, et ajouta : « ʿAïcha a dit encore : « Aucun des discours « de ces deux personnages (ʿOmar et Abou-Bakr) ne manqua de « servir la cause de Dieu. » ʿOmar terrifia les fidèles, et ceux d'entre eux qui étaient animés de sentiments douteux furent ainsi ramenés (dans la bonne voie), grâce à Dieu. Puis Abou-Bakr, ayant montré la bonne voie aux fidèles et leur ayant fait connaître les devoirs qui leur étaient imposés, sortit (de l'assemblée) en répétant : « Mahomet n'était qu'un Envoyé, et d'autres envoyés ont disparu « avant lui . . . . . ceux qui l'auront loué. »

10. « Comme, dit *Moḥammed-ben-El-Ḥanafiya*, je demandais à mon père[1] quel était le meilleur des hommes après l'Envoyé de Dieu, il me répondit : « Abou-Bakr. — Et ensuite ? repris-je. — ʿOmar, « me répliqua-t-il. » J'avais craint qu'il ne dît ʿOtsmân. « Et ensuite ? « ajoutai-je, c'est toi. — Non, me répondit-il, je ne suis qu'un simple « fidèle parmi les musulmans. »

11. *ʿAïcha* a dit : « Nous étions partis avec l'Envoyé de Dieu pour une de ses expéditions quand, arrivés à El-Baïdâ ou à Dzât-El-Djeïch, je perdis un de mes colliers. L'Envoyé de Dieu s'arrêta pour

[1] ʿAli-ben-Abou-Ṭâlib.

le faire rechercher et fit faire halte à tous ceux qui l'accompagnaient. On n'était pas sur un point d'eau et personne n'avait de provisions de ce liquide. Les fidèles allèrent trouver Abou-Bakr et lui dirent : « Vois donc ce que vient de faire 'Aïcha ; elle a fait arrêter ici l'Envoyé de Dieu et les gens qui l'accompagnent ; or nous ne sommes « pas sur un point d'eau et nous n'avons point de provisions de ce « liquide ! » Abou-Bakr vint et trouva l'Envoyé de Dieu qui dormait la tête appuyée sur ma cuisse. « Toi, me dit-il, tu as fait arrêter « l'Envoyé de Dieu et tout le monde ici, alors qu'on n'y trouve pas « d'eau et que nous n'en avons pas de provisions. » Il m'adressa des reproches en disant tout ce que Dieu voulut qu'il me dît et, avec la main, il me frappa à la taille. Je ne pus cependant pas bouger à cause de la façon dont l'Envoyé de Dieu reposait sur ma cuisse. L'Envoyé de Dieu continua de dormir jusqu'au matin et, comme on était sans eau, Dieu révéla le verset de la lustration pulvérale et tout le monde la pratiqua. « Ce ne fut pas, dit Osaïd-ben-El-Ḥoḍaïr, « la première faveur céleste que vous nous attirâtes, ô famille de « Abou-Bakr. » Puis, ajouta 'Aïcha, nous fîmes lever le chameau sur lequel j'étais montée et nous trouvâmes le collier qui était sous l'animal. »

12. D'après *Abou-Sa'id-El-Khodri*, le Prophète a dit : « N'injuriez pas mes Compagnons, car vous dépenseriez (en aumônes) une somme égale à un monceau d'or du volume du mont Oḥod que vous n'atteindriez pas (le même mérite que) celui d'entre eux qui a donné un modd ou même la moitié d'un modd. »

In fine, confirmation du ḥadîts par d'autres *isnâd*.

13. *Abou-Mousa-El-Ach'ari* a raconté ce qui suit : « J'avais fait mes ablutions à la maison, et sortis ensuite en disant : « Je veux « tout ce jour-ci rester auprès de l'Envoyé de Dieu et ne point le « quitter. » Je me rendis à la mosquée et demandai le Prophète. « Il « est sorti, me répondit-on, et il est parti dans telle direction. » J'allai sur ses traces, m'informant (sur mon passage), et enfin je trouvai qu'il était entré dans le verger dit Bir-Arîs. Je m'assis

auprès de la porte qui était en branchages de palmiers jusqu'à ce que l'Envoyé de Dieu eût achevé ses besoins et qu'il eût fait ses ablutions. Alors j'allai le trouver. A ce moment il était assis sur le milieu de la margelle du puits de Arìs, les jambes nues, qu'il laissait pendre dans l'intérieur du puits. Je le saluai, puis retournai m'asseoir auprès de la porte en disant : «Aujourd'hui je serai le portier de «l'Envoyé de Dieu.» Abou-Bakr vint ensuite et poussa la porte : «Qui est là? criai-je. — Abou-Bakr, répondit-il. — Attends un «instant», lui répliquai-je. Alors j'allai vers le Prophète et lui dis : «Abou-Bakr est là qui demande audience, ô Envoyé de Dieu. — «Qu'il entre, me répondit-il, et annonce-lui la bonne nouvelle qu'il «ira au Paradis.» Je retournai vers Abou-Bakr et lui dis : «Entre, «l'Envoyé de Dieu t'annonce que tu iras au Paradis.» Abou-Bakr entra, s'assit à la droite de l'Envoyé de Dieu se plaçant également sur la margelle, et laissant pendre ses pieds dans le puits et découvrant ses jambes comme l'avait fait le Prophète. Puis je retournai m'asseoir (auprès de la porte). J'avais laissé mon frère en train de faire ses ablutions et il devait me rejoindre, «car, m'étais-je dit, si «Dieu veut du bien à quelqu'un — et je songeais à mon frère — «il le lui donne.»

Bientôt quelqu'un agita la porte. «Qui est là? demandai-je. — «ʿOmar-ben-El-Khaṭṭâb, me répondit-on. — Attends un instant», repris-je. J'allai trouver l'Envoyé de Dieu, le saluai et lui dis : «Voici ʿOmar-ben-El-Khaṭṭâb qui demande à être introduit. — «Qu'il entre, s'écria l'Envoyé de Dieu, et annonce-lui la bonne nou«velle qu'il entrera au Paradis.» Je retournai vers ʿOmar et lui dis : «Entre, l'Envoyé de Dieu t'annonce que tu iras au Paradis.» ʿOmar entra et s'assit sur la margelle du puits à la gauche de l'Envoyé de Dieu en laissant pendre ses pieds dans le puits. Je revins ensuite à ma place, m'y assis et me dis : «Si Dieu veut du bien à «quelqu'un, il le lui donne.» Un homme vint de nouveau agiter la porte. «Qui est là? demandai-je. — ʿOtsmân-ben-ʿAffân, me «répondit-on. — Attends un instant», repris-je. J'allai trouver l'Envoyé de Dieu, le saluai et l'informai (du nouvel arrivant). «Qu'il entre, s'écria l'Envoyé de Dieu, et annonce-lui la bonne «nouvelle qu'il ira au Paradis après le malheur qui le frappera.» Je retournai vers 'Otsmân et lui dis : «Entre, l'Envoyé de Dieu «t'annonce que tu iras au Paradis après le malheur qui te frap-«pera.» 'Otsmân entra et, comme la margelle du puits était complètement occupée, il s'assit en face du Prophète sur le bord opposé.»

D'après Cherîk, Sa'îd-ben-El-Mosayyab a dit : «J'interprétai que cette disposition du groupe serait également celle de leurs tombes.»

14. *Anas-ben-Mâlik* a rapporté que le Prophète, accompagné de Abou-Bakr, de 'Omar et de 'Otsmân, étant monté sur le mont Ohod, la montagne se mit à trembler sous eux. «Ô Ohod, s'écria le Prophète, reste immobile, car tu n'as sur toi qu'un prophète, un homme véridique et deux martyrs.»

15. D'après *'Abdallah-ben-'Omar*, l'Envoyé de Dieu a dit : «Pendant que (en songe) j'étais auprès d'un puits à me désaltérer, Abou-Bakr et 'Omar vinrent vers moi. Abou-Bakr prit le seau et puisa un ou deux seaux pleins, mais avec une certaine difficulté. Dieu lui pardonnera. Ensuite Ibn-El-Khaṭṭâb prit le seau des mains de Abou-Bakr, et ce seau se transforma en un grand baquet. Jamais je n'ai vu un homme vigoureux capable d'un tel effort, car il puisa au point que tout le monde pût (amplement se désaltérer et) se reposer.»

Ouahb dit que le mot عطن signifie l'endroit où les chameaux s'agenouillent. L'expression ضرب بعطن signifie que les chameaux se reposent après s'être désaltérés.

16. Selon *Ibn-Abou-Horaïra*, Ibn-'Abbâs a dit : «J'étais debout au milieu de la foule qui priait Dieu pour 'Omar-ben-El-Khaṭṭâb qu'on avait déposé sur son lit. Tout à coup un homme, qui se trouvait derrière moi, plaça son bras sur le mien et dit (en s'adressant à 'Omar) : «Dieu te fera miséricorde, car j'espère bien que Dieu

« te placera avec tes deux compagnons (Mahomet et Abou-Bakr). « Que de fois, en effet, ai-je entendu l'Envoyé de Dieu dire : « J'ai « fait (telle chose) avec Abou-Bakr et ʿOmar; je suis allé (à tel en-« droit) avec Abou-Bakr et ʿOmar. C'est pour cela que j'espère bien « que Dieu te placera avec eux deux. » Me retournant alors, je vis que celui qui parlait ainsi était ʿAli-ben-Abou-Ṭâlib. »

17. *ʿOrwa-ben-Ez-Zobaïr* a dit : « Comme j'interrogeai ʿAbdallah-ben-ʿAmr sur l'acte le plus grave que commirent les polythéistes contre l'Envoyé de Dieu, il me répondit : « J'ai vu ʿOqba-ben-« Moʿaïṭ venir vers le Prophète pendant qu'il faisait la prière, en-« rouler le manteau du Prophète autour de son cou et l'étrangler « fortement. » Abou-Bakr vint aussitôt, repoussa ʿOqba et s'écria : « Allez-vous tuer un homme parce qu'il dit : « Dieu est mon Sei-« gneur », alors qu'il vous apporte des preuves de la part du « Seigneur. »

CHAPITRE VI. — DES FASTES DE ʿOMAR-BEN-EL-KHATTÂB-ABOU-ḤAFṢ-EL-QORACHIYY-EL-ʿADAWIYY.

1. D'après *Djâbir-ben-ʿAbdallah*, le Prophète a dit : « Pendant un songe je me vis entrant au Paradis. Tout d'abord je rencontrai Er-Romaïṣa, la femme de Abou-Ṭalḥa, puis, comme j'entendis un bruit de pas, je demandai qui c'était. « C'est Bilâl », me répondit-on. Ensuite j'aperçus un palais, sur le seuil de la porte duquel était une femme. « A qui est ce palais ? demandai-je. — A ʿOmar », me répondit-on. J'allais y pénétrer pour le visiter, quand je me suis souvenu de ta jalousie, (ô ʿOmar). — Moi qui donnerais pour te racheter mon père et ma mère, ô Envoyé de Dieu, répondit ʿOmar, comment pourrais-je être jaloux de toi ! »

2. *Abou-Horaïra* a dit : « Pendant que nous étions auprès de l'Envoyé de Dieu, il nous fit le récit suivant : « Pendant que je dor-« mais, je me suis vu dans le Paradis. J'aperçus tout à coup une « femme qui faisait ses ablutions auprès d'un palais. « A qui est ce « palais ? demandai-je. — A ʿOmar », me répondit-on. Me souve-

«nant alors de la jalousie d'ʿOmar, je tournai les talons et m'éloi-«gnai.» En entendant ce récit, ʿOmar fondit en larmes et s'écria : «Ô Envoyé de Dieu, comment pourrais-je être jaloux de toi!»

3. D'après *ʿAbdallah-ben-ʿOmar-El-Khaṭṭâb*, l'Envoyé de Dieu a dit : «Pendant que je dormais, je bus — c'est-à-dire du lait — à tel point que je vis le liquide courir sous mon ongle — ou suivant une variante — sous mes ongles. Ensuite j'offris la coupe à ʿOmar. — Et quelle interprétation donnes-tu de cela, ô Envoyé de Dieu? lui demanda-t-on. — (Ce lait) c'était la science, répondit-il.»

4. D'après *ʿAbdallah-ben-ʿOmar*, le Prophète a dit : «Je me suis vu en songe puisant de l'eau d'un puits avec un seau attaché à une poulie [1]. Abou-Bakr vint alors et puisa un ou deux seaux avec une certaine peine. Dieu lui pardonnera. Ensuite arriva ʿOmar-ben-El-Khaṭṭâb, et (sous sa main), le seau se transforma en baquet. Jamais je n'ai vu un homme vigoureux produire un tel effort; aussi tout le monde se désaltéra-t-il et put ensuite se reposer.»

Ibn-Djobaïr explique le mot عبقرى par «vieux *zerâbi*» et Yaḥya dit que les *zerâbi* sont des tapis avec franges minces en abondance.

5. *Saʿd-ben-Abou-Waqqâṣ* a dit : «ʿOmar-ben-El-Khaṭṭâb avait demandé à être introduit auprès de l'Envoyé de Dieu. A ce moment le Prophète avait auprès de lui des femmes des Qoraïch qui lui demandaient un surcroît de provisions, en élevant la voix au point de couvrir la sienne. Quand ʿOmar-ben-El-Khaṭṭâb demanda à être introduit, ces femmes se hâtèrent de se couvrir le visage, puis, après en avoir reçu la permission, ʿOmar entra et vit l'Envoyé de Dieu qui riait. «Dieu te tienne toujours en joie, ô Envoyé de Dieu, s'écria «ʿOmar. — (Je ris), dit le Prophète, de la surprise que viennent «de me faire ces femmes qui étaient chez moi : à peine ont-elles «entendu ta voix, qu'elles se sont hâtées de se couvrir le visage. — «Pourtant, répliqua ʿOmar, c'est de toi, ô Envoyé de Dieu, que «ces femmes devraient avoir le plus de crainte.» Alors, s'adressant

[1] Ou : «un seau dont on se sert pour abreuver une jeune chamelle».

aux femmes, ʿOmar leur dit : «Ô ennemies de vous-mêmes, vous «me craignez et vous ne craignez pas l'Envoyé de Dieu. — Oui, ré-«pondirent-elles, parce que toi tu es plus dur et plus sévère que «l'Envoyé de Dieu. — C'est vrai, ô Ibn-El-Khaṭṭâb, reprit l'En-«voyé de Dieu, j'en jure par celui qui tient mon âme entre ses «mains, si le diable te rencontrait jamais dans un chemin, il pren-«drait une autre route que celle que tu suivrais.»

6. *Qaïs* rapporte que ʿAbdallah(-ben-Masʿoud) a dit : «Nous n'avons pas cessé de voir croître la puissance de l'islâm depuis le moment où ʿOmar a embrassé cette religion.»

7. *Ibn-Abou-Molaïka* a entendu Ibn-ʿAbbâs dire : «ʿOmar (après sa mort) fut déposé sur son lit; les fidèles entourèrent le lit, et firent des invocations et des prières en attendant que le corps fût porté en terre. J'étais parmi les fidèles, quand tout à coup un homme me saisit par le bras. Cet homme, c'était ʿAli. Il appela la miséricorde de Dieu sur ʿOmar et dit : «Je souhaite pour la per-«sonne qui me sera la plus chère qu'elle rencontre Dieu avec des «bonnes œuvres pareilles aux tiennes. J'en atteste Dieu par les ser-«ments les plus solennels, j'espère que Dieu te placera avec tes «deux compagnons (Mahomet et Abou-Bakr), car que de fois j'ai «entendu le Prophète dire : «Je suis allé avec Abou-Bakr et ʿOmar; «je suis entré avec Abou-Bakr et ʿOmar; je suis sorti avec Abou-«Bakr et ʿOmar.»

8. *Anas-ben-Mâlik* a dit : «Le Prophète, accompagné de Abou-Bakr, ʿOmar et ʿOtsmân, étant monté sur la montagne de Oḥod, celle-ci se mit à s'agiter sous eux. Frappant le sol de son pied, le Prophète s'écria : «Reste calme, ô Oḥod, car tu n'as sur toi qu'un «prophète, un ami sincère ou[1] un martyr.»

9. *Aslam* a dit : «Ibn-ʿOmar m'ayant interrogé sur certaines de ses actions — c'est-à-dire des actions de ʿOmar, — je les lui exposai. Alors Ibn-ʿOmar dit : «Depuis que l'Envoyé de Dieu a rendu

[1] Au lieu de «ou» on lit aussi «et» et alors on donne au mot «martyr» la valeur d'un collectif, c'est-à-dire en français : «et des martyrs».

« son âme à Dieu, je n'ai vu absolument personne qui ait été, jus-
« qu'à la fin de sa vie, aussi énergique et aussi généreux que ʿOmar-
« ben-El-Khaṭṭâb. »

10. D'après *Anas*, un homme interrogea le Prophète au sujet de l'Heure suprême, et lui demanda quand elle aurait lieu. « Et qu'as-tu préparé pour ce moment-là ? dit le Prophète. — Rien, répliqua l'homme, sinon l'amour que j'ai pour Dieu et l'Envoyé de Dieu. — Eh bien ! reprit le Prophète, tu seras avec ceux que tu aimes. »

« Jamais, ajouta Anas, nous n'éprouvâmes une joie égale à celle que nous eûmes en entendant ces paroles de l'Envoyé de Dieu : « Tu seras avec ceux que tu aimes. » Quant à moi, j'aime le Prophète, Abou-Bakr et ʿOmar, et j'espère qu'à cause de l'amour que j'ai pour eux, je serai avec eux, bien que je n'aie rien fait de comparable à ce qu'ils ont fait. »

11. D'après *Abou-Horaïra*, l'Envoyé de Dieu a dit : « Dans toutes les nations qui vous ont précédés il y a eu des inspirés[1] (du Ciel). S'il doit y en avoir un dans mon peuple, ce sera ʿOmar. »

Suivant un autre isnâd, le récit de Abou-Horaïra aurait été fait en ces termes : « Le Prophète a dit : « Parmi ceux qui vous ont pré-
« cédés d'entre les Benou-Israël, il y a eu des hommes qui ont
« parlé sans être des prophètes. S'il doit y avoir dans mon peuple
« un de ces hommes, ce sera ʿOmar. »

Ibn-ʿAbbâs citait ces mots : « Ni prophète, ni inspiré. »

12. D'après *Abou-Horaïra*, l'Envoyé de Dieu a dit : « Tandis qu'un berger était au milieu de son troupeau, un loup se précipita et enleva un des moutons. Le berger poursuivit le ravisseur pour rattraper son mouton, mais le loup, se tournant vers lui, lui dit :
« Et qui donc gardera les moutons le jour du Lion, le jour où il
« n'y aura pas d'autre berger que moi ? — Ciel, s'écrièrent les fidèles,

[1] Mot à mot : « traditionniste », ou : « à qui les anges adressaient la parole au nom de Dieu et qui répétaient ce qu'on leur avait dit ».

(est-ce possible?) — Moi, reprit le Prophète, je crois cela. et Abou-Bakr et ʿOmar le croient également.» Abou-Bakr et ʿOmar n'étaient pas là.

13. *Abou-Saʿîd-El-Khodri* a dit : «J'ai entendu l'Envoyé de Dieu s'exprimer ainsi : «Pendant un songe, je vis des fidèles qu'on me «présentait; ils étaient revêtus de qamîṣ; chez les uns, ce vêtement «descendait jusqu'aux seins; chez d'autres, ils n'atteignait même «pas à cette hauteur. Quand ʿOmar passa devant moi, son qamîṣ «traînait à terre. — Et comment interprétas-tu cela? ô Envoyé de «Dieu, demandèrent les fidèles. — Ce qamîṣ, répondit-il, repré-«sentait leur foi religieuse.»

14. *El-Misouar-ben-Makhrama* a dit : «Lorsque ʿOmar eut été transpercé, il ressentit de vives douleurs. En manière de consolation, Ibn-ʿAbbâs lui dit alors : «Ô prince des Croyants, tu n'as rien «à redouter[1], car tu as été le compagnon de l'Envoyé de Dieu, «tu t'es bien conduit avec lui et, au moment où tu as été séparé «de lui, il était satisfait de toi. Ensuite tu as été le compganon de «Abou-Bakr, tu t'es bien conduit avec lui et, au moment où tu as «été séparé de lui, il était satisfait de toi. Enfin tu as été le com-«pagnon de leurs compagnons, tu t'es bien conduit avec eux, et, «si tu en es séparé, et il faudra absolument que tu en sois séparé, «ils seront satisfaits de toi. — Ce que tu as dit, répondit ʿOmar, au «sujet de ma fréquentation de l'Envoyé de Dieu et de la satisfac-«tion qu'il a eue de moi, n'a été qu'une faveur que Dieu le Très-«Haut m'a accordée. Ce que tu as dit au sujet de ma fréquentation «de Abou-Bakr et de la satisfaction qu'il a eue de moi, n'a été éga-«lement qu'une faveur que Dieu le Très-Haut m'a accordée. Quant «à l'angoisse dans laquelle tu me vois, je la ressens à cause de toi «et de tes compagnons. Par Dieu, si j'avais gros comme la terre «d'or, je m'en servirais pour me racheter du châtiment de Dieu, «avant de me trouver face à face avec lui.»

[1] Soit de mourir de la blessure, soit du sort qui t'est réservé dans le Ciel.

Ce même hadits a été rapporté par Ibn-ʿAbbâs qui commençait le récit par ces mots : «J'entrai chez ʿOmar.»

15. *Abou-Mousa* a dit : «J'étais avec le Prophète dans un des jardins de Médine. Un homme vint, qui demanda qu'on lui ouvrît la porte : «Ouvre-lui, me dit le Prophète, et annonce lui qu'il ira «au Paradis.» J'ouvris et vis Abou-Bakr à qui j'annonçai ce dont m'avait chargé le Prophète. Abou-Bakr loua Dieu. Un autre homme vint ensuite et demanda qu'on lui ouvrît. «Ouvre-lui, dit «le Prophète, et annonce-lui la bonne nouvelle qu'il ira au Para-«dis.» J'ouvris et je vis ʿOmar à qui j'annonçai ce dont m'avait chargé le Prophète. ʿOmar loua Dieu. Enfin un troisième homme demanda qu'on lui ouvrît la porte. «Ouvre-lui, me dit le Prophète, «et annonce-lui la bonne nouvelle qu'il entrera au Paradis à la «suite d'un malheur qui le frappera.» C'était ʿOtsmân à qui j'annonçai ce dont m'avait chargé le Prophète. ʿOtsmân loua Dieu et ajouta : «Dieu est celui dont on doit implorer l'assistance.»

16. *Abou-ʿAqîl-Zohra-ben-Maʿbed* rapporte qu'il a entendu son grand-père, ʿAbdallah-ben-Hichâm, dire : «Pendant que nous étions avec le Prophète, celui-ci prenait par la main ʿOmar-ben-El-Khaṭṭâb.»

CHAPITRE VII. — Des fastes de ʿOtsmân-ben-ʿAffân-Abou-ʿAmr-El-Qorachi. — *Le Prophète a dit : «Celui qui creusera le puits de Rouma aura droit au Paradis, et ce fut ʿOtsmân qui le creusa.» — Le Prophète a dit : «Celui qui équipera l'armée de l'Épreuve*[1]*, aura droit au Paradis; ce fut ʿOtsmân qui l'équipa.»*

1. *Abou-Mousa* rapporte que le Prophète, étant entré dans un jardin, lui enjoignit de veiller à la porte de ce jardin. Un homme vint qui demanda à entrer. «Fais-le entrer, dit le Prophète, et annonce-lui cette bonne nouvelle qu'il ira au Paradis.» Cet homme, c'était Abou-Bakr. Un autre homme se présenta et demanda à entrer. «Fais-le entrer et annonce-lui cette bonne nouvelle qu'il ira

[1] C'est-à-dire : «l'expédition de Tabouk».

au Paradis.» Cet homme, c'était ʿOmar. Enfin un troisième homme se présenta et demanda à entrer. Après avoir un instant gardé le silence, le Prophète dit : «Fais-le entrer et annonce-lui cette bonne nouvelle qu'il entrera au Paradis à la suite d'un malheur qui le frappera.» Cet homme, c'était ʿOtsmân-ben-ʿAffân.

Confirmation de ce ḥadits d'après un autre *isnâd* avec cette addition faite par ʿAṣim-(El-Aḥouel) : «Le Prophète était assis dans un endroit où il y avait de l'eau, les genoux — ou suivant une variante — le genou découvert. Quand ʿOtsmân entra, il recouvrit ses genoux.»

2. *ʿObaïd-allah-ben-ʿAdiyy-ben-El-Khiyâr* raconte que El-Misouar-ben-Makhrama et ʿAbderraḥman-ben-El-Asoued-ben-ʿAbd-Yaghouts lui dirent : «Qu'est-ce qui t'empêche de parler à ʿOtsmân au sujet de son frère El-Oualîd, dont les gens se plaignent vivement?» J'allai aussitôt chez ʿOtsmân, que je trouvai au moment où il se rendait à la prière, et lui dis : «J'ai besoin de te parler; il s'agit d'un conseil que je veux te donner. — Ô homme, répliqua ʿOtsman, de toi? — Maʿmar ajoute : «Je pense qu'il voulait dire : «Je «me réfugie auprès de Dieu contre toi.» — «Je quittai ʿOtsmân et retournai vers mes deux interlocuteurs, lorsqu'un messager d'ʿOtsmân s'approcha. J'allai à lui : «Quel est ton conseil? me demanda-t-il. — Dieu, lui répondis-je, a envoyé Mahomet avec la Vérité; «il lui a révélé le Livre, et toi, tu as été de ceux qui ont répondu à «l'appel de Dieu et de son Envoyé. Tu as accompli les deux émigrations; tu as été le Compagnon de l'Envoyé de Dieu; tu as vu «la voie qu'il suivait. Eh bien! les gens disent beaucoup de choses «au sujet de El-Oualîd. — As-tu vu l'Envoyé de Dieu? me demanda ʿOtsmân. — Non, lui répondis-je; mais je suis au courant de ses enseignements, comme la vierge cachée derrière son «rideau[1]. — Alors, reprit ʿOtsmân, voici les faits : Dieu a envoyé «Mahomet apporter la Vérité; j'ai été de ceux qui ont répondu à

[1] Qui connaît les principes de la religion, bien qu'elle vive en quelque sorte recluse.

« l'appel de Dieu et de son Envoyé; j'ai cru à la mission dont il a « été investi; j'ai accompli les deux émigrations, ainsi que tu l'as « dit. J'ai été le Compagnon de l'Envoyé de Dieu; je lui ai prêté « serment de fidélité; jusqu'à sa mort, je ne lui ai pas désobéi, ni ne « l'ai trompé. J'ai agi de même avec Abou-Bakr, puis avec ʿOmar, et « je suis arrivé au Khalifat. N'ai-je pas autant de droits sur vous « qu'ils en ont eus? — Certes oui, répliquai-je. — Eh bien! que « signifient de votre part ces racontars qu'on me rapporte? En ce « qui concerne El-Oualîd dont tu me parles, je vais lui appliquer « les règles de la Loi, s'il plaît à Dieu. » Faisant ensuite appeler ʿAli, ʿOtsmân lui donna l'ordre d'appliquer à El-Oualîd la peine de la fustigation, et ʿAli lui fit administrer quatre-vingts coups de fouet. »

3[1]. *Anas* a dit : « L'Envoyé de Dieu, accompagné de Abou-Bakr, ʿOmar et ʿOtsmân, étant monté sur la montagne de Ọhod, celle-ci se mit à s'agiter. « Reste tranquille, Ọhod, s'écria le Pro- « phète — et je crois qu'il frappa le sol de son pied, ajouta Anas, « — car tu n'as sur toi qu'un prophète, un ami dévoué et deux « martyrs. »

4. *Ibn-ʿOmar* a dit : « Au temps du Prophète, nous ne trouvions personne qui égalât (en mérite) Abou-Bakr; après lui venait ʿOmar, puis ʿOtsmân. Quant aux autres Compagnons du Prophète, nous n'établissions pas de comparaison entre eux. »

Confirmation de ce ḥadits par un autre *isnâd*.

5. *Otsmân-ben-Mawhab* a dit : « Un homme d'entre les habitants de l'Égypte était venu faire le pèlerinage au Temple. Voyant un groupe de gens assis, il demanda qui étaient ces gens-là. « Ce « sont des Qoraïch, lui fut-il répondu. — Et quel est leur chef? « reprit-il. — ʿAbdallah-ben-ʿOmar, lui répliqua-t-on. — Ô Ibn- « ʿOmar, s'écria l'homme, je vais te poser une question à la- « quelle je te demande de me répondre : Sais-tu que ʿOtsmân

[1] Ce ḥadits est placé plus loin dans Qasṭallâni et porterait le n° 5 d'après son texte.

« a pris la fuite le jour (de la bataille) de Oḥod? — Oui, dit Ibn-« ʿOmar. — Sais-tu aussi qu'il s'abstint d'assister au combat de « Bedr? ajouta l'homme. — Oui, répondit Ibn-ʿOmar. — Sais-tu « qu'il s'abstint d'assister au serment de Er-Riḍouân et qu'il n'y « prit pas part? demanda encore l'homme. — Oui, répéta Ibn-« ʿOmar. — Dieu est grand! s'écria l'homme. — Maintenant, dit « Ibn-ʿOmar, viens que je t'explique tout cela. En ce qui concerne « la fuite de ʿOtsmân le jour de Oḥod, j'atteste que Dieu ne lui en « tiendra pas compte et qu'il la lui pardonnera. Pour ce qui est de « son abstention à Bedr, sache qu'il avait épousé la fille de l'En-« voyé de Dieu et que sa femme était malade. Aussi l'Envoyé de « Dieu lui dit-il : « Tu auras droit à la récompense et au butin « de ceux qui ont pris part au combat de Bedr. » Enfin, au sujet de « son absence au serment de Er-Riḍouân, sache que, s'il y avait eu « un personnage plus influent que ʿOtsmân à La Mecque, l'Envoyé « de Dieu l'aurait envoyé à la place de ʿOtsmân. Or l'Envoyé de « Dieu avait envoyé ʿOtsmân à La Mecque, et le serment de Er-« Riḍouan a eu lieu après le départ de ʿOtsmân pour La Mecque. « Enfin l'Envoyé de Dieu, ayant dit en montrant sa main droite : « Ceci est la main de ʿOtsmân », frappa avec sa main droite sa « main gauche en disant : « Ceci est le serment de ʿOtsmân. » Main-« tenant, ô Égyptien, emporte toutes ces réponses avec toi. »

CHAPITRE VIII. — Récit de l'accord intervenu pour l'élévation au khalifat de ʿOtsmân-ben-ʿAffân et récit de l'assassinat de ʿOmar.

1. *ʿAmr-ben-Maïmoun* a dit : « J'ai vu ʿOmar-ben-El-Khaṭṭâb à Médine quelques jours avant l'attentat dont il fut victime. S'adressant à Ḥodzaïfa-ben-El-Yemân et à ʿOtsman-ben-Ḥonaïf, il leur disait : « Comment avez-vous agi? Ne craignez-vous pas que la terre « soit incapable de supporter les impositions dont vous l'avez char-« gée? — Nous n'avons imposé la terre, répondirent-ils, que dans « la mesure de sa capacité; elle n'est pas trop surchargée. — Faites « bien attention, reprit-il, de n'avoir pas imposé les terres au delà

« de ce qu'elles peuvent supporter. — Nous ne l'avons pas fait, ré-« pliquèrent-ils. — Si Dieu, ajouta-t-il, me le permet, je laisserai « les veuves du pays de l'Irâq dans une situation telle qu'elles n'au-« ront plus jamais besoin, après moi, d'aucun homme. » Quatre jours ne s'étaient pas écoulés à la suite de cette conversation, que ʿOmar était assassiné.

« Dans la matinée de l'attentat, poursuit ʿAmr, j'étais debout (pour la prière), séparé de ʿOmar uniquement par ʿAbdallah-ben-ʿAbbâs. En passant entre les deux rangées de fidèles, il avait dit : « Égalisez bien vos rangs. » Puis, quand il vit qu'il n'y avait aucun vide dans les rangs, il s'avança, fit le tekbîr, et récita probablement la sourate de Joseph ou celle de l'Abeille — ou quelque chose d'approchant — durant la première rekaʿ. Quand les fidèles furent assemblés, à peine avait-il fait le tekbîr, que je l'entendis s'écrier au moment où il reçut le coup : « Il m'a tué — ou suivant une variante — le chien m'a mordu. » Le mécréant, avec sa dague à double pointe, s'enfuit à tire-d'aile, ne manquant pas de frapper à droite et à gauche sur son passage, si bien qu'il frappa treize hommes dont sept moururent. Ce que voyant, un homme d'entre les musulmans jeta un burnous sur l'assassin, et celui-ci, se sentant pris, s'égorgea lui-même. Prenant alors la main de ʿAbderrahman-ben-Awf, ʿOmar le mit en avant des fidèles (comme imam). Tous ceux qui étaient près de ʿOmar, (continue ʿAmr), ont vu ce que j'ai vu moi-même. Quant à ceux qui étaient dans les diverses parties de la mosquée, ils ne s'aperçurent de rien, sinon qu'ils n'entendaient plus la voix de ʿOmar, et ils s'écrièrent : « Bonté « divine ! Bonté divine ! » ʿAbderraḥman-ben-Awf présida la prière en l'allégeant.

« Quand les fidèles furent partis, ʿOmar dit : « Ô Ibn-ʿAbbâs, vois « donc qui m'a frappé. » Après avoir fait une courte enquête, Ibn-ʿAbbâs revint en disant : « C'est l'esclave de El-Moghîra. — L'ha-« bile ouvrier ? demanda ʿOmar. — Oui, répondit Ibn-ʿAbbâs. — « Dieu le châtiera, s'écria ʿOmar, et moi j'ordonne qu'on ne lui

« fasse aucun mal. Dieu soit loué de n'avoir pas laissé accomplir « mon meurtre par un homme qui prétende être musulman; c'est « toi, Ibn-ʿAbbâs, et ton père qui avez voulu avoir beaucoup de re- « négats à Médine. » El-ʿAbbâs, en effet, était (dans Médine) celui qui possédait le plus grand nombre de ces renégats comme esclaves. « Si tu veux, dit alors Ibn-El-ʿAbbâs, j'agirai; c'est-à-dire, « si tu veux, nous les exterminerons. — Tu mens, riposta ʿOmar; « (tu ne les tueras pas) maintenant qu'ils parlent la même langue « que vous, qu'ils prient en se tournant vers votre qibla et qu'ils « font le même pèlerinage que vous. » ʿOmar fut ensuite transporté dans sa maison où nous l'accompagnâmes.

« Il semblait aux fidèles que jamais avant ce jour-là un malheur ne les avait frappés. « Ce ne sera rien », disait l'un. « Je crains pour ses jours », disait un autre. On lui apporta du vin de dattes[1]; il en but, mais le liquide ressortit par le ventre[2]. On apporta ensuite du lait; il le but et le lait s'écoula par la plaie. On reconnut alors qu'il était perdu. Nous pénétrâmes ensuite auprès de lui, et la foule vint faire son éloge. Un homme jeune se présenta et dit : « Ô prince « des Croyants, réjouis-toi de la bonne nouvelle que Dieu va t'annon- « cer, car tu sais ce que t'a mérité le fait d'avoir été un Compagnon « de l'Envoyé de Dieu et un des premiers à embrasser l'islâm. Puis « tu as été investi du khalifat et tu as été juste; enfin tu succombes « martyr. — Je voudrais, dit ʿOmar, que tout cela s'égalisât, « qu'il n'y eût rien contre moi et rien pour moi. » Le jeune homme s'éloigna et, comme son voile touchait le sol, ʿOmar s'écria : « Ra- « menez-moi ce jeune homme. — Fils de mon frère, lui dit alors « ʿOmar, relève ton voile; cela conservera mieux ce vêtement et ce « sera plus propre pour ton maître. »

« S'adressant ensuite à son fils : « Ô Abdallah-ben-ʿOmar, fais « le compte de mes dettes. » On dressa ce compte et on trouva qu'il

[1] Cette liqueur faite de dattes macérées dans de l'eau ne pouvait amener l'ivresse, dit le commentateur.

[2] Le coup mortel était sans doute celui qui avait atteint le péritoine, ʿOmar ne pouvant plus, dès lors, garder des aliments.

s'élevait à 86,000 ou quelque chose d'approchant. «Si, ajouta-t-il, «la fortune de la famille d'ʿOmar suffit, emploie-la à éteindre «ces dettes, sinon demande aux Benou-ʿAdiyy-ben-Kaʿb; si leur «fortune ne suffit pas, demande aux Qoraïch. Ne t'adresse pas à «d'autres qu'à eux. Rembourse pour moi avec cet argent, puis «va trouver ʿAïcha, la mère des Croyants, et dis-lui : «ʿOmar «t'adresse le salut.» Ne dis pas : «Le prince des Croyants», car je ne «suis plus en ce jour un prince pour les Croyants. Ajoute ensuite : «ʿOmar-ben-El-Khaṭṭâb demande l'autorisation d'être enterré avec «ses deux compagnons.» Ibn-ʿOmar demanda à être reçu par ʿAïcha; il fut introduit et trouva ʿAïcha assise et pleurant. Il la salua et lui dit : «ʿOmar-ben-El-Khaṭṭâb t'adresse le salut et il «te demande l'autorisation d'être enterré avec ses deux compa-«gnons. — Je l'aurais désiré pour moi-même, répondit-elle, mais «aujourd'hui je lui donne la préférence sur ma propre personne.»

«Quand Ibn-ʿOmar rentra chez lui, on dit à ʿOmar : «Voici «ʿAbdallah-ben-ʿOmar, (ton fils), qui revient. — Qu'on me dresse «sur mon séant, s'écria ʿOmar.» Puis, quand un homme l'eut (redressé et) soutenu, il ajouta : «Eh bien! quelle nouvelle apportes-«tu? — Une nouvelle qui te fera plaisir, répondit-il; elle autorise. «— Le ciel soit loué, reprit ʿOmar, rien ne me préoccupait autant «que cela. Quand je serai mort, portez-moi chez ʿAïcha, et toi, «(mon fils), salue-la et dis-lui : «ʿOmar-ben-El-Khaṭṭâb te demande «l'autorisation (d'être enterré auprès de ses deux compagnons).» «Si elle l'accorde, introduisez-moi; si elle refuse, rapportez-moi au «cimetière des musulmans.»

«A ce moment arriva la mère des Croyants, Ḥafṣa, suivie d'autres femmes. Quand nous la vîmes, nous nous levâmes. Elle entra et resta un instant à pleurer auprès de ʿOmar, puis les hommes demandèrent à être introduits. Ḥafṣa pénétra alors (dans l'intérieur) pour leur faire place, et nous entendîmes des sanglots de la pièce voisine. «Fais tes recommandations dernières, ô prince des «Croyants, dirent alors les fidèles, et désigne ton successeur.

« — Je ne vois, répondit-il, personne qui soit plus digne du pouvoir « suprême que ce groupe de personnes — ou suivant une variante, — « de gens[1] dont, jusqu'à sa mort, l'Envoyé de Dieu n'a cessé d'être « satisfait. » Puis, après avoir nommé ʿAli, ʿOtsmân, Ez-Zobaïr, Ṭalḥa, Saʿd et ʿAbderraḥman, il ajouta : « Que ʿAbdallah-ben-ʿOmar « présent à votre choix soit témoin, lui qui n'a aucun titre au kha- « lifat, mais qui a droit seulement à des condoléances. Si le pouvoir « échoit à Saʿd, c'est bien; sinon, que celui d'entre vous qui sera « investi de l'autorité ait recours à son aide. Si je l'ai révoqué (de « ses fonctions à Koufa), ce n'est pas parce qu'il a été incapable ou « concussionnaire. Je recommande au khalife qui me succèdera les « premiers Mohâdjir. Qu'il n'oublie pas ce qui leur est dû et qu'il « leur assure le respect auquel ils ont droit. Je lui recommande aussi « d'être bon envers les Anṣâr qui, avant les Mohâdjir, ont assuré un « aide à la foi et ont cru. Qu'il soit bienveillant pour ceux d'entre « eux qui font le bien et qu'il pardonne à ceux qui font le mal. Je lui « recommande d'être bon envers les gens des villes qui sont les aides « de l'islâm, les accumulateurs de capitaux, la terreur de l'ennemi. « Qu'il ne leur prenne que le superflu de leurs richesses. Je recom- « mande encore à mon successeur d'être bon pour les Bédouins, car « c'est d'eux que sont issus les Arabes et ce sont eux qui sont la sub- « stance de l'islâm. Qu'il ne prenne de leurs troupeaux qu'une part « infime[2] et qu'on la remette ensuite aux pauvres d'entre eux. Enfin « je recommande à mon successeur ceux qui sont placés sous la « sauvegarde[3] de Dieu et de l'Envoyé de Dieu. Qu'il observe les « engagements pris avec eux, qu'il combatte ceux qui les attaquent « et qu'il ne leur impose pas d'obligations au-dessus de leurs forces. »

« Quand ʿOmar eut rendu l'âme, nous sortîmes son corps (de sa demeure) et nous nous mîmes en route (vers la demeure

(1) Les deux mots traduits par « personnes » et « gens », différents en arabe, n'ont point d'équivalents distincts en français.

(2) Le texte porte « les bordures », et le commentaire explique qu'il s'agit des animaux qui ont le moins de valeur.

(3) Ou : « les tributaires ».

de ʿAïcha). ʿAbdallah-ben-ʿOmar salua ʿAïcha et lui dit : «ʿOmar-«ben-El-Khaṭṭâb demande à être introduit. — Qu'on l'introduise, «répondit-elle.» On introduisit le corps et on le déposa en cet endroit avec ses deux compagnons. Quand l'ensevelissement fut terminé, ʿAbderraḥman, s'adressant aux personnages qui étaient assemblés, leur dit : «Déléguez à trois d'entre vous le pouvoir «que vous avez (de choisir le khalife). — Moi, dit Ez-Zobaïr, je «délègue mon pouvoir à ʿAli. — Moi, dit Ṭalḥa, je délègue mon «pouvoir à ʿOtsmân. — Moi, dit ʿAli, je délègue mon pouvoir à «ʿAbderraḥmân-ben-ʿAouf.» Reprenant la parole, ʿAbderraḥman dit : «Lequel de vous deux (ʿAli et ʿOtsmân) veut se désintéresser «de cette élection au pouvoir, afin de nous permettre de choisir «nous-mêmes. Dieu surveillera et l'islâm verra qui est le plus digne «de son choix.» Puis, comme les deux vieillards gardaient le silence, ʿAbderraḥman ajouta : «Voulez-vous me charger de cette affaire. «Dieu veillera à ce que je ne manque pas de désigner le plus «digne. — Soit, répondirent ʿAli et ʿOtsmân.» Alors prenant l'un d'eux (ʿAli) par la main, ʿAbderraḥman lui dit : «Tu es apparenté «à l'Envoyé de Dieu et tu sais que tu es un des plus anciens mu-«sulmans. Dieu te surveille. Si je t'attribue le pouvoir, sois juste; «si j'attribue le pouvoir à ʿOtsmân, écoute-le et obéis-lui.» Prenant ensuite l'autre (concurrent ʿOtsmân), il lui répéta le même propos. Après avoir reçu l'engagement (des deux vieillards), il dit : «Ô ʿOtsmân, lève la main», et il lui prêta serment de fidélité. ʿAli prêta également serment de fidélité à ʿOtsmân, puis les gens de Médine entrèrent et accomplirent la même formalité.»

CHAPITRE IX. — DES FASTES DE ʿALI-BEN-ABOU-ṬÂLIB-EL-QORACHI-EL-HÂCHIMI-ABOU-'L-ḤASAN. — *Le Prophète a dit à ʿAli : «Tu es des miens et je suis des tiens.» — ʿOmar a dit : «Quand l'Envoyé de Dieu mourut, il n'avait eu qu'à se louer de ʿAli.»*

1. D'après Sahl-ben-Saʿd, l'Envoyé de Dieu a dit : «Demain je confierai le drapeau à un homme par les mains de qui Dieu nous

donnera la victoire.» Tous les fidèles passèrent la nuit préoccupés de savoir à qui le drapeau serait remis. Le lendemain matin ils se présentèrent tous devant l'Envoyé de Dieu, chacun d'eux espérant qu'il serait désigné. «Où est 'Ali? demanda alors le Prophète. — Il a mal aux yeux, ô Envoyé de Dieu, répondit-on. — Envoyez-le chercher, répliqua-t-il.» On amena 'Ali et, quand il fut là, le Prophète lui cracha dans les yeux et fit une invocation en sa faveur. Aussitôt 'Ali fut guéri, si bien qu'on eût dit qu'il n'avait pas été malade. Alors, le Prophète lui ayant confié le drapeau, 'Ali s'écria : «Ô Envoyé de Dieu, je les combattrai jusqu'à ce qu'ils soient (musulmans) comme nous. — Va doucement, reprit le Prophète; quand tu seras campé sur leur territoire, invite-les à embrasser l'islamisme et fais-leur connaître les devoirs que cette religion leur impose à l'égard de Dieu. Par Dieu, le fait que Dieu, grâce à toi, aura dirigé un seul homme dans la bonne voie te vaudra mieux que d'avoir de beaux chameaux roux.»

2. *Salama* a dit : «'Ali, lors de l'expédition de Khaïbar, était resté en arrière du Prophète, à cause d'une ophtalmie dont il souffrait; il avait dit : «Je vais rester en arrière de l'Envoyé de Dieu.» Puis 'Ali se mit en route et rejoignit le Prophète. La veille au soir de la matinée pendant laquelle Dieu assura aux musulmans la conquête de Khaïbar, l'Envoyé de Dieu dit : «Je donnerai le drapeau — ou «suivant une variante — prendra le drapeau, demain un homme «que Dieu et son Envoyé aiment — ou suivant une variante — qui «aime Dieu et son Envoyé. Grâce à lui, Dieu assurera la con«quête (de Khaïbar).» A ce moment, nous aperçûmes 'Ali que nous n'attendions pas. «Voici 'Ali, dirent les fidèles.» Et l'Envoyé de Dieu lui remit le drapeau. Grâce à lui, Dieu assura la conquête de la ville.»

3. D'après *Salama-ben-Dînâr*, un homme vint trouver Sahl-ben-Sa'd et lui dit : «Un tel, au nom du gouverneur de Médine, dit en chaire du mal de 'Ali. — Et que dit-il? demanda Sahl. — Il appelle 'Ali, Abou-Torâb. — Par Dieu, s'écria Sahl en riant,

jamais le Prophète ne l'appelait autrement et rien ne faisait plus de plaisir à ʿAli que de s'entendre ainsi appeler par le Prophète. »

« Comme, ajoute Salama, je désirais goûter le récit de Sahl, je lui dis : « Ô Abou-ʿAbbâs, comment cela se passa-t-il. — ʿAli, me « répondit-il, était entré chez Fâṭima; il en sortit ensuite et alla « s'étendre dans la mosquée. Le Prophète, ayant demandé à Fâṭima « où était le fils de son oncle, celle-ci lui répondit : « Il est dans la « mosquée. » Le Prophète se rendit auprès de lui et le trouva éten- « du; son manteau défait était tombé de ses épaules et la poussière « lui couvrait le dos. Le Prophète se mit à épousseter la terre de « son dos en lui disant par deux fois : « Eh! l'homme à la poussière[1], « mets-toi sur ton séant. »

4. D'après Saʿd-ben-ʿObaïda, un homme vint trouver le fils de ʿOmar et l'interrogea sur ʿOtsmân-Ibn-ʿOmar, lui rappela toutes ses belles actions, puis il ajouta : « Cela t'est peut-être désagréable? — Oui, répondit l'homme. — Dieu te fourre le nez dans la poussière, s'écria Ibn-ʿOmar. » L'homme alors le questionna au sujet de ʿAli. Ibn-ʿOmar lui rappela toutes ses belles actions, puis il ajouta : « Tel il était; sa demeure était la plus centrale[2] de celles qu'occupaient les membres de la famille du Prophète. Cela t'est peut-être désagréable? continua-t-il. — Certes, répondit l'homme. — Dieu te fourre le nez dans la poussière, s'écria Ibn-ʿOmar, va-t'en et fais ce que tu pourras contre moi. »

5. *Ibn-Abou-Leïla* a dit : « ʿAli nous a raconté que Fâṭima se plaignait de la fatigue que lui causait le maniement de la meule du moulin. Comme on venait d'amener des captifs au Prophète, elle se rendit chez lui; elle ne le trouva pas, mais trouva ʿAïcha à qui elle fit part de son désir. Cette dernière, dès que le Prophète fut rentré, lui parla de la venue de Fâṭima. Aussitôt le Prophète vint chez nous et nous étions déjà couchés. Je voulus me lever, mais il me dit : « Ne vous dérangez pas. » Il s'assit alors entre nous deux et

[1] En arabe : Abou-Torâb, qui devint ainsi le surnom de ʿAli. — [2] Ou : « la plus belle ».

IMPRIMERIE NATIONALE.

je sentis le froid de ses pieds contre ma poitrine. «Eh bien? dit-il, «je vais vous annoncer quelque chose qui vous vaudra mieux que ce «que vous m'avez demandé. Quand vous vous coucherez, faites «trente-quatre *tekbîr;* faites trente-trois *tesbîḥ* et dites trente-trois «fois : «Louange à Dieu»; cela vous vaudra mieux qu'un domes-«tique.»

6[1]. D'après *Sa'd-ben-Abou-Ouaqqâṣ*, le Prophète a dit à 'Ali : «N'es-tu pas satisfait d'être vis-à-vis de moi dans la situation de Aaron à l'égard de Moïse?»

7. D'après *'Obaïda*, 'Ali a dit aux gens (de l'Irâq) : «Continuez à agir[2] comme vous le faisiez (auparavant). J'ai horreur du désaccord. Attendez que l'assemblée des fidèles se soit prononcée ou que je sois mort, comme sont morts mes compagnons.»

Ibn-Sîrîn estimait que la plupart des paroles attribuées à 'Ali étaient mensongères.

CHAPITRE X. — DES FASTES DE DJA'FAR-BEN-ABOU-ṬÂLIB EL-HÂCHIMI. — *Le Prophète lui a dit : «Tu me ressembles physiquement et moralement.»*

1. D'après *Sa'îd-El-Maqbori*, Abou-Horaïra a dit : «Les gens disent que Abou-Horaïra rapporte beaucoup (de ḥadits). Mais c'est que moi je ne quittais pas l'Envoyé de Dieu pour me remplir le ventre. C'est au point que je ne mangeais pas de pain levé et que je ne portais point de manteau ornementé; je n'avais à mon service ni homme, ni femme, et quand je souffrais de la faim, je m'appliquais des pierres sur l'estomac[3]. Il m'arrivait de demander alors à quelqu'un de lui réciter quelque verset du Coran que je savais, afin qu'il m'emmenât avec lui et qu'il me donnât à manger. Le plus charitable envers les pauvres était Dja'far-ben-Abou-Ṭâlib, qui nous emmenait chez lui et nous donnait à manger tout ce qu'il

[1] Dans l'édition de Krehl ce ḥadits est placé après le suivant.

[2] Il s'agissait de la vente des esclaves rendues mères par leurs maîtres et que la loi musulmane déclare libres à la suite de fait.

[3] Pour refroidir la brûlure que lui causait la faim.

avait dans sa demeure. Il lui arrivait même de sortir quelque pot de beurre vide et de le briser afin que nous pussions en lécher les parois. »

2. D'après *Ech-Cha'bi*, quand Ibn-'Omar saluait Ibn-Dja'far, il employait la formule suivante : « Salut à toi, ô fils de l'homme aux deux ailes[1]. »

El-Bokhâri dit que le mot « ailes » est pris ici au figuré et signifie « contrée ».

CHAPITRE XI. — Mention de El-'Abbâs-ben-'Abd-El-Mottalib.

1. Au dire de *Anas*, lorsqu'il y avait une grande sécheresse, 'Omar-ben-El-Khaṭṭâb faisait des rogations en demandant l'intervention de El-'Abbâs-ben-'Abd-El-Moṭṭalib. Il s'exprimait alors ainsi : « Ô mon Dieu, (autrefois) nous nous recommandions auprès de notre Prophète, pour que tu nous donnes de l'eau ; nous nous recommandons aujourd'hui de l'oncle paternel de notre Prophète, afin que tu nous donnes de l'eau. » Et les fidèles recevaient la pluie.

CHAPITRE XII. — Des fastes des parents de l'Envoyé de Dieu[2] et de ceux de Fâtima, la fille du Prophète. — *Le Prophète a dit : « Fâṭima est la reine des femmes qui habitent le Paradis. »*

1. D'après *'Aïcha*, Fâṭima envoya demander à Abou-Bakr, sa part dans la succession du Prophète en ce qui concernait les tributs dont Dieu avait gratifié son Envoyé. Elle réclamait les biens donnés en aumônes[3] par le Prophète et qui étaient situés à Médine et à Fadak, et aussi ce qui restait du quint de Khaïbar. « L'Envoyé de Dieu, répondit alors Abou-Bakr, a dit : « Ce que

[1] Dja'far avait, dit-on, deux ailes, et volait avec les anges dans le Paradis.

[2] Ici se termine la rubrique dans l'édition de Krehl qui passe immédiatement ensuite au ḥadits numéro 1.

[3] Ces biens, dit le commentaire, n'étaient pas la propriété personnelle du Prophète : ils appartenaient à la communauté des musulmans. Les héritiers du Prophète n'y pouvaient donc pas prétendre.

« nous laissons (nous autres prophètes) n'est point une succes-« sion, mais une aumône. La famille de Mahomet doit seulement « manger des produits de ce bien qui est le bien de Dieu. Ils n'en « doivent pas retirer autre chose que leur subsistance. » Par Dieu je ne changerai rien aux aumônes du Prophète et les laisserai dans les conditions où elles étaient de son vivant. Je ferai maintenant pour elles ce que faisait l'Envoyé de Dieu. » ʿAli prononça la profession de foi et dit : « Certes, ô Abou-Bakr, nous reconnaissons ta supériorité. » Puis, comme il parlait de leur parenté avec l'Envoyé de Dieu et des droits qu'elle leur conférait, Abou-Bakr reprit la parole en ces termes : « Par Celui qui tient mon âme entre ses mains, certes la parenté avec l'Envoyé de Dieu m'est trop chère pour que je l'unisse à ma propre parenté. »

2. *Ibn-ʿOmar* rapporte que Abou-Bakr a dit : « Vénérez Mahomet dans les personnes de sa famille. »

3. D'après *El-Misouar-ben-Makhrama*, l'Envoyé de Dieu a dit : « Fâṭima est une partie de moi-même. Quiconque l'irrite, m'irrite moi-même. »

4. D'après *ʿOrwa*, ʿAïcha a dit : « Au cours de la maladie qui amena sa mort, le Prophète manda sa fille, Fâṭima, et lui dit quelque chose en secret. Fâṭima se mit alors à pleurer. Il l'appela une seconde fois, lui parla en secret, et alors elle se mit à rire. Comme, ajoute ʿAïcha, je la questionnais à ce sujet, elle me répondit : « Dans son entretien secret, le Prophète m'a d'abord an-« noncé qu'il mourrait de la maladie dont il était atteint, et j'ai « pleuré. Ensuite, il m'a de nouveau parlé en secret et annoncé « que, de toute sa famille, je serais la première à le suivre (dans la tombe), et à ce moment j'ai ri. »

CHAPITRE XIII. — DES FASTES DE EZ-ZOBAÏR-BEN-EL-ʿAWWÂM. — *Ibn-ʿAbbâs a dit : « (Ez-Zobaïr) était l'apôtre du Prophète. » — « Les apôtres, ajoute El-Bokhâri, ont été ainsi nommés à cause de la blancheur de leurs vêtements. »*

1. *Merouân-ben-El-Ḥakem* a fait le récit suivant : « ʿOtsmân-ben-

ʿAffân fut atteint, l'année où cette maladie régna, d'une hémorragie nasale si violente qu'il fut empêché de faire le pèlerinage et qu'il fit ses dernières recommandations. Un homme des Qoraïch entra alors chez lui et lui dit : «Désigne ton successeur. — Ce sont les «fidèles qui le demandent? dit ʿOtsmân. — Oui, répondit l'homme. «— Et qui dois-je désigner?» reprit-il. L'homme se tut.

«Un autre homme — et je crois que c'était El-Ḥarits — se présenta ensuite et dit : «Désigne ton successeur. — Est-ce au «nom des fidèles que tu parles? demanda ʿOtsmân. — Oui, ré-«pliqua l'homme. — Et qui dois-je désigner?» reprit ʿOtsmân. L'homme gardant le silence, ʿOtsmân ajouta : «Peut-être ont-ils «parlé de Ez-Zobaïr? — Oui, répondit l'homme. — Par Celui «qui tient mon âme en son pouvoir, s'écria alors ʿOtsmân, c'est le «meilleur d'entre eux que je connaisse, puisque c'était celui que «préférait l'Envoyé de Dieu.»

2. *ʿOrwa* raconte qu'il a entendu Merouân-ben-El-Ḥakem prononcer les paroles suivantes : «J'étais auprès de ʿOtsmân quand un homme vint et dit : «Désigne ton successeur. — On t'a indiqué «cet homme-là? demanda ʿOtsmân. — Oui, répondit l'homme, et «c'est Ez-Zobaïr. — Par Dieu, s'écria ʿOtsmân, ne savez-vous pas «qu'il est le meilleur d'entre vous?» Et il répéta ces mots trois fois.»

3. D'après *Djâbir*, le Prophète a dit : «Chaque prophète a des apôtres; mon apôtre, c'est Ez-Zobaïr-ben-El-ʿAwwâm.»

4. *ʿOrwa* rapporte que ʿAbdallah-ben-Ez-Zobaïr a dit : «Le jour des Confédérés, on m'avait mis, moi et ʿOmar-ben-Abou-Salama, avec les femmes. Je vis alors Ez-Zobaïr, monté sur son cheval, qui, à deux ou trois reprises différentes, alla vers les Benou-Qoraïdza et revint. À mon retour (à la maison), je dis : «Ô mon père, je «t'ai vu aller vers les Benou-Qoraïdza et en revenir? — Tu m'as «donc vu, ô mon fils? me répondit-il. — Oui, repris-je. — L'En-«voyé de Dieu, ajouta-t-il, avait dit : «Qui ira vers les Benou-Qo-«raïdza pour m'en donner des nouvelles?» Et alors je me mis en

« route. Quand je revins, l'Envoyé de Dieu accola mon nom à ceux « de son père et de sa mère, en disant : « Je donnerais pour ta « rançon mon père et ma mère. »

5. *ʿOrwa* raconte que, le jour de la bataille de El-Yarmouk, les Compagnons du Prophète dirent à Ez-Zobaïr : « Ne veux-tu pas charger (l'ennemi)? Nous le chargerions avec toi. » Ez-Zobaïr fit aussitôt une charge contre eux et il reçut sur l'épaule deux blessures de chaque côté de celle qu'il avait déjà reçue le jour de la bataille de Bedr. « Et, ajouta ʿOrwa, j'étais alors tout jeune et m'amusai à mettre mes doigts dans ces cicatrices. »

CHAPITRE XIV. — MENTION DE ṬALḤA-BEN-ʿOBAÏD-ALLAH. — *ʿOmar a dit : « Quand le Prophète mourut, il était satisfait de Ṭalḥa. »*

1. *Solaïman-Et-Teïmi* rapporte que Abou-ʿOtsmân a dit : « A certains de ces jours où l'Envoyé de Dieu livra combat, il ne resta plus au Prophète que Ṭalḥa et Saʿd, ainsi qu'ils l'ont tous deux rapporté. »

2. *Qaïs-ben-Abou-Ḥâzim* a dit : « J'ai vu la main de Ṭalḥa, qui protégeait le Prophète, elle était devenue inerte. »

CHAPITRE XV. — DES FASTES DE SAʿD-BEN-ABOU-OUAQQÂṢ-EZ-ZOHRI. — *Les Benou-Zohra étaient des oncles maternels du Prophète. Son vrai nom était Saʿd-ben-Mâlik.*

1. *Saʿïd-ben-El-Mosayyab* rapporte qu'il a entendu Saʿd dire : « Le Prophète a accolé mon nom à ceux de son père et de sa mère le jour de la bataille de Oḥod. »

2. *ʿÂmir-ben-Saʿd* rapporte que son père a dit : « Je me suis vu être le tiers du nombre des musulmans. »

3. *Saʿïd-ben-El-Mosayyab* rapporte qu'il a entendu Saʿd-ben-Abou-Ouaqqâṣ dire : « Personne ne se convertit à l'islamisme avant le jour où je l'embrassai moi-même. Pendant sept jours, je fus le tiers du nombre des musulmans. »

Confirmation du ḥadits avec un autre *isnâd.*

4. *Qaïs* a dit : « J'ai entendu Sa'd dire : « Je suis le premier des « Arabes qui lancèrent une flèche dans la voie de Dieu. Nous étions « alors en expédition avec le Prophète. Nous n'avions pour nous « nourrir que des feuilles d'arbre; aussi nos défécations étaient pa- « reilles à celles des chameaux et des moutons, formant des crottes « isolées. Les Benou-Asad se mirent un matin à m'infliger des cor- « rections à cause de la prière[1] que je ne réussissais pas, ce qui « me faisait perdre le bénéfice de ma conversion. Ils m'avaient « même dénoncé à 'Omar en lui disant : « Il ne sait pas bien faire « la prière. »

CHAPITRE XVI. — Mention des parents par alliance du Prophète. — *Parmi eux figure Abou-'l-'Aṣ-ben-Er-Rebî'.*

1. *El-Misouar-ben-Makhrama* a dit : « 'Ali ayant demandé en mariage la fille de Abou-Djahl, Fâṭima, qui avait entendu parler de cela, alla trouver l'Envoyé de Dieu et lui dit : « Ton entourage va « assurer que tu ne ressens aucune colère à cause de tes filles, car « voici 'Ali qui veut épouser la fille de Abou-Djahl. » L'Envoyé de Dieu se leva aussitôt (pour parler). Je l'entendis, après la profession de foi, s'exprimer en ces termes : « Ensuite. Certes j'ai donné « ma fille en mariage à Abou-'l-'Âṣ-ben-Er-Rebî'; il m'a parlé[2] et « m'a tenu parole. Fâṭima est un morceau de moi-même et il me « serait pénible qu'il lui arrivât un désagrément. Par Dieu, la fille « de l'Envoyé de Dieu ne saurait être réunie à une fille d'un en- « nemi de Dieu chez un même homme. » 'Ali renonça à son projet de mariage. »

D'après un autre *isnâd,* Misouar aurait dit : « J'ai entendu le Prophète; il parla d'un de ses gendres des Benou-'Abd-Chams et fit le plus bel éloge de sa conduite en disant : « Il m'a parlé et il m'a « tenu parole; il m'a fait une promesse et il l'a accomplie. »

[1] Le texte porte : « l'islamisme ».

[2] Il avait sans doute promis de ne pas prendre d'autre femme que Zeïneb, la fille du Prophète, tant que celle-ci vivrait. Cet engagement de rester monogame est assez fréquent aujourd'hui.

CHAPITRE XVII. — Des fastes de Zeïd-ben-Hâritsa, affranchi du Prophète. — *D'après El-Barâ, le Prophète lui a dit : « Tu es notre frère et notre affranchi. »*

1. *ʿAbdallah-ben-ʿOmar* a dit : « Le Prophète avait envoyé une expédition à la tête de laquelle il avait placé Osâma-ben-Zeïd. Quelques personnages ayant critiqué son élévation à ces fonctions, le Prophète dit : « Vous critiquez sa nomination comme vous aviez « critiqué celle de son père auparavant. Eh bien! j'en fais les serments les plus solennels, son père était digne de sa fonction et, « s'il a été pour moi le plus cher des êtres, son fils est celui que « j'aime le plus après lui. »

2. D'après *ʿOrwa*, ʿAïcha a dit : « Un devin[1] entra chez moi alors que le Prophète était présent et que Osâma-ben-Zeïd et Zeïd-ben-Ḥârits étaient couchés (sous une couverture laissant seulement voir leurs pieds). « Certes, dit le devin, voici des pieds qui sont « issus les uns des autres. » Ces paroles étonnèrent le Prophète et lui firent plaisir. Il en fit part à ʿAïcha. »

CHAPITRE XVIII. — Mention de Osâma-ben-Zeïd.

1. *ʿOrwa* rapporte, d'après ʿAïcha, que les Qoraïchites, préoccupés de l'affaire de la Makhzoumienne, avaient dit : « Il n'y a que Osâma-ben-Zeïd, le chéri de l'Envoyé de Dieu, qui osera lui en parler. »

2. D'après *ʿAli*, Sofyân lui dit : « Comme j'étais allé questionner Ez-Zohri au sujet du ḥadits de la Makhzoumienne, il poussa de hauts cris. » — « Alors, ajoute ʿAli, je dis à Sofyân : « Tu n'as pas « indiqué l'auteur de ce ḥadits? — Je l'ai trouvé, répondit-il, « dans un livre écrit par Ayyoub-ben-Mousa ainsi conçu : « Ez-Zohri « rapporte d'après ʿOrwa, qui le tenait de ʿAïcha, qu'une femme « des Benou-Makhzoum avait commis un vol. Comme on se deman-

[1] Il s'agit non pas d'un devin proprement dit, mais d'un de ces habiles observateurs capables, par leurs déductions, de découvrir des choses qui échappent au commun des hommes. Le mot employé ici est قائف.

« dait qui la dénoncerait au Prophète, et que personne n'osait lui en « parler, Osâma-ben-Zeïd se décida à le faire. Le Prophète répondit : « Chez les Benou-Israël, quand un haut personnage volait, on le « laissait tranquille; mais si c'était un pauvre diable, on lui coupait « la main. Si Fâṭima avait commis un pareil méfait, je lui coupe- « rais la main. »

CHAPITRE XVIII *bis* [1].

1. *ʿAbdallah-ben-Dînâr* raconte ce qui suit : « Un jour que Ibn-ʿOmar se trouvait à la mosquée, il aperçut un homme qui traînait son manteau dans une des nefs de la mosquée. « Vois donc qui « est cet individu, dit-il (à quelqu'un); plût à Dieu qu'il fût auprès « de moi. » Un homme alors lui répondit : « Comment, ô Abou- « Abderraḥman, tu ne le reconnais pas? Mais c'est Moḥammed-ben- « Osâma. » Ibn-ʿOmar, à ces mots, baissa la tête et, de ses mains, frappa le sol; puis il s'écria : « Si l'Envoyé de Dieu le voyait, il « l'aimerait. »

2. Suivant *Abou-ʿOtsmân*, Osâma-ben-Zeïd a raconté que le Prophète le pressait (dans ses bras) ainsi que El-Ḥasan en disant : « Ô mon Dieu, aime-les, car moi je les aime tous deux. »

Ez-Zohri a dit : « Un affranchi de Osâma-ben-Zeïd m'a raconté que El-Ḥadjdjâdj-ben-Aïman était le fils de Omm-Aïman et que Aïman, le fils de Omm-Aïman, était le frère utérin de Osâma-ben-Zeïd et un homme des Anṣâr. Ibn-ʿOmar, voyant cet homme (El-Ḥadjdjâdj), qui n'avait pas fait complètement ses rekaʿ et ses prosternations, lui dit : « Recommence ta prière. »

3. *Ez-Zohri* rapporte que Ḥarmela, affranchi de Osâma-ben-Zeïd, lui a raconté qu'il était avec ʿAbdallah-ben-ʿOmar quand entra El-Ḥadjdjâdj-ben-Aïman. Ce dernier, n'ayant pas fait complètement ses rekaʿ, ni ses prosternations, Ibn-Omar lui dit : « Recommence ta prière. » — « Quand El-Ḥadjdjâdj fut parti, ajouta Ḥar-

[1] L'édition de Krehl omet ici le mot « chapitre ».

mela, Ibn-ʿOmar me demanda qui c'était. — C'est, lui répondis-je, El-Ḥadjdjâdj, fils de Aïman, le fils d'Omm-Aïman. — Si, reprit Ibn-ʿOmar, l'Envoyé de Dieu avait vu cet homme, il l'eût aimé.» Puis il parla de l'affection qu'avait le Prophète pour Osâma[1] et tous les enfants de Omm-Aïman.»

«Mes compagnons, ajoute El-Bokhâri, m'ont rapporté tenir de Solaïman que Omm-Aïman avait été la gardienne du Prophète durant son enfance[2].»

CHAPITRE XIX. — Des fastes de ʿAbdallah-ben-ʿOmar-ben-El-Khattâb.

1. *Sâlim* rapporte que Ibn-ʿOmar a dit : «Du vivant du Prophète, tout homme qui avait une vision en songe allait la lui raconter. Je souhaitais vivement avoir une de ces visions pour aller la raconter au Prophète et, à l'époque du Prophète, comme j'étais jeune et célibataire, je couchais dans la mosquée. Une nuit, je vis en songe deux anges qui me prirent et m'emmenèrent vers l'Enfer. (L'entrée de) l'enfer était maçonnée à la façon d'un puits et portait deux piliers comme ceux qui surmontent un puits. J'y vis des gens que je connaissais et m'écriai alors : «Ô mon Dieu, protège-«moi de l'enfer! ô mon Dieu, protège-moi de l'enfer!» A ce moment un autre ange vint nous rejoindre et me dit : «Ne sois pas «effrayé.»

«J'allai raconter ce songe à Ḥafṣa, qui en fit part au Prophète. «Qu'il serait heureux, cet homme, s'écria celui-ci, s'il priait pen-«dant la nuit!» — «Depuis ces paroles, ajouta Sâlim, ʿAbdallah ne dormit plus qu'une faible partie de la nuit.»

2. *Ibn-ʿOmar* rapporte, d'après sa sœur Ḥafṣa, que le Prophète dit, en s'adressant à elle : «ʿAbdallah est un homme pieux.»

CHAPITRE XX. — Des fastes de ʿAmmâr et de Ḥodzaïfa.

1. *Ibrâhim* rapporte que ʿAlqama a dit : «Je m'étais rendu à

(1) Ou simplement : «pour les enfants de Omm-Aïman», si l'on adopte la variante sans وَ. — (2) La «ḥâḍina» حاضنة.

Damas; là, après avoir fait une prière de deux reka' (dans la mosquée), je dis : « Ô mon Dieu, facilite-moi la rencontre d'un homme « vertueux. » Puis j'allai m'asseoir auprès d'un groupe de fidèles, et alors un vieillard entra et vint s'asseoir à nos côtés. « Quel est ce « personnage? demandai-je. — Abou-'d-Derdâ », me répondit-on. Alors, m'adressant à ce personnage, je lui dis : « J'avais prié Dieu « de me faciliter la rencontre d'un homme vertueux, et c'est toi qu'il « m'a fait rencontrer. — D'où es-tu? me demanda-t-il. — Je suis « un des habitants de Koufa, lui répondis-je. — N'avez-vous pas « chez vous, reprit-il, Ibn-Omm-'Abd, l'homme qui était chargé « des chaussures du Prophète, de son coussin et de son vase à « ablutions? N'avez-vous pas, parmi vous, celui que Dieu a protégé « contre le Démon par les paroles du Prophète? N'avez-vous donc « pas aussi, parmi vous, celui qui était le dépositaire des secrets du « Prophète et qui savait ainsi des choses que nul autre que lui ne « savait? » Puis il ajouta : « Comment 'Abdallah(-ben-Mas'oud) ré-« cite-t-il ces versets du Coran : . . . وَٱلَّيْلِ إِذَا يَغْشَىٰ ? » — Je les lui récitai ainsi : وَٱلَّيْلِ إِذَا يَغْشَىٰ وَٱلنَّهَارِ إِذَا تَجَلَّىٰ وَٱلذَّكَرِ وَٱلْأُنثَىٰ (sourate XCII, verset 1, 2 et 3). — « Par Dieu, s'écria-t-il, c'est de cette façon « que l'Envoyé de Dieu m'a fait réciter ce passage de sa propre « bouche[1]. »

2. *Ibrâhîm* a dit : « 'Alqama, s'étant rendu à Damas, entra dans la mosquée et dit : « Ô mon Dieu, facilite-moi la rencontre d'un « homme vertueux. » 'Alqama alla ensuite s'asseoir auprès de Abou-'d-Derdâ, qui lui dit : « D'où es-tu? — Je suis, répondit 'Alqama, « un des habitants de Koufa. — N'avez-vous pas parmi vous — ou « suivant une variante — chez vous, demanda Abou-'d-Derdâ, le « dépositaire des secrets, celui qui sait des choses que nul autre ne « sait? » Il s'agissait de Ḥodzaïfa. « Oui, répondit 'Alqama. — N'avez-« vous pas parmi vous — ou suivant une variante — chez vous,

[1] Mot-à-mot : « de sa bouche à ma bouche ». Dans ce passage du Coran, on ajoute d'ordinaire وَمَا خَلَقَ avant وَٱلذَّكَرِ وَٱلْأُنثَىٰ, et on lit alors ٱلذَّكَرَ.

« celui que Dieu a protégé par les paroles du Prophète ? » — c'est-à-dire contre le Démon. Il s'agissait de ʿAmmâr. — « Certes oui, ré- « pliqua ʿAlqama. — N'avez-vous pas aussi parmi vous — ou sui- « vant une variante — chez vous, reprit Abou-'d-Derdâ, l'homme « au cure-dent du Prophète, ou son confident ? — Certes oui, re- « prit ʿAlqama. — Et comment, ajouta Abou-'d-Derdâ, ʿAbdallah « récite-t-il : وَٱللَّيْلِ إِذَا يَغْشَى وَٱلنَّهَارِ إِذَا تَجَلَّى ? — وَٱلذَّكَرِ وَٱلْأُنثَى, ajouta « ʿAlqama. — Eh bien ! s'écria Abou-'d-Derdâ, les gens de ce pays- « ci ne cessent de m'en vouloir au point qu'ils ont failli me révo- « quer à propos d'une chose que j'ai entendue moi-même de « l'Envoyé de Dieu. »

CHAPITRE XXI. — Des fastes de Abou-ʿObaïda-ben-El-Djarrâḥ.

1. *Anas-ben-Mâlik* rapporte que l'Envoyé de Dieu a dit : « Chaque nation a son homme de confiance. Eh bien ! ô fidèles, notre homme de confiance, c'est Abou-ʿObaïda-ben-El-Djarrâḥ. »

2. D'après *Ḥodzaïfa*, le Prophète dit aux habitants de Nedjrân : « Je veux vous envoyer un véritable homme de confiance. » Tous les Compagnons auraient désiré cet honneur, mais le Prophète envoya Abou-ʿObaïda(-ben-El-Djerrâḥ).

CHAPITRE XXII[1]. — Des fastes de El-Ḥasan et de El-Ḥosaïn. – *Nâfiʿ-ben-Djobaïr rapporte, d'après Abou-Horaïra, que le Prophète embrassa El-Ḥasan.*

1. *Abou-Bakr* a dit : « J'ai entendu le Prophète (dire en chaire), ayant El-Ḥasan à ses côtés et dirigeant alternativement ses regards vers lui et vers les fidèles : « Mon fils que voici, est un seigneur ; « j'espère que, grâce à lui, Dieu ramènera la concorde entre deux « fractions des musulmans. »

2. *Osâma-ben-Zeïd* rapporte que le Prophète le prenait, lui et

[1] Qasṭallâni place bien avant ce chapitre le titre suivant : « Mention de Mosʿab-ben-ʿOmaïr ». Mais il ajoute qu'El-Bokhâri ne mentionne ensuite aucun ḥadits se rattachant d'une façon quelconque à cette rubrique.

El-Ḥasan, et disait : « Ô mon Dieu, je les aime tous deux, aime-les aussi », ou quelque chose d'approchant.

3. *Anas-ben-Mâlik* a dit : « On apporta à ʿObaïd-Allah-ben-Ziyâd la tête de El-Ḥosaïn-ben-ʿAli placée sur un plateau. ʿObaïd-Allah, après s'être frotté les yeux, prononça quelques paroles sur la beauté de El-Ḥosaïn. Et, ajouta Anas, El-Ḥosaïn était (de toute la famille) celui qui ressemblait le plus à l'Envoyé de Dieu, et il avait la barbe et les cheveux teints. »

4. *El-Barâ* a dit : « J'ai vu le Prophète ayant à son cou El-Ḥasan-ben-ʿAli et disant : « Ô mon Dieu, je l'aime, aime-le aussi. »

5. *ʿOqba-ben-El-Ḥarits* a dit : « J'ai vu Abou-Bakr portant El-Ḥasan et disant : « Je donnerais mon père pour sa rançon, cet enfant ressemble au Prophète; il ne ressemble pas à ʿAli. » ʿAli se mit alors à rire. »

6. D'après *Ibn-ʿOmar*, Abou-Bakr a dit : « Veillez sur Mahomet en veillant sur les membres de sa famille[1]. »

7. *Anas* a dit : « Personne ne ressemblait plus au Prophète que El-Ḥasan-ben-ʿAli. »

8. *Ibn-Abou-Noʿm* rapporte qu'il a entendu Abdallah-ben-ʿOmar répondre à quelqu'un qui le questionnait au sujet de celui qui est en état d'iḥrâm — et, ajoute Chobʿa, je crois qu'il s'agissait d'un homme qui tuait des mouches — : « Les gens de l'Irâq s'informent s'il est permis de tuer des mouches, eux qui ont tué le fils de la fille de l'Envoyé de Dieu! Et pourtant le Prophète a dit : « (El-Ḥasan et El-Ḥosaïn), ce sont mes deux joies en ce monde. »

CHAPITRE XXIII. — Des fastes de Bilal-ben-Rabâḥ, l'affranchi de Abou-Bakr. — *Le Prophète a dit : « J'en entendu claquer tes chaussures devant moi dans le Paradis. »*

1. D'après *Djâbir-ben-ʿAbdallah*, ʿOmar a dit : « Abou-Bakr est notre seigneur et il a affranchi notre seigneur. » Il entendait par là Bilâl.

[1] Suivant Qasṭallâni, il s'agirait, soit simplement des femmes du Prophète, soit de toute sa famille.

2. Selon *Qaïs*, Bilâl a dit à Abou-Bakr : « Si c'est pour toi-même que tu m'avais acheté, retiens-moi ici; mais si c'est pour Dieu seulement que tu m'avais acheté, laisse-moi et j'agirai pour Dieu. »

CHAPITRE XXIV. — Mention de Ibn-ʿAbbâs.

1. *Ibn-Abbâs* a dit : « Le Prophète me pressa contre sa poitrine et s'écria : « Ô mon Dieu, enseigne-lui la sagesse. »

2. Suivant un autre *isnâd*, le Prophète aurait dit : « Ô mon Dieu, enseigne-lui le Coran. »

3. D'après *Khâlid*, ce seraient ces dernières paroles qui auraient été prononcées.

Le mot sagesse (حكمة) désigne la connaissance de la Vérité en dehors de la prophétie.

CHAPITRE XXV. — Des fastes de Khâlid-ben-El-Oualîd.

1. D'après *Anas*, le Prophète annonça aux fidèles la mort de Zeïd, celle de Djaʿfar et celle de Ibn-Raouâḥa avant que l'on eût reçu de leurs nouvelles. « Zeïd, dit-il, les yeux pleins de larmes, a pris le drapeau et il a succombé; Djaʿfar l'a pris ensuite et il a péri; Ibn-Raouâḥa s'en est saisi à son tour et il a été tué. Enfin un des glaives[1] de Dieu s'est emparé du drapeau, et alors Dieu lui a assuré la victoire. »

CHAPITRE XXVI. — Des fastes de Sâlim, affranchi de (la femme de) Abou-Ḥodzaïfa.

1. Au dire de *Masrouq*, comme on parlait de ʿAbdallah(-ben-Masʿoud) devant ʿAbdallah-ben-ʿAmr, celui-ci s'écria : « Voilà un homme que je ne cesserai jamais d'aimer, maintenant que j'ai entendu l'Envoyé de Dieu dire : « Pour la récitation du Coran, adressez-vous à ces quatre personnes : ʿAbdallah-ben-Masʿoud, qu'il « nomma le premier, Sâlim, l'affranchi de Abou-Ḥodzaïfa, Obayy-« ben-Kaʿb et Moʿâdz-ben-Djabal. »

[1] C'est-à-dire Khâlid-ben-El-Oualîd.

« Je ne me souviens plus, ajouta ʿAmr, l'un des *râwi*, s'il nomma Obayy avant ou après Moʿâdz. »

CHAPITRE XXVII. — Des fastes de ʿAbdallah-ben-Masʿoud.

1. *Masrouq* rapporte que ʿAbdallah-ben-ʿAmr a dit : « Certes l'Envoyé de Dieu n'a jamais prononcé ou essayé de prononcer une chose malséante. Or c'est lui qui a dit : « Celui d'entre vous que « j'aime le mieux est celui qui a les meilleures qualités », et il a ajouté : « Pour la récitation du Coran, adressez-vous à ces quatre « personnes : ʿAbdallah-ben-Masʿoud, Sâlim, affranchi de Abou-« Ḥodzaïfa, Obayy-ben-Kaʿb et Moʿâdz-ben-Djabal. »

2. D'après *Ibrahîm*, ʿAlqama a dit : « J'entrai à Damas et priai deux rekaʿ (dans la mosquée), puis je m'écriai : « Ô mon Dieu, « facilite-moi la rencontre d'un compagnon. » Alors je vis un vieillard qui s'avançait. Quand il fut près de moi, je lui dis : « J'espère « que Dieu a exaucé ma prière. — D'où es-tu? me demanda-t-il. « — Je suis un des habitants de Koufa, répondis-je. — N'avez-vous « pas parmi vous, reprit-il, l'homme chargé des chaussures, du « coussin et du vase à ablutions? N'avez-vous pas parmi vous celui « qui a été protégé contre le Démon? N'avez-vous pas parmi vous « le dépositaire des secrets, celui qui sait des choses que nul autre « que lui ne connaît? Comment Ibn-Omm-ʿAbd récite-t-il : وَٱللَّيْلِ ? » — Je récitai ainsi : وَٱللَّيْلِ إِذَا يَغْشَى وَٱلنَّهَارِ إِذَا تَجَلَّى وَٱلذَّكَرِ وَٱلْأُنْثَى. — « C'est ainsi, ajouta-t-il, que le Prophète me le faisait réciter de « bouche à bouche. Ces gens de Damas n'ont pas cessé de le réciter « autrement, au point qu'ils ont failli me faire changer de lec-« ture. »

3. *Abderraḥman-ben-Yezîd* a dit : « Comme nous demandions à Ḥodzaïfa de nous indiquer l'homme qui se rapprochait le plus du Prophète par sa tenue et sa conduite, afin de prendre modèle sur lui, il nous répondit : « Je ne connais personne qui, plus que Ibn-

« Omm-ʿAbd, se rapproche du Prophète par sa tenue et sa con« duite. »

4. *Abou-Mousa-el-Achʿari* a dit : « Mon frère et moi nous arrivâmes du Yémen et demeurâmes quelque temps persuadés que ʿAbdallah-ben-Masʿoud était un homme de la famille du Prophète, parce que nous le voyions lui et sa mère entrer (à tout instant) chez le Prophète. »

CHAPITRE XXVIII. — Mention de Moʿâwiya-ben-Abou-Sofyân.

1. *Ibn-Abou-Molaïka* a dit : « Moʿâwiya, ayant fait une rekaʿ unique après la prière de l'ʿichâ, un affranchi de Ibn-ʿAbbâs, qui se trouvait là, se rendit auprès de Ibn-ʿAbbâs (et lui raconta la chose). « Ne lui adresse aucune observation à ce sujet, répondit « Ibn-ʿAbbâs, car il a été le Compagnon de l'Envoyé de Dieu. »

2. D'après *Ibn-Abou-Molaïka*, comme on demandait à Ibn-ʿAbbâs s'il ne voyait rien à redire dans le fait que le prince des Croyants, Moʿâwiya, n'avait fait qu'une seule rekaʿ, il répondit : « Il a eu raison. Certes, il est instruit. »

3. *Ḥomrân-ben-Abân* rapporte que Moʿâwiya a dit : « Certes vous faites une prière que nous, Compagnons du Prophète, nous ne lui avons jamais vu faire. Et il nous a même interdit d'en faire deux — c'est-à-dire deux rekaʿ après la prière de l'ʿaṣr. »

CHAPITRE XXIX. — Des fastes de Fâṭima. — *Le Prophète a dit : « Fâṭima est la reine des femmes qui habitent le Paradis. »*

1. D'après *El-Misouar-ben-Makhrama*, l'Envoyé de Dieu a dit : « Fâṭima est une partie de moi-même. Quiconque l'irrite, m'irrite moi-même. »

CHAPITRE XXX. — De la supériorité de ʿAïcha.

1. D'après *Abou-Salama*, ʿAïcha a raconté que l'Envoyé de Dieu lui dit un jour : « Ô ʿAïch[1], Gabriel que voici te salue. — Que sur

[1] Forme vocative de ʿAïcha.

lui soit le salut avec la miséricorde de Dieu et ses bénédictions, répondit-elle. Tu vois des choses que je ne vois pas.» En parlant ainsi, elle voulait désigner l'Envoyé de Dieu.

2. D'après *Abou-Mousa-El-Ach'ari*, l'Envoyé de Dieu a dit : «Il y a eu un grand nombre d'hommes parfaits; mais, parmi les femmes, les seules parfaites ont été : Meriem, fille d''Imrân, et Asiya, la femme de Pharaon. Quant à la supériorité de 'Aïcha sur les femmes (musulmanes), elle est comme celle du *tserîd* sur tous les autres mets.»

3. *Anas-ben-Mâlik* a dit : «J'ai entendu l'Envoyé de Dieu dire : «La supériorité de 'Aïcha sur les femmes (musulmanes) est comme «celle du *tserîd* sur tous les autres mets.»

4. *El-Qâsim-ben-Moḥammed* rapporte que, 'Aïcha étant tombée malade, Ibn-'Abbâs vint la voir et lui dit : «Ô mère des Croyants, tu vas sûrement rejoindre tes fidèles devanciers, l'Envoyé de Dieu et Abou-Bakr.»

5. *Abou-Ouâïl* a dit : «Lorsque 'Ali envoya 'Ammâr et El-Ḥasan auprès des gens de Koufa pour les appeler à son aide, 'Ammâr prononça en chaire le discours suivant : «Certes je sais bien qu'elle «a été sa femme en ce monde et qu'elle le sera dans l'autre, mais «Dieu vous impose l'épreuve de choisir qui vous suivrez, elle ou «moi.»

6. *'Orwa* rapporte que 'Aïcha avait emprunté un collier à Asmâ. Ce collier ayant été perdu, l'Envoyé de Dieu dépêcha à sa recherche un certain nombre de ses Compagnons. Au cours de cette recherche, l'heure de la prière étant venue, ils durent prier sans faire leurs ablutions et s'en plaignirent au Prophète. C'est à cette occasion que fut révélé le verset relatif à l'ablution pulvérale. Aussi Osaïd-ben-Ḥodaïr put-il dire à 'Aïcha : «Dieu te récompense! Par Dieu, il ne nous est jamais survenu une affaire (difficile) sans que, grâce à toi, Dieu ne nous en ait tirés et qu'il n'en ait fait une source de bénédictions pour les musulmans.»

7. Au dire de *'Orwa*, lorsque le Prophète fut atteint de sa (der-

IMPRIMERIE NATIONALE.

nière) maladie, il se mit à aller successivement chez chacune de ses femmes en disant : « Où serai-je demain ? Où serai-je demain ? » pour marquer son désir d'être dans l'appartement de ʿAïcha. « Quand, dit ʿAïcha, mon tour vint, il se calma [1]. »

8. *ʿOrwa* a dit : « Les fidèles choisissaient, pour offrir leurs cadeaux au Prophète, le jour où celui-ci était chez ʿAïcha. « Mes « compagnes, dit ʿAïcha, se réunirent chez Omm-Salama et lui « dirent : « Ô Omm-Salama, par Dieu, les fidèles choisissent, pour « offrir leurs cadeaux au Prophète, le jour où celui-ci est chez « ʿAïcha. Or nous, de même que ʿAïcha, nous désirons profiter de « cet avantage. Invite donc l'Envoyé de Dieu à donner l'ordre aux « fidèles de lui offrir leurs cadeaux là où il sera — ou là où ce sera « son jour de visite. » Omm-Salama ayant fait cette démarche au- « près du Prophète, celui-ci se détourna d'elle. A la visite suivante, « elle fit de nouveau la même observation et elle reçut le même « accueil. Enfin, à la troisième visite, comme Omm-Salama réité- « rait sa demande, le Prophète lui dit : « Ne m'occasionne pas d'en- « nuis à cause de ʿAïcha. Par Dieu, jamais la révélation ne m'a été « faite pendant que j'étais dans les jupes d'une seule femme d'entre « vous, sauf quand j'étais avec ʿAïcha. »

[1] Ou, suivant une variante : « il se tut », c'est-à-dire qu'il cessa de répéter sa question : « Où serai-je demain ? »

TABLE DES MATIÈRES

DU SECOND VOLUME.

TITRE XXXIV. — DES VENTES.

Chapitres. Pages.

I. – De ce qui a été rapporté dans ces mots du Coran : «La prière achevée, dispersez-vous sur la terre et recherchez quelque faveur (matérielle) de Dieu. Mentionnez souvent le nom de Dieu et alors vous serez heureux.» . . 1

II. – Entre ce qui est clairement licite et ce qui est manifestement illicite, il y a ce qui est d'un caractère douteux 4

III. – De l'explication des choses d'un caractère douteux 4

IV. – Des choses douteuses dont on doit s'abstenir 6

V. – De celui qui ne voit pas matière à doute dans les suggestions et autres choses analogues 6

VI. – (*On ne doit pas abandonner la prière pour s'occuper de négoce.*) 7

VII. – De celui qui ne s'inquiète pas de la source de ses profits 7

VIII. – Du commerce par terre 7

IX. – Du fait d'aller au dehors pour faire du commerce 8

X. – Du commerce par mer 9

XI. – (*Le fidèle ne doit pas se laisser détourner de la prière par le negoce.*). 9

XII. – (*De la récompense attribuée à quiconque fait l'aumône.*) 9

XIII. – De celui qui veut accroître sa fortune 10

XIV. – De l'achat à terme fait par le Prophète 10

XV. – Des gains de l'homme et du travail de ses mains 10

XVI. – Il convient d'être coulant et large en matière de vente et d'achat; si l'on a à réclamer un droit, qu'on le fasse avec discrétion 11

XVII. – De celui qui accorde à un homme aisé un délai pour payer . . . 12

XVIII. – De celui qui accorde un délai à l'homme gêné 12

XIX. – Quand les deux contractants d'une vente ont été précis, n'ont rien caché et se sont éclairés réciproquement 12

XX. – De la vente d'un mélange de dattes 13

XXI. – De ce qui a été dit au sujet du marchand de viande et du boucher. 13

XXII. – De l'effet fâcheux que produisent sur la vente le mensonge et la dissimulation 13

XXIII. – (*De l'effet de l'usure.*) 14

XXIV. – Du fait de vivre de l'usure et de la règle à appliquer au témoin et au greffier du contrat usuraire 14

XXV. – De celui qui fait vivre de l'usure 15

XXVI. – Dieu rend l'usure néfaste. Il récompense l'aumône avec usure. Dieu n'aime aucun infidèle pécheur endurci 15

XXVII. – Du blâme infligé à celui qui jure pour faire une vente 15

XXVIII. – De ce qui a été dit au sujet du bijoutier 16

XXIX. – De la mention du forgeron . . 16

XXX. – Mention du couturier 17

XXXI. – Mention du tisserand 17

XXXII. – Du menuisier 18

XXXIII. – Du fait de l'imam d'acheter lui-même les choses dont il a besoin. 18

Nota. Les rubriques en italique et entre parenthèses ne sont point dans le texte arabe.

XXXIV. – De l'achat des bêtes de somme et des ânes.............. 19
XXXV. – Des foires qui existaient avant l'islamisme et des transactions qui y furent faites par les fidèles après l'islamisme............... 20
XXXVI. – De l'achat du chameau atteint de l'*hoyâm* et de la gale..... 20
XXXVII. – De la vente des armes en temps de troubles.............. 21
XXXVIII. – Du parfumeur et de la vente du musc................. 21
XXXIX. – De la mention du phlébotomiste....................... 21
XL. – Du commerce des choses que ne peuvent porter ni les hommes, ni les femmes..................... 22
XLI. – C'est le propriétaire de la marchandise qui est le mieux qualifié pour en fixer le prix............. 22
XLII. – Jusqu'à quand dure le droit d'option..................... 22
XLIII. – Quand on n'a pas fixé la durée du droit d'option, la vente est-elle valable?..................... 23
XLIV. – Les deux contractants ont droit à l'option tant qu'ils ne se sont pas séparés..................... 23
XLV. – Quand, après la vente, l'un des contractants s'est prononcé sur l'option, la vente est définitive.... 23
XLVI. – Si c'est le vendeur qui se réserve le droit d'option, la vente est-elle valable?................. 24
XLVII. – Du cas où quelqu'un achète quelque chose et en fait donation immédiate, avant qu'il ne se soit séparé du vendeur et que celui-ci n'ait protesté. Ou encore : De celui qui achète un esclave et l'affranchit (aussitôt)..................... 24
XLVIII. – Des fraudes répréhensibles en matière de vente............. 25
XLIX. – De ce qui a été dit au sujet des foires..................... 25
L. – Il est répréhensible de vociférer sur le marché................. 27
LI. – Le mesurage est à la charge du vendeur et de celui qui paye...... 27
LII. – De ce qui est recommandé au sujet du mesurage............. 28
LIII. – De la bénédiction attachée au *sâ'* et au *modd* du Prophète, au dire de 'Aïcha, d'après le Prophète..... 28
LIV. – Au sujet de ce qui a été dit de la vente des comestibles et de l'accaparement................... 29
LV. – De la vente d'un comestible avant d'en avoir pris livraison, et de la vente de la chose qu'on n'a pas par devers soi................. 30
LVI. – De celui qui estime que quand il a acheté un comestible en bloc, il ne peut le revendre avant de l'avoir transporté à son domicile, et des usages à cet égard.............. 30
LVII. – Quid? lorsqu'on achète un objet ou un animal qu'on laisse chez le vendeur ou qui périt avant qu'on en ait pris livraison............. 30
LVIII. – On ne doit pas vendre pour supplanter son frère, ni offrir un prix plus élevé que celui qu'il offre, tant qu'on n'y a pas été autorisé ou que l'affaire n'a pas été abandonnée. 31
LIX. – De la vente à la criée........ 31
LX. – De celui qui simule l'offre d'un prix plus élevé et de celui qui dit que la vente ainsi faite n'est pas valable....................... 32
LXI. – De la vente d'une chose aléatoire et subordonnée à la portée d'une femelle................. 32
LXII. – De la vente au toucher...... 32
LXIII. – De la vente dite *monâbadza*.. 33
LXIV. – De la défense faite au vendeur de laisser sans les traire (pendant quelques jours), ses chamelles, ses vaches, ses brebis ou toute autre femelle..................... 33
LXV. – L'acheteur, s'il le veut, rend la femelle dont on a laissé le lait s'accumuler et, pour la traite qu'il aura faite, il devra donner un *sâ'* de dattes..................... 34
LXVI. – De la vente de l'esclave fornicateur..................... 34
LXVII. – De la vente et de l'achat avec les femmes................... 34
LXVIII. – Un citadin peut-il vendre pour un bédouin sans recevoir de salaire, et doit-il lui venir en aide et le conseiller?............... 35
LXIX. – De celui qui réprouve que le citadin, moyennant salaire, vende pour le bédouin................. 36
LXX. – Le citadin ne doit pas vendre pour le bédouin par l'entremise d'un courtier..................... 36
LXXI. – Il est interdit d'aller au-devant des caravanes (pour acheter). 36
LXXII. – Du point terminus où il est permis d'aller au-devant des caravanes..................... 36

LXXIII. — Du cas où, dans une vente, on stipule des conditions qui ne sont pas licites. 37
LXXIV. — De la vente de dattes contre dattes. 38
LXXV. — Vente du raisin sec contre du raisin sec, et d'un comestible contre un comestible. 38
LXXVI. — Vente d'orge contre orge. . . 38
LXXVII. — De la vente de l'or contre de l'or. 39
LXXVIII. — De la vente de l'argent contre de l'argent 39
LXXIX. — De la vente de dinars contre des dinars à terme. 40
LXXX. — De la vente d'argent contre or à terme. 40
LXXXI. — De la vente d'or contre argent de la main à la main. 40
LXXXII. — De la vente dite *mozâbana*, qui consiste à vendre des dattes sèches contre des dattes sur l'arbre, ou des raisins secs contre des raisins sur cep, et de la vente des *'ariyya*. 40
LXXXIII. — De la vente des dattes encore sur le palmier pour de l'or et de l'argent. 41
LXXXIV. — Explication du mot *'ariyya*. 42
LXXXV. — De la vente des fruits avant qu'ils aient commencé à être utilisables 42
LXXXVI. — De la vente du palmier avant que ses fruits aient commencé à être utilisables 43
LXXXVII. — Quand on a vendu des fruits avant qu'ils aient commencé à être utilisables et qu'ils viennent ensuite à être endommagés, les risques sont à la charge du vendeur. 43
LXXXVIII. — De l'achat à terme d'un comestible 44
LXXXIX. — De celui qui veut vendre des dattes contre d'autres dattes de meilleure qualité 44
XC. — De celui qui vend des palmiers déjà fécondés ou une terre ensemencée ou qui loue cette terre 44
XCI. — De la vente de grains (sur pied) contre des grains mesurés. . . . 45
XCII. — De la vente du palmier planté. 45
XCIII. — De la vente des fruits verts. . 45
XCIV. — De la vente de la moelle de palmier et du fait d'en manger. 45
XCV. — De celui qui fait appliquer aux gens des villes les coutumes dont ils font usage entre eux en matière de de vente, de salariat, de jaugeage et de pesage, et aussi les pratiques connues qu'ils observent suivant les cas et suivant les circonstances. 46
XCVI. — De l'associé qui vend à son coassocié. 47
XCVII. — De la vente des terres, des maisons et des objets mobiliers quand ils sont indivis et que le partage n'est pas opéré. 47
XCVIII. — Du fait d'acheter pour quelqu'un sans y être autorisé par cette personne qui, néanmoins, accepte le contrat. 47
XCIX. — Du commerce avec les polythéistes et avec les harbi 49
C. — Du fait d'acheter un esclave d'un harbi, de le recevoir en don et de l'affranchir. 49
CI. — De la vente, avant qu'elles soient tannées, des peaux des animaux morts 51
CII. — Du fait de tuer les porcs. 51
CIII. — On ne doit pas faire fondre la graisse de l'animal crevé ni en vendre le produit. 51
CIV. — De la vente des dessins représentant des choses qui n'ont point d'âme, et de ce qui est répréhensible à cet égard. 52
CV. — De la prohibition du commerce du vin 52
CVI. — Du péché que commet celui qui vend un homme libre. 52
CVII. — De l'ordre que donna le Prophète aux Juifs de vendre leurs terres lorsqu'il les expulsa. 53
CVIII. — De la vente à terme d'un esclave contre un esclave, d'un animal contre un animal. 53
CIX. — De la vente de l'esclave. 53
CX. — De la vente de l'esclave devant être affranchi au décès de son maître. 54
CXI. — Doit-on emmener en voyage une esclave qui n'a pas achevé sa retraite légale ? 54
CXII. — De la vente des animaux crevés et des idoles. 55
CXIII. — Du prix d'un chien. 55

TITRE XXXV. — DE LA VENTE À LIVRER.

I. – De la vente à livrer quand la jauge de la quantité de la chose à livrer est exactement fixée 56
II. – De la vente à livrer quand le poids de la quantité de la chose à livrer est exactement fixé 56
III. – De la vente à livrer à celui qui n'a pas de terres 57
IV. – De la vente à livrer en matière de palmiers 57
V. – De la caution dans la vente à livrer. 58
VI. – Du nantissement dans la vente à livrer 58
VII. – De la vente à livrer à terme fixé. 58
VIII. – De la vente à livrer au moment où la chamelle mettra bas......... 59

TITRE XXXVI. — DU RETRAIT.

I. – Le retrait s'applique à ce qui n'a pas été partagé. Dès que la délimitation des parts est faite, il n'y a plus faculté de retrait............ 60
II. – Du fait, avant la vente, d'offrir à celui qui en a le droit d'exercer le retrait 60
III – Quel est le voisinage le plus proche? 61

TITRE XXXVII. — DU SALARIAT.

I. – Du fait d'employer moyennant salaire un pieux personnage........ 62
II. – De la garde d'un troupeau de moutons moyennant des qirât...... 62
III. – Du fait d'employer des polythéistes moyennant salaire en cas d'urgence ou quand on ne trouve pas de musulmans.............. 63
IV. – Il est permis d'engager quelqu'un moyennant salaire pour une tâche à exécuter trois jours, six mois ou une année plus tard. Les deux contractants seront tenus de leurs conventions réciproques le moment fixé venu. 63
V. – Du mercenaire dans une expédition........................ 63
VI. – De celui qui prend quelqu'un à gages en fixant le terme sans indiquer la tâche à accomplir. 64
VII. – Il est permis d'employer quelqu'un moyennant salaire pour redresser un mur qui menace de tomber....................... 64
VIII. – De l'emploi d'un salarié jusqu'au milieu du jour................ 64
IX. – De l'emploi d'un salarié jusqu'à la prière de l'ʿasr.............. 65
X. – Du péché que commet celui qui prive l'ouvrier (de son salaire)..... 65
XI. – De l'emploi d'un salarié de l'ʿasr jusqu'à la nuit................ 66
XII. – De celui qui, ayant engagé quelqu'un moyennant salaire, emploie et fait fructifier l'argent dû au salarié et que celui-ci lui a laissé entre les mains. De celui qui fait usage de l'argent d'autrui et le fait fructifier. 66
XIII. – De celui qui, moyennant salaire, s'engage à porter quelque chose sur son dos et fait l'aumône de l'argent ainsi gagné. Du salaire du portefaix 68
XIV. – Du salaire du courtage....... 69
XV. – Est-il permis à un homme (musulman) de se mettre, moyennant salaire, au service d'un polythéiste en territoire harbi?............ 69
XVI. – De ce qu'on donne dans des tribus arabes pour la récitation de la Fâtiha comme formule d'exorcisme......................... 69
XVII. – De la redevance exigée de l'esclave par son maître. Du fait de s'entendre avec ses femmes esclaves pour qu'elles paient une redevance.. 71
XVIII. – Du salaire de celui qui fait une saignée.................. 71
XIX. – De celui qui s'adresse aux maîtres de l'esclave afin d'obtenir que ceux-ci allègent la redevance qu'ils en exigent................ 71
XX. – Du gain des prostituées et des femmes esclaves............... 72
XXI. – Du salaire de la saillie de l'étalon......................... 72
XXII. – Du salaire dû pour le travail de la terre lorsque l'un des contractants vient à mourir............ 72

TITRE XXXVIII. — DES DÉLÉGATIONS.

I. – De la délégation. Peut-on revenir sur la délégation? 73
II. – Celui qui reçoit une délégation de créance sur un homme solvable n'a pas le droit de la refuser 73
III. – Il est permis de déléguer à quelqu'un une créance sur un mort 73

TITRE XXXIX. — DE LA CAUTION.

I. – De la caution en matière de prêt et de dettes, corporelle ou autre 75
II. – (*Les Mohâdjir cessent d'être successibles des Ansâr*) 76
III. – Celui qui s'est porté caution de la dette d'un mort ne peut revenir sur son engagement 77
IV. – De la protection accordée à Abou-Bakr-Es-Siddîq au temps du Prophète et de l'engagement qu'il prit .. 78
V. – De la dette 80

TITRE XL. — DU MANDAT.

I. – Du mandat donné par un associé à son co-associé pour un partage ou pour toute autre chose 81
II. – Il est permis au musulman de donner mandat à un non musulman, que le fait ait lieu en territoire hostile ou en territoire musulman 81
III. – Du mandat en matière de change et de choses pesées 82
IV. – Du berger qui, voyant un mouton sur le point de mourir, l'égorge, et du mandataire qui, s'apercevant de la détérioration d'un objet, répare les parties susceptibles d'être abîmées. 82
V. Est valable le mandat donné à la personne présente et à la personne absente 83
VI. – Du mandat donné pour payer des dettes 83
VII. – Il est permis de faire un don au mandataire et à celui qui intercède en faveur de ses contribules 84
VIII. – De l'homme qui a reçu mandat de donner quelque chose, sans que le mandant ait fixé combien, et qui donne conformément aux usages reçus dans le pays 85
IX. – Du mandat que la femme donne à l'imâm pour qu'il la marie 86
X. – Quand quelqu'un donne un mandat et que le mandataire en omet quelque chose, le mandant peut ratifier l'omission. Le prêt fait pour un terme fixé par le mandataire est valable (s'il est ratifié par le mandant) 86
XI. – Quand le mandataire vend une chose par un contrat vicié, la vente est annulée 88
XII. – Du mandat en matière de ouaqf, de l'entretien du mandataire et du droit qu'il a de donner à manger à un de ses amis et de manger lui-même avec discrétion (aux dépens du ouaqf) 88
XIII. – Du mandat en matière de pénalités 88
XIV. – Du mandat donné au sujet des guirlandes et de la convention faite à ce sujet 89
XV. – Du fait d'un homme qui dit à son mandataire : «Dépose cet objet là où Dieu t'inspirera», et du mandataire qui répond : «J'ai entendu ce que tu as dit.» 89
XVI. – Du mandat donné à l'homme de confiance pour les choses mises en réserve, argent ou autres choses. 90

TITRE XLI. — DE L'ENSEMENCEMENT ET DU CONTRAT D'ENSEMENCEMENT.

I. – Du mérite de celui qui a semé ou planté des choses quand les produits en auront été mangés 91
II. – On doit prendre garde aux conséquences qu'il y aurait à se laisser absorber par le maniement des instru-

ments d'agriculture ou à franchir la limite des prescriptions qui ont été fixées 91
III. – Du fait d'avoir un chien pour la culture 92
IV. – De l'emploi des bœufs pour le labour 92
V. – Du fait de dire : «Charge-moi de l'entretien de tes palmiers ou d'autres plantes et associe-moi dans la récolte des fruits.» 93
VI. – Du fait de couper les arbres et les palmiers 93
VII. – (*Interdiction de louer une terre moyennant la jouissance d'une portion de cette terre.*) 93
VIII. – Du contrat d'ensemencement à moitié ou dans une autre proportion. 93
IX. – Du cas où, dans le contrat d'ensemencement, on n'a pas fixé le nombre des années 94
X. – (*Contrat d'ensemencement moyennant une quote-part des produits.*) ... 94
XI. – Du contrat d'ensemencement avec les Juifs 95
XII. – Des stipulations réprouvées en matière de contrat d'ensemencement. 95
XIII. – Du cas où quelqu'un sème sur le bien d'autrui, sans l'autorisation de ce dernier qui cependant en tire avantage 95
XIV. – Des ouaqf faits par les Compagnons du Prophète. De la terre de Kharadj et des contrats d'ensemencement et autres, faits par les Compagnons 96
XV. – De celui qui fait revivre une terre morte 97
XVI. – (*La vallée de Dzou-'l-Holaïfa est une terre bénie.*) 97
XVII. – Quand le propriétaire du sol dit : «Je te maintiens tant que Dieu te maintiendra», sans fixer un terme précis, les deux contractants sont tenus de l'engagement consenti ... 98
XVIII. – Des avantages réciproques que se faisaient les uns aux autres les Compagnons du Prophète au sujet des ensemencements et des dattes 98
XIX. – De la location des terres moyennant or ou argent 99
XX. – (*Le bienheureux qui fait de la culture dans le Paradis.*) 100
XXI. – De ce qui a été dit au sujet des plantations 100

TITRE XLII. — DU CONTRAT D'ARROSAGE.

I. – De celui qui pense qu'il est permis de faire de l'eau, qu'elle soit divise ou indivise, l'objet d'une aumône, d'une donation ou d'un testament 102
II. – De celui qui assure que le détenteur de l'eau a un privilège sur cette eau jusqu'à ce qu'il se soit désaltéré, parce que l'Envoyé de Dieu a dit : «On ne doit pas refuser le superflu de l'eau.» 103
III. – Celui qui creuse un puits sur sa propriété n'est pas responsable (des accidents) 103
IV. – Des procès relatifs aux puits et de leur règlement 103
V. – Du péché que commet celui qui refuse de l'eau à un voyageur 104
VI. – Du barrage des cours d'eau 104
VII. – Les parties hautes doivent être irriguées avant les parties basses 105
VIII. – Dans les parties hautes, l'irrigation doit s'élever à la hauteur des chevilles du pied 105
IX. – De l'eau qui reste après qu'on s'est désaltéré 106
X. – De celui qui estime que le propriétaire d'un bassin ou d'une outre a plus de droits que tout autre à son eau 107
XI. – Il n'y a de pâturages réservés que pour Dieu et pour son Envoyé... 108
XII. – Du fait, pour les hommes et les animaux, de s'abreuver (de l'eau) des fleuves 108
XIII. – De la vente du bois à brûler et des plantes des champs 110
XIV. – Des concessions de terres 111
XV. – De la mise par écrit du titre de concession 111
XVI. – De la traite des chamelles près de l'eau 111
XVII. – L'homme a droit au passage et à l'arrosage dans un verger ou une palmeraie 111

TITRE XLIII. — DU PRÊT, DU PAYEMENT DES DETTES, DE L'INTERDICTION ET DE LA DÉCONFITURE.

I. – De celui qui achète à crédit et qui ne possède pas le prix de l'objet ou qui ne l'a pas par devers lui à ce moment-là.................. 113
II. – De celui qui prend la chose d'autrui dans le but de payer une dette ou de dissiper cette chose.... 113
III. – Du payement des dettes...... 113
IV. – Le fait d'emprunter un chameau (est licite)................... 114
V. – De la bonne façon de régler ses comptes.................... 115
VI. – Faut-il donner un (animal) plus âgé que le sien................ 115
VII. – De la bonne façon de s'acquitter........ 115
VIII. – Il est permis (au créancier) de faire remise d'une partie de sa créance ou de sa créance entière.. 116
IX. – Quand, en matière de dettes, il y a règlement de compte ou remise de choses en bloc (pour le règlement), il est permis de donner des dattes contre des dattes ou contre toute autre chose.............. 116
X. – Du fait de demander à Dieu de vous préserver des dettes........ 117
XI. – De la prière sur celui qui est mort en laissant des dettes....... 117
XII. – L'homme aisé qui retarde un payement commet une iniquité.... 118
XIII. – Celui qui a des droits a le droit de parler................ 118
XIV. – Celui qui trouve son bien chez quelqu'un en déconfiture, que ce bien provienne d'une vente, d'un prêt ou d'un dépôt, a un privilège sur ce bien................. 118
XV. – De celui qui renvoie son créancier au lendemain ou à quelque chose d'approchant, et qui ne croit pas se mettre ainsi en retard..... 119
XVI. – De celui qui vend le bien du failli ou de l'insolvable et le partage entre les créanciers ou le lui donne pour pourvoir à son entretien..... 119
XVII. – De celui qui prête pour un délai déterminé ou qui paye d'avance le prix de la vente............ 119
XVIII. – Du fait d'intercéder pour obtenir la remise d'une (partie d'une) dette................. 120
XIX. – De la prohibition qui a été faite de gaspiller les choses inutilement..................... 121
XX. – L'esclave est le berger du bien de son maître; il ne doit en user qu'avec son autorisation......... 121

TITRE XLIV. — DES LITIGES.

I. – De ce qui est mentionné au sujet de la citation abusive, de la contrainte et du litige entre musulman et juif...................... 123
II. – De celui qui n'accepte pas les actes du prodigue ou du faible d'esprit, bien qu'ils n'aient pas été encore frappés d'interdiction par l'imam..................... 124
III. – (*Du renouvellement de l'interdiction.*)...................... 125
IV. – Des propos qu'échangent entre eux les plaideurs............... 125
V. – Du fait d'expulser des maisons, lorsqu'on les a reconnus, les coupables de fautes et les plaideurs... 126
VI. – De la prétention émise par le tuteur testamentaire au nom du défunt..................... 127
VII. – Du fait de garrotter quelqu'un dont on redoute quelque danger...................... 127
VIII. – Du fait d'attacher et d'emprisonner dans un endroit sacré..... 128
IX. – De la contrainte (exercée par le créancier)................. 128
X. – Du fait de réclamer le règlement des dettes.................. 128

TITRE XLV. — DES OBJETS TROUVÉS.

I. – Lorsque le propriétaire d'un objet trouvé en donne la description, on doit le lui remettre............ 130
II. – Du chameau égaré........... 130

III. – Du mouton égaré........... 131
IV. – Quand, après une année, le propriétaire de l'objet trouvé ne s'est pas présenté, la chose appartient à l'inventeur.................. 131
V. – De la poutre, du fouet ou de toute autre chose analogue trouvée dans la mer.................. 132
VI. – Du fait de trouver une datte sur la route.................... 132
VII. – De quelle façon se fait l'annonce des objets trouvés par les gens de La Mecque.................. 132
VIII. – On ne doit pas traire l'animal de quelqu'un à moins que ce dernier n'en ait donné l'autorisation.. 133
IX. – Quand le propriétaire d'un objet trouvé vient le réclamer après une année, l'inventeur doit le lui rendre, car cet objet était en dépôt chez lui.................... 134
X. – Doit-on prendre l'objet trouvé sans le laisser (exposé à) périr, afin que ne puisse pas s'en emparer celui qui n'y a aucun droit?......... 134
XI. – De celui qui annonce une trouvaille et ne la remet pas au souverain....................... 135
XII. – (*Le berger ne peut traire sans autorisation de son maître.*)....... 135

TITRE XLVI. — DES ACTES INJUSTES ET DE LA SPOLIATION.

I. – De la punition des actes injustes. 137
II. – (*Dieu sera clément pour le pécheur croyant, impitoyable pour les autres.*) 138
III. – Le musulman ne doit pas opprimer le musulman, ni l'abandonner.................... 138
IV. – Aide ton frère, qu'il soit oppresseur ou opprimé............... 139
V. – De l'assistance à donner à l'opprimé...................... 139
VI. – Du fait de demander assistance contre l'oppresseur............ 139
VII. – Du pardon accordé par l'opprimé.................... 140
VIII. – L'injustice formera des ténèbres au jour de la Résurrection....... 140
IX. – Du fait de redouter l'imprécation de l'opprimé et de s'en méfier....................... 140
X. – Celui qui a été victime de l'oppression d'un homme, et qui l'en tient quitte, doit-il divulguer cette oppression?................. 140
XI. – Celui qui a pardonné à celui dont il a été victime ne peut revenir sur ce pardon................ 141
XII. – Du fait d'autoriser quelque chose ou d'en admettre la légitimité, sans spécifier dans quelle mesure.................... 141
XIII. – Du péché que commet celui qui fait tort d'une parcelle de terre. 142
XIV. – Il est permis à un homme d'en autoriser un autre à faire une chose...................... 142
XV. – De ces mots du Coran : « Il est le plus acharné des plaideurs. ».... 143
XVI. – Du péché commis par celui qui plaide une mauvaise cause et qui le sait................ 143
XVII. – De celui qui est de mauvaise foi lorsqu'il plaide............. 143
XVIII. – De la compensation prélevée par l'opprimé quand il trouve le bien de son oppresseur.......... 143
XIX. – De ce qui est rapporté au sujet des vérandas................ 144
XX. – Le voisin ne doit pas empêcher son voisin de planter une poutre dans son mur................ 144
XXI. – Du fait de verser du vin sur la voie publique............... 144
XXII. – Du seuil des maisons, du fait de s'y asseoir et de s'asseoir sur les voies publiques 145
XXIII. – Des puits (creusés) sur la voie publique lorsqu'ils ne nuisent à personne 145
XXIV. – Du fait d'écarter les choses nuisibles 146
XXV. – De la pièce dite *ghorfa* et *'oliya*, que cette pièce domine ou non les terrasses ou autre chose... 146
XXVI. – De celui qui attache son chameau dans le parvis ou à la porte de la mosquée................ 150
XXVII. – Du fait de se tenir debout et d'uriner auprès du tas d'ordures de quelqu'un................ 151
XXVIII. – De celui qui prend une branche ou quelque chose qui gêne les gens sur la voie publique, et écarte cet objet............ 151
XXIX. – Du cas où il y a contestation au sujet de la voie publique — c'est-à-dire d'un emplacement qui

fait communiquer deux autres voies — et où les propriétaires de l'emplacement y élèvent une construction; ceux-ci doivent laisser un passage de sept coudées de large..... 151
XXX. – Du fait de s'emparer du butin d'autrui sans son assentiment..... 151
XXXI. – Du bris de la croix et de la mise à mort du porc........... 152
XXXII. – Doit-on briser les jarres et crever les outres qui ont contenu du vin? Quid? si on brise une idole, une croix, un tambour ou une chose en bois non utilisable.. 152
XXXIII. – De celui qui combat pour défendre son bien.............. 153
XXXIV. – De celui qui casse un plat ou une autre chose appartenant à autrui..................... 153
XXXV. – Celui qui démolit le mur (d'autrui) doit en rebâtir un semblable..................... 153

TITRE XLVII. — DES CONTRATS DE SOCIÉTÉ.

I. – De la société ayant pour objet des comestibles, des provisions de voyage et des objets mobiliers. — Comment doit être partagé ce qui se mesure et se pèse? Est-ce en bloc, ou à la mesure, ou au poids? Les musulmans ne voyaient aucun inconvénient pour les provisions de voyage à ce que l'on mangeât une chose, tandis qu'un autre mangeait autre chose. Il en était de même du partage en bloc d'or ou d'argent et du mélange de dattes (d'espèces différentes)................. 155
II. – Quand deux personnes ont mélangé leurs apports, chacune d'elles sera tenue vis-à-vis de l'autre pour une somme égale de la dîme..... 156
III. – Du partage des moutons...... 157
IV. – Le mélange des dattes (d'espèces différentes) entre associés ne se fait que si les contractants l'autorisent. 157
V. – L'estimation des choses entre associés doit être faite équitablement. 158
VI. – En cas de partage peut-on tirer au sort la part attribuée à chacun des contractants?............. 158
VII. – De l'association de l'orphelin avec des personnes de la succession. 159
VIII. – De l'association pour des terres ou pour autre chose........... 160
IX. – Quand les associés ont partagé les maisons ou les autres choses, ils ne peuvent plus revenir sur ce qui a été fait, ni exercer le droit de retrait...................... 160
X. – De l'association pour l'or, pour l'argent et pour tous les cas où il y a (en même temps) change...... 160
XI. – Du fait de faire un ensemencement en commun avec un tributaire et un polythéiste.............. 160
XII. – Du partage des moutons et du fait de l'accomplir avec équité..... 161
XIII. – De l'association pour les comestibles et autres choses........ 161
XIV. – De l'association en matière d'esclaves.................... 161
XV. – De l'association en matière de victime avec guirlande destinée au pèlerinage................... 162
XVI. – De celui qui, dans un partage, donne dix moutons pour l'équivalent d'un chameau............ 163

TITRE XLVIII. — DU GAGE.

I. – Du gage dans les villes........ 164
II. – De celui qui met en gage sa cotte de mailles............... 164
III. – De celui qui met en gage des armes...................... 164
IV. – Du gage consistant en une monture ou en un animal donnant du lait....................... 165
V. – Du gage remis à un juif ou à tout autre................... 165
VI. – En cas de désaccord entre le constituant et le gagiste, c'est au demandeur de fournir la preuve, et le serment incombe au défendeur.. 165

TITRE XLIX. — DE L'AFFRANCHISSEMENT.

I. – De ce qui a été rapporté au sujet de l'affranchissement et de ses mérites ... 167
II. – Quel est l'esclave (dont l'affranchissement est) le plus méritoire ... 167
III. – De l'affranchissement recommandé à l'occasion d'une éclipse ou d'un cataclysme ... 168
IV. – De l'affranchissement de l'esclave (mâle) qui appartient à deux personnes ou de la femme esclave appartenant à des associés ... 168
V. – Celui qui a affranchi un esclave pour la part qu'il possède et qui n'a pas les ressources nécessaires (pour l'affranchir complètement) devra mettre cet esclave en demeure de gagner (de quoi se libérer) sans toutefois lui imposer une tâche trop pénible, c'est-à-dire comme on agit pour l'affranchissement contractuel ... 169
VI. – De l'erreur et de l'omission dans (la formule de) l'affranchissement, de la répudiation, etc. ... 169
VII. – De celui qui dit à son esclave : «Il est à Dieu», et qui, ce disant, a l'intention de l'affranchir, et du fait de prendre à témoin qu'on affranchit ... 170
VIII. – De la mère de l'enfant ... 171
IX. – De la vente de l'affranchi posthume ... 172
X. – De la vente et de la donation du droit de patronage ... 172
XI. – Quand le frère ou l'oncle paternel d'un homme est fait prisonnier, celui-ci doit-il le racheter, s'il s'agit d'un polythéiste ? ... 172
XII. – De l'affranchissement fait par le polythéiste ... 173
XIII. – De l'Arabe qui, maître d'une esclave, la donne, la vend, la rachète, cohabite avec elle et emmène en captivité sa descendance ... 173
XIV. – De celui qui éduque sa servante et lui donne de l'instruction ... 175
XV. – (*Les esclaves doivent être traités comme des frères.*) ... 175
XVI. – De l'esclave qui se distingue par sa piété envers le Seigneur et qui donne de bons conseils à son maître ... 176
XVII. – De la réprobation qui s'attache à celui qui surmène son esclave et qui dit : «Mon esclave mâle, mon esclave femme.» ... 176
XVIII. – De celui à qui son domestique apporte le repas ... 178
XIX. – L'esclave est un pasteur pour le bien de son maître ... 178
XX. – Quand on frappe l'esclave, éviter de l'atteindre au visage ... 178

TITRE L. — DE L'AFFRANCHI CONTRACTUEL.

I. – De la faute que commet celui qui calomnie son esclave ... 179
I *bis*. – De l'affranchi contractuel, des échéances qui lui sont fixées, une échéance chaque année ... 179
II. – Des conditions permises dans l'affranchissement contractuel; de celui qui stipule des conditions qui ne figurent pas dans le Livre de Dieu ... 180
III. – De l'affranchi contractuel qui demande aide et qui s'adresse dans ce but à quelqu'un ... 181
IV. – De la vente de l'affranchi contractuel quand il y consent ... 181
V. – Du cas où l'affranchi contractuel dit : «Achète-moi et affranchis-moi», et où on l'achète dans ce but. 182

TITRE LI. — DE LA DONATION.

I. – De la donation, de ses mérites et des encouragements à lui donner ... 183
II. – Du don d'une chose minime ... 183
III. – De celui qui sollicite un don de ses compagnons ... 184
IV. – Du fait de demander à boire ... 185

V. — Du fait d'accepter du gibier en cadeau 185
VI. — De l'acceptation d'un cadeau... 185
VII. — De l'acceptation du cadeau.... 186
VIII. — De celui qui fait un cadeau à son ami et qui choisit le jour d'une de ses femmes plutôt que celui d'une autre 187
IX. — Du cadeau qu'on ne peut pas refuser 188
X. — De celui qui estime qu'il est valable de donner une chose non présente 189
XI. — De la rétribution donnée pour un cadeau 189
XII. — Du cadeau fait à l'enfant. Le cadeau fait à l'un de ses enfants n'est valable que si l'on agit équitablement à l'égard des autres en donnant à chacun un équivalent; l'assistance de témoins n'est pas nécessaire en ce cas 189
XIII. — De l'assistance de témoins en matière de donation 190
XIV. — De la donation faite par le mari à sa femme, et par la femme à son mari 190
XV. — De la donation faite par la femme à un autre que son mari et de l'affranchissement fait par une femme en puissance de mari. Ces actes sont valables si elle a la capacité légale; si elle ne l'a pas, ces actes ne sont pas valables 191
XVI. — A qui doit-on d'abord faire un cadeau? 192
XVII. — De celui qui, pour un motif, refuse un cadeau 192
XVIII. — De celui qui fait une donation ou qui promet une chose et qui meurt avant qu'il y ait eu prise de possession 193
XIX. — Comment prend-on possession d'un esclave ou d'un objet mobilier 193
XX. — Du cas où, quelqu'un ayant fait une donation, le donataire en prend possession sans dire : «J'accepte» 194
XXI. — De celui qui donne une créance sur quelqu'un 194
XXII. — De la donation faite par une seule personne à une société...... 195
XXIII. — Du don de la chose perçue et de celle qui n'a pas été perçue; du du don de la chose divisée et de la chose non divisée 195
XXIV. — Il est permis à un groupe de donner à un autre groupe et à une seule personne de donner à un groupe 196
XXV. — Celui à qui on offre un cadeau, alors qu'il a auprès de lui ses amis, a plus de droits qu'eux à ce cadeau. 197
XXVI. — Il est permis de donner un chameau à l'homme qui le monte au moment de la donation....... 198
XXVII. — Du cadeau d'un vêtement dont le port est répréhensible..... 198
XXVIII. — De l'acceptation du présent fait par les polythéistes.......... 199
XXIX. — Du présent offert aux polythéistes 200
XXX. — Il n'est permis à personne de revenir sur sa donation, ni sur son aumône 201
XXXI. — (*Un seul témoignage peut suffire en matière de donation.*).... 201

TITRE LI *bis*. — DE LA DONATION VIAGÈRE (*ʿOMRA* OU *ROQBA*).

I. — De ce qui a été dit de la donation viagère (*ʿomra* ou *roqba*)........ 202
II. — De celui qui emprunte à quelqu'un un cheval, une bête de somme ou autre chose pour s'en servir 202
III. — Du prêt fait au fiancé pour la célébration du mariage.......... 203
IV. — Des mérites du prêt d'une bête laitière 203
V. — De celui qui dit : «Je mets à votre service cette esclave conformément à la coutume admise.» Cela est licite 205
VI. — Quand un homme fait monter quelqu'un sur un cheval, il y a là une sorte de donation viagère et d'aumône 205

TITRE LII. — DES TÉMOIGNAGES.

I. – De ce qui a été rapporté sur ce point que la preuve incombe au demandeur 206
II. – Du fait d'un homme qui en justifie un autre disant : «Je ne sais — ou je n'ai su — de lui que du bien.» 207
III. – Du témoignage de celui qui ne s'est pas montré 207
IV. – Quand un ou plusieurs témoins déclarent une chose et que d'autres disent qu'ils n'en ont pas connaissance, c'est d'après le dire des premiers que la décision sera rendue 208
V. – Les témoins doivent être des hommes justes 209
VI. – De la justification. Par combien de personnes doit-elle être faite pour être valable 209
VII. – Du témoignage en matière de filiation, d'allaitement manifeste et de décès ancien 210
VIII. – Du témoignage du calomniateur, du voleur et du fornicateur 211
IX. – On ne doit pas témoigner pour une injustice si l'on en est requis 212
X. – De ce qui a été dit du faux témoignage 213
XI. – Du témoignage de l'aveugle, de sa situation légale, de son propre mariage, de son droit à marier, des contrats qu'il conclut, de son emploi pour l'appel à la prière ou autre chose semblable et de son témoignage pour ce qui se reconnaît à la voix 214
XII. – Du témoignage des femmes . . . 215
XIII. – Du témoignage des esclaves, hommes et femmes 215
XIV. – Du témoignage de la nourrice 216
XV. – De la justification des femmes les unes par les autres 216
XVI. – Un seul homme suffit pour établir l'honorabilité de quelqu'un . . . 222
XVII. De ce qu'il y a de répréhensible dans l'exagération de l'éloge. Qu'on dise ce que l'on sait 222
XVIII. – De la majorité des enfants et de leurs témoignages 222
XIX. – De la question : «As-tu des preuves?» que pose le magistrat au demandeur avant de déférer le serment au défendeur 223
XX. – Le serment est déféré au défendeur en matière civile et criminelle 224
XXI. – Celui qui émet une prétention, ou qui accuse, doit fournir la preuve, et on le laissera aller chercher ses témoins 225
XXII. – Du serment après l'heure de l'asr 225
XXIII. – Le défendeur prête serment quand le serment lui est déféré, mais il n'est pas astreint à se déplacer de l'endroit où il est 225
XXIV. – Du cas où, ayant à prêter serment, plusieurs personnes se disputent la priorité 226
XXV. – (*Du faux serment.*) 226
XXVI. – Comment doit-on demander de prêter serment? 226
XXVII. – De celui qui produit sa preuve après le serment (de son adversaire) 227
XXVIII. – De celui qui ordonne de remplir ses promesses 228
XXIX. – On ne doit demander ni témoignage, ni autre chose (de même genre) à un polythéiste 229
XXX. – De la consultation du sort dans les questions douteuses 229

TITRE LIII. — DE LA CONCILIATION.

I. – Du fait de concilier les gens 232
II. – Il n'est pas menteur, celui qui ment pour réconcilier les gens 233
III. – De ces paroles adressées par l'imam à ses compagnons : «Allons mettre la paix.» 233
IV. – (*De la conciliation entre époux.*) . 234
V. – Quand la conciliation est faite d'une façon illégale, elle est sans valeur 234
VI. – Comment on rédige (l'acte de conciliation) : «Ceci est l'arrangement intervenu entre un tel fils d'un tel.» Il est valable, même si

l'on n'y ajoute pas le nom de la tribu ou la filiation (complète).... 235
VII. – Du pacte avec les polythéistes.. 236
VIII. – Des conventions relatives au prix du sang.................. 237
IX. – (*Du rétablissement de la concorde entre partis musulmans.*)......... 238
X. – L'imam peut-il inviter à la conciliation?..................... 239
XI. – Du mérite qu'il y a à concilier les gens et à être équitable envers eux........................ 239
XII. – Quand l'imam a invité quelqu'un à transiger et que celui-ci refuse, il doit le condamner par une sentence nette................ 239
XIII. – Des transactions entre créanciers et héritiers, et de l'emploi de choses en bloc pour leur règlement. 240
XIV. – De la transaction qui a pour objet une obligation et du numéraire........................ 241

TITRE LIV. — DES STIPULATIONS.

I. – Des stipulations permises en ce qui touche l'islâm, les contrats et le serment de fidélité............. 242
II. – De celui qui vend des palmiers déjà fécondés et qui ne s'en réserve pas les fruits................... 243
III. – Des conditions en matière de vente....................... 243
IV. – Quand le vendeur se réserve le dos d'une monture pour aller à un endroit déterminé, cela est permis........................ 244
V. – Des conditions dans un contrat........................ 244
VI. – Des stipulations relatives à la dot au moment du contrat de mariage....................... 245
VII. – Des stipulations dans le contrat d'ensemencement.............. 245
VIII. – Des stipulations qui sont interdites dans le (contrat de) mariage....................... 245
IX. – Des stipulations qui sont illicites en matière de pénalité.......... 246
X. – De ce qui est permis en fait de stipulation pour l'affranchi contractuel, s'il accepte d'être vendu à la condition d'être affranchi........ 246
XI. – Des stipulations dans la répudiation..................... 247
XII. – Des stipulations faites verbalement...................... 247
XIII. – Des stipulations en matière de patronage................... 248
XIV. – De celui qui, dans un contrat d'ensemencement, insère cette clause : «Si je veux, je t'expulserai.». 248
XV. – Des stipulations en matière de guerre sainte; des traités avec l'ennemi. De la mise par écrit des stipulations et des conventions verbales....................... 249
XVI. – Des conditions en matière de prêt........................ 258
XVII. – De l'affranchi contractuel et des conditions qu'il n'est point permis de stipuler parce qu'elles sont contraires au Coran............ 258
XVIII. – Des stipulations permises. — De la restriction faite dans un aveu. — Des conditions (implicites) admises par l'usage. — Du fait de dire : «Cent» (et d'ajouter) moins un ou moins deux............. 259
XIX. – Des stipulations en matière de ouaqf....................... 259

TITRE LV. — DES TESTAMENTS.

I. – Des testaments.............. 261
II. – Mieux vaut laisser ses héritiers riches que réduits à tendre la main aux passants.................. 262
III. – Du legs du tiers............. 262
IV. – De ces paroles : «Engage-toi à l'égard de mon enfant» que dit le testateur au tuteur testamentaire et des revendications permises à ce dernier..................... 263
V. – Quand, de la tête, le malade fait un signe précis, l'indication est valable......................... 264
VI. – Pas de legs en faveur d'un héritier......................... 264
VII. – De la libéralité faite à l'article de la mort.................. 264
VIII. – *Des déclarations du moribond. — De l'hypocrite*............... 265
IX. – (*De l'actif de la succession.*

— *Mieux vaut donner que recevoir.*) 265
X. – De celui qui constitue un ouaqf en faveur de ses proches ou leur fait un legs. Que faut-il entendre par «proches»? 266
XI. – Les femmes et les enfants font-ils partie des proches? 267
XII. – Le constituant d'un ouaqf peut-il en jouir lui-même? 268
XIII. – Quand on constitue une chose en ouaqf, ce ouaqf est valable avant que la chose ait été remise à un tiers 268
XIV. – Quand quelqu'un dit : «Je donne ma maison en aumône à Dieu», sans désigner les pauvres ou tout autre dévolutaire, son aumône est valable, et il peut donner à ses proches ou à qui il lui plaît. 269
XV. – Si quelqu'un dit : «Je donne ma terre ou mon jardin à Dieu au nom de ma mère», cela est valable, même si on n'a pas spécifié quels seront les dévolutaires 269
XVI. – Il est permis de faire aumône d'une partie de son bien, de son esclave ou d'un de ses animaux, ou de le constituer ouaqf 269
XVII. – De celui qui fait aumône à son intendant, qui ensuite lui rend cette aumône 270
XVIII. – (*Les héritiers doivent donner quelque chose aux cognats, aux orphelins et aux pauvres.*) 270
XIX. – De l'aumône qu'il convient de faire au nom de celui qui est mort subitement. De l'accomplissement des vœux du défunt 271
XX. – De l'action de faire constater par témoins le ouaqf, l'aumône et le testament 271
XXI. – (*Du mariage de l'orpheline avec son tuteur.*) 271
XXII. – (*Le tuteur de l'orphelin et l'administrateur d'un ouaqf doivent prélever sur les biens qu'ils gèrent le moins possible pour leur usage personnel.*) 272
XXIII. – (*Les sept grands péchés.*) . . 273
XXIV. – (*De la conduite à tenir à l'égard des orphelins.*) 273
XXV. – Du fait, en voyage ou en station, de prendre à son service un orphelin quand cela lui est profitable. — De la tutelle qu'exerce sur l'orphelin sa mère ou le mari de sa mère 274
XXVI. – Quand on n'a pas indiqué les limites d'une terre, que l'on a constituée en ouaqf, la fondation est valable. — Même règle pour l'aumône 274
XXVII. – Il est permis aux co-propriétaires d'une terre indivise de la constituer en ouaqf 275
XXVIII. – Du ouaqf et de la façon dont il doit être rédigé 275
XXIX. – Le ouaqf peut être fait en faveur du riche, du pauvre et de l'hôte 276
XXX. – Du ouaqf d'une terre pour une mosquée 276
XXXI. – Du ouaqf des animaux, des chevaux, des objets mobiliers et du numéraire 276
XXXII. – De l'indemnité due à l'administrateur du ouaqf 277
XXXIII. – De celui qui constitue en ouaqf une terre ou un puits et qui stipule qu'il n'aura droit qu'à son seau, comme tout autre musulman 277
XXXIV. – Il est permis au constituant de dire : «Je ne demande son prix qu'à Dieu.» 278
XXXV. – (*Le testament doit être fait en présence de deux témoins.*) 278
XXXVI. – De l'exécuteur testamentaire qui acquitte les dettes du défunt en dehors de la présence des héritiers 279

TITRE LVI. — DE LA GUERRE SAINTE.

I. – Des mérites de la guerre sainte et des expéditions 280
II. – Le plus méritant des hommes, c'est le guerrier qui fait la guerre sainte, prodiguant sa personne et ses biens dans la voie de Dieu 281
III. – Du fait de demander (à Dieu) pour les hommes et pour les femmes la participation à la guerre sainte et la mort des martyrs 281
IV. – Des degrés des guerriers qui combattent dans la voie de Dieu. . 282
V. – Ce qui est dit d'une seule sortie au commencement ou à la fin du

jour dans la voie de Dieu; et d'une longueur de branche d'arc en paradis. 283
VI. – Des houris aux éclatantes et larges prunelles et de leur aspect qui étonne le regard tant sont tranchés le noir et le blanc de leurs yeux. 284
VII. – Du fait de souhaiter le martyre. 284
VIII. – Mérite de celui qui est renversé, et meurt de sa chute dans la voie de Dieu. Il doit être compté au nombre des guerriers martyrs. 285
IX. – De celui dont le sang est versé dans la voie de Dieu. 286
X. – De celui qui est blessé dans le sentier de Dieu. 286
XI. – (*La guerre a ses alternatives.*). 287
XII. – (*Des engagements pris par les guerriers.*). 287
XIII. – Du fait d'accomplir une bonne œuvre avant le combat. Abou-'d-Dardâ a dit : «Vous combattez munis seulement de vos actions.». 288
XIV. – De celui qui meurt atteint par une flèche perdue. 289
XV. – De celui qui combat pour que la parole de Dieu soit au dessus de tout. 289
XVI. – De celui dont les pieds se sont couverts de poussière dans la voie de Dieu. 289
XVII. – Du fait d'essuyer la poussière dont les gens se sont couverts dans la voie de Dieu. 289
XVIII. – De la lotion, après le combat où l'on s'est couvert de poussière. 290
XIX. – (*Du mérite promis à ceux qui combattent dans la voie de Dieu.*). 290
XX. – Que les anges couvrent de leur ombre le corps du martyr. 291
XXI. – Du souhait formé par le combattant de la guerre sainte de revenir en ce bas monde. 291
XXII. – Le paradis est sous l'éclair des sabres. 292
XXIII. – De celui qui cherche à avoir un fils pour la guerre sainte. 292
XXIV. – De la bravoure et de la poltronnerie à la guerre. 292
XXV. – Comment on cherche un refuge contre la poltronnerie. 293
XXVI. – De celui qui raconte les batailles auxquelles il a assisté. 293
XXVII. – Qu'il est obligatoire de se mettre en campagne. — De ce qui est obligatoire relativement à la guerre sainte, à la bonne intention. 294
XXVIII. – L'infidèle tue le musulman, puis se convertit, marche dans le bon chemin et est lui-même tué. 294
XXIX. – De celui qui préfère les expéditions à la pratique du jeûne. 295
XXX. – Il y a, en dehors de la mort à la guerre sainte, sept genres de trépas qui sont des martyres. 295
XXXI. – (*Celui qui, sans y être contraint, reste dans ses foyers, n'aura pas une récompense égale à celui qui combat.*). 295
XXXII. – De l'endurance dans le combat. 296
XXXIII. – Du fait d'exciter au combat. 296
XXXIV. – Du fait de creuser le fossé. 297
XXXV. – De celui qu'une excuse valable retient loin d'une expédition. 297
XXXVI. – Du mérite du jeûne dans la voie de Dieu. 298
XXXVII. – Du mérite de la dépense faite dans la voie de Dieu. 298
XXXVIII. – Du mérite de celui qui équipe un guerrier ou le remplace efficacement (pendant son absence). 299
XXXIX. – Du fait de s'enduire de baume aromatique au moment du combat. 299
XL. – Du mérite qu'il y a à faire une reconnaissance. 300
XLI. – Envoie-t-on un individu tout seul en reconnaissance? 300
XLII. – Du fait de se mettre à deux en route. 300
XLIII. – Le bien sera attaché aux toupets des chevaux jusqu'au jour de la Résurrection. 300
XLIV. – La guerre sainte devra continuer, avec un imâm juste aussi bien qu'avec un imâm injuste, à cause de cette parole du Prophète : «Le bien sera attaché aux toupets des chevaux jusqu'au jour de la Résurrection.». 301
XLV. – De celui qui fait donation perpétuelle d'un cheval. 301
XLVI. – Du nom du cheval et de l'âne. 301
XLVII. – De ce qui a été dit des influences funestes dans les chevaux. 302
XLVIII. – Qu'il y a à faire trois distinctions concernant les chevaux. 302
XLIX. – De celui qui frappe en expédition la monture d'un compagnon. 303
L. – Du fait de monter sur les bêtes difficiles et sur les étalons. 304

IMPRIMERIE NATIONALE.

LI. – De la part de butin assignée aux chevaux 304
LII. – De celui qui, dans le combat, conduit (par la bride) la monture d'un autre 304
LIII. – De l'usage de l'étrier en métal (ركاب) ou en cuir (غرز) pour les bêtes de somme 305
LIV. – Du fait de monter les chevaux à poil 305
LV. – Du cheval qui a le pas court . . . 305
LVI. – Des courses de chevaux 305
LVII. – De l'entraînement des chevaux pour la course 306
LVIII. – De l'institution d'un but dans les courses de chevaux entraînés . . . 306
LIX. – De la chamelle du Prophète . . 306
LX. – Du fait de partir en expédition montés à ânes 307
LXI. – De la mule blanche du Prophète 307
LXII. – De la guerre sainte pour les femmes 307
LXIII. – La femme prend part à une expédition maritime 308
LXIV. – On emmène en expédition une seule de ses femmes à l'exclusion des autres 308
LXV. – Comment les femmes prennent part aux expéditions et combattent avec les hommes 308
LXVI. – Les femmes, en expédition, apportent aux combattants des outres d'eau 309
LXVII. – Les femmes soignent les blessés en expédition 309
LXVIII. – Les femmes ramenaient les blessés et les morts (à Médine) 309
LXIX. – Du fait d'arracher une flèche du corps 310
LXX. – De la garde pendant une expédition dans la voie de Dieu 310
LXXI. – Qu'il est méritoire de servir d'autres en expédition 311
LXXII. – Du mérite qu'il y a à porter en voyage le bagage d'un compagnon 311
LXXIII. – Du mérite qu'il y a à s'attacher à la guerre sainte, même un seul jour dans la voie de Dieu 312
LXXIV. – Du fait d'emmener avec soi en expédition un jeune serviteur . . 312
LXXV. – Du fait de s'embarquer sur la mer 313
LXXVI. – Du fait de chercher à la guerre l'aide des humbles et des gens de bien 314
LXXVII. – Qu'on ne doit pas dire d'un individu : «Il est mort martyr.» . . . 314
LXXVIII. – Du fait d'exciter les gens au tir à l'arc 315
LXXIX. – Du jeu des piques et des autres armes 316
LXXX. – Du bouclier; du fait de s'abriter derrière le bouclier de son compagnon 316
LXXXI. – Du bouclier appelé *daraqa*. 317
LXXXII. – De l'usage des baudriers et du fait de suspendre un sabre à son cou 317
LXXXIII. – De ce qui est relatif aux ornements des sabres 318
LXXXIV. – Du fait de suspendre son sabre aux arbres, au moment de la grosse chaleur, en temps d'expédition 318
LXXXV. – De l'usage du casque 318
LXXXVI. – De celui qui ne juge pas bon qu'on brise les armes à la mort d'un individu 319
LXXXVII. – Les gens se dispersent à l'écart de l'imâm, au moment de la grosse chaleur, et recherchent l'ombre des arbres 319
LXXXVIII. – De ce qui a été dit relativement aux lances 319
LXXXIX. – De ce qui est relatif à la cotte de mailles du Prophète; de l'usage du qamîṣ à la guerre 320
XC. – Du port de la tunique en voyage et en expédition 321
XCI. – Du port d'habits de soie à la guerre 321
XCII. – De ce qui a été dit relativement au couteau 321
XCIII. – De ce qui a été dit au sujet de la guerre contre les Grecs 322
XCIV. – De la guerre contre les Juifs. 322
XCV. – De la guerre contre les Turcs. 322
XCVI. – De la guerre contre ceux qui chaussent des sandales de poils tressés. 323
XCVII. – De celui qui met en rangs ses compagnons, au moment de la déroute, descend de sa monture et invoque l'aide divine 323
XCVIII. – Du fait d'invoquer Dieu contre les polythéistes, pour qu'il leur envoie la déroute et le tremblement 324
XCIX. – Un musulman peut-il guider un des gens de l'Écriture (vers la vraie religion), ou lui apprendre le Coran 325
C. – On demande à Dieu qu'il ramène

dans la bonne voie les polythéistes, pour que leurs cœurs soient gagnés........................ 325
CI. – On appelle à l'islâm les juifs et les chrétiens; pourquoi on les combat; de ce qu'écrivit le Prophète à Cosroès et à César. — Qu'on doit les appeler à l'islâm avant de les combattre.................... 326
CII. – Le Prophète invite les gens à embrasser l'islâm, à reconnaître sa mission prophétique, et à ne pas prendre leurs seigneurs parmi les hommes, au détriment de Dieu... 326
CIII. – Du fait de dissimuler le but véritable d'une expédition, en laissant croire qu'on en projette une autre. — De la prédilection pour le jeudi, comme jour de départ..... 331
CIV. – Du fait de se mettre en route après l'heure de midi........... 332
CV. – Du fait de se mettre en route à la fin du mois................ 332
CVI. – Du fait de se mettre en route en Ramadan.................. 333
CVII. – Des adieux............... 333
CVIII. – Il faut écouter l'imâm et lui obéir....................... 333
CIX. – On doit combattre derrière l'imâm et se défendre par lui.... 333
CX. – Serment prêté à la guerre de ne pas prendre la fuite, et, suivant quelques-uns, de combattre à mort. 334
CXI. – L'imâm peut-il presser les musulmans de faire ce qui ne dépasse pas leurs forces................ 335
CXII. – Lorsque le Prophète n'avait pas combattu au commencement de la journée, il retardait l'engagement jusqu'au déclin du soleil......... 336
CXIII. – Le musulman doit demander à l'imâm la permission de partir... 336
CXIV. – De celui qui part en expédition étant tout jeune marié...... 337
CXV. – De celui qui considère comme préférable qu'un marié ne parte en expédition qu'après consommation du mariage................... 337
CXVI. – L'imâm montre de l'empressement à un moment de panique.. 337
CXVII. – Du fait de se hâter et de galoper au moment d'une panique... 338
CXVIII. – Du fait de sortir seul dans un moment de panique......... 338
CXIX. – Des subsides et des montures fournis aux combattants dans la voie de Dieu.................... 338
CXX. – De ce qui concerne le mercenaire..................... 339
CXXI. – De ce qui a été dit relativement au drapeau du Prophète.... 339
CXXII. – (*Dieu jette l'épouvante dans le cœur des ennemis.*)........... 340
CXXIII. – Du fait d'emporter des provisions en expédition........... 341
CXXIV. – Du fait de porter ses provisions sur ses épaules........... 342
CXXV. – La femme monte en croupe derrière son frère.............. 342
CXXVI. – Du fait de monter en croupe en expédition et pour le pèlerinage. 342
CXXVII. – De celui qui monte en croupe d'un autre, sur un âne.... 343
CXXVIII. – Du fait de tenir l'étrier d'un compagnon ou de lui rendre quelque service analogue......... 343
CXXIX. – Qu'il est répréhensible d'aller en pays ennemi en emportant des exemplaires du Coran........ 343
CXXX. – Du fait de prononcer le tekbîr à la guerre................ 344
CXXXI. – Qu'il est répréhensible d'élever trop la voix dans le tekbîr... 344
CXXXII. – Du fait de prononcer le tasbîḥ en descendant la pente d'une vallée........................ 344
CXXXIII. – Du fait de prononcer le tekbîr en montant sur une hauteur. 345
CXXXIV. – Les bonnes œuvres qu'on avait coutume d'accomplir dans sa demeure, sont inscrites à votre compte, lorsqu'on voyage......... 345
CXXXV. – Du fait de marcher seul.. 345
CXXXVI. – Du fait de hâter la marche. 346
CXXXVII. – Un musulman ayant offert un cheval pour la guerre sainte le voit vendre par la suite......... 346
CXXXVIII. – Qu'il faut demander aux parents la permission de partir à la guerre sainte................. 347
CXXXIX. – De ce qui a été dit au sujet des clochettes et d'autres objets qu'on suspend au cou des chameaux. 347
CXL. – Lorsqu'un individu a été enrôlé pour une expédition, peut-il obtenir congé, lorsque sa femme est partie en pèlerinage ou qu'il a quelque autre excuse?........... 348
CXLI. – De l'espion.............. 348
CXLII. – Du fait de vêtir les prisonniers........................ 349
CXLIII. – Du mérite de celui entre les mains duquel un infidèle se convertit à l'islâm................ 349

CXLIV. — De l'enchaînement des prisonniers........................ 350
CXLV. — Mérite des gens de l'Écriture qui embrassent l'islamisme....... 350
CXLVI. — Du cas où des ennemis étant attaqués de nuit (يبيّتون), les enfants, les jeunes, sont frappés..... 351
CXLVII. — Du meurtre des enfants à la guerre.................... 351
CXLVIII. — Du meurtre des femmes à la guerre.................... 351
CXLIX. — Qu'il ne faut pas punir avec la punition qui appartient à Dieu.. 352
CL. — (*Du rachat des prisonniers.*)... 352
CLI. — Est-il permis au musulman de tuer et de trahir ceux qui l'ont fait prisonnier, pour s'échapper des mains de l'infidèle?............ 352
CLII. — Le polythéiste qui a brûlé un musulman sera-t-il brûlé?........ 352
CLIII. — (*Blâme de la responsabilité collective.*)................... 353
CLIV. — Du fait d'incendier les maisons et les palmeraies........... 353
CLV. — Du fait de tuer un polythéiste pendant son sommeil........... 354
CLVI. — Qu'il ne faut pas souhaiter la rencontre de l'ennemi.......... 355
CLVII. — La guerre est tromperie ... 356
CLVIII. — Du mensonge dans la guerre. 356
CLIX. — Du fait de tuer un homme par surprise.................. 356
CLX. — Comment il est licite d'user de ruse et de prendre des précautions avec ceux dont on redoute quelque perfidie 357
CLXI. — Du fait de réciter à la guerre des chants radjaz et d'élever la voix en creusant le fossé 357
CLXII. — De celui qui ne tient pas solidement à cheval.............. 357
CLXIII. — Comment on panse une blessure avec une natte calcinée; comment la femme lave le sang du visage de son père avec de l'eau apportée dans un bouclier....... 358
CLXIV. — Comment la discorde et les divergences d'opinions sont choses répréhensibles à la guerre. — Du châtiment de ceux qui désobéissent à leur imâm.................. 358
CLXV. — Du cas où une panique se produit de nuit................ 360
CLXVI. — Un individu, apercevant l'ennemi, appelle au secours en criant de toutes ses forces : «A l'invasion!» pour bien se faire entendre...................... 360
CLXVII. — De celui qui crie : «Attrape ce coup! c'est moi le fils d'un tel!» 361
CLXVIII. — Du cas où l'ennemi est descendu de sa position, en s'en remettant de son sort à la sentence d'un homme................. 361
CLXIX. — Du fait de tuer le prisonnier, et de tuer de sang-froid.... 361
CLXX. — Peut-on se rendre prisonnier? De celui qui ne se rend pas prisonnier, et de celui qui prie deux reka' au moment d'être mis à mort...................... 362
CLXXI. — De la délivrance des prisonniers...................... 364
CLXXII. — De la rançon des polythéistes...................... 364
CLXXIII. — Du cas où un habitant d'un pays en guerre entre en terre d'islâm, sans avoir reçu de sauf-conduit...................... 365
CLXXIV. — Qu'il faut combattre pour défendre les tributaires (اهل الذمّة), et ne pas les traiter en esclaves... 365
CLXXV. — Des présents d'ambassade. 365
CLXXVI. — Peut-on intercéder pour les tributaires. — De la façon de les traiter.................... 366
CLXXVII. — Doit-on se revêtir de beaux habits pour recevoir les députations. 366
CLXXVIII. — Comment on expose la religion musulmane à un jeune homme...................... 367
CLXXIX. — De cette parole du Prophète aux Juifs : «Embrassez l'islâm, vous serez sauvés.»........ 368
CLXXX. — Après leur conversion à l'islâm, les gens qui habitaient un pays ennemi conservent les biens et les terres qu'ils y possédaient...................... 368
CLXXXI. — L'imâm consigne par écrit le nom des fidèles.............. 369
CLXXXII. — Dieu fait des actes de l'impie un secours pour la religion...................... 370
CLXXXIII. — De celui qui prend le commandement à la guerre, de sa propre autorité, lorsqu'il redoute le succès de l'ennemi............ 370
CLXXXIV. — Du fait de prêter aide avec des renforts............... 371
CLXXXV. — Du fait, après avoir vaincu

l'ennemi, de demeurer trois nuits sur son territoire.............. 371
CLXXXVI. – Du fait de partager le butin dans l'expédition même et en cours de route................ 371
CLXXXVII. – Du cas où les polythéistes ayant capturé des objets appartenant à un musulman, celui-ci retrouve son bien par la suite........... 371
CLXXXVIII. – De celui qui parle la langue persane et la langue des Barbares..................... 372
CLXXXIX. – De la fraude dans le partage du butin.............. 373
CXC. – De la fraude (dans le butin) de peu d'importance........... 374
CXCI. – Qu'il est répréhensible d'égorger des chameaux ou des moutons enlevés de la masse du butin......................... 374
CXCII. – Du fait d'annoncer l'heureuse nouvelle de la victoire...... 375
CXCIII. – Des présents faits au porteur d'une bonne nouvelle....... 375
CXCIV. – Il n'y a plus d'hégire après la conquête de La Mecque....... 375
CXCV. – Du cas où l'homme est obligé de regarder les cheveux d'une chrétienne ou d'une juive; d'examiner des musulmanes qui se montrent rebelles et de les dépouiller de leurs vêtements................... 376
CXCVI. – Du fait d'aller à la rencontre des guerriers.................. 377
CXCVII. – Ce qu'on dit en revenant d'expédition................... 377
CXCVIII. – De la prière lorsqu'on revient d'expédition............. 278
CXCIX. – Du fait de préparer de la nourriture en revenant de voyage.. 378

TITRE LVII. — DE LA PRESCRIPTION DU QUINT.

I. – De la prescription du quint. ... 380
II. – Le payement du quint fait partie de la religion................. 384
III. – De l'entretien des femmes du Prophète après sa mort......... 385
IV. – De ce qui est relatif aux chambres des épouses du Prophète. Des chambres qui leur furent attribuées....................... 385
V. – De ce qui est relatif à la cotte de mailles du Prophète, à son bâton, à son sabre, à sa coupe, à son cachet. — Que les califes après lui firent usage de certains de ces objets, pour lesquels on ne mentionne pas de partage. Des poils du Prophète, de ses sandales, de ses vases, par lesquels ses compagnons et d'autres recherchaient la bénédiction après sa mort.............. 387
VI. – Ce qui montre que le quint devait servir au Prophète à parer aux événements, qu'il était réservé aux pauvres, attribué de préférence par le Prophète aux gens du banc, aux veuves......................... 388
VII. – (*Du surnom du Prophète.*).... 389
VIII. – (*C'est Dieu qui a attribué le butin aux musulmans.*).......... 390
IX. – Le butin fait dans une bataille doit revenir à ceux qui y ont assisté. 392
X. – Lorsqu'un individu combat pour le butin, ses droits à la récompense céleste sont-ils diminués?........ 392
XI. – L'imâm partage les présents, par lui reçus, et met de côté une part pour ceux qui n'assistent pas au partage, ou se trouvent absents...... 392
XII. – Comment le Prophète partagea les biens de Qoraïtha et de En-Nadir et disposa d'eux pour des besoins imprévus................... 393
XIII. – La bénédiction s'attache au bien de celui qui a fait campagne avec le Prophète ou les califes, durant sa vie, comme après sa mort........ 393
XIV. – Celui que l'imâm a dépêché comme messager pour quelque cause, celui auquel il a ordonné de rester (loin du combat), ont droit à une part du butin................. 395
XV. – Diverses choses montrent que le quint est affecté à parer aux besoins imprévus des musulmans : d'abord que le Prophète, quand les Haouâzin vinrent l'implorer au nom de l'allaitement qu'il avait reçu parmi eux, demanda l'autorisation aux musulmans; puis encore les promesses faites à certains par le Prophète de leur donner sur le quint des biens pris sans combat et des gratifications hors part; enfin les donations faites par lui aux Anṣâr et la donation de dettes de Khaïbar faite à Djâbir-ben-'Abdallah...... 396

XVI. – Grâce faite par le Prophète à des prisonniers, sans qu'il eût prélevé le quint. 399
XVII. – Le quint appartient à l'imâm et il peut en faire des dons à certains de ses proches à l'exclusion des autres. 399
XVIII. – De celui qui ne soumet pas au quint les dépouilles prises sur le corps même de l'ennemi tué. 400
XIX. – De ce que le Prophète donnait à ceux dont les cœurs avaient été gagnés et à d'autres, du quint et des biens de même origine. 402
XX. – Des aliments trouvés en pays ennemi 406

TITRE LVIII. — LA CAPITATION.

I. – De la capitation imposée aux «gens de protection»; des suspensions d'hostilités conclues avec les ennemis. 407
II. – Lorsque l'imâm accorde une suspension d'hostilités au prince d'une ville, cette mesure s'étend-elle aux autres habitants?. 409
III. – Recommandations relatives à ceux qui ont été l'objet du pacte de l'Envoyé de Dieu 409
IV. – Assignation de parts, faites par le Prophète, sur l'argent du Bahraïn; promesses faites par lui sur cet argent et sur celui de la capitation; de ceux entre qui l'on partage le butin et le produit de la capitation. 410
V. – Péché commis par celui qui tue sans motif un «tributaire». 411
VI. – Expulsion des Juifs d'Arabie. . . 411
VII. – Lorsque les polythéistes ont trahi les musulmans, peut-on leur pardonner? 412
VIII. – L'imâm prononce des malédictions contre ceux qui ont trahi un engagement. 413
IX. – De la sécurité garantie par les femmes. De la sauvegarde accordées par elles. 413
X. – Solidarité de la communauté musulmane dans la protection et la sauvegarde accordée par le plus infime de ses membre. 414
XI. – Du cas où les ennemis vaincus disent : «Nous nous faisons Sabiens», et n'ont pas su dire correctement : «Nous nous faisons Musulmans.» 414
XII. – Suspension d'hostilités et traité de paix conclu avec les polythéistes moyennant le payement d'argent ou d'autre chose. — Du péché commis par ceux qui ne remplissent pas leurs engagements. 414
XIII. – Mérite qu'il y a à tenir ses engagements. 415
XIV. – Pardonne-t-on à un «tributaire» qui s'est rendu coupable de sorcellerie?. 415
XV. – Qu'il faut se tenir sur ses gardes de la trahison. 416
XVI. – Comment l'on rejette le pacte de protection conclu avec les infidèles. 416
XVII. – Du péché commis par celui qui trahit ses engagements. 417
XVIII. – (*Des trêves avec les polythéistes.*). 418
XIX. – De la paix conclue pour trois jours, ou pour une période déterminée. 419
XX. – De la suspension des hostilités sans détermination de temps. 419
XXI. – Les cadavres polythéistes sont jetés dans un puits; on ne les rend pas (à leurs proches) moyennant un prix 420
XXII. – Péché commis par celui qui trahit l'engagement pris, aussi bien envers un homme de bien qu'envers un malfaiteur. 420

TITRE LIX. — DU COMMENCEMENT DE LA CRÉATION.

I. – (*Comment s'est effectuée la création.*) 422
II. – De ce qui est relatif aux sept terres. 424
III. – De ce qui est relatif aux étoiles. 425
IV. – Aspect du soleil et de la lune. . . 425
V. – (*Des vents et de la pluie.*). 427
VI. – De ce qui est relatif aux anges. 428
VII. – Lorsque l'un de vous dira : «Amen», au moment même où les anges dans le ciel disent : «Amen», tous ses péchés antérieurs lui seront pardonnés 434

VIII. — De ce qui a été rapporté relativement à l'aspect du Paradis; que le Paradis est chose dès maintenant créée 438
IX. — De l'aspect des portes du Paradis. 442
X. — Aspect de l'Enfer; qu'il est déjà créé 443
XI. — Portrait de Satan et de ses troupes 445
XII. — De ce qui est relatif aux djinns; qu'ils sont récompensés et punis. . . 452
XIII. — (*Des djinns musulmans.*) 453
XIV. — (*Des animaux nuisibles qu'on doit tuer.*) 453
XV. — La meilleure fortune pour le musulman, c'est la possession d'un troupeau de moutons, qu'il mène paître sur les cimes des montagnes 454
XVI. — Lorsqu'une mouche tombe dans votre boisson, plongez-y-la; car une de ses ailes est principe de maladie, et l'autre principe de guérison. Il y cinq animaux, tous nuisibles, que peut tuer celui qui est en état d'ihrâm 456
XVII. — Lorsqu'une mouche tombe dans votre boisson, plongez-y-la; car une de ses ailes est principe de maladie et l'autre de guérison. . . 457

TITRE LX. — DES PROPHÈTES.

I. — De la création d'Adam et de sa postérité 459
II. — Les âmes sont (comme) des troupes enrégimentées. 464
III. — (*Du déluge.*) 464
III *bis*. — (*Intercession de Mahomet au jour du Jugement dernier.*) 465
IV. — (*Ilyâs était un envoyé de Dieu.*) 467
V. — Mention d'Idris, que sur lui soit le salut! 467
VI. — (*Du châtiment des 'Adites et de ceux qui les imiteront.*) 469
VII. — De l'histoire de Gog et de Magog 471
VIII. — (*Au sujet d'Abraham et de sa statue dans le Temple de Ka'ba.*) . . . 473
IX. — (*Histoire d'Agar et de son fils Ismaïl.*) 477
X. — (*La Ka'ba n'a pas été reconstruite exactement sur l'emplacement du temple d'Abraham.*) 484
XI. — (*Du doute d'Abraham au sujet de la résurrection des morts.*) 486
XII. — (*Ismaïl était un bon tireur.*) . . . 487
XIII. — Histoire d'Ishaq, fils d'Abraham 487
XIV. — (*Sur la valeur des ancêtres des Arabes.*) 487
XV. — (*Du pardon accordé à Loth.*) . . . 488
XVI. — (*Explications de mots du Coran.*) 488
XVII. — (*Interdiction de boire de l'eau de puits des Tsamoudites.*) 489
XVIII. — (*Joseph est le rejeton d'hommes généreux.*) 490
XIX. — (*Les aventures de Joseph renferment des indications à suivre.*) . . . 490
XX. — (*Job ramassant des sauterelles d'or.*) 493
XXI. — (*Moïse et Mahomet ont reçu les instructions du même confident de Dieu.*) 493
XXII. — (*Explications de mots du Coran.*) 494
XXIII. — (*Du croyant de la famille de Pharaon.*) 495
XXIV. — (*Portrait de Moïse. Dieu lui a parlé.*) 495
XXV. — (*Entrevue de Moïse avec Dieu. Au jour de la Résurrection, il se cramponnera au trône de Dieu.*) 496
XXVI. — (*Explications de mots du Coran.*) 497
XXVII. — Histoire de El-Khadir avec Moïse. 497
XXVIII. — (*Les prophètes ont tous été éprouvés par la calomnie.*) 501
XXIX. — (*Explications de mots du Coran.*) 503
XXX. — (*Explications de mots du Coran.*) 503
XXXI. — De la mort de Moïse et de sa mention ensuite 503
XXXII. — (*Les femmes parfaites.*) 505
XXXIII. — (*Explications de mots du Coran.*) 505
XXXIV. — (*Explications de mots du Coran.*) 505
XXXV. — (*Explications de mots du Coran. — De Jonas.*) 506
XXXVI. — (*Explications de mots du Coran.*) 507
XXXVII. — (*Explications de mots du Coran. — David.*) 507
XXXVIII. — La prière la plus agréable à Dieu est celle que faisait David; le jeûne le plus agréable à Dieu est celui que pratiquait David. Il dormait la moitié de la nuit, priait pendant le tiers de la nuit et dor-

mait (ensuite) pendant le dernier sixième de la nuit. Il jeûnait de deux jours l'un................ 509
XXXIX. – (*Explications de mots du Coran au sujet de David.*)........ 509
XL. – (*Explications de mots du Coran au sujet de Salomon.*)........... 510
XLI. – (*Explications de mots du Coran au sujet de Loqmân.*)........... 512
XLII. – (*Explications de mots du Coran.*)......................
XLIII. – (*Explications de mots du Coran au sujet de Zacharie.*)..... 513
XLIV. – (*Explications de mots du Coran au sujet de Marie.*)........ 514
XLV. – (*Explications de mots du Coran au sujet de Marie.*)............ 514
XLVI. – (*Explications de mots du Coran au sujet de Marie.*)............ 515
XLVII. – (*Explications de mots du Coran au sujet de Marie.*)........ 515
XLVIII. – (*Explications de mots du Coran. — Jésus et l'Antéchrist.*)... 516
XLIX. – De la descente (future) de Jésus, fils de Marie (sur la terre). 520
L. – De ce qui a été mentionné au sujet des Benou-Israël........... 521
LI. – Histoire du lépreux, du chauve et de l'aveugle chez les Benou-Israël. 524
LII. – (*Explications de mots du Coran au sujet des Sept-Dormants.*)..... 526
LIII. – Histoire de la Caverne...... 527
LIV. – (*Récompense du bien et punition du mal.*)..................... 528

TITRE LXI. — LES FASTES.

I. – (*De la noblesse des anciens Arabes.*) 535
II. – *De la supériorité des Yéménites.*) 536
II *bis*. – Des fastes des Qoraïch..... 537
III. – Le Coran a été révélé dans la langue de Qoraich............. 539
IV. – Des gens du Yémen qui sont issus d'Ismaïl : en fait partie Aslam-ben-Afṣa-ben-Hâritsa-ben-ʿAmr-ben-ʿAmir de la tribu de Khozâʿa..... 539
V. – (*De l'imposture commise par celui qui s'attribue une fausse généalogie.*) 540
VI. – Où il est fait mention de Aslam, de Ghifâr, de Mozaina, de Djohaina, et de Achdjaʿ................ 541
VII. – Où il est fait mention de Qaḥṭân. 542
VIII. – De ce qui a été interdit des coutumes des polythéistes........ 542
IX. – Histoire des Khozâʿa......... 543
X. – Histoire de la conversion à l'islamisme de Abou-Dzarr........... 543
XI. – Histoire de Zemzem......... 543
XII. – Histoire de Zemzem et de l'ignorance des Arabes.............. 545
XIII. – Il est permis de faire figurer dans sa généalogie ses ancêtres musulmans et ceux antérieurs à l'islamisme... 545
XIV. – Le fils de la sœur et l'affranchie de l'homme d'une tribu font partie de cette tribu................. 546
XV. – Histoire des Abyssins, et de ces mots du Prophète : « ô Benou-Arfida. » 546
XVI. – De celui qui veut qu'on n'insulte pas ses ancêtres........... 547
XVII. – De ce qui a été dit au sujet des noms de l'Envoyé de Dieu.... 547
XVIII. – Du sceau des prophètes.... 548
XIX. – De la mort du Prophète..... 548
XX. – Du surnom du Prophète...... 548
XXI. – (*Cas de longévité dû à l'invocation du Prophète.*)............ 549
XXII. – Du sceau de la prophétie... 549
XXIII. – De la description du Prophète. 549
XXIV. – (*De la vigilance du Prophète.*) 554
XXV. – Des signes de la prophétie relatifs à l'islâm.................. 555
XXVI. – (*De la fraude des Juifs au sujet d'une lapidation pour cause d'adultère.*).................. 577
XXVII. – Les polythéistes ayant demandé au Prophète de leur faire voir un miracle, Mahomet leur montra la lune fendue en deux.... 578

TITRE LXII. — DES MÉRITES DES COMPAGNONS DU PROPHÈTE.

I. – (*Avantages résultant de la présence d'un des Compagnons du Prophète.*). 582
II. – Des fastes des Mohâdjir et de leur supériorité................ 583
III. – (*Faveur spéciale accordée à Abou-Bakr.*)...................... 584
IV. – De la supériorité de Abou-Bakr (qui vient) après celle du Prophète. 585
V. – (*Préférence du Prophète pour Abou-Bakr.*).................. 585
V *bis*. – (*Hadîts relatifs aux mérites de Abou-Bakr.*)............... 586

VI. – Des fastes de ʿOmar-ben-El-Khaṭṭâb-Abou-Ḥafṣ-El-Qorachiyy-El-ʿAdawiyy.................... 594
VII. – Des fastes de ʿOtsmân-ben-ʿAffân-Abou-ʿAmr-El-Qorachi.......... 599
VIII. – Récit de l'accord intervenu pour l'élévation au khalifat de ʿOtsmân-ben-ʿAffân, et récit de l'assassinat de ʿOmar............ 602
IX. – De fastes de ʿAli-ben-Abou-Ṭâlib-El-Qorachi-El-Hâchimi-Abou-'l-Hasan....................... 607
X. – Des fastes de Djaʿfar-ben-Abou-Ṭâlib-el-Hâchimi.............. 610
XI. – Mention de El-ʿAbbâs-ben-ʿAbd-El-Moṭṭalib.................. 611
XII. – Des fastes des parents de l'Envoyé de Dieu et de ceux de Fâṭima, la fille du Prophète............ 611
XIII. – Des fastes de Ez-Zobair-ben-El-ʿAwwâm................... 612
XIV. – Mention de Ṭalḥa-ben-ʿObaïd-allah....................... 614
XV. – Des fastes de Saʿd-ben-Abou-Ouaqqâs-Ez-Zohri............. 614
XVI. – Mention des parents par alliance du Prophète................. 615
XVII. – Des fastes de Zeïd-ben-Ḥâritsa, affranchi du Prophète........... 616
XVIII. – Mention de Osâma-ben-Zeïd....................... 616
XVIII *bis*. – (*Affection qu'avait le Prophète pour Osâma-ben-Zeïd.*)...... 617
XIX. – Des fastes de ʿAbdallah-ben-ʿOmar-ben-El-Khaṭṭâb.......... 618
XX. – Des fastes de ʿAmmâr et de Ḥodzaïfa..................... 618
XXI. – Des fastes de Abou-ʿObaida-ben-El-Djarrâḥ................ 620
XXII. – Des fastes de El-Ḥasan et de Ḥosaïn..................... 620
XXIII. – Des fastes de Bilâl-ben-Rabâḥ, l'affranchi de Abou-Bakr.... 621
XXIV. – Mention de Ibn-ʿAbbâs..... 622
XXV. – Des fastes de Khâlid-ben-El-Oualîd.................... 622
XXVI. – Des fastes de Sâlim, affranchi de (la femme de) Abou-Ḥodzaïfa. 622
XXVII. – Des fastes de ʿAbdallah-ben-Masʿoud.................... 623
XXVIII. – Mention de Moʿâwiya-ben-Abou-Sofyân................ 624
XXIX. – Des fastes de Fâṭima...... 624
XXX. – De la supériorité de ʿAïcha.. 624

www.ingramcontent.com/pod-product-compliance
Lightning Source LLC
Chambersburg PA
CBHW050054230426
43664CB00010B/1316
* 9 7 8 2 0 1 2 8 6 6 0 2 7 *